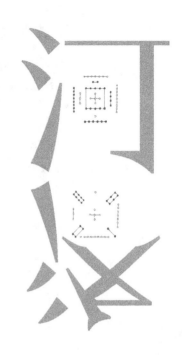

河洛文化研究丛书

河洛文化与岭南文化

陈义初　主编

河南人民出版社

图书在版编目（ＣＩＰ）数据

河洛文化与岭南文化／陈义初主编．—郑州：河南
人民出版社，2018. 2
（河洛文化研究丛书）
ISBN 978 - 7 - 215 - 11339 - 8

Ⅰ．①河… Ⅱ．①陈… Ⅲ．①文化史—河南—
文集 ②文化史—广东—文集 Ⅳ．①K296.1 - 53
②K296.5 - 53

中国版本图书馆 CIP 数据核字（2018）第 027149 号

河南人民出版社出版发行
（地址：郑州市经五路 66 号　邮政编码：450002　电话：65788063）
新华书店经销　　　北京虎彩文化传播有限公司印刷
开本 710 毫米×1000 毫米　　　1/16　　　印张 42.5
字数 560 千字
2018 年 2 月第 1 版　　　2018 年 2 月第 1 次印刷

定价：296. 00 元

目　　录

河 洛 文 化

客 家 文 化

闽赣粤文化

河洛文化

河洛文化的根源性特征

徐正英

　　河洛地区大体以河南省洛阳市为中心,向东包括郑州市全部及开封市西部,向南包括许昌市、漯河市全部及平顶山市大部,向西包括三门峡市、陕西省的渭南市东部及商州市北部,向北包括济源市、焦作市、新乡市、鹤壁市、安阳市、山西省的运城市、临汾市、晋城市及长治市南部。河洛文化就是指以河洛地区为中心的、与东南西北即齐鲁文化圈、荆楚文化圈、秦晋文化圈、燕赵文化圈等四个文化圈相衔接的、上古至北宋时期的传统文化圈,其核心为夏商周文化。

　　笔者以为,河洛文化区别于其他区域性文化最鲜明、最本质的特征是它的根源性。所谓根源性,一是指在诸种文化中发端时间早,对文明发展方向有引领作用;二是指作为文化核心的思想富于原创性。

　　在古代以来的观念里,中国被认为是"天下",河洛地区又被认为是"天下"之中,"中华民族摇篮"、"中华民族发祥地"。河洛文化分布的中原地区在中华文明发祥史中具有独特贡献和中心地位。正如李学勤先生所说:"我们的先人摆脱原始野蛮的状态,真正开始进入文明时期,正是在中原地区。"①河洛文化无疑是中华文明这棵参天大树多条树根中的主根。我们可以从史前考古文化、

---

　　①　李学勤:《河洛文化研究的重大意义》,《光明日报》2004 年 8 月 24 日。

"河图洛书"文化、思想元典文化三个方面予以探讨。

一、史前考古文化足以说明河洛文化的根源性特征

　　史前文化主要是指夏朝建立之前文明成果的总称,河洛地区的史前文化主要特点是时间久远、内容丰富、领域广泛。以郑州的新郑裴李岗村命名的距今8000年左右的裴李岗文化,在河南省中部、西部、南部已发现同类文化遗址120余处。以三门峡渑池仰韶村命名的距今7000年左右的仰韶文化,在河洛地区出土了大量的彩陶和磨光石器。距今5000年左右的河南龙山文化,在河洛地区发现了相当丰富的陶器等文化遗存。可见,史前文化在河洛地区是连续的、有规模的历史遗存。[①] 著名学者刘庆柱先生断言:"田野考古揭示,河洛地区的河南龙山文化就是华夏文化的母体文化。""从探索中国古代文明形成源头来说,夏文化直接渊源于河南地区的河南龙山文化;从对夏王朝以后的中国古代历史发展而言,河洛地区的河南龙山文化、夏文化是孕育华夏文明、中华民族文化、汉文化的核心文化。"[②]

　　人类社会从野蛮迈入文明的主要标志,一是文字的产生,二是城邑的兴建,而考古发现,这两种文明标志都集中出现在河洛地区。裴李岗文化时代,漯河的舞阳贾湖遗址出土的一些龟甲及石质装饰品上,已发现一些刻画符号类似殷商甲骨文字。李学勤先生认为,这些"新发现的龟甲符号,可能同后来商代的甲骨文有某种联系"[③]。仰韶文化时期,许多遗址出土了大量刻画有多种符号的陶器、陶片,学术界基本认定这些符号已是文字雏形。河南龙山文化时代,更发现了大量成文文字。我国最早的成熟文字甲骨文,出土于河洛地区的安阳,更是人皆共知的事实。

　　从考古学的角度讲,文明探源的工作很大程度上是在"找城",找到了都城遗址,也就找到了文明源头,所以国家实施的中华文明探源工程和夏商周断代工程都把重点锁定在中原。考古工作既发现了裴李岗文化时代的城堡——三门峡灵宝西坡遗址,也发现了龙山文化时代的城堡——郑州的登封王城岗城址"禹

① 参见徐光春:《中原文化与中原崛起》,河南人民出版社,2007年4月,第6~7页。
② 刘庆柱:《河洛文化是中华民族的核心文化》,载《光明日报》2004年8月31日。
③ 李学勤:《文物研究与历史研究》,载《中国文物报》1988年3月11日。

都阳城"遗址。夏代中晚期规模大、等级高、使用时间长的国都——洛阳偃师二里头遗址则是固定的都城遗址。该遗址被学术界公认为"迄今所发现的最早的王都的遗址","进入文明历史的新时期"[1]的标志。如上考古成就充分表明以洛阳为中心的中原地区在整个史前文明时期都处于领先地位,中华文明是在这一文明基础上融合其他文明逐步发展起来的。河洛文化的根源性由此可见。

二、"河图""洛书"是河洛文化根源性的文化符号和标志

河图洛书被称为"河洛文化的源头和标志",体现了河洛文化的根源性,而且还"体现了中华传统文化的根源性",被认为是"中华文化的源头"[2]。"中华世纪坛"的世纪大厅里,建有浓缩中华五千年文明史的圆璧浮雕,就以河图洛书为第一组,以太极八卦为第二组,足见河图洛书的根源性在中华民族文化积淀中的认同程度。

那么,河图洛书如何体现了河洛文化的根源性呢? 本文仅拟从民间传说、传世文献、出土文献三个方面略陈一得之见。

1. 古老的河图洛书传说宣扬了河洛文化的根源性

"河图"的传说是这样的:太昊伏羲氏继天而王,伏羲巡视黄河中游,至河水与洛水交汇的洛阳一带,黄河水中跃出一匹龙头马身的神物,身上有一组如八卦形状的数字(或说龙马旋毛变成一块有数字图案的玉版献给伏羲),符号数字排列成一六居下,二七居上,三八居左,四九居右,五十居中的图案,这就是河图。伏羲受此启发,画出了八卦。后来周文王在八卦的基础上推演出了六十四卦,以卦象的变化象征天地万物的变化,就是今天所见到的《易经》。再后来,孔子又注释阐发《易经》而作《系辞》等十篇,就是今天所见到的《易传》。这就是历经"三世"和"三圣"而成的《周易》的来历。作为五经之首、代表中华民族先贤智慧的《周易》既然发源于龙马所献之河图,河图理所当然也就成为人们心目中文化的源头和标志,"河洛"一带自然就是文明的发源地。

"洛书"的传说则是:大禹治水到洛水时,有个神龟从洛水里爬出,背上有从

---

[1]　郑杰祥:《新石器时代与夏代文明》,江苏教育出版社,2005 年 5 月,第 446 页。

[2]　参见王永宽:《河图洛书探秘·罗豪才序》,河南人民出版社,2006 年 4 月;程有为:《河洛文化概论》,河南人民出版社,2007 年 10 月,第 38 页。

一到九的符号数目,符号数目排列成戴九履一,左三右七,二四为肩,六八为足,五居中央的图案,这就是洛书。大禹受此启发,依照洛书制定出治理天下的九章大法,这就是今天五经之一《尚书》中的《洪范》篇,它标志着最早的治国纲领性文献的诞生,同样也被视为河洛文化起源的又一标志。今洛阳洛宁县长水乡西长水村所立南北朝(或唐代)的"洛出书处"碑、清雍正二年重立"洛出书处"碑、北宋时在附近龙头山上所建禹王庙等,都是这种文化心理积淀的见证。

2. 先秦传世文献对河图洛书的简略记载,为追寻河洛文化的根源性提供了可能

(1)梁萧统《文选》卷四八班固《典引》蔡邕注引《尚书》曰:

颛顼河图雒书在东序。

这是目前见到的最早有关河图洛书的先秦元典文献,当为古文《尚书》佚文无疑。此则文献都对河洛文化根源性特征的揭示有特殊意义,代表了中华文明的初创时期。

又,《尚书·周书·顾命》载:

越翼日乙丑,王崩。……越玉五重,陈宝,赤刀、大训、弘璧、琬琰在西序。大玉、夷玉、天球、河图在东序。……太史秉书,由宾阶隮,御王册命。

这里记载的是西周成王姬诵去世后,康王姬钊发丧并接受其父遗命继承王位的仪式。仪式上西墙和东墙两侧摆满了国家宝器,其中东墙摆放有"河图",应代指河图和洛书无疑。此说同样有助于揭示河洛文化的根源性意义。

(2)《管子·小匡》载:

桓公曰:"余乘车之会三,兵车之会六,九合诸侯,一匡天下。……而中国卑我。昔三代之受命者,其异于此乎?"管子对曰:"夫凤凰鸾鸟不降,而鹰隼鸱枭丰。……昔人之受命者,龙龟假,河出图,雒出书,地出乘黄。今三

祥未见有者,虽曰受命,无乃失诸乎?"①

引文中作为春秋霸主的齐桓公有取代天子之念,向管仲咨询三代故事,管仲便以圣王受命而龙龟、河图洛书、神马几种祥瑞出现为由劝阻了他。可见,至迟春秋中叶河图洛书已被人们视为接受天命、改朝换代的祥瑞之物,至迟春秋中叶人们已将河图洛书与大禹联系起来。

(3)《论语·子罕》载:

　　　子曰:"凤鸟不至,河不出图,吾已矣夫!"②

孔子肯定了河图洛书的存在,还揭示出了河图洛书是盛世方现的天赐祥物。作为中华民族的文化巨人,平生不语"怪力乱神"的孔子对河图洛书及其文化意义的肯定有其导向性意义。河图洛书所揭示出的河洛文化的根源性则不言而喻。

(4)《易传·系辞上》载:

　　　是故天生神物,圣人则之。天地变化,圣人效之。天垂象,见吉凶,圣人象之。河出图,洛出书,圣人则之。

《易传》当成于战国时期。引文标志着至迟在战国时期,人们已普遍认同了河洛文化的根源性。既然《尚书》记载至迟颛顼时代已将宝物陈列明堂,此处所指自然亦当为颛顼之前的圣人了,河洛文化的根源性不言自明。

另外,《墨子·非攻下》、出土战国文献《竹书纪年》、编成于西汉的先秦文献《大戴礼记·诰志》篇等有关河图洛书的记载,也都不同程度地说明了河洛文化的根源性。

3. 考古发现印证宋代重出河图洛书文本未必出于伪造

人们今天能看到的由白圈黑点组成的河图洛书,据说是五代末北宋初道士

---

① 《管子校注》,中华书局2006年4月,第425～426页。
② 杨伯峻:《论语译注》,中华书局1983年10月,第89页。

河南鹿邑人陈抟隐居华山绘制传出的,后被理学集大成者南宋朱熹列于《周易本义》卷首,从此直观的河图洛书重新出现。其图如下:

《河　图》　　　　　　　　　　　　《洛　书》

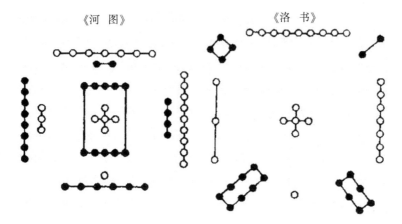

重现的两幅白圈黑点数目排列而成的河图洛书的真伪与内涵,成为争论不休的重大课题。笔者信从蔡运章先生《河图洛书之谜》一文的观点,认为现代考古学为今见河图洛书未必作伪提供了较有说服力的实证。[①] 蔡先生指出,陕西华县元君庙仰韶墓地出土陶器上的三角形图,可能是原始的河图。1987 年安徽含山陵家滩大汶口文化墓葬出土的长方形玉版上的图案和圆孔,可能是原始洛书和八卦的象征。从上列考古材料可见,北宋重现的河图洛书文本绝非伪造,不仅全合西汉墓所出土的玉版图案,也与史前出土玉版图案有相仿处。“陈抟作伪”说实难成立。同时,人所共知,河图洛书与传世文献《大戴礼记》卷八《盛德》篇所载古帝王处理朝政及进行祭祀活动的明堂的建制数字“二九四,七五三,六一八”及《尚书·洪范》中“五行”、“五事”、“八政”、“五纪”、“三德”、“五福”、

① 蔡运章说:“建国后在陕西华县元君庙仰韶墓地出土距今六千年左右的陶器上,有用锥刺成 55 个小圆圈组成的三角形图(《元君庙仰韶墓地》图版十六),与清胡煦《周易函书约存》所载《河洛未分未变之三角图》及李光地《启蒙附论》中的《点数应河图十位图》都极为相似,这可能就是原始的河图。1987 年安徽含山陵家滩大汶口文化墓葬出土距今五千年的长方形玉版上,刻有象征北辰、四维、八方、八节、八卦和天圆地方的图案,玉版四周分别钻有四、五、九、五个小圆孔。这与《易纬·乾凿度》所说‘太一下行八卦之宫,每四乃还中央’的洛书数理相合,因而玉版上的图案和圆孔,当是原始洛书和八卦的象征。……而这些玉版和玉龟的年代比大禹还要早一千年,由此可见河图洛书产生的年代是多么久远。更为重要的是,1977 年安徽阜阳西汉汝阴侯墓出土的大乙九宫占盘上所刻的数字和文字内容,与洛书九宫图和《灵枢经·九宫八风篇》所载完全相同(《文物》1978 年第 8 期)。它不但证明今传洛图并非陈抟伪作,而且说明这种洛图早在战国时已经流行。”参见蔡运章:《河图洛书之谜》,载《文史知识》1994 年第 3 期。

"六极"等数字亦相吻合。

如上种种都为河图洛书的真实存在和今本河图洛书的久远性提供了较有说服力的依据。

三、思想元典的原创性是河洛文化根源性的最有力证明

春秋战国时代被西方学者雅斯贝尔斯称为世界东西方同时产生伟大思想家、文化巨人和原创思想流派的轴心时代,而当时东方中国产生的十大思想流派中[①],或当时成为显学或其后产生深刻影响的著名思想流派就有儒、道、墨、法四家,四家中儒家之外的其他三家全部产生在河洛地区,成为河洛文化根源性的重要标志,这里从略。儒家学派的创立也与河洛文化有着不解之缘。下面重点探讨儒家学派与河洛文化的渊源关系。

春秋末期,孔子所创立的儒家学派与墨家学派并称显学,尤其是西汉武帝以来,直至五四运动的两千多年里,儒家学派一直是占据统治地位的正统思想。儒家学派原创于鲁国是不言而喻的。然而,笔者以为,儒家学说的思想来源和创立基础,是周公摄政时期在洛阳形成的"敬德保民"治国思想和周公所制体系完备的礼乐文明。杨向奎先生早已指出:"以德、礼为内容的儒家思想:宗周→春秋;周公→孔子,构成三千年来儒家思想之完整体系。"[②]孔子把捍卫周礼恢复周朝盛世作为毕生的神圣使命,并将西周的思想文化遗产作为自己创立学说的直接基础,原因在于:保存西周典章文献和周礼的鲁国,是德治思想和周礼的嫡传;孔子最钟情于周礼;孔子千里迢迢亲赴德治思想和周礼发源地洛阳考察学习,感受原创礼乐文明,为创立学说汲取营养;孔子周游列国、宣传思想,受到诸侯国文化的影响,促进了其思想的丰富、完善乃至修正。孔子周游的列国除曹国外,其余皆在今河南境内,皆属河洛文化圈。可见,河洛文化滋养儒家学说的生成是一个客观存在。

毫无疑问,孔子创立儒家学说时对河洛文化中的西周文化采取的是"因"与"损益"即继承、改造和发展的科学态度。

---

① 十大思想流派,按司马谈的叫法称为"家",班固《汉书·艺文志》对这十家的排列顺序为:儒家、道家、阴阳家、法家、名家、墨家、纵横家、杂家、农家、小说家。

② 杨向奎:《宗周社会于礼乐文明》,人民出版社,1992年5月,第279页。

1. 孔子所创立的儒家学说的思想核心——"仁",是西周"敬德保民"思想的哲学升华。

周革殷命,周公等人首次提出以德治国、"敬德保民"的思想,意识到了人的存在价值,认为统治者最大的德是执政为民,被王国维称为"旧文化废而新文化兴"的标志①,确立了西周的基本治国风格。

孔子崇拜西周文化,他不仅服膺和信奉创制于洛阳的以德治国、"敬德保民"思想,而且将之升华到哲学高度,创造出以"仁"为核心的儒家思想体系。孔子对"仁"所作的"爱人"之解,把周公等人提出的"敬德保民"这一政治领域的概念移植到伦理道德领域之内,突破和超越了阶级或阶层的界限和范畴,蕴含着人本主义思想因素。

> (鲁)哀公问政。子曰:"……仁者,人也,亲亲为大;义者,宜也,尊贤为大。

如匡亚明先生所言,"仁者,人也"是"具有人道主义(精神的)博大精深的人本哲学"②。

不难发现,孔子以"仁"为核心的儒家思想体系,是在周公等创制的以德治国理念和"敬德保民"思想基础上结合春秋时期的社会现实创立出来的。我们既可把"敬德保民"思想升华出的以"仁"为核心的人本哲学视为儒家思想体系中的最高层次,也可将其视为儒家学派思想体系的基础,儒家学派的政治思想、社会思想、伦理思想乃至于教育思想等,都是在这一哲学思想基础上派生出来的。

2. 孔子所创立的儒家学说的表现形式——"礼""乐"是对西周礼乐文明的理论升华

西周文明被视为中华民族礼乐文明的标志,周公在洛阳创制的礼乐文明、典章制度,标志着"礼"由"天人关系"原则向"人人关系"原则的转变。孔子创立

---

① 王国维:《观堂集林》卷一〇《殷周制度论》,河北教育出版社,2001年11月,第288页。
② 匡亚明:《孔子评传》,齐鲁书社,1985年3月,第82页。

的以"仁"为核心以"礼"为表现形式的儒家学说,则将实践层面的礼乐制度,上升到伦理学、社会学的理论高度,因而是对周礼的理论升华。具体表现在:

首先,孔子把学习礼乐尤其周礼提升到了君子立身之本的高度。

其次,孔子确立了以"仁"为内在本质和理论根据、以"礼""乐"为表现形式的儒学思想模式。"克己复礼为仁,一日克己复礼,天下归仁焉"(《颜渊》),"仁"是为人之本。孔子倡导"仁"、"礼"的终极目的是维护宗法文明社会。

最后,孔子力主将本属于贵族阶层的周礼推广普及到庶民当中去,并将其作为治国的理想境界。

综上所述,孔子以"仁"为核心,以"礼""乐"为表现形式的儒家思想体系,虽创立于鲁国,但来源于河洛,诚如杨向奎先生所言:"从周初到春秋时代的礼乐文明","在西周初以'德'为核心,到春秋末,孔子提出以'仁'为核心。孔子……丰富了社会中的礼乐内容……①

总之,先秦诸子主流思想皆原创于河洛地区或在河洛文化基础上创立。

(作者单位:郑州大学文学院)

---

① 杨向奎:《宗周社会与礼乐文明》,人民出版社 1992 年 5 月,第 375 页。

中原文化南植与文化重心的南迁

王保国

在中原文化的对外传播中,向南传播时间长、规模大,对中国文化形成的影响最为深远。中原文化依靠政治、军事等多种优势南传实际上从秦汉开始,但由于魏晋以降中原地区政治的动荡频仍,政治中心多次南渡,民族迁移、文人南徙不断发生,中原文化南播形势与日俱增,迄于南宋,政治中心南迁,文化重心也随之全面南植,中国文化随之不分南北形成了一同的局面。

一、秦汉南部疆域的开拓与文化南传

中原文化在战国时期主要借助于楚国的扩张传向南方,秦灭楚以后,中原文化则借助于秦的力量,在长江以及岭南扎了根,并逐渐成为当地强势文化。

公元前222年,秦灭楚,秦将王翦乘胜"南征百越之君",拉开了秦文化南播的序幕。所谓"百越",泛指今浙闽两广一带的越人。"自交趾至会稽七、八千里,百越杂处,各右种姓"①分布在今浙江、福建、台湾、安徽、江西到广东、海南、广西、云南各省广大地区,有于越、东瓯、闽越、东鳀、扬越、南越、西瓯、骆越、滇越等各个越人集团。是年,秦始皇派王翦定荆江南地,降越君,置会稽郡。次年,天下初定,全国分建36郡。大约在公元前218年,秦始皇为了扩大统治地区,获得岭南越地闻名已久的特产犀角、象齿、翡翠和珠玑等物,派屠睢率兵50万,分成五军,进击岭南。由于越人顽强的抵抗,秦军三年不解甲弛弩,形成了相持局面。

---

① 《汉书》卷二八,《地理志》引颜师古注。

在南征越人的过程中,秦始皇为了解决粮饷补给问题,派监禄在今广西壮族自治区兴安县城附近和大榕江镇之间开凿灵渠,支分湘水,连接漓水,建设起全长34公里的"灵渠"水道工程体系。"灵渠"沟通了越人地区的湘、漓二水,使长江水系与珠江水系得到连接。而实际上,它远远超出秦始皇原来开凿灵渠的意图,它为南方越人地区的开发和中原文化南传,做出了不可磨灭的贡献。

公元前214年,秦军攻取岭南大片领土,置桂林、南海、象郡三郡。但越人不降,散处原野树丛,坚持对抗。秦军旷日持久,粮食乏绝,加以夏日暑热,霍乱痢疾流行。越人采用夜间突袭的方法,杀秦将屠睢,使秦军损失严重。秦始皇为了稳定岭南越地局势,乃以任嚣为南海尉,赵佗为龙川令,并将50万流放的犯人,发守岭南,并答应岭南官兵的请求,从中原征调15000名未婚女子,使之与守戍将士成婚定居,繁衍后代。同时,秦始皇还从中原地区强迫大量劳动人民迁来岭南,与越人杂居共处。这是古代中原人口向岭南地区规模较大的一次迁徙。前来实边的中原人民带来了中原的文化与先进生产技术,不仅与当地的越族一起,胼手胝足,开发了华南地区,而且还传布了中原地区先进的文化和技术,促进了民族之间的融合交流。

公元前210年,在岭南统治越地的赵佗诛杀秦官,并桂林、象郡,自立为南越武王,建南越国。西汉建立后,命陆贾携印玺至岭南,准备立赵佗为南越王,承认他在岭南地区的统治权。陆贾向赵佗历数南越与中原交好的利害关系,赵佗终于接受南越王封号,向汉称臣。

汉王朝根据当时的形势,实行"和辑百越"的政策,以缓和矛盾,稳定南方局势。与汉朝廷建立君臣关系的南越王赵佗每年向长安入贡方物,并在边关与汉互通贸易。汉文帝时,继续对南越实行怀柔政策,再派陆贾出使南越。陆贾因与赵佗有旧,在南越受到盛大欢迎。

元鼎五年(前112年),南越政权发生内讧,拒绝归附汉王朝,武帝派兵攻伐,仅用一年时间,汉军就占领番禺(今广州),历时93年的南越政权被击灭,岭南复归统一。汉武帝把岭南划分为苍梧、郁林、合浦、南海、珠崖、儋耳、日南、九真、交趾等九郡。汉王朝采取"以其故俗治,毋赋税"的政策,仍由当地的民族首领自治其民事;与此同时,随着水陆交通的畅通和岭南社会的安定,大批中原汉族不断迁居岭南,带来了先进的生产技术,进一步促进了岭南的开发,中原汉文化的传播也更加广泛和深入。

汉文化南传的主要途径:一是中央王朝派往岭南地区的各级官吏。随着两汉在岭南设置郡县数量的增多,汉派官吏的数量也日益增多,他们多是受过良好中原文化教育的人,在其任内,自然成了中原文化的积极传播者,这样郡县所治区域,受中原文化影响更多更深。二是征战结束后留戍岭南的将士。秦汉两代曾数次对岭南大规模用兵,每次动辄数十万。战事平息后,南征的军队多被留在岭南各地戍守。这些留守岭南的将士不断与当地民族通婚,并落籍岭南,这些将士同样是中原汉文化的直接传播者。三是从中原迁居岭南"与越杂处"的不同阶层不同职业的汉族人。自秦至汉,中央王朝为了加强对岭南的统治和开发,多次把大批中原汉族人民强迁到岭南"与越杂处";此外也有为躲避战祸或灾荒而举家乃至举族结队移居岭南。在这些移民中,既有文人儒士,也有失势官僚、贵族、平民乃至手工业者,对汉文化在岭南的传播同样起着示范和促进作用。四是南来北往经商的内地商贩。随着岭南与中原的政治一体化及水陆道路的畅通,内地商人纷纷携带中原物品进入岭南各地,交换或收购岭南各种土特产品运销中原。这些商贩的南来,既带来各种工艺先进的生产生活日用品,也带来了中原文化,成为汉文化的直接传播者。五是两地相邻地区的民间交往。早在先秦时期已与内地有着自发式的民间交往仍然保持着,并且随着灵渠的开凿打通了桂江与湘江的水路交通以及秦军进攻岭南时所开辟的陆上通道,使得两地的民间交往更为便利。①

中原汉文化对岭南地区的影响是深入和全面的。在青铜冶铸业、冶铁业、陶器烧造业以及漆器制造业中表现十分明显。从广西各地墓葬中出土的秦汉时期数以千计的青铜器可以看出,绝大多数的器形和纹饰与中原常见的相同,即使是有岭南地方民族特色的器物,如竹节筒、桶、盘口鼎、扁茎剑等,不仅其器形多仿自汉式,而且其纹饰的形式和内涵也具有明显的汉文化的印迹。铁器文化也是如此。其铸造技术及器物形制,均与内地同一时期常见的相同,具有明显的汉式风格,应是受中原汉民族及其文化影响的结果。在制度和风俗上,中原封建的政治制度及其以儒家思想为核心的伦理道德观念和价值观念,潜移默化地对岭南

---

① 李乃贤:《秦汉时期汉文化的南传及其对瓯骆文化的影响》,《广西民族研究》1996 年,第 2 期。

及其传统文化产生了影响。《后汉书·南蛮西南夷传》云："光武中兴,锡光为交趾,任延守九真,于是教其耕稼,制为冠履,初设媒妁,始知姻娶,建立学校,导之礼义。""平帝时,汉中锡光为交趾太守,教导民夷,渐以礼义,化声侔于(任)延。"中原汉族移民南迁,"使杂居其间,乃稍知言语,渐见礼化"。持续不断的文化侵淫,不仅使中原文化得以广泛传播,也使得岭南的文化取得了快速的发展,社会文明程度日益提高。

二、魏晋士民的南迁与中原文化的南传

西晋永嘉五年(311),匈奴攻陷洛阳,西晋灭亡,晋宗室流亡建康,是为东晋。匈奴、鲜卑、羯、氐、羌等北方少数民族纷纷入据中原,而中原人民流亡四方,死者不可胜数。大批中原士民随晋室南迁江左甚至闽浙。中原士民南迁,也同时把先进的中原文化带到了江南,从而使江左文化风貌发生了根本的改观。

从永嘉初至刘宋末中原士民南迁持续 180 年间,迁徙人口约 90 万,占北方总人数的八分之一强。① 移民包括了极广泛的社会阶层,上自皇室贵胄,世家大族,下至一般百姓庶民。由于东晋偏安江左主要赖于北来世家大族,所以世家大族南迁后在政权里占有绝对优势,庙堂卿相,悉以过江中州人士及后裔出任。这些世家大族本是文化望族,如王、谢、庾、郗等,加之人数众多,对迁入地的文化影响可想而知。

这些世家大族以征服者的强大威力和文化感染力,成为江左文化区引领风骚的文化阶层。他们的风度举止为江左士人所效慕。王导制"布单衣",江左士人翕然效服②,谢安"作洛生咏",江左士人"手掩鼻以学之"。③ 江左人对中原文士玄谈风流更是羡慕和仿效。玄学盛于洛阳,但随着洛阳世家之南迁而广播江左,导致江左玄风大盛,玄学几乎成了无人不具的文化修养。江左士族中如庐江何氏、吴郡张氏等都是玄学鼎沸、代有传人。江左士人中精于玄学者亦不乏人,宗炳、顾欢、沈道虔、周续、徐伯珍、马枢、严植之等无不"笃好玄言"、"尤长论难"。在学术文化方面,洛阳玄学也随中原士族过江而南,将江左置于玄谈流被

---

① 谭其骧:《晋永嘉丧乱后之民族迁徙》,《长水集》上,人民出版社,1987 年。
② 《晋书》卷六五,《王导传》。
③ 《晋书》卷七九,《谢安传》。

的文化氛围,它使江左学术由恪守经学转而趋尚老、庄;由寻章摘句转而探求妙语与义理;由上传下授的师承形式转向平等会友、相互论诘的形式;由考辩事象的验证法思维转向辨名析理的抽象逻辑思维。佛学的南传及其与玄学的合流也是永嘉乱后一个重要的文化现象,众多中原僧侣汇集江左,与南渡士人过从往返,玄佛合流由此肇始。一方面,玄学家深研佛理,将玄学的思辨注入佛学的研讨,使佛学由过去的重斋祀转而趋尚义理;另一方面,佛学家也习染玄言,以玄证佛,以佛释玄,清谈风靡。两相结合铸出江左南统佛学偏尚义理,富于名理品格,讲经说法风行,以玄思拔俗为高的风格。[①] 道玄文化在江左的流行,深刻地影响了江左文化的精神层面,素有尚武精神的吴越人在力昌阴柔的玄风中,普遍地尚柔守雌,不肯"屈志戎武"[②],加之统治者"近世取人,多由文史"[③]的引导,文才相高成为一种社会风尚,以致育成众多风流才子群和文学世家。

江左文化的变化实际上是对中原文化的承继和移植,它使永嘉乱后断裂于中原的魏晋文化传统异地而起,一个以建康为重心的汉文化中心,以中华文化主体地位的姿态在江左崛起。这也为南方文化与北方中原文化平分秋色,甚至最终超越奠定了基础。

西晋永嘉之乱,河洛人、光州(今信阳光山、固始、潢川一带)人开始移民福建,也使福建有了最早的汉族居民。北宋路振的《九国志》云:"永嘉三年,中州板荡,衣冠始入闽者八族,林、黄、陈、郑、詹、邱、何、胡是也。"这表明闽中汉族起源于中原地区,尤其与河洛地区有莫大的关系。从闽人的族谱还可找到晋代河洛人入闽的证据:例如,闽中陈姓大多为颍川(河南禹县)陈,《莆田榄巷文峰陈氏族谱》总序:"陈氏之先颍川人也。远祖曰梅洋三郎。当时困于兵乱,人不自保,惟恨所居之不远,遂入(闽中)深山穷谷,以为营生安业之地,若武陵桃源之避秦者。"又如,郑姓发源于河南荥阳,《莆田南湖郑氏谱》记载,晋永嘉时,郑昭入闽任刺史,是为闽中郑氏开山祖。再如,黄姓,莆田县志《黄璞传》记载,黄氏祖先为河南固始人,"晋马南浮,随徙侯官(今并入福州)"。中原汉民族入闽推进了中原文化向中国南方更远地方的传播,也推进了闽地文化的进步。

---

① 孔定芳:《永嘉乱后的中原移民与江左文化》,《江海学刊》1998 年第 5 期。
② 《宋书》卷六三,《王昙首传》。
③ 《梁书》卷一四,《江淹传》。

三、唐宋时期的中原文化的南播与文化重心的转移

唐时南方设江南东道、江南西道和岭南道作为地方行政机构,在相当长的时间里,唐代中原文化的南传主要是通过这些地方行政机构理政化俗的工作来完成,在兴办学校、铲除陋习,提倡崇儒尚文的社会风尚上,唐政府下了很大功夫,因此,在中原儒学的普及上取得了不小的成绩。到了唐末五代,中原再次掀起移民南方的高潮,江南文化落后情况渐有改观,而到了宋王朝迁都杭州,文化重心彻底南移后,南方终于超越北方,从而也结束了中原文化大规模南传的历史。

唐末五代,北方的藩镇混战愈演愈烈,中原大地,"极目千里,无复烟火",于是,中原百姓再次掀起南下浪潮,其中规模最大的是来自河洛地区、光州(今信阳光山、潢川、固始一带)、寿州(今安徽寿县)的移民。这应当是中国历史上中原地区民族南迁的第二次高潮。其中福建在这次民族迁移中人口增长最多,为数众多来自河南光州的中原人,纷纷迁入闽中、闽南各地,使福建人口猛增。北宋初,福建户数较唐开元年间增加3倍多,西北部的建州最高,增加837%;汀州、福州、泉州也有较大增加,泉州元和户数较天宝时期增加49%。这些移民主要是从光州迁到江西东部、浙江西部的中原人,随后又沿闽江流域而东,再向北、南方扩散,一部分移民还进入浙江南部以及广东东部的潮州地区。① 而苏南、皖南、浙江、江西、湖南以及岭南地区人口也有相当幅度的增长。这些南迁的中原人成了"客家人"的主体,在明清之际,他们又越过台湾海峡,进入台湾,成为台湾人口的主体。

由宋金战争引发的中国历史上第三次大规模移民浪潮,规模更大,影响更深远。1126年,开封陷落,中原避难之民举家南迁者不计其数。尤其是南宋初年,金兵数次南侵,引发了中原士民"扶携南渡,不知其几千万人"②。乃至于"江浙湖湘闽广,西北流寓之人遍满"③。即使偏僻的海南岛地区也"多有西北流寓人民"④。这次人口迁徙始于北宋末年金兵攻宋,到靖康之乱时达到高潮,南宋建

① 范玉春:《移民与中国文化》,广西师范大学出版社,2005年,第42~43页。
② 《建炎以来系年要录》卷八六,绍兴五年闰二月。
③ 庄绰:《鸡肋编》卷上,《各地食货习性》。
④ 《宋会要辑稿·食货》卷六九。

立后又持续了相当长的时间,到元朝初年才停下来,时间长达100余年。第三次移民高潮是在南方社会经济有相当大的发展的背景下形成的,因此不再以拓荒为目的;而且这次移民与政治中心的南迁同时发生,其影响有别于第一次的南下拓荒,也有别于第二次的避乱,它使中原文化发生了整体性的南移,中国文化的重心从此不在中原盘桓。

判断一个地区成为全国的传统文化重心所在的标准很多,张全明先生确定了四点基本标准:第一,思想文化、教育发展水平明显地高于其他地区,同时具有明显的示范与表率作用;第二,人口的综合素质、尤其是人才的数量、质量与分布密度等名列前茅;第三,其传统文化的发展具有可持续性与稳定性,对其他地区持续地占有优势;第四,代表了当时传统文化的发展方向与趋势,且能受到大批具有创新意识的精英学者们的重视与推崇,并在政治上有所反映。[①] 这四个标准是正确的和全面的。他列举了中国传统文化重心南移的七个表现:其一,学校教育兴旺发达,其总体发展水平明显地高于其他地区,同时具有明显的示范与表率作用。其二,人口的综合素质明显地高于其他地区。当时,东南一带,不仅平民百姓的文化素质普遍有较大提高,而且各类人才的数量、质量与分布密度等在宋金疆域内名列前茅。其三,有品位的学术文化水平高,学者如林,大家辈出。例如,宋金时期至今在学界仍赫赫有名的思想大家、文化名人约90%左右皆为南方人。其四,代表儒学正统、中心地位和反映其思想学术文化的时代发展方向的众多学派也多分布在江南。其五,在科举取士方面,江南占有明显的优势。其六,在人才数量、质量的分布比例上,自北宋至南宋时期,北方是由多变少,南方是由少变多,且占有绝对的主体地位。其七,从与精神文化相关的物质文化方面来看,东南地区的发展水平也占有明显的优势。[②]

南宋时期,以江浙为代表的江南地区,像历史上中原地区的京师及其周围地区一样,是当时全国的文化中心,人文荟萃之地。无论是文化人的数量、文化素质、文化品位,还是文化活动、文化设施、文化教育等,都名列前茅,代表着宋金时期文化发展的高度和繁荣。正如宋人所说:"古者江南不能与中土等。宋受天

---

① 张全明:《试析宋代中国传统文化重心的南移》,《江汉论坛》2002 年第 2 期。
② 张全明:《试析宋代中国传统文化重心的南移》,《江汉论坛》2002 年第 2 期。

命,然后七闽、二浙与江之东西,冠带诗书,翕然大肆,人才之盛,遂甲于天下。"①
与东南地区的文化繁荣形成鲜明对比,中原地区由于金兵的占领使文化的发展
遭受到了极大的破坏而衰落,随之成为传统文化分布的荒漠。中原文化的历史
景象在这时被完全移植,江南的文物制度一如中原风貌,可以说是对中原文化的
承续,但其地已不再是中原。至此,长江流域中下游的东南地区,在成为我国政
治中心、经济发展的重心地区的同时,也成为我国传统文化重心地区。

（作者单位:郑州大学文学院）

---

① 洪迈:《容斋四笔》卷五,《饶州风俗》。

略论河洛文化与中国海洋文化

陈智勇

河洛文化是黄河和其支流洛水区域文化的泛称,是生活在河洛地区的华夏部族、汉民族及其他民族的人民群众所共同创造的文化。河洛文化不是静态的孤立的文化,河洛文化与周边区域文化千百年来不断地进行着交流与互动。其中,中国沿海区域的海洋文化即和河洛文化有着密切的联系。关于河洛文化与中国海洋文化,学术界少有顾及,本文浅作分析,不足之处,敬请指正。河洛文化与中国海洋文化之间的关系表现有五。

一、河洛文化与中国海洋文化同属中华文化

我们现在通常所说的中华文化,是在当今中国版图范围之内,以汉民族为主体的多民族共同创造的文化。我们在研究博大精深的中华文化时,为了从不同角度进行剖析,就产生了不同的概念分类法。如从时间角度,我们划分了先秦文化、汉唐文化,宋元文化、明清文化等;从地域角度,我们划分了齐鲁文化、吴越文化、荆楚文化、潮汕文化等;从群体角度,我们划分了晋商文化、客家文化、潮人文化等。这些都是为了从不同角度研究的方便,其含义既不相同,也就可以相互交叉。这样多维的限定,具体概念比较清楚一些了。河洛文化与中国海洋文化均为中华文化大家庭中的成员。

河洛文化是中华民族的核心文化。从地域范围看,河洛文化是指以黄河与洛水和嵩山为中心,与今河南省西部和中部地区大体相当的这一地区的文化,这样的区域显然在中华大地范围之内。大量考古发现资料和古代文献记载说明,

华夏文化是汉文化、中华民族文化的母体文化。华夏文化主要源自中国古代早期国家夏商文化及其更为久远的河南龙山文化,多年来的考古发现与研究已经证实,河南龙山文化是夏文化形成的直接源头。河洛地区是河南龙山文化的重要分布地区,就这点而言,河洛地区可以说是夏文化、华夏文化的发源地及其形成、发展的核心地区,也可以说是以后汉文化、中华民族文化的发源地。

海洋文化是与内陆文化相对而言的。凡是人们缘于海洋而生成的认识、思想、观念、心态,以及在开发利用海洋的社会实践中形成的精神成果和物质成果的总和均可视为海洋文化。历史上不同时期和不同沿海国家有着不同内容的海洋文化。中国海洋文化,顾名思义,是指中国东北、东部以及东南沿海一代别具特色的文化形态,如吴越文化、闽台文化、潮汕文化、岭南文化、广府文化均属于中国海洋文化区域,当然是中华文化的重要组成部分。

二、河洛文化与中国海洋文化的悠远性与历时性

河洛文化与中国海洋文化悠久长远。河洛文化起源悠久,早在新石器时代,也就是传说中的三皇五帝时代,即有不少反映河洛文化的遗址和遗存。从考古所发掘的材料可以看出,河洛地区的社会进步与生产工具的演变有着密切的关系,特别是到了新石器时代以仰韶文化和龙山文化为代表的生产工具的进步,大大推动了生产关系的变革。同时,河洛文化还是促进华夏文化发展的源头。从文字的起源来看,石器时代河洛地区的仰韶文化和龙山文化中有着很多的刻画符号元素,这是文字起源阶段所产生的一些简单文字,最早的文字——甲骨文就出现于河洛地区。从自然科学技术和艺术的萌芽来看,铸铜与制陶技术、天文历法、美术以及音乐舞蹈均可以在河洛文化的遗址和遗存中找到踪影。此外,河洛文化还是中华文化的四个根源:一是姓氏之根。《中华姓氏大典》记载的4820个汉族姓氏中,起源于河南的有1834个,所包含的人口占汉族总人口的84.9%以上。无论是李、王、张、刘这中华四大姓,还是陈、林、黄、郑这南方四大姓,均起源于河南。二是元典思想之根。河洛文化的思想源头肇始于"河图洛书",凝结了古代先哲神秘的想象和超凡的智慧。三是制度礼仪之根。河洛地区最早出现了国家治理的雏形。夏、商、周三代皆在河洛地区建立过国家,创立的各种典章制度和礼仪规范对华夏几千年历史都产生了重要影响,具有奠基意义。四是农耕文明之根。我国农作物品种的出现、农业技术的发明、农业思想的形成,无不与河洛地区密切相关。

中国海洋文化同样历史悠久。我国有着漫长的海岸线,这就使得近海的原始先民能够接受自然的恩赐而与海洋发生不同的关系。其中就包括他们的滨海活动、对海洋资源的认识和利用以及对海洋艺术品进行加工等内容。从其滨海活动来看,现代考古学证明,石器时代中国沿海地区已经有了人类活动的痕迹。就其活动开始时间而言,从旧石器时代晚期人类就已经开始注意海洋资源的开发。就其活动范围来说,从辽宁的长山群岛、山东朝岛群岛、浙江舟山群岛、福建金门岛、台湾、澎湖列岛,一直到环珠江一带岛屿与海南岛等地,都发现了新石器时代的海洋文化内容。比较典型的如:东南沿海广大地区最具代表性的新石器时代的文化——以舟桨、"干栏"建筑、有段石锛为主要特征的河姆渡海洋文化,以介壳"贝丘"、拍印纹砂陶为主要特征的福建壳丘头、昙石山海洋文化,以蛋壳黑陶为主要特征的山东龙山海洋文化,以彩陶、树皮布石拍为主要特征的珠江口一带至粤东海岸的大湾海洋文化,以玉瑞、玉琮为主要特征的杭州良渚海洋文化,等等。

从以上分析可以看出,早在数千年以前的石器时代,中华大地上就出现了丰富的河洛文化和沿海海洋文化,二者有着明显的悠远性和共时性特征,只是分布在不同的区域而已,一个是在黄河之畔,一个是在大海之滨。不仅如此,二者还有着明显的历时性特征。

从石器时代出现的河洛文化与中国海洋文化,在历史的长河中,源远流长,持续不断,一直发展到今天,有着明显的历时性特征。关于河洛文化的发展长度,学术界有不同的看法。有的认为河洛文化是一种远古文化,下限是夏朝建立,一种认为是战国末期,河洛文化即夏商周文化,有的将河洛文化限于中国古代,有的认为河洛文化下限一直到今天。① 我赞同最后一种看法。河洛文化肇始于石器时代,形成于夏商周三代,积累于春秋战国和魏晋南北朝,兴盛于隋唐和北宋,延续于金元明清时期,转型于近现代乃至今天。原因有二:一个是历千年而不衰的河洛文化所具有的核心传承力,是其他文化类型所不具备的。如石

---

① 程有为:《河洛文化概论》,河南人民出版社,2007年10月,第7页。

器时代中国北方的红山文化、长江中游屈家岭—石家河文化以及长江下游良渚文化等这些地域性文化,辉煌一时相继衰落,而唯独河洛文化为以后的夏文化——二里头文化所延续,此后夏文化又为商文化和周文化所延续。秦汉以后,虽然改朝换代,甚至少数民族入主河洛地区建立王朝,但是他们大都认同前代河洛地区的文化传统,认同河洛文化的主流地位。这是与河洛文化所具有的核心传承力分不开的。第二个原因是河洛文化中精神层面的延续不会或者很少受到物质层面因素的影响。虽然时世变迁,改朝换代,虽然宋室南迁后全国经济重心迁出河洛地区,失去了历代都城的地位,虽然近现代以来出现了飞机、高速公路乃至互联网,南北方地域文化特色不甚明显,但是变化的只是物质层面,河洛文化内核没有变化,河洛文化中的"民为本"精神与"自强不息"精神,"仁义礼智信"传统美德,延续在今天每一个河洛后裔甚至海外"河洛郎"的血脉中。

中国海洋文化同样历千年之久而奔腾不息。从中国历史上来看,石器时代中国沿海区域有了人类活动,近海型海洋采集与海洋捕捞显示着原始海洋文化的水平。夏商周时期,少量的海洋资源开始成为中原王朝的贡品,海洋航行、海洋管理、海洋信仰初露端倪。秦汉建立了统一的中央集权封建国家,这为海洋社会和海洋文化的发展奠定了非常好的政治基础。从秦汉到唐宋元明清,虽然封建社会的着力点在内陆农业型的文化上,但是海洋文化还是得到了不断的发展。海洋资源的开发纳入封建王朝视野之中,沿海人口不断增加,刺激了海洋经济的发展,虽然封建王朝不断抑制海洋的外向发展,但是海岸港口的贸易国际化不断呈现,中国海洋文化与西方海洋文化在明清以来,尤其是中国改革开放以后,得到了充分的发展。进入21世纪这个海洋世纪,中国海洋文化的潜力得到了充分的释放。突出表现为中国临海省份积极制定海洋开发战略,大力发展海洋经济。随着沿海与内地人口流动的加速,海洋资源向内陆的输送量提速,海洋文化中的创新精神也随之深入人心,可以说这是海洋文化的一个快速发展时期。

三、河洛文化与中国海洋文化的开放性与先导性

河洛文化的开放性与先导性。河洛地区地处天下之中,交通四达,周边各地域文化都在这里交汇和碰撞。在河洛文化萌芽时期,即石器时代,就和周边的大汶口—龙山文化、良渚文化等有过交流和碰撞,并吸收了周边地域文化的先进因

素。进入夏商周时代,河洛地区的礼乐制度文化、物质文化又不断传播到周边的邦国部族,实现了充分的交流。春秋战国时期,河洛文化面向周边的齐鲁文化、荆楚文化、吴越文化,充分开放和交流。汉唐时期河洛地区又以博大的胸怀吸收中国西北和北方胡族的优秀文化,使其成为河洛文化的重要组成部分。河洛地区位于土地肥沃、水资源丰富的黄河沿岸,很早就有了农业的产生,生活在这里的华夏部族率先迈入了文明的门槛,在当时的世界里这里还是夏商周三代的京畿地区,东汉至唐宋,这里人口稠密,生产技术先进,经济长期处于全国领先地位,成为先进发达的象征。① 因此,河洛地区开风气之先,具有导向作用,具有明显的先导性。宋以后,河洛文化中的先进的和优秀的元素随着王朝和人口的不断南迁北移,也随着带往南方和北方,对后续王朝和社会的发展做出了巨大的贡献。

　　中国海洋文化的开放性与先导性。一个真正的海洋国家和民族,是不能够闭关锁国的,人类面向海洋的时代,就应该也只能是开放的时代。从总体规律上讲,什么时候、哪里面向海洋了,开放了,什么时候那里的经济和文化就繁荣了发展了。在中国海洋文化发展的初始阶段,人们只是限于对海洋资源的原始开发,海洋航行仅仅限于近海,开放度很小。汉唐以后,随着对海外世界认识的不断深入,中国海洋文化的开放性不断显现出来。从汉唐时期海上丝绸之路开始,到宋元明清海岸港口贸易的发展,再到改革开放沿海开放城市和开发带以及经济特区的设立,都显示着中国海洋文化的开放性与先导性。

四、河洛文化与中国海洋文化的扩展性与辐射性

　　河洛文化与中国海洋文化不是囿于原地不动,处于静止状态,而是不断动态发展的。河洛文化发源于河水洛水岸边,但是在后来的发展中不断向外扩展,向外辐射。夏商周时期,河洛地区成为当时全国先进地区,洛阳的学校、舞蹈和夏历已被商周部族效仿,周代优越的礼乐文化辐射周边。春秋战国时期,河洛文化不断辐射周边,与周边文化相互激荡,出现了百花齐放的局面。汉魏洛阳太学吸引了来自全国各地的生员前来学习,有力地继承和传播了河洛文化。西晋至宋

---

① 程有为:《河洛文化概论》,河南人民出版社,2007 年 10 月,第 501 页。

元期间,以河洛人为主的北方人大批南迁福建和广东等地,明清之际,又有北人南迁的潮流。目前,全世界的河洛人、客家人总数在千万以上。他们走到哪里,河洛文化就传播到哪里。不仅在国内,河洛文化还传播到国外,对世界产生了一定的影响。如周朝和汉魏时期,中国与朝鲜半岛就有了文化传播,在传统文化中,朝鲜半岛与河洛文化有着密切的关系。此外,河洛文化在日本、在东南亚乃至在欧洲都有着传播和影响。①

中国海洋文化对外的扩展性与辐射性也随着社会的发展日趋明显。因为海洋的自然属性,以及人类对海洋的认识和利用,海洋文化总体上来说不是囿于一域一处的文化,人类要借助于海洋的四通八达,把一域一处的文化传承播布于船只能够到达的异域的四面八方,并传播到别的地方。同时,四面八方的异域那里的土著文化通过海水和船只反过来把融合的文化传承播布回来,对本土文化产生一定的影响。这样的联动和互动的过程,就是异域异质文化相互辐射和交流的过程。② 一方面,中国海洋文化通过陆路与水路与内陆地区进行着不同的交流,辐射到内陆区域,另一方面,中国海洋文化通过海路把中国文化(尤其是中国传统文化)传播到东南亚、日本以及欧洲或者美洲和非洲地区。

五、河洛文化与中国海洋文化之间的交流互动性

河洛文化与中国海洋文化之间的交流互动体现在二者的互相影响上。河洛文化对中国海洋文化的影响,明显的一个例子是史前河洛文化与海岱地区东夷文化早有接触,开始了两种文化的碰撞。早在石器时代,黄河流域的河洛先民就零星地往中国南方移动,有的甚至跨过琼州海峡,登上海南岛。随后的西周分封,秦始皇移民实边,西晋以后政府有组织的大批移民,在一定程度上为沿海社会海洋文化的发展与开发提供了大量的人力民众资源。不仅如此,在沿海区域设置官职政府,具有内陆特色的管理体制、文化风俗也随之而来,这就使得中国沿海的海洋文化迥异于西方的海洋文化,带有鲜明的中国特色。改革开放以来,带有河洛文化精神的内陆文化随着区域之间联系的紧密,对中国沿海的海洋文

---

① 陈义初\河南省河洛文化研究中心编:《河洛文化与汉民族散论》,河南人民出版社,2006 年 4 月,第 18 页～19 页。
② 曲金良:《海洋文化概论》青岛海洋大学出版社,1999 年 12 月,第 11 页。

化产生了更多更有力的影响。

中国海洋文化对河洛文化的影响。一方面,中国沿海本地吸纳、接受从北方迁移来的河洛文化要素,融会贯通,成为含有内陆文化因子的复合型海洋文化,并将复合型海洋文化传播到海外。另一方面,中国沿海本地将海洋物质层面和海洋精神层面的东西输送到河洛文化的发源区,极大地促进了河洛文化的发源区社会的发展。历朝历代沿海向朝廷贡送海洋产品,这属于把海洋物质层面东西输送到河洛文化的发源区,史书多有记载。改革开放以来,河洛地区的人们吃到沿海海鲜更是极为普遍。海洋精神层面,如沿海浙商、闽商、粤商的企业开拓创新精神与灵活的机制与管理,行业梯度转移,都对河洛文化的发源区社会经济产生了重大的影响。

（作者单位:郑州市惠济区政府）

论河洛文化的传承性①

董延寿　史善刚

所谓河洛文化的传承性,就是说,它具有对外的传播和对内的继承与发展等的多重性和多重作用。就它的传承途经和层面来讲,可概括为以下三点:

一曰:地缘传承。其地缘传承的具体内涵,概括来讲就是,中原河洛地带的先民们,在考古学上,从仰韶文化经河南龙山文化再到二里头文化,由此而创造了远古时代的河洛文化。此一时代的河洛文化,业已产生了质的飞跃,全方位地在全国率先进到了文明时代。继后,他们的子孙后代又把河洛文化向前推进,经历了夏、商、周三代文化的再创造,终于形成和成就了以华夏族为中心的华夏文明和“中国”的诞生。其后的祖祖辈辈,子子孙孙,承前启后,继往开来,把河洛文化推向了一个更加辉煌的时代,又终于开创了一个以汉族为中心的多民族的统一的汉唐大帝国。汉唐时代是华夏民族高度文明的时代。在同一时代的世界范围内,其绝大多数的民族、国家和地区,还处于比较落后的状态,而只有像古埃及等国家,才能和中国一同并举于世界文明古国之列。然而作为中华文化的核心文化,河洛文明长达五千年而经久不衰,它的稳定性、继承性、连续性和悠久性特征,又为世界其他任何民族、国家和地区所为之绝无。

二曰:血缘传承。血缘传承亦叫人缘传承。有所谓:水有源,树有根;同样道理,人有祖,血有宗。河洛文化传承的另一途径,就是河洛人的外流和迁徙,他们

---

① 本文为国家社科规划基金项目“河洛文化与民族复兴研究”(批准号为06@ZH012)阶段性成果之一。

不管是走到天涯或海角,如果是要寻根求源的话,皆存在一个血缘传承或人缘传承问题。那么,中华民族的"根"在哪里呢?其根其源也就在传说中的炎黄二帝上。炎黄二帝是炎帝族和黄帝族的并称,是中华民族的始族。炎帝族和黄帝族所生活的时代是在五、六千年前,其时正是中国原始社会发生急剧变化的时代,是由游牧社会向农耕社会过渡发展的一个极其重要的时代。而炎黄先民们所生活的地域又恰在中原河洛地带。因此,几千年来中国人民就把炎黄二帝尊称为中华民族的人文始祖。如今,港澳台侨、海外华裔,在全球范围内掀起了一股"寻根热"。无数个炎黄子孙、华夏儿女,来到这祖国中原河洛腹地,寻根问祖,顶礼朝拜。寻根文化亦由此而生。

今观血缘传承的最主要之点是移民,由移民所派生出来并为以后所传承和影响的,如方言、民俗、宗教以及文教等诸多因素。中华民族的移民,其方向主要有两个:一个是南迁,一个是东渡。中国移民东渡的地点,一个是朝鲜半岛,一个是日本列岛。东渡问题在此不论,这里集中要探讨的是河洛人的南迁。

从历史上来看,先秦及两汉时期,在中原河洛地带即有移民南下的现象存在。但真正有大批的并形成一种潮流的移民南迁,则必须是在国家不统一或社会大动乱的背景下产生。如西晋的永嘉之乱,唐代的安史之乱,唐末的黄巢起义,宋末的宋江起义,以及元人和满人的入主中原等。在此千年河洛人南迁的历程中,集中起来说,有三次大的移民潮:

1. 永嘉之乱与第一次大的河洛人南迁

西晋时的"八王之乱",军民死亡达 30 余万,许多城市遭到洗劫,社会生产受到严重破坏,西晋王朝已走到了尽头。继之是匈奴贵族刘渊称汉,永嘉年间逐鹿中原。永嘉五年(311 年)刘曜率兵又一次攻打洛阳,继之是洛阳沦陷,晋怀帝被俘;与此同时,刘军焚烧洛阳宫室,屠杀晋朝王公百姓达六万余人。因此这历史事件发生在晋怀帝永嘉(307～313 年)年间,史称"永嘉之乱"。

永嘉之乱后,中原士人为避战乱,纷纷背乡离井,居家迁徙至江南、辽东等地。其主要迁徙地为江淮地区,重点迁徙者为京都洛阳的皇族和公卿士大夫,《晋书》中载有"俄而洛京倾覆,中州士女避乱江左者十六七"[①]。由此说明,此

_____

① 《晋书》卷五六《王导传》,中华书局 1974 年。

次河洛人的迁徙大多是以江南为主。至于永嘉南迁的人数,历史学家谭其骧先生认为:"以一户五口计,共有人口七百余万,则南渡人口九十万,占其八分之一强。换言之,致北方平均凡八人之中,迁徙南土。"①如此惊人的九十万南渡人口,确证了北人南迁的一种史实。

永嘉南迁的支派和流向又是如何呢?研究客家文化的著名学者罗香林先生将其分为三个支派:"秦雍(今陕西、山西一带)等州的难民,多走向荆州(即今湖北一带)南徙,沿汉水流域逐渐徙入今日湖南的洞庭湖流域,远者且入于今日广西的东部,是为南徙的第一支派";"并(位于今太原市西南)、司(即今洛阳汉魏故城之东北)、豫(在今之河南省淮阳县)诸州的流人,则多南集于今日安徽及河南、湖北、江西、江苏一部分,其后又沿鄱阳湖流域及赣江而至今日赣南及闽边诸地,是为南徙汉族第二支派";"青(在今山东临淄和益都县)、徐(即今江苏徐州市和镇江市)诸州的流人,则多集于今日江苏南部,旋复沿太湖流域,徙于今日浙江及福建的北部,是为南迁汉族第三支派"。②若从南迁的路线及阶层来看,陈寅恪先生有言:南迁的北方人,"约略可以分为两条路线,一至长江上游,一至长江下游。路线固有不同,在避难的人群中,其社会阶级亦各互异。南来的上层阶级为晋的皇室及洛阳的公卿士大夫,而在流向东北与西北的人群中,鲜能看到这个阶级中的人物"③。

再从时间上来讲,所谓的永嘉南迁绝不限于永嘉年间。司马氏称晋王之时,中原连连大旱,司、冀、并、青诸州又遭蝗灾,迫使河洛人继续南迁,至东晋建立时达到高潮。总之,此次由永嘉之乱所导致的河洛人第一次大的南迁,历时一百余年,其余波则更长。

2. 安史之乱与第二次大的河洛人南迁

在唐代天宝年间所谓的太平盛世的背后,隐藏着王朝腐败、军心涣散的极大隐患。唐玄宗天宝十四年(755年),终于爆发了安禄山、史思明所发动的叛乱,史称"安史之乱"。安禄山以"奉密旨讨杨国忠"为名,在范阳发兵15万,号称20万,挥军南下。一路上"步骑精锐,烟尘千里"(司马光:《资治通鉴》),长驱直

---

① 谭其骧:《晋永嘉丧乱后之民族迁徙》,载《长水集》上册第220页,人民出版社,1987年。
② 罗香林:《客家研究导论》第41页,上海文艺出版社,1992年影印本。
③ 见万绳楠整理:《陈寅恪魏晋南北朝史讲演录》第116页,黄山书屋出版社,1987年。

入,很快就攻占了东都洛阳和西京长安。叛军所到之处,烧杀掳掠,无所不为。特别是河洛地区成为叛乱的中心,破坏尤为严重。《旧唐书》中云:"东周(即今洛阳市)久陷贼中,宫室焚烧,十不存一。百曹荒废,曾无尺椽。中间畿内,不满千户。井邑榛棘,豺狼所嗥。……东至郑、汴,达于徐方,北自覃怀,终于相土。人烟断绝,千里萧条。"①兵锋所至,生灵涂炭,百姓流离失所,纷纷离乡逃难。安史之乱给中原人民带来的灾难,由此可见一斑。

安史之乱后,又一次形成了大批河洛人的南迁。有关文献中载有:"两京(洛阳、长安)蹂于胡骑,士君子多以家渡江东";②"天下衣冠,避地东吴,永嘉南迁,未盛于此"。③ 关于安史之乱后河洛人南迁的走向,周振鹤先生认为:南下的移民在淮汉以南各地沉淀下来,形成了三道波痕。第一道达到湘南、岭南、闽南之地;第二道集中于长江沿线的苏南苏北、皖南赣北、鄂南湘西北一带;第三道则停留在淮南江北、鄂北和川东地区。三道中第二道人数最多,第一道人数最少。④

总起来看,唐代河洛人的南迁,除安史之乱引发的大规模南迁外,另有唐高宗时陈政、陈元光父子的南迁闽漳,以及唐末王审知的南迁闽越等。其时长达200 余年。此次南迁规模之大、人数之多、影响之深,为永嘉南迁之所不及。

3. 靖康之乱与第三次大的河洛人南迁

金军强悍,横扫中原,直逼腐败无能的北宋王朝。于宋徽宗靖康元年(1126年)8 月,金军再度兵分两路南下,浩浩荡荡,渡过黄河,进占西京(今河南洛阳)和郑州,紧接着就包围了汴京(今河南开封)城。闰十一月初,金军乘大雪破城,钦宗于惊恐万状中迅速到金营投降,至此北宋王朝宣告灭亡。此即所谓的"靖康之乱"。1127 年 5 月,在抗金宿将宗泽的支持下,宋徽宗之第九子赵构(康王)在南京(即今河南商丘)称帝(宋高宗),重建汉族政权,被称为南宋王朝。未几宋室南移,最后定都于临安(今浙江杭州)。

靖康之乱和宋室南移,与此同时是金人对中原人民的统治和残酷压迫,遂迫

① 《旧唐书》卷一二〇《郭子仪传》,中华书局,1975 年。
② 《旧唐书》卷一四八《权德舆传》,中华书局,1975 年。
③ 李白:《为宋中丞请都江陵表》,《全唐文》卷三四七,中华书局,1993 年。
④ 周振鹤:《唐代安史之乱与北方人民的南迁》,载《中华文史论丛》1987 年第 2、3 期合刊。

使和构成了中国历史上中原河洛人的第三次大的移民潮。金军的铁蹄踏进中原后，"虏骑所至，唯务杀戮生灵，劫掠财务，驱虏妇人，焚毁舍屋、产业"①，无所不用其极。中原人民为避战乱，又一次离乡别井，南迁江淮。史载："中原士民扶携南渡，不知其几千万人。"②当宋室南移，高宗向江南进发时，朝官将佐护卫前行，百姓跟随南下者则更多。诚如《宋史》中所载："高宗南下，民之从者如归市。"③南宋大儒朱熹，对此次中原河洛人的南迁做了高度概括云："靖康之乱，中原涂炭，衣冠人物，萃于东南。"④

中原河洛人三次大规模的南迁给江南人民和社会生活带来了什么影响呢？概括来讲有两点：第一，河洛人的南迁对江南经济的振兴和发展起到了不可替代的巨大作用；第二，河洛人的南迁有力地推动了江南文化的进步和发展。先秦、两汉时期，江南诸地人稀地广，农耕粗放，经济发展滞后。自永嘉之乱后，历经数朝数代大批河洛人的南迁，把中原汉人的先进生产技术带到了江南，无疑推动了江南农业生产的发展。南北朝时期，江南水稻的种植已由直播耕作法转变为移栽耕作法；小麦和豆类的种植也由无到有，开始普遍种植。正如《晋书》中所载："……洛阳陷，乃步担如吴兴、余杭大涤山中……区种菽麦"⑤。从魏晋到隋唐，江南经济获得了一个大的发展。正是由于中原河洛人的南迁，才使全国经济的重心开始由北方转向了南方。安史之乱后，唐朝中央政府全靠东南粮运支撑。否则的话，李唐王朝或许"不知其可"也。由此亦可说明，南方经济的大发展是与中原河洛人的南迁不无关系。在文化方面，江南文化原来也与其经济一样同处于滞后状态。以中原各门士族为主要基础的东晋政权，南迁时也把汉魏时期代表中华先进文化的河洛文化比较完整地搬迁转移到了江南，这对江南的文化和艺术等方面的发展，又是一种巨大的推进。《隋书》中载："衣冠轨物，图画记注，播迁之余，尽归江左。"⑥明代的刘盘在其《成化记》中亦云："永嘉以后，衣冠避难，多萃江左，文艺学术，于今为盛。盖因颜谢徐庾之风焉。"以"颜谢徐庾"为

---

① 徐梦莘：《三朝北盟会编》卷一一二，炎兴下帙一二，上海古籍出版社，1987年。
② 李心传：《建炎以来系年要录》卷八六，高宗绍兴五年闰三月壬戌，台湾文海出版社，1980年。
③ 《宋史》卷一七八《食货志·上六》，中华书局，1977年。
④ 朱熹《晦庵文集》卷八三《跋吕仁甫诸公帖》，四库全书本。
⑤ 《晋书》卷九四《隐逸传》，中华书局，1974年。
⑥ 《隋书》卷四九《牛弘传》，中华书局，1973年。

代表的中原河洛士族,在文艺和学术等方面的成就在江南发扬光大了,从而又在江南乃至全国则产生了重大而深远的影响。

三曰:文缘传承。文缘传承之义是说,域外的民族和国家,由对中华文化的钦羡、倾心和思慕,欲来到这东方文化的策源地,进行直接地学习和效法。文缘传承是与血缘传承相对而言的。血缘传承是走出去,文缘传承是引进来。此可以中国文化对日本影响的另一方式,即直接汲取的方式,并以此一成功的例证,来说明这种影响对日本社会所产生的另一重大变革。

日本输入中国文化,在7世纪以前大都是通过朝鲜半岛然后再被日本所吸收和汲取。即使由大批的"渡来人"把中国的先进文明和生产技术带到日本,其大多数"渡来人"到达日本的途径和路线,也必须通过朝鲜半岛再到日本。这种非直接输入的方式,无疑是有很大局限性的。随着日本社会的发展需要和日本众多知识分子如饥似渴地汲取中国文化的决心,从7世纪一开始,输入的方式发生了突变,原来通过朝鲜到日本的间接的方式,一变而为直接派遣使节、留学生和学问僧的方式,开创了直接而全面吸收中国文化的壮举。

遣隋使,揭开了日本直接而全面地吸收中国文化的新的一页。就日本的遣隋使(日本的四次遣隋使,具体内容从略)而言,从时间上来讲,前后仅只有十四年(公元600～614年);从人数上来讲,史上留名的遣隋留学生和学问僧亦仅有十余人。但是,从他们对日本历史所起的作用来讲却不可低估。首先是他们在中国留学的时间都很长,一般的留学生和学问僧在中国学习和生活了十五年左右,长达三十余年。学习中国文化的深广度自不必说。从日本方面来讲,氏族政治正在解体,中央集权早有萌芽。特别是到了6世纪末叶,物部氏没落以后,一扫了氏族统治形式而逐渐向中央集权制转化。效法之心无以复加。随着遣隋留学生的陆续回国,内因和外因的有机结合,7世纪开始的推古改革乃至尔后的大化革新就相继在日本列岛上出现了。

继遣隋使之后的是遣唐使,历时260余年,先后达19次。这是一个时代的产物。它生动地说明大唐文化的种子,如何全面而深入地移植于日本的国土之上。

综观在遣唐使期间,唐朝文化通过遣唐使和遣唐留学生、学问僧以及"渡来人"等,对刚刚诞生的日本国(作为统一国家形态)产生了巨大而又深远的影响。

这种影响的直接结果,用日本学者木宫泰彦的话来讲就是:"日本中古文化多是接受和吸收了唐代文化经过消化整理,使之与日本固有文化融合而形成的,关于这点,任何人也不会有异议。"①也就是说,通过遣唐使等不断对中国文化的接受、吮吸和汲取,又经过整理、咀嚼和融化,逐渐到了平安朝中期以后,才正式形成了具有日本民族特色的日本文化。作为这种影响的另一结果,就是由遣隋使和遣唐使,直接导致了日本的推古改革和大化革新。

　　概括日本7世纪所进行的社会改革(由推古改革到大化革新),是一次地道的中国式改革,是一次"唐化改革"。这次改革为日本过渡到封建社会迈出了一大步。又过了1200年,历史推到了19世纪,在日本又出现了一次大的社会改革——明治维新,这次改革被称为是"西化改革",它则奠定了日本发展资本主义的基础。这两个改革的共同点在于,都从外国文化中汲取了丰富的营养,然后经过自己体内的消化、吸收而获得历史转机的两个范例。这在日本的历史上树起了两座巨大的里程碑。影响所及达千年之久,乃至更其深远。

　　　　　　　　　　　　(作者单位:洛阳理工学院河洛文化研究院)

---

　　① ［日］木宫泰彦:《日中文化交流史》,商务印书馆,1980年。

河洛文化研究要在不断深化上下工夫

丁同民

　　河洛地区是中华民族的重要发祥地,河洛文化作为中华民族的核心文化在中国传统文化中居于主干地位,河洛文化的博大性、包容性、根源性使得研究中国文化史的人无不感到震撼。历史上,由于地处中原的河洛汉人多次大规模的南播而促成了客家民系在赣闽粤地区的形成,客家人的后裔于明清两季又不断地走向澎湖和台湾,继而走向南亚和世界,故而至今许多客家人还自称"河洛郎"外,不忘"根在河洛"。虽然如此,但作为地域文化,除了一部分文化界和客家人之外,社会上能知其一二者百无其一,能略道其详者更是寥寥无几。20 世纪 80 年代以来,出于历史的责任,河南曾先后召开过多种形式的文化学术会议,仅专题性的河洛文化国际研讨会就举办了 8 次,在海内外产生了较好的影响。虽然如此,其影响还是很有限的。第九届河洛文化国际研讨会在广州召开具有重要的历史意义,它标志着河洛文化研究最终突破了地域界限,走出了中原,开始向南方播迁,同时它也标志着河洛文化研究力量的要进一步整合,其研究也要进一步深化和拓展。

一、要在不断深化河洛文化内涵与特色研究上下工夫

　　回顾从 20 世纪 80 年代至今,河洛文化研究,就总体而论,多侧重于对河洛文化的认识,尤其对河洛文化在中华民族文化形成过程中的地位和意义方面,而对河洛文化的具体内涵和特征,则过于笼统,过于粗放。就地域文化的研究初级阶段来说,这是很正常的。

　　河洛文化首先是地域文化。目前,就河洛文化的地域范围而言,基本取得了共识。大多专家认为,河洛地域有狭义和广义之分,狭义的河洛地区指以嵩山和洛阳为中心的今豫西及周边一带,广义的河洛地区则包括今豫中、豫西、豫西南和豫北、豫东的一部分及周边地区。河南大学历史学教授朱绍侯先生曾提出了著名的"河洛文化圈"之说。他指出:广义的河洛地区大致相当于今天河南省的西部、中部、北部和山西晋南部分地区。考古学上著名的裴李岗文化、仰韶文化和河南龙山文化遗址及商代前期都城都在这个区域之内。因此,从这个意义上说,河洛文化就是中原文化。

　　河洛文化又是历史文化。首先,从较为严格的意义来说,河洛文化不能等同于中原文化,二者是既有联系又有区别。其次,中原文化的时空概念要大于河洛文化。也就是说,河洛文化与中原文化的区别有两项,一是在时限上,二是在地域范围上。就时限而言,河洛文化是历史文化,其上限可追溯到远古,其下限当在明末清初;中原文化的时限则涵盖古今。就地域而言,中原文化的地域不仅指当今河南省,它还要向周围延伸,包括黄河中下游一带,即西起潼关,东至徐泗,南越淮河,北跨漳河。人们习惯上称这一广大地区为中原。

　　什么是河洛文化,确切的表述目前还难以做到,大致可以这样描述:河洛文化是产生于河洛地区的文化,它导源于远古,产生于夏、商,成熟于周代,发达于汉魏唐宋,传承于明末清初,既包括以农耕文化为中心的物质文明,也包括由此产生的政治、经济、文化、习俗、心理等政治文明和精神文明。

　　很明显,这一表述虽然比较明确,但实际上还相当粗疏,有待深入研究和完善。

　　作为地域文化,通常所指的是在特定的地域范围内长期形成的历史遗存、生产方式、生活方式、文化形态、心理特征、社会信仰、习尚风俗以及语言等。目前,对河洛文化的上述具体内涵的研究还有待深化,尤其要归纳出其区别于周边其他地域文化的特点。

　　有些论者认为,由于中原地处天下之中,尤其长期居于中华民族的政治、经济和文化中心的位置,大量的各种交流、融合已使其社会、文化特征削减和没有显著特点,其"没有特点就是特点"。这种说法是相当片面的。作为地域文化,首当其冲的特性就是其地域性,失去地域特性的文化很难再称为地域文化。上述现象,一方面说明河洛文化的开放性,另一方面也说明我们对其研究还很不深入,还处于表层,还没有更加准确地概括出它固有的本质与特色。

比如,周代的政治中心在镐京,又叫宗周,即今西安,后迁于洛邑,又叫成周,即今之洛阳;汉代的首都初在长安,后迁到洛阳;唐代的首都在长安,洛阳则称东都。周、汉、唐都是中国历史上发展最好的时期,关中地区和河洛地区在文化上都有很多创新,很多亮点。正因为如此,河洛地区与关中地区在文化上就有了许多相似之处、相同之处和交叉之处。尽管如此,二者必然还有差异。那么,这些差异、这些不同主要表现在哪里呢?目前尚不能够说得清楚、说得系统、说得客观。这就需要我们认真地进行田野调查和文献研究。

又如,中国的许多元典文化产生在河洛地区,如哲学上的《易》、《书》、《庄》、《老》等,这些文化对儒家思想的形成起到了直接的奠基作用。孔子的先人原来生活在宋,后迁鲁。周实行分封制,因周公之子伯禽的惨淡经营,鲁地成了继承和保存在周文化最好的诸侯国。孔子在鲁地接受了周文化,又到宋、洛等地考察和学习。那么,就河洛文化与齐鲁文化之关系、河洛文化与儒文化之关系而论,二者是怎么交流、渗透、融合与发展的,其过程如何,目前也尚没有能够见到很有分量的成果。

总之,关于河洛文化的内涵、河洛文化的特质、河洛文化的原生形态、河洛文化与周边文化之关系等诸多宏观方面及其细部,都还有许多问题要进行专题性的深入探讨与研究。在新时期河洛文化研究走过20多年的历程之后,对河洛文化渐进式辐射的研究明显不足。

二、要在不断深化河洛文化南向传播与影响的研究上下工夫

研究地域文化,其意义有两个方面,一是其学术及文化价值,一是其现实意义。

深入研究河洛文化,一方面有助于进一步探讨中华文明之源,深入、全面了解中华文明的原生形态,了解中华民族文化形成、演变的早期发展过程。另一方面,也需要强调的是,由于上千万的客家人、"河洛郎"根在河洛,深入研究河洛文化的南向播迁,有利于海外的客家及河洛郎到大陆寻根问祖,从而进一步增强中华民族同根的凝聚力,炎黄子孙同源的向心力,家乡山水哺育亲和力,进而促

进中华民族的复兴和国家的统一。

河洛文化的南向传播是中原汉人的南迁的产物。中原汉人南迁促成了客家民系的形成,而客家文化的诞生又是客家民系形成的结果。就宏观而言,综观客家问题数十年的研究,上述论断在学术界基本上取得了共识。但就中原汉人南迁和客家形成的一些具体问题而言,情况却又是另外一番景象。如中原汉人大规模南迁究竟始于何时,历史上大体有多少次,其原因和路线各是什么。又如,客家大体是什么时候形成的,其形成条件和判断的基本准则有哪些;客家文化的基本形态是什么,作为河洛文化的一种亚文化,客家文化与河洛文化的关系、异同是什么,都需要作进一步的调查与探讨。

在中原汉人南迁的过程中,西晋"永嘉之乱"、唐高宗总章二年(669)的平抚"獠蛮之乱"和北宋"靖康之变"是最重要的三次。在南向的过程中,除了大量的百姓之外,还有很多世族豪门,后者在历史上留下了不少的文字记载,其中既有正史,也有笔记小说之类,还有不少的家乘谱谍。但由于历史久远、族系不同及后裔分散,所遗资料和文献也千差万别:有的是亲身经历,有的道听途说;同一事件所记,有近似、有类同、有沿袭,也有相差甚远,有明显的矛盾、错讹与谬舛。由于这样,在一些问题的现今研究中,就出现了不同的描述与不同的结论。

例如姓氏研究,在台湾和福建保留的数万份家谱中,很多都写着祖籍在"光州固始",这表明,河南与闽台、中原汉人与客家在地缘、人缘、血缘关系上存在着悠久的渊源。

关于姓氏,在台湾有"陈林半天下,黄郑排满街"的谚语,这说明陈林黄郑是台湾的人口大姓。

这一事实,与历史的记载是相当吻合的。《晋书·王导传》曰:"京洛倾覆,中州士人避乱江左者十六七。"明人何乔远《闽书》记载说:"永嘉二年,中原板荡,衣冠始入闽者八族,所谓林、黄、陈、郑、詹、丘、何、胡是也。"台湾省文献委员会《台湾省通志·人民志·氏族篇》则说晋代从中原入闽者共 13 姓,即林、黄、张、刘、杨、郑、邱、何、詹、梁、钟、温、巫。

由此可知,加强河洛地区与闽台姓氏的研究,尤其是对一些具体的个案研究,使研究具体化,如对某姓、某家族、某个人的研究,一个个找到了有案可稽的行程足迹,则必将使"根在河洛"成为一种令人自豪的现象。

再如客家文化与河洛文化(或中原文化)之关系研究,这些年来取得了不少的成果,每年都有一些新的论文和专著面世。阅读这些成果,除了使人受到启发之外,也使人发现存在着一个不容忽视的现象,这就是谈二者相因、相同者不仅多,而且细,论及不同或变异则少而疏。

众所周知,客家文化的形成是一个渐进的过程,也是一个不断变化的过程。客家先人的聚族而居,使客家人保存北方文化及习俗的一个重要原因;但客家人与当地人相互来往、相互学习、彼此融合、取长补短,则又使客家人生存的必要条件。因此,从这个意义上说,在客家漫长的形成过程中,保留独立性与增加适应性必然是共生的,我们今天在描述其过程时,必须多角度、多侧面,只有这样,才可能避免片面性。

以客家话为例,作为中国的一个有代表性的方言,客家话的形成是极其缓慢与复杂的,就整体而论,它不可能是古代北方话的"活化石",而只能是古代北方话的一座博物馆。长期以来,一些学者细心地进行中原方言与客家方言的调查与比较研究,分析了一些音韵保留、词意相同或近似的现象,企图发现其演变的规律。一些学者长年深入民众之中,从节令、习俗、文娱、信仰等方面切入,将今日闽台与河洛的一些事象加以比较,企图找出其演变的轨迹。这些带有田野作业性质的工作都是很有意义的。它从一个侧面告诉我们,客家文化的形成、客家方言与闽南方言的产生,是一个文化创新与文化融合的过程。在历史上,随着河洛人口南向的大迁徙,河洛文化对南方包括浙、闽、赣、粤等地都产生了很大的影响,其中也包括河洛话、中原官话对当地社会生活的影响。但这种影响一定是一个渐变的过程,而不是哪一天早晨突然完成的。我们的研究就是要说明这一过程是如何发生的,经历了哪些变化或哪些阶段,其结果在不同的地域又是如何表现的。只有这样,河洛文化的传播与影响才显得具体而实在,也能使更多的人在思想深处认识到河洛文化对客家文化在源头上的孕育作用。

三、要在不断深化河洛文化研究的组织与协调机制上下工夫

河洛文化是中国传统文化的重要源泉之一,在中华民族漫长的历史发展长河中长期处于领先地位,对周边及其他地区的文化发展有着重大影响,在中国文化发展史上有着十分重要的地位。这是河洛文化同其他地域文化最大的区别和

不同,这也是河洛文化研究之所以引起国人重视的重要原因。

从 1989 到 2009 年,由河南省有关部门牵头,河洛文化已经在洛阳、郑州、安阳、巩义、平顶山举办了 8 次国际学术研讨会,在固始县举办了两届"根亲文化节",在台湾举办了两次"海峡两岸河洛文化论坛"。2010 年第 9 届河洛文化国际研讨会将在广州举办。作为地域文化研究,河洛文化研究能够走出中原,除了其自身博大丰富的内涵及其具有全局性意义之外,组织工作机制的不断创新也是一个重要的因素。

要整合研究力量,作到上下联动,使各方面的力量得到聚合。一般来说,学术研讨都是由高校、科研院所和社会团体举办。河洛文化研究之所以能够不断发展,行政力量的参与是其中一个重要原因。

首先,处于河洛文化的核心区的洛阳市领导非常重视,市委、市政府大力支持,政协负责组织与协调,具体操作与落实的部门是洛阳市社联、市历史学会和市海外联谊会。洛阳不仅成立了市一级的河洛文化研究会,河南科技大学、洛阳师范学院、洛阳理工学院等高校也都成立了研究机构,有专职人员和专项经费。洛阳市每年都要举办一次河洛文化节,同时召开学术研讨会。洛阳已经有一支由"老中青"相结合的研究队伍,其骨干人员有数十人。

河南省领导非常重视,予以了大力指导与支持。原省委书记李克强、徐光春对河洛文化研究均有明确批示。2009 年 12 月 17 日,徐光春在率领"中原文化宝岛行"访台期间,亲自在中国文化大学作了题为《河洛文化与台湾》的演讲。自 2004 年以来,由省政协作为主办单位,在省财政支持下,已召开了 5 次大型的河洛文化国际研讨会,全国政协副主席罗豪才、白立忱与会。在人员编制紧张的情况下,经省政府批准,成立了河南省河洛文化研究中心(与河南省社会科学院历史考古研究所合署办公)。还成立以九届省政协副主席陈义初同志为组长的"河南省河洛文化研究工作领导协调小组",成员有省政协办公厅、港澳台侨委员会、文史委员会、学习委员会,省外侨办、省台办、省侨联、河南省社会科学院、河南大学、郑州大学、洛阳市政协。通过几年来的工作,河南省河洛文化研究力量得到了一定整合,先后承担了 3 项国家社科基金项目,出版了专著 10 多部,发表各种论文 200 多篇。10 年来,河南还斥资 2000 多万元修复了台北首任知府陈星聚墓园和"陈星聚纪念馆"、开漳圣王陈元光"陈氏祠堂"和闽王王审知故里。

全国政协非常重视。在全国政协贾庆林主席、罗豪才副主席的关注和指导下,2006 年 2 月,中国河洛文化研究会在北京成立,全国政协副主席张思卿、陈奎元、罗豪才、张克辉任顾问,全国政协港澳台侨委员会主任郭东坡任会长。2008 年 3 月以后,第十一届全国政协港澳台侨委员会主任陈云林同志担任了中国河洛文化研究会会长。中国河洛文化研究会的成立,是河洛文化研究的一个里程碑,它标志着河洛文化研究正式走上了全国的舞台。2009 和 2010 年全国两会期间,陈云林同志主持召开了豫、闽、粤、赣四省政协负责人会议,就河洛文化研究及中国河洛文化研究会的工作发表了重要意见。在广东省政协的大力支持下,第九届河洛文化国际研讨会得以在广州召开。第九届河洛文化在广东省召开,标志着河洛文化研究走向全国迈出了实质性的步伐。

其次,学术研究的组织工作要落实。实践表明,大型学术会议不仅是推动学术研究的重要手段、有力杠杆,从一定意义上说,也是学术研究向纵深发展的指挥棒。大型学术研讨会的组织工作,最重要的就是确定研讨会的主题和主旨。由于中国河洛文化研究会设在河南,肩负着策划学术研讨会的准备和组织工作,为此,学会对河洛文化研究的历史和现状、热点和难点、力量的分布和整合等都有较多的资料和信息,并定期召开专家会议,听取意见,对研究的情势作出动态的评估。正是在这样集思广益的基础上,才确定了 4—8 次国际学术研讨会的主题——河洛文化的传承与影响(出版了论文集《根在河洛》)、河洛文化与汉民族(出版了论文集《河洛文化与汉民族散论》)、河洛文化与殷商文明(出版了论文集《河洛文化与殷商文明》)、河洛文与客家(出版了论文集《河洛文化与客家》)、河洛文与姓氏(出版了论文集《河洛文化与姓氏》),从而使几次研讨会取得了丰硕的成果和良好的社会效益。

随着河洛文化研究的走出河南,河洛文化研究的组织与协调工作机制面临着新的挑战。这其中包括:如何使研讨会一届接一届地开下去,并且能够做到很好地上下衔接;如何更好地把各地的研究骨干力量加以整合,集中力量做一些带有攻关性质的大课题;如何借鉴他人成功的经验筹措经费,比如建立基金会,使一些大型的研究工作得以开展;如何建立起豫闽赣粤四省之间的协调机制,比如说联席会议,更好地发挥省级机关对本省研究工作的指导作用;如何发挥各省地市一级的积极性,使研究在纵向发展上有更大的拓展等。毋庸讳言,中国河洛文研究会在开展全国性的研究工作中发挥了重要作用,因此,在未来的组织与协调机制创新中,大家将寄予厚望。

（作者单位:河南省社会科学院、河南省河洛文化研究中心）

产业化:河洛文化弘扬之道

赵晓芬

当今时代,文化越来越成为民族凝聚力和创造力的重要源泉、越来越成为综合国力竞争的重要因素,丰富精神文化生活越来越成为我国人民的热切愿望。① 河洛文化是中华文明的摇篮文化,资源非常丰富,可是直到如今还没有显示出其应有的功能,经济、社会、文化效益均不明显。

其原因何在? 主要在文化本身。因为,只有文化底蕴丰富,才能影响经济和政治。旅游是一种文化消费行为,人们外出旅游的目的在于获得心理上的满足和精神上的享受,文化内涵丰富才能得到旅游者的青睐。文化旅游更是如此,是以一地区的文化为基础,对文化形式和内容加以产品化的体现,构成为旅游者提供旅游经历的一种吸引物,吸引在于"新、奇、特、深"。而河洛文化开发存在"旧、同、浅"现象。不少地方几个人为的建设物一目了然,看不到河洛文化内涵,给人正在开发中的感觉。因此,要使河洛文化不断地弘扬,其出路在于产业化。

联合国教科文组织把文化产业定义为:文化产业就是按照工业标准,生产、再生产、储存以及分配文化产品和服务的一系列活动。文化产品的生产和文化的服务向来就是按照小农经济的方法进行,还是按照工业标准的方法去生产,这是是否文化产业化的一个分野。小规模的、零散的、没有按照生产、流通、销售、

---

① 胡锦涛:《高举中国特色社会主义伟大旗帜为夺取全面建设小康社会新胜利而奋斗——在中国共产党第十七次全国代表大会上的报告》。

消费这样一个循环去生产文化产品就不属于文化产业。只有按照工业标准进行生产、再生产、储存以及分配才是文化产业。也就是要批量地、有规模地、连绵不断地去生产。河洛文化只有按照工业化标准进行生产,把河洛文化资源变成产品、商品,并且要做大做强;也只有把河洛文化做大做强,才能实现河洛文化的产业化,使优秀的河洛文化得到弘扬。产业化是商品化,商品是用来交换的劳动产品,就要做到人无我有,人有我优,做大做强,必须要在"特、深、新、大"上做文章。

一是要"特"。特,就是要有文化的个性。亨廷顿认为,现代化的文化不是单一文化,而是多元文化,现代化或单一文明的胜利,将导致许许多多世纪以来体现在世界各伟大文明中的历史文化的多元性的终结。相反,现代化加强了那些文化,并减弱了西方的相对权力。世界正在从根本上变得更加现代化和更少西方化。但这不等于说文化的多元化是个自然过程,实际上是个自觉自为的矛盾运动过程,需要的是各民族文化的个性化发展,才能实现。文化产业发展实践也表明,"只有民族的,才是世界的",越是民族的东西,就越能打开市场。中华民族历史悠久,文化底蕴深厚,民族文化源远流长,尤其是河洛文化在世界文化之林中,特色鲜明浓郁,风格独树一帜。这是民族文化走向世界的立足之本。面对世界文化产业的迅猛发展和加入世贸组织后外国强势文化的大举入关,起点低、起步晚的河洛文化产业化无疑处于非常不利的弱势地位。在这种情势之下,河洛文化产业化只有突出自身特色才能求得立足之地。实施特色优势战略,就要对河洛文化资源进行全面的盘点和梳理,对优势和劣势进行准确的分析和把握,依此确定自身的品牌,并不断壮大自身实力,以此作为突破口,来带动文化产业的全面推进。

二是要"深"。深,就是要深挖河洛文化的内涵。"文化"一词,《易·贲卦》的《象辞》云:"文明以止,人文也……观乎人文,以化成天下。"人文,就是使人的思想与行为合乎文明;文化,就是按照人文自身的规律教化天下,使人们追求真、善、美的文明程度不断提高。绚丽多彩的河洛文化,这是发展文化产业取之不尽、用之不竭的宝贵财富,不能仅仅是摆设一些表层的河洛文化,而主要是在深层的精神文化上下工夫。只有充分地挖掘民族文化的内涵,才能吸引消费者,使文化起到其应有的功能。

三是要"新"。新,就是运用现代科技手段开发利用河洛文化丰厚资源,河洛传统文化用高新技术进行表达,使河洛传统文化富有时代性。达·芬奇说:"艺术借助科技的翅膀才能高飞。"具有悠久历史传统的河洛文化,必须具有科学的现代形态,才能融入世界先进文化的主流。否则,河洛文化就只能成为地域文化、边缘文化,甚至成为只能在博物馆中展览的国粹。数字化是人类中介系统的一次新的突变。以往文化发展的各个阶段,用文字、图像、声音等模拟信息,依赖于不同的记录方式、载体形态和传递手段,文化知识和信息被固定在不同的物理介质载体内,它们是彼此互相独立和隔绝的,严重地限制了信息的相互转化、交流和利用。而数字化就完全不同,各种数据、文本、图像的无缝合成,并加以整理、加工、组织、传递和交流,从而成功地实现了原有文化的集成化、网络化和信息化,使得人类一体化信息资源的梦想变成了现实。因此,数字化仅仅是一种工具理性。工具理性的合理化,在于其目的的合乎理性,社会和个人以用最小的资源或代价获取最大收益为原则,而利用各种方法、手段和条件以达到特定目的的行为。在现代化过程中的作用而言,工具合理化为功利所驱使,尽量减少成本,消除浪费,可以优化资源配置,促进技术革新,提高效率,数字化就实现了这一目的。工具理性本身而言,它是中性的,不存在政治属性,也没有东西方之别。因而,要走出这样的误区:凡是西方创造的,就是西方文化,就必须反对。如果是这样的思维,那么我们早就西化了,因我们今天的服饰、许多生活用品、生产工具都来自西方。民族性与现代性的结合是先进文化发展的必然要求,二者缺一不可。数字化是当今最先进的传媒技术,优点是成本低廉,"原汁原味",图文并茂、声情并动,可真实地记录民族传统文化的实际,其效果是传统记录方式不可比拟的。当今世界,数字化技术的运用,不仅带来了文化本身的成功,而且也创造了巨大的经济价值。文化资源与科技等产业融合嫁接,显露出巨大的经济意义,成为一种新经济资源进入经济开发中心地带,实现关联度极高的拉动效应,出现了文化产业。河洛文化采用数字化的形式进行开发,把文化资源通过孵化,变成一个产业,前景广阔。而且能够多元地、动态地、持续不断地开发出新产品,满足消费者日益增长的文化需求。要改变目前一些河洛文化旅游顾客一次性光临的现象,要实现来了一次再一次次地来。

河洛文化接受数字化,是否会出现技术的工具理性超越审美固有的表现理性呢？的确,数字化、工具理性与任何事物一样具有两面性,也是一把双刃剑。一方面,数字化、工具理性的发展极大地增强了人类改造和征服自然的能力,提高了社会生产力,这就为人类实现自由全面发展奠定了基础,因而它与人的存在及人类崇高的伦理理性与审美理性追求是相一致的。数字化在发展其实用功能的同时,也在进一步发展与人的自由存在相一致、与伦理理性和审美理性追求相容的其他功能,主要表现在:数字化的发展正在实现科学观念与思维方式的重大转变,这为数字化理性的非工具性、非功利性特征的发展提供了前提条件;数字化发展正在引起深层认识论构架的重大转变,而凸显了人的存在在主客体关系中的意义,为数字化理性中人文因素的增长提供了认识论条件;数字化发展的高度综合的一体化趋势,以及数字化向社会生活的渗透,导致了科学文化与人文文化的日益密切的相互交融,使当代数字化与包括伦理学、美学在内的人文社会科学在"历史科学"中统一起来。人们逐步熟悉、运用数字化的同时,也不断衍生着人类对自身价值、思维方式、生活方式等的深刻反思;信息资源的发展使得人们的价值观念发生着巨大变化;"即时性"的传递和传播空间的无限拓展,使得世界各地具有相同兴趣和爱好的人们有可能成为一个信息交流的社会群体,于是社会生活方式和公共关系被赋予了新的概念;利用网络从事学习、工作、活动的方式的日益丰富和多样化,势必形成人们对人生、社会和文化等的新的思考,并由此促成了崭新而独特的文化形态的不断产生、发展。总之,在与传统的社会文化逐渐融合的基础上,不断衍生出全新的文化。另一方面,数字化在展示出人类理性的巨大能量的同时,不可否认,也出现与先进文化背道而驰的方面:数字化源于美国,网络上由美国控制的信息占绝对优势,是美国文化;黑客频频光顾,淫秽、色情、暴力等丑恶内容泛滥成灾,不良文化对人们特别是青少年的影响显而易见。当然这也不能成为拒绝数字化的理由。因为,这些不良文化和信息垃圾并不是数字化的必然产物,实际上它们自人类产生以后就出现了,只不过是数字化时代,它们存在的方式或表现的形态不同于语言、文字而已。问题在于加强网络管理,运用数字化技术就一定能够抵制不良文化和信息垃圾的渗透和侵害。对付美国为首的西方"强势文化"的实践理性是积极回应,大力运用数字化技术,把优秀的河洛文化推向世界,拓展自己的空间,才能缩小其比例。并且,只有学习运用数字化思维方式,才能在此基础上创造新的思维方式。

　　四是要"大"。大,就是要把河洛文化做大做强。河洛文化是包括中华民族物质文化、制度文化、精神文化在内的大文化。要从大文化的视野把河洛文化做大。就旅游业来说,包括吃、住、行、游、购、娱等六大要素的众多产业群,各产业都要发展。要达到内容丰富,形式多样,使消费者有东西可以消费,流连忘返。不但消费者本人得到享受,而且让家人也得到享用。

　　党的十七大报告指出,深化文化体制改革,完善扶持公益性文化事业、发展文化产业、鼓励文化创新的政策,营造有利于出精品、出人才、出效益的环境。弘扬河洛文化要做到"特、深、新、大",实现河洛文化产业化。

　　首先是要加大开发力度,积极进行文化创新。立足于改革开放和现代化建设的实践,着眼于世界文化发展的前沿,发扬河洛文化的优秀传统,汲取世界各民族的长处,在内容和形式上积极创新。河洛文化的创新,一是要弘扬河洛文化,尊重历史,尊重河洛文化传统,充分体现出河洛文化的历史继承关系。二是创新要有选择性。弘扬河洛文化不是全面复兴,一定要有所选择,创新不能局限于传统的东西,一定要有所发展和突破。河洛文化的精华成分,要进行发扬光大,增值开发。河洛文化中某些传统已经不适应现代社会的发展,甚至会阻碍新文化的发展。要对传统的负面效应进行系统清理,超越传统的力量,实现时代的跨越,即进行转向开发。三是创新要有前瞻性,一种文化有没有生命力,取决于它是否具有前瞻性。具有前瞻性的河洛文化才能实现它的可持续发展,它可以预见先进文化的发展方向,不断适应时代变化和社会转型所带来的要求,以不断超越的理论品格充实民族文化的生命力和创造力。四是要依靠本民族人民。民族传统文化是各民族人民自己创造的,民间社会是传统文化的土壤,民族文化的创新不能游离于本民族人民,要采用本民族人民乐于接受的方式,培育新的"文化积淀场"。五是学习借鉴世界各民族优秀文化成果,扩大河洛文化创新的空间。在中华文明起源和发展过程中,河洛文化占有主体和核心地位,发挥着主流与主导作用。河洛文化是中华文明的主要源头。由"河图"发展形成的周易八卦,由"洛书"发展形成的阴阳五行,反映了自然界物质在运动中互相依存、互相制约、矛盾统一、和谐发展的关系,蕴含着辩证思维观念和朴素的唯物主义思想(但由于受时代和生产力落后的限制,也包蕴了许多迷信与不科学的内容)。坚持弘扬和培育民族精神,建设有中国特色社会主义文化,就必须深入研究博大精深的传统文化。民族精神是民族文化的核心和灵魂,是一个民族心理特征、文化传统、精神风貌、价值取向的集中体现,具有对内动员和聚集民族力量、对外展示和树立民族形象的重要功能,要作为弘扬与培育的重点。要始终高举社会主义文化旗帜,在文化观念上决不照抄照搬,在发展模式上决不能简单模仿。河洛文化对中国各地域文化影响深远,对海外华人文化影响深远,深入地、全面地、系统地扩大河洛文化创新的空间,必将对全面、准确地传承中华民族精神、民族传统,起到正本清源、明晰脉络等重大作用。

要全面认识河洛文化,取其精华,去其糟粕,使之与当代社会相适应、与现代文明相协调,保持民族性,体现时代性。[①] 河洛文化创新要防止两个容易出现的偏向:一个是对待河洛文化的随意性。表现为急功近利,甚至歪曲、丑化河洛文化。结果影响、损害了河洛文化的形象,是与河洛文化创新相背离的。另一个是将河洛文化仅仅作为实现经济利益的手段。这种极端实用主义使文化成为经济的奴隶,丧失了文化的尊严,实际上是对河洛文化的不尊重。必须深刻认识文化产品所固有的意识形态和商品双重属性,努力实现社会效益与经济效益的有效结合。社会效益是实现经济效益的前提,经济效益又反过来为社会效益的实现提供坚实的物质基础,二者相互促进、共生共存,缺一不可。

其次是加大整合力度。要通过广泛深入的调查研究,切实掌握河洛文化资源状况,在定性分析和定量分析的基础上,结合实际,确定发展思路、工作重点和目标任务,制定出文化产业发展的中长期规划。要统一规划优化文化设施布局,根据文化产业发展需要兴建文化设施。对导向性、标志性、基础性设施加大投入力度,各地方要对群众性、娱乐性、普及性的文化设施进行重点建设,合理布局,科学安排。鼓励社会各种融资手段的运用,注意吸引社会各方力量来投资建设文化设施,建立起多渠道、全方位的投资机制,使文化产业的阵地建设也逐步走向产业化之路。特别是要对自然资源和文化资源进行有效的整合,使其发挥规模效应。

再次是重视文化介体的推广作用和河洛文化企业的基础作用。传统传媒,

---

① 胡锦涛:《高举中国特色社会主义伟大旗帜为夺取全面建设小康社会新胜利而奋斗——在中国共产党第十七次全国代表大会上的报告》。

由于地理、社会环境因素的制约,河洛传统文化之间只是在有限空间有限地往来,或根本就不来往。而在数字化时代,因特网完全打破了传统的或者说物理上的空间概念,它是一个开放的媒体,它使全球连为一个共时性的超越国界的整体,网络环境下的信息传播面对的是整个世界。Internet 已不独属于某个国家、某个民族、某个组织,它无国界,无民族界限,是全球性信息资源共享的网络。随着"人性化界面"技术的发展,随着人机语言互动技术在网络上的普及,建立"国际信息和交流新秩序"的物质条件将会逐渐成熟。要抓住网络为我们提供的有利时机,将更多的优秀河洛文化资料放在网上,让世界了解中华民族传统文化,通过数字化来弘扬河洛文化。同时也利于缩小我国与发达国家存在的"数字鸿沟"。进一步加强服务文化、商品文化、管理文化和导游文化建设,充分发挥介体文化的作用。特别是要运用数字化技术把河洛文化迅速推向全国、走向世界。

(作者单位:中共贵州省委党校哲学部)

大禹与中原文化研究的回顾与展望

刘训华

中原是中华文明的发祥地,中原文化具有祖根性、创造性、延续性、兼容性的特点。① 而大禹文化在中原文化研究的内容架构上,是中原文化的主要源头之一,并集中体现了中原文化的四大特点。

大禹是中国"三皇五帝"时期终结后的第一人,是由神话走向历史的第一人,研究大禹文化对于研究中原文化、早期国家形态、汉民族起源乃至整个中华文明史,都具有重要的研究意义与现实价值。

一、大禹文化在河南

大禹文化是中原文化②的重要组成部分。大禹许多生平事迹、神话传说就发生在河南。

许昌禹州是夏部落的聚集地,大禹初封于此,民间传说则有认为大禹是禹州人。而目前关于大禹的出生,却也带有不同的看法。有四川北川说、四川汶川说、山西说、陕西说、山东说等诸多说法。③

登封嵩山地区被认为是夏王朝初期活动的中心地区,也是大禹活动的主要地方,保留了大量的大禹文化胜迹。"阳城是夏朝建立都城的地方,王城岗遗址

---

① 刘玉娥:《中原文化与中华文明》,载《中华文化论坛》2006 年第 1 期。
② 本文所指的中原文化,是取其狭义,主要指今天的河南地区。
③ 大禹故里,现在最为流行的说法是北川说(谢兴鹏)、汶川说(谭继和),之所以观点流行,主要不是考古的依据,而是各方面的需要。

1988 年被国务院公布为全国重点文物保护单位。嵩山的太室少室的名称也是为纪念大禹的两个妻子涂山娇、涂山姚而得。在嵩山脚下，还留有汉代所建的启母阙，启母阙上的雕刻内容，大多数都是记述夏禹及其父鲧治水的故事和赞扬启母的功绩的。在嵩山脚下，还留有许多有关大禹治水的传说故事，有许多相关的文化遗迹，如启母阙、启母庙、启母石、试斧石等等。"①而刘玉娥在《嵩山——中原文化之轴心》中认为，"嵩岳居天下之中，是中华文明起源发展的最佳区域选择。嵩山地区自旧石器时代以来即是人类活动的理想地区，夏、商、周三代皆定鼎嵩山附近，历经几千年，人们聚居在嵩山周围，不断积累着文明的因子，最终聚合为文明种子，在中原腹地落土生根，逐渐形成中华文明。中华文化是有核心的，核心就在中原嵩山"②。可见大禹文化—嵩山文化—中原文化之间存在着一种内在紧密的逻辑体系。

洛阳传说是大禹治水的重要区域。"传说中都认为，大禹劈山、导水，治理了全国的河山。但从遗迹看，大禹治水主要还是在黄河中下游，特别是洛阳地区。可见大禹治水对伊洛地区的影响是深远的。民间相传洛阳市南的龙门伊阙是大禹时开凿的，又说今偃师县东南的轩辕山也是禹开通的。"③可见洛阳是大禹民间神话传说的一个重要产地。

三门峡地名本身就充分体现了大禹文化。"相传大禹治水，使神斧将高山劈成'人门'、'神门'、'鬼门'三道峡谷，河道中由鬼石和神石将河道分成三流，如同有三座门，三门峡由此得名。"④三门峡还有一系列遗迹与大禹有关，"凿山时杀死过一条恶龙，血溅山崖，故两岸山崖俱为红色；相传斩龙剑落在河中，化作通天巨石，这就是中流砥柱峰。附近有七口井，是大禹凿三门峡时所挖。鬼门的崖头有两个圆坑，比井还大，活像一对马蹄印，叫做"马蹄窝"，相传为大禹跃马过三门时留下的足迹"⑤。

开封市区有禹王台，今已扩建为公园。"开封孟门山下、阳纡泽畔，有一块水淋淋的大青石，光洁的表面上有一些自然形成的纹路，颇似美丽的图画，相传

---

① 王学宾：《登封应建大禹文化公园》，载《郑州日报》2007 年 11 月 21 日第 7 版。
② 刘玉娥：《嵩山——中原文化之轴心》，见 http://blog. sina. com. cn/s/blog_4ac23df80100isgh. html
③ 《洛阳的大禹神功》，见 http://www. chnmus. net/html/20050811/584335. html
④ 见百度百科"三门峡"条，http://baike. baidu. com/view/3180. htm? fr = ala0_1
⑤ 谢兴鹏：《大禹遗迹遍神州》，http://www. cnhubei. com/200511/ca932482. htm

为河伯冯夷献给大禹治水的地图（河图），在大禹治水中发挥了重要作用。"①这些悠久的传说，都反映了 4000 多年前在中原地区的洪水神话。

由此可见，大禹文化在河南影响之大。但从大禹文化研究的角度来说，与其他兄弟省份相比，则较显薄弱。

自 1978 年改革开放以来，随着中国经济的飞速发展，文化热也开始迅速兴起。据笔者不完全统计，截止到 2010 年 1 月，各地相继召开了大禹文化研究学术研讨会有 19 次之多。在河南召开的仅有 2 次，分别是 1994 年的洛阳和 2008 年的登封；四川 8 次，仅北川就达 5 次，都江堰 3 次；浙江 4 次，都在绍兴；山东 3 次，都在禹城；安徽 2 次，都在蚌埠。从这些研讨会举办的数量和规模来说，四川、浙江、山东走在了大禹文化研究的前列。山西、青海等省对于大禹文化的研究也有一定的关注。

大禹文化本是中原文化的一项重要内容，但是四川、浙江、山东等地已经具有了大禹文化研究的各自的优势。安徽近期在禹会村的考古挖掘中，也已取得了重大进展。② 而作为大禹文化的主要发祥地河南，在其中的声音有被淹没之势。

大禹有许多遗迹与传说落户在河南，这与今天其他省份往往只一两地有大禹遗迹要丰富得多。与之相反的，今天河南在大禹文化方面的研究的工作，与它的历史资源是不相称的。刘成纪曾提出在中原文化研究方面的一个奇特现象，"与荆楚、吴越、岭南等地域文化的研究态势相比，中原作为一个地域文化形态是长期缺席的"③。他认为出现这样差异的原因在于话语权、区域文化论者自我论述问题。但笔者认为更多的还是与社会经济发展及地方的重视有关。当经济发展到一定程度或者说经济发展到需要文化来支撑的时候，文化研究自然会应势而起。

二、大禹与中原文化研究的回顾

学术界中关于大禹文化研究的论文很多，但大都是从各自地缘角度，以各自

① 谢兴鹏：《大禹遗迹遍神州》，http://www.cnhubei.com/200511/ca932482.htm
② 安徽蚌埠的禹会村考古挖掘，近期取得突破。详见《专家称：禹会村遗址吻合"禹会诸侯"历史记载》。http://culture.haixiachina.com/article/2010/0113/bpbhbckhmt7if3l0puvem3ux.html? p = 1
③ 刘成纪《关于中原文化的三个基本问题》，载《郑州大学学报（哲学社会科学版）》2007 年第 6 期。

区域文化作为出发点进行论述,因此不免带有些地方保护主义的色彩。比如对于大禹出生地、遗迹①的争论,就具有相当的典型性。而对于这些争议,事关各方大都保持了"搁置争议,共同研究"的态势。

大禹是整个夏文化的最主要代表人物,大禹文化若从历史横截面来看,在夏禹时期,有相当部分是与中原文化重合的。《中原文化与中原崛起》②一文曾对中原文化进行了内容分类,并把大禹文化整合在中原文化的政治文化、英雄文化与农耕文化之中。

关于大禹与中原文化的研究,学术界的论述主要集中在大禹与夏文化的关系、大禹在中原地区治水经历、大禹的在中原地区的神话传说等。下列征引各文仅限笔者所见,不一定全面。

1. 大禹与夏文化的起源

在大禹与夏文化的起源方面,许多文章都略有提及。表述比较全面的是刘玉娥、于向英《夏王朝与中原崛起论》一文。该文系统阐述大禹建立夏王朝的基石是尧舜联邦,而尧舜联邦的中心是在中原地区。"在尧舜联邦的基础上,大禹通过治水树立了崇高的威信,启迪了集权统一的思想观念,而且在征战中牢固掌握了兵权,得以定贡赋、颁夏时于邦国,又明赏罚、制刑法、广交诸侯、招揽人才,为夏王朝的建立铺平了道路。"③从而说明大禹在中原地区建立了夏王朝,并由此推动了中原地区的崛起。

大禹对于中国政治文明规范的建立,同样起到非常重要的奠基性作用。王保国《文化纽带与国家统一》一文认为,"中原文化是以夏、商、周三代一统政治结构为基础建立的政治化了的文化,维护君主的绝对权威和国家的一统是中原文化的核心内容。在北宋南迁以前,中原文化一直被视为中华文化的正统,其特殊的政治地位和政治取向,不仅推动了中原文化的播散,也推动了中华民族凝聚力的形成和国家的统一"④。高度评价了中原文化在中华民族统一史中的不可

---

① 以涂山为例,涂山是大禹治水期间娶涂山氏女之地,也是其治水成功后大会诸侯之地。即有五说:重庆江州、浙江会稽山(原名茅山)、宣州当涂、安徽蚌埠怀远、山西晋阳。
② 徐光春:《中原文化与中原崛起》,载《领导科学》2007 年第 9 期。
③ 刘玉娥、于向英:《夏王朝与中原崛起论》,载《中华文化论坛》2004 年第 4 期。
④ 王保国:《文化纽带与国家统一——以中原文化为中心》,载《河南师范大学学报(哲学社会科学版)》2006 年第 3 期。

替代的作用,而国家统一的源头之一,就是大禹所建立的夏王朝。

　　中原地区是夏文化的发源地,先秦史学家对此研究甚多。谢维扬在《中国早期国家》一书中,批驳了一些人把商朝作为中国第一个朝代的观点,认为夏朝是处于中国早期国家的发生阶段,夏朝是中原酋邦向国家形式转化的产物,同时认为"在夏朝国家产生以后,在相当长的时间内,国家制度影响的地区主要是在中原。夏朝国家的中心地区是在豫西和晋南,同时,陕东、豫东和鲁西的一些地方可能也已被夏朝国家所控制"①。而这里夏王朝所指的中原地区,河南是其主要区域之一。二里头文化等遗址的挖掘,则为国家起源问题研究提供了考古学上的证据。徐杰舜研究认为,"与汉民族起源有关的就是夏民族、商民族、周民族、楚民族、越民族等的相继崛起。在上古时代这些民族的崛起中,具有开天辟地作用的是夏民族在中华大地的形成和崛起"②。并认为在汉民族的起源史上,是夏民族第一个在中华大地上崛起,而夏崛起的始祖是大禹,因此大禹也是汉民族的开山鼻祖。

　　对于大禹的研究,直接牵连到夏文化研究的基本问题。也有学者提出了与夏文化发源于中原而截然相反的观点。黄正术的《从大禹治水看夏人起源》③认为夏人起源是与夏人的宗神禹密切相关的。黄否定了夏人起源的豫西说、晋南说、东方说及东南说,而认为夏人起源于洪水泛滥,该区域相当于今天的天津、河北东部平原与鲁北平原的部分地区。陈剩勇则认为夏王朝崛起于东南地区,"纵观近 20 年来的夏文化探寻和夏史重建工作,我们发现,当代学者们在具体操作中对于古代历史文献的注意力,几乎都集中在有关夏人或夏王朝活动区域的记载上,而忽略了典籍中具有更重要意义和价值的另一方面内容,即文献所记的夏文化内涵及其基本特征。即使是学者们所重视的有关夏人活动区域的文献记载,一般也仅仅取其与中原有关的夏代都邑之所在的记录,而对于文献中大量夏人在中原以外尤其是东南地区的活动的记载,或视而不见,或强为之解。实际上,文献记载的有关夏人在中原地区定都迁都的地望,大都是秦汉以后学者的解说,而从夏朝至秦汉的时间跨度已有 2000 余年,我们不能排除其流传过程中出

---

　　① 谢维扬:《中国早期国家》,第 475 页,杭州:浙江人民出版社,1995 年。
　　② 徐杰舜:《大禹与汉民族的起源》,载《浙江学刊》1995 年第 4 期。
　　③ 黄正术:《从大禹治水看夏人起源》,载《青海社会科学》2003 年第 5 期。

现失真现象的可能性。因此,所谓夏人定都晋南、豫西之具体地望,其实也不一定十分可靠。相对来说,文献所载夏文化的内涵及其基本特征,有关夏王朝征战、祭祀、婚娶、会盟等活动,虽经 2000 余年的流传,却不易失真走样。对于当代人来说,这一部分文献在探寻夏文化、重建夏史过程中的重要价值是显而易见的"①。陈剩勇从文献学的角度,对传统的夏文化发源于中原说,提出了挑战。

2. 大禹在中原地区的治水经历

关于大禹治水地域的争论,一直持续不休。现在比较流行的认识是在黄河、淮河及汾河流域,但也有不同的看法。

王清通过引用天文资料,来证明距今 4000 年前后确因九星地心会聚引发了各种自然灾害。"在这些灾变中,尤以洪水为大。并通过地理、考古资料证明此次洪水在黄河下游地区实为距今 4000 年前后的黄河南北改道,而改道又加剧了洪水泛滥。"王清所认定大禹治水的水患就是在黄河下游地区,而该区域部分是在河南境内。

杨善群根据史料,推定了大禹治水的五个区域,其中古豫州主要是指今天河南省以南地区,古冀州主要是指今天山西、河南以及河北的北部。② 这两个区域涵盖了河南大部分地区。

陈剩勇则持相反观点。他从考古学、古生态学和历史地理学等角度考察认为,"中国的东南地区恰恰具有黄河流域所缺少的洪水形成的自然地理环境,而传说中所谓'洪水',实际上是东部沿海平原地区发生的海侵"③。

应该来说,对于大禹在河南地区治水,学术界还是基本持认可的立场。但是由于中原区域学者较少参与其中争论,所以争论的结果往往令旁观者迷。

3. 大禹在中原地区的神话传说

大禹在中原地区的神话与传说研究,比较缺乏系统性。叶舒宪在《大禹的熊旗解谜》一文中,认为"我国五千年前的黄帝号有熊和四千年前的大禹中央熊旗,体现了从图腾象征到国旗的一脉相承的完整线索"④。中原是从黄帝到大禹

① 陈剩勇:《中国第一王朝的崛起——中华文明和国家起源之谜破译》,湖南人民出版社,2002 年。
② 杨善群:《大禹治水地域与作用探论》,载《学术月刊》2002 年第 10 期。
③ 陈剩勇:《大禹治水传说的历史本相》,载《学习与思考》1995 年第 4 期。
④ 叶舒宪:《大禹的熊旗解谜》,载《民族艺术》2008 年第 1 期。

的活动中心,图腾文化正是中原文化的重要内容。

总体而言,大禹与中原文化研究已经有了一定的基础,但是相对河南丰富的大禹文化资源来说,学术界对于大禹与中原文化研究还是较为零碎、薄弱。

三、大禹与中原文化研究展望

笔者以为,关于大禹与中原文化研究,根据目前各地大禹文化研究热的态势,今后可以重点在以下研究领域取得突破:

1. 大禹与中原渊源研究

河南洛阳、登封、禹州等地近十多年来对于这一问题有一定基础性的研究,但与之相比,四川、浙江、山东、安徽等地的研究势头更为猛烈。大禹文化是河南宝贵的历史文化资源,大禹文化研究事关河南地方文化的发展。

大禹与中原文化系列研究,可以从大禹出生、治水、封国、立国、定都等内容进行研究,并借助全国研究大禹文化的热潮,把中原文化与大禹的内容研究透,也为打造全国范围内的有重要影响的中原文化研究战略品牌夯定坚实基础。

2. 河南大禹遗迹研究

在河南民间,大禹的影响是巨大的,"大禹治水、三过家门而不入"的故事更是深入人心。今天大禹文化热研究的背后,是弘扬地方文化的客观需要。大禹在河南登封、禹州、洛阳等地有大禹治水、封地等众多遗迹,这与浙江、四川、安徽仅一地或几地的遗迹是不可并论的。进一步加强河南大禹遗迹研究,对于河南旅游文化资源的开发也具有重要的现实意义。

3. 大禹在中原地区的神话与传说研究

大禹文化在中原地区最显著的特征就是大禹的神话与传说,而且大禹神话传说在河南很多地区都有流传。研究大禹神话,对于研究夏禹时期的政治、经济、社会与风土人情,对于研究中原的历史风貌都有很大帮助。

大禹神话也可以作为产业开发。湖北武汉市 2005 年根据历史典籍,在汉阳江滩建设"大禹神话园",就是一个例证。①

----

① 程涛平:《大禹神话园建设的回忆》,载《武汉文史资料》2006 年第 11 期。

4. 大禹后裔文化的研究

姓氏文化是中原文化的内容之一。"河南是中华姓氏的摇篮,中华姓氏无论肇始与大量衍生都与中原关系密切。《中华姓氏大典》中的 4820 个汉族姓氏中,起源于河南的有 1834 个,占 38%;在当今的 300 大姓中,根在河南的有 171 个,占 57%;在依人口数量多少而排列的 100 大姓中,有 78 个姓氏的源头与部分源头在河南。"①大禹后裔遍天下,大禹后裔姓氏有 125 姓、1500 万人口,随着研究的深入,这一问题也越来越显现。

河南在大禹后裔研究方面,已经有了基础性的工作。"河南姓氏文化研究独具特色,成立了中原姓氏历史文化研究会,其中中国禹氏族史研究总会 1992 年起开展了族史研究,通过对大禹姓氏的研究,大力颂扬大禹功德,弘扬大禹精神;1993 年 4 月还组织举行了大禹逝世 4235 年纪念大会。并与韩国丹阳禹氏族亲花树会取得联系。随着中原姓氏文化研究成果的广泛传播,吸引了韩国的禹姓寻根问祖访问团到河南禹姓聚居地泌阳县等地考察,促进了当地旅游业的发展。"②

今天随着国力的强盛,有越来越多的外国人到中国学习文化,而国内也有与大禹相关的高校开始建立大禹学院,既是对内研究大禹文化的场所,同时也是对外宣传中华文明的所在。2009 年 9 月 6 日,河海大学成立"大禹学院"、2009 年 9 月 25 日,浙江越秀外国语学院成立"大禹国际学院"。2009 年 9 月在浙江绍兴,以大禹后裔为主还发起成立"大禹后裔宗亲总会联络处"。

大禹后裔研究,是巨大的文化资源开发,大禹后裔姓氏中有相当部分姓氏是起源于河南。通过研究来推动大禹后裔到河南祭祖地,也是为河南建设"文化强省"服务。

余论

目前,大禹文化研究机构、大禹后裔宗亲会遍布海内外,但目前并没有存在让人信服的全国性的大禹文化研究中心。在"一个大禹、各自表述;搁置争议、

---

① 徐光春:《中原文化与中原崛起》,载《领导科学》2007 年第 9 期。

② 谢兴鹏:《大禹文化研究综述》,http://www.zj.xinhuanet.com/2006special/2006 – 03/29/content_6605606_2.htm

共同研究"的潜规则下,四川、浙江、山东、安徽、台湾等地区竞相研究大禹文化这块丰富的民族文化资源。

河南拥有较多的大禹遗迹、大禹传说,随着研究的深入,试以郑州为纽带,联合登封、禹州、洛阳、三门峡、开封等地的大禹文化研究者与大禹后裔,形成河南大禹文化研究体系。郑州是河南省的政治、经济、文化中心,并且登封隶属于郑州,因此郑州也较容易成为全国大禹文化研究多极中的重要一极。

（作者单位：浙江省绍兴浙江越秀外国语学院科研处）

略论殷商文化在河洛文化中的地位

郭胜强

河洛文化博大精深、源渊流长,是中国 5000 多年历史上产生时间最早,生命力最强的文化。河洛文化点燃了中华文化的曙光,构成了中华文化的主干,体现了中华文化的精髓,推动了中华文化的演进,对中华文化的形成、发展起到了不可替代的作用。河洛文化是指以洛水和嵩山为中心,与今河南省西部和中部地区大体相当的这一地区的文化。河南大学教授朱绍侯认为,"作为河洛文化圈,实际要超过河洛区域范围,笔者认为河洛文化圈应该涵盖河南省全部,东与齐鲁文化圈相衔接,西与秦晋文化圈相接,南与楚文化圈相衔接,北与燕赵文化圈相衔接"①。从时间跨度看,河南省社会科学院程有为研究员在总结了学术界各种不用意见后提出,河洛文化是一种古代传统文化,上限是史前原始社会,传说中的三皇五帝时代,下限是清代晚期,鸦片战争前后。② 从涵盖内容看,河洛文化包括河洛地区在社会实践中创造的物质财富和精神财富的总和。

河洛文化的早期,从仰韶文化到龙山文化,再到夏文化、商文化,涵盖了中国远古历史的全部内容。特别是从龙山文化到夏商文化,反映出中国文明的起源和形成的进程,完全是一部中国文明史。正如河南省社会科学院研究员杨海中所说:"中国历史上传说的时代,就是考古学文化上的龙山文化时期。这是一个充满希望的时代,东方文明的旭日已放射出黎明前的缕缕曙光。生活、奋斗在河

---

① 朱绍侯:《河洛文化于河洛人、客家人》,《文史知识》1994 年第 3 期。
② 程有为:《河洛文化概论》,河南人民出版社,2007 年 10 月,第 7 页。

洛地区的华夏族以自己的勤劳、勇敢与睿智,为中华文明社会的诞生打下了坚实的基础。夏王朝的应运建立,使河洛地区率先跨入了文明社会的门槛。"①因此,学术界普遍认为河洛文化孕育了华夏文明,是中华文明的核心。

以甲骨文、青铜器和都市为标志的豫北安阳地区的殷商文化是 3000 多年前商王朝创造的我国奴隶制进一步发展繁荣时期的文化,在我国古代文明发展史上有着承前启后的重要的作用。殷商文化处在河洛文化圈内,在许多方面深受河洛文化的影响,是河洛文化的传承和发展,是 5000 多年河洛文化发展的历史长河中一个五彩缤纷的浪花和光芒四射的亮点。

夏鼐先生在《中国文明的起源》一书中指出:"商代殷墟文化实在是一个灿烂的文明。具有都市、文字、青铜器三个要素。"②这不仅是对殷商文化的充分肯定,同时也提出了文明的三大标志。我们就以此三项标准,试分析殷商文明和河洛文化的关系。

安阳殷墟是目前既有文献资料记载,又被考古发掘所证实的我国历史上早期的一座都市。特别是近年在原来殷墟的东北部,洹水北岸京广铁路两侧发现的商代城址洹北商城,使其更为壮观。

殷墟和洹北商城设施完备,布局合理,分王室宫殿宗庙区、居住区、手工业作坊区、家族墓葬区、王陵区等部分。殷墟的中心是宫殿宗庙区,周边为居住区和手工业作坊区,在洹水两岸的广大范围内,都分布有居住村落和手工作坊遗址。手工业作坊有铸铜遗址、制骨作坊、制陶遗址等。在居住区和手工业作坊区以外,则是墓葬区。

殷墟的城市建设,深受位于河洛文化腹地的郑州西山古城、新密古城寨、登封王城岗、偃师二里头及郑州商城、偃师商城等一系列古代聚落都邑的影响,是在这些聚落都邑基础上发展而来的。郑州西山城址属于仰韶文化秦王寨类型(即大河村类型)遗址中发现的唯一夯筑城址,应为当时诸多氏族部落的中心。这座距今 5300—4800 年的城址,其遗址规模可能达到 20 万平方米。城内建筑基址多有奠基坑,已发现窖穴与灰坑 2000 余座,出土大量各类遗物。遗址面积

① 杨海中:《图说河洛文化》,河南人民出版社,2007 年 10 月,第 2 页。
② 夏鼐:《中国文明的起源》,北京:文物出版社,1985 年。

大、堆积厚,时代跨越了仰韶时代早、中、晚三个时期,为我们研究仰韶时代考古学文化面貌特征、文化性质、聚落形态、社会组织、丧葬习俗、生态环境、与周边文化关系等诸多问题提供了详尽的实物资料。①

新密古城寨龙山时代城址建于溱水东岸的河旁台地上,为东西长方形,现存三面城墙和南北相对两座城门缺口。城址规模宏大,墙高沟深,气势雄伟。在其东南部发现了大面积的龙山时代夯筑建筑群,其中已清出一座大型宫殿基址和大型廊庑式建筑,且与城墙的方向一致。这座古城址是目前发现的龙山文化时期面积最大、结构最复杂的宫殿式建筑,同时也是中原地区规模最大、也是全中国城墙保存最好的龙山时代晚期城址。②

登封市告成镇西北约0.5公里处的王城岗古城,现存面积约1万平方米,是一处以豫西龙山文化类型中晚期为主、兼有新石器时代最早期裴李岗文化和相当于夏代的二里头文化与商周文化的遗址。1975年河南省文物考古部门进行了大规模的考古工作,证实王城岗古堡为东西并列两座。在城址内还残留着与城墙同期的夯土建筑和其他遗存,如"奠基坑"和窖穴等。它的地望与文献记载中的"禹居阳城"相符。对探索夏文化有极其重要的价值。③

郑州商城是商代早中期的都城遗址,坐落在郑州商代遗址中部,即今河南省郑州市区偏东部的郑县旧城及北关一带。城墙始筑于商代中期的二里冈期下层,使用到二里冈期上层。其中有规模巨大的城墙,数量众多的宫殿建筑遗址,还有重要的大型青铜礼器出土。根据文献记载与前人考证,不少学者认为它是商代中期"仲丁迁隞"的隞都,属商代中期;但现在有更多学着认为,郑州商城是商汤所都的亳,属商代早期,对于研究商代历史和古代城市发展史都具有重要价

---

① 许顺湛:《郑州西山发现黄帝时代古城》,《中原文物》1996年1期。杨肇庆:《试论郑州西山仰韶文化晚期古城址的性质》,《华夏考古》1997年1期。

② 蔡全法等:《龙山时代考古的重大收获》,《中国文物报》2000年5月21日。河南省文物考古研究所:《河南新密市古城寨龙山文化城址发掘简报》,《华夏考古》2002年第2期。蔡全法:《古城寨龙山城址与中原文明的形成》,《中原文物》2002年第5期

③ 中国科学院考古研究所洛阳发掘队:《1959年河南偃师二里头遗址试掘简报》,《考古》1961年第2期。

值。①

　　偃师商城遗址位于偃师市城西 1 公里处,北靠邙山,南临洛水,始建年代约为公元前 1600 年,延续使用 200 多年,距今已有 3600 多年历史。城址覆盖在地下 1 米至 4 米,平面略呈长方形,由宫城、小城和大城三重城垣及多组宫殿建筑基址组成。小城为对称布局,城南部地势略高处是宫城和官署区,仓库位于城西南隅,铸铜作坊位于城外东北河边,普通居住区和手工业作坊主要分布在城的北部。大城是在小城的基础上向北、东方向进行大规模扩建而成的,绝大多数宫殿得以改扩建或重建,呈现出盛世景象。宫城大体呈方形,布局层次分明,设施完备。由南往北,可分为宫殿区、祭祀区和池苑区三部分。池苑区的核心是一长约 130 米、宽 20 米的长方形水池,这是迄今发现最早的城市园林遗址。②

　　从上述一系列古聚落都邑的分析,可以明显地展现出从仰韶文化,经由龙山文化、二里头文化、偃师商城、郑州商城到安阳殷墟是一个基本上未曾间断的发展轨迹,使中国文明起源和形成及其早期发展进程的脉络清晰可见。安阳殷墟无可置辩的是在上述文化遗址上发展而来的,正如中国社会科学院考古研究所原所长刘庆柱所指出的:“郑州商城和偃师商城的考古发现与研究,从考古学上解决了早期商代王朝的存在问题,从而使安阳殷墟的商代晚期文明在河洛地区找到源头。”③

　　自 1899 年在安阳殷墟发现甲骨文以来,至今已有 100 多年的历史。百年来共出土甲骨文 15 万片以上,甲骨文单字有近 5000 个左右,目前所识的仅有 1000 多个。甲骨文已是一种较为成熟的文字,我们今天使用的汉字,就是由甲骨文发展演变而来的。

　　甲骨文中最基本的构字是象形字,是根据事物的特征或一部分特征创造出来的,如(人)是人侧身的形象、(曰)、(虎)、(雨)、(车)、(马)等。

---

① 安金槐:《安金槐考古文集》,郑州中州古籍出版社 1999 年。河南省博物馆等:《郑州商代城遗址发掘报告》,《文物资料丛刊》(一),文物出版社 1977 年;河南省文物研究所:《郑州商城外夯土墙基的调查与试掘》,《中原文物》1991 年第 1 期;裴明相:《郑州商代王城的布局及其文化内涵》,《中原文物》1991 年第 1 期。

② 中国社会科学院考古研究所洛阳汉魏故城工作队:《偃师商城的初步勘探和发掘》,《考古》1984 年第 6 期;杜金鹏、王学荣主编:《偃师商城遗址研究》,北京:科学出版社 2004 年。

③ 刘庆柱:《河洛文化是中华民族的核心文化》,《光明日报》2008 年 8 月 24 日。

象形字不能完全表达各种事物,在它的基础上就产生了会意字和形声字。会意字是用两个或两个以上的事物来表达一个意思,如(疾)人患病躺在床,(伟)人行走巡逻保护家园,(伐)戈架在人的脖子上等。

形声字是一部分代表形、一部分代表声,如(洹)等。此后又产生了假借字,如借凤为风,指示字如女人突出了乳房,还有转注字,合起来就是后人所说的"六书"。

关于我国文字的产生,唐兰先生认为夏代初年就有了,郭沫若更认为仰韶文化和龙山文化"彩陶和黑陶上的刻画应该就是汉字的原始阶段"①。既然甲骨文已是一种较为成熟的文字,那么必然存在着它的源头和发展阶段。陈梦家先生指出:"武丁卜辞中的文字代表了定了型的汉字,并不是中国(严格的应该说汉族)最古的文字,在它以前,应该至少还有 500 年的发展历史,也就是说大约在纪元前 20 世纪已经开始或已经有了文字。"②

那么甲骨文的源头在哪里呢? 仍然在河洛。

河图洛书是河洛文化中的一项内容,由于其时代久远,涉及的内容异常广泛,人们也难识其真实面目。历代学者研究者也很多,研究成果更为丰富,但认识也大相径庭,因而存在着诸如河图洛书的内容、真伪、具体出处等诸多的问题。今天的研究者也是众说纷纭,很难取得一致的意见。

"不识庐山真面目,只缘身在其山中。"我们抛开纷繁复杂的解说来看,河图洛书是早期人类社会发展到一定阶段产生的的文化现象,正如杨海中先生所说:"由于图出于河,书出于洛,因而河图洛书从一开始就具有浓厚的神圣与神秘色彩,这是远古物象崇拜向文明社会的传承。人类社会的神灵崇拜、祖宗崇拜、物象崇拜以及生命崇拜等,促进了人类思维的发达及文明的进步。"③因此,换一个角度简单地来说,河图洛书就是记事符号,是中国文字的滥觞。

也正因此,这一时期仰韶文化和龙山文化的陶片上,大量出现了刻画符号——被称作中国文字的源头。登封王城岗遗址陶片上有被释为"共"字的符

---

① 郭沫若:《古代文字之辩证的发展》,《考古》1972 年第 3 期。
② 陈梦家:《殷墟卜辞综述》,北京中华书局 1956 年,第 644 页。
③ 杨海中:《图说河洛文化》,郑州:河南人民出版社,2007 年 10 月,第 43 页。

号①,二里头文化遗址出土的陶器上有刻画符号数十种,"其中有的符号是用来做标记,但是这些符号中有的应该就是早期文字,分别表述数字、植物、器具及自然现象。例如……在商代的甲骨文中均可找到相同或相似的字"②。

郑州商城出土的甲骨文应当说是安阳殷墟甲骨文的直接源头。郑州商城甲骨文数量不多,但十分重要,特别是1954年4月中旬在二里岗西北部获得的一件商代牛肋骨残片,上有三竖行文字,经数十位学者研究定为十个字:"又土羊乙丑贞从受七月"③。近年中国国家博物馆李维明研究员考证多出一个字"亳",更说明了郑州商城的性质,引起一场激烈的争论,郑州大学陈旭教授、张国硕教授,北京大学葛英会教授,中国社会科学院历史研究所常玉芝研究员等都发表了文章。④

殷商王朝处在青铜时代繁荣发展时期,青铜冶炼和青铜器铸造技术迅速提高,产品工艺精良,品种繁多,已能大批量生产。据粗略统计,30年代中央研究院15次殷墟发掘中,出土青铜器有近2000件。新中国成立后,历年殷墟发掘出土青铜器有近3000件。

青铜器种类有农具和手工工具、兵器、饪食器、酒器。饪食器和酒器常用来进行祭祀,故又称作礼器。还有乐器、车马器和装饰品等。

青铜器上往往铸有精美的花纹,如饕餮纹、夔龙纹、云雷纹、凤鸟纹等,有的还铸有铭文。

1935年前后,殷墟洹北王陵区1004号大墓中出土的牛鼎、鹿鼎;1939年在武官村出土的司母戊大方鼎;1976年在妇好墓中出土青铜礼器200余件等,都造型优美,制作精良,外形古朴,雄伟挺拔,均是殷商青铜器的精品代表。

在二里头文化遗址中发现有铸铜作坊遗址,更出土有较多的青铜器,有我国最早的成组青铜礼器鼎、盉、斝、爵等,还有兵器和生产工具。创制青铜礼器,是

---

① 李先登:《王城岗遗址出土的铜器残片及其它》,《文物》1984年第11期。
② 中国社会科学院考古研究所:《中国考古学·夏商卷》,中国社会科学出版社,2003年。
③ 安金槐:《安金槐考古文集》,郑州中州古籍出版社1999年。河南省博物馆等:《郑州商代城遗址发掘报告》,《文物资料丛刊》(一),文物出版社1977年;河南省文物研究所:《郑州商城外夯土墙基的调查与试掘》,《中原文物》1991年第1期;裴明相:《郑州商代王城的布局及其文化内涵》,《中原文物》1991年第1期。
④ 李维明:《探索商代第一都的文字新线索》,载李雪山、郭旭东、郭胜强:《甲骨学110年:回顾与展望》,中国社会科学出版社,2009年。

二里头文化对中国古代青铜文明的重大贡献。郑州商城出土的青铜器数量增多,1974—1996 年在郑州张寨南街的杜岭、城东向阳回民食品厂和南顺城街发现的三座青铜器窖藏,出土青铜器共计 28 件。郑州商城出土的青铜器质地厚重,造型雄伟壮观,是安阳殷墟青铜器的直接源头。

在其他方面,如经济生活(种植业、畜牧业、制陶、制石)、民居建筑、凿井技术、食物结构、埋葬和占卜习俗等,安阳殷墟文化和之前的龙山文化、二里头文化、郑州偃师的早商文化等也是惊人地一致。孔子说过,殷因于夏礼,有所损益,周因于殷礼,有所损益。因此,我们完全可以说殷商文化是河洛文化的传承和发展。

(作者单位:安阳师范学院甲骨学与殷商文化研究中心)

台湾的闽粤移民祖籍地"光州固始"

陈榕三

　　台湾的"河洛郎"是历史上数次大迁徙中由中原经闽粤再到台湾的。据台湾1953年户籍统计,当时户数在500户以上的100个大姓中,有63个姓氏族谱上均记载其祖先来自"光州固始",即每5户台湾居民中就有4户称先民来自"光州固始"。

一、"光州固始"成南下移民发源地原因

　　在中国古代,包括"光州固始"在内的中原地区汉人多次大批南迁江左,其中不少人入居闽粤。及至宋代,"闽人称祖皆曰从光州固始来"。这既是一种历史真实,也是一种文化现象。

　　"光州"是中国古代的一个州(郡)级政区,"固始"则是一个县级政区。古代的光州位于大别山和淮河之间,辖境相当今河南潢川、光山、新县、固始、商城等县及安徽金寨县西部地。从政区沿革来看,"光州"这一地名出现在南北朝时期。《元和郡县图志》卷第九:"梁末于县(光山)置光州。"自此,历隋、唐至明清,均有光州之称,其前身为光城郡。光州之名源于光城。南梁、北齐、唐、宋、清诸朝代均设有光州。而光州之地域,则以隋代的弋阳郡为基础而有所损益。固始属于光州之下属县,"光州固始"成为一个关系十分密切与稳定的地名结构。因此,"光州固始"作为一个整体,保留在沿革地理的地名之中。

　　固始作为闽粤地众裔的祖根地,既是时空的巧合,也是历史的必然。固始地处淮河南岸,是古代中原人南行东部大通道的中间地带。春秋时期,孙叔敖在这

里修筑水利工程,促进了农业生产条件的改善,吸引了一批士族在此生活耕读;永嘉之乱,中原八姓避乱入闽粤,半数以上从固始出发;唐初,朝廷派陈政带众戍闽粤,子陈元光开建漳州,所随固始籍将士都落户于闽粤,从而奠定了固始与闽粤地的血脉关系。于是,就有了唐末王审知兄弟率义军入闽粤落户,就有了两宋及后来的固始士民因循避乱入闽粤。

固始地域位置十分特殊。古为东夷部落地,后为皋陶封地(安地),称蓼国。为东夷文化圈偃舒文化区域,同时受到吴越、荆楚、河洛文化的交叉影响。

"蓼",是一种野生植物,生命力极强,红茎绿叶,花穗成串,又称红蓼,遍布固始的乡野泽畔。在地理位置上,固始是西蓼国,而与固始接壤的安徽六安则是东蓼国。蓼人先祖皋陶,即葬于固始。

皋陶是古代中原人,他不仅把河洛文明带到了这里,也把北方方言语系根植在了古蓼固始;据考证,皋陶根植的"固始话",是至今保存完好的中原古音区之一。而一千年前,固始人开始大批南迁闽粤;500年前再播迁于台湾和海外;他们像红蓼一样,落地生根,开花结穗,不仅顽强保留了自己的文化习俗,"固始话"也与当地融合一起,形成了中国八大方言区的客家方言、闽南方言、闽北方言和粤方言。

自夏商以降,以河洛地区为中心的中原大地因占据政治、经济、军事、文化的制高点,一方面对全国的社会经济发展发挥着辐射与拉动作用,另一方面其社会政治局面也长期处于动荡状态。据张秀平等主编的《影响中国的100次战争》记述,北宋灭亡之前全国所发生的47次重大战争,有34次发生在今河南境内。东汉末年和三国时期"白骨露于野,千里无鸡鸣"的诗句,生动描述了中原地区久经战乱后极端悲惨之景象。固始处于河洛文化区和荆楚文化区之过渡带,古文化遗址分布的数量、密度、规模证明,此地近中原腹地又"地广人稀"。当中原地区烽火迭起之时,光州固始的社会环境却往往得以保持相对的安定,因此,这里堪称中原达官士族和流民百姓躲避战乱的理想之地。

在宗法关系日益强化的中国古代社会,达官士族和百姓流民的不断涌入,加之固始本地人口的自然增长,必然导致固始人口基数持续激增。相对严重的人口压力加之动荡的社会环境等因素,迫使固始先民必须不断开拓新的生存家园。而拥有先进生产力、先进文化和先进制度的固始先民,完全有信心、有能力在南迁至同属亚热带山地环境的闽粤地之后,迅速适应当地的自然和社会环境,并保持强劲的可持续发展能力。

在中国古代,一方面有许多"光州固始"籍人氏南迁入闽粤;另一方面,"光州固始"由于它的区位优势,而成为中原汉人南迁的聚集地或中转站。中原汉人的南迁,大多由淮河支流汝颍河东南下进入淮河,或者从淮河上游顺流东下,进入江淮地区。一些非"光州固始"籍的中原汉人也是在固始集结、中转、出发。"光州固始"作为他们离开故土的最后一站,给他们留下了难以磨灭的印象。他们将这种记忆传给后世子孙,从而形成了"闽人称祖皆曰从光州固始来"这一现象。这是历史事实的一种反映。

二、"光州固始"望族举家南迁改写闽粤台历史

据史料,"光州固始"先后有一百多姓人进入闽粤,大多为中原大姓人家。其影响的望族有:

陈政(616～677年),字一民,号素轩,河南固始陈集乡人。青年时随其父陈犊攻克临汾等地,唐太宗任其为左郎将。公元669年(唐高宗总章二年),闽中曾镇府年老乞休,又因泉(治今福州)、潮州(治今广东潮汕)"蛮僚"啸乱,唐廷遣戎卫归德将军陈政更代,晋升陈政为朝议大夫,统岭南行军总管事,率府兵三千六百人入漳。此时,福建还处于氏族社会末期。陈政采纳军咨祭酒丁儒之策,瓦解柳营江西少数民族武装,教化西北山峒的黎民,围歼少数顽固之敌于蒲葵关下,打通了南进的道路,于是,进屯梁山外的云霄镇。在边事稍有安息时,便建宅于云霄火田村居住。他曾经渡云霄江,指着江水对父老说:"此水如上党之清漳",因改云霄江名"漳江"。此即后来,以漳命州名的来由。公元677年(唐仪凤二年)四月,陈政病故于军中,享年六十二岁。1150年(南宋绍兴二十年,追封陈政祚昌开佑侯。陈政墓,在福建省云霄县城西3公里处的将军山麓。

陈元光(657～711年),字廷炬,号龙湖,戎卫归德将军陈政之子也。初唐著名政治实践家、军事家、诗人。幼年博览经书,贯通子史,13岁领光州乡荐第一,治闽期间,著有《龙湖集》,其诗风清新刚健,朴实无华,被视为盛唐之音的前奏曲,为唐诗正声。《全唐诗》及外编收录其诗7首。14岁随伯父陈敏、陈敷率众入闽,增援其父平息泉、潮间"蛮僚"啸乱。仪凤二年(677年),陈政病逝,陈元

光袭左郎将之军职。垂拱二年(686年),陈元光上《请建州县表》,建议在泉潮间设州立县,以便长治久安。武后准奏,命元光兼任刺史,建立漳州。陈元光治理漳州,主张民族团结,建章立制,保持社会安定;兴修水利,发展农业;兴办教育,培养人才;广泛传播中原文化,被后人誉为"开漳圣王"。

王审知(862～925年),王姓从史传上可知,中华王姓大多是"王者之后",即为帝王的后代。据《王氏族谱》记载:"自姬昌(周文王)建立周朝,传至灵王,已是廿二世。周灵王二十二年(公元前550年),谷、洛二水泛滥,将毁王宫,灵王主张壅之,太子晋字子乔,力主疏导,周灵王不听,太子晋直谏被废为庶人又早逝。"太子晋只生一子,名敬宗,从敬宗开始,周文王的这一支姬姓裔孙,便开始以王为姓。

自西晋末年,王姓开始自中原大举南迁。隋唐五代时期,王姓得到了进一步的发展,并且向东南沿海或西南地区迁徙。如唐末王潮、王审知两兄弟率兵入闽,被称为开闽王氏,其后多分布于福建、广东、浙江等地。①

郑成功(1624～1662年),明清之际民族英雄。康熙元年(1662年)率将士数万人,自厦门出发,于台湾禾寮港登陆,击败荷兰殖民者,收复台湾,更使他彪炳千古,青史留名。郑成功在1662年末得病逝世,在世38年。

郑姓大举南迁始于"永嘉之乱"之时。西晋永嘉二年,"中原板荡,衣冠始入闽者八族",其中第四姓即为郑姓。唐初,河南郑氏又有随陈政、陈元光父子移居福建者。唐末,又有河南固始郑氏随王潮、王审之入闽。明清之际著名民族英雄郑成功的先祖即是此次入闽的。郑氏移居台湾,始于郑成功;播迁至海外,始于清朝,现分布于泰国、菲律宾、印尼、马来西亚、加拿大、美国等国家。②

施琅(1621～1696),字尊候,号琢公,福建晋江龙湖镇衙口人,祖籍河南省固始县方集镇。清初著名将领。康熙二十二年,施琅率军平台,之后,他积极呼吁清廷在台湾屯兵驻守,力主保台固疆。他为今时的祖国作出了杰出的贡献,受到广泛的赞誉。

上述这些人物历史功绩的建树,应当说是与其家族来自河南光州固始分不

① 福建《忠懿王氏族谱》。
② 据厦门鼓浪屿郑成功纪念馆内的《郑氏附葬祖父墓志》(郑成功长孙郑克塽撰文、次孙郑克举勒石)云:"先世自光州固始县入闽。"及《石井郑氏本宗族谱》手抄本(原件已流入英国国家博物馆)。

开的。这是因为固始地处中原,而中原则是河洛文化的发祥地,经济和文化教育相对发达,甚至可以说领华夏之先。生于斯、长于斯,或出身官宦之家,或书香门第,有条件博览儒家经典,备受儒家思想文化的熏陶。具备这样高的素质和修养,主政闽台期间重教兴文,德礼育人,恩威并重,倡导文明,自然是情理之中的了。也唯此,才收到了"偃武修文,四夷自服"的社会效果。

唐代移民的开放性突出表现在唐朝朝廷鼓励移民。

第一,在唐代,长期存在人口分布不均等现象。因此,统治者鼓励人民从窄乡向宽乡迁移。

第二,唐代移民的家族性表现得也非常充分。唐代重视家族门第,个人和家族往往紧密联系在一起。出于这方面的考虑,唐统治者在处理移民安置时,多从家族(或部落)整体控制的角度考虑问题,如少数民族内迁,提出"全其部落,顺其土俗,以实空虚之地"。陈政、陈元光"开漳",王审知兄弟"开闽",陈氏、王氏家族也是集体迁入。

第三,移民工程的系统性。以陈元光开漳为例,首先,用军事威慑保证当地社会安定;其次,积极开发当地经济;再次,通过各种途径宣扬中原文化,进行文化渗透;最后,加强和当地民族的联系和交流,促进民族交融。在多种措施综合作用下,移民者和当地土著顺利交融,移民获得巨大成功。①

三、"光州固始"与闽粤台文化一脉相承

固始先民入闽粤,带去了发达的农耕技术和先进的中原文化,对于开发闽粤及东南诸省,弘扬民族文化,都做出了不可磨灭的贡献。千百年来,这些入闽粤先人的后裔播迁至港、澳、台及海外各地,所到之处,不仅承传了先人的奋斗精神和文化素养,也把"固始"祖根地的符号刻在庙堂,记入家谱,融进了他们生生繁衍的血脉。

唐初陈元光祖孙数代作为儒家政教思想的实践者和中原文化的传播者,对漳、泉、潮、汕诸州日后成为饮誉海内外的文风昌盛的历史文化名城,其属地成为

---

① 据《固始与闽台历史渊源关系研讨会论文集》中何信阳(河南师范学院历史系教授)的《唐代移民的家族性问题》文。

民风淳厚、才俊辈出的礼仪之邦,起了毋庸置疑的奠基作用,并以其蓬勃的历史感召力和传承力,对后世教育的发展、文化的积淀和良风美俗的形成,产生了绵绵无止的影响。唐末五代时期,王潮、王审知兄弟进入福建建立政权,使河洛文化继续南传到了遥远的东南海疆。王审知兄弟继续传播黄河流域河洛文化的政治理念,以效忠封建王朝作为政权建立的根本。王审知兄弟的政权在建立之始就以得到唐王朝的认可作为存在的根本,所以唐王朝的册封在他们看来就很重要。王审知发展海外贸易使更多的南下民众移居海外,促进了河洛文化的进一步发扬光大。王审知兄弟到闽地站稳脚跟以后,又大力发展当地的农业经济,使黄河流域的重农思想在福建地区得以进一步实践。王审知兄弟进入闽粤地后,更重视文化教育事业的发展,传播黄河流域已经成熟的儒家文化,加速了河洛文化在闽粤地区的传播。从文化的本质意义上考察可知,闽粤文化的基本特点是移民文化,是唐宋时期中原文化的延伸。唐末光州数万民众入闽粤,对闽粤人口的构成影响最大。在闽国统治期间,闽人形成了以固始籍贯为荣的习惯,闽人不说自己是闽越后裔而自称为固始移民。迄今以来的闽人族谱,仍然大都以固始为自己祖先的籍贯。这种局面的出现,应与固始移民在福建的繁衍有关。就目前来说,现代的闽台文化也呈现中原与南方结合的两方面特点,一方面保存了北方中原文化的主要传统,另一方面又延续了南方文化的许多内容。闽粤经济、文化的高度发展,与固始移民是息息相关的。

闽粤台地区民间信仰兴盛的原因固然与其独特的历史地理条件分不开,但作为开发较晚的移民地区,闽粤台独特的民间信仰文化中无处不彰显着深深的中原印记和绵绵的“光州固始”情结。

台湾民众普遍尊奉的玄天上帝、观音菩萨、关圣帝君、福德正神等民间信仰,主要是由“光州固始”移民“一传”到闽粤,再由“光州固始”移民的后裔“二传”到台湾。原产闽粤的众多神祇不少是在古代闽粤传统信仰和中原传统信仰碰撞基础上融合儒、释、道三教,在当地独特的生产生活实践中塑造出来的。他们几乎都有人物原型,而且这些人的姓氏与生活习俗都与“光州固始”移民有着千丝万缕的渊源关系。其中,妈祖的来历传说颇多,但一般认为她的原型名林默,是闽王“光州固始”南下部下林愿的女儿,死后被奉为拯救海难、安邦护国的女神,受到“光州固始”后人追捧,迅速在全国许多省份走红。闽粤台民间信奉的神祇中还有不少是在开发闽粤台过程中有功于家邦、有恩于民众的历史人物。其中,有的本身就是"光州固始"移民,如"开漳圣王"陈元光、"开闽圣王"王审知等;有的则是"光州固始"移民的后裔,如"开台圣王"郑成功、"平台大将军"施琅等。

　　闽粤台三地一衣带水,血脉相连。闽粤台三地民间信仰崇拜的对象、时间、程序、仪式等都如出一辙。改革开放以来,特别是近年来,随着两岸关系的日趋缓和与经济文化交往的不断增多,两岸民间信仰文化的交流合作出现了空前的盛况。为进一步增强民族自豪感和文化认同感,尽快实现祖国和平统一大业,两岸同胞以民间信仰为突破口做了大量工作。台湾民众冲破层层阻力纷纷到大陆认祖归根,成群结队地到妈祖、保生大帝、关帝、临水娘娘等祖庙进香朝拜。近十年来,仅每年到福建湄洲岛朝拜妈祖的台湾及其他海外信众就多达 10 多万人次。

　　　　　　　　　　(作者单位:福建社会科学院现代台湾研究所)

从《生民哀乐论》省议河洛文化

吕继增

一、前言——述生民哀乐

第九届河洛文化研讨会选在广东省广州市举行,闻知后首先想到的是《禹贡》所述:"东渐于海,西被于流沙,朔南暨,声教讫于四海。"河洛文化的裔传,到岭南来会合,漪欤盛哉!

回顾岭南百年左右历史,有几个人物和事业值得一提。孙中山先生提出"民生:人民的生活、社会的生存、国民的生计、群众的生命",为一代巨眼;康有为先生提出"平等:去一切界阈",超越世俗;林觉民先烈诀别意映书"满地风云、遍街狼犬",血诚大爱;以及孕育了卫国捍侮多少将校的黄埔军校。这些可都可谓河洛文化"为天地立心,为生民立命,为往圣继绝学,为万世开太平"的精魂荟萃!私衷自许亦为河洛文化圣泽所沾霖,对此能不肃穆心志而环顾宇内的生民哀乐?

所谓生民,是在白话文未兴、文言文中常见的名词,其意义在于强调所有人都地位尊崇,跟帝王一样的"受命于天",下面提出几项文献来诠证。

《诗经·烝民》篇:"天生烝民,有物有则",叙明众民受生于天,公私组织(政府和企业)都不得将众民视为"人力资源",而这是今日世界通弊。

《易经·序卦传》:"有天地,然后万物生焉……然后有男女、夫妇、父子、君臣……"且在其中演绎生民在自然界和社会生活中的各种问题和发展。同书也指出人的天赋德慧术知率领大家善自过活。

《礼记·礼运》篇:"故人者,其天地之德、阴阳之交、鬼神之会、五行之秀气也。"注意鬼神之说,是指人的生命由形体和神气组成,也就是中山先生"四生说"的重要内涵,民生物资和文化滋养。五行秀气泛指人伦为主导的世界生机。木仁、火礼、土信、金义、水智。

从古语"哀、莫大于心死"和"大乐必和"再提升高度来看生民哀乐。

上世纪二三十年代,有一位才华横溢的武侠小说家"还珠楼主",他的小说中创用了一个新观念"形、神俱灭",意思是彻底的绝灭、毁亡,比单纯说"奄然物化"更令人惊悚、满心生哀偏身发凉。那时以后,中华民族与日本之间的矛盾冲突渐上高峰,"形神俱灭"也正是彼时的全民族心之大忧。所幸我民族列祖列宗奠基深稳,彼等未曾得逞。

21世纪又有新兴的民族大害,可以用"集体物化,炼神归无"来作提要,请参看图一。

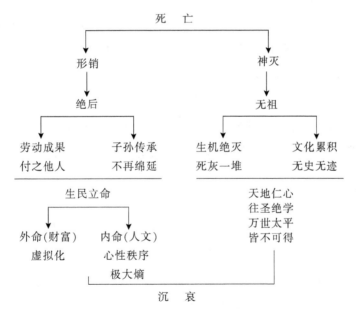

图一　彻底的死亡图解

虽然"神、灭或不灭"争议无解,但必须弄清:无神不是无祖,神字亦不可狭化作人格神之唯一解,聪明正直为神,更具合理性而为大众所服。若连天理一齐归入迷信,用强力压制,那天地仁心、往圣绝学、万世太平,也就变成永不可得的"终古沉哀"了。

由此反省,史册上所记"兴灭国、继绝世"之可贵,正是在于其符合"四为说"

的理念。天地生机不可毁。

二、证实现今世界上正在"化人为物"

在我童年时,曾听到一首颂扬劳动的歌,其中有:"蜂儿在嗡嗡酿蜜,人们在劳动歌唱!"于今回想,为何要以蜂为师? 岂非物化的征兆?

再看领导世界思维的学术界,见出了古今之异:古之学界:主观的、直接体会的"且耕且读",感认了人间哀乐事实,发而为强烈的道义主张,对世界有"仁为己任"的主导企图,总结是"知人识仁、实事求是"。

今之学界,多数受制于 financial sponsor,讲求所谓客观,跳脱"当事人"地位,并以层层"创发性见解"为名,否定了真理应传承久大,行为上也每见"说一套,做一套",与古人的言行一致颇有不同。

冒犯地讲:"这是无本之学在流行,其结果是陷其生徒于螺钉地位而不自知。"无本,不顾生民哀乐。河洛文化是中华民族学术之本!

化人为物的现世普遍现象是:

(一)人身抵押劳动:抵押权为物权之一

尽管美国早就解放了黑奴,国际劳工组织的"费城宣言"明白揭示"劳工(人)非商品",中华民国成立之后也明令禁止蓄奴、锢婢、世仆等"在人身上设定物权"的行为,今天确是没有花几两银子领一个贫家女孩来做丫环使女的事"人身抵押劳动",但是这个恶俗只是变了外表而已,反而更为普遍,全世界都有,只是把一张人身抵押契约变成两张,一张是银行"房屋、汽车等贷款"契约,另一张是劳动契约,人身抵押效果一样,却不违法,正常的商业行为。扩大后连资本家开创企业去贷款也纳入这个模式,更变成资本主率领一群劳工去"以工抵债"。

(二)财产"劳动成果的实体"虚拟化

中山先生曾有"钱币革命"论述,山西阎锡山曾规划过农产实物券,人民共和国早期使用过粮票布票,这些都表示出纸货币积弊重重,需要改革。

本来衣食住行等民生基本需要是经由身心劳动取得实体物资,才能满足,但为了分工合作来达到更大更高的需求,始有以物易物,再后出现货币"由贝、铜、银而纸,而各种形式的信用证明"。但币值(购买力、信用)亦有"常值、稳值、变值"之别,一有剧变,每每全体民生陷入困境。不幸的是今日普天之下,竟然劳动人民的财产都是倚托在"变值货币"身上,处于"今日不知明日事,他生未卜此生休"的痛苦中。

尤其是纸货币都在公权力掌控之下,因之而致公权力成为狡徒明攻暗蠹的对象,不稳定的货币带动了国政的不符常理的异象。例如失业,国家有养民之责、人民有工作权,亦有纳粮当兵义务,所谓"国无弃民",这一变,成为各国都有弃民"失业者"了。

(三)上述情形乃是"信德"销融征兆

这非同小可,信在五行理论中属土,大地崩坏,土变沙漠,生机将绝。信德在禽兽同类中也可见到。

(四)在生机将绝中,世界呈现大家都在"马斯洛五阶"中的生存阶段逞其竞争,以求个人活下去。这是动物界本能,万物之灵,竟至于此! 物化之必然

(五)伪自由

现代世界标榜自由,然而康有为先生游欧时见到德国克虏伯兵工厂规模之大,员工居处成为市镇,"俨然一路诸侯"(见所著《孟子微》);今天来看,竟与春秋战国时的霸权会盟,代天子征诛之权的模式,如出一个规格。公营企业,比作各个同姓的姬氏诸侯,其他有功臣受封,有当地山头势力,名曰"民营企业"。其实查看各国宪法等文献,凡用"民"、"人民"字样者,必是属"公有、公治、公享"性质。这是明目张胆的篡夺,伪自由而侵犯公共权益(专名权)。

在图二的结构里,个体生民自由是微乎其微,等同于不住牢房的狱囚。

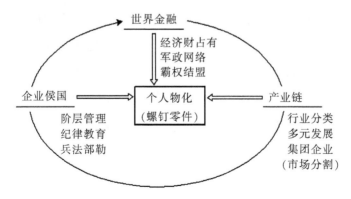

图二　使个人物化的物化网(三结盟包围)

三、简述民生哀苦

当前的民生哀苦，主要是重重束缚和重重挟持，至于身不自主、心不自主、情不自禁，完全失去自我主宰地位，对照上述"四为说"、"四生说"的自主性，更可明显看出河洛文化的可珍可贵。

问题的承当者是社会基层的劳动者，正如一个极具智慧的说法：颇为微小的问题，一放大 13 亿倍，便是大问题。下面几点，若放大 60 亿倍，便是绝大问题。

（一）身不自主

这是上世纪强调无产阶级受苦时，所列举的重点之一，因贫受雇，受雇就要遵守资方所定"纪律"，身不自主之势形成。今天既然实体财产已经虚幻化，于是任一人都没有实体财产保护，其身份当然转化为上世纪的无产阶级，总数是60 亿。

（二）心不自主

心志原是个人的独立人格凭借，古语"三军可夺帅也，匹夫不可夺志也"，然而心志也有赖修养而成，今世已无往昔的庠序、书院，人格教育并不为今日教育所重，反而特重功利。只要看社会上将习气当做文化者之多，便可知此降服群众的手段已由夺志改为湮志，令人无志可逞。

（三）煽欲灭礼

今日世界，流行挑逗人欲手段，商业广告在此方面一再冲破法规、无视礼俗，而法规也一再放松，礼俗也一再消退。社会上早已将"玩人丧德，玩物丧志"之诫丢进垃圾堆，被玩之人也少有省及吃亏的。沦化为物而不自知！

在大家都不能自主时，毕竟人性中仍有天赋自主潜意识，却因不识失去自主的原委，只激发了人际互相敌对的心态，另加自我言行矛盾的多重困局。

（四）河洛文化与生民哀乐

现在依《大学》"格、致、诚、正、修、齐、治、平"八目列出"对治物化"的方案大纲。

1. 格清外物之蔽，致我良知之真

何为"外物"？股市、房市、金市、期货，都有暴利可图，是外物；咱们老辈在家乡混不下去了，出来拉绩子、掠寨子、搞白鸽票，成了气候、招了安，回去家乡风光,咱们出来也不是要当农民工干到老,事在人为,是外物;要读书,学上一身专技,古人是"学成文武艺,卖与帝王家",今天是"一身好本事,卖与资本家,娶个美如花,吃香又喝辣",没出息地投奔外物。

变相的在人身上设定物权的抵押权,以及让全世界生民的财产从实体改为虚拟,分明是易经剥卦之象:剥夺,一层一层来,攻城,先拔掉四周据点,骗人,先取得信任、解除心防。在物化攻势触动每一生民仁义礼智的良知时,便是该反击的最后时机了。在卦序中"剥、复"相继,显示这反击行为的当然性。

2. 诚我致公之意,正我淑世之心

对我施行物化的手段,除了这物化是外来之力,可以防堵外,也要自我作内心省察,看看心中意中有无为此物化外力作内应的潜因。

"小人闲居为不善",所谓"不善",并非不周到不完美之意,而是根本上就损公益私。例如各地皆有所谓"民营化"运动,实质上是将公共财产或公共权益转交私家经营(为何要交付这一家? 则不堪深究矣)。

"身随心走",心正则路正,心公则道公,心中蕴蓄了私人的喜怒忧惧,又不能自行克制,自然行为的公正就会有问题。

以上是避免物化的积极条件,但物化较深的人,每每嗤为迂腐,那是物化得连孟子"人禽之辨"都认不清了。

3. 修身与齐家,理从实事上表现而为德

凡是在实事上做出来的,必对此世界有示范作用的影响,我贪财入己,则一家人都有理由各自存"私房钱",一家的财务计划就无法达成;一国人也一样。财有私、事有私,今日是无处不私,且皆盼化大公为我私!

4. 国可治、天下可平,行絜矩之道

治平,是先要有个总方向。一家人生活,老人受敬得养,幼者受爱得教奉职,一乡一国内的人能以公共力量照顾孤寒不幸的人,蔚成天下风气,是个初步目标。

众人离心离德,各务私利,公义之风能带动起来吗? 有"絜矩之道"在,亦即是公义在世界上有传播仿效性质,只怕无人倡导,用亲身示范倡导而非空耍嘴皮。

一定要"治国以公"吗? 要先认清何为治国者,何为统治者。治国者用理,统治者用权用力用欺骗。

治理国家不能没有财用,"财用"哪里来? 从农林畜牧渔殖、矿藏开发转制运销而来,"地生财、人用劳力"嘛,土地之利是列祖列宗共同开发的,该归大众共用共享这实体的资产财富,可是今天世界通行将它"证券化、商品化",转变成看得见拿不到用不上的虚拟财产,骗了大众数百年之久! 这得有个交待、有个解决。明白说:要把"生民之乐"还给咱们生民大家!

生民之乐,第一是自食其力、自得其乐。然而今日各家企业"尽量多生产、也尽量压低工资",但劳动者也是大宗的购买者、消费者,这些劳动者的购买力被偷到何处去了? 看大小肥猫之"肥"可知,看各处浪费可知。

生民之乐,第二是尽天性,天赋人性,仁义礼智信,然而今日各种企业,直话直说:都不具备诚信,每种产品都有瑕疵,广告都有隐瞒,每家管理都是统治者风格,谁会坦白承认。

生民之乐,第三是万事万物,都遵循天理(即自然法则)。但今日各种事务,不分公私,皆以工商管理方式为宗主,全不顾及世事均衡平均的自然之理、生民之全心所望,以致庚气偏天下,待机发为大难。

河洛文化中有无尽宝藏,可为匡时济民之用。生民哀苦久矣,依"无陂不复"之理言,是时候了。

四、清明在躬:做"生民之父母"适格者

21 世纪的国家领导群、企业中的经营者、学术思想界的前锋巨擘,以及各种组织的导航者,民众意见领袖,你们不要忘了自身的使命。(也就是)生民的愿望:做"民之父母",民之父母的条件是"恺弟君子"。说明白些:这是君德,无"君德"而居"君位",便是"不适格"的,该自动下台,或是被撤换驱逐。

君德是什么样儿的?《易·文言》:"君子:体仁足以长人(做领导),嘉会(不是干戈之会)足以合礼,利物(不是肥猫自为)足以和义,贞固足以干事(有始、全终。)"《大学》:"为人君,止于仁。"

仁是:"心无私系,以百姓之心为心,天下之饥溺、己之饥溺也,生民之疾苦、己之疾苦也,故四方有败,必先知之。"如果不知生民疾苦,如我们上面所说"物化之苦",那便是麻木不仁,便是不适格,这包含大小领导。

　　仁者"哀乐相生",看父母儿女之间的关系,要就诗书礼乐来说:"心之专直为志,言之精纯为诗,行之节为礼,德之和为乐。和顺积中,发为恺弟,动为恻怛,智大者悲深,愈恺弟则愈恻怛。就其恺弟名乐、就其恻怛名哀。"这是什么说法? 参看《礼运》所言:"圣人能以天下为一家,以中国为一人。"从而前面所说"国无弃民"的解答也有了。

　　最后谈到"三无私:天无私覆、地无私载、日月无私照",达到清明在躬、一身任天下(或某组织)之使命成败(不是敛财多寡),君德、君功都成就了。

　　大家见到这样矩范,多学学! 好好干。

五、结语——神而明之,存乎其人

　　不是都说"建立制度吗? 怎么又是神明又是人了? 历史上的制度也兴亡交替,靠不住的。"神而明之,存乎其人;苟非其人,道不虚行。"商汤有道,代桀而兴,到了无道昏君纣王,完了,大道见了你这样货色,在大宇之间自由氤氲,不想下凡来白跑一趟。

　　只有我们这永生于中华民族共同心灵之间的河洛文化,以仁孝为总纲,以《诗》、《书》、《礼》、《乐》、《易》、《春秋》六艺为肢体百骸,永相保守。这个民族的子孙,也历经外来入侵者用异种"文化"汰洗,却因血浓于水,仍旧凝而不散。

　　本文取自先贤陈说至多,尤受会稽马浮先生启发至深,固不欲博创新之口以诬湮恒理也。

　　　　　　　　　　(作者单位:台湾工业安全协会《工业安全卫生》月刊社)

河图洛书的数码审视

叶春生

讯息时代,新词(迭)出,网络数码,几成一方新新人类吓唬老百姓的招数。其实什么数码港、数码城,只不过玩弄一些编程数字,其中的文化意蕴和许多深刻的道理,我们的老祖的《河图》、《洛书》就是一座数码城:"天一生水,地六成之;地二生火,天土成之;天七生木,地八成;地四生金,天九成之;天五生土,地十成之。"(《河图方图》)"戴九履一,左三右七,二四为肩,六八为足,五居其腹,洛书数也。"(《洛书方图》)比我们今天的数码港、数码城更人性化,更具有天地人和合的参数,那是原生态的数码,是数码理念的老祖宗。

一、方图的数理解读

中国的"数",不是"数学"的"数",而是理、气的代表,近乎世俗所谓的"命",俗言"命数"、"气数已尽",即此。可见这"数"即冥冥之中支配万物运行的一种原则。宋代理学家据此推演河图、洛书,以此来推断命运的吉凶,有人说是数字游戏,我以为是数码时代的源发,数码之雏形。周敦颐《太极图说》:"二气交感,生化万物",阴阳二气是生生不息的力量之源。五行生克实在是一种概念性的生态理论,这是宇宙生机的奥秘,方家之所谓"天机"。

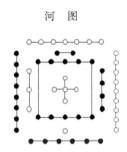

河　图

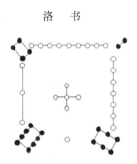

洛　书

从中可以看到,河图天数为五,地数亦为五,五位相得而各有和合,天数之和为二十五,地数之和为三十,天地之数共合五十五,易理认为,这就是它"成变化而行鬼神"的理据。而洛书取的是龟象,即伏羲仰观象于天,俯取法于地,以鸟兽之文与地之宜所作的八卦(见《易·系辞下传》)。明显是受古占星术的影所产生的风水理念,即天地相对应的观念以及其中所涉的天文知识,如分野论、方位说、阴阳说等。

古人认为,人间的许多事物,都是天上星象在人间的投影;而地下的山川形胜,无不关乎人间的福祸。如果说,伏羲王天下出河图,主管天文,则禹治水赐洛书,偏重地舆。据说当年周成王拟迁都洛邑,派周公前往卜测,绘成《洛邑图》,即今之所谓《洛书》。后世所流传的风水术的两大流派(理气派和形势派)皆源于此。

风水先生又将八卦与自然界的物象相联系,其八种物象为:天、泽、火、雷、风、水、山、地,并相互配伍得六十四卦,亦各有对应的自然物或取象歌。在实际操作中还可按后天八卦的方位,依《洛书》之数排列,推导宅主命数的吉凶。

图中所标方位及数序,实际上即是洛书中的一宫、一白二黑三碧四绿五黄六白七赤八白九紫。白即九宫飞白;"一白木",指代北斗七星中的第一颗星(贪狼星),五行属性为木。"戴九履一,左三右七、二四为肩,六八为足",状其龙腹,龙背,龙头,龙足,用于选定乾坤艮巽之方位。方家以乾为天门,巽为地户,坤为人门,艮为鬼户。故常于艮山立塔以镇煞,即此理。

二、岭南两大风水流派在实际操作中对八卦的运用

风水的流派大抵不出"形势"和"理气"两家。"有钱难买东南楼",这是广

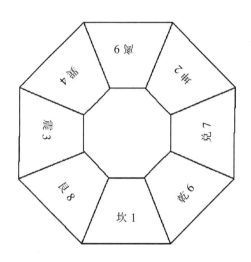

《八宅周书》中八卦方位与数字关系示意图

东人买楼的一句口头禅,是就方位而言,属形势派。因为南方日照时间长,高温多雨,空气潮湿,夏天可避免西斜烈日暴晒,迎取凉快的东南风;冬天,可得阳光充分照射,又可避凛冽的西北风。这样的房子冬暖夏凉,最有"生气"。他们认为,最理想的居住环境是北边有山,东边有水,南边有路,西边有树;形成一个前有照、后有靠,左右有抱,照中有泡的格局。

"阅冈峦而审龙定气,验地中之形类,鉴砂水之吉凶。"那是理气派的观点。其实在实际操作中,都是相互参照,综合运用的。简而言之,先天八卦定乾坤,审来龙,多用于占星;后天八卦辨方位,分阴阳,相五行,配卦象,多用于堪舆。先天八卦图根据《周易·说卦》而来,"天地定位,山泽通气,雷风相薄,水火不相射,八卦相错"。后天八卦乃周文王从伏羲先天八卦推演而成。

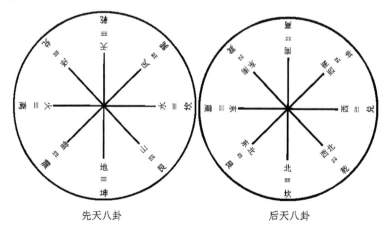

先天八卦　　　　　　　后天八卦

从空间布局来看,传统建筑民俗最讲究的是"水口"。"水口"一定要有关栏,财气才能守住,过去建塔以"镇锁"。著名的广州三塔:赤岗塔、琶洲塔、莲花塔,雄踞珠江各支流入海口,成为省会的华表,引纳中原之灵气,填补广州东南水口之空虚。空间布局的第二个重点是门口,包括过去的城门,如今建筑群的门楼和住宅的大门。民间认为,门是建筑物的"保护神",不可等闲视之,以"迎山接水为佳","家门迎秀峰,运气必亨通"。北门迎气,故要高大,东门次之,南门再次,西门要特别谨慎。从避凶方面说,大门忌与宇宙、神坛、陵园、烧腊店和尖锐的建筑物相对,以免造成心理障碍,或未明原因的气场、磁场、电波的干扰;还有门前忌有大树,阻碍空气流通。住宅的南面、东南面也不宜种植枝叶繁茂的大树,这完全是从通风采光的考虑。因为花草树木的习性不同,作用也不一样。

建筑民俗还与民间信仰息息相关,百越先民迷信巫术,多崇鬼神,从选址到乔迁均按"风水术"判断"吉""凶"。所谓"山环水抱必有气,有气事事方顺意";"来龙要蜿蜒起伏,不要僵直尖屑;前出探头,家出贼寇;后出探头家出王侯"。但在这山水之间,水显得特别重要:"未看山,先看水,有山无水休寻地",看水亦须讲究,要择水之湾内,不要湾背,"水见三湾,福寿安康;屈曲来潮,茶丰富饶"。地势要后高前低,还要南北长,东西狭,避免子午不足。动土要择日,不能犯太岁。动土、乔迁之日都要"拜四角",请太岁神保佑,兼避煞劈邪等,上梁之时还要烧炮仗,披红挂彩,请求姜太公坐镇:"上梁大吉,姜公在此。"室内装修,周围环境亦很讲究,"阳宅三要"指出,一看大门,二看主房,三看炉灶。大门在迎紫气,北方以北门为迎气门,南方高温潮湿,则以坐北朝东南为佳。又"立门前不宜见街口,顾宅后不宜有直脊"。"宅前不宜水射门,屋后不宜龙顶背。"住宅周边的绿化,要"东种桃柳,西种榆榆,南种梅枣,北种柰杏";门前莫种大树,"大树当门遭天瘟"。炉灶要设置在东边,东方属木,有木薪火才旺。乔迁不但要选择"黄道吉日",还必备七种物品先行:米缸、水桶、碗筷、火炉、畚箕、扫把和利是,有人带上老屋的一撮泥土,或放炮驱邪等。

这些民俗意念,教我们去亲近自然,了解自然,利用自然的规律,探究其中的奥秘,走出迷信的怪圈,建设更加宜人的环境。在这方面,就连中国科技史的研究权威英国学者李约瑟也承认:"在许多方面,风水对中国人民是恩物,如劝种树和竹以作防风物,强调流水靠近屋址之价值。"又说,"我初从中国回到欧洲,最强烈的印象之一是与天气失去了密切接触的感觉。木格子窗户的纸张,单薄的抹灰墙壁,每一房间外的空阔走廊,雨水落在庭院和小天井的淅沥之声,使人温暖的皮袍和炭火,一再令人觉得自然的心境,雨呀、雪呀、风呀、日光呀等等。在欧洲的房屋中,人完全孤立在这种环境之外"(《中国科学与文明》),而被置于石柱森林般的楼宇之中,李约瑟所描绘的理想居住环境虽是中国北方农村的,但他所肯定的建筑民俗心理,他所厌恶的与自然隔绝的欧洲式的住房,现在又被许多发展商用作卖点,推出什么"欧陆小区"、"加州花园"等,这不值得我们反思么?

三、从当代流行术语看现代人对古代勘舆理论的原则

老百姓在长期的生活实践中,总结出一套建筑风俗术语,即所谓:龙、穴、砂、水四科。龙指山势,宜逶迤起伏,方有气势,避免僵直尖屑,气脉槁枯;穴指土中气脉结聚处,山水相交,情之所钟也;砂指穴前山案,乃气脉之卫士,所谓鲤鱼守水口,狮子把门楼为之吉地;水为气之母,"有山无水休寻地"。俗语说,"有水即有财",这和我们今天说的"路通财通"是一个意思,风水学上早已把"水"和"路"视为一体。《阳宅集成》云:"万瓦鳞鳞市井中,高连屋脊是来龙,虽曰旱龙天上至,还须滴水界真踪。"《阳宅会心集》说得更清楚:"一层街衢为一层水,一层墙屋为一层砂。"

岭南文化具有极强的包容性,现代人头脑更加灵活变通,20世纪七八十年代以来,他们运用数理科方法对象数进行解读,解释"一分为二"的宇宙生成论,阳奇阴隅的数列和阴阳观念,以二项式系数解释八卦的组合,以方圆九宫算术解释河图洛书,以二进位制数学说明先天八卦序图,以概率论来解释占卜中的吉凶休咎,并实际融汇在其建筑理念中,以人文风情作为建筑的灵魂,有人说,房子只是水泥加钢筋的堆砌物,是没有生命的物体,然而一旦赋予其文化的内涵,便会产生生命的跃动。有了文化,房地产便不再是简单的"钢筋加混凝土",住房也不仅仅是遮风挡雨的容身之所,房地产商推销的也不是一个个钢筋混凝土产品。卖楼就是卖文化!这种文化一方面满足了人们对居住空间、人文环境和物业管理的更高要求,另一方面从精神层面体现人们的审美观、价值观和个性,表达对自我实现的不懈努力。

岭南建筑自成一格,其"岭南"韵味主要表现在园林和建筑上;庭院清风秀水,骑楼小桥人家,云山珠水掩映,石山流泉入画,突出了岭南特色园林所具有观赏性和实用性两大特点。

面对世界各国建筑流派,风情的强势侵入,岭南建筑在保持传统的同时,也变得风情万种,欧陆风情大行其道,东南亚热带雨林也借"生态、环保、低炭"之名走进了岭南人的生活,特别是一些地标建筑的出现:鸟巢、鸭蛋、水立方、大裤衩、小蛮腰等等,更使人们惊呼:中国已成为世界建筑师的试验场,他们摒弃传统的理念,以新奇的造型吸引人们的眼球,国人难以接受。为什么中银大厦型的建筑在人们心中引起了恐慌? 因为它那三尖八角锋芒毕露,不符合中国人求团圆和谐的民俗心理。外国人喜欢什么样子的房子呢? 德国著名的建筑师 Falk 说,他喜欢那些有创意的样子,那些让你一眼看上去就心花怒放的房子,那些作为一个城市地标式的建筑,如悉尼歌剧院,迪拜的帆船酒店,加拿大的梦露大厦。北京的"鸟巢"却备受争议,有人认为它非常符合风水学的要求,因气场的运动在圆形的建筑里不会受阻;也有人认为,它破坏了古都北京皇城建筑的整体风格;设计者法国工程师公开表示:我的设计理念,就是要割断中国的传统,北大景观规划设计中心俞孔坚教授主张:摒弃传统章法,将原有特色和乡土气氛融入设计中,并指出近年城市景观设计只重视现代化的地标,或历史悠久的古迹,但对脚下与生活息息相关的景物却忽视了。在这多元格局里,经典往往被误导,想象超载了传统,世界的时空也缩小了,建筑形制和民俗也出现了五彩缤纷的局面。发展商在经济利益的驱动下,也打出了各种招牌,什么山水龙脉、环保、文化、智能设施,与国际接轨,演绎各种理念。

因此,我们不得不冷静反思,如何继承传统,又不因循守旧,洗脱农耕时代的工匠习性,增添创造性的活力,突破重围,脱颖而出,守住中国传统建筑的人文核心,"以天地为栋宇",把天地拉近人心,使自然和人交流。深入研究老祖留给我们的文化遗产《河图》、《洛书》、《易经》、《葬经》,解读其中的奥秘,把中国建筑形制的礼乐教化功能寓于山水画图之中,要培养高端的理论和设计人才,闯荡世界,为异国他邦创建一批中国式的地标精品。

(作者单位:中山大学)

谈中原文化之传播：
河洛文化与岭南文化

唐学斌　吴勉勤

一、前言

河洛是一个与区域有关的概念,其原意系指中原地区的黄河与洛水流域,为中华民族的文化摇篮。顾名思义,河洛文化即是指黄河与洛水流域的文化,亦泛指中原文化、中州文化或中华民族的原生文化。河洛文化以洛阳为中心,为古代黄河与洛水交汇地区的物质与精神文化的总和。河洛文化与中原文化为一略有差异又相互联系的区域文化,集中在地域范围、存在时间、文明起源、思想内涵等几个层面。河洛文化诞生于中原,繁荣于中原,并传播到全国与世界各地,它是华夏文化的重要组成部分,也是中原文化前期的核心和主流,充分体现了中华文化的根源性、传承性、厚重性及辐射性。

河洛文化源于中原,为民族文化正宗所传承。自晋代以后,逐渐南传的河洛文化,在多领域、多层面保留情形之下,传承了中原传统文化,例如:理学、易学、道学、语言、戏曲艺术、生活方式及思维方式的民族统一性与传承性等,都深深地蕴含着中华民族传统文化精华。

河洛文化南传之后,在新的地域环境里传播,受到了许许多多不同新文化因素的广泛影响,而必然发生新变化,故最终使河洛文化不可能完全等同于中华文化,而是具备了自身非常可贵的富有强大生命力和新生文化要素的特色;这种特色就是源自南下海滨之地所引起和形成的一系列新文化形象与内涵。其中以地域性所彰显的岭南特色为典型。由于岭南是一个区域性的地理概念,岭南文化即为该区域性的文化概念。区域文化唯有以鲜明的个性参与中华思想文化的构建,才能在中华文化的大舞台上占据鲜亮地位。

长期以来,岭南文化已被习惯性地广泛使用,并与中原文化融合成为一体,因此,岭南文化只有附着于中华文化的实体之上,才能有大幅度地提升。

二、河洛文化与岭南文化之定义

（一）河洛文化之定义

河洛文化就是产生于河洛地区的文化。河洛文化是中国文化的重心,河洛文化(或中原文化)的物证或涵义,在于它是中国文化源头,表现出一种经过了不同文化或思想融合而成的源头。河洛文化研究与其他地域文化的研究有着不同的走向,主要在于实现中国文化的根源性特点。其文化内涵,不仅可促进旅游经济,而且还是活的历史,不失具有教育后代的价值。

河洛是一个与区域有关的概念,从原意上讲足指中原地区的黄河与洛水流域,也是中华民族的文化摇篮。河洛文化源于中原,为民族文化正宗所传。自晋代以来逐渐南传的河洛文化,在多领域、多层面保留与传承了中原传统文化的原汁原味,更深层地表达了民族文化的内在精神。

（二）岭南文化之内涵

近代岭南文化继承了传统的经世致用的功利性特点,其思维方式承续了古代以来岭南人思维方式,此一特征不仅兼具西方文化思维方式的某些特点,同时反映了近代岭南思想家的思想体系,具有明显的实用主义倾向,更集中地表现在近代岭南的经济思想之中。因此,岭南文化成为近代中国新思想、新观念、新方法及新精神的发源地。

由于岭南文化博大精深,其构成要素有三:

1. 本土文化

珠江流域地处亚热带的岭南,依山傍海,河流纵横,生活在这里的越族先民,从早期的渔猎、稻作生活到后来的商贸活动,都离不开江海水运,因而有喜迁移、开放等特性,此为区别内陆文明或河谷文明的南越文化本色。

2. 舶来文化

秦汉时期,海上丝绸之路开通,岭南地区作为始发地且是唯一通商大港及中外文化交流的平台,东西方的商业文化、科技文化、宗教文化、政治文化,均由此登陆引进,为岭南文化注入一股新的活力。

3. 中原文化

指中原文化具有兼容并蓄,合为一体的特性。中原文化经过经济、战争、人口迁徙等众多管道,吸纳了周边多种文化中的优秀成分,实现了物质文化、制度文化与思想观念全面融合并不断升华。例如:世界其他地区的宗教,基本不具有排他性,但是佛教传入中原之后,却为本土的儒道文化所接纳,成为中原文化和中华文化的重要组成部分。

4. 开拓性

指中原文化有着很强的辐射力和影响力,其核心思想都来源于中原的河洛文化。中原文化中的一些基本礼仪规范,常常被统治者编成统一的范本,推广到社会及家庭教育的每个环节。

(三) 中原文化的重要作用

中原文化就是指河洛文化,其特殊性决定了中原文化对于历史进程的推动,对于中华文明的形成、民族精神的传承,以及经济社会的发展,都发挥了独特而重要的作用。

1. 认识作用

中原文化具有五千年历史,充分反映了中华文明发展的轨迹,以及中国历史发展的脉络。透过中原文化,除了可以整体认识中国社会和中原的发展,整理出社会前进的有益借镜之外,同时,中原文化的先贤们发现并阐发了许多精辟思想,至今仍闪烁不已。

2. 引领作用

长期以来,中原文化以其文化理想,引领着东方文明的进程。中原文化的文化理想,远播至西方文明,绽放出瑰丽的文化魅力,对于整个民族素质的提升,乃至世界文明的进步,具有积极的引领作用。

3. 推动作用

中原文化产生的新思想、新知识及新技术,大力地推动了中国经济社会的发展。新技术是促进经济社会发展的直接动力,为近代文明的到来准备了必要的条件。中原文化就如同一台功能强大的引擎,从不同的层面,不断把中华历史甚至世界历史的车轮,向前推进。

4. 支撑作用

中原文化具有对中华民族共同精神的维系及智慧成果的传承功能。一个民族是要有点精神的,没有精神的民族,就如同一盘散沙。因此,中原文化对中华民族精神的塑造发挥了重要的支撑作用。

5. 凝聚作用

中原文化固有的向心力,在促进民族的复兴中发挥的凝聚与合作作用。中原文化广泛吸收众多优秀民族,组成了中华文明的主流文化,因此,团结和谐与爱国统一,始终是中原文化倡导的主题。长期以来,以中原文化作为中华民族的根文化,作为传承中华文明的主干文化,已成为海内外华人魂牵梦绕的精神寄托,无论身在何方,都有常回家看看的心理愿望,这正是中原文化特有的历史震撼力与时空穿透力的真实展现。

因此,中原文化自有其特殊的地位,以至于成为中原文化的核心,中华传统文化的核心和主流。

三、河洛文化与岭南文化之传播

河洛文化是华夏文明的核心文化,是一个地域的和历史的文化概念。历史上的河洛,不仅指洛水与黄河交汇形成的夹角地带,也泛指以嵩山、洛阳为中心的河南、河内、河东等广大地区。这片沃土是中华民族最古老的繁衍生息之地,更是中华文明诞生的源头之地。

(一)河洛地区孕育了华夏文明

中华民族号称是炎黄子孙,河洛地区是炎黄二帝诞生和活动的主要地区。黄帝时期河洛地区农牧业已相当发达,人口繁盛。由于经济的发达,河洛地区率先进入奴隶制社会,从而结束了社会的部落或酋邦形式,建立了中国最早的国家一夏。恩格斯曾指出:国家是文明社会的概括。夏王朝的建立,创造了华夏国家最古老的原生形态,对社会的进步有着不可磨灭的贡献。此后,在河洛地区出现了更为成熟的城市礼制与青铜器,标志着河洛文明已经发展到了全新的阶段。

从传说时期到三代期间,河洛地区在政治、军事,经济、文化诸多领域之中,诞生了许多精英,如黄帝、夏禹、姜尚、周公、老子、庄子、墨子、商鞅等等历史人物,形成了儒、道、法、兵、墨、名、纵横等诸多河洛文化流派,并产生了众多的各具特色的典籍,如诗、书、易、礼、乐、春秋等经典。由此,河洛文化逐渐成为强势文化,在其辐射影响之下,东夷、西戎、苗蛮等文化,都很快华夏化了,因此,河洛文化孕育了华夏文明。

(二)河洛文化是华夏文明的核心文化

河洛文化与古代传说中的河图洛书关系密切。河图与洛书系中国古代流传下来的两幅神秘而且内容十分丰富的图案,凝聚了古代先贤超凡的智慧。汉代时期,经学家和思想家以河图洛书解说《周易》八卦和《尚书·洪范》的五行,从而形成了阴阳五行学说。河图洛书蕴含着中国哲学最古老的原创思想,由此衍生了许多中国古代哲学、医学、天文、历算,以及兵、刑、道、法等的重要内容。河洛文化最为突出与鲜明的特点,就是它的正统性、源头性与传承不衰,从而成为中华民族的核心文化。因此,河洛文化对中华民族统一的形成与文明发展,有着最早、最大、最积极及最卓越的贡献。

(三)河洛文化南播

自汉代年开始,由于战争、动乱与灾荒等原因,中原汉人不断大量向南方播迁;其中影响最大的,就是西晋的永嘉之乱,唐代的安史之乱、黄巢举义,北宋的靖康之变,以及明末清初郑成功、康熙朝收复台湾。

综上可知,河洛文化就是岭南文化的共性文化,也是所有南下河洛人所共有的文化,并非是仅限于闽南地区所共有的文化。因此,从文化本质溯源观之,河洛文化概念的普遍使用,无疑是更为超越和妥当。

四、结论

河洛文化与岭南文化具有悠久灿烂的中华文化特质,是中原文化百花园中的一枝奇葩。由岭南先民遗址出土的材料证明,岭南文化系为原生性文化之一。基于独特的地理环境和历史条件,岭南文化以农业文化和海洋文化为源头,在其发展过程中不断吸取,并融汇了中原文化和海外文化,逐渐形成自身独有的特点。河洛文化与岭南文化的务实、开放、相容、创新,吸取了由中原相继传入的儒、法、道、佛各家思想,并进行创新,孕育出不同风格的思想流派。在近代,河洛文化与岭南得风气之先,成为中西文化交流的重要津梁,多种文化思潮交织成绚丽多彩的画面,孕育产生了众多的近代中国先进人物。

河洛文化在历史的形成与发展过程中,大量地注入了富有岭南地域特色的新内容。河洛文化与岭南文化以地域为基点,河洛文化超越地域概念,涵容了岭南文化,二者实为同质文化,没有根本区别。

河洛文化与岭南文化本质为一致,但河洛文化超越了地域性,能够为异地同质文化族群普遍地接受与认同。河洛文化涵盖了中华民族传统文化,再加上具有岭南区域海洋文化之特色,更显现出文化的本质性,实有利于两岸同胞原始文化之认同。因此,中原文化的存在,离不开相对稳定的地域范围,中原文化已具备了无限传播的本质特征,此乃毋庸置疑的事实。

参考资料:

1. 唐学斌、吴勉勤:《谈中华文化的源超与核心:河洛文化与姓氏文化的关系》(2009)。

2. 胡沧泽:《河洛文化、闽南文化和台湾文化》(2009)。

3. 陈水德:《河洛文化相容闽南文化的主导研究方向》(2008),泉州数字文化网。

4. 冯立鳌:《提升岭南文化传播力的思考》(2010),千龙网企业频道广东站。

5. 岭南文化专题学习网站(2010),中国暨南大学史系。

6. 中国国学网:《岭南文化概述》(2007),中国华文教育网。

7. 河南文化专题专栏:《中原文化的显著特点》(2009),河南省政府门户网站。

8. 徐光春:《在香港谈中原文化与中原崛起》(2007),江西省文化门户网站。

9.《河洛文化与台湾文化的渊源关系》(2008),华夏经纬网。

10.《河洛文化与中华姓氏起源》(2009),中国历史铁血论坛。

（作者单位:台湾经济科技发展研究院）

河洛文化与民族命脉、神髓蝉联

曹尚斌

一、前言

古之所称河洛,乃指现代河南省各重要地区之简括。顾名思义说:河洛者,河南洛阳者! 河南地处九州腹地,号为"天下之中"。何以故? 乃以其山川形势所说,河山拱戴,形势甲于天下也。试披阅历史、地理素材以观,河南曾长期是中国政治经济文化中心。早在数万年前,我们的祖先就在这片肥沃的土地上劳动生息、繁衍,到了五六千年前,这里的原始村落已是星罗棋布。在我国史前文化和进入文明社会后的文化发展过程中,中原文化尤其是其中的河洛文化,始终发挥着中心作用和导向影响,并因而成为华夏文明的核心。河洛地区是炎黄文化的发源地,河洛文化是深远而丰富的民族文化的奠基石。

以华夏民族为主体的中华民族各地域文化,都或多或少地与中原河洛文化有着渊源和联系,而中原河洛文化经过夏、商、西周、东周、西汉、东汉、曹魏、西晋、北魏、隋、唐、后梁、后晋等14个主要王朝的发展,乃泽被全国、扩及整个神州大地! 姑且以台湾全境散居之闽南族群或客家族群,都自觉其祖裔皆源始于河洛系脉! 近世以来,又自大陆、东西南北各地区拥来台湾之数百万新住民及号称有九个族系之原住民,大家通婚杂居、互市、和睦相处,乃形成一新文化体卓越之社群,生命之共同体。吾人当欣幸此一难能可贵的民族文化融洽之机缘。

前台大教授、中研院士、甲骨文大家董作宾曾经校订阴历谱,于是乃考知商书、尧典之可信(见平庐文存卷一)。孔子熟读唐、虞、夏、商、周之书,集古代中华之大成者,乃即中华族绪之神髓,此与河洛文化蝉联,义蕴脉络之可稽也。孔子读易,竟韦编三绝,良有以也。孔子上承庖羲氏肯定周文王思想,删诗书订礼乐教弟子三千,杰出者七十有二贤,其高足弟子亦兼通易与春秋,后世乃以六艺推崇为中华文化之精华,历数千年而仍辉光日新,且大行于中国,此盖因孔氏传扬有以致之。

方今,中国大陆正大力推阐广设孔子学院于全地球村中。未来地球村新时代,人类文明必更发皇!笔者以为新时代之地球村,于其推广孔子学说,中华文化之外,而欧美、非洲各地区远古时期的先哲同样缔造了巴比伦文化、埃及文化、印度文化,不过这些古人类之遗迹文明,早已先后蜕化衰落,代之而起的乃希腊文化、罗马文化、希伯来文化。这些盛极一时的新生文明,又被后起之拜占庭文化、波斯与阿拉伯文化所取代。中古之世欧洲陷入黑暗时代,教皇揽权霸政,成了压迫人类思想心灵之桎梏!物极必反,终致掀起文艺复兴运动。由先前之神权霸政转为理性时代,后世嘉谕为人文主义文明。但工业革命,科技发达,由人工生产迈进机器生产,而亚当·斯密《原富论》之经济思维、资本主义扩张于欧美,并逐渐侵入亚非澳诸地区。由于资本家剥削广大之劳工人群生产所得,使富者愈富,贫者竟沦为赤贫——失业者生计煎迫,愤而罢工!

在中国则行毛泽东思想、邓小平开放主张,并再经修正为符合民族文化传统之新时代社会主义。复经江泽民、胡锦涛、温家宝等笃行践履,终至民生乐利、国家富强,摆脱西方残余之资本帝国主义百数十年经济独霸及不合理之政军威迫。近年西方一些大国玩火自焚,发生经济海啸般风暴而自趋毁败,而与其相对之中国却幸未遭此连锁祸殃!

美国历史学家桑戴克博士(Dr. Lynn Thorndike)在其世界史纲中云:中华文化自孔子以前传至今日,历数千年而连续无间,此实为文化史上绝无仅有之一现象!此文化曾迭受亚洲之游牧民族的摧残蹂躏,而犹能巍然独存,其根底之深厚可知矣。

在中原地区,洛阳曾定千年帝都,为中国建都时间最早、朝代最多、年代最长之古都。洛阳之龙门石窟为中国三大石刻艺术宝库之一。此外,这里还发掘十几座古城址,有近千处的古文化遗址,先民所遗之宝贵文化遗产,都是历史之真见证。

《易经·繁辞》:"河出图,洛出书,圣人则之。"孔子曾感慨曰:"河不出图,洛不出书,吾已矣夫!"后来河图洛书被南宋朱熹列在《周易本义》卷首,从此家传户诵。河图洛书是人类文明之瑰宝。不过至今,还无人能作确切之解释,大陆著名数学家华罗庚教授曾从数学的角度提出过:河图洛书,可能作为"地球村文明"和另一星球交流的媒介。最近掀起火星探测热潮,若千年后果真能探得另一星球有人类生存,而华罗庚之预言或可期其兑现矣。

中原地区是中华民族的发祥地,中原文化(或称河洛文化)是中华民族文化的主体,以孔子为代表的儒学,以许慎《说文解字》为代表的文字训诂之学,以李斯小篆为代表的汉字书法艺术,都发源于黄河中下游。随着历史变革和民族迁徙,中原(河洛)文化逐渐与少数民族文化和地方文化融合在一起,形成以中原(河洛)文化为主体的华夏文化。至今仍蓬勃发展的江南文化、东南沿海文化、台湾文化以及传播到世界——地球村中之汉文化(以孔子为中心的儒学),都与河洛文化有密切之渊源关系。

二、文化道统裔脉相承

黄河流域是中华民族的摇篮,也是中华文化的发源地,所以,产生于黄河流域的中原(河洛)文化无疑是中国最古老的文化,甚至可强调为中国的核心文化。

古代人把黄河中下游及相近的地区统称为中原,但是随着历史的变迁,现代人往往把中原、中州等同于现在的河南省这块祖国的腹心地区以及寰绕此一中心约方圆五百里的广大范围,大体相当于现在的河南省以及山东省西南部的一部分,并包括今河北、山西、陕西、湖北、安徽与河南相邻近的部分,皆可谓之中原,并为中国中部地区之泛称。

从新石器时代裴李岗文化时序来看,至今已有8000至7000年之久。裴李岗文化遗址遍布现在黄河南北200多个县,是中原地区最早的文化。1921年在河南渑池县仰韶村发现的仰韶文化,距今也已7000至5000年;又,河南龙山文化,距今也有5000至4000年。二里头文化,因为在河南偃师二里头发现而得名,其渊源是龙山文化,其绝对年代在公元前2000至1700年。中原远古文化同其他地区的远古文化一起,形成了中华民族优秀的早期文化,吾人深切体认肯定为历史悠久,内容丰富的卓越文化,并愿呈现于地球村新时代所典藏。

上述裴里岗、仰韶、河南龙山、二里头文化，都分布在黄河中下游地区，它对其周边文化都产生过巨大的影响。文化不是孤立的、封闭的，中原（含河洛语意）地区周边文化，必然影响中华民族全民文化，并也吸纳多种类之文化，使其本体不断地更新兴替，历久不衰；这正如前述美国历史学家桑戴克对中华文化之钦赞，良有以为。

三、中华文化的基本精神

自宋以后，列《大学》、《中庸》于四书之中，与《论语》、《孟子》为士子必读之书。而"执中"、"用中"之思想更深入于中华民族每一分子之潜意识中，从而成为中华文化之基本精神矣。《大学》言修身，先以诚意。所谓诚其意者，物毋自欺也；毋自欺，则真实无妄，而其心正矣。《中庸》言明善，诚身。谓诚者不勉而中，不思而得，从容中道，圣人也，诚之者，择善而固执之也。以前为"自诚明"，出于先天之本性，后者为"自明诚"，出自于后天之教育。又谓唯天下至诚，为能尽其性，能尽其性，则能尽人之性；能尽人之性，则能尽物之性；能尽物之性，则可以赞天地之化，此则就诚者而言其功化者也。此就"诚于中形于外"，而极言其征验——悠远、博厚、高明，一一可与天地宇宙同其德用也。宋儒周敦颐遂以"诚"为宇宙之本体，以其出于《周易》之乾元、纯粹至善，无为，而为善恶之几；以"诚"诚，五常之本，百行之源也。于是理学家乃无一不言诚，而此真定无妄之。诚道，遂入于中华民族每一分子之内心深处，形成为中华文化之基本精神。"仁"字以从"人"、"二"，二人相处，彼此唯相亲相爱，始能获得关系之美满。父爱其子则慈、子爱其父则孝，父慈子孝，则父子之关系必美满，推而至于兄弟、夫妇、长幼、君臣、师生、朋友之关系皆然。能爱人者，亦必为人所爱，则彼此关系必谐和而美满，一家庭中人人相爱，则其家安得而不齐？一邦国中人人相爱，则其国安得而不治？天下人若果相爱，则天下又安得而不平？人人皆知爱其家人，如能推其爱家人之心，以爱国人，则于国内人人相爱，国自治矣。此即所谓"家齐而后国治也"。人人皆知爱其国人，如能推其爱国人之心以爱天下人，则天下人人相爱，天下自平矣，此即所谓"国治而后天下平也"。中华民族此种崇高之理想，皆由一念之"仁"推演而出。孔子谓：真夫仁者，己欲立而立人，己欲达而达人，能近取譬，可谓仁之方也矣（《论语·雍也》）。中华文化既以"中"、"诚"、"仁

"为其基本精神,2560 余年来,都无异辞。

我中华民族之生命既如是之悠久,我中华文化之气运既如是之宏阔,我中华文化之内容既如是之丰富,我中华文化之精神既如是之高卓,我中华之祖先,历尽艰苦所获得之经验,费尽心血所创造之智慧,我中民族已享用之数千年。吾人且欲将此完美文化之结果,奉献于地球村新时代人群。参详之,应用之! 使未来之一地球村人群受益无穷。曷察誓乎?

（作者单位:台湾空中学院）

河洛文化中之天命文化史观

胡谭光

一、引言

河洛文化,导于远古,成熟于三代。其内涵之博大,几无所不包。察其所蕴,皆先人之智慧。余今试从中国传统文化之典籍求天命文史观之渊源,以正于方家。

人类之生活与智慧,乃由极幼稚之本能而随时增益所获得。其进步之表现便构成历史文化。及至由神话,而神学、而哲学、而宗教时,历史文化业已由旧石器时代,而递进为新石器时代,铜器时代,铁器时代。其经济生活亦由采集,而渔猎、而畜牧,递进为农耕时代;精神生活则由语言,而结绳、而图画、而书契,而迈进有文字之时代。

我国近代以来,研究历史文化之学者,多将历史文化纳入哲学之范围。而一般遭受异端思想感染之学者,盲目信奉某一历史文化史观,未经潜心研究,便将国史投进某一学说之框架内,导致以讹传讹之缺憾。而较为超然之学者,多偏向理性论、实证论,甚或成为历史文化之存疑派。既是缺点,亦堪慨叹矣。

余所论之文化史观,乃从古代历史文化中,探求一种重要之历史文化解释与历史文化评论。不敏所及之"天命论",乃为解释历史文化与历史文化评论之重要理论之一,是以颜之曰"天命文化史观"。此一理论,在我国史籍文献中占有极为重要之主导地位,甚至从古代历史文化而一直影响及历代之历史文化,并影响历史文化评论家。兹就余之所及者,提出以供参考。

考"天"之义,约略有五:一是自然之天,二是主宰之天,三是义理之天,四是物质之天,五是运命之天。然无论何义,皆与人类生存及生活相关至为密切。而在先民之概念中,自然之天与义理之天,皆操之于主宰之天。故国家之兴亡,帝王之成败,人民之祸福,政治之治乱,文化之盛衰,以至个人之贵贱、贫富、穷达、夭寿,以及一切事业之顺逆得失,无不系于主宰之天,统称之为命运。

二、河洛经籍古史文化中之天命观

中华历史文化,向称 5000 年。以河洛史籍而言,文字史籍时间之早、史籍体制之完备、史籍与史料之多,可谓冠傲于世界之国家民族。

先贤有"六经皆史"之称。余研求"天命文化史观"之说,当首以经籍,次诸子,次史部,次史学论著。史部则以正史为经,又以编年史、国别史等为纬焉。

(一)求诸《尚书》

(1)舜典曰:"肆类于上帝。"①此为"上帝"一词首见于经典也。疏云:"尧不听舜让,使之摄位。舜察天文,考齐七政,而当天心,故行其事。肆,遂也。类,谓摄位事类。遂以摄告天及五帝。"王肃云:"上帝,天也。"此谓舜之摄位乃听命于天。故舜告禹曰:"天之历数在汝躬。"②此指"天道在汝身,汝当升为天子。"以明舜、禹之践帝位,皆受于天也。此亦为"天"字首见于经典焉。

(2)皋陶谟曰:"天叙有典……天秩有礼……天命有德……天讨有罪……"③此申明典、礼、服、刑,皆敕自天。益稷曰:"以昭受上帝,天其申命用休。"④疏云:"非但人应之,又乃明受天之报施,天又重命用美。"此谓天受之嘉命焉。

(3)甘誓曰:"启伐有扈……'有扈氏,威侮五行,怠弃三正,天用剿绝其命。今予惟恭行天之罚'。"⑤汤誓曰:"汤伐桀……'有夏多罪,天命殛之。……予畏上帝,不敢不正……夏德若兹,今朕必往……致天之伐。'"⑥牧誓曰:"武王伐纣……'今予发,惟恭行天之罚……'"⑦此以明古史中征伐之事,乃借天之名以行

① 《尚书正义》册1,《虞书》卷三,中华书局。
② 《尚书正义》册2,《虞书》卷四,中华书局。
③ 《尚书正义》册2,《虞书》卷五,中华书局。
④ 《尚书正义》册2,《夏书》卷五,中华书局。
⑤ 《尚书正义》册2,《夏书》卷七,中华书局。
⑥ 《尚书正义》册3,《商书》卷八,中华书局。
⑦ 《尚书正义》册3,《周书》卷一一,中华书局。

罚。尔后世征伐之事,亦多托受天行罚之文,几乎千篇一律矣。

(二)求诸《春秋》

春秋是编年之鲁史,后世今文经学多重公羊、穀梁,而古文经学与治史者则重左传。左传叙史,天命观尤为显著。在众多人物之言谈中,均以天命以判治乱隆衰。兹引证如下:

(1)隐公十一年:"秋七月,公会齐侯郑伯伐许……郑伯使许大夫百里,奉许叔以居许东偏。曰:天祸许国,鬼神实不逞于许君,而假手于我寡人……吾子其奉许叔,以抚柔此民也,吾将使获也佐吾子。若寡人得没于地,天其以礼悔祸于许,无宁兹许公,复奉其社稷……夫许,大岳之胤也。天而既厌周德矣,吾其能与许争乎?……"①

(2)僖公十五年:"……晋大夫三拜稽首曰:君履后土而戴皇天,皇天后土,实闻召之言,群臣敢在下风……上天降灾,使我两君,匪以玉帛相见而以兴伐……重怒谁任,背天不祥,必归晋君……"②

(3)昭公十九年:"……子产不待而对客曰:郑国不天,寡君之二三臣,札瘥夭昏。今又丧我先大夫偃……寡君与其二三老曰:抑天实剥乱,是吾何知焉。谚曰:无过乱门。民有乱兵,犹惮过之,而况敢知天之所乱?"③

从以上引文,可知天命文化史观,乃流行于春秋时代列国贤达与卿士大夫之间,成为一种无可怀疑之铁则与定理。

(三)求诸《周易》

《周易》是经籍而不是史籍,为中华文化之元典,其所涉于历史文化与天命观念之记述者,可谓比比皆是。兹引卦证之于后:

(1)明夷,利艰贞。④ 彖曰:"明入地中,明夷,内文明而外柔顺。以蒙大难,文王以之。利艰贞,晦其明也。内荏难而能正其志,箕子以之。"象曰:"明入地中,明夷,君子以莅众,用晦而明。"此为举史事以明卦义焉。

谭光按:莅众显明,蔽伪百姓者也。故以蒙养正,以明夷莅众。

_____

① 《春秋左氏传正义》册2,卷四,中华书局。
② 《春秋左氏传正义》册5,卷一四,中华书局。
③ 《春秋左氏传正义》册16,卷四八,中华书局。
④ 《周易》王韩注,册2,卷四,中华书局。

（2）革，已日乃孚。元亨，利贞，悔亡。①象曰："革，水火相息。二女同居，其志不相得，曰革。已日乃孚，革而信之。文明以说，大亨以正。革而当，其悔乃亡。天地革，而四时成。汤武革命，顺乎天而应乎人。革之时大矣哉。"象曰："泽中有火，革，君子以治历明时。"此即"天命文化史观"之定位，亦为历史文化学家叙论朝代之改革、帝王之兴起与成功、文化之盛衰与消长，均以"顺天应人"为真理与论据。而《易经》与历史文化意义相关之说，便不用赘述可明矣。

谭光按：夫民可与习常，难与适变。可与乐成，难与虑始。故革之为道，即日不孚，已日乃孚也。

（四）求诸"三礼"

"三礼"，即周礼、仪礼与礼记。前两者属于制度仪则。后者部分为礼乐之说外，余多为孔子及门人论政论学之言论。《大学》、《中庸》、《礼运》、《儒行》等篇，更是儒家之宝典。

（1）我国上古社会，乃属政教合一，故以祭天为惟大事。如："夫礼，先王以承天之道，以治人之情，失之者死，得之者生。"②又如："是故夫礼，必本于大一，分而为天地，转而为阴阳，变而为四时，列而为鬼神，其降曰命，其官于天也。"③此以明尊天命为政之本。

（2）《礼运》，乃是《礼记》中耳熟能详之名篇，而其所论之大同小康，更为历史文化学说中之最高理想。

三、孔孟诸子之天命观

（一）求诸《论语》

（1）子曰："吾十五而志于学，三十而立，四十而不惑，五十而知天命，六十而耳顺，七十而从心所欲不逾矩。"④

谭光按：就"五十而知天命"而言：据何晏集解、邢昺疏云："五十而知天命者，命天之所禀受者也。孔子四十七学易，至五十穷理尽性，知天命之终始

---

①　《周易》王韩注，册2，卷五，中华书局。
②　《礼记正义》册9，卷二一，《礼运》，中华书局。
③　《礼记正义》册9，卷二二，《礼运》，中华书局。
④　《论语注疏》册1，卷二，《为政》，中华书局。

也。"①此说令人费解,不知所云为何? 刘宝楠集

我个人以为,孔子之五十知天命,是指五十岁以后始体认到天命之问题。余所谓十五、三十等等,都应指该年开始,或此年以后,并非专指此一年也。

(2)孔子知天命,不以道之不行而灰心,却以天命自负。是舍天命? ……乃道德与历史文化之天命。政治以外之另一抱负。如:

2.1 "子畏于匡,曰:文王已没,文不在兹乎? 天之将丧斯文也,后死者不得与于斯文也。天之未丧斯文也,匡人其为予何?"②

2.2 "天生德于予,桓魋其如予何?"③

(3)孔子尚以天命而自信,不怨天,不尤人,致力于发扬学术。亦恒以天命为告诫,门人弟子亦以天命赞美之。如:

3.1 "子曰:莫我知夫? 子贡曰:何为其莫知子也? 子曰:不怨天,不尤人,下学而上达,知我者,其天乎!"④

3.2 "王孙贾问曰:与其媚于奥,宁媚于灶,何谓也? 子曰:不然。获罪于天,无所祷也。"⑤

3.3 "仪封人请见,曰:君子之至于斯也,吾未尝不得见也。从者见之。出曰:二三子! 何患于丧乎? 天下之无道也久矣,天将以夫子为木铎。"⑥

3.4 "太宰问于子贡曰:夫子圣者与? 何其多能也。子贡曰:固天纵之将圣,又多能也。"⑦

综以上所论,可知天命观实为孔子之一种重要观念,对后世影响之深远,无以言喻之也。而自儒者言之,孔子之尊,固生民以来所未有矣。

(二)求诸《孟子》

孔子之后,儒一分八,继者无人。及至孟子,孔子之学说始得以发扬光大。拒扬墨以卫圣道,倡性善与王道之论,功于中国文化。其学精深博大,难尽举其

---

① 《论语正义》册3,卷一〇,《子罕》,中华书局。
② 《论语正义》册2,卷八,《述而》,中华书局。
③ 《论语正义》册5,卷一七,《宪问》,中华书局。
④ 《论语正义》册1,卷三,《八佾》,中华书局。
⑤ 《论语正义》册1,卷二,《为政》,中华书局。
⑥ 《论语正义》册1,卷四,《子贡》,中华书局。
⑦ 《论语正义》册3,卷一〇,《子罕》,中华书局。

要。只就天命文化史观而加以述录,以明其归纳古史之观点如下:

(1)万章曰:尧以天下与舜,有诸? 孟子曰:否! 天子不能以天下与人。万章曰:然则舜有天下也孰与之? 曰:天与之。万章曰:天与之者,谆谆然命之乎? 曰:否! 天下言,以行与事示之而已矣。万章曰:以行与事示之者如何? 曰:天子能荐人于天,不能使人与之天下。诸侯能荐人于天子,不能使天子与之诸侯。大夫能荐人于诸侯,不能使诸侯与之大夫。昔者,尧荐舜于天而受之,暴之民而民受之,"故曰:天不言,以行与事示之而已矣。万章曰:敢问荐之于天而天受之,暴之于民而民受之,如何? 曰:使之主祭而百神享之,是天受之。使之主事而事治,百姓安之,是民受之也。天与之,人与之,故曰天子不能以天下与人。舜相尧,二十有八载,非人之所能为也,天也。尧崩,三年之丧毕,舜避尧之子于南河之南。天下诸侯朝觐者,不之尧之子而之舜。讼狱者,不之尧之子而之舜。讴歌者,不讴歌尧之子而讴歌舜。故曰:天也。夫然后之中国,践天子之位焉。而居尧之宫,逼尧之子,是篡也,非天与也。秦誓曰:天视自我民视,天听自我民听,此之谓也"①。此言德合于天,则天爵归之。行归于仁,则天下与之。天命不常,此之谓也。

(2)"孟子曰:天下有道,小德役大德,小贤役大贤。天下无道,小役大,弱役强。斯二者,天也。顺天者兴,逆天者亡。"②此言天下有道与无道二者,乃天时之所遭也。当顺从之,不当逆之也。

(3)"孟子去齐,充虞路问曰:夫子若不豫色然。前日敦闻诸夫子曰:君子不怨天,不尤人。曰:彼一时,此一时也。五百年必有王者兴,其间必有名世者。由周而来,七百有余岁矣,以其数则过矣。以其时考之,则可矣。夫天未欲平治天下也,如欲平治天下,当今之世,舍我其谁也? 吾何为不豫哉。"③此言圣贤兴作与时消息,天非人不应,人非天不成。是故知命者,不忧不惧也。而后世论史者,多袭其说焉。

谭光按:孟子以天命解释历史文化,乃是最明确之天命历史文化观。尝以

---

① 《孟子正义》册5,卷一九,《万章》,中华书局。
② 《孟子正义》册4,卷一四,《离娄上》,中华书局。
③ 《孟子正义》册3,卷九,《公孙丑下》,中华书局。

"莫之为而为者,天也。莫之致而至者,命也"①以释天命,可谓是简明透彻之至理名言。孟子以天命自负,能养其浩然正气者也。

(三)求诸《荀子》

荀子之学,出于孔子,天论异于孔子,论性恶异于孟子。而其弘扬孔学,反对异端而言,实不亚于孟子,尤有功于诸经。惟其侧重于实际,更无狎孔侮孟之心,鲜言天命而已矣。是知儒家之所以胜于其他诸家,亦在于此焉。

按,孔子首创儒家,继承者为孟子与荀子。序跋云:"儒家者流,盖出于司徒之官,助人君顺阴阳明教化者也。游文于六经之中,留意于仁义之际。祖述尧舜,宪章文武,宗师仲尼,以重其言,于道为最高。"②

(四)求诸《墨子》

墨子首创墨家,继承者为宋钘与与尹文。序跋云:"墨家者流,盖出清庙之守。茅屋采椽,是以贵俭。养三老五更,是以兼爱。选士大射,是以尚贤。宗祀严父,是以右鬼。顺四时而行,是以非命。以孝视天下,是以尚同。此其所长也。"③

按:墨子之学,乃以国家昏乱,则语之尚贤尚同;国家贫困,则语之节用节葬;国家喜音沉湎,则语之非乐非命;国家淫僻无礼,则语之尊天事鬼;国家务夺侵陵,则语之兼爱非攻。此其救世多术也。而墨子之节葬非乐,所以救衰世之意,与荀子之礼论乐论,为王者治定功成盛德之事,其意相反而相成也。自墨者言之,墨子宋大夫也。而墨之诬孔,归于不相为谋而已矣。其在九流十家之中,惟儒足与之抗衡者也。论其史观,则归之于天意,颇为神学与宗教之意识。

(五)求诸《老子》

老子首创道家,继承者为列子与庄子。序跋云:"道家者流,盖出于史官,历记成败存亡祸福古今之道。然后知秉要执本,清虚以自守,卑弱以自持,此君人南面之术也。合于尧之克攘,易之嗛嗛。一谦而四益,此其所长也。"④

按:老庄之说,纯涉自然。无为而治,其理尚玄。论史则主法太古,永无进化

---

① 《孟子正义》册5,卷一九,《万章》,中华书局。
② 《经史百家杂钞》册3,卷八,《序跋》,中华书局。
③ 《经史百家杂钞》册3,卷八,《序跋》,中华书局。
④ 《经史百家杂钞》册3,卷八,《序跋》,中华书局。

可言。哲学则博大高深,足与孔孟抗衡。不言鬼神,天地并称。而其无为而治之政治理论,或称之为自然史观可矣.

四、史籍史实之天命观

（一）求诸《史记》（略）

（二）求诸《汉书》（略）

（三）求诸其他典籍

(1)书志云:"夫灾祥之作,以表吉凶,此理昭昭,不易诬也……则知吉凶递代,如盈缩循环,此乃关诸天道,不复系乎人事……然而古之国史,闻异则书,未必审其休咎,详其美恶也。"①此言天人不相杂糅,申举休咎不相符应之证也。

鉴识云:"废兴时也,穷达命也。"②此乃鉴识难遇而生感慨之言,然其所说,亦近乎天命之言焉。

按:唐刘知几之《史通》,乃史学最早之名著,其论史之精要,超越各家,而其疑古、惑经诸篇,尤为杰出。其于史书,对《左传》极为推崇,于马班皆有微言。谓史迁之魏世家论成败,不重人事而委于天。论班固则以五行志之作不当。独具卓识,固自成一家之言。

(2)汉初布衣将相之局云:"……盖秦汉间为天地一大变局……其君既起自布衣,其臣亦自多亡命无赖之徒,立功以取将相,此气运为之也。天之变局,至是始定……汉所封异姓王八人,其七人亦皆败灭,则知人情犹狃于故见,而天意已换迎局,故除之易易耳……于是三代世侯世卿之遗法,始荡然净尽,而成后世征辟、选举、科目,杂流之天下矣,岂非天哉!"③此以明天意之说焉。

(3)元世祖嗜利黩武云:"内用聚敛之臣,视民之财如土苴。外兴无名之师,戕民命如草芥。以常理而论,有一于此,即足以丧国亡身。乃是时,虽民不聊生,反者一而百起,而终能以次平定。盖兴王之运,所谓气盛而物之小大毕浮。故恣其所为,而不至倾覆,始知三代以下,国之兴亡,全系天命。非必有道者得天下,

---

① 《史通通释》册2,卷三,《书志》,中华书局。
② 《史通通释》册2,卷七,《鉴识》,中华书局。
③ 《廿二史札记》册1,卷二,《汉初布衣将相之局》,中华书局。

无道者失天下也。"①此以明国家之兴亡,全系于天命也。

按:此乃天命观之广义论,而该等史实与局势,便非得以天命观诠释之不可,想亦非浅谬之见焉。

五、结论

余拟撰本文之时,已自觉其繁冗。若要立论清晰,便得引用古籍之说。尤其浩如烟海之典籍,如何摘录取舍?加以经子皆史,引证更难,篇幅虽长,而内容未免松弛。惟于"天命文化史观"在河洛文化及中国文化研究中之地位,当可确立而无疑。加上此乃纯学术性之探讨,故在历史文化学、哲学等之研究方面,或有点滴启发之作用。

凡是研究历史文化之学者,应知道如何去观察历史文化,如何去解释历史文化,如何去评论历史文化。解释根据观察,评论根据解释。故观察要能确立观察,高瞻远瞩。解释要能洞悉因果,持之有故。评论要能明辨是非,言之成理。若能如此,在研究上始有突破之创建。无论有无必要,总是值得一试。是以关于《天命文化史观》之撰述,或有点滴启发之作用,余志故在此焉。

文化由民族所创造,民族亦文化而融凝。我国是多元民族文化体系之国家,保种保国乃存续文化传统大本所系。无论当前所处之环境与际遇如何,切勿忘中华文化之大传统,我等都是炎黄子孙,龙之传人!

(作者单位:香港崇正总会客家研究中心)

---

① 《廿二史札记》册8,卷三〇,元世祖嗜利黩武,中华书局。

河洛医学的创建与发展

张念镇

　　炎帝神农氏是河洛民族的始祖之一,是河洛医学创始者。《史记》言,"神农氏亲尝百草,始有医药"。所以他是河洛医学的始祖。河洛医药成本低、副作用少、操作简便、疗效显著,五千年来,一根针、一把草、几根指头,不以任何电动仪器和化学药品救活了千千万万的炎黄子孙;但是自从西方科技与医药输入中国以后,河洛医学就被主张西化的人士视为落后和不科学,因而逐渐地衰落。为期弘扬河洛文化,促进两岸学术交流,创造互助合作的双赢局面,特从河洛文化的观点,探讨河洛医学经典性的名著在世界医学史上的学术价值。

　　河洛文化之医药思想历史悠久、渊源流长,有关历代河洛医学的论著,大多散见于各种的书籍或文献之中,寻阅不易,亟须搜集整理荟成专著以供健身寿世之用,笔者不敏,愿就我国历代经典性的名著,作简要介绍,进而说明其在世界医学史上的发展与贡献。

　　我国行气吐纳之术起源极早,周安王二十二年(前380年)之《行气玉珮铭》应为最早文献,刻在10块12面的玉珮上,共45字,原文为:"行气,深则蓄,蓄则伸,伸则下,下则定,定则固,固则萌,萌则长,长则退,退则天(指上丹田),天几春(上丹田)在上,地几春(指下丹田)在下,顺则生,逆则死。"强调顺此法则而行则生,违此法则就会折寿身亡。

　　《难经》是由战国时代(前403~221年)的神医扁鹊(原名秦越人)所著,是河洛医学最早的一部经典之作,总共81篇,对于望、闻、问、切的诊断方法,作了系统性的说明,亦即望其五色、闻其五音、问其五味、切其寸口,以知其病的独特诊断技巧。"神圣功巧":望而知之谓之神,闻而知之谓之圣,问而知之谓之功,切而知之谓之巧。其中谈论如何把脉就占了22篇之多,故被后人推崇为河洛医学的祖师。

《黄帝内经》简称《内经》,是河洛医学最早,亦是世界上现存最古、最完整的一部医学著作,内容长达14万余字,总结了先秦时期的医学理论与实际经验,但非一人一时的著作,托名黄帝与岐伯的对话,是西汉时期(前200~220年)在医学与养生学方面都是集其大成的名著。由《素问》与《灵枢》二部分合成,前者说明人体的生理与病理,后者介绍针灸的技术。思想渊博,主要观点为:法于阴阳、和于术数、饮食有节、起居有常、不妄作劳、恬淡虚无、过用病生、避邪防病,故能形与神俱,而尽终其天年。

河洛医学第一部临床医学的巨著是东汉时期的"医中之圣"张仲景(150~219年)在205年所著的《伤寒杂病论》,是集两汉医学大成之作。公元204年,河南南阳地区病疫流行,乡民死亡甚多,其中十分之七均患伤寒,张氏遂辞长沙太守之职,返乡研究写作与治病。引证外感症397种治疗方法和113种单方,运用阴阳、表里、寒热、虚实八纲辨别病症方法,以汗、吐、下为治病手段。除《伤寒论》,尚有《金匮要略》、《评病要方》、《疗妇人方》、《五脏论》和《口齿论》等珍贵著作,惜多已失传。经晋代名医王叔和的整理,将全书分为《伤寒论》和《金匮要略》两部,分别记载113方和262方。用药分别为87种和116种,配伍精练、主治明确。

河洛医学最早的药典是东汉时期道家所编撰的《神农本草经》,该书记载365种药草,其中上品120种,中品120种,下品125种。上品又称上药,有益无害,人参为上品之首,亦是世界最早说明人参为"百药之王"的药用价值;中品有益亦有毒;下品则有毒,但能以毒攻毒。以天、地、人三才布局,创造药物毒性的分类方法。其次,较早的河洛药典是唐朝问世的《新修本草》,其比欧洲最早的药典《佛罗伦斯药典》早839年。北宋时期四川名医唐慎微著《证类本草》,这是一部本草史上的不朽巨著,记载药物1748种,医方3000多则,形成宋代医药的一个颠峰。明代杰出的药物学家李时珍依据《新修本草》和《证类本草》重新加以修订、补充,总共收集1892种药物,于1590年编纂了不朽的药典《本草纲目》52卷,成为河洛医学极为重要的医药文献。

唐代食疗专家孟铣所著《食疗本草》本已失传,只有部分文字散见于李时珍的《本草纲目》,1807年被匈牙利人斯坦因在敦煌石窟中找到此一手抄本,转手高价售于英国伦敦博物馆,并译为英文出版,日本营养学家中尾万三根据此书另撰《中国食疗本草之考察》,说明河洛医学食疗医学实开近代西方营养学之先河。

在世界医学史上,第一个使用麻醉术的医师就是东汉、三国时期的华佗,他被后人奉为"外科鼻祖",发明了"麻沸散",比欧美医学到19世纪初才使用全身麻醉的纪录,领先1600多年,并将其医术撰写为《青囊书》,赠送狱卒吴普,惜遭其妻焚毁而失传。

河洛医学最早的经络学专著,以晋代名医王叔和所著《脉经》为代表,书中记述了24种不同病症的脉象。最早的首部针灸学的著作是晋代名医皇甫谧所著《针灸甲乙经》,对人体所有的349个穴位,按照头、面、胸、背、四肢等解剖的部位,进行科学的分类解述,致被后人尊称为"中国针灸祖师"。古人所谓黄金穴道就是足三里、委中、列缺、合谷,其口诀是:"肚腹三里留,腰背委中求,头项寻列缺,面口合谷收。"德国医生凡安氏1883年发现由人的皮肤即可测知体内脏器的疾病,他发现皮肤上有179处痛点与某些疾病有关,其中有105个痛点与河洛医学经络学的穴位相同。

河洛医学最早的医学分科的专著则是唐代的药王孙思邈所著的《千金要方》和《千金翼方》,他在医、药两个方面都是卓然有成,书中记载了5300多种的药方,同时亦率先创立内科、外科、五官科、妇科和儿科等医疗科别,同时他亦是举世最早使用橡皮管进行导尿术的医师。相传他曾带领一批麻风病人进入深山施予治疗。

河洛医学最早一部法医学的专著是南宋时期名医宋慈编撰的《洗冤集录》,全部记载了生理、病理、药理、人体解剖及常见疾病的诊断和治疗,并且还论及尸体检验与现场鉴定等有关法医知识,此书比西方最早的法医学著作要早350年。

1232年,蒙古军队撤出开封之围之时,城内流行一种怪病,并很快蔓延开来,三个月就造成90万人死亡。名医李杲撰写《脾胃论》加以分析,他认为面对瘟疫必须要有抵抗力,先天的抵抗力属肾,后天为脾,先天无法改变,只好求诸后天的脾胃。因此,保养脾胃便是最好的抗病方法,对现在防治肠病毒及流感之发生仍具指导意义。

17世纪前半叶各种瘟疫席卷中国东南各地,包括天花、鼠疫、霍乱、性病等,人口大量死亡。吴又可于1642年撰写《瘟疫论》,指出瘟疫之为病,非风非寒、非暑非湿,乃天地间的一种"戾气",从口鼻而入,老少强弱触之皆病。吴氏所说"戾气",亦就是今日所称的"细菌"与"病毒"。

河洛医学最早的瘟病学派创始人是明末、清初的名医叶桂。叶桂又名天士,因他曾经救过张天师的命,被天师尊称为"天医星",据医学史料的记载,猩红热就是他首先发现的,他还对肺炎、伤寒、脑膜炎、霍乱、痢疾、中暑、腮腺炎、脑膜炎和水肿病等有深入研究与治疗方法,堪称为"瘟病学的泰斗",亦是流行性传染病的克星。

1820年西方的霍乱传入中国,名医王士雄著《霍乱论》,主张在春秋之际,于井中投入白矾、雄黄,水缸中浸泡石菖蒲根及降香作为消毒预防之法。

当代道学权威萧天石著《道海玄微》,介绍他的恩师"四川活菩萨"光厚禅师。其师一生行事,慈悲为怀,活人无数,抗日战争期间在成都东门外圣佛寺,每天上午为人治病:不把脉、不开刀、不吃药,他的师兄南怀瑾大师用一句话来描写他师父的医术:"以大拇指烧病",用大拇指头螺纹之中心的"火门",发出三昧真火秘功,如同中医之金针银针,自真火起生处,循督脉上行,经泥丸而下,循右手阳维脉,由大拇指头出,按于患者的穴道上,一按一扬,如蜻蜓点水,旋点旋飞,病轻者仅按数下,即有烧灼之感,疼痛难忍,每一穴道,病轻者仅按数下,重者十几下,然后坐息半小时至一小时,方可离室返家。有二三日即愈者,大都以7日为期,未愈者,再加一个7日。此取义于《易经·复卦》:"七日来复,利有攸往。"此一疗法是将针与灸合而为一,极具神效,不仅为近代奇僧,亦为百代神医。禅师自证道起40余年,不睡不眠,每晚都是静坐达旦,亦无被盖蚊帐,仅一石蒲团而已。民国23年(1944)冬与传西、昌圆等法师聚宿峨嵋山悬岩间,静坐7昼夜,漫天风雪,一望无垠,彼则仍是单衣一袭,不食不饮,众人随往视其坐处,冰消雪化,苍岩毕露,见者莫不叹为神奇。一年四季,禅师均穿此百结衲衣而不易,冬不冷、夏不热,酷暑中穿皮裘于烈日下,行数十百里,不息不汗、不喝不倦,民国36年(1947)夏,禅师为自身之三昧真火所焚,而得自行圆寂。

1972年美国总统尼克松来华访问,随行记者雷斯顿患盲肠炎,在手术时不用麻醉药,仅用针灸麻醉法,手术非常成功,雷氏以其亲身经验在《纽约时报》报导,轰动世界,使欧、美各国医师群起学习针灸。

20世纪末有"北京双桥老太太"罗有明,1900年生于河南鹿邑县罗楼村,年逾百岁,是有300多年历史的"罗氏正骨法"的第5代传人,仅用双手对骨折、脱臼、颈椎与腰椎等综合征均可治疗,人称"捏骨神医"。邓颖超女士腰痛,经她治愈。周总理为她取名:罗有明(名)。

2006年刚过世的曹嘉霖教授,家住台湾台北市,独创"正骨医学",以不打针、不吃药、不开刀,仅凭几根指头、一枝棍子,对心脑麻痹、脑中风、脑积水、青光眼、气哮喘、平底脚、长短脚等进行复健,成效良好。如何应钦上将腰痛、孙运濬院长中风、辜夫人严女士青光眼,经由矫正后而获改善。(详情请参阅拙著《曹氏独门正骨医学之研究》,刊《健康长寿月刊》第542期,2007年9月25日出版)。

江西中医学院李雪梅教授所领导的抗癌小组,于1977年在中草药苦豆中提取"槐定碱"为抗癌中药,1987年在《药理学报》发表了研究论文,2005年独立研制成成功抗癌新药"槐定碱"制剂及注射液,经临床试验,效果良好。该药为生物碱,其化学结构与国内外现有抗癌化疗药物均不相同,对心、肝、肺、肾无明显毒性,不降低细胞免疫力,亦不影响骨髓造血功能,其化疗功效优于西医现有一切化疗药物。(详情参阅2007年9月21日《光明日报》)

现在疟疾又将再起,全球的医护人员必须接受新的挑战。就富裕国家言,美国从1950年疟疾就已绝迹,台湾亦是少数成功根除疟疾的地区。可是,在贫穷落后的地方,仍有106个国家每年有将近5亿人罹患疟疾,其中有100万人遭受死亡的威胁。由于金鸡纳霜早已失效,美国试用了30万种化合物到现在还没有找出新的药剂。中国中医研究院的屠呦呦却从古书中选出200多种草药,进行了380种提取方法,发现青蒿素含有100%的奎宁,是治疗疟疾的又一良药。

河洛医学经典性名著,卷帙浩翰,杰作尤多,笔者既非医师,亦未接受过医学之专业教育,所读医学名著极为有限,只是一名有80多年病史的老病号而已,但对预防医学之研究却是具有浓厚的兴趣,2005年8月曾应中华高龄学学会之约,出版《中老年人重大疾病的预防》一书,2006年撰写《脑病变及其防治》,2010年新编《健康长寿研究》与《预防医学研究》各一册,将西方医学的新知与河洛医学的经验相互结合,希望能以不打针、不吃药、不开刀的方式,对当前若干重大疾病如阿兹海默氏症、帕金森氏症、梅尼尔氏症、肾、肝、肺以及老年性黄斑部病变等之保健,提供一臂之力。惟本文所述河洛医学的创建与发展,错误挂漏之处,至祈先进不吝赐正。

（作者单位：台北中华高龄学学会）

太极旗和《周易》

朴文铉

国旗象征国家的权威和尊严,根据国家的传统和理想,用特定的颜色和形态来表现。太极旗是大韩民国的国旗,是由白底中间的圆形太极和圆形里头的上下红色和蓝色的阳阴、四方对角面上所排列的四个卦来构成的。韩国人举着这太极旗参加过奥林匹克运动会等各种体育比赛,也把太极旗插上过世界屋脊的珠穆朗玛峰山顶。也举着这象征大韩民国的太极旗,团结全民族实现了韩国的独立,建立了民主化。所以韩国人举行团体仪式的时候,第一项必须向国旗敬礼。但是,现在的韩国人连知识分子都很少知道太极旗象征的是什么、怎么制作出来的。本文将要探讨太极旗是什么时候、怎么制作的,与《周易》有什么关系的问题,同时也要察明太极旗所象征的意义。

一、太极旗的创制

用来标志古代国家的多个部族和团体的包括旗的广义上的国旗的起源可以追随到古代埃及或中国的周朝。这些国旗是随着染色和纺织技术的发展而发展起来的,是在布上用不同颜色和样式画出他们自己的象征而表现出来的。近代的国旗从中世纪骑士们所使用的纹章和旗章,即十字旗等旗上能找到它的起源。信仰基督教的各国骑士们在与异教徒的战争中需要共同的标志,所以象征基督教的十字被选定为了共同的纹章,贴在旗、头盔和军服上,并以十字的颜色和样式来区别出身和身份。随着近代国家的形成,十字旗逐渐发展成了表示国籍的象征。一个旗子作为真正意义上的国旗来象征国家,也是自从法国革命时所使用的三色旗之后。法国革命以后所陆续登场的西欧近代市民国家,也模仿象征自由、平等、博爱的法国三色旗,自己制作并使用了国旗,现代欧洲各国的大部分国旗也是据此加以修整而制定的。

太极旗被正式确定为大韩民国国旗已有61年了。1949年10月15日,根据文教部告示第2号,确定了国旗。但是,第一次绘制太极旗是在128年前的朝鲜高宗十九年的1882年。据传,绘制太极旗的人是长期从事"甲申政变"的主角中之一——朴泳孝。说是被派往日本任特命全权大使兼修信使的朴泳孝在明治号船上绘制,并于1882年9月25日(阳历)在日本宿舍上了升旗。但是根据最近的新资料和研究,也有不这么说的。那么绘制太极旗的人是谁呢?

1882年5月签订《朝美守护通商条约》时朝鲜还没有国旗。5月14日,美国提督薛斐尔(Schufeldt)通知朝鲜代表申櫶和金弘集,说在签订仪式上要用国旗。接到金弘集"绘制国旗"命令的是译官李应俊。自5月14日至22日,李应俊在美国舰艇船上绘制了国旗,这个国旗于5月22日在济物浦举行的签订仪式上和星条旗同时使用。至于这个"国旗"的样式,在过去的时间里并没有明确的记录。

但是,2004年1月,划时代的资料被发掘了。记载太极和四卦图案的"朝鲜国旗"的美国海军部(Navy Department)航海局(Bureau of Navigation)的文书《海上国家的国旗(Flags of Maritime Nations)》被公开了。和现在的太极旗相比较,只是四卦的左、右位置换过来了,太极的样子稍微不一样罢了。

更让人吃惊的是这本书的出版日期是"1882年7月19日",距朝美条约签订不过两个月,比"朴泳孝太极旗"领先了2个多月。假如把"太极旗"按一般观点来看成"太极和四卦图的旗",则应该修正"朴泳孝太极旗创制说"。

那么,在太极旗绘制过程当中朴泳孝的作用是什么呢? 朴泳孝的日记《使和记略》上有记录:他根据英国船长詹姆斯的意见把原来准备好的"太极八卦图"改变成"四卦图"。朴泳孝把"李应俊太极旗"上的卦的左右位置换过来制作了太极旗,这太极旗就是于1883年3月6日被正式公布的朝鲜国旗。

总之,到目前为止,被发现的韩国国旗当中"最初的太极旗"是于1882年7月在美国海军部文书上所记录的太极旗,其太极旗的创制者是李应俊。但是,实际在史料上"太极旗的创制人"留名的不是中人身份的一个译官李应俊,而是哲宗皇帝的女婿锦陵尉朴泳孝。

二、太极旗和周易

构成太极旗的中心图案是太极图形。太极图形的长宽比例为3∶2，白底中央有图案。这太极图形里有两仪阴阳，看似一个，而像两个；看似两个，而像一个。太极旗中央的太极图形是什么？有什么含义呢？

"太极"这一用语第一次是的出现是《周易》的《系辞·传》，其内容如下：

> 易有太极，是生两仪，两仪生四象，四象生八卦，八卦定吉凶，吉凶生大业。

太极旗就是把《系辞·传》的这一句话用图形来表现出"太极函阴阳，阴阳函八卦"之意的。《周易》的《系辞·传》第一次出现的太极的含义，随着中国历史发展的过程不断有所增加，并发展成更加深奥的哲学含义了。虽然宋代之前的太极所含的意思普遍没有哲学含义，但宋代以后增加了哲学含义并且在中国哲学史上占有很重要的地位。对《系辞·传》里出现的太极的解释，不仅中国的哲学者，而且朝鲜的学者也都有不同的见解。

把太极用图形来表示哲学含义的是出自宋代的"图书易"。

北宋邵雍把八卦生成的过程用图形来表现出来，以《伏羲八卦次序图》来记录在《周易本义》上。据说在这图形中白色代表阳，黑色代表阴。

邵雍把《伏羲八卦次序图》上所排列的八卦画成八个方位的图，这就是《伏羲八卦次序图》。八卦的排列顺序为从南往左乾、兑、离、震四卦，再从西南往右按顺序排列了巽、坎、艮、坤四卦。

太极旗的四卦排列是根据《伏羲八卦次序图》把乾、兑、离、震四卦往左45度方向画高了。

明代赵仲全所画的《古太极图》是把阴阳分成八等分，把八卦分成八等分，排列后明示了卦名。在八卦和八卦名之间表示了八个方位，在阴阳的头上画出类似曲玉的白色点放在了尾巴的里面。

总之，太极旗是中国"图书易"的"先天图"系统的图形，是由《伏羲八卦方位图》到《古太极图》，再由"古太极图"发展到了太极图。太极旗的名字也是来自中国的《古太极图》。

构成太极旗的第二个图形是阴阳。太极旗的中心图形是太极图。这太极图把太极圆由 S 字样来分两部分，上面是红色、下面是蓝色，是阴阳的形象化。这形象化的阴阳也叫两仪。"两仪"这个词第一次出现是在《周易·系辞·传》。

初期的阴阳表示的是自然界的现象或者具体事物，但是，在战国末，阴阳的含义多了"气"和"生成万物"两个原理。之后，阴阳概念的见解有很多，即：阴阳是同质的气、万物是根据阴阳两种气的动静而生成，是变化的内在原因或构成万物的要素；阴阳不是两种气，而是不可分离的相互依存的相对的存在等。总之，都具有了哲学的含义。这种阴阳思想传到韩国是三国时代，比太极传过来的时间还更早。

八卦是用于占卜吉凶的符号，是指乾、坤、坎、离、震、巽、艮、兑。周代以前没有八卦这样说法。

三、太极旗的含义

中国的太极思想是伴随着性理学的传播而传到朝鲜的。只要是留学者，不管是谁，都能说上几句自己的主张。但是，朝鲜留学者的主张几乎都没有超越中国学者所主张的范畴。太极旗被确定为韩国的国旗，随之而来的观点是对此表明肯定而合理解释。但同时也有认为这是错误见解的，即不符易理上的原理、和韩国无关、是中国太极的观点。在这一点上，现在，在韩国进行正确的太极旗教育会比较难，假如进行，也不过是走走形式而已。关于太极、阴阳、四卦与韩国的历史和民族有什么关系，把太极确定为韩国国旗徽章的理由是什么，没有统一的定论。问受过 10 年以上学校教育的韩国人太极旗的含义，能够流利而明确回答的能有几个人？

关于太极旗的含义，在国家层次上的讨论是在 1949 年"国旗是正委员会"，之后，在韩国精神文化研究院或学术院、国旗咨询委员会上，也把它的象征性给确定过，但没有广泛地宣传给国民。1999 年初，行政自治部把它当做光复 50 周年纪念活动中的一个，收集了学术界和舆论界专家的意见，确定了"太极旗的来历以及它的含义"，并把它运用到了国旗教育材料上。

光复以后对太极旗含义的研究，成果如下：

太极旗的白底象征和平精神；太极的圆形象征单一的精神。这意味着天和地还没分开的全体宇宙的本源。取一个圆表示韩国是单一民族，以此表现"单一的精神"。一个圆形里面的阴阳上下结合形成太极，表示天地万物都是由阴阳奥妙的配合来创造的，这表现的是"创造精神"。乾卦代表天，坤卦代表地，乾坤两卦象征无穷的精神。取乾坤两卦是想让韩国的国运同天地一起永远无穷的"无穷精神"的表现。坎卦和离卦象征光明的精神。坎卦代表月亮，离卦代表太阳。取坎离两卦是想把韩国建设成始终与月亮和太阳一起永远发光的国家的"光明精神"的表现。综上所述，太极旗是和平、单一、创造、无穷、光明的五大根本原理和精神的浑然一体。这就是把象征宇宙本体的最高原理的高层次的理论概括起来的含有深奥意义的韩国祖先的根，是在人类历史上史无前例地拥有最伟大理想的优秀国旗。太极是由圆形里的天地形成的和。宇宙的包罗万象都生成于"和合"，这就是太极的基本真理。围绕（　　）人类的包罗万象是以"和合"来生成、发展并以创意、创造来从黑暗向光明前进和发展，这一无穷的宇宙奥妙就是太极旗的真理。太极和八卦还有它的源泉，《周易》是以弘益人间和生成发展的理念为基本原理，太极旗是包含宇宙深奥哲学、比其他国家国旗拥有更高层次的国旗。

四、结论

根据最近的研究，创制韩国太极旗的人是李应俊。李应俊创制的太极旗已于1882年5月第一次使用过，然后朴泳孝于1882年9月把它修正并正式制定。

那么，李应俊是怎样创制太极旗的呢？他是以《周易》的原理为基础制作的。韩国的国旗是属于中国"图书易"的《先天图》系统的图形。北宋邵雍的《伏羲八卦方位图》到了明代发展成《古太极图》，到了朝鲜后，通过修正变成了朝鲜的"太极旗"。

《伏羲八卦方位图》是把《伏羲八卦次序图》上所排列的八卦根据《周易》"天地定位"中的一篇文章在八个方位上所排列的图形。到了明初，根据在这个图形上所排列的八卦的阴爻和阳爻的数量，在它的中间画了阴阳的图形，当时很流行，这就是《古太极图》。太极旗出自《古太极图》。所以，"太极旗"变成了韩国的国旗，图形上有"阴阳"、"卦"的图形。把《古太极图》提议成为朝鲜国旗的人是清代的马建忠,把四卦排列到四角上的的提议是英国的詹姆斯(James)。

但是,韩国的一部分学者认为,应该更换大韩民国的国旗。理由是太极旗只不过是根据《周易·系辞·传》中的一句而表现的单纯的图形,而没有加入我们的民族精神或民族心态。还有,因为大部分国民不了解太极旗的含义,这也成了更换国旗的重要原因。

那么,应该更换国旗吗? 我认为没这个必要。《周易》虽然是中国的书,但它是"四书五经"中的一本重要的儒教的经典。儒教是很深地扎根在中国、韩国、日本、越南等亚洲国家的思想文化上的普遍的、世界性的思想文化。因为已经扎根在韩国政治、经济、社会、文化等各个领域的儒教思想中最具有代表性的经典《周易》的原理不是韩国固有的,主张把它从国旗上排除的观点是太狭隘了。所以,当前,有必要把太极旗的含义按照《周易》的思想统一起来进行教育。例如:我认为运用《周易》的原理把太极旗上的四卦的含义,即乾是自强、坤是厚德、离是礼节等按它的原意讲授给国民,也许会让国民更容易理解和接受并会产生一体感。

总而言之,韩国政府应尽快讲明太极旗的创制过程,也应讲明它来自《周易》的原理。这样才能把太极旗的含义给予正确的定位。只有正确地确定太极旗的含义,国民才容易理解,象征国家权威和尊严的国旗也才能尽可能地发挥它的全部作用。

参考资料:

1. 金尚燮:《太极旗的正体》,首尔:图书出版东亚细亚,2001 年。

2. 宋春永:《太极旗的变迁与国旗教育》,首尔:萤雪出版社,2006 年。

3. 韩国精神文化研究院编:《韩国民族文化大百科事典》,1991 年。

4. 朱熹:《朱子语类》,中华书局,1999 年。

5. 朱熹:《周易本义》,中国书店,1987 年。

6. 朱伯崑:《易学哲学史》,夏华出版社,1995 年。

7. 成中英:《易学本体论》,北京大学出版社,2006 年。

8. 郑万耕、赵建功:《周易与现代文化》,中国广播电视出版社,2007 年。

(作者单位:韩国东义大学)

从最新台湾姓氏要览看河洛姓氏
连接与和谐国族团结问题

陆炳文

一、前言:寻根探源,源远流长,长治久安

台湾当局内政部门为明了全台居民之姓氏实际状况跟分布情形,透过户政役政资料仓储系统,前于2005年5日编印《姓氏统计》乙书对外刊布,但由于数少又低调,并未引起太大注意。该部门据此,又以户籍登记资料为准,加以统计分析,再行充实后付梓,已在2007年6月印行了《姓氏要览》乙本,改版的新书对姓氏研究者较可提供助益,亦有利于吾人探索先祖渊源,探求姓源,使寻找民族迁徙脉络有迹可循。

为了推广寻根探源风气,扩大社会教育影响,20多年来,笔者除写了三本姓氏专著(《台湾各姓祠堂巡礼——民族文化丛书》、《金门宗祠大观——文化资产论丛》、《金门祖厝之旅——金门学丛刊》)外,还在多家广播、电视台举办讲座,在《台湾新生报》、《台湾月刊》等30种报刊上著文,宣传有关姓氏文化知识,加强民族精神文明教育,以达到加深国族源远流长信念、加固社会长治久安保障之目的。

二、台湾地区居民姓氏有多少

关于台湾的姓氏,日本据台之前,未尝调查。日据时期,日人富田芳郎曾于1930年搞"国势调查",抽样31003户,共得193姓,因抽样且样本有限,自不能视为一完整之资料。

光复后,台湾省文献委员会曾于1953年、1954年,进行调查,因当时条件所限,且各县市取样比率又极不一致,故遗漏之姓仍多。

1958年,台湾大学教授陈绍馨等合撰《台湾人口之姓氏分布》,就1956年户口普查之口卡中,每4张抽样1张调查统计,斯时台湾人口总计为9308199人,经1/4抽样,共得1027姓,其中单姓1013姓,复姓14姓。结果已初具规模,颇为精确,有一定代表性。

上世纪80年代初,以1978年6月30日之口卡资料为准,再逐层统计,时台湾区人口数共16951904人,得1694姓,其中单姓1611姓,复姓75姓,3字姓4姓,4字姓4姓。此系台湾有史以来,首次以全部户籍资料所从事之调查统计,其中容或有极微之遗误,然就整体而观,其精确性自非局部或抽样调查可比。

依照2007年最新的《姓氏要览》资料统计,台澎金马总境内人口数为22861250人,共有1542姓,单姓1422姓,复姓120姓。对照1978年最早一次结果,相隔29年之久,总人口增加了595余万人,总姓量反而减少了152姓,其中单姓减少189姓,而复姓则增加45姓。这项明显反差的造因,正是岛内原住民族争取回复传统姓名成功,才出现的增减又形。

若与稍早2005年的《姓氏统计》做比较,两年之间差别就相当大,《姓氏要览》中总姓量1989姓,显然减少了447姓,内中复姓减少413姓,唯单姓增加5姓。此种姓氏大量减少之主因,是全台在2001年6月20日,修正施行"姓名条例",增订外籍配偶及其子女、归化者姓氏应符合台湾居民使用姓名之习惯规定,排除了历来产生的所谓未符者,复姓的姓量大减,单姓反倒是略增一些。

三、台湾大姓与大陆大姓知多少

自古以来,中国人的姓氏,不论是大陆抑或是台湾,人口普遍皆有向大姓集中的情形。常见姓氏即习称大姓,其所占人口比率,相对的要高出许多。

整个台湾现存姓量虽有1542个,累计前100大姓人口数,占总人口数达96.54%。另举1978年为例,当时的前100大姓,合占总人口数已达96.42%,显示人口集中于大姓之情形殊为明确,而此一趋势也一直有增无减。

若就前10大姓而言,2007年依序为:陈、林、黄、张、李、王、吴、刘、蔡、杨。均系单姓,合计人数12087388人,占总人口数52.79%。1978年调查的前10大姓,事隔 29 年,姓氏位序竟然完全一样,合计百分比则为 52.5%,前后所差不多;又往前推到 1956 年的大姓序列,也只有第 5 与第 6 的王、吴对调而已,10 大姓仍占 53.2%,始终居高不下;再追溯至 1954 年的前 10 大姓,亦仅第 8 与第 9 的刘、蔡互换罢了,10 大犹在 51.8%,也维持住平盘。由此看来,几十年来的台湾的姓氏分布,前 10 大姓始终占人口数一半以上,前 100 大姓更居高不下超过九成六。可见人口密集于大姓,不但是事实,而且为常态;不但台湾一地是这样,而且整个大陆亦复如此。

最近据著名遗传及姓氏学者袁义达调研所得,如今中国大陆前 10 大姓,依序为:李、王、张、刘、陈、杨、赵、黄、周、吴;假如跟同一时期的台湾 10 大姓做比对,有趣的是竟然十有八姓相同,其间差异性不算大;细察其中奥妙,周、赵二姓挤进大陆 10 大姓,蔡却跻身台湾前十,不过这四个姓仍然人多势众,在两地均属大户人家。因此,全中国人口向大姓集中久为普遍现象。

姓氏此种集中趋向及普遍现象,在台湾与大陆前 100 大姓中,依旧是存在着,尚且更为明显。与上述同一来源的信息又发现,中国前 100 大姓,渠等依序如下:

```
1 李   2 王   3 张   4 刘   5 陈   6 杨   7 赵   8 黄   9 周   10 吴
11 徐  12 孙  13 胡  14 朱  15 高  16 林  17 何  18 郭  19 马  20 罗
21 梁  22 宋  23 郑  24 谢  25 韩  26 唐  27 冯  28 于  29 董  30 萧
31 程  32 柴  33 袁  34 邓  35 许  36 傅  37 沈  38 曾  39 彭  40 吕
41 苏  42 卢  43 蒋  44 蔡  45 贾  46 丁  47 魏  48 薛  49 叶  50 阎
51 余  52 潘  53 杜  54 戴  55 夏  56 钟  57 汪  58 田  59 任  60 姜
61 范  62 方  63 石  64 姚  65 谭  66 廖  67 邹  68 熊  69 金  70 陆
71 郝  72 孔  73 白  74 崔  75 康  76 毛  77 邱  78 秦  79 江  80 史
81 顾  82 侯  83 邵  84 孟  85 龙  86 万  87 段  88 曹  89 钱  90 汤
91 尹  92 黎  93 易  94 常  95 武  96 乔  97 贺  98 赖  99 龚  100 文
```

再观察台湾前 100 大姓,其排序如下:

1 陈　2 林　3 黄　4 张　5 李　6 王　7 吴　8 刘　9 蔡　10 杨

11 许　12 郑　13 谢　14 郭　15 洪　16 邱　17 曾　18 廖　19 赖　20 徐

21 周　22 叶　23 苏　24 庄　25 吕　26 江　27 何　28 萧　29 罗　30 高

31 潘　32 简　33 朱　34 钟　35 彭　36 游　37 詹　38 胡　39 施　40 沈

41 余　42 卢　43 赵　44 梁　45 顾　46 柯　47 翁　48 魏　49 孙　50 戴

51 方　52 宋　53 范　54 邓　55 杜　56 傅　57 侯　58 曹　59 薛　60 丁

61 卓　62 马　63 董　64 唐　65 蓝　66 蒋　67 石　68 温　69 古　70 纪

71 姚　72 倪　73 连　74 冯　75 欧　76 程　77 汤　78 康　79 田　80 姜

81 汪　82 白　83 邹　84 尤　85 巫　86 钟　87 涂　88 阮　89 龚　90 黎

91 韩　92 严　93 袁　94 金　95 童　96 陆　97 夏　98 柳　99 涂　100 邵

对照中国姓前 100 大、与台湾前 100 大姓,排序虽大不相同,但中间却有八成左右重叠,表示绝大部分姓字是一模一样的,这又证明河洛姓氏是从中原发源,传衍闽粤,流布台湾的基本说法,足资采信也不容抹掉。

四、多少寻根旧事与探源心事

台湾本岛及澎湖群岛,久入我国版图一部分,古老地名虽有台员、鲲岛之别,皆乃中华文化敷施之所在,亦为中华民族长久所居之一隅。岛内居民向来是半数以上姓陈、林等十大姓,前 100 大姓更占全人口数之九成六以上,此与隔海遥对的闽粤两省情况极为相近。复据考证,住在台湾岛上的人,除开百分之一不到的原住民、新住民外,其余俱为汉人,或称河洛人移民;严谨一点讲,先祖应有绝大部分是来自邻近的大陆闽粤之地,故有"台湾人多为闽粤族"之说,其中闽南人就多达七成五,可以说是最大族群;若再加上为数众多之客家人,及 1949 年来台的内地各省人士,遂组成大陆版人口结构之缩影,另有学者称此为"台湾人系大陆翻版",还有明白讲成"移植版"。

中国国民党荣誉主席连战的祖父连雅堂名著《台湾通史·风俗志》,其中说:"台湾之人,中国之人也,而又闽粤之族也。"另一位荣誉主席吴伯雄,顷加注脚题词曰:"台湾之人,河洛之姓也,而又闽粤之族也",又托笔者转赠给大会,意义显得格外重大。

因为台湾人多半先后经闽粤迁徙而来,所以台、闽、粤三地居民长期所尊崇之重伦理、守孝道、尚信义、爱好和平等固有美德,以及敦亲睦邻、慎终追远、重土归根、崇本返始等寻根探源传统习俗,无一不是中华文化之特质。

就寻根探源中之慎终追远、重土归根、崇本返始而言,兹有下列 10 件旧事与心事,是过去台湾先民刻骨铭心的大事,更是大家未来该做应做的重要事情:

——重视姓氏源流,历史名人,郡望堂号,辈序昭穆,冠姓冠籍地名,尤以此种地名为凝聚力的表征,如台湾城区有广州街、泉州街、漳州街等,乡间有陈厝、林厝、李厝等,应多鼓励大陆赴台观光团体,及从事深度旅游人士,将之纳入正式行程交流,才能广收亲谊之效。

——重开两岸研究姓氏风气,经常召开分姓分籍探讨姓氏学会议,可能的话,尽量把这类型研讨会,移地台湾举行,战线也从学术界拉长至民间,扩大认祖归宗的影响力,这毕竟是爱国统一战线之武器。

——重编姓氏专门著作,收入历史名人段落,以与地方上名人故里、故居相结合,若由两岸携手合编,同时收入两地资料,既丰富了内容,也丰厚了情谊,且结集出的书最能撼动人心,其实就是收揽民心的最佳法宝。

——重塑当代中国各姓代表人物形象,表彰各姓爱国人士及好人好事,台籍重量级人士,及内地知名台眷、台商、台生,或海外台侨华人等,应优先列入考虑,并注意到时效与迫切性,假如能以此为基础,在明(2011)辛亥 100 年整理编印《华人华侨名人录》,未尝不是一项最有意义的纪念活动。

——重设各姓祠堂家庙,崇尚敬祖尊前,时尚造型规制,统一祭祖礼仪,扩而大之,即将之拉抬到公祭开基祖、始迁祖、肇建祖、得姓祖等,规格不必上追民族共同始祖,却也不能太过低调而有损祖德宗功。

——重修各姓族谱,祖籍抄谱,尊祖敬宗,垂训后代子孙,上溯古圣先贤,进而加强号召台湾同胞返回大陆,共祭伏羲氏陵、轩辕黄帝陵、炎帝陵、神农大帝陵、大禹陵、孔林文庙、关公武庙等,进一步推出《中华姓氏大辞典》及各大姓全国总谱系谱牒,以垂范子子孙孙,以垂隆千秋万世。

——重建各氏汉族祖宗庐墓,相期于修缮祖茔时,将先人铭刻祖籍铭刻于墓碑上,并将入移葬原乡示范公墓时,集中美化规于一处,藉此风气大盛行后,足以发思古之幽情,内向心更为增强后,可以归纳人心之思汉。

——重组宗亲会、同乡会,然后展开联宗联谊,活动中必然会谒祖地祖庙,拜祖灵祖坟,助长拾回捡骨改葬老家良善之风,接续早期闽粤移民久居台湾萌生归根故土之念,为后代继往开来带出新一代新生希望。

——重点栽培各姓优秀杰出人才,特别是台湾大姓年轻人,各行业领袖人物,各界闽客籍人士,在闽粤两省政界以外的单位,有如民间团体担任领导,以与本地人水乳交融,如能结为姻亲,浇注血缘关系,则缘厚情深有如粥糜,中华和谐一锅就等于是一家人。

——重要场合或节庆中,适时适切表扬在台与闽、粤,乃至各省市自治区有族裔关连的知名人士,作为各姓人家典范,作为和谐两岸楷模;典范作用在于借重名人知名度,阐明中国人血统传递之脉络,实实实在在是有迹可循,楷模则体认出台湾与大陆之一体关系,确实是有很多印记痕迹可资证明。

在大陆各地乡间,经常看到不少主动帮助台湾政治人物寻根探源的证据:已去世的真诚爱国者、名贤于右任,其陕西三原故里遗迹有故居,遗珍有纪念馆,笔者还荣任这个馆的名誉馆长;另一粥贤马鹤凌(马英九之父)却在湖南衡山的母校——岳云中学留了痕,笔者也是这所名校的名誉校长;笔者生在福建,存有割舍不掉的脐带相连,常年长在台湾,又育有挥之不去的一体情怀。

10年来回归无数次,回乡次数最频繁是不用说的,走进乡间小道,每见路旁竖立着"祖地"的标牌,或在各姓宗祠里高悬着题赠的牌匾,蓝绿朝野都有,知名的例如萧万长、吴伯雄、王金平、游锡堃等。那一边是开基祖,这一边是渡台祖;这一头当事人引以为荣,那一头当地人引以为仿。由此看来,姓源姓祖就是根,同姓同宗就是缘,中国人不管迁徙流离到哪里,木本水源、慎终追远、血厚于水的观念,如此这般根深柢固,是永远都不会改变的。

五、结语:维系纽带,凝聚意志,共促和谐

中共中央总书记、国家主席、中央军委主席胡锦涛2009年12月31日在纪念《告台湾同胞书》发表30周年座谈会上讲话时说:"中华文化源远流长、瑰丽灿烂,是两岸同胞共同的宝贵财富,是维系两岸同胞民族感情的重要纽带。中华文化在台湾根深叶茂,台湾文化丰富了中华文化内涵。"胡锦涛又说:"两岸同胞要共同继承和弘扬中华文化优秀传统,开展各种形式的文化交流,使中华文化薪火相传、发扬光大,以增强民族意识、凝聚共同意志,形成共谋中华民族伟大复兴的精神力量。"

河洛文化是中华文化与台湾文化最佳的连接点,河洛姓氏则是中华姓氏与台湾姓氏绝佳的黏着剂,作为中华文化的忠实弘扬者,作为河洛姓氏的继承传播者,作为和谐文化交流合作使者,我们负有无可逃避的责任,我们背负着无可懈怠的职守。我们的责任,就是深入研究最新台湾姓氏要览,从中看出中华河洛姓氏文化连接点与黏着剂;我们的职守,又是洞烛机先地找出和谐国族团结问题症结所在,互期共同来面对它、处理它、解决它、并且放下它,唯有这样以开明的态度,开放的胸襟,解放的方式,解救的精神,救赎的力量,一致面向未来国家和平统一,团结迎向中华民族伟大复兴,新世纪大业才能计日程成功就,也才能在我们有生之年亲眼目睹,实现于右任临终遗命联句所预言的"一统山河壮,中兴岁月新"。

（作者单位:台湾文化艺术界联合会、海峡两岸和谐文化交流协会、全球粥会世界总会）

民间在哪里

——一个岭南人的河洛故乡巡礼

艾　云

一

我像远古的客家人那样,来自中原,落脚在号称"国家级历史文化名城"的广州将近20年。我已深深地挚爱这闻名遐迩的花城。

2010年4月,我回了一趟老家开封。

我在重游。在龙亭,在潘杨二湖午朝门的甬道,在相国寺,在铁塔,在城墙。这些地方,小时候常去玩耍,一点儿也不觉得它有多煊盛、多神秘。入夜,我沿着新近重建的宋都水系的河畔走着。在不久的将来,开封将把市内五个大湖连起来,将恢复重现张择端在《清明上河图》构绘的逼真的东京容貌。现在,这些已挖通的湖泊在迷离的灯光辉映下,那湖边的水榭、亭台、拱桥等雕栏画栋若隐若现,仿佛置身梦中。

我的古城开封有惊人的美。它位于中原,气候不冷不热,风不湿不躁。它湖泊遍地,充满灵性。它的四季都有花:春天的槐花,夏天的玫瑰,秋天的菊花,冬天的腊梅,古城一年到头,都飘散着浓郁或淡雅的花香。

如果不是有一段时间的折腾,古城宜于做梦。

我在认知的道路上乱撞。

我稍稍长大,就开始逃离。逃离对古城的叙事,逃离对历史的钻研;再长大,我让自己进到陌生的西方国度,寻找许多思想家的书籍来阅读。我是如此的不自量力,我居然去读康德、黑格尔、费希特、贡斯当的书;去读胡塞尔、海德格尔、韦伯、哈耶克的著作。某一天读到帖斯卡尔的那句"不思想的人就像脆弱的芦苇,一滴水也能把他击穿"时,我感到背骨发凉。那一刻,我明白了一些东西。后来我写了一些东西,有人说,你太喜欢西方的理论,让人看不懂。可我知道,如果这些学习里面有某一句我领会了,自己懂了,就足够了。

多少年过去了,我的逃离终于变成回望,以及返程。

让我继续打开尘封多年的古城旧事。

二

那一年,宋徽宗站在秋天的已是凛冽的风中吟哦:

"天遥地远,万水千山,知他故宫何处。怎不思量,除梦里有时曾去……"

儒皇嗅到了霜晨的秋原之上那卷翻着丝瓣的阵阵菊花香味。他梦里常去的地方不是汴梁城的古吹台。他梦里常去的地方,也不是有着经卷藏书大雄宝殿的相国寺。那古刹青灯,却是在冻僵着男人的血脉和神经。

他把自己当成一个男人,而不是一个帝王。他的梦,他梦里常去处,是那珠帘绣额、红烛摇曳的樊楼。东京汴梁五大名妓徐婆惜、封宜奴、孙三四、王京奴以及李师师,他最迷美丽妖娆、舞技精湛的李师师。

在那柔软、滑逸、飘舞的感觉里,他沉溺不醒。他不喜欢坐在皇廷龙椅上听臣下奏表的冗长,不喜欢边关寒光冷箭的腥风;他喜欢躲在静谧的书房,吟诗、练字,以及作画。他把国家军政大权交给蔡京、童贯。只要有人替他管着国家,他就万事大吉。

他嫌城池太小,下令拆毁扩城重建。于是,从苏杭一带送来孔洞幽秘的太湖石,与廊桥拱门、飞檐翘角、红墙朱户,衬托如诗如梦的繁华京城。正所谓:"梁园歌舞足风流,美酒如刀解千愁。"

徽宗在位25年,张择端著名的《清明上河图》在这个时期创作完成。

写到这里,我停顿下来。我发现,美的极致与爱的极致,都是毒药。人沉溺于销魂夺魄的感官之河,宴享的是窒息一般的快感。

宋朝的历史,它应该是一部人文史而不是政治史。

宋朝的人文历史,和开国皇帝太祖赵匡胤有关。赵太祖骁勇善战却又足智多谋。他用武力结束了晚唐五代的割据纷争,"陈桥兵变"、"杯酒释兵权"的壮举每每为人称道。仅仅在位八年的太祖,却让荒芜的田园变为"稻穗登场谷满车,家家鸡犬更桑麻"。他废除苛捐杂税,工商业都在这短时期得到发展。

心力交瘁的赵太祖的临终遗诏,不是操心重臣的安置和继位者的能力,他留下的竟是:"任何时候都不可杀文人。"

从此,东京汴梁,文人相携而至,雕栏画栋处,长亭水榭边,以及柴扉茅舍中,都有文人吟诵的朗朗诗音。

宋朝是文人的年代,是以美为全部尺度的年代;它同时也是中国历史上最煊盛夺目的年代。起码北宋的166年,写尽了锦绣繁华之最。宋代的词人,多如繁星,而且个个璀璨,苏轼、辛弃疾、晏几道、周邦彦、李清照,以及创作词之标高的柳永。

文人的柳永放浪形骸,试举失败,自居"白衣卿相"。他混迹风月场,"仙禁春深,御炉香袅,临轩亲试对"。他为文,笔多艳冶。在依红偎翠中,写下"对潇潇暮雨洒江天,一番洗清秋。渐霜风凄紧,关河冷落,残照当楼"。他写下:"多情自古伤离别,更哪堪冷落清秋节。今宵酒醒何处,杨柳岸,晓风残月。"

文人的宋朝,花间词曲,莫不是念奴浣溪、香草美人,那阵阵的熏风将陌上麻桑吹得东倒西伏;人们在歌舞升平中,忘掉今夕何夕;吟诵的只是燕酣之乐,别离之愁。到处是踏莎而行,铺金缕玉。

宋神宗时代,与北边诸国签署一百年无战事的协议。从此,战袍簇新,马肥草长。鼙鼓、冷箭深藏于库,上边落满层层尘埃,无人拂拭。

据载,宋朝每年的节日有72天。大家总是欢天喜地去出游,春天踏青,夏天避暑,秋天赏菊,冬天观雪。

太美了,沉醉着,人还能抖擞着精神,起身去干什么吗?

文人的宋朝,是一代天骄宋太祖确定下的。他坐江山8年,把李后主押往汴梁,李煜被囚期间,写下那柔婉、细腻、凄美的千古绝唱。后人甚至把他的词归到宋词的部分。

李煜被囚之地,我们小时候常在附近游玩。

这村子原名逊李唐,后改叫孙李庄。这个古朴安静,靠近市区的小村庄,正是南唐后主李煜的被囚之地。李煜活到41岁,却正是在囚押期间,写出声泪俱下,却又感天动地的绝佳词句:"窗外雨潺潺,春意阑珊,罗衾不耐五更寒。梦里不知身是客,一晌贪欢。独自莫凭栏,无限江山,别时容易见时难。流水落花春去也,天上人间。"

从精神气质和命运遭遇来说,宋徽宗与南唐后主李煜更为相似。在徽宗继位的最后一年,他将皇位传给自己的儿子钦宗。严格说来,北宋的末代皇帝仍应该算是徽宗。"靖康之乱",金人入侵中原,徽宗被囚于寒冷遥远的东北,最后死在黑龙江的依兰县。南宋迁往杭州,偏安江南。

于是,留给古城开封的,是挥之不去的北宋的气息,基因和血脉里的传承,是最惨烈最悲绝与最绮靡最繁奢的双重性。

我陷入到对历史的钩沉和自己生命记忆的时空闪回中。我的内心充满了对古城十分复杂矛盾的情感。

2010 年 4 月中旬的一天晚上,我在朋友的陪伴下到恢复重建的"清明上河园"里边,去看大型歌舞剧《东京梦华》。这依宋代孟元老所撰《东京梦华录》之境配以宋代词曲串演而成,是一株美不胜收的艺术奇葩。

我对适度的美感到惬意,而对极致的美又有怀疑。我深感美的背后隐藏有不美的东西。美是有时间的,犹如烟花,在今夜满天开放,刹那便是寂寂湮灭。

更何况,这太多的熏风,太多的旖旎,也让人透不过气来。声色犬马的刺激中,只想沉沉睡去,再也不想起身去干什么了。而某种悲愁,如同塬上凉峭的寒意,让人在整理自己的情绪以后,逐渐变得清醒。

我不得不说,古城的基因和血脉里,有太多徽宗的遗存。尤其是在男人那里,传承得更多。

三

2010 年的春天,我在开封的大街小巷上走。呈现在我面前的,是近几年它变化如此之大的面貌。

古城在《清明上河图》蓝本的基础上,正在有计划地恢复重现北宋当年繁华盛景。"宋都水系"已进入二期工程。古城开封不缺水,除龙亭两侧的潘、杨二湖之外,且不说小的水洼子,只是有相当规模的湖泊,至少有 5 个。这里有包府坑、四方坑等等。说坑,其实就是湖。包府坑是当年包公包拯的府尹之地。"宋都水系"将把五个湖泊打通,沿湖逶迤,无不拱桥水榭、亭台楼阁勾连。

这天晚上,我沿建好的一大段湖岸溜达。璀璨夜景,美得令人惊叹。古城的确是个宜于造梦之地。在缺少梦的现在,古城,这个有着千年历史的城市,它处处有鲜活生动的遗存;它是世界古老的城市,其文物价值和文化价值,不仅属于中国,而是属于世界。在缺少梦的现在,它给人一个梦。

宋朝 370 年,多少楼台风雨中。

风雨中,古城走到现在。

古城可能不适宜其他城市那喧嚣急遽的快节奏。街上,车辆不是特别多;大工厂停歇后高高的烟囱已不再冒出滚滚浓烟,空气很是透明。春天的阳光下,树上的叶子闪着洁净而鲜艳的绿光。

或者,古城的确不该再重蹈别的城市经济发展的模式,比如那种先工业化,后城市化的做法。那种做法,是积累财富的同时,人的生存空间被败坏。人生活在污染的水和混浊的空气里。人不再缺金钱,却缺了健康、情趣和丰富的想象力。

我在自己熟悉的大街小巷走着。我为我的古城每一点发展变化而欣慰。这里有我的同学、朋友、邻居和亲人,我希望他们好。我想,古城在走自己的特色路线。它在缓慢而寂静中,令人着迷。那虽然是在造梦,却可以吸引世人的目光,这无形中可以带动古城经济的多方面发展。有时我会趔趄着后退着想,如果这个区域的发展是有序的、冷静的,它其实不必无节制地搞扩张,让那头经济怪兽张牙舞爪地膨胀。财富不必车载船装,人实在应该安静地去想一想,人除了赚钱,还有多少有意思的事情值得我们去尝试,去感受。

古城实在需要通过市场去冶炼和锻造负责任的人。千年之后的古城男人,即使职业卑贱,身份很低,他们也有不俗的爱好。他们的陋室,总会挂几幅字画。自己也喜丹青;不见木纹的陈旧桌面,放着文房四宝。

在古城人看来,干什么不重要,要紧的是要有份雅兴。古城生活的人,过去多是靠自己的双手和力气吃饭的人。他们是摆小摊的,卖肉、卖大饼、卖胡辣汤、卖菜的主儿,他们生活寒伧,经济上并不宽裕,日子过得甚是艰辛。这些做小买卖的和下岗工人,其情趣仍难改变。他们玩几笔丹青水墨,拉一手好的二胡,吹几口笛子,业余里仍有滋有味地活着。在满城蹬三轮车的人那里,有大把的书法家、画家和二胡演奏家。

古城多是些知天乐命的主儿。一个卖大饼的,他上午卖够了一家人一天的开销,下午他就收摊不干了。干什么? 下午去新华楼泡澡堂子,然后躺在那里睡上一觉,舒服得很。这爷们儿说,我挣够了一天的吃食儿不就结了,干吗非要把自己累个半死?

不多的钱,却心态端端好着呢!再有空,提着鸟笼子,出城,到城墙根儿的槐树林逗鸟去了。那里有很多和自己一样玩鸟儿的人呢!凑在一起,抽口烟,聊聊自家鸟儿的习性。又回家了。出汗了,脚疲了,人也饿乏了,家里做的粗菜淡饭吃得香甜。家境好些的,晚饭时会抿上两口。然后一夜无梦,赛如神仙。

过去我心里甚是不喜欢古城这些没有高远志向的男人。

但在我活到这个年龄,看人看事的眼光却在发生变化。

现代社会,男男女女都在拼一个锦绣前程,有相当一批人认准的是体制内前程。而古城人大多数无前程可奔,他们只能在自己的城中,就这么过。不这么过又能怎么样?如果天开始变冷,他会添件夹袄;如果大地开始结霜,他则会裹紧棉衣。一切的道理都很平常、很朴素;用不着拿那些痛不欲生、吞噬、深渊等字眼来折磨自己。

在民间,无权力的人过日子是少有保障,任何的风吹草动,都会让民间中人随遇而安的日子遭致摇撼。他们起码得为子女的出路伤脑筋,自己若是再遇人冤屈受人陷害,就希望能与有权力的人搭上个话,帮上个忙。在民间,没有真正的洒脱之人。除非在弱势政权中。

仔细地推敲,却是觉得这些所谓洒脱的爷,怀着的是古老的认知,他在现代社会,肯定会遇到很大麻烦,他的生存都可能随时受到威胁。如果人仅仅只知道受活,什么时候都只为自己的厄运寻找解脱的口实,而不是寻找解决的办法,他就可能是不负责任的推诿。

但他们的洒脱也的确有充足理由律。在饱经忧患的古城历史中,正是这份洒脱,让他们顽强地活着。

古城其实从来都在忧患中。

那头顶的悬河,它高兴时会造福四方;它愤怒时会祸害千里。而更多的时候并不是因为它的脾气,而是人为的祸端。

有人说开封地下埋有三座被淹的城。据考,不是三座,而是六座。算起来第一次开封城被淹,应该是秦始皇夺魏,他攻开封,城池坚壁如铁。后来他扒开黄河,水漫城内,方才攻下。

每次城池覆灭，人们又在旧址上重新修建，就这样，路上有路，桥上有桥，房上有房，叠叠层层中，城上建城，这已成废墟的地方，依然是紫微秘阁、兰苑仙宇；依然是民丰物裕、富饶典丽。

这里面的坚持，与历来古城人面对灾难时，与无师自通的相对主义，与淡淡一笑的化解能力，与洒脱的承受力不无关系。这使得古城在惨烈悲绝过后，又以如此的婉约风骚呈现在世人面前。

在这里，我学会了很多东西。我学会分清世界上一切大的事物都会变小，一切的厄运都会转变。人可以笨拙，不可以懒惰，而劳动才是保障。如果有时候你沉溺了，也不要过分自责。随后你试着用加倍的劳动来弥补。这就是对你沉溺的解脱和辛勤的犒劳。

在这里，我学会将凡事都要看得很开。小道理总会被大道理管着。如果有了坎坷，不要埋怨，平静地看着它折腾就是了。在这里，我学会隐忍起自己的不快，知道人大都会无声无息地退场，无论是平民百姓还是帝王将相。

我一路走着，在问：民间在哪里？

它就在普通人家飘来的一阵阵泔水味里，在推车串巷叫卖的吆喝声中，在男人们叼着烟卷逗鸟的单纯神情里，在女人们晾晒衣物时手臂上扬的姿势中。

民间在哪里？民间远离庙堂，毗邻江湖，紧挨乡野。民间演绎的，从来都是不必虚构，就能吸引人心的生存故事。民间有太多心酸难熬的事情，想想，就得放下，不放下怎么办？人总得活着。

民间因此相信传奇，相信因果报应和轮回。民间学会的是祷告，而不是诗歌与哲学的讨论。

我曾深深地向往着远方的生活，以为那里是富足、向上，可以摆脱无常感的地方。不必矫情，这向往的确构成我奋斗的动力。

在我此时对古城的回望与记忆中，那湿漉漉的黄河水，那满树沁人心脾的槐花香味，正拥在我的四匝。我在过去无论怎样浅薄过，但我知道我怎么样都会改过。因为我的民间、市井生活，早晚会为我的真实存在提供前提。

我在古城的大街小巷走着。听说在宋都水系的建设中，市区的许多院落、街道要拆迁。我的心一沉。我记忆中的许许多多旧址，都将在推土机的隆隆声中，化为平地，在上边建上别的什么。

我闭上眼睛,深深地吸了一口气。我知道我的回望,只在市井引车卖浆者的吆喝声中,在普普通通的院落、胡同、旧址里,在黄河水带来的泥浆味儿和满树槐花的清香里。

我又回到了我脚踏的实地——广州。这个"历史文化名城",正经历着比我老家更加"天翻地覆"的变化。我困惑:这几十年的城市发展,为什么总是撕去一页再换上"崭新"的一页,而不是一页一页地累积! 我清醒:要想了解1000年前的中国,应该到开封,这是中原文化的一个重要组成部分。在我的回望中,出生成长的故园,与现在工作生活的居地,竟有那么多天然的亲密联系。黄河与珠江,"民间"有着太多割舍不断的情缘,两地的失败与成功、沉痛与欢乐、泪眼与笑脸,统统与我息息相关!

(作者单位:广东省作家协会组联部)

岭南文化

脉承与弘光

——论河洛文化与广东历史人文的承拓

王　杰　杨新新

"河出图,洛出书,圣人则之"。河洛文化博大精深,源远流长,饮誉五洲。基于河洛文化在中华文明发展进程中的源起与核心地位,此前大多学人已作过大量深入的研究,成果琳琅满目。[①] 相对来说,某些研究或多于"史事"之陈述,或置入河洛文化与客家文化关系之叙论,关于河洛文化与广东历史人文关系的探讨,尚少见专章,宏论乏善可陈。[②]

本文拟通过对河洛文化与岭南文化(广东历史人文)内涵与联系的解读,阐

---

① 相关研究参见:薛瑞泽:《河洛文化对东北亚地区的影响》,载《中州学刊》2007 年第 4 期;薛瑞泽:《河洛文化与中原文化的关系》,载《学习论坛》2006 年 3 月第 3 期;徐光春:《河洛文化与台湾》,载《两岸关系》2010 年第 1 期;徐芳亚:《河洛文化在东南亚(越南)的传播与影响》,载《黑龙江史志》2009 年第 1 期;陈水德:《河洛文化兼容闽南文化的主导研究方向》,载《龙岩学院学报》2007 年第 8 期,等等。

② 相关论著参见:朱绍侯:《河洛文化与河洛人、客家人》,载《文史知识》1994 年第 3 期;扈耕田:《河洛寻根文化的起源与形成》,载《洛阳理工学院学报》(社会科学版)2008 年第 12 期;李绍连:《略谈河洛文化与中华传统文化》,载《黄河科技大学学报》2008 年第 6 期;朱绍侯,《河洛文化的性质及研究的意义》,载《黄河科技大学学报》2008 年第 6 期;戴逸:《河洛文化:中华文化的重要源泉》,载《魅力中国》2008 年第 10 期;蔡运章,郭引强:《河洛文化与河洛学》,载《文史知识》2010 年第 6 期;马帅、袁书琪:《基于文脉传承的河洛文化与客家文化的旅游协作开发》,载《洛阳理工学院学报》(社会科学版)2010 年第 6 期。等等。

释二者之间的传承与互动,用以彰显河洛文化和广东历史人文的时代价值,进一步升华广东文化的历史人文底蕴,促进岭南文化创新,扩大广东文化在全国的文化的亲和力的辐射力,推动广东从"文化大省"向"文化强省"转型。

关于河洛文化的内涵

河洛"居天下之中"。关于河洛地域的界说,朱绍侯先生认为"以洛阳为中心,西至潼关、华阴,东至荥阳、郑州,南至汝颍,北跨黄河而至晋南、济源一带地区"即是历史上所谓的河洛地区。① 考古资料显示,早在新石器时期,河洛地区就是人类聚落较为密集的地区。此间,黄河流域是易于灌溉的黄土地,原始的粟作农业渐次发展起来,为这一地区文明的出现和国家的产生奠定了物质基础。② 新石器时代,这一区域是裴李岗文化、仰韶文化、龙山文化的分布中心。《史记·封神书》有尧舜禹三代皆居河洛之间的说法。③ 伏羲教人结绳为网而渔,神农教人播种而耕的传说,则从另一个侧面说明了中国古代农业最早在河洛之地兴起。河洛文化正是在农耕文化连续发展的基础上,得以孕育、成形以至于光大的。在这个意义上可以说,河洛文化开启了中国农耕经济的先河,是中华农耕文明之根。④

河洛地区农耕经济的不断发展,物质文明基础的夯实,奠定了中国古典政治文明中心的孕育。依据考古发掘和文献的相互佐证显示,夏代都城的几次迁移,似不离"河洛之间"⑤。而商汤灭夏桀于"下洛之阳",后建都亳(或西豪)亦不出今之河洛一带。⑥ 至于成汤以后殷都"五迁"的区域虽各有说法,但大体不离今天的河南东部、北部一带黄河两岸的地区⑦。《诗经·商颂·殷武》云,远自"氐羌,莫敢不来享,莫敢不来王",显示了殷商一代河洛古典青铜文明的巨大影响力。周兴于丰镐之间,牧野之战,商周易代,周武王班师归镐而"南望三涂,北望

---

① 参见朱绍侯:《河洛文化与河洛人、客家人》,载《文史知识》1994 年第 3 期。
② 胡方:《黄河与河洛文化核心区的形成》,载《黄河科技大学学报》2010 年第 1 期,第 48 页。
③ 《史记·封禅书》。
④ 徐光春:《河洛文化与台湾》,载《两岸关系》2010 年第 1 期,第 56 页。
⑤ 方酉生:《略论夏代文化的中心区域是在"河洛之间"》,载《洛阳师范学院学报》2008 年第 3 期,第 7 页。
⑥ 方酉生:《略论夏代文化的中心区域是在"河洛之间"》,第 10 页。
⑦ 王明德:《论中国古代都城的起源》,载《殷读学刊》2008 年第 4 期,第 24 页。

岳鄙,顾瞻有河,粤瞻雒(洛)、伊远天室",①决定筑新都于洛邑之地。成王继位,为强化对东方地区的控制,周公制礼于洛,分封立国,建立起一整套以"德"为核心,以宗法等级制度为基础的典章仪礼②,成为后之中国传统社会仪制的典范。待到东周一代,缘于戎狄之乱,周王室弃成周旧地,迁于洛邑。二周一代,在河洛地区的繁荣发展,标志着中华古典文明在河洛一域政治轴心地位的完全确立。以河洛地区为核心的"天下之中"的认识由是形成。

"唐人都河东,殷人都河内,周人都河南,夫三河在天下之中,若鼎足,王者所更居也,建国各数百千岁。"③夏、商、两周几代王朝,在河洛地区的兴起与壮大,创设各样原典仪制范式,成为中国古代政治文明的基础。同时,政治文明秩序的建立,相应的思想文化亦随之肇始。三代之时,源发于伏羲氏之教民渔畜,生产得以发展,生存条件得以提高,故祥瑞迭兴,天授神物,即有龙马出河图,伏羲氏据此"作八卦,以通神明之德,以类万物之情"。④ 到了夏禹治水于洛,天酬道勤,而"雒出龟书,六十五字,是为洪范。"⑤"河图洛书"之说此后随时空转换而演发,并终成为中华思想文化的渊薮,启蒙了儒、道、墨诸学说的派生。因缘于此,后学者亦称河洛文化为"中华元典思想之根"⑥。

秦汉更迭,王莽行新政而汉室式微,后光武中兴都于洛。以东汉一期为始基,洛阳逐渐成为东亚及至世界最大的国际都市,河洛地区逐渐成为华夏文明的首善之地。《洛阳伽蓝记》载:"自葱岭以西,至于大秦(罗马帝国),百国千城,莫不欢附。商胡贩客,日奔塞下,所谓尽天地之区已"。显示了当时河洛地区的兴旺繁盛,及其强大的辐射力。至隋唐帝国起兴,隋炀帝开运河纵贯南北,输天下之物于东都"洛仓",河洛之地更是宏图一方,富甲天下。政治制度的良性运作,物质文明的昌实,相应的文化典范亦并行发扬。两汉之际,佛教入传中土,首行于河洛之域。东汉永平十一年(68 年),官筑白马寺于雒西雍门外,为中原佛教第一刹,尊为"释源"和"祖庭"。待及魏晋南北朝以降,玄学兴于京洛,而光及于

---

① 《史记·周本纪》。
② 蔡运章,郭引强:《河洛文化与河洛学》,载《文史知识》2010 年第 6 期,第 6 页。
③ 《史记·货殖列传》。
④ 《易经·系辞下》。
⑤ 《册府元龟·帝王部》。
⑥ 徐光春:《河洛文化与台湾》,载《两岸关系》2010 年第 1 期,第 55 页。

华夏,成一代绝学。两宋时期,尹川二程扬明"理学",继往圣而开太平。

以是,河洛文化的内涵可以确定为"以洛阳为中心,涵盖黄河和洛河交汇区的广大范围内形成的所有文化。包括石器时代、夏商周时代的全部文化以及汉唐时代的大部分文化"①。较之于其他文化,河洛文化立之于中国传统文化中根源与核心的地位,历来被视为中华农耕文明之根,中华元典思想之根;是中国传统社会的天下中央,是中华民族团结的坚定基石。从这一意义上说,它决定了华夏文明的历史走向。

岭南历史文化与河洛文化互动

岭南历史人文与河洛文化的互动呈时段性的特色,传统社会,主要体现为岭南文化对河洛文化的承传;近代以后,则表现为岭南文化对河洛文化的辐射。

"广东之历史人文,土生南国,脉承中原。近代以降,借滨海之利,居中西交汇之冲,既得风气之先,亦开风气之先,从而积淀了丰厚的地域文化内蕴,凸显出鲜明而又多彩的岭南文化特质。"②考古表明,远在"旧石器时代,起源于岭南本土的砾石打制石器和燧石细、小石器,就不同于华北的石片砍砸器、刮削器文化传统。"到新石器时代,岭南一域"以圜底器和圈足器为特点的本土文化传统,不同于以三足器、袋足器为特征的北方史前文化传统",③彰显出史前岭南粤地文化本土性的特点。

然岭南文传,绝非本土一脉,其后之兴扬,多出于中原河洛曙光对本地文化的节变。《尚书·尧典》有载:三代之时,"申命羲叔,宅南交"。《礼记·少问》则言及舜亦曾:"南抚交趾"。到秦始皇并天下,定扬越而置桂林、象郡、南海"岭南三郡",越地始肇袭承南下风华,清人屈大均称:"越至始皇而一变。"④秦汉易变,赵佗建政番禺,施行教化"和辑百越",易岭南旧习渐同中原汉俗融融并行,

---

① 马帅,袁书琪:《基于文脉传承的河洛文化与客家文化的旅游协作开发》,载《洛阳理工学院学报》(社会科学版)2010 年第 6 期,第 1~2 页。

② 王杰:《升华历史资源,催生文化资本》,载王杰等著:《广东历史人文资源探微》,环球文化传播有限公司,2006 年 6 月版,第 1 页。

③ 何国俊:《从石峡考古看岭南早期古文化的土著性及多元文化的融合》,载《中国社会经济史研究》2010 年第 2 期,第 89 页。

④ 王杰:《升华历史资源,催生文化资本》,第 2 页。

变百越"九真俗以射猎为业,不知牛耕"为课农织桑。① 南粤一区始由荒蛮"异域"化为华夏"旧疆",自成为中华民族多元一体文化格局中特殊的一环。②

时值两汉,马援用兵交南,《后汉书》记:"有遗兵十余家,不反,居寿泠岸南,悉姓马,自婚姻,今有二百户,交州以其流寓,号曰'马流'。言语饮食,尚与华同。"河洛文明泽润交广,是故有"三陈"、"四士"鹊起,文秉洛章之说。魏晋南北朝一代,八王永嘉乱起于河洛旧京而"晋人南渡",中原士家大族和流民进入岭南,传统社会经济重心始向南偏。隋唐以降,张九龄入朝拜相,"六祖"慧能创始"南宗",岭南思想文化渐得中原之风气。李德裕、韩愈、苏轼等朝廷重臣、饱学之士流放岭表,继往开来,推动百粤人文全面发展。宋元鼎革,受北方少数民族南侵影响,而迁于闽粤地之中原士民,称魏晋以来就扎根于此的北方旧民为"河洛人",自称"客家人",黄遵宪在《梅水诗传》序中说:"此客人者,来自河洛。……而守其语言不少变。余尝以为,客人者,中原之旧族,三代之遗民,盖考之于语言、文字,益自信其不诬了。"表示出对河洛文化的认同。此似可以表明河洛文化在此一期,大体上完成了与岭南百越文化的融合。③

明清两代,全国经济重心南移,广东经济社会发展速力见著,思想学术文化承袭中原旧风,自成一特有之区域文化体系。有明一代,"文臣之宗"丘浚风接尹洛二程心理之学,《大学衍义补》数百万"治国平天下"言,声播遐迩。陈献章(白沙)"道传孔孟三千载,学绍程朱第一支",创"江门学派",饮"岭南一人"、有"真儒复出"之誉。番禺"遗民"屈大均"逃禅"山隐,师法儒、佛,著《广东新语》,堪为明末清初广东社会情状之"百科全书"。清人阮元督粤,设海学堂,袭脉中洲朴学,开乾嘉之风渐行于广东。

由是,广东历史人文资源的内涵,生发于本土,嬗变于中原河洛文化结构之南移再造之功,自立子中华民族多元一体文化格局中。然广东文脉之瞩目于华夏,声及全国,却是始发于近代。

西学东渐,中西文化碰撞交融,际"千古未有之大变局",粤省借地域之利,

---

① 何海龙:《走出蛮荒——交通与秦汉时期的岭南越族社会浅析》,载《贵州民族研究》2006年第4期,第204页。
② 何国俊:"从石峡考古看岭南早期古文化的土著性及多元文化的融合",第92页。
③ 王杰:《升华历史资源,催生文化资本》,第1页。

首沐欧风美雨之浴,开风气之先。洪秀全建天国,行均田同富,开"太平之世"。康长素草堂授徒,戊戌力行维新,声震朝野。孙逸仙奔走革命十数载,三民主义揭橥天下,创民主共和先河。与敢为天下忧先驱并行的,还有一大批敢为天下学、敢为天下商的先辈识人,他们在各自的事业上,为中华自立于世界之林"开疆拓土",被冠以中国"第一"之号。由此形成了广东近代以来爱国及乡、天下为公、敢为人先、融会和谐的历史人文内涵。① 孙中山指出:"吾粤之所以为全国重者,不在地形之便利,而在人民进取心之坚强;不在物质之进步,而在人民爱国心之勇猛。"②便是最好的概括。

历史进入 20 世纪 80 年代,中国重新打开大门拥抱世界,广东成为改革开放的排头兵。"到广东去,到珠三角去,到改革开放的最前沿去"席卷赤县神州。多少追梦人以此铭志,掀起南下经商潮浪。在建设具有中国特色社会主义的伟大实践中彰扬了"广东经验"。

因之我们可知,于传统中国社会,广东历史人文资源土生百越,受中州京洛文明南渡影响,渐自融于华夏文明体系,是为我中华多元一体文化格局中特殊一环,彰显出本土性与外来性相融交合的特点。19 世纪 20 世纪之交,西学东渐,广东居中西之汇冲,得开风气之先,以开放兼容、与时俱进为代表的历史人文精神,不断推动着以河洛文化为核心的中国文化的新陈代谢。正如有学者指出的一样,对河洛文化内涵的认识,绝不能限于中原洛伊一隅,不断向外传播扩展,始终是其他区域文化之元根。③ 同样,对于广东历史人文资源内涵的认识,亦绝不能囿于岭南百越一地。

弘扬河洛文化　推进广东历史人文的升华

学人指出:"所谓人文资源就是指一切已经存在的、正在进行的人类活动和由此产生的有形的、无形的物质成果和精神成果,这些都可以称之为人文资源。所以,它尽管也需要依托于自然、依托于环境,但主要还是由人类的活动所造成的,离不开前人和今人的各方面活动。"④历史人文资源较之于自然景观资源价

---

① 王杰:《史以文承,文以人传——论广东历史名人的发掘与人文精神的弘扬》,《广东历史人文资源探微》,第 21 页。
② 《孙中山全集》第 4 卷,中华书局 1981 年版,第 478 页。
③ 薛瑞泽:《河洛地区的地域范围研究》,在《洛阳师范学院学报》2005 年第 1 期,第 9 页。
④ 葛剑雄:《广州论坛第二十讲:历史人文资源与旅游》,《南方网》2005 年 3 月 30 日。

值的核心,即在于其与人类文明的发展进程息息相关,更好地传承和发展历史人文资源,能使后世者"借古鉴今",总结历史的规律,进而实现人类社会向着更高层次的方向发展。

"如何深情地凝视你生于斯长于斯的'这一方水土',是个既古老又新鲜的挑战。"①说它"古老",是因为任何一方水土,必有其源发和深厚的积淀,若要对其有所知而后有所悟,势必要把握其在历史长河中的演变脉动,方才能做到"温情与敬意","了解与同情"。说其"新鲜"则在于,对多样的"地方性"文化资源的承传与保护,困扰着身处全球化语境的当今人类。本土文化如何应对外来文化的强大节变力,一直是学界尚思待解的难题。发掘河洛文化与广东历史人文资源的传承关系,正好解决了这个难题。

河洛文化作为中国传统文化的根源与核心,一直被视为中华农耕文明之根,中华元典思想之根。可以说,读懂河洛文化,就是把握住了中华文明的古老内涵,必将在中华民族伟大复兴的进程中发挥重要的凝聚作用。广东历史文化特别在应对外来文化的强大节变时,以守为攻,学优己而兼人,化其精华为我所用,开现代"中国发展模式"之先。

"慎终追远,民德归矣"。系统梳理河洛文化与广东历史人文精神的内在联系并发扬光大,能够丰富人类文化的结构与内容,增强中华民族的凝聚力;有利于构建社会主义和谐社会,同时对广东文化形象的树立,对广东文化大省的建设,有着不言而喻的现实意义。

广东自近代以降,就是"文化大省"。"文化大省"不等同于"文化强省",二者间有必然的内在联系,亦有更多的分歧流变。"文化大省"更多的是依托历史之遗产,有吃老本的嫌疑。"文化强省"则似更强调后进者努力的创新与建设。要建设"文化强省",势必要求有高度的"文化自觉"。"所谓的'文化自觉',主要不是物态,而是心态,就好像珍惜'本土知识',更多地是一种情怀。"②

养成"文化自觉",首当其冲的是,发挥河洛文化千百年来一直作为海内外华人魂牵梦绕的精神寄托的效用;无论何时何地,始终作为"中华民族"、"中国

①　陈平原:《深情凝视"这一方水土"——〈广东历史文化行〉引言》,《书海行舟》2006年第4期,第32页。

②　陈平原:《深情凝视"这一方水土"——〈广东历史文化行〉引言》,第33页。

人"的文化之源,势必对中华民族团结统一,对祖国大陆的统一大业,对包括香港、澳门、台湾地区在内的全球华人华侨的身份认同产生不可估量的现实功用。历史证明,中华民族无论怎样的分合变迁,龙的传人心向中土的情怀是不变的。要之,河洛文化作为中华民族的核心文化凝聚力,是中华"文化自觉"养成的先决条件。

岭南文化是中华文化的一朵奇葩,它也影响到了包括港澳同胞在内的海内外华人、华侨的文化认同心理。他们根植中华文明,情系粤土乡里,将岭南历史文化的风韵渐及异域它邦,扩大了中华文明、岭南历史文化的影响力

今天的广东,在演绎了改革开放30余年的"珠三角经济奇迹"后,为文化事业的大繁荣打下了坚实的物质基础。养成"文化自觉"之涵养,是为广东"文化强省"建设之先要。借广东侨乡大省人文资源桥梁优势,粤籍华胞共同戮力建设,树立广东文化形象,扩大广东文化影响力,既是水到渠成之收获,亦为可持续发展预埋伏笔。促成广东文化事业大繁荣局面的形成,实现汪洋书记提出的把广东由"文化大省"建设成为"文化强省"的目标,正此其时矣。

(作者单位:广东省社会科学院)

本是同根生

——岭南社稷崇拜与文化身份认同

陈忠烈

社稷崇拜同岭南社会有着千丝万缕的关联,它沿承于远古三代礼制祀典,其根在中华文明的核心区域——河洛。

一、社稷崇拜之根源

河洛,是可以同世界上任何文明诞生地争辉的中国"两河流域",远古称为"中土"、"中州"、"中国",是中华文明"正源"、"正脉"所在。社是土地之神,稷是百谷之神,社稷崇拜发源于河洛文明。在久远的蒙昧时代,人就有对自然现象和自然物的崇拜。人的活动空间,以土地为承载;人的生命,以谷物来维持。从考古学成果来看,在河洛文化圈涵盖范围,传说中的夏文化,原始的彩陶文化(仰韶文化)和黑陶文化(龙山文化),已经透露出远古先民对土地和谷物崇拜的遗痕。河洛又是中国文字的诞生地,河洛文明史开始以文字来演绎社稷崇拜的全部内容,从三代礼乐文化揭开了它的渊源。

社稷崇拜最早的文字记录出自甲骨文。

甲骨文记载祭"土"的卜辞非常多。例如:甲辰寮于土大牢(甲辰日以太牢寮祭土神)、雨不既其寮于亳土(久雨不停,寮祭亳地的土神)、受年于土(向土神祈求好年成)。甲骨学家研究判定,殷商之"土"既指诸王的"先公"又指土地。大量同农业岁时、年成有关的卜辞,就是祭的土地。因为人非土不立,所以封土为社;土地产出农作物,祭之所以求地利、报地功。祭土即祭社。

殷商之社,有用树木的。《论语》载:鲁哀公向宰我询问社的问题,宰我对曰:"夏后氏以松,殷人以柏,周人以栗。"就是说三代以不同的树木为社。[1]

殷商也有以石为社的。《淮南子·齐俗训》说"殷人之礼,其社用石"。《周礼·春官·小宗伯》"帅有司而立军社",郑注:"社之主盖用石为之"。甲骨学家陈梦家考定殷商的神主以石为之,故"社主亦以石为之"。[2]

20世纪50年代,江苏铜山县丘湾首次发现商代社祀遗址,以四条天然石块插入地中围成,中置的方形大石为中心(神主)。据考证,这用石头做的祭坛,就是商代的"社"。其出现于江苏,说明当时社祀制度已通行于商王朝统治势力所及之"国"。[3] 考古发现印证了文献记载。在畜牧业仍是主要经济部门的商代,只有祭社,没有祭稷。

周代农业取得长足发展,中国农作物已种类毕具,黄河流域土地产出激增,黍稷、稻粱、豆麦、桑麻之盛,为周代文学作品所讴歌。作为还神报功,周朝开始有百谷之神——稷的祭祀,与社祭合成"社稷"之祭。周代天子祭社稷以"太牢"大礼,"每岁春秋仲月上戊日"(即春秋季第二个月的第五天)致祭。周朝礼乐典章制度,对进入国家祀典的神灵作了明确规定。《礼记》说:圣王制定祭祀,凡是能为民众树立典范的便祭祀,能为国事献身的便祭祀,能安邦定国立功的便祭祀,能抵御大灾的便祭祀,能制止大患的便祭祀。传说远古厉山氏治天下,他的儿子叫农,教人民播植百谷,夏衰亡之时,周人的祖先弃继承了农的事业,后人把他作为稷神来祭祀;共工氏争霸九州,他的儿子后土能平治九州,后人就把他作为社神来祭祀。[4] "社"和"稷"都是对国家和人民有重大贡献的人,乃得入祀典。周代社稷之祭不但比商朝增加了内容,而且制度庄严典重,推动了古代文明的进步。

周代开始,奠定了古代中国以农立国的基础,"社稷"——国土与农业是国家命脉。周代社稷的祭祀场所——社稷坛往往同最能体现国家政治核心价值的

---

[1] 《论语》卷二十八"八佾"。
[2] 陈梦家《祖庙与神主之起源》,载《文学年报》,1937年5月第三期。转引自王宇信《建国以来甲骨文研究》,中国社会科学出版社,1981年3月。笔者说明:本文的甲骨文字及其解读,引用和参考了陈梦家《殷墟卜辞综述》。
[3] 参考俞伟超《铜山丘湾古商代社祀遗迹的推定》,刊于《考古》1973年第5期。
[4] 参见《礼记》"祭法第二十三"。

"宗庙"并列一起,"右社稷,左宗庙",社稷之祀断绝,意味着亡国。周代建立祀典的原则影响中国数千年。国家在政令所及的地方都建立社稷坛,以时祭祀。而河洛文明发源地所在的河南省"尤为嵩岳竦峙,又为河济淮渎所经,祀典较他省为尤重"①。

二、岭南社稷崇拜与创造

远古岭南是百越民族聚居地,囿于五岭阻隔,社会经济文化发展远远落后于中原和江南,被称为"南蛮",百越遗风被视为"蛮风"。秦统一岭南以后,中原正统文物典章风教逐渐推进。但是,在明代以前,岭南社会还是一个相对封闭的"岭表"、"岭外"的地域社会。历史人类学家研究表明,远古岭南基层社会控制在许多方面还是借助于百越民族原有的资源,例如族亲血缘关系、原始宗教鬼神祭祀等等。岭南人被视为不奉中原正统礼教的"化外之民",民间"好淫祀、信巫觋、尚鬼神"风气特浓,从汉至明代的正史记述不绝于书。所谓"淫祀"就是"祭不在典"——祭祀不被国家祀典认可的神灵。

明中叶,随着全国经济高涨和珠江三角洲的开发,珠江三角洲社会经济迅速追步江南,文教事业也发展起来,造就了具有较高文化素养的精英阶层,"彬彬乎有邹鲁之风"。岭南社会一方面迅速向中原正统文明趋齐,风俗发生"丕变","庶几乎中州";②另一方面,岭南固有的文化传统与中原正统文明发生激烈的冲突,政府官员开始"毁淫祀"——捣毁不合乎祀典规范的"淫祀",在珠江三角洲尤为激烈。明正统年间,顺德县令吴廷举在龙江一地就毁去神庙800多所。③嘉靖初魏校督学广东,又在全粤掀起一次"毁淫祀"高潮,引起激烈的社会冲突。岭南人在文化精英引领下,作出机敏的反应,掀起一场被现代学者所指称的岭南地方神灵的"正统化过程":一方面按照国家立祀典的原则(例如以劳定国、御灾捍患),对岭南地方神灵编造神迹,加以改造,使之合符正统祭祀的范型;另一方面大力兴建国家祀典认可的正统神祇,营造合符祀典规范的祭祀空间。岭南民间社稷坛大量涌现,正当其时。除了省、府、州、县有官建社稷坛外,乡村、坊巷也

---

① (雍正)《河南通志》卷四十八"祠祀"。
② 参考嘉靖《广东通志》"风俗"篇。
③ (清)罗天尺《五山志林》"毁淫祀",顺德县志办1990年排印本。

配置社稷坛,形成密集的多层级祭祀圈。

明清时期,珠江三角洲开发和经济发展步入高潮,聚落开辟,兼以民间财用较丰裕,社稷坛分布尤其密集。笔者实地考察,只在顺德龙江一地,社稷坛林林总总竟达百数。各村有大社,每个坊巷入口有小社,社稷坛同村庄、坊巷配置极其严整。社稷神主除了题"社稷之神"正号之外,有些还贯以地方小名,如龙江的田心社、西华社。这种做法,在甲骨文题写"亳土"(亳地之社)的时代已见端倪。岭南也存在只有社祭、无稷祭的情况,土地神也称为"社"、"社稷"。这同岭南人以简约手法处理祀事有关,但其远根则可上溯殷商遗制。在现存的珠江三角洲社稷坛,仍可窥见得自远古中原正统文明的"遗传密码"。

万历中江苏人王临亨奉命入粤,见"粤中立社,多置一石,意为神之所栖,或依巨木奉祀,亦必立石",认为最符合远古规范而"宛然有古人风",没想到远古中原的典章文物,居然在"夷方见之",深感"贤于吾乡(江南)远甚"。明清笔记称广东这种文化现象是"靠树为坛"。树下放石称为"社坛";配神之树称为"社树",树种多是岭南常见的快长不成材的榕树、木棉树之类。快长,利于迅速形成高大树冠;不成材,则可免被人伐用而得立地久远,这是岭南"以为神所依凭"的最适宜树种,颇利于社稷坛普泛民间,以故"各乡俱有社坛,盖村民祷赛之所"。①《周礼·地官》规定大司徒职责之一,就是筑社稷坛,种上当地适宜的树木,为神所凭依。岭南社稷坛可谓深得殷周时代"植木为社"、"立石为坛"的旨趣;笔者在粤西偏僻的贫困小山村,看到很古朴的社稷坛,盖有社亭,匾额还题上《诗·小雅·甫田》祭祀社稷的祈年乐歌"谷我士女",亦可见中原礼乐教化在岭南无远弗届!

岭南民间社稷祀事不如中原庄严典重,但热闹程度、愉悦性和消费水平或有过之。广东各地"二月上戊,向民房坊里烹豚醹酒,祭社祈谷,聚饮而归,各携遗肉。秋社亦如之。陈平宰社,古已然矣","宰牲祀神,击鼓祈年","醵钱买宴,家家饮福,扶醉而归"。重现《诗经》中"与我牲羊","农夫之庆,琴瑟击鼓"和唐诗"桑柘影斜春社散,家家扶得醉人归"的风俗画面。② 岭南乡村祭祀社稷,先拜全

---

① 　1.(明)王临亨《粤剑编》卷之二"志风土"。2.(清)张渠《粤东闻见录》卷上"杂神"、卷下"榕"。
② 　分按道光《广东通志》、光绪《花县志》、民国《海丰县志》、民国《阳江县志》等"风俗"篇。

村的"大社",再拜所属坊巷的小社,然后拜自己的家神,也是源于中原古制。明清时期的入粤官员,没想到在岭南见到这种人文景观,不由得深叹"礼失求诸野",另一方面又谴责如此做法"太奢"。

岭南社稷崇拜是在珠江三角洲大开发,经济文化极力追步中原和江南,跃居全国先进行列,风俗发生"丕变"的环境下延展开来的。社稷崇拜的"硬件"很简单,又具有国家认可的合法性,岭南人以其善变通、求功利等固有民间信仰特质,把社稷崇拜发挥到极致,为社稷崇拜注入新的内涵,使之同大环境相整合,开创出强大的社会、经济和文化功能。

1. 配合地方开发,为基层社会结构提供模型。

明清珠江三角洲最重大成果之一,是沙田大规模开发。笔者在老沙田区实地考察,得以了解社稷崇拜的发生学过程:早期沙田区白水茫茫,罕有人工建筑。流徙来的开发移民将陋就简,在日常上落的地方放置一些石头祭祀,这就是当地最早的社稷坛。随着沙田开拓,聚落扩展,社稷坛也随大村落、小社区、坊巷布局而逐级延布开来,经济丰裕,社稷坛也逐渐修筑得光鲜。它不但把艰辛的沙田开发者留住,还继续对基层社会施以巨大影响。

笔者考察了顺德龙江沙田村五社村民"菩萨行街"(游神)的全过程。游行队伍抬着五社的菩萨,依照历史传统路线绕行回龙、聚龙、西华、田心、鹧鸪五社,其实就是当年沙田村的开发序列。古代沙田村的入住、生产、坊巷配置、治安防卫、公共事务乃至日常红白大事,均受到五社祭祀圈的节制,井然有序,对维系地方经济社会稳定和发展起到一定作用。

2. 同农业经济发展相合拍

岭南物候早于中原,二月戊日春社之后,各地已经"田工毕作",进入春耕大忙。明中叶以降,随着农业商业化进展,岭南人民很巧妙地以春社为契机,活跃经济。番禺、东莞、香山等经济发达区,"社日祈年"之后,农民便集中到一些地方,"以农器、耕牛相贸易,曰'犁耙会'"。"犁耙会",其实就是农民组织的春耕农器耕牛交易会。[①] 有些农户在自己的田头立社,称为"田头社",以时祭祀称为"田头社日",有些乡村事务会在这时处理。在顺德基塘农业区,农户在自己耕

---

① 参考同治《番禺县志》、民国《东莞县志》等"风俗"篇。

作的基塘边放置一石为社,称为"基头公"。"基头公"所立位置,通常是农户投放饲料和管理鱼塘的地方。基塘生产经验证明,养鱼在一个固定的地方按时投放饲料和从事管理,能明显提高鱼的产量。在一些水闸旁也立有社稷,由管理水闸的闸工拜祭,有强化闸工责任感的作用。① 社稷,成了同农业经济发展合拍的职业神灵。

3. 逐级连结和整合大范围的社会网络,应对公共事务。

农田水利是农业的命脉,要启动和整合很多社会资源。尤其是珠江三角洲基围水利系统,是牵涉面很广的公共工程,社稷在基围水利系统运作中发挥了很奇特的作用。例如明清时的桑园围,跨越南海、顺德两县十四个堡,是"粤中粮命之区"。每年汛期,桑园围要组织起全围高度协调的防洪护堤行动。乾嘉以来南顺两县士绅组织"围董会"驻在南海九江,统一指挥围务,但乡村一级并无"围董"组织。围董会防汛指令下到乡村,有些乡村会采取另一套传统水利习惯,同上头指令衔接。如龙江堡集北村各坊巷均配筑社稷坛,各坊巷村民平日拜祭某一社有严格的传统规限。集北村所负责的桑园围堤段也是按"社"来划分的。一进入汛期,各"社众"即把桩锤、麻袋、绳索、扁担、竹箩等防汛物资放置在自己所属的社稷坛。集北村一接到来自九江围董会的防汛指令,各社即派出巡逻人员,到属于本社的堤段巡逻。巡逻人员发现险情,即鸣锣飞跑到下一个社负责的堤段,下一个社的巡锣人员又接着传锣,如是把消息传送到九江。集北村民闻警,不必等待九江围董会反馈指令,就立即迅速行动。行动之始是"请社公":村民分别跑向自己所属的那个社稷坛,拿取抢险物资。第一个跑到社前的人,首先点燃一大把香,高高举起,此人便是该社抢险行动的当然"首领"。该社的"社众"就跟着这个"首领",跑向本社负责的堤段。到了险段上,"首领"把香往堤上一插,就表示把本社的"社公"请到了本社负责的堤段上,抢险工作随即展开。抢险行动结束后,就把堤上的香拔起,插回到本社的社稷坛,以示把"社公"接了回来。事后,该"社"所属堤段捍卫范围内的基塘耕户,按照各自的受益面积,出鱼出钱,答谢社稷神恩和慰劳抢险的"社众"。从中可见,整个过程既是非常庄

---

① 参考《華中南デルタ農村实地調查報告書》,刊《大阪大学文学部纪要》平成 6 年(1994 年)3 月第 34 卷。

严的祭祀仪式,又是组织得非常严密的抢险行动。在当时通讯技术落后以及政府对农村基层行政能力不足的情况下,这样的农田水利习惯无疑是非常高效率的。① 社稷之神在岭南人调教下,真正发挥了"御灾捍患"的作用。

三、社稷崇拜——"同根"的文化身份标识

文化人类学研究表明:人们把劳动成果灌注入某一永恒的建筑,这个建筑物就会对周围的人群产生深刻的影响,使得人群聚集在它的周围,创造更多的劳动成果。社稷坛就是这样的"永恒建筑"。社稷崇拜是以国家祀典推进的,从政治意义来说,它的存在是古代国家主权的标识;在文化意义上说,它的流布是国家传统文明"风教所及";从历史影响来看,整个过程自殷商时代开始,陶冶中国人数千年之久。社稷坛构筑简朴,所能容纳的"劳动成果"极其有限,但它对中国人影响如此深刻和久远,是因为其永恒性不仅是建立在空间上,而且是建立在中国人的心头上,成为中国人永不消逝的文化身份标识,这是一条把中国人连结在一起的"根"。中国人在国土乡邦受到侵犯时,自觉"守土有责",不顾身家性命,使"社稷不辱";国家危难时,奋起"执干戈以卫社稷",历史上写下了许多令人荡气回肠的篇章。

这个过程在岭南进展较晚,但岭南人对社稷崇拜的内涵和存续价值有更加深沉的理解,因为以河洛文明为核心的中原文明的南播,使原先在各皇朝统辖下以"岭外"、"岭表"地域社会面貌呈现的岭南,变成了伟大祖国的岭南;使原先僻处于中国东南一隅的珠江三角洲,变成了中国经济文化核心区域之一。岭南人不忘根本,无论在哪块土地立足,都先把社稷立起来。

1874 年澳洲殖民当局在达尔文港(在澳洲北部濒海)开辟道路。在工地遇上一棵巨大的榕树,挖开泥土,发现一尊神像紧紧地被根群缠绕,看来历时久远。澳大利亚学者认为这神像是 14 世纪甚至更早些时期的遗物,还指出榕树并非澳洲原生树种,是航海人从亚洲带入的,从而提出是否中国人首先发现澳洲的疑问。②

---

① 参考 1. 同上;2. 陈忠烈《清代民国珠江三角洲农田水利的若干习惯与农村社会——以桑园围个案为中心》,刊《古今农业论丛》,广东经济出版社,2003 年。
② (澳)c. p 菲茨杰拉德《是中国人发现了澳洲吗?》

笔者认为对遗物时间判定还要研究,但这事实本身有更深层的意义:澳洲当局看到的其实就是岭南地方习见的"靠树为坛"社稷崇拜现象。

明中叶至近代,澳门、香港相继易手,此乃社稷大辱。但是社稷坛在这些地方坚挺不倒,民众以时拜祭,香火不断,成为中国国土沧桑的历史见证和中国人的文化地标。香港、澳门回归后,当地学者加强对社稷坛等民间信仰文化的研究、保护和开发。榕荫如盖的社稷坛,经常老少咸聚,成了中华民族精魂的传说基地。历代从"中土"迁入岭南的客家人,社稷崇拜的情根更加炽烈,干脆把社稷当做"自家人",称为"伯公"。客家人刻苦耐劳、坚忍不拔,无论多么贫瘠的土地,经过他们的手都变为沃土,是他们把古代台湾瘴疠之乡开发成现代化市镇。当国土乡邦受到外寇侵凌时,他们总是浩然正气,奋起抵抗。甲午之战,台湾客家大族村社毁家纾难,抗倭守土。出生台湾苗栗的爱国诗人丘逢甲写下"四百万人同一哭,去年今日割台湾"的名句,至死不忘"能强国则可复土雪耻"。争一个"土"字,激起多少豪杰!台湾现有客家人三百多万,占全岛人口近14%,多是粤闽移民后裔。台湾有客家人聚居,就有"伯公"立地,以时拜祭,祀事非常隆盛。

中华民族正在经历伟大的复兴,社稷崇拜是珍贵的历史文化遗产,张扬它的现代价值,是我们义不容辞的责任。

(作者单位:广东省社会科学院)

河洛文化与岭南文化的文化生态学比较

戚斗勇

河洛文化与岭南文化二者都是构成中华文化重要组成部分的地域文化。中原与岭南相隔数千里,其文化虽早已血脉相连,却由于具有不同的文化生态,从而具有不同的地域文化特色。在过去的文化研究中,极少将这两种地域文化进行专门的比较。改革开放和中华文化的复兴,使得两种地域文化的历史性拥抱成为各自的需要,文化的交流带来的必定是取长补短、共同繁荣。

不同地域文化的交流,可以从文化生态的角度进行比较。我在《文化生态学》中,定义"文化生态学就是研究文化的存在和发展的系统、资源、环境、状态和发展规律的科学"。河洛文化与岭南文化的文化生态学比较,可以借助其理论和方法,帮助人们清晰地确认二者的基本文化特征和相对的长短所在,从而达到二者交流所期望达到的取长补短、共同繁荣的目的。

一、从生命历程比较,河洛文化早熟,岭南文化晚熟

文化是生命体的存在,不同文化之间最明显的比较是生命体形成和发展的存在形式及其历程的比较。河洛文化早熟,而岭南文化晚熟,二者的差异是悬殊的。

河洛文化史有着清晰的脉络。它诞生于夏商周三代,其标志是"河图""洛书"到《周易》的形成。从先秦时期的百家争鸣到魏晋玄学,许多重要的学派和代表人物诞生或活动在河洛地区。唐宋时期是河洛文化的繁盛阶段,以二程洛学为代表。有人把河洛文化划分为以下几个时期:以包括"河图"、"洛书"在内

的史前文化为河洛文化的初始期,夏商周三代为河洛文化的形成期,秦汉魏晋为河洛文化的发展期,隋唐北宋为河洛文化的鼎盛期,元明清为河洛文化的中衰期,现当代为河洛文化的复兴期。

而要理清岭南文化历史的脉络,更像是面对着一团乱麻。传统的岭南文化发源于南越文化,先秦以前就已经诞生了。但它的成熟则是十分的滞后,且拖延的时间很长,应当在从秦代到清代的两千年间,以修灵渠、拓庾岭和开通海上丝绸之路,大量北方移民和形成相对稳定的粤语、潮汕话、客家话三大语言区为标志。而如果有其相对鼎盛发展期的话,则是在近代以后,以广州通商口岸的发达和洪秀全、康有为、梁启超、孙中山等人物为代表。

过往的历史已有定论也罢,还在讨论之中也罢,毕竟已经成为历史。关键在于其中的许多疑问还有待于人们去破解。例如,按照上述分期的说法,河洛文化有一个中衰期,现在迎来了复兴期。但为何中衰、复兴什么、何以复兴? 这三者有什么联系,也就是当代河洛文化将往何处去? 这是我们更为关切的。而反观岭南文化,它有没有中衰期? 现在是否属于鼎盛期的延续? 真正鼎盛的标志是什么? 也就是当代岭南文化也面临着一个向何处去的问题。把河洛文化与岭南文化放在整个大的历史场景进行比较,对于我们厘清上述疑问,肯定是会有帮助的。我初步的思考是,由于中国文化史上出现的文化中心逐步南移的状况,传统的河洛文化与传统的岭南文化在生命周期上有前后接续的联系,当代的河洛文化与当代的岭南文化应当进行一次新的历史条件下的再度和深度的融合,上述问题就可以迎刃而解。这应当是此次研讨会的意义所在。

二、从自然生态比较,河洛文化为内陆文化,岭南文化为沿海文化

文化生态学最主要的观点和方法,就是从自然环境来阐释文化的类型和特征。从文化的自然生态来比较,河洛文化为山河型文化或内陆文化,岭南文化为河海型文化或沿海文化。二者不同的自然地理环境,是造成河洛文化早熟,岭南文化晚熟的最主要的原因。

从河洛文化与岭南文化的自然地理环境分析,相同的是二者都有河流、山岭、丘陵和平原,所不同的是岭南文化所处的自然条件中还有海洋。河洛地区以洛阳平原(或盆地)为中心,涵盖黄河中流两岸和伊洛河流域。所谓岭南是指五岭之南,五岭大体分布在广西东部至广东东部和湖南、江西五省区交界处,是长江和珠江两大流域的分水岭。岭南除了有海,它的河流也有其特点,表现为在三角洲地区河流密布,尤其是灵渠修建后,与岭北水系可以相通。因此,总的来说,河洛文化属于山河型或内陆文化,而岭南文化属于河海型或沿海文化。

二者不同的自然地理环境,是造成河洛文化早熟,岭南文化晚熟的最主要的原因。河洛地区在黄河母亲的哺育下,水源充沛,土地肥沃,适合稻粟农业,又是古代中国东西南北的交通中枢,地理位置十分优越。这里成为华夏文明的重要发祥地,形成了"天下之中"(《史记·周本记》)的文化。岭南则偏处一隅,古为百越之地,南岭山脉的天然屏障,加上相当大的部分被大海包围,阻碍了岭南地区与中原的交通和经济联系,使其古代的经济、文化远不及中原地区,被北方人称为"蛮夷之地"。只是由于秦汉以后的北方移民、官员贬谪、大量的中原文化因素进入岭南,加上通过海上丝绸之路引进的外国文化,逐步改变了岭南百越土著的文化原生态,参杂了外来的多元文化的因素。从文化发展水平上,岭南文化长期落后于中原文化,直到唐宋时期,岭南仍是处罚官员的流放之地。一直到了明清特别是近代以后,海上交通的发展加上与内地河网沟通的便利,改变了岭南文化的自然生态,岭南文化才可说在整体上赶上了全国的发展水平。

不同的自然地理环境,也造就了两种文化具有不同的文化性格特征。河洛文化建立在发达的农业文明基础之上,又有了王畿之地、正统之源的文化权威,许多专家概括河洛文化的特质为礼乐宗法等级制度,这是河洛文化的内核部分,它的成熟与完备是河洛文化形成的标识。勤劳、憨厚、本分,甚至循规蹈矩,是河洛文化熏陶下的民性特征。而岭南地理偏僻,也导致古代岭南文化形成自身的特色。其一,因"粤处炎荒,去古帝王都会最远,固声教所不能先及者也"(屈大均《广东新语·文语》),老百姓对主流文化不甚关心,按照李权时先生主编的《岭南文化》一书所指出的,具有"远儒性"的边缘性文化特征。其二,岭南处于内陆文化与海洋文化的交叉地带,特殊的地理位置使得岭南文化在接受不同文化方面的兼容特色。其三,岭南地区的海岸线较长,包括雷州半岛、海南岛等地方的南部沿海地区,大海的波涛造就了福佬系和广府系的岭南人形成海洋文化特色,具有向外开拓、冒险进取的精神。当今信息社会交通发达,自然地理的屏障逐步可以克服,两种地域文化发生交流和影响,形成互补,将有利于各自的再造和提升。

三、从内部构造比较,河洛文化整合单一,岭南文化多元求变

我在《文化生态学》中说:"从一定意义上,文化生态学实际上研究的就是文化的结构,就是不同文化因子相互之间的结构和比例,从而构成文化的生态。因此,结构和功能的关系及矛盾,是文化生态的基本关系和矛盾。而文化系统论中的结构和功能的理论,是文化生态学的基础。"河洛文化与岭南文化各自具有的特定的内容要素与结合形式的结构不同,从而构成它自身固有的文化功能。

河洛文化相对于岭南文化,从文化结构的整体上早已由差异性较大的文化板块整合为单一的文化形态。河洛地区是苏秉琦先生所圈定的中原文化区的核心区域,李玉洁教授称"河洛文化有源远流长的文化底蕴,表现出中国正统文化的特色"。在远古时期,炎黄二帝的文化就有过一次大的整合,四方部族不断地向中原辐辏,夏商周三代在此建都,汉、曹魏、西晋、北魏相继以洛阳为国都,唐以洛阳为东都,梁、晋、汉、周、北宋以开封为国都。因而这里是王畿之地,号称中华民族的摇篮。从文化来看,河洛地区造就了夏商周三代以河图洛书为代表的易文化。先秦的诸子百家,又在河洛地区发源,直至魏晋玄学的产生。东汉佛教传入中国,洛阳的白马寺是佛教传入中国后兴建的第一座寺院,有中国佛教的"祖庭"和"释源"之称,而嵩山少林寺乃禅宗祖庭。佛教的兴盛对儒家传统造成了巨大的冲击,不得不在吸纳佛教哲学本体论和思辨性的基础上,发挥易文化之长,唐宋时期兴起了"以易反佛"的思潮,形成了宋代理学。洛学的形成,传统的河洛文化又完成了一次整合,洛学成为河洛文化的代表,构成河洛文化各部分的文化都以其为归依,从此几乎没有大的变化,从文化形态的整体上构成了单一的文化结构。

而岭南文化则是一直处于变动不居的状态。地理环境的封闭性使得岭南的土著文化得到较为独立发展的生态条件,并在与中原文化和海外文化交会的作用下逐步形成了客家文化、潮汕文化和广府文化几大类型。清人黄遵宪《人境庐诗草》中说:"中原有旧族,迁徙名客家,过江入八闽,辗转来海滨。……方言足证中原韵,礼俗犹留三代前。"刘斯奋先生说"广东的文化基本上是一个杂交的文化",是岭南文化的一个明显的特点。近代以后包括改革开放后由港澳为

主要途径流入的现代西方文化,以及深圳由小渔村"一夜之城"拔地而起、千百万"孔雀东南飞"的人才和打工者带来的新一轮内地移民文化,使得当代岭南文化更处于变化之中。岭南文化除了是"集东西南北,融古今中外"的杂交文化之外,它尚未整合出一个类似于洛学那样的代表性的文化。从目前的情况看,客家文化、潮汕文化和广府文化还属于岭南文化中的多元和相对独立的亚属,我曾经根据改革开放后珠江三角洲文化的发展态势,突出"珠三角文化"的地位和作用,就是试图从亚属的珠三角文化来代表岭南文化的整体,看来整合的道路是十分漫长的,目前谈这种问题为时过早,是不怎么适宜的。

文化生态学认为,结构与功能是相联系的。岭南文化要想在中国当代文化中占据重要地位,也应当有类似于洛学那样的文化品牌,还要有二程那样的文化大师。

四、从文化流派比较,河洛文化为理学正统,岭南文化为心学旁支

以二程为代表的洛学虽然是融合了儒佛道三家,而且程颢与程颐二者亦有不同,但从文化流派的角度来分析,河洛文化属于理学流派。它以易文化为渊源,并构成其哲学本体论的核心,在吸纳了儒佛道诸家文化的基础上,形成了理学文化,成为儒家文化的正统,并被封建统治者所推崇,从而成为中国传统文化中的道统。这种理学文化的特征是,文化渊源深厚,体系缜密完整,伦理道德精邃,社会影响深远。这是理学文化的长处,同样也是理学文化的负担。当理学成为文化的正统后,以正统自居的文化自大以及道貌岸然的文化保守主义,就自然而然地成了河洛文化的历史负担。从整体上看,河洛文化在理学形成后,其文化生态已经是封闭保守和僵化的,从而影响着河洛文化的生命逐步地走向衰老。

与河洛文化相比较,岭南文化则是心学流派的文化。它主要是以禅宗佛学为基础,受到岭北的心学文化的影响,由陈献章的江门学派为代表,而后来的康有为、梁启超、孙中山等,都受心学传统的影响。其特点是,它不如河洛文化那样基础深厚,体系缜密,而是敢于标新立异,甚至离经叛道。禅宗六祖惠能就提出了与当时占据佛学显要地位的神秀所不同的思想观点,从而使得禅宗形成南北两宗。陈献章从江西吴与弼那里学习理学,却回到江门创立了江门学派,开启了明代心学思潮。而康梁是维新变法的领军人物,孙中山更是旧民主革命的主帅。

即便是有理学传统的岭南学者,也往往是有其独立精神,如康有为的老师朱次琦,在当时声名鹊起的学海堂历20年屡次聘其山长均不就任,主要原因是学海堂走的是朴学(汉学)之路与朱九江的学术旨向不合。朱次琦的另一弟子、岭南著名学者简竹居,也对当时盛行的朴学有极为严厉的批评。可见,岭南文化就是具有某种反抗精神的。

理学流派和心学流派是中国传统文化中的两大主要流派,他们是你中有我,我中有你,互相对立又互相补充,其优劣没有绝对的答案,应当具体问题具体分析。如果要指出某些值得注意的倾向的话,那么,从理学来说,地位可以正统却不能清高和自大,体系可以严密却不可封闭和保守;从心学来说,学问可以自主创新、发自本心,却不可随心所欲,藐视传统。无论是河洛文化还是岭南文化,弄清文化流派及其特征,对扬长避短、相互借鉴是极有助益的。

五、从文化态势比较,河洛文化传统,岭南文化新潮

在当今社会,河洛文化与岭南文化的流派特征,似乎仍在发生影响。文化的守旧和创新是一对矛盾,它使得文化生态呈现出不同的态势。相比较而言,河洛文化传统,岭南文化新潮,二者目前的生存状态和发展趋势也是各有千秋。

河洛文化正因其是中国文化的正统,作为在传统社会里占据正统地位的河洛文化,那时在文化生态系统中的生态位极高。按照文化生态学的原理,具有较高位能的文化总是流向生态位较低的一端,即产生正向的文化输出。中华文化,根在河洛,只要是中国文化,包括岭南文化,都受河洛文化的影响,这正是河洛文化的优势所在。但是到了现时代,正如一切形态的传统文化已经退居历史的后台,河洛文化的基因虽然保留在现代文化的内核之中,但其作为一种传统的地域文化,其生态位无疑是大大地降低了。因此,河洛文化要想复兴,面临的最主要任务是现代文化的输入,包括大力发展有中国特色的社会主义文化,包括吸纳世界先进文明,也包括传播到全国乃至全世界的以河洛文化为根源的各种现代文化的反哺,这些新的文化要素与传统的河洛文化相融合,通过凤凰涅槃式的改造,提炼成现代新型的河洛文化。如果只是固守传统,不思进取,不接受先进文化的洗礼,文化生态就不能达到良性状态,文化就不能优化只能衰亡。现在,河洛文化正以其崭新的姿态,伸开触角拥抱现代文明,迈开大步走向未来世界,有

理由相信,随着中华文化的复兴,河洛文化的复兴也是其中应有之意。

　　与河洛文化的差别较大,岭南文化在传统文化意义上其生态位不高,几乎一直是被输入者。岭南文化传到国外,基本上是岭南人出外经商做劳工的产物,而不是由于文化的生态位高所致。改革开放使得岭南文化大放异彩,现代岭南文化尤其是珠江三角洲文化的许多精华,已经吸纳到有中国特色的社会主义文化之中,其势能前所未有地增长,在全国乃至全世界都有极大的影响力,正如广东省社科院副院长周薇研究员指出的:"岭南文化一直以来就以开放性、兼容性、务实性、重商性等品质,引领近现代中国文化的潮流。"然而,作为当代地域文化,岭南文化也面临着文化生态的优化和改造的任务,这就是要吸纳包括河洛文化在内的中国传统文化的精华,扎实打好文化根基,否则文化的绚丽只是水中浮萍或海市蜃楼。尤其值得注意的是,在一些人看来,只要是重视了岭南文化,就是重视了传统文化,没有看到传统的岭南文化只是中国传统文化的一种地域文化,虽有地方特色却不是主流,因此,我们对传统的继承,既要继承传统岭南文化的特色,也要继承以河洛文化为代表的传统的主流文化中的精华,这才能使得现代岭南文化的根基更为扎实深厚,新潮的现代岭南文化才能牢固地站在文化大潮的前列,引领着现代中国文化的潮流向前发展。

　　通过河洛文化与岭南文化的文化生态学比较,可以得出这样的结论,河洛文化与岭南文化各有优劣,在当今时代应当互相融合,取长补短。作为地域文化,二者在中华文化的生态园中都占据十分重要的地位,尤其是河洛文化是古代中国文化的主流文化,而岭南文化则是现代中国文化的重要代表,二者的优势互补必然带来文化生态园的百花争艳,促使中华文化实现伟大复兴。

参考资料:

戢斗勇:《文化生态学》,甘肃人民出版社 2006 年版,第 8 页。

戢斗勇:《易经的形成不可能早于西周晚期》,《中国哲学史研究》1988 年第 2 期。

张新斌:《河洛文化若干问题的讨论与思考》,《中州学刊》2004 年第 9 期。

李玉洁:《河洛文化在中华文明史上的地位》,《江西社会科学》2005 年第 12 期。

戢斗勇:《略论二程"以易反佛"》,《洛学与传统文化》求实出版社 1989 年版,第 179 页。

戴斗勇:《珠三角文化对广东先进文化建设的带动作用》,《学术研究》2003年第2期。

周薇:《岭南文化发展战略思考》,《中国社会科学报》2010年2月4日。

(作者单位:佛山科学技术学院学报编辑部)

论河洛儒学对岭南文化的影响

程　潮

　　河洛文化是中华文化的源头之一,在中华文化中有着独特的地位,并对其他地域文化产生过巨大的影响。岭南地区从文化沙漠到文化胜地,离不开河洛文化的滋润,特别是河洛儒学对岭南文化的发展具有重要的影响作用。

一、河洛儒学在岭南的传播

　　河洛文化之所以值得世人的关注,是因为它是中华民族文化之根的重要组成部分。传说中的伏羲、黄帝、尧、舜和夏、商、周三代帝王,他们主要活动在河洛地区,而且大都定都于河洛地区。自周以后,西汉、东汉、曹魏、西晋、北魏、北周、隋、唐、后梁、后唐、后晋、北宋、金等 10 多个王朝,或以洛阳为都城,或为陪都。因此,河洛地区不仅以其长期为京都或陪都所在地,而成为全国的政治、经济、文化中心;而且以其悠久深厚的文化积淀和全国政治和文化精英的荟萃之地而名扬全国。通过河洛地区的文化精英与全国各地的文化精英和莘莘学子不断进行文化互动,不仅将河洛文化传到全国各地,而且也把全国各地的地域文化带到河洛地区,使河洛文化得到进一步丰富和发展。

　　河洛文化在岭南的落地生根,乃是文化传播的结果。岭南与河洛之间远隔千山万水,是两个互不相邻的地域,而要在两者之间建立文化联系,就必然有其特别的传播途经。一是官方传播,主要包括:利用洛阳作为全国的政治中心之便,通过朝廷将河洛文化贯穿于各项政策法令之中,然后由各级官吏在岭南贯彻和实施;利用洛阳作为国都和国家最高学府所在地,招收岭南学子接受河洛文化教育,再通过他们将河洛文化传向岭南。二是民间传播,主要包括:岭南士人到中原求学的过程中接受河洛文化的熏陶,又把河洛文化传向岭南;河洛士人南迁时,将河洛文化带到岭南。

在先秦时期,岭南与河洛之间存在着巨大的文化反差。河洛地区作为中原的核心区域,其文化发展居于全国的领先地位。而岭南地区仍然是一片文化沙漠,不仅生产和生活方式落后,而且还没有形成自己的文字。由于地域的阻隔,岭南人与中原人无法形成直接的文化交往,而是以楚国、越国等诸侯国为中介来进行的,主要是与生产和生活有关的物质文化交往。

秦汉时期,岭南与河洛之间的文化差距仍然悬殊。有学者将秦汉时期的文化区域分为三辅、河西、巴蜀、幽并、江南、河洛、齐鲁、荆楚等八个区域。八个区域儒林人物的数量,《汉书·儒林传》所载:齐鲁第一,荆楚第二,河洛第三,江南第六;《后汉书·儒林传》所载:河洛居第一,齐鲁第二,巴蜀第三,江南第五。八个区域的著作(经学居多)数量,《汉书·艺文志》所载:齐鲁第一,荆楚第二,幽并第三,河洛第四,江南第七;《后汉书·文苑传》所载:河洛第一,三辅第二,齐鲁第三,江南第八;《隋书·经籍志》所载:河洛第一,齐鲁第二,三辅第三,江南第八。由此得出"西汉时期文化中心在齐鲁地区,而东汉则转到河洛地区"①的结论。岭南和河洛之间的文化差距,为河洛文化在岭南的传播提供了必要和可能。而秦汉统一的封建帝国的建立,为河洛儒学进入岭南创造了有利的条件。

秦朝统一岭南后,徙"中县之民"到岭南,使其与当地人杂处。赵佗建立南越国后,"以诗礼化其民"。这样,河洛文化借助于河洛移民和赵佗属下的文化人而传播到岭南,使岭南地区出现"华风日兴"、"学校渐缛"的局面。自汉武帝采纳了董仲舒"罢黜百家,独尊儒术"的建议,将儒学作为国家指导思想推行于全国以后,岭南地区开始了它的儒化历程。而到岭南传播儒学的河洛人主要有两类:一类是流放者。汉武帝为了改变岭南"民如禽兽,长幼无别"的陋习,特迁大批"中国罪人"杂居其间。不少罪人是有文化、懂经术的前官员,通过他们的教育而使当地人知书识礼。一类是为官者。表现最为突出的河南籍官员是任延

---

① (清)周硕勋《潮州府志》,卷二《气候》,中国方志丛书第 46 号,据清光绪十九年(1893)重刊本影印。

和卫飒。南阳人任延在光武帝时任九真太守,教当地人铸器垦田技术,使他们生活充裕起来;又制定婚娶礼法,要求男女按年齿婚配,并令长吏对贫无礼聘者予以赈助。怀嘉人卫飒在光武帝时任桂阳太守,在当地修庠序之教,设婚姻之礼,不到三年,"邦俗从化"。而这些入粤的河洛人士所承担的是岭南礼俗文化的改造使命,也就是要将岭南礼俗文化引导到与儒家道德规范相一致的轨道上来。

两汉之际,中原经学开始在岭南发展起来,岭南文化也从礼俗文化向学术文化提升,出现了陈钦、陈元等首批在全国有影响的经学名家。东汉末年,来自河洛等地的北方经学家,才为岭南贫乏的学术增添了光彩。项城人程秉是经学大师郑玄的弟子,来交州后与先来的山东籍经学家刘熙考论大义,从而博通五经,著有《周易谪》、《尚书驳》、《论语弼》。南阳人许慈是刘熙在岭南的弟子,精通郑氏之学,建安年间自交州入蜀。太康人袁徽以儒素称,对交趾太守士燮的学问和政事大加赞赏。

到了唐代,河南孟县人韩愈因冒犯皇上而两度流放到岭南。他在任连州阳山令期间,体察民情,躬行教化,爱民如子;在任潮州刺史期间,为民除鳄患,带民筑堤修渠,并在当地兴学举贤。韩愈弟子李翱于唐宪宗元和年间,被岭南节度使杨于陵辟为幕府,后摄循州文学,以其"论性"理论与士人共相砥砺,为一方所矜式。韩愈在广东任职不足两年,但对广东文化产生了重要影响。苏轼说:"自是潮之士,皆笃于文行,延及齐民,号称易治。"明代阳山知县陈懋升在《重建城隍庙记》中说:"自昌黎过化以来,荆榛篁荟之区,化为衣冠文物之会。"在潮州,民间以景韩诗、崇韩文、祀韩联以及故事传说等形式表达对韩愈的景仰,还出现了"潮州山水皆姓韩"的文化现象。韩愈身后,不仅阳山、潮州建有韩祠,而且在广州等地也都仿效建祠,以纪念文宗,可见其倡导文风影响之广。

二程(程颢、程颐)是"洛学"的开创者。宋仁宗庆历年间,二程父亲程珦到广西龚州任事,程颢岳父彭思永任潮州知州,二程兄弟及张载一同至广南,三人还曾在东莞慧云寺"讲论终日"。二程后学罗从彦、胡寅、林光朝、张栻等到过岭南,且对岭南理学的发展作出了重要贡献。有趣的是,今云浮市水东村与洛学有不解之缘。程颢嫡孙因避战乱,从河南迁至岭南,在水东村定居。水东村民作为二程的后裔,历来崇尚诗书礼仪,文武双修。水东村各个时期的宗祠、庙宇门框上所写的"春风道貌,理学家声"、"渊源宗洛水,枝叶发桐林"、"理学文章留万古,光风霁月祝千秋"等楹联,都充分体现出程氏家族独特的"洛学"和"理学"的文化意蕴。故水东村被称为"岭南理学第一村"。

而从岭南的广府、潮汕和客家三大汉族民系的历史构成来说,他们多与中原人有着血脉上的关系,与中原文化有着千丝万缕的联系。在他们各自的文化中,都或多或少地保存着河洛文化和河洛儒学的因子。

二、岭南学者对河洛儒学的敬畏与继承

岭南人对河洛儒学的研究,可以追溯到两汉之际的陈钦。苍梧广信人陈钦是岭南最早研习经学的学者。苍梧郡位于西江中游,中原文化传入较早。陈钦少时受到中原文化教育的濡染。汉成帝时被举为茂才,后师从与刘歆齐名的经学家贾护。屈大钧在《广东新语·文语》中说:"钦得黎阳贾护之传,直接虞卿、荀况、张苍、贾谊、贯公、贯长卿、张禹、尹更始、尹咸、翟方进、胡常之一派,源远流长。"张苍是阳武县人,贾谊是洛阳人,贾护是浚县人,他们都是河洛地区的经学家,都是《左氏春秋》的重要传人。陈钦学成后,授官五经博士,又以《左氏春秋》授王莽,但解说有创意,自名《陈氏春秋》。东汉经学家赵岐在《三辅决录》中称"陈钦传《左氏》,远在苍梧",这说明他对家乡经学的兴起是有贡献的。陈元是陈钦之子,少传家学,潜心于为父书训诂,后以父荫在朝任郎官,与桓谭、杜林、郑兴俱为学者所宗。因上疏力陈立《左氏》博士的合理性,为东汉古文经学的发展有着推助作用。戴璟因陈元在经学上的成就而称他为"岭南之儒宗"。而从陈钦、陈元父子经学的师承关系来看,显然与河洛经学有着渊源关系。

韩愈学说简称"韩学",曾受到了区册和赵德等岭南士人的亲睐。南海人区册在韩愈为阳山令期间向其求学。回家省亲时,韩愈作《送区册序》称他"入吾室,闻诗书仁义之说,欣然喜,若有志于其间也"。不管区册后来如何,在他求学期间是抱着研究韩愈文学和儒学志向的。海阳人赵德以儒学为尚,韩愈任潮州刺史时,发现他"沉雅专静,颇通经,有文章,能知先王之道,论说且排异端而宗孔氏,可以为师",故聘他为海阳县尉,专管本州教育。由于赵德学术与韩愈相投,韩愈改刺袁州时,原想带他一同前往,后因赵德未去而将平生所做文章授给他,赵德汇编为《文录》,并作序说:"昌黎公,圣人之徒与! 其文高出,与古之遗文不相上下。所履之道,则尧、舜、禹、汤、文、武、周、孔、孟轲、扬雄所授受服行之

实也。"赵德所言突出了韩愈在弘扬儒家"道统"方面的贡献,又表达了自己承继师学的志向。郭棐说:"赵德从游韩子之门,得其要领。"

在宋代,河洛地区诞生了邵雍、二程兄弟为代表的河洛理学。河洛理学在宋明理学中具有基础的地位,是岭南学者研究和崇尚理学不可或缺的内容。

河南辉县人邵雍在"北宋五子"中,"独以《图》、《书》象数之学显"。他将河图洛书与《周易》和《洪范》的起源联系起来,指出:"盖圆者,河图之数;方者,洛书之文,故羲、文因之而造《易》,禹、箕叙之而作《范》。"河图洛书理论传到岭南后,岭南人又站在自己的学术视角进行自我解读。陈献章指出"濂洛千载传,图书乃宗祖",将河图洛书视为"濂学"与"洛学"的思想源头,并以"自然"为宗来解读河洛文化的精髓。揭阳王阳明弟子薛侃在《图书质疑》中,从心学视角将河图洛书视为"心性之源,文字之祖,政治之基"。南海人庞嵩作《图书解》,为学者所传诵。顺德人欧大任作《河图洛书辨》,对邵雍、蔡沈的观点提出了质疑,但仍肯定河图洛书的价值。中山人黄畿和黄佐父子著《皇极经世书传》,黄畿在序中称"邵子之学"为"仲尼之学","仲尼之道"为"伏羲之道"。

"洛学"是宋代理学的四个主要学派(濂、洛、关、闽)之一,因该学派创始人程颢、程颐是洛阳人,又长期在洛阳讲学,故其学说或学派称为"洛学"或"河洛之学"。二程本人没有岭南弟子,但其后学在岭南不遗余力地推广洛学,培养了崔杰、梁观国、黄执矩、简克己等岭南首批理学学者。进士出身的东莞人翟杰为"道"以"体认天理"为宗。后与二程弟子杨时的弟子、博罗主簿罗从彦请教讨论,从此神定气和,人皆推为"有道君子"。曾在家乡建桂华书院,集四方英杰,相与讲学穷经。居家"澄心人道",心常处"澄澈"境界。南海人梁观国为道以"自治身心"为工夫。杨时弟子胡寅与其论人物古今,不禁赞叹说:"岂意岭海间有奇士如梁观国者乎!"为学崇尚理学,力排佛老和"苏学",著作深得真德秀、王应麟等理学名流的赞赏。高要人黄执矩慕"濂洛之学",常从胡寅、张栻(二程三传弟子)游,讲明理学。南海人简克己曾到湖湘师事张栻数年,讲性理之学,以"真知实践"为事,将张栻心性之言作为座右铭。

"洛学"在明代作为官方意识形态,自然受到不少岭南学者的崇尚。进士出身的澄海人唐伯元,深疾陆王心学,却崇尚洛学,曾上疏欲将二程列入"十哲",并编有《二程语类》、《二程年谱》等。清代汉学家陈澧对二程洛学采取"可取者尊之,偏驳者(如《定性书》)不取"的态度。学海堂专课肄业生周森编写了《二程遗书日钞》和《二程语类》,足见他对洛学的感情。

三、岭南文化的中州标准

历史上中原文化与岭南文化的差距,导致了衡量岭南文化发展程度的"中州标准"的形成。狭义的中州指今河南省及其附近地区,因其地在古九州之中得名;广义的中原泛指黄河流域或黄河中下游一带。无论对"中州"作何理解,河洛文化都是中州文化的主流之一,也自然成为衡量岭南文化的标准。以中州标准来衡量岭南文化,以人才、礼俗和学术三个领域居多。

第一,人才领域。汉代选拔人才主要实行察举和辟除二途,岭南不少士子通过这些途径进入仕途。但汉帝国在用人制度上却存在着中土与边区的不平等。汉灵帝中平年间,时任交趾刺史的化州人李进曾上书对"登仕朝臣,皆中州人士,未尝奖励远人"的朝廷用人政策感到不满,并以"率土之滨,莫非王臣"为理由,请求交趾刺史部依中州规例贡士,交趾部的茂才应与中州茂才一样授官给禄。皇上采纳了他的建议,下诏规定,"交趾之有孝廉茂才,许除补属州长吏。"这一新政策的实施,便有交趾人李琴任司隶校尉,张重为金城太守,一茂才任夏阳(陕西韩城)令,一孝廉任六合(在江苏)令。故郭棐说:"交趾人才得与中州同选,实自(李)进始。"由于岭南地区学校日益增多,儒学日益普及,岭南学者的儒学水平和文化素质均有很大提高,与中原地区的差距逐渐缩小,所以才有李进奏请"依中州例贡士"的底气。

第二,礼俗领域。自从儒学成为封建帝国的统治思想以后,岭南地区便以中州礼乐文明作为文化进步的标准。古代对岭南礼俗文化的评价,对照的是"华风"、"邹鲁"和"中州"。孔颖达说:"中国有礼仪之大,故称夏;有服章之美,谓之华。"所谓"华"或"中国",主要是指中原地区。汉代锡光和任延在教民耕稼及建立学校、礼义化民方面颇有声望,故范晔称"岭南华风,始于二守"。"邹鲁"是儒学的发源地,以孔子、孟子而著称于世。司马迁说:"邹鲁滨洙泗,犹有周公遗风,俗好儒,备于礼。"后来"邹鲁"便成了文化昌盛之地的代称。宋代陈尧佐在《送王生及第归潮阳》诗中称"从此方舆载人物,海滨邹鲁是潮阳",元代理学家吴澄在《广州学云章阁记》中称"今之交广,古之邹鲁",以表达岭南的文明程度。

宋明学者喜欢将岭南礼俗与中州对比。南宋学者王象之称当时广西容州"北客避地留家者众,俗化一变,今衣冠礼度并同中州";《大明一统志》引《苍梧志》说梧州"乐音闲美,有京洛遗风";说潮州"冠婚丧祭,悉遵典礼,无异中州"。明代学者方献夫指出:"唐宋而降,文物寖盛,无异中州。入我国朝百六十年来,声教日洽。今虽闾阎士女,冠裳簪履,雍容揖让之风,婚丧交际,争以不合礼为耻。"明清之际学者屈大均指出:"今粤人大抵皆中国种,自秦汉以来,日滋月盛,不失中州清淑之气。"这实际上仍然以中州标准来衡量岭南文化的发展。

第三,学术领域。古代地域文化的文明程度以能否出大学者为最高标准。韩愈曾在《送廖道士序》中对郴州有"中州清淑之气",却没有出现"魁奇忠信材德之民"而感到遗憾。既然郴州都出不了文人,那么在郴州之南的岭南就可想而知了。所以明代学者伦以谅对此解读说:"昔韩昌黎《送廖道士》,叹岭南瑰牢奇伟之气,不钟于人而钟于物,一或有之,又出于异端方外之徒。"出自岭北人之口的"钟物不钟人"之说对于岭南人自尊心的打击无疑是巨大的,由此"孕育了岭南意识的勃发"。明代学者丘浚指出,明朝建立百年来,"天地纯全之气,随化机以南流,钟于物者犹古也,钟于人者则日新月盛,其声明文化之美,殆与中州无异"。他称张九龄是"有唐一代第一流人物",以此作为岭南"钟物亦钟人"的典型。

四、余论

无论如何,在岭南文化进化的过程中,作为中原主流文化之一的河洛儒学和河洛文化确实发挥着极其重要的作用。在西方文化大举侵入岭南之前,岭南人对中原文化确实怀有敬意之心,并在人才、教育、礼俗和学术上以达至中原的水平而自豪。到了近代,由于以中原文化为主体的传统文化难以抵御外来文化的侵袭,岭南人以开放的胸怀接纳西方先进文化,从而使岭南文化自身发生质的变化。近代岭南志士在向西方寻求救国救民的真理和反帝反封建的斗争中扮演着主要角色,他们的先进思想和变革行为赢得了国人的尊敬。近代岭南文化在民族文化中不再作为落后的典型,而是被奉为中国文化发展的一面旗帜。黄尊生认为,近代广东不仅出现了张维屏等人继承着中国学术的正统,还从自身突起了一支日后成为中国学术思想界之"先锋"、"旂鼓"的异军,并孕育成了"革命的文化"。朱谦之称北方黄河流域文化为"保守的文化",中部扬子江流域文化为"进步的文化",而称南方珠江流域文化为"科学的文化"、"产业的文化"和"革命的文化"。

（作者单位:广州大学公共管理学院）

河洛文化与岭南文化

——以蚕桑丝绸文化的南传为例

吴建新

河洛文化以黄河流域与洛水流域为中心繁衍,然后不断南传,深刻影响了长江流域和珠江流域的文化历史。以农业文化为例,在唐代中期以前,南方地区的农业发达程度毕竟与河洛地区还有相当的距离。本文试图以河洛地区的蚕桑丝绸文化的南传为例子,说明这一历史现象。

一、唐代中期以前河洛地区的蚕桑丝绸文化

河洛地区的蚕桑丝绸业在黄帝时代就已经起源。蚕桑传说是黄帝元妃嫘祖发明的。古代河洛地区蚕桑丝绸文化对南方有重要影响主要表现在以下几个方面:

桑种:鲁桑是河洛地区分布最普遍的桑种。它起源于黄河下游的山东,但后来却成为北方桑种系统的统称。北魏农书《齐民要术》与唐代农书《四时纂要》中对此都有记载。王祯《农书》记载鲁桑的特征是:"叶圆厚而多津者,鲁桑也;凡枝干条叶丰腴者,鲁桑也。"叶圆厚而多津,能饲育出强壮的蚕儿;枝干条叶丰腴,则生长能力强,桑叶产量高。正是由于有这样的特点,鲁桑衍生了不少新的品种。南宋《博闻录》称白桑"其叶厚大,得茧重实,丝倍每常",正符合鲁桑的特征。属于鲁桑系统的还有青桑:"青桑鸣雉渭南村。"[1]唐诗中提到的黄桑,"柳碧

---

[1]　(唐)徐夤《将入城灵口道中作》《全唐诗》卷七〇九。

桑黄破国春"。① 都具有叶厚多汁的特征,都属于鲁桑系统。唐代是气候温暖期,蚕桑业向北地发展,出现了胡桑,唐人诗:"寒柳接胡桑,军门向大荒。"②这是鲁桑传到东北、西北之后育成的品种。

蚕种:河洛地区的蚕是一化性或二化性。古代的人们很早就通过技术手段,饲育强壮的蚕儿。战国时代大思想家荀况的《蚕赋》,对蚕的一生做了生动的概括,表明春秋时期对蚕的发育生理和生态已经有了相当深刻的认识。战国时还有了浴种消毒的必备措施,并且注意蚕病的防治,如《管子·山权数》记载:"民之通于蚕桑,使蚕不疾病者,皆置之黄斤一斤,直食八石。"到了《齐民要术》时代,蚕的育种、留种技术有了重大发展。《齐民要术·种桑柘》记载蚕有一化、二化之分,三眠、四眠之分,用低温控制产生不滞卵,从而达到一年分批多次养蚕的目的。《齐民要术·种桑柘》还提出,蚕的良种选留,应以茧为主,一定要选取蚕蔟中层的茧为上,这是长期以来实践积累得出的好经验。

唐代蚕农在实际的生产活动中,也注意将个体强壮蚕母留下来繁育。如诗歌:"尽日留蚕母,移时祭麴王。"③也注意留下产丝多的蚕种来繁育,唐诗云:"蚕欲老,箔头作茧丝皓皓。……神蚕急作莫悠扬,年来为尔祭神桑。……新妇拜蔟愿茧稠,女洒桃浆男打鼓。三日开箔雪团团。"④诗歌说的是蚕在作茧抽丝时人们的祭祀活动,"茧稠"和"开箔雪团团"是其目标,为此就要选择好的蚕母。

丝织技术:古代河洛地区在这方面也长期处于领先地位。商代的丝织品已经有普通的平纹组织,畦纹组织和文绮三种织法。秦汉时代,采用不同粗细的蚕丝加工成素、帛、缟、縠、绨、文、绮、绣、罗、纨、绵等。汉代河洛地区丝绸业的高度成就,给丝绸之路的开通提供了深厚的物质基础。唐代更是丝绸文化的高峰。北齐时期已经有河洛地区丝织水平大优于江东的记载。直到盛唐,黄河流域北绢仍不减其翘楚地位,所以杜甫诗云:"齐纨鲁缟车班班,男耕女桑不相失。"⑤唐代北方经济文化鼎盛,社会追求奢靡的风气,反映在丝绸文化中,是以追求"新样"为时尚,这对丝织业和印染业提出了很高的技术要求。唐代织锦户,要按照

① (唐)罗邺《春望梁石头城》,《全唐诗》卷六五四。
② (唐)司空曙《塞下曲》《全唐诗》卷二九三。
③ (唐)皮日休《初冬章上人院》,《全唐诗》卷六一二。
④ (唐)王建《蚕辞》,《全唐诗》卷二九八。
⑤ (唐)杜甫《忆昔二首》,《全唐诗》卷二二〇。

官家的意思不断翻出新花样。王建《织锦曲》:"大女身为织锦户,名在县家共进簿。长头起样呈作官,闻道官家中苦难。回花侧叶与人别,唯恐秋天丝线乾。"①唐人喜欢一种薄如云霞,飘如烟雾的艺术效果,著名的鲁缟也有轻薄的品种。李白诗:"鲁缟如白烟,五缣不成束。"②唐代的丝织印染技术也相当高,如唐中叶,唐王朝缺马匹,朝廷将"恶缯染为彩缬"与党项市马,十八万匹缯换了马六万头。③ 恶缯是质量很差的丝织品,彩缬则鲜艳夺目,看上去质量很好。

河洛地区的蚕桑丝绸文化,随着蚕桑中心的南移,不断传到南方,促进了南方地区蚕桑丝绸文化的发展。

二、唐代以后河洛蚕桑丝绸文化对江南的影响

江南地区在一段相当长的历史时期里,其蚕桑丝绸业的水平比起河洛地区要落后。唐代以后,江南的桑种、蚕种、丝织技术明显受到河洛地区的影响。

桑种:江南的荆桑和北方的鲁桑是古代中国两大桑种。《王祯农书》记载荆桑的特征是"叶薄而尖,其边有瓣者",以及"枝干坚劲者"。而鲁桑"叶厚多汁"的特征,是荆桑所缺乏的。所以后来鲁桑反而成了江南桑种的主要来源。

唐代是蚕桑中心南移的一个重要转折期。虽然这时嫁接技术还没有在桑树栽培中广泛应用,但是由于移植产生了桑种的适应性栽培。尤以鲁桑品种受农家欢迎。估计唐代安史之乱后,大量河洛移民到达江南,鲁桑也是这时期大量移植。宋代蚕桑中心南移到长江流域,新的繁殖方法得到应用,是桑品种变异的时期。鲁桑南移到杭嘉湖地区后,通过自然选择和人工选择,逐渐形成了一个新桑种,即是鲁桑的新类型—湖桑。④ 宋代文献所记载江南的青桑、白桑,都是湖桑系统的品种。清代文献记载鲁桑系统的湖桑比荆桑有明显的优势:"湖桑,叶厚大而疏,多津液,少葚,饲蚕,蚕大,得丝多。荆桑一名'鸡桑',又名'黑桑',叶尖而有瓣,小而密,先结子,后生叶,饲蚕,蚕小,得丝少。"⑤湖桑并不仅仅是一个桑品种名,而是一个桑种系统的通称,它来源于鲁桑。正是湖桑承袭了鲁桑的优

① (唐)王建《织锦曲》,《全唐诗》卷二九八。
② (唐)李白《送鲁郡刘长史迁弘农长史》,《全唐诗》卷一七六。
③ 《资治通鉴》卷第二百三十二　《唐纪四十八(贞元七年七月)》。
④ 梁家勉主编:《中国农业科学技术史稿》,434页,中国农业出版社,1989年。
⑤ (清)包世臣《齐民四术·郡县农政》。

点,明清时期杭嘉湖地区种苗业发达,培育的桑种丰产质优,能达到蚕大和丝多的生产目标,各地纷纷到此地购买,湖桑的名称不胫而走。

蚕种:丝产品的优异与否,除了缫丝技术和丝织技术的因素外,蚕种是另一个很重要的因素。唐代前期江南的丝织产品稍逊河洛地区,与蚕种稍劣可能有关。

作为中国蚕桑中心的黄河流域地区,早期的蚕种质量高于长江流域。唐朝初年,黄河流域的蚕种已经传至江南。贞观中,监察御史萧翼,为替太宗至江南寻找王羲之《兰亭序》真迹,至越州,向一禅师自称:“弟子是北人,将少许蚕种来卖。”①北方蚕种的南传和蚕种的买卖可能是南北方商业贸易中的常态。唐代有蚕市:“蜗庐经岁客,蚕市异乡人。”②韦庄词:“锦里,蚕市,满街珠翠。”③“蚕市归农醉,渔舟钓客醒。”④通过蚕市,北方的蚕种就传到江南,与江南本地的蚕种杂交,以致出现了吴蚕的品种。李白诗:“吴地桑叶绿,吴蚕已三眠。”⑤吴蚕从农历四月开始第一造蚕,李群玉诗:“四月桑半枝,吴蚕初弄丝。”⑥此外,司空曙、李贺的诗歌都提到吴蚕。“吴蚕络茧抽尚绝”⑦“越妇未织作,吴蚕始蠕蠕。”⑧“越妇支机,吴蚕作茧。”⑨吴蚕既有本地的土种,也有可能是本地蚕与北方蚕种交配之后的品种。

宋代蚕桑中心完全转移到长江流域,而蚕业技术仍受到河洛地区的深刻影响。宋代词人秦观,“闲居,妇善蚕,从妇论蚕,作《蚕书》”。他的这本蚕书所载的蚕业技术,有部分就是来自山东兖州蚕农的。他在《蚕书》的序言中说:“考之《禹贡》……而桑土既蚕,独言于兖,然则九州蚕事,兖为最乎?予游济河之间,见蚕者豫事时作,一妇不蚕,比屋詈之,故知兖人可为蚕师。今予所书有与吴中蚕家不同者,皆得之兖人也。”可见河洛地区蚕业技术的南传是一个长期的过

---

① 《太平广记》(5)卷二〇八《购兰亭序》,1589。

② (唐)司空图《独望》,《全唐诗》卷六三二。

③ (唐)韦庄《怨王孙》,《全唐诗》卷八九二。

④ (唐)薛能《边城寓题》,《全唐诗》卷五六〇。

⑤ (唐)李白《寄东鲁二稚子》,《全唐诗》卷一七二。

⑥ (唐)李群玉《洞庭入澧江寄巴丘故人》,《全唐诗》卷五六八。

⑦ (唐)司空曙《长林令卫象饧丝结歌》,《全唐诗》卷二九三。

⑧ (唐)李贺《感讽五首》,《全唐诗》卷三九一。

⑨ (唐)李贺《春昼》,《全唐诗》卷三九二。

程。

丝织技术：北方丝织品技术在很长的时期里优于江南，北齐的颜之推《颜氏家训·治家篇》已经说"河北妇人织纴组紃之事，黼黻锦绣罗绮之工，大优于江东也"。从贡赋资料看，唐代前期江南道的贡赋州数和品种与河南道、河北道所贡相比还较少，因其地出丝少，朝廷还规定江南以布代租。① 这说明早期江南的丝织品质量也不会太好。

唐代开元、天宝之间，有过一次大规模的河洛地区丝织技术传到江南的事件。有一条史料常为人所引："初，越人不工机杼，薛兼训（开、天时人）为江东节制，乃募军中未有室者，厚给货币，密令北地娶妇以归，岁得数百人。由是越俗大化，竞添花样，绫纱妙称江左矣。"②这些"北地妇"就是河洛地区精于丝织业的妇女。此后，任职南方的一些官员也曾经在南方传播丝织技术。贞元十二年至十八年（796～802）罗珦刺庐州，"劝之艺桑，以行赏罚。数年之后，环庐映陌如云翳日。易其机杼，教令缜密，精粗中数，广狭中量，鬻阛阓而得善价，人以不困"③。元和二年五年（807～810年），韦丹为江西观察使、洪州刺史，领洪、饶、虔、吉、江、袁、信、抚8州，在任期间，筑堤防水，凿陂灌田，"益劝桑苎，机织广狭，俗所未习，教劝成之。凡三周年，成就生遂，手为目睹，无不如志"④。这些都是大规模的蚕丝业的推广过程。所以，唐代河洛地区丝织技术的南传，并不仅限于江南一地。

唐前期，河南河北道的特殊丝织贡品种类超过南方，到了唐后期，江淮一带的特殊贡品后来居上，甚至与一向闻名的蜀锦并称。

江南的丝织品有越罗等名称。如杜甫诗："越罗蜀锦金粟尺。"⑤也有称吴罗，如杜甫诗："越罗与楚练，照耀与台躯。"⑥也有称吴绫，如齐己诗："吴绫蜀锦胸襟开。"⑦元稹诗歌记载的越縠，花工多而价格高："挑纹变缎力倍费，弃旧从新

① （唐）《新唐书》卷五一，《志第四一》，《食货一》。
② （唐）李肇《唐国史补》卷下。
③ （唐）杨凭《唐庐州刺史本州团练使罗珦德政碑》，《全唐文》卷四七八。
④ （唐）杜牧《唐故江西观察使武阳公韦公（丹）遗爱碑》，《全唐文》卷七五四。
⑤ （唐）杜甫《白丝行》，《全唐诗》卷一一六。
⑥ （唐）杜甫《后出塞五首》，《全唐诗》卷二一八。
⑦ （唐）齐己《读李贺歌集》，《全唐诗》卷八四七。

人所好。越縠缭绫织一端,十匹素缣功未到。"①李德裕在中书省时,有人提及汧、雍州,告诉他:"苏州所产,与汧、雍同;陇岂无吴县耶? 所出蒲鱼菰鳖既同,彼人又能效苏之织纴,其他不可遍举。"②北地要仿效苏州织纴制品,表明江南在宋代以后成为中国蚕业的中心。

三、岭北蚕桑丝绸文化对岭南的影响

岭南文化既有本土文化的特色,也受到岭北文化的影响。岭北文化——包括河洛文化和江南的文化,通过贯通五岭南北的陆路和水路,不断南传,融入岭南本土文化之中。岭北蚕桑丝绸文化对岭南的影响,也反映了这一历程。以下我们仍然是从桑种、蚕种和丝织技术三个方面予以说明。

桑种:广东的桑种比较复杂。广东的桑树一年四季都能生长,但是其桑种既有北方传来的鲁桑,也有江南地区传来的荆桑,但是一年四季能生长的特征是鲁桑和荆桑都没有的。这可能是鲁桑和荆桑传到岭南之后,和本地热带种杂交后,一年四季都能生长,也有可能传到岭南之后,经过长时间的人工培育,鲁桑和荆桑具有了对热带气候的适应性,一年四季都能生长了。晚清的官员推广蚕业,从江南引进鲁桑系统的湖桑,这也是鲁桑影响岭南桑种的途径。

蚕种:汉武帝元封元年将海南岛划为儋耳、珠崖郡,其地"男子耕农,种禾稻纻麻,女子桑蚕织绩"③。这是关于岭南蚕桑业的最早记载。古代海南方志中也有野蚕的记载,足证在北方的蚕丝技术南传以前,岭南的蚕丝业也有一个独立发展的轨迹。基于对华南地区桑树和蚕种的特点的分析,有学者认为广东的蚕桑丝业有其特点,是岭北蚕业所没有的。美国蚕业专家考活在 1924 年写《南中国蚕丝业调查报告书》时,认为广东热带蚕分为四种:黄金色茧,之质软,属于热带种,多化性,一年可以饲育多次。尚有一种是混多化性。④ 民国时期海南地方所产之茧,极大而极软,浅黄金色,也是纯多化性种,年可饲育九次,雷州的蚕与此同。半属于多化性种的轮月种,广东广西养育最多,茧小,椭圆形,长约一英寸,

① (唐)元稹《阴山道》,《全唐诗》卷四一九。
② (宋)王谠《唐语林》卷七《补遗》。
③ 《汉书》卷二八下《志第八下·地理下》。
④ (美)考活著,黄泽普译《南中国蚕丝业调查报告书》64 页,1925 年,岭南农科大学印行。

丝质柔软如海绒,茧之外层和内层贴连。茧色混杂,由白色以致青黄色混合之茧。青茧作六成,白茧作四成。或有全作金黄色者。[①] 多化性蚕在岭北寒冷地区是没法生存的。华南农学院蚕桑系的专家杨宗万教授,也认为华南地区的多化性蚕是独立起源的。民国时期海南的多化性蚕是典型的热带种,清代海南的方志上也有记载野蚕的分布,这说明《汉书·地理志》所说海南黎族先民所养之蚕,是不同于北方地区的多化性种。

后世岭南的蚕种呈现比较复杂的现象,明显看出岭北蚕业的影响。考活记载顺德等地饲养的头造和二造,是属于二化性的蚕种,只能在气候稍寒冷的正月和二月能够生长。其余时间饲养的三、四、五、六等造的轮月种,却是半属于多化性种。头造和二造的正造,其二化性特征,肯定是从岭北传来的;而轮月种则可能原本为多化性种,在后来与二化性种杂交的过程中,丧失了完全多化性的特征而成为半多化性或者混多化性种。[②] 1932 年广东学者桂应祥等从珠三角蚕业的发达,蚕室、蚕具等的特征,推断广东蚕业有数千百年的历史。他们认为珠三角的大造系二化性,体型大,丝量丰富,但对于热带之抵抗力弱;轮月系多化性,大率较大造体型小,体质强,丝量劣。大造似乎是由中国中部种演化,而轮月似由热带本地种淘汰改良而来。二者之间,亦多混血种,其特征多呈中间性。[③] 根据考活和广东学者的论述,广东的大造明显是来自岭北,而轮月种则产自岭南本地。但在长期的养殖过程中,两者互相杂交,而具有了与原种不同的特征。

丝织技术:唐代可能是广东的蚕桑丝织业一个重要的发展阶段。由于北方人口的南移,在安史之乱到唐末农民起义军黄巢度岭之前,广东经济发展步伐加快,人口在南方各省中居中等水平。[④] 人口的增加主因是北方移民的南迁。来自岭北的蚕业技术开始影响了广东。最早记载广州地区蚕业的有《新唐书》卷四三上《地理七》,广州地区有丝布作为贡品,岭南地区作为贡品的还有爱州九真郡纱、絁,雷州海康郡的丝。此外,唐人张籍诗云:当地"无时不养蚕"[⑤]。既然

---

① (美)考活著,黄泽普译《南中国蚕丝业调查报告书》64 页,1925 年,岭南农科大学印行。
② (美)考活著,黄泽普译《南中国蚕丝业调查报告书》64 页,1925 年,岭南农科大学印行。
③ (民国)桂应祥等《关于广东蚕及蚕业之初步考察》,《农业革命》,1 卷 8 期,广东建设厅农林局,1932 年 7 月 1 日。
④ 方志钦等主编:《广东通史(下册)》第 330 页,广东人民出版社,1996 年。
⑤ (唐)张籍《送严大夫之桂州》,《全唐诗》卷三百八十四。

唐代广州地区已有丝布作为贡品,估计其质量也较高。在日本的正仓院,收藏有被命名为"广东锦"的唐代丝织品。这种织物,是以染花丝经织成,显示了较高的印染和丝织水平。① 唐代苏鹗《杜阳杂编》卷中记载:唐永贞元年,广州的官府向朝廷进贡年仅14岁的奇女卢眉娘,她能够在"一尺绢上绣《法华经》7卷,字之大小不逾粟粒,而点画分明,细于毛发。其品题章句,无有遗阙。更善作飞仙盖,以丝一缕分为三缕,染成五彩,于掌中结为伞盖五重,其中有十洲三岛、天人玉女,台殿麟凤之象而外,执幢捧节之童,亦不啻千数。其盖阔一丈,秤之无三数两。自煎灵香膏傅之,则虬硬不断。上叹其工,谓之神助"。卢眉娘可能是在官府开办的织锦机构中从小受到训练的织女,她的丝织物反映了唐代广州地区丝绢刺绣水平,在岭北丝织技术影响下的巨大进步。

早期的蚕桑区可能就是在西北江三角洲平原上。宋代由于珠江口冲积平原的扩展,以西樵山为中心的南、顺平原的冲积地有所扩大,人们需要修筑堤围来开发低洼地,于是就有了早期的建设。桑园围是珠三角最南端的堤围,它的特点是利用西北江顺流而下的形势,根据当地西北高、东南低的地势,上流之水和下流之水具有落差,将堤围建成向下开口的形式,在围的下游留下两个水口,利于潮水宣泄。围内田亩以西樵山为中心,横跨明清时期的顺德、南海两县。宋代建成桑园围之后,为堤内田地的开垦创造了良好的条件。明清两代桑园围都在宋堤的基础上发展,一直是珠三角的最大堤围。从桑园围的名称推测,这个珠三角历史最悠久的蚕区,在宋代堤围建设以前就有了蚕业的基础,故宋代建设基围时以桑园命名,其蚕桑业的地区就在从南海九江乡一直到下游的顺德龙山、龙江、甘竹这些历史上主要的传统蚕区。元代广州路土产中有绝、绌、纱等蚕丝产品②。

明代永乐四年,龙山和龙江土丝市场的贸易,每担生丝税银为六钱,年收土丝税银25两,折合生丝产量4100多斤③。龙山、龙江等传统的蚕桑业和丝织业产区,技术日精、产品日美,以致闻名天下。嘉靖年间广东著名的布品有绸、葛、

---

① 祝慈寿《中国古代工业史》309页,学林出版社1988年。
② 元大德《南海志》卷七《物产》。
③ 康熙《广东通志》卷十《盐法·商税附》。

象眼、蒸纱、兼丝等,其中象眼布中的品种有"玉阶"、"柳叶","出顺德龙江。"①

　　成书于康熙二十六年的《广东新语》卷十五《货语》很清晰地描述了明代中叶以后广东丝产品的情况:"广之线纱与牛郎绸、五丝、八丝、云缎、光缎,皆为岭外京华东西二洋所贵。"这就清楚地说明,广东出口的丝绸产品是国内、国际市场上的抢手货。实际上,广东的丝织业水平比起江南一带是稍低。但是,广东人善于仿造江南的产品,所以明代就有"苏州样,广州匠"的谚语。②

　　岭南的蚕桑文化与河洛文化的渊源,还可以从蚕神崇拜的方面说明。最早关于蚕神的传说是嫘祖。嫘祖是黄帝元妃,传说蚕桑就是她发明的。"马头娘"也是古代的蚕神。嫘祖和"马头娘"崇拜都是蚕业起源于河洛地区的证明。岭南蚕农崇拜这两个蚕神。如龙江镇的东头村,蚕姑庙里供奉的是嫘祖。顺德蚕农供奉马头娘,清末陶浚宣有诗云:"门外桑田青不断,大家争拜马头娘。"③

　　　　　　　　　　　　　　　　　　　　　　（作者单位:华南农业大学）

---

①　嘉靖《广东通志》卷二三《民物志四》。

②　(清)屈大均《广东新语》卷一六《器语》。

③　(清)陶浚宣《光绪己丑·《顺德杂诗》,原刻在大良锦云岗东庵,《顺德修志简报》,10 期,1987 年1 月。

交流与合作：明清岭南士宦主持纂修河南地方志述略

罗志欢

任何区域间的文化,总是相互交流、互相作用和影响的,单向的交流几乎不存在。据考察,在有关中原文化和岭南文化关系研究的诸多著作及论文中,更多的都是研究单向的交流,即中原移民南下,影响于岭南地区,从而对岭南文化的形成起到了很大的作用。然而,岭南士宦北上中原,与中原地区产生交流的情况却鲜有谈及。尽管这种人才交流或许是中国流官制度的结果,但它对推动区域间文化交流的作用是客观存在的。

我们以雍正《河南通志》和道光《广东通志》为考察对象,初步统计了清道光以前两地士宦交流大致情况:

雍正《河南通志》①:北上河洛地区的岭南人士合 167 人;南下岭南地区的河洛人士合 68 人。

道光《广东通志》②:北上河洛地区的岭南人士合 61 人;南下岭南地区的河洛人士合 45 人。

历史上北上河洛地区的岭南进步人物对中原文化的繁荣和发展起着重要的作用。雍正《河南通志》、道光《广东通志》记录北上河洛地区或南下岭南地区的人士只是有宦职的一部分,除了文臣武将外,还有诗人学者、道释二氏等尚未统

---

① ［雍正］《河南通志》八十卷,(清)田文镜等修,孙灏等纂,清文渊阁四库全书本
② ［道光］《广东通志》三百三十四卷,(清)阮元修,陈昌齐等纂,清道光二年刻本

计在内。他们北上或南下,或为朝廷命官,或为生意贸易,或为游山玩水,或为传经说教;又或来作战,或被贬谪,或因避乱流亡。由于长期的工作寓居或短暂的交游会友,北上河洛地区的岭南士宦与当地学人建立起同事、同宗、同党、联姻等关系。不时进行联欢性质的宴游、学术性质的清谈、养生送死的人情等社会文化交游活动。学术文化交游是士宦重要的生活内容之一,包括纂修志书、雅集唱和、编刻文献、修庙宇、建书院、办教育等。本文专表纂修方志一端,此亦管中窥豹,可见一斑。

明清时期,出于政治和军事需要,朝廷十分重视各省地理资料的收集工作。诏令天下郡、县、卫、所皆修志书,并且颁布了《纂修志书凡例》。一部方志的纂修,必参据旧志,遍为采访,搜遗访逸,备加采录,然后才有整理纂修之役。故设局开修之前,必网罗人才,延聘熟识当地情况,又有较高文化素质的本邑人士分司编纂。北上河洛地区的岭南士宦积极参与当地文化建设,十分重视编修舆地著作,领衔并组织熟悉当地情况的学者,集体纂修了大量的方志。现存岭南士宦主持纂修的明清河南地方志近 20 部,河洛地区士宦主持纂修的明清广东地方志则有 10 余部。① 在纂修志书的过程中,岭南士宦与河洛学人建立起良性互动与合作关系。被纪昀赞赏的岭南人赵希璜与河南人武亿共同纂修《安阳县志》、《安阳金石录》就是一个典型案例。

1. 嘉靖邓州志 16 卷,(明)潘庭楠纂修

潘庭楠,号石洞,广东高要人,举人。明嘉靖四十一年(1562 年)九月任邓州知州。岁革敝费银 3600 两,缮修外城,重修范文正公祠,开杏山和花墓山(内乡县西 25 里)煤洞,疏土山洼水以利民,在城内五关及四乡建社学 20 余处,纂修《邓州志》16 卷。

此志未见"修志职名",而卷首明嘉靖甲子潘庭楠序:"是役也,乡进士蓝君伟蜚声博雅,爰综厥成。郡学曹生楫、姚生揆、祁生仕聪、郭生继鲁、黄生凝道,均有论校之劳。"又明嘉靖四十三年李濂序:"壬戌秋九月古端石洞潘君来守是邦,亟欲并收三邑以为全志。乃慎简郡学生之有文学者采摭三邑事迹以成之。又敦

---

① 数据及资料来源:《中国地方志联合目录》,中国科学院北京天文台主编,北京中华书局 1985 年;《中国地方志总目提要》,金恩辉,胡述兆主编,台北汉美图书有限公司 1996 年。

礼乡进士蓝君伟总校阅之劳。而提纲正指、发凡立例、删润文藻、叙论意义则潘君自为之也。"其分工甚明。

2. [康熙]光山县志十卷,(清)杨之徐修,张文炳、甘琮纂

杨之徐,号慎斋,广东大埔人。清康熙二十七年进士。康熙三十四年(1695)任光山县令。张文炳,本县人,拔贡。甘琮,本县人,副贡。

是志始于清康熙三十一年前县令陈汝弼,未竟而去,杨氏继之,主持纂修,组织邑生张文炳、甘琮等编纂。记事止于清康熙三十四年,较顺治志增修古迹、军政、驻防、武举、武弁诸目。其中万历志序文三篇及修纂姓氏久佚,此志赫然在目,甚为珍贵。

纂修者凡 17 人,其中本地人士 5 人,占纂修人数的 29.4%。

3. 康熙息县续志 8 卷,(清)郑振藻、蒋彪、修,何朝宗纂

郑振藻,广东潮阳人,举人,清康熙二十八年(1689)任知县。蒋彪,江苏仪征人,举人,清康熙三十一年(1692)署任息县知县。何朝宗,本县人,清康熙二十四年(1685)进士。

清康熙二十九年(1690)河南巡抚阎兴邦檄续修志书。郑振藻奉命,延本县名绅何朝宗等人纂辑。稿成上于省,经顾研、阎兴邦裁定后,又发还本县付刊,恰在其时郑令解组,蒋彪踵其任,继承授梓之责,志书乃成。

此志记事于清康熙三十二年。书凡 8 卷。

清康熙三十二年蒋彪序:"其时维前任郑令承命采辑,延邑之知名士董其事。稿成,上其草本于台,遂获亲加裁定。删繁就简,去冗存真,以成当代典章,檄邑口(突,下火)梨。植郑令解组,余以筮仕,邅踵其后。""因率都人士共襄厥事,而谋诸梓氏。"

纂修者凡 22 人,其中本地人士 8 人,占纂修人数的 36.4%。

4. 康熙河内县志 5 卷,(清)李棁修,萧家蕙、史琏纂

李棁,字茜为,广东南海人,举人,清康熙二十六年(1687)任河内知县。萧家蕙,字树百,本县人,历官户部员外郎。史琏,字言殷,本县人,岁贡生。

清康熙二十九年(1690)河南巡抚阎兴邦檄修志书,李棁遂聘邑绅萧家蕙等纂辑。此志以顺治志为基础增辑而成,记事止于清康熙二十九年。除保留顺治志之特色外,田赋中对清代户口、人丁、地亩等记述详赡,尤以地亩将土地分为上

中下几等分别记之,全县土地质量状况了如指掌,为志书中罕见。

清康熙三十二年李枟序:"庚午秋膺抚都宪阎大人檄命修辑邑志,谆谆以古良史相训谕。枟奉檄惕然,久有志未逮,乃延邑绅计部萧先生以暨史明经璑、萧庠生健同任捃摭纂修之事。"

萧家蕙序:"同事者明经则史君璑,诸生则余从孙健。健即余兄紫眉氏中子之子也。相与穷日校订,丙夜商榷,比意同力,庶几昔人之义。若翦其榛楛,增其阙略,正其纰漏,续其芬芳,则蕙亦未遑多让焉。"

纂修者凡 39 人,其中本地人士多达 26 人,占纂修人数的 66.7%。

5. 乾隆新蔡县志 10 卷,(清)莫玺章修,王增纂

莫玺章,字信甫,广东安定人,举人。清乾隆五十四年(1789)任新蔡县令。王增,字方川,浙江会稽(今绍兴)人。清乾隆进士,曾任翰林院编修,时主讲汝阳南湖书院,纂有《汝宁府志》。

清乾隆六十年莫玺章序:"爰请命于太守陆丰彭公檄令重纂。方开局采访,会彭公调任首郡,长白德公来守是邦,复命余与诸绅士共襄其事。礼聘太史会稽王公总持修辑。""与诸子征文考献,修举百年之废坠。"

纂修者凡 21 人,其中本地人士 10 人,河南籍 4 人,占纂修人数的 66.7%。襄事姓氏凡 18 人,全部为本邑人。

"修志姓氏"中,除莫氏外,尚有两位岭南学人:分别为鉴定彭如干和分校杜应清。彭如干,号立斋,广东陆丰人,清乾隆三十一年(1766)进士。原河南汝宁府知府,时任开封府知府。杜应清,广东琼山(今属海南省)人,壬子科举人。

6. 乾隆盂县志 10 卷,(清)仇汝瑚修,冯敏昌纂

仇汝瑚,字序东,广东灵山(今属广西)人,监生,清乾隆五十二年(1787)任盂县知县。冯敏昌,字伯求,号鲁山,广东钦州(今属广西)人,清乾隆进士,翰林院编修,户部主事,时离职游豫,因与汝瑚为姻亲,遂聘敏昌主讲河阳书院,并委以修志。

清乾隆五十五年仇汝瑚序:"余因邑人呈请重修,遂为转详各宪。适余姻亲冯鱼山农部假至大梁,余延主河阳书院讲席。今两湖制府前河南大中丞毕公即以志事属焉。农部课诵之余,余为捐俸别开志局,俾农部得以时纂辑。会山阴河先生炳,武进汤君令名时亦在盂,因属分修。更延邑中人士杨明经以诚,张广文

枢,韩博士九龄,崔孝廉士璋,薛赞府清纯,汤文学金章等六人为志局采访。县尉张君葆则专司出入,仍时左右一切,而志事以兴。……即同事诸君始终斯志,杨、张二君复兼编校,其襄事皆不可谓不劳矣。"

清乾隆五十五年冯敏昌序:"皆同心商榷,兼同事数君采访左右甚力,而邑中及门颇多,凡有身历,更得先导。"所言"采访"即指本县人士韩九龄、张枢、崔士璋、杨以诚、薛清纯、汤金章六人。除上级支持,同事合力之外,"兴县前舍人康君少山,移居清化,储书特多。余从偕书乃至数车。又从偃师进士武君亿时假抄本。"康少山,名钧,河南祥符人。武亿,字虚谷,河南偃师人。

纂修者凡31人,其中本地人士6人,占纂修人数的19.4%。

7. 乾隆新安县志14卷首1卷末1卷,(清)丘峨修,吕宜曾纂

丘峨,广东南海人,贡生,清乾隆二十八年(1763)任邑令。吕宜曾,字扬祖,号伯岩,本县人,举人。

是志记事止于乾隆三十一年。凡十三门百一十目。以康熙旧志为蓝本,加以增删,所收资料颇广,较旧志更为丰富。其风土志一门,记有当时工匠每日工价数目,与当时社会生活极有关系,常为他志忽略不载。

清乾隆丙戌游士耀跋:"邱明府来莅兹土,(略)毅然躬其事,捐棒金,立馆舍,延邑人靖州刺史扬祖吕公为主修,绅衿郭伯涛泷,常以庵汝翼,秦澄道文献,吕仁原公溥为分修,而耀亦赘其末。"

纂修者凡56人,其中本地人士多达45人(邑人与修者凡43人),占纂修人数的80.4%。

8. 嘉庆四年安阳县志14卷首1卷,(清)赵希璜修,武亿纂

赵希璜,字渭川,一字子璞,广东长宁(今新丰)人。清乾隆四十四年举人,尝充四库誊录,后官河南夏邑、安阳知县。著有《四百三十二峰草堂诗钞》、《研桵斋文集》。据民国《安阳县志》卷三《职官表》,赵希璜乾隆五十七年至嘉庆六年任安阳知县。

武亿(1745,一作1744~1799年),字虚谷,一字小石,号授堂,又号半石山人,河南府偃师县人。乾隆三十五年举于乡,游学京师,四十五年成进士。后知山东博山县,创办范泉书院。在官七月,以忤权贵罢。博通经史,工考据,长于考订金石文字。著有《授经堂诗文集》及《钱谱》、《群经义证》、《经读考异》、《读史

金石集目》、《金石三跋》、《金石文字续跋》、《偃师金石记》、《安阳县金石录》等十余种,凡数百卷。所编《偃师县志》、《鲁山县志》、《安阳县志》、《陕县志》和《宝丰县志》,类例分明,繁简适度,记述翔实。

赵希璜称武亿为"老友"。赵氏《四百三十二峰草堂诗钞》、《研椒斋文集》和武氏《授堂诗文钞》、《授堂金石文字续跋》、《安阳县金石录》中,交往诗文达十数首,两者在纂修志书、搜集金石方面多有合作,交往甚为密切。武氏逝世,"渭川为经理其?"(余以引嫌去官将辞邺下邹霞城大令赋诗赠别依韵和之清 赵希璜《四百三十二峰草堂诗钞》卷二十四 清乾隆五十八年安阳县署刻增修本)其情谊可见。

清嘉庆三年(1798),希璜老友武亿来访,因挽亿编纂,次年书成付梓。

清嘉庆四年赵希璜序:"希璜于乾隆五十七年壬子由夏邑调任安阳。次年癸丑延太仓王明经开口。次年甲寅延兴县康舍人仪钧同辑斯志。尚未成书而希璜调署济源,稿经散失。去年戊午偃师老友虚谷武君亿过从,与之商榷考据,为图,为表,为志,为传,为记,体例凡五,而另编为录,博取金石以资考证。"又"其考据经史,旁求金石,虚谷之力居多。至于纲举目张,条分缕析,希璜七阅寒暑而后成此书矣。"

9. 嘉庆洧川县志 8 卷首 1 卷,(清)何文明修,李绅纂

何文明,字尧臣,号哲堂,广东香山(今中山)人。清乾隆四十四年(1779)举人。嘉庆六年挑发河南署临颍、内黄、息、滑四县知县。嘉庆十九年(1813)任洧川县令。有《二思堂诗文集》、《嵩山纪游》、《诸子粹白》、《投闲杂录》等。李绅,广东香山(今中山)人,举人,截选知县,与文明故同乡好友,因挽之共同纂修。

清嘉庆二十三年何文明序:"(《洧川县志》)惧其日久而就湮,后之莫可考也,爰于政暇,与都人士开局采辑。适会故人李子素屏(绅)公交车过此,素屏素以学行见推吾党,因拉与商榷,芟繁撷要,务归至当。八阅月而书成,以付剞劂。"

修洧川县志姓氏①:

纂修者凡 33 人,其中本地人士多达 28 人,占纂修人数的 84.8%。

---

① 清嘉庆二十三年(1818)刻本。修洧川县志姓氏订在卷六之首。

10. 道光泌阳县志 12 卷首 1 卷,(清)倪明进修,栗郢纂

倪明进,字千杰,号进三(一作晋三),广东海阳(今潮州)人,清嘉庆十八年(1813)拔贡,廷试第一,授河南镇平知县。后历转夏邑、桐柏知县,道光五年(1825)任泌阳知县。所至有惠政。在泌阳建义学,兴文教,政绩最著,士民德之。著有《中州初集》《中州续集》。

清道光八年倪明进序:"即有意修辑,势不能不延知名之士分任其事。求之远方,则人与地不相习。既课虚叩寂之徒劳;求之本籍,则亲与旧或相蒙,又颠是倒非之不免。甚至因仍简陋,传笑四方。""爰集邑绅士而告之,日彰往昭,来官斯土者之责也;征文考献,生斯土者之资也。"

纂修者凡 66 人,其中本地人士 12 人,占纂修人数的 18.2%。

11. 光绪开州志 8 卷首 1 卷,清陈兆麟修,祁德昌纂

陈兆麟,字仁斋,广东嘉应州(今梅县)人,监生。光绪元年(1875)任开州知州。祁德昌,字星阁,直隶永年(今属河北)人,同治进士,前江苏丹徒知县。

清光绪七年(1881)稿成,未刊而兆麟调离开州,由继任者陈金式刊行。是志补近七十余年史事,门目较旧志略有更改调正。其职官、选举二志,改用表格列载,较旧志为条理醒目。内记载咸丰五年(1855)黄河决口于铜瓦厢,经州境流入山东大清河河道入海,为近代黄河变迁史之重要史料。

清光绪七年(1881)年陈兆麟序:"邑绅同志诸君子汇文武署中之所钞录,以及城乡诸绅之所采访,续辑成稿。"

纂修者凡 48 人,其中本地人士 43 人,占纂修人数的 89.6%。

12. 光绪续浚县志 8 卷,(清)黄璟修,李作霖、乔景濂纂

黄璟,字小宋,号二樵樵者,广东南海人。一作番禺人。清光绪七年(1881)任浚县知县,后升陕州知州。工山水,足迹所历,每以诗画记事。有自绘《壮游图记》。钱塘吴士鉴有赠诗。《四百三十二峰草堂诗》《东瀛唱和录》《陕州衙斋二十一咏印章》《四百三十二峰草堂印章》《浚县衙斋二十四咏印章》《黎阳杂记》等。

是志记事止于光绪十三年。录嘉庆志后近八十余年史事。所载咸同间会党起事概况颇详。卷八艺文,黄璟诗文达百篇之多。

清光绪十二年黄璟序:"璟莅浚之六年,修城隍,节冗费,有余资,欲取邑志

续而辑之。而学殖荒落,薄书偬杂,延李雨人孝廉,乔莲溪副车主其事。未脱稿而雨人受山东巡抚聘矣。璟间与莲溪参订。"

陈希谦序:"因得于薄书之暇,博事延访,取旧志与李乔二君参订焉。"

纂修者凡 46 人,其中本地人士 3 人。

13. 光绪十八年陕州直隶州续志 10 卷首 1 卷,(清)黄璟修,庆增、李本和纂

黄璟,生平详见[光绪]《续浚县志》条。清光绪十七年(1891)由浚县知县升任陕州知州。曾修《续浚县志》八卷。

黄璟以知州孔广聪所修未刊志稿加以润色刊行,一年后又重辑续志十卷。故是志实为补遗。主要增补了学校、礼乐、职官、人物、列女、艺文、金石等。其中所记兵燹、救荒等史料为是志精华所在。

黄璟序:"退食,暇与铁岭庆余青先生编次其文,仿近人《江宁府志》、《高陵县志》例,得续志十卷,成子目五十余则,五阅月而稿脱。"

纂修者凡 49 人,其中本地人士 41 人,占纂修人数的 83.7%。

附待访书目 6 种:

1. 永乐颍川郡志 17 卷,(明)陈琏纂修

陈琏,字廷器,广东东莞人,明永乐元年(1403)由国子监助教知许州,官至南京礼部侍郎,博通经史,著有《琴轩集》,主持纂修《颍川郡志》17 卷。

此即许州志。为河南省现存地方志中最早的一部原刻志书。

2. 嘉靖濮州志 10 卷,(明)张允南、吴爵修,邓袚纂

吴爵,字世禄,号守斋,广东番禺人,明嘉靖元年(1522)任通判。与张允南同主持纂修《濮州志》10 卷。

此为现存最早的濮州志。

3. 康熙邓州志 8 卷,(清)赵德、万愫修,彭始超等纂

赵德,字劬园,广东顺德人,举人,清康熙二十八年(1689)任邓州知州。主持修《邓州志》8 卷。

4. 乾隆汤阴县志 10 卷,(清)杨世达纂修

杨世达,字辑五,广东揭阳人,清康熙间附贡,授遂溪教谕,后迁河南登封、永城知县,清雍正七年(1729)由永城调任汤阴县令。所至皆有善政。主持纂修《汤阴县志》10 卷。

5. 乾隆十年巩县志 4 卷,(清)丘轩昂修,曹鹏翊、赵发轫纂

丘轩昂,字元澍,号名亭,广东海阳(今潮州)人。清雍正元年(1723)进士。清乾隆八年(1743)任巩县知县。厘清强豪侵占土地,修二程祠堂,丈黄河滨新积田以分贫民。主持修《巩县志》4 卷。

6. 乾隆渑池县志 3 卷,(清)梁易简修,刘元善纂

梁易简,广东南海人,举人,清乾隆三年(1738)保举孝廉方正,引见即用山西荣河(今万荣县)知县,服缺,补授河南渑池知县。乾隆十六年(1751)任郑州知州。主持修《渑池县志》3 卷。

(作者单位:暨南大学图书馆)

东汉时期岭南文化与河洛文化的互动

——以杨孚为例

陈泽泓

　　清初著名学者屈大均说:"广东居天下之南,故曰'南中',亦曰'南裔'。火之所房,祝融之墟在焉,天下之文明至斯而极,极故其发之也迟。始然(燃)于汉,炽于唐于宋,至有明乃照于四方焉。"①此话大意是说,居于南方的广东,文明开发比别的地方滞后。这里的文明之火从汉代开始点燃,到了唐宋时期越燃越旺,到了明代就光照四方了。这是对岭南文化发展历程形象而又确切的描述。历史上中古时期的岭南地区为蛮荒之地。《史记》、《汉书》,对岭南本土人物无一立传。其实,自秦平岭南起,岭南文明史就翻开了新的一页,加快封建文明开拓步伐,开始出现岭南文化史上的英才。迄今可见的粤人第一部学术专著的作者就是东汉番禺人杨孚。

　　杨孚在洛阳朝中做官,晚年回到番禺归里定居,"孚家江浒南岸,尝移洛阳松柏种植宅前。隆冬蚩雪盈树,人因目其所向为河南。"②人们将其居地称为河南,并给杨孚冠以"南雪"的雅号。自古以来,入粤名人及粤地名士墨客以杨子宅、杨孚井为题材歌咏杨孚的诗作甚多,唐朝诗人许浑有"河畔雪飞扬子宅,海边花盛越王台"句③。可见杨孚在河洛与岭南两地文化交流中影响之深远。

　　杨孚传未见于《后汉书》,而岭南志籍诸如《广东通志》、《广州府志》、《番禺

---

①　屈大均:《广东新语》卷一一,《文语·广东文集》。

②　欧大任:《百越先贤志》二。

③　许浑:《冬日登越王台怀归》,黄雨选注《历代名人入粤诗选》88 页,广东人民出版社 1987 年版。

县志》、《粤大记》等都有着这位汉代先贤的传记,虽篇幅不长,却为我们勾勒出这位学者生平主要事迹。从杨孚的生平事迹及成就,可以见到在封建文明初开的东汉时期,岭南文化在接受河洛文化辐射,吸收河洛文化营养的同时,也渐露出其智慧之光,与河洛文化有所互动,为中华民族的文化进步作出贡献。本文仅以杨孚事迹为中心,探析东汉时期岭南文化与河洛文化之互动。

一、时代背景

秦汉时期,中原文化在岭南加快传播。汉朝廷重视边地教化,在岭南施庠序之教,倡读《五经》,行察举、辟举之选,兴封建伦常之礼,岭南开始出现由读书而入仕的士大夫。翻开地方志籍,汉代及前,岭南本土者入传人物屈指可数,无非是习经学,服礼教者,由此可见河洛文化传播初时之情况。粤人张买之父是汉高祖麾下将军,张买在惠帝时官拜中大夫。他既有政治才干,"时切规讽",①又能在侍游惠帝时鼓擢(一种青铜打击器乐)为越讴,有岭南本土文化专长。粤籍学者在正史首个立传的是东汉初年经学家陈元,《后汉书》有传。其父陈钦与刘歆同精《左氏春秋》,并以此传授王莽,自名为《陈氏春秋》。陈元少传家学,成为这一经学派别宗师之一。光武帝建武四年,刘秀召开御前会议征询对太学增开《左氏春秋》课的意见,陈元诣阙上疏,促成设立《左氏春秋》学。陈元子陈坚卿亦长于文章,祖孙三代并称"三陈"。他们的事迹反映了东汉时已有岭南人凭借学术成就进入政治中心并参与重要活动。

秦汉废除世卿世禄制度,制定了一系列选拔官吏的标准和制度,以满足统治集团对人才的需求。汉代注重从下层征辟人才从政,岭南士人从政,主要通过察举和辟除,因教育初创,举士不多,但已有到河南、河北等内地任官者,这已是很了不起的事情了。番禺人杨孚于汉章帝时举贤良为议郎。此时还没有形成科举取士的制度,杨孚应是经历辟士一类考核,通过举贤良方正而出仕,并由光禄勋选用,其学问和人品当已闻名遐迩而得以被举荐。时能获此殊遇的岭南人士可谓凤毛麟角,但杨孚有幸走上新的政治平台,得以发挥其政治才干,反映了东汉时期岭南人接受中原文化的进步。

---

① 道光《广东通志》卷二六八,《张买列传》。

二、杨孚力主"守业尚文"、"毋轻用武"的政治主张

杨孚任议郎,正值章帝及和帝执政前期。东汉初,战乱初定,明帝、章帝、和帝懂得励精图治,政权较为稳定。和帝时,政治、经济发展到全盛,和帝后期开始走下坡路征兆。议郎以参政谏诤为职,大概因为杨孚入朝时资历尚浅,且章帝时政事尚好,其言事主要在和帝时期。其政治主张,主要体现在现存历史文献中他的三则上疏里。杨孚在朝中任议郎所提出的建议,表现出政治眼光之远见卓识。冼玉清高度评价说,"至其反对用兵,反对贡献,反对短丧废礼,主张廉平慈惠之政治,皆以和平爱百姓为本,纯然儒家之言,真百粤学者之宗也"。①

首先是在对匈奴的政策上。东汉初建,经济疲弊,对匈奴只能采取防守为主的方针。建武二十四年(48)匈奴分裂为南、北二部,南匈奴向汉室"奉藩称臣",北匈奴却"数寇抄边郡,焚烧城邑,杀略其众"。② 随着国力加强,汉朝在南匈奴支持下,开始征伐北匈奴。明帝永平十六年(73),击败北匈奴呼衍王,置宜禾都尉。次年,重置西域都护,切断北匈奴同西域的联系。

章帝章和二年(88),北匈奴闹蝗灾饥荒,加上单于失政,诸部大乱。南匈奴借机向汉朝上言出师,破北而助南。第二年,汉和帝即位,窦太后临朝听政,命群臣集议此事。朝臣有两种意见。尚书宋意、任隗等都以为匈奴并未进犯边塞,汉朝无故劳师远涉。而太后之弟窦宪刚杀了齐殇王王子都乡侯,按罪当诛,自求带兵出击匈奴以赎死罪。太后有意偏袒弟弟,打算派兵出击匈奴,朝议大多附和。杨孚并不随声附和,上疏奏言,表明反对无端用兵的鲜明态度。他主张"守业尚文",强调东汉开国皇帝定下的"息兵"大政方针,汉章帝忠实地执行这一方针,"敌来则应,未尝先伐",劝谏和帝"绳美祖宗,毋轻用武"。③

杨孚的意见没有得到采纳,窦太后率意决定由窦宪出征。这次出征获得大胜,窦太后临朝,窦宪功拜大将军加官侍中,宠贵日甚,内管机密,出宣诰命,掌控了政权。和帝年龄稍长,对窦氏弄权不满,但在深宫中与内外臣僚隔绝,只能依靠宦官集团力量诛除窦氏集团,自此开始了宦官、外戚更替或共同专权的局面。

---

① 冼玉清:《杨孚与杨子宅》,《冼玉清文集》262 页,中山大学出版社 1995 年版。
② 《后汉书·南匈奴传》。
③ 杨孚:《广东文选·谏用兵匈奴疏》。

北讨匈奴战争虽然取得一时战绩,却换来了朝政从此走下坡路。杨孚提出"未尝先伐"、"毋轻用武",用意是坚持汉初休养生息的方针,反对用武扰民乱疆,还是顾虑用兵会造成外戚宦官势力抬头,我们不得而知。但不管哪方面的想法,应该说都是正确的政治主张。

三、杨孚力主推行"服丧三年"的孝制

永元十二年(100),大旱饥荒,按封建时代说法,是天意对人间施政有所警戒之兆,朝廷征求百官意见,议政令得失。杨孚上疏,极力主张以孝治天下,公卿大夫应身体力行,具体而言,就是坚行服丧三年的孝制。

推行孝道是汉朝的既定方针。西汉时期,以孝为基本内容的封建意识和伦理道德已在南海诸郡大力提倡而蔚成风气,见于地方志籍的"巨孝",就有南海郡的罗威、唐颂,苍梧郡的丁密、顿琦和合浦郡的丁茂等。因此,杨孚此举并非偶然。在秦及西汉文献中,有子女为父母服丧三年的记载。不过,此习俗尚未能为整个社会共识,时人称"三年服少能行之者"①。汉文帝临终前诏曰:"令到吏民三日释服。"主张以服丧三日象征三月。② 西汉后期,服丧三年之俗渐为抬头。东汉时服丧三年的风气较前普遍,明帝、和帝分别为光武帝和章帝服丧三年。建于徐州的汉章帝元和三年(86)汉墓门阙上,刻有"行三年丧如礼"③字样。在这种氛围之中,杨孚在上疏中郑重提出"宜诏令中外臣民均行三年通丧"。还建议奖励有孝行的臣民,救济孤寡贫老者。我们没有看到汉和帝的具体反应,但和帝本人既然是服丧三年的实践者,对此建议必然肯定。以杨孚为代表的议官倡孝,推动了行孝守丧制度的推广。汉安帝元初三年(116)诏,"大臣得行三年丧,服阙还职"。④ 此后,服丧三年的潮流更为汹涌,推向民间,形成强劲的社会风气。

屈大均高度评价杨孚劝行三年丧制之疏,称"孚疏凡三篇,此疏为大"。"当西汉末,王莽不服母丧,天下诛之。而永元间,朝中公卿罹父母大忧,不得去位。以和帝之贤,隆师重道,经学修明,然犹未知以孝治天下之为要。故孚独忧之,然

---

① 《汉书》卷八三,薛宣列传。
② 《后汉书》卷七六,《陈宠列传附子忠》。
③ 徐州博物馆:《徐州发现东汉元和三年画像石》,《文物》1990 年第 9 期。
④ 《后汉书》卷七六,《陈宠列传附子忠》。

极亟昌(倡)言于朝,以诏天下臣民均行三年通丧为请。吾览其疏,虽寥寥数言,然已举天经地义,所以通神明、光四海者,洋洋乎包括无遗,于以扶植人伦,感动天性,亦可谓至矣尽矣,无复以加之矣。其亦《孝经》之一翼也哉。"①冼玉清认为,用今天的眼光去看待杨孚的这一建议,此事无甚足述,但因为此疏而影响了千余年的丧礼,其发生之作用不可谓不大,这一评价是很公允的。实行三年通丧之礼,影响了千余年的封建礼制,成为一种深入社会生活的制度。丧礼在巩固上下、尊卑、长幼有序的社会秩序中,起着重要的作用,也是中华民族文化特质中一个重要的表现。

四、杨孚力主以廉选吏的用人制度

杨孚在所上的第三疏中,指出官吏贪污造成的危害,"郡邑侵渔,不知纪极,货贿通于上下,治道衰矣"!② 他主张提倡廉政、整顿吏治,考核和选拔官吏要以廉为标准,对外放官员向朝廷珍献之事持反对态度。

东汉前期的朝政风气还是好的,但社会经济发展到鼎盛之时,奢靡之风随之渐起,外戚宦官相继把握朝政。随着贵族势力的发展,功臣勋贵利用各种手段不断扩张势力,掠夺土地财富。出入于贵戚之门的士大夫,则多是阿谀贪婪的无耻之徒。汉和帝正式掌权之后,对此社会弊病有所觉察和不满。永元十二年(100),三月,他下诏说:"三公朕之腹心,而未获承天安民之策。数诏有司务择良吏,今犹不改。竞为苛暴,侵愁小民,以求虚名。委任下吏,假势行邪。是以令下而奸生,禁至而诈起。巧法析律,饰文增辞。货行于言,罪成乎手,朕甚病焉!"③杨孚在上疏中提出:"吏治必务廉平,以劝选举之士。庶几克诫小民,副承天意。"④汉和帝采纳了他的意见,下诏"召禁有司假势行邪,其有巧法析律,饬文增辞者,事发重罪之"。⑤ 此举措对社会虽有裨益,但走下坡路大势已定,是回天无力了。

---

① 屈大均:《翁山文外·杨太守疏序》。
② 杨孚:《广东文选·请均行三年丧疏》。
③ 《后汉书·和殇帝纪》。
④ 杨孚:《广东文选·请均行三年丧疏》。
⑤ 黄佐:《广东通志》卷五四,《杨孚列传》。

五、《南裔异物志》在方志史上的贡献

杨孚著述有《南裔异物志》,其价值不仅应该放在岭南学术的视野中来考量,而且应该放在中国地方志发展史上来考量。

东汉是方志发展史上一个重要时期。刘秀做了皇帝以后,置故里南阳为南都,下令南阳地方官编纂《南阳风俗传》,以彰乡里人文之盛。一般认为,这是编写郡书的开始。以夸说其族人出众,血统高贵为目的的中原风俗志诞生的同时,记述风物的边地志书也因为社会需要应运而生。以记述物产为主的专志,和记述人物风俗为主的郡书交相辉映,催生着体例更为完备、内容更加全面的地方志书。杨孚的《异物志》作为我国第一部地区物产专志,在中国地方志发展的长河中的价值和地位,应得到充分肯定。

在中原人的心目中,蛮荒的南方是神秘的,同时,又有大量不可名状的珍宝,岭南向朝中的贡品也包括海外来朝送上的贡品。《淮南子》记述秦始皇派兵进军岭南的原因是"利越之犀角、象齿、翡翠、珠玑"①。秦平岭南的根本原因当在拓疆,但这种说法也可见南方瑰奇的物产对中原统治者的诱惑,在时人心目中,岭南的富庶和特产之罕见可想而知。东汉在岭南设交趾部,交趾部刺史每年夏天行部巡视岭南各郡,考核官吏,了解民情,冬天则回京表奏巡查情况,举刺不法。但这些刺史多为自己前途升迁计,不惜与岭南郡县官吏勾结,搜刮奇珍异宝以进贡皇帝,竞事珍献,指为异品,以求取宠进身,逐渐形成风气。因而骚扰百姓,引起天怒人怨。《资治通鉴》记载:"交趾土多珍货,前后刺史多无清行,财计盈给,辄求迁代,故吏民怨叛。"②

明学者黄佐说杨孚著述《异物志》动机在"正献贡",就是针对此一弊端,列举岭南风俗、物产,分门别类,加以解释,"使士民识之",知道这些被指为异物的贡品"其实皆常物也",使猎奇钻营之风有所收敛,"自后罗浮玭珥之属日绝"。③

《南裔异物志》具有很高的历史价值和科学价值。屈大均称它"可以为广东之权舆"。曾钊认为:"粤人著作见于史志,以议郎为始。"此后,历代学者纷纷效

①　《淮南子·人间训》。
②　《资治通鉴》卷八五《汉纪50》。
③　黄佐《广东通志》卷五十四,杨孚列传。

仿。

《南裔异物志》为后人提供了汉代岭南地区(也涉及周边地区和国家)植物学、动物学、矿物学和民俗学的第一手材料,为后人留下极为珍贵的史料,具有很高的科学价值。从该志提及的生物,可以了解到时人的生产方式。岭南与东南亚一些岛国关系密切,此书对它们也有专门的记载。书中还记述了南海航道的情况,对研究汉代海外交通贸易有重要价值。

《南裔异物志》在岭南文学史上也有其重要的地位。屈大均把《南裔异物志》看成岭南诗歌创作之始,有两个原因:一是汉代时南粤语音与中原语音差距较大,古诗则以中原音韵为准,杨孚是第一个以中原音做诗且有成就者。据冼玉清考证,杨孚赞句悉用古语。证之《左传》、《诗经》、《易林》,与中原古诗相同。二是《南裔异物志》之语言生动,极富文采,书中的"赞"均为四言诗,韵语藻雅,寓意蕴藉,有《国风》遗响,寄意深远,遣词优美,四言为句,对以后的岭南诗歌发展影响深远。这也是杨孚在岭南传播河洛文化的一个重要贡献。

(作者单位:广州市文史馆)

南越国都番禺城形态结构特征
及其河洛文化底蕴

吴宏岐　　胡乐伟

　　河洛文化是以洛阳为中心的古代黄河和洛水交汇地区的物质与精神文化的总和,是中原文化的核心组织部分,也是中华传统文化的精华和主流。河洛文化内涵丰富,不仅在中原大地不断发育、壮大,而且传播到全国各地,甚至于国外不少地区,影响可谓深远。正因如此,近年来探讨河洛文化与其他区域文化之间的相互关系,就成为学术界十分关心的热门话题。本文拟对南越国都番禺城形态结构特征及其河洛文化底蕴作一专题讨论,希望有助促进岭南都市建筑格局与河洛文化的关系研究的深入开展。

一、南越国都番禺城的规模、性质与外部形态特征

　　南越国是西汉初年以今广州城前身番禺城为都城而割据于岭南地区并长期与汉朝政权对峙的一个王国。作为历史上立都于今广州地区的三个割据政权(南越、南汉和南明)之一,南越国不仅建国时间最早,而且建都时间最长,因而在古都广州城市发展史上具有重要的地位。据《史记·南越列传》记载,南越国"自尉佗初王后,五世九十三岁而国亡焉"①,同时又记载说汉武帝元鼎五年(公元前112年)秋发兵攻打南越国,一年后即元鼎六年(前111年)冬,伏波将军路博德、楼船将军杨仆等分兵进至番禺城下后,"楼船力攻烧城","城中皆降伏

---

① 　[汉]司马迁:《史记》卷一一三《南越列传》,中华书局,1982年,第2976~2977页。

波",致使南越国都番禺城也毁于一炬。以此推之,大致从汉高帝四年(公元前203 年)南越国立国,到汉武帝元鼎六年(前 111 年)南越国灭亡,番禺城作为南越国的都城,共计存在了 93 年时间。

关于南越国都番禺城的规模,宋人乐史《太平寰宇记》说:"五羊城,按《续南越志》:旧说有五仙人乘五色羊、执六穗秬而至,今呼五羊城是也。按其城周十里,初,尉佗筑之,后为步骘修之,晚为黄巢所焚。"据曾昭璇考证,"南越国都城番禺城是在今天广州市中山五路财政厅前地点","番禺城南临珠江,东西为文溪东支和文溪西支所经","城址大致东至德政路,西至吉祥路,南至西湖路,北至越华路,周约十里。包括东边的任嚣城和西部的赵佗城"。另据陈泽泓研究,"方圆十里的赵佗城,只能是南越国的宫城。考古发现证明,在南越王宫所在赵佗城外围,存在着一个更大的番禺城。"并且,"在宫城以外,还存着外郭,或称外城",而"南越国番禺城首先是岭南政治中心和军事中心,然后才是商业和手工业集中的区域经济中心",所以"番禺城是一个有较大面积的城市,具有政治、军事中心及商业、手工业等功能,是一个生机勃勃(的城市)"。笔者大致同意这样的说法,但认为尽管南越国都番禺城的四周应当存在一定规模的外郭区,不过这些外郭区未必筑有城,所以并不宜被称作"外城"或者"外郭城",真正意义上的"外城"当为番禺城的东城(详后)。

在任嚣城的基础上改建而成的"赵佗城",并非全部是南越王的宫殿和宫苑,还应当包括官署区甚至部分居民区在内,所以应当是内城性质,而不是单纯的宫城。这个问题涉及到任嚣城与赵佗城的关系。

目前学界一般认为,南赵国都番禺城亦即赵佗城是由秦南海郡城即任嚣城直接扩建而来,所以任嚣城的中心区与赵佗城的中心区基本上是重合的,均位于今天广州市中山四路、五路一带,如《广州市文物志》、《广州市文物志》、《广州市志》、《广州秦汉考古三大发现》、《南越宫苑遗址 1995、1997 年考古发掘报告》等书的有关附图均作如此标绘。不过,据曾昭璇研究,"番禺王都都城目前只由考古证据指出中山五路、四路北侧财政厅地点,但王都范围如何,因它只是番禺城西部分,因东部为任嚣城址。王都部分可从步骘城北(按:址之误)推定",步骘"建城是只把赵佗王都修建,而不是把城市都改拆,这样才能快速和节省。按原基础兴建是最经济的方案,不影响都会的生产。故笔者认为步骘城不是秦南海郡城,而是秦南海郡城西半部(大半部)。即只修复赵佗的王都部分而已。这部分是赵佗新建的，这由中山四路西段越王宫址地下大型木结构是在海滩上兴建可以说明，即越王宫是在新辟河滩上建立，而不是在文化层上建立，故属新建(扩建部分)。从黑色淤泥层的分布和倾向，即在新大新公司下是向西南倾斜的，而在北面是向北倾斜，表明当日文溪是由城北向西后南流的"；"秦南海郡城，即赵佗用为王城，包括了他的公署即任嚣城在内"。这个论证有一些不妥之处，既认为南越王都"只是番禺城西部，因东部为任嚣城址"，但同时又认为"秦南海郡城，即赵佗用为王城，包括了他的公署即任嚣城在内"，这就显得思维有些混乱。其实，任嚣城既然是赵佗建国以前所筑，则即为秦南海郡城，而南越国都赵佗城应当是新筑的西面宫城与原来的任嚣城的共同体。赵佗建城时为什么要保留任嚣城？道理比较简单，因为赵佗只是要在任嚣城西侧新修一个宫城，而南海郡治和番禺县治仍要安排在原来的秦南海郡城即任嚣城中。如果这个推测成立的话，只能说明南越国都番禺城是东西两城相联的双城结构，东城是郡县官署和部分居民区所在，可视为外城，西城才是以宫殿和宫苑为主(估计也包括中央官署)的内城，只不过赵佗新修的西半部分的内城比东半部分的外城略大一些而已。整个城市为西城东郭之制，就总体外部形态特征而言，不是学界通常认为的"正方形"，是一个东西略长的长方形，至于这个长方形是否不太规则，四边的城垣具体的走向如何，则只能等待考古学界有了更新的成果以后，才能作进一步的论证。

二、南越国都番禺城的内部空间结构特征

南越国番禺的规模、性质与外部形态基本清楚以后，就可以进而分析这座城市的内部空间结构特征，即其城市内部的各种功能区的分布情况。

南越王的宫殿区、宫苑区亦即真正的"宫城"部分，应当位于今中山四路、五路以北，即内城的北部，这已为近年来考古发掘所不断证实。据考古工作者推断，"南越国的宫城区位于都城的北部，其范围大概在今旧仓巷以西，吉祥路以东，中山路以北和越华路以南这一片区域，东西长约 500 米、南北宽约 300 米、面积约 15 万平方米"。南越国都番禺城北部宫城区不仅有诸多宫殿，还有规模不小的宫苑，目前考古发现的主要是蕃池遗迹和和曲流石渠遗迹，分别是 1995 年和 1997 年相继发现的。杨鸿勋对南越王宫苑的建筑空间结构进行了研究，认为南越王宫苑可分三个部分，一为"太液、蓬莱景区"，石砌大方池（即现在认定的"蕃池"）"池中有建筑，可知是西汉盛行的如长安宫苑的'太液、蓬莱'的主题，这应是此苑的主体景象所在。这样大的水池所挖土方，必就近土方平衡堆成土山"，"新发现的池西殿宇群，约是观赏太液景象的主要停点"；二为"曲溪、沙洲景区"，"宫苑地段在越秀山南麓，总趋势是北高南低。石砌曲渠位于'太液池'景区以南，有相当大的水头号落差。唯有选址在这样的地段，才有可能使石渠作观赏所需要的曲折布置时不至于因加大流程而高差不足"；三是王宫"东苑"，"禁苑位于王宫的东部，而曲溪景区位于禁苑的南部"。

南越国都番禺城内城的南部，即今中山四、五路以南至当时番禺城南城垣所在的今西湖路与惠福东路之间，大概尚有 300 多米的距离，论其范围，当约占整个番禺城内城的近 1/2 的面积，估计当是南越国中央官署区的所在。从《史记》《汉书》等有关文献记载，结合丰富的考古发掘材料，可知南越国中央设有丞相、内史、御史、中尉、太傅等类重臣，也设有郎、中大夫、将、将军、左将、校尉、食官、景（永）巷令、私府、私官、乐府、泰官、居室、长秋居室、大厨、厨官、厨丞、常御、少内等文武百官。这些新设的中央职官，都是赵佗建立南越国以后的产物，职官类型既众，相应的官署肯定不少，不可能沿用秦时任嚣城的旧官署，大概只能集中设置在赵佗新扩建的番禺城内城的南部。番禺城的内城（即西城）的南部，以宫城南门外的大道形成南北中轴线，位置大致在今北京路一带，中央官署区在其左右两侧分布。

南越国番禺城的外城即东城，用的是秦南海郡城即任嚣城的旧城。赵佗割据岭南建立南越国，仍沿用郡县制，南海郡与番禺县不废，其官署仍在南越国番禺城的外城（东城）即原来的任嚣城中。此城南北狭长，南越国时期的南海郡治与番禺县治估计当在其北部一带。秦时任嚣城范围虽小，但一定不会都是官署区，其南部当有商业区甚至于居民区的存在。司马迁说："番禺亦其一都会也，珠玑、犀、玳瑁、果、布之凑。"在《史记·货殖列传》中列举的汉初全国 19 个区域中心城市中，被称作"都会"的城市只有 9 个，而番禺即居其一，可见南越国时期番禺城商贸经济发达的程度。南越国的内城（即西城）主要是宫城区和中央官署区，这样番禺城的商贸经济发达就只能依托外城（即东城，原任嚣城）而繁荣，当时番禺城东城西部的文溪（东支）的下游河流宽阔可行船，或许正是番禺城商业得以繁荣的基础所在。当然,当时的商业街市估计主要是沿东城南部的南北向街道和文溪东支下游分布,商业街市的两边仍当有居民区分布,故东城的南部当断定为商业居民区。

南越国番禺城的外围属于外郭区的性质。当时番禺城的内城和外城都有城,但外郭却未必有城,至少目前尚没有发现外郭城,所不宜称为"外郭城"。从目前掌握的资料来看,南越国都番禺城的外围主要是手工业区、居民区、王陵区和游览区。其中城西为王室贵族居住区,今光孝寺地即南越国王赵建德未立国王时的住宅;城东为手工业区和越人居住区,番禺城东"存在手工业作坊生产区",不过"在仓边路之东南,有长塘街、大塘街、雅荷塘等街名,反映出其地势低洼多水","所以这块河塘纵横之地正是越人的好居处";城北为王陵区和游览区,"越秀山一带,除了已发现的南越墓,还有南越王赵佗四台中,向北登台行礼的朝汉台,日常游乐的越王台,说明这一带是越王的王陵区、祭祀区、游览区";关于番禺城的南郊,陈泽泓认为可划出一个"河南居民区",不过南越国时期河南人口数量不会很多,加之城南的珠江十分宽阔,南北联系不紧密,河南地区开发滞后,估计只有一些农民和渔民从事生计,这部分人口是不能算作城市居民的,所以不宜将河南地区列入南越国都番禺城的外郭区之中。

三、南越国都番禺城形态结构的河洛文化底蕴

毋庸置疑,南越国都番禺城的形态结构虽然有诸多特征,却是以东西双城或者说西城东郭形态为其最突出的特征。这种特征的形成,明显是受到了中原都城制度的影响,尤其是汉长安城制度的影响。赵佗建立的南越国,是西汉初年割据于岭南一隅的一个特殊的王国政权。这个王国,虽然有时与汉朝分庭抗礼,但大多数时间还是处于向汉朝臣服的情况。作为当时东亚地区最大的帝国,西汉帝国在政治与文化上明显处在领先的地位,这样,其先进的文化包括都城制度文化,不仅对内诸侯国有重要的影响,对于南越国这样的外诸侯国,同样也具有强大的影响力,况且南越王赵佗本身就是来自中原的河北地区,其割据岭南自立,虽然说是因俗而治,但不可能不积极地吸收中原地区的先进文化。据《汉书·诸侯王表》,"藩国大者夸州兼郡,连城数十,宫室百官同制京师",南越国也不例外。南越国的官制仿效汉朝,这亦是众所周知的事情。而从番禺城都城制度方

面,也可以明显地看到模仿汉朝制度的痕迹。据杨宽研究,现在看到的平面近方形的汉长安城,是具有内城性质的长安城,"从长安的城门和街道的布局来看,整座内城是坐西朝东的",也就是说"长安城以东门为正门";上承先秦都城的"坐西朝东"、"西城东郭"的布局传统,"长安城属于内城性质,原是为保卫宫室、官署、仓库以及贵族官吏的住宅而建筑的,城内只能容纳小规模的市区。当时长安大规模的市区,大规模的居民住宅区,都分布在城外北面和东北面的郭区"。南越国的东西双城之制,内城在西,外城在东,大概就是模仿自汉长安城的"坐西朝东"和"西城东郭"。周霞也分析说,"城市西城东郭的布局不仅适应早期城市军事政治堡垒的功能需要和南越族居民的实际的生活需要,也受到了中原都城的布局影响,南越国都城的建设也体现了'以西为尊'的宗法礼制思想"。不过,汉长安城的制度也是渊源有自。杨宽就曾结合考古资料,认为周公营建的洛邑其实就由王城(宫城)和外郭城两部分组成,"从西周到春秋时期,都城之所以由一个'城'发展为'城'和'郭'连结的结构,首先是由于政治上和军事上的需要",另外,"古人确实有西南吉利的迷信思想","这种迷信的思想,后来又扩展为'西益宅不祥'的习俗",所以"西汉以前的都城采用坐西朝东的布局,把宫城或者宫室造在西南部而以东方、北方为正门,是依据古代礼制而设计的,并不出于什么'厌胜之术'"。刘庆柱则指出,"二里头遗址的近年考古发现,证实这样一种涉及国家都城建设的基本制度,从目前考古资料来看,其源头就始于河洛文化中心地区的重要古代文化遗存二里头遗址的宫城遗址"。诸多事例也充分说明,河洛地区夏商周三代都城的典型性正反映了河洛文化的正统性。这就告诉我们,河洛文化对南越国都番禺城形态结构特征的形成其实也有着深刻的影响,亦即说南越国都番禺城形态结构其实是有河洛文化底蕴的。当然,河洛文化的影响似主要表现为间接的方式,而非直接的方式。这一点,值得我们在探讨河洛文化与其他区域文化的关系尤其是河洛文化与岭南文化的关系时,引起特别的注意。

参考资料:

[宋]乐史:《太平寰宇记》卷一五七《岭南道一·广州·南海县》。

曾昭璇、曾宪珊:《南越国都番禺城的城市结构》,中国古都学会编:《中国古都研究》第

11 辑,山西人民出版社,1994 年。

陈泽泓:《南越国番禺城析论》,中国古都学会编:《中国古都研究》第 23 辑,三秦出版社,2008 年。

南越王宫博物馆筹建处、广州市文物考古研究所:《南越宫苑遗址 1995、1997 年考古发掘报告》(上),文物出版社,2008 年。

杨鸿勋:《宫殿考古通论》,紫禁城出版社,2001 年。

张荣芳、黄淼章:《南越国史》,广东人民出版社,1995 年。

《史记》卷一二九《货殖列传》。

周霞:《广州城市形态演进》,中国建筑工业出版社,2006 年。

[汉]班固:《汉书》卷 14《诸侯王表》,中华书局,1962 年。

杨宽:《中国古代都城制度史研究》,上海古籍出版社,1993 年。

杨宽:《中国古代都城制度史研究》,上海古籍出版社,1993 年。

刘庆柱:《中国古代都城考古反映的河洛文化历史地位》,陈义初主编:《河洛文化与汉民族散论》,河南人民出版社,2006 年,第 1～7 页。

（作者单位:暨南大学历史系）

历史上河洛都市文化
对广州城市规划与建设的影响

李爱军　　吴宏岐

都市的规划理念是历史城市文化的重要组成部分,不同的文化背景,就会产生不同的规划理念,城市规划理念和其他文化形式相似,会从文化中心向周边区域传播扩散,导致不同地域往往出现城市规划布局同质化的现象。

河洛地区是我国都市文明的起源地,从夏商周三代以迄于北宋时期,其都市规划理念在很长时期内处于全国城市规划实践的主流地位,被周边文化辐射区效仿借鉴。本文拟重点通过南越国都番禺城、南汉兴王府和北宋广州城这三个城市的个案分析,探讨历史时期河洛都市文化对岭南城市尤其是广州的城市规划与建设的影响问题。

一、先秦河洛地区的都市规划理念对南越国都番禺城城市建设的影响

从史前开始,河洛地区就出现了城市的雏形,有"城市之源"之称。在先秦时期,河洛地区在城市选址、外形规制、内部结构等方面已基本形成了相对完整的规划理念。夏代的河南登封王城岗城堡遗址、偃师二里头商代宫殿遗址、郑州商城遗址等皆是中国历史早期城市遗址的典型代表,晚商国都殷(在今安阳市)出土的甲骨文字中记载"中商——大邑商居土中",说明当时商人已知道根据疆域的范围大小,选择居中的殷作为建都之地。在城市空间规划上,现代考古证明,殷都是以宫殿区为中心,不建城垣的开敞式城市,已经初步确立了都市规划的"择中"理念。西周是中国奴隶社会的鼎盛时代,"周公营洛"可称是这一时期

出现的我国城市规划的典范之作。周东都洛邑在城市选址方面,据《史记·周本纪》载:"北望岳鄙,顾瞻有河",推崇负阴抱阳、控山带河的形胜地形。同时,周人为便于从政治、军事上控制四方,根据西周疆域及交通状况,确定洛阳为"天下之中"。洛邑城市的功能以政治和军事为主,围绕王城,修筑城垣;融合礼制治国理念,将等级秩序、尊崇祖先等政治理念赋予城市规划之中,继承商代国都以王宫为中心的空间结构。据《逸周书·作雒》所载,洛邑城内建太庙、宗庙、明堂等五宫;注意城市规划整齐,外形呈方形,内部采用经纬涂制布局,里坊制开始萌芽;提出明确的城郭分工的城市规划理念,注意王城与郊畿的有机结合。在都城规划实践基础上,《周礼·考工记》将上升为理论总结,所说"匠人营国,方九里,旁三门,国中九经九纬,经涂九轨,左祖右社,前朝后市,市朝一夫"之理论,对我国城市规划产生了深远影响。先秦时期在以河洛地区为中心形成的都市规划理念,在以后的秦咸阳城与汉长安城的规划中,得以具体运用,并为地方都邑规划效仿,即所谓"宫室百官同制京师"。

关于广州城市建设的起源问题,虽然史书有春秋战国时期南武城、楚庭的记载,但尚没有发现可供验证的考古证据。始皇三十三年(公元前 214 年),统一岭南后,南海尉任嚣在番禺(今广州市)越秀山下修筑"任嚣城",应是广州城市建设之肇始,任嚣作为秦国将领,深谙"择中"与"负阴抱阳"的中原地区城市规划理念,认为"番禺负山险,阻南海,东西数千里,颇有中国人相辅,此亦一州之主也,可以立国"。在具体方位规划上,选择靠近越秀山的地方依山傍水筑城(现在广州市中山五路财政厅前地点)。除了军事上借地理位置险要而使城池牢固达到防御敌人侵袭和免受水淹外,又便于取得流入城内的淡水"。"因古时,珠江三角洲不及现今广大,咸潮尚可涌至番禺城下,这和《管子》所说的'高毋近旱,而水用足,下毋近水,而沟防省'的城市规划理念相符。",以后赵佗(河北真定人)接任南海尉,割据岭南,在此基础上扩建南越国都番禺城(即赵佗城),其规模"周十里",外形呈长方形。整个都城为东西双城形态,西半部为内城,东半部为外城。内城北部为宫城区,南部官署区为主,而居民区、商业区、王陵区则主要分布在没有城墙的外郭区,明显受到秦咸阳城与西汉长安城等都市规制的影响。而秦咸阳城与西汉长安的都市规制,实际上是由先秦时期河洛地区都市规划理念的继承发展而来。这就是说,先秦河洛文化的都市规划理念实际上曾对南越国都番禺城的城市建设产生了一定的影响。

二、南汉国都兴王府城对中原城市规划理念的继承与创新

两汉是以中原文化为中心的中国封建文明高峰期,西汉国都长安和东汉国都洛阳的城市平面布局均符合《周礼·考工记》的规划理念,外形基本呈方形,宫殿区占据城市的中心位置,是城市内部的主要组成部分。内部结构呈平行线网状结构,"居室栉比,门巷修直",城市坊(里)市封闭管理结构得到进一步确立。东汉末年,曹魏以邺城为霸府,大兴土木,从其城市规划布局,在继承历史城市规划的基础上,开创了中国城市平面布局的新规制。其规划的基本特征是:一、划定城市功能区,宫殿、官署、市场、居民区各划定一定区域。二、宫殿区,衙署办公区北移,有丁字形干道布设于宫殿区之南,呈现中轴线结构,南部中轴线两侧是居民区、集市区等按照里坊结构设置。三、在城市内部设置铜雀园林区,把园林建设摆在城市规划的重要地位。曹魏对邺城的城市规制模式,对后来北魏的洛阳城、隋朝的大兴城、唐朝的长安城、洛阳城,元大都的城市规划都产生了重要影响。以后五代时期的岭南割据政权南汉兴王府,就是通过对唐长安城规制的效仿,实现了对"邺城模式"的继承和发展。

广州城池自三国东吴步骘建城以后,长期没有扩建。唐朝时期,随着城市经济的发展,城市规模开始扩大,形成子、罗城的规制结构,在传统的以保卫宫室、官衙等政治中枢为主体的"城"的基础上,逐步向"城郭一体"的空间布局过渡。广州都督宋璟、岭南节度使杜佑等人教民"陶瓦筑墙,列邸肆"、"以陶瓦易蒲屋",在建筑材料上推行以瓦舍易茅屋,起耐久住、防火的功效,都增强了中原都市文化对广州城市规划的影响。但相比较来说,南汉兴王府城更能体现出河洛文化的深刻影响。

唐末元祐二年(905年)祖籍河南上蔡的刘隐出任为清海军节度使,着手凿开禺山,扩建广州城直抵珠江边,后其弟刘岩称帝,建立南汉,定都广州,改称兴王府城。刘岩按照唐代都城制度营建兴王府城,对广州城进行重新规划和建设。新规划的兴王府城从北至南,有宫城、内城、外郭城三重,主干道主要有两条,一为由宫城南门,经内城,直到外郭城南门的南北向的直街,位置大致即今北京路;二为宫城南面,由城东门与城西门相连接的东西向大道,此为内城的主要横街,

位置大致即今中山四路一带。上述南北向与东西向大道,呈"丁字形"交会,构成了南汉兴王府城的基本空间架构。在城市区域分工上,以北部中心城区为皇帝施政和皇家起居之内宫,往南中区为统治机构所在地的皇城,即中北部为政权中枢所在;再往南,南区至珠江边为居民和商业区。西区为蕃坊,是为城外商业游览区;东区及北部郊区为官僚、贵族区;过了珠江河南是坛庙祭扫区和陵园区。南汉兴王府城的空间布局,尤其是丁字形、中轴线结构,都城建筑格局与唐长安城和洛阳城等都市的相仿,突出王权在空间布局的地位。史称南汉兴王府是"仿唐上京之制",其实唐都长安城规划理念本身就有邺城模式的影响。换句话来说,南汉兴王府城其实也是邺城模式的继承者。晚唐以后,随着广州城市商业经济的发展,传统的坊市制度已经被破坏,兴王府城内部空间采取的是更有利于城市商品经济发展的"厢坊制"结构,要早于宋都开封城的"厢坊制"城市规划,这是根据广州对外贸易经济发达的实际,在城市空间的创新性布局。这种在以政治为空间中心,兼顾商业经济的空间发展的城市规划思想,奠定了广州城市以后发展的基本规划格局。

三、宋都开封都市规划对广州的"三城"的影响

两宋是我国城市规划制度发生重大变革时期,北宋以开封为都城,根据当时的政治经济形势及开封的地理特征,对都市的规划进行了新的调整,以宫城为中心,依次里城(子城)和外城(罗城)的三重围结构。宫城是皇帝宫殿区,内城是衙署办公区,外城是居民区和手工业区。随着城市商业经济规模的扩张,在内部结构上,打破了历史以来的里坊制结构,出现了坊市合一,按街道管理的厢坊结构。在都城制度的影响下,宋代全国很多州府一级城市规划不仅借鉴了子罗城的城市空间结构,同时,更注重城市商业空间的布局。

两宋时期,作为州城,广州城重新规划、修缮十多次,城区规模有了更大的扩展,其中,北宋庆历四年(1044年)以五代南汉的旧城为基础修"子城",周长五里,作为衙署办公区;北宋熙宁初年,在子城东面、南越赵佗城故基上加建城墙;修筑"东城",周长七里,与"子城"合一,作为居民区和商业区;熙宁四年(1071年),增筑西城(约在今北城根、人民路、大德路及子城以西的范围内东与子城隔一西湖),周十三里,其作用主要是蕃汉杂居地商业市舶区。由于商业贸易发

展,三城在南宋中期已经包容不下日益增长的城市人口,商民在珠江沿岸形成沿江商业区。嘉定三年(1210年),知广州陈岘创筑东西雁翅城,皆以三城南面为其北部顶点,向江边延伸,即在南城墙东西两翼增筑城墙至海边,使城南商业区也处于城墙的保卫之中。在城市内部规划上,子城区街道布局仍呈丁字形,面积最大的西城为商业市舶区,呈井字形。另外,受中原城市建筑规划文化的影响,城外在利用自然水道的基础上,人工修筑护城壕,东、西分筑有东壕与西壕,城南则为沟通东、西壕的玉带壕。传统的版筑土城墙也改砖城墙。至此,在广州城市规划上,商业区成为城市空间的主体部分,确立了广州千年商业都会的地位。

四、河洛都市文化对广州城市规划与建设产生影响的历史背景

秦汉以来,随着中原地区的发展与政治的统一,开始向南粤地区扩张,秦越一家,在岭南建立中原王朝的地方政权,并组织大规模的移民。在农业等先进技术传入岭南的同时,先秦时期形成的河洛文化中的成熟城市规划,也随之传播到岭南地区。任嚣、赵佗等谙熟先秦以来成熟的中原城市选址和规划思想,运用到广州城市规划与建设之中,奠定了广州在岭南的政治经济中心的地位。令人感兴趣的是,除两宋以前的统一时期,在中央委派的官吏主持下的城市改造以外,南越与南汉两个割据政权存在时期,是广州城市发展受中原影响最大的时期,这是因为这些割据政权的主人和主要官吏均是长期生活在中原的人士,在思想上奉中原文化为正统。由于战乱提供了短暂岭南割据的历史时机,在没有中央与地方礼制约束的情况,效仿秦汉、唐等当时中原都市风格治宫室,建衙署,修王陵、建城池,使洛阳等中原都市规划的理念在广州得到较为彻底的贯彻,强化了广州作为岭南政治中心的城市地位。

秦汉至唐朝以前,广州城市规划主体是对宫室、官署等政权办公居住区进行保护,而更大范围居民区、工商业区处在没有城墙保护的外郭,不属于城市规划之列,形成"有城无市"或"城大市小"的城市规划格局。其原因是除消灭割据、改朝换代的短期战争以外,岭南长期处在和平环境中,将商业区保护在城池以内的动机并不强烈。唐宋时期,随着黄巢义军、农智高叛军等对广州的严重破坏,凭借城池保护政府和居民,"城郭一体"的河洛都市规划理念在广州得到彻底贯彻,唐代的子罗城、南汉的三重城、宋代的三城制结构,均是这种历史背景下的产

物。

　　北宋以前的中原都市,在城市规划理念中,更多的是要求对政治的尊崇,和对城市严格的等级管理。北宋以后,随着中央政权从中原地区的北移和经济中心的南移,区域政治管理成为河洛城市的主要功能,和历史政治中心、商业都会不可同日而语。广州濒临南海,对外贸易的商业都会地位从秦汉至今没有衰落,历代中原政权,均将广州作为"天子南库"、"财富渊薮",和中原城市管理区别对待,唐代以后在此设置市舶司等有别于中原城市的外贸管理机构。在城市规划上,除和中原都市同样将政治管理机构设置在城市的中心位置以外,随着商业的发展,城市规模不断扩大,商业区、对外贸易区在城市空间上占据的空间,成为城市的主要规划部分,岭南文化的商业性与海洋性在城市空间上得到充分的体现,实现了城市规划的创新,唐以前中原都市的严格里坊制度,在广州历史城市规划中并没有得到过彻底的贯彻,这是广州城市规划思想创新的主要历史文化基础。

　　以河洛都市文化的城市规划理念,是在历史王权政治、农业经济基础上,充分利用自然地理,集政治、军事、生活功能于一体的城市规划理论,洛阳、邺城、开封等经典都市规划模式,对包括岭南在内的周边地区城市规划产生过重要影响。加上历史时期中原对岭南政治影响的不均衡和广州独特的地理和历史背景,河洛都市文化对广州城市规划影响的发生机制并不完全是直接的照搬,更多的时候是通过间接的借鉴和潜移默化的渗透,对广州城市的肇建和发展发生重要的作用,但这种影响是深远的,即使在现代的广州城市空间上,还可以看出城市早期中轴线结构等历史遗迹。

(作者单位:暨南大学历史系)

河洛文化对雷州半岛区域的影响

张永义　赖日焕

作为中原文化圈的核心文化与代表文化,河洛文化在中华民族认同建构过程中具有独特而重要的作用,对中华文化总体属性之下诸多次区域文化风貌的形成都产生了潜在而深刻的影响。素有"天南重地"之称的雷州半岛区域,在其漫长的历史演进与文化流变中,形成了内涵丰富、多元并蓄的地域性人文风情。从雷州半岛区域的语言文化、思想观念和民俗风情等多个横截面来考察,河洛文化对雷州半岛区域存在着广泛影响。

一

河洛文化是华夏文明的核心文化,其最重要的基本特征在于正统性、源头性与传承性。《易经·系辞上》载,"河出图,洛出书,圣人则之"。"河图"和"洛书"是中国古代流传下来的两幅神秘而内容又十分丰富的图案,凝结了古代先哲超凡的智慧。至汉代,一些经学家和思想家用"河图洛书"解释《易经》的八卦和《尚书·洪范》的五行,从而形成了"阴阳五行"之学说。同时,"河图洛书"作为中国儒家经典来源,蕴含着中国哲学最古老的原创思想,并由此衍生出许多中国古代哲学、医学、天文、历算以及兵、刑、道、法等的重要内容。河洛文化产生于夏商、成熟于周、发达于汉魏唐宋、并不断被历代传承。河洛文化既包括以农耕经济为中心的物质文明内涵,也包括相应的政治、经济、文化、习俗、心理等精神文明内涵。

河洛文化对雷州半岛区域产生影响的途径在历史上主要有两种。第一种途径是雷州半岛区域直接受影响于以河洛文化为核心的中原文化,其地理路线为

"湖南——桂东地区——粤西地区"。这是一个次要途径。秦始皇攻占楚国后,委派屠睢为统帅率领50万大军兵分五路南征百越。为解决运输和给养问题,秦始皇特地命史禄主持开凿了长达60公里、中国历史上第一条人工开凿的运河——灵渠,沟通了长江和珠江两大水系,灵渠因此成为隋唐以前中原进入岭南的重要水上通道,大大便利了包括雷州半岛区域与中原地区经济文化的直接交流。之后,为开发岭南,秦始皇除命令攻占岭南的军人长期驻守于此地外,还将数十万"罪人"发配岭南。统帅赵佗还向秦始皇"求女无夫家者三万人,以为士卒衣补。"因此,岭南人口的成分发生重要变化,南迁汉人给包括雷州半岛区域在内的泛岭南地区带来了先进的河洛文化。在此后的历代人口迁移中,由此地理路线承载的河洛文化对雷州半岛区域产生了持续影响。

河洛文化影响雷州半岛区域的第二种途径是雷州半岛区域直接受影响于闽南文化和客家文化,从而间接受影响于河洛文化。这是河洛文化影响雷州半岛区域的主要途径,其地理路线为"闽南地区/客家地区——雷州半岛区域"。河洛区域的先民首先迁徙南方,把河洛文化带到闽粤地区。如晋代至南朝时期,"五胡之役"、"八王之乱"、"永嘉之乱"接连不断,民不聊生,河洛先民为逃避战乱而纷纷举家南迁,进入苏、皖、赣、粤、闽等地区,此为第一次客家人南迁。唐朝南诏之乱及黄巢起义之时,中原地区战乱又起,河洛先民再度大规模南迁,是为第二次客家人南迁。北宋灭亡,宋高宗南渡,客家先民又分批南徙至广东等地,此为第三次客家人南迁。清康熙中期至乾隆之间,广东客家人与当地人之间长达十余年的土客大战后,众多客家人再次南下或东渡,是为第四次南迁。这些南迁的客家人虽然远离中原河洛区域多年,但仍然保持着河洛文化的传统。如客家人的堂号堂联、文化教育、生活习惯、语言发音、婚丧礼仪、年节庆典等,皆自然地沿袭着河洛人之传统。之后客家人再迁入雷州半岛区域,自然也将使河洛文化传统在雷州半岛区域落地生根。

一向自称为"河洛郎"的闽南人在历史上也不断迁至雷州半岛区域,其中最大规模的一次发生于南宋末期。当时因逃避元军与宋军的战乱,闽南先民除大量播迁至台湾外,还有十几万闽南莆田人移民到雷州半岛区域。此外,由于各个历史时期的倭寇侵略和当局严酷的海禁政策,闽南沿海的"河洛郎"们也陆续移民至雷州半岛区域。还有少量莆田人在移居潮汕地区几百年后"第二次"移民到雷州半岛区域。这种大规模的"直接移民"方式对河洛文化在雷州半岛区域落地生根具有最为明显的作用。

二

通常,雷州半岛区域被归属到由河洛文化流变而成的闽南文化的范畴之内,这种普遍的观点也揭示出雷州半岛区域与河洛文化之间的内在渊源。在2003年举办的"闽南文化论坛"上,与会专家认为,"闽南文化是中华文化中很有自身特色的地域文化,它来源于中原的河洛文化,其存在范围大致包括福建闽南地区和龙岩漳平,广东潮汕地区、雷州半岛,海南大部分地区,台湾地区⋯⋯"自然,雷州半岛区域的语言文化也因客家文化和闽南文化的作用而深受河洛语言文化的深刻影响。因此,闽南地区、潮汕地区和雷州半岛地区皆被公认为河洛语言文化区。再从大历史的眼光来看,包括雷州半岛区域在内的闽南文化河洛语言区的形成,也是华夏文明向海洋文明嬗变的必然结果。

与客家话、潮汕话和漳泉区域的闽南话一样,作为雷州半岛区域的代表性语言的雷州话(即黎话、海话),从发音到词汇,从语法习惯到音调婉转,皆由北方中原河洛方言发展演变而来,主要来源于古汉语中的六朝雅言——河洛话。另外,雷州话的最终形成,还与北宋政治家、一代名相、诗人寇准有直接关系。寇准于1022年被贬至雷州,他不仅在此开学堂、教书艺,不遗余力地将河洛文化传播于雷州半岛,还向当地人传授中州正音,促使当时的雷州半岛语言由俚语转换为雷州话。明万历《雷州府志》载:"雷之语,有官话,即中州正音也,士大夫及城市居者能言之。有东语亦名客语,与漳、潮大类,三县九所乡落通谈此话。有黎语,即琼崖临高之音⋯⋯东语已谬,黎语亦侏漓。"在宋代,俚语属于当地方言,是当地人进行交流和沟通的常用语言。寇准被贬到雷州后,他发现当地人操着一口佶屈聱牙的古越方言(即俚语),不便于沟通,也不利于对外交流。为改变这种交流的不便,他亲自为雷州的士子讲学,向当地的老百姓亲授中原官方语言——中州正音,大量输入了河洛文化。雷州半岛区域的乡民在原语言的基础上,对寇准所教的中州正音兼收并蓄,逐渐在明朝形成了具有自身文化特色和风格的雷州话。方志亦载,以中州正音读书习字始自北宋名相寇准被贬谪至雷州之时。

三

雷州半岛区域地处天南边陲之地,远离河洛中原文化区域,在历史上的较长时期中未受到优势主流文化有效而持久的熏陶。但是自宋代中国经济文化重心南移之后,河洛文化对雷州半岛区域文化教育的影响日渐加重,而且这种影响的发生方式独具特色——贬官文化。在中国皇权专制历史上,皇帝对"有罪"官员的惩罚程度通常与该官员的贬谪地与中原帝都之间的地理距离成正比例关系。在中国历史上的许多时期,包括西北地区和西南地区在内的泛西部地区并不总处于中原政权的有效统治区域之内。与此相对照的是,雷州半岛区域始终面临着与中原政权传统统治区域(华北、华中、华南、华东等地区)和非传统统治区域(如泛西部地区)皆不相同的央地关系特点。此特点在于,雷州半岛区域虽鲜受中原文化之熏陶,但自秦代后大都处于中原政权的有效统治之下,且具有足够遥远的地理距离。或者说,雷州半岛区域与中原政权在地理上"远距离"、文化风情上"远距离"、行政隶属上却"近距离"。雷州半岛区域央地关系的这种多重特点,显然非常符合皇帝处理"有罪"官员、尤其是"重罪"高官时的那种正比例关系。历史上雷州半岛区域央地关系的这种特点,既是该区域贬官文化的地理基础与政治基础之所在,也是以河洛文化为代表的中原文化对该区域产生影响的主要生成基础。

仅在宋代,就先后有寇准、苏轼、苏辙、王岩叟、秦观、李纲、任伯雨、赵鼎、李光、胡铨等十位名相贤臣与高士被贬往雷州半岛区域。"宋代十贤"虽不尽为河洛文化之代表人物,但从文化的总体属性来看,他们所代表的是中原文化,而中原文化的核心文化则为河洛文化。文人高士的到来,将富含河洛文化精髓的先进思想、深厚学风、生产技术、中原正音与敦厚礼教播种于雷州半岛区域。十贤之一的苏轼在雷州古城留下了广为人知且影响至今的印迹。苏轼为天宁寺"万山第一"的题字,成为了天宁寺的镇寺之宝,并从根本上提升了该寺的文化底蕴与整体地位。苏轼之后,罗湖更名为西湖,苏轼并吟"西湖平,状元生"。睿元书院遂更名为平湖书院,寄托了人们对雷州文化发展的美好愿望,并因此而激励雷州子民重视教育、雷州子弟求学奋进。苏轼之弟苏辙虽谪居雷州仅一年,但他为雷州人民带来了先进的中原文化和生产技术,鼓励农耕,并致力于农、工、商之利,教民治穷致富,为雷州的发展作出了重要贡献。其诗作"医夺于巫鬼,故方术(指医术)不治"反映了当时的雷州乡民迷信鬼神,科学意识淡薄,百姓有病普遍求巫医而不是去看大夫的状况。面对当时雷州半岛区域落后的生产技术、生活状况和思想观念,苏辙深入乡民,亲身指导生产,尽其所能把自己的知识传给他们,并作《劝农诗》鼓励百姓农耕。

史载,一代名相寇准向雷州区域的乡民讲授科学知识,传授先进的生产技术,陨石坠落之后及时向乡民讲解,去除陨石坠落在乡民中造成的恐慌,并在陨石坠落的地方修建真武堂,组织当地青年修文习武,传播中原文化,为雷州半岛培养人才。在此后数百年间的浚元书院,皆由社会名流执教,以诗、书、礼、乐、易、春秋"六经"为必修之课。自宋代十贤之后,雷州兴起读书习文之风,河洛中原文化影响日盛,雷州乡民日渐重视教育并大办学校,雷州半岛区域的文化教育出现了很大的发展,县有书院,乡有社学……据考,从宋至清朝,雷州半岛区域先后出现怀坡书院、崇文书院、文会书院、雷阳书院、浚元书院等多达10余所的州县级书院。宋建炎4年,雷州府海康县黄守政考中进士,是从雷州所办书院中考取的第一个进士。此后雷州俊杰辈出,涌现了以陈瑸、陈昌齐、陈乔森、丁宗洛等为代表的一大批本土人才。至清朝止,有进士23名,举人227名。

四

河洛文化是中国传统神龙文化、宗教文化、民俗文化、武术文化和姓氏文化的主要源文化,这些亚文化对雷州半岛区域民俗风情都产生了重要影响。神龙是智慧、勇敢、吉祥、尊贵的象征,而河洛区域则是龙的故里。被称为人文始祖的太昊伏羲,在今周口淮阳一带"以龙师而闻名",首创龙图腾,实现了上古时期多个部族的第一次大融合;另一人文始祖黄帝,在统一黄河流域各部落之后,为凝聚各部族的思想和精神,在泛河洛区域的今新郑一带也以龙作为新部落的图腾。河洛神龙文化的传播对雷州半岛区域产生了深刻影响。神龙图腾和神龙崇拜在雷州半岛区域随处可见,不仅许多地方以龙为命名,而且雷州半岛区域的民间艺术也多以展现神龙文化为主题,如东海岛龙海天的人龙舞、赤坎调顺岛的网龙等皆久负盛名。

儒、释、道"三教合流"是中华文化的重要特征,而河洛文化中也富含宗教宽容共处的思想精髓。其中河洛区域是佛教在中国的发展重地和主要输出地。佛教传入中国后,第一座佛寺白马寺就在河南洛阳。洛阳的龙门石窟是佛教三大艺术宝库之一。作为中国本土宗教的道教,其被奉为鼻祖的老子李聃,就是河洛区域人氏。在道教方面,地处河洛区域的登封中岳庙是历代皇帝祭祀中岳神的地方,是我国现存最早、规模最大的道教建筑群之一。济源的王屋山为道教"十二洞天"之一,是唐代著名道长司马承祯携玉真公主出家修道的地方。河洛文化的宗教信仰文化和宗教宽容共处精神在雷州半岛区域亦有充分体现。佛教文化现今成为雷州半岛区域最大的宗教信仰文化,寺庙随处可见。同时,雷州半岛区域人民对基督教和道教的信仰也广泛存在着。作为雷州半岛区域重要民俗之一的雷州市水店村的"下火海"亦为河洛宗教文化影响的一个体现。"下火海",也称"踩火场",既是古时崇敬火神"炎帝"的一种祭祀仪式,也是道教的一种祭祀仪式,2009 年已被湛江市列为第二批市级非物质文化遗产名录,并将申报省级非物质文化遗产保护项目。此处,雷州半岛区域的"多神崇拜"现象也体现出了河洛文化的影响所在。"多神崇拜"源于河洛农耕文化,农耕文化中对神的崇敬与畏惧,源于弱质农业受制于各种自然灾害,因而农耕者渴望神的呵护与保佑。河洛地区的泛神论或"多神崇拜"现象首先由客家人传承了下来,再传至雷州半岛区域。至今,在雷州半岛区域,民间仍有不同地方敬奉源自河洛区域的关帝、土地神、财神、阎王爷等"神灵",这些皆与河洛传统民风、河洛农耕文化与河洛信仰文化一脉相承。

如同河洛语言文化对雷州半岛区域的影响,河洛区域的民俗文化对雷州半岛区域的影响亦主要因客家人和闽南人的迁徙而生成。在饮食、服饰、日常起居、生产活动、礼仪、信仰、节令、集会等方面,河洛文化形成了内涵丰富的民俗文化。西周时期在河洛区域形成的婚仪"六礼",逐步演化为提亲、定礼、迎娶等固定婚俗,这些婚俗至今仍在雷州半岛区域较为完好地留存与坚守着。春节祭灶、守岁、拜年,正月十五闹花灯,三月清明祭祖扫墓,五月端午节插艾叶,七月七观星,八月中秋赏月,九月重阳登高等源于河洛文化的与生产生活密切相关的各种岁时风俗至今仍在雷州半岛区域的不同地方风行不变。

河洛中原文化所独有的姓氏文化,影响布及包括雷州半岛区域在内的众多地域。据《中华姓氏大典》载,在全部的 4820 个汉族姓氏中,起源于河洛中原区域的有 1834 个,占 38%;在当今的 300 大姓中,根在河洛中原区域的有 171 个,占 57%;在依人口数量多少而排列的 100 大姓中,有 78 个姓氏的源头与部分源头在河洛中原区域。无论是李、王、张、刘为代表的中华四大姓,还是林、陈、郑、黄为代表的南方四大姓,其根均在河洛中原区域。台湾有俗话云,"陈林半天下,黄郑排满街";福建则有"陈林满天下,黄郑排满山"之说;同样,据人口普查资料所载,在雷州半岛区域,绝大多数地方也同样以陈姓为最大姓,而林、李也都在十大姓之内。上述姓氏的根源均在中原河洛区域:陈姓源于河南淮阳;林姓源于河南卫辉;郑姓源于河南荥阳。据民间访查,雷州半岛区域的陈姓者多自称其祖上乃自河洛中原区域迁徙至闽南区域后再迁于雷州半岛区域。

由此观之,河洛文化及其各种亚文化在雷州半岛区域本土文化的演进与建构历程中产生了重要而深刻的影响。

参考资料:

胡守为《岭南古史》,广东人民出版社,1999 年。

刘志文《广东民俗大观》,广东旅游出版社,2007 年。

陈支平《福建六大民系》,福建人民出版社,2000 年。

余石《历史文化名城雷州》,广东人民出版社,1992 年。

(作者单位:张永义,湛江师范学院法政学院;

赖日焕,湛江市政协文史委)

台湾河南堂丘氏述略

李鸿生

　　关于河洛文化的概念,自 20 世纪 80 年代末学术界开展讨论以来,众说纷纭,而我非常赞同戴逸先生的观点:"河洛文化就是指产生于河洛地区的区域性文化。区域性文化,是中华民族文化的一个组成部分,是炎黄文化的一个部分,而河洛文化则是一个非常重要的组成部分。"河洛文化之所以非常重要,在某种意义上说,是因为其特殊的地理位置,使之在中华文化发展过程中长期处于核心地位,成为华夏文化最早的源头之一。正是其"祖根源头"的特点,吸引了许多海内外丘氏后裔多次到河南寻根问祖。

　　根据《河洛文化与中华姓氏起源》的考证,"当今按人口多少排列的前 120 个大姓共占汉族人口的 90.11%,也就是说 13 亿人中有 11.7 亿人姓这 120 个姓。在这 120 个大姓中,全源于河南的姓氏有 52 个,⋯⋯部分源头在河南的姓氏有 45 个"。丘(邱)姓便是部分源头在河南的 45 个姓氏中之一个。而《百家姓》"寻根问祖"认为,丘(邱)姓来源有四:分别为出自姜姓、姒姓、妫姓、他族改姓。

　　1. 出自姜姓,为姜太公的后裔。西周初年,太师吕尚(姜姓,吕氏,名望)因辅佐武王灭商有功,被封于齐,建齐国,都营丘(今山东淄博市东北旧临淄),号称齐太公,俗称姜太公。其子孙中后有以地为氏的,称为丘氏。汉《风俗演义》载:"齐太公望封营丘,支孙以地为氏。"史称丘姓正宗。也有姜太公后裔,因辅佐有功,其中一子被赐丘姓之说。

　　2. 出自姒姓。夏帝少康时,封其小儿子曲烈于鄫(今河南省柘城县北),至周灵王时,为莒国所灭,其子孙去邑为曾氏,其后分支中就有以丘为氏。此为曾、丘联宗之说。

3. 出自妫姓,以地为氏。春秋时,陈国(开国君主是胡公满)有宛丘,邾国(传为颛顼后裔挟所建,曹姓)有弱丘,居者皆以"丘"为氏。

4. 出自他族改姓。《后汉书·乌桓传》载乌桓有丘氏,如汉代少数民族乌桓族有丘氏。南北朝时,北魏孝文帝迁都洛阳后,《魏书官氏志》载有鲜卑族复姓丘林氏、丘敦氏改为汉字单姓丘氏。

从以上论述,可以看到,丘(邱)部分源头在河南也得到印证。

此外,据新华社北京 2006 年 1 月 10 日电:"在国家自然科学基金姓氏研究项目的支持下,中国科学遗传与发育生物学研究所与深圳市鼎昌实业有限公司历时两年对中国人姓氏进行了一次大规模调查,我国新的"百家姓"顺序已经新鲜出炉,李、王、张继续位列姓氏三甲。"而丘(邱)姓名列我国前 100 个大姓的 65 位。又据中华丘(邱)氏宗亲联谊总会近期粗略统计,海内外丘(邱)氏总计近500 万人。经稽考《姓氏辞典》、《贵姓何来》、《百家姓辞典》、《中国古今姓氏辞典》、《中华姓氏大辞典》、《百家姓郡望注》等姓氏辞书、专著,丘(邱)姓有扶风、吴兴、河南三个郡望,而据中华丘(邱)氏族谱研究总会所掌握的资讯,当前丘(邱)氏大部分属河南郡。认扶风郡、吴兴郡者已式微,人数较少,尤其是扶风郡的人数极少。目前,台湾有丘(邱)姓 40 多万人,基本上属河南郡。而且,在北魏孝文帝迁都洛阳后,进行了中国历史上最大的一次外族改姓运动。孝文帝的弟弟丘敦氏豆真折,迁都洛阳后,将丘敦氏改为丘氏,豆真折遂成为河南洛阳皇帝家族丘氏的开基祖。这个家族发展迅速,从北魏至隋唐数百年间,世代有人或为朝廷重臣,或是立下赫赫战功的武将,成为这一时期最显贵的丘氏家族,号称"河南丘氏",亦为河南郡的望族之一。因此,河南堂丘氏应该与洛阳有着深厚的关系。

多年来,丘氏族人和学术界根据对史籍和族谱的研究,认同姜太公为丘氏太始祖,穆公为一世祖。台湾河南堂丘氏也认同此说。称"河南堂始祖丘穆公妫古氏。生二子:铼、锣。世居河南卫辉府封丘县"。从一世祖穆公至十世祖在右公均生活在河南封丘县。十一世祖元,仕秦,封临海王,移居山东。十八世祖和公,封为吏部天官,与兄弟五人迁回河南,居开封林村。四十七世祖宏达公,东晋永和间迁居四川。到五十五世祖二居公,授梁武帝封为淮王,移转河南。而六十七世祖平崇公,客游闽省,寓邵武府禾坪,遂家焉。直到七十世祖三郎公,迁汀州府宁化县石壁都丘家坊。此后,有的仍留在闽省汀州,但部分迁往上杭;后又有的从上杭移居粤省梅州、镇平等地;后来,又有的东渡海峡,定居台湾。

笔者多年研究丘逢甲。从台湾学者郑喜夫编的《民国丘仓海先生逢甲年谱》得知,丘逢甲的远祖原居于河南卫辉府封丘县,以丘穆公为始祖,其部分后裔曾先后在河南、山东、福建、四川、浙江、江西等地辗转达五、六十代。宋中叶前再度迁往福建,先定居于邵武府禾坪。后移居汀州府的宁化县。直到宋高宗南渡后,七十一世三五郎等之儿子自宁化徙上杭。后于上杭建总祠,追祀三五郎为始祖。而丘逢甲的先祖,上杭丘氏第九世文兴公(字创兆),又移居广东镇平县(今蕉岭县)员山(即文福乡)。奉其父上杭丘氏第八世丘六十郎(名梦龙)为镇平丘氏始迁祖。到了丘逢甲的曾祖父、镇平第十六世祖丘仕俊,于清乾隆中叶由粤镇平迁居台湾彰化县属东势角。

笔者1996年经丘逢甲之孙女丘棣华教授介绍,认识了"世界丘氏宗亲总会"秘书长、世界河南堂丘氏文献社社长丘秀强先生。他在《闽粤丘(邱)氏世系源流研究总结》一文中写道:"查台湾丘(邱)先世多系来自广东嘉应州及潮州、饶平、大埔、丰顺暨福建诏安、南靖等地……兹考嘉应五属——梅县、兴宁、蕉岭、平远、五华暨大埔、丰顺、陆丰、诏安先祖都是操客家语系的。……饶平始祖之庚孙公偕四子伯宗、伯通、伯顺、伯春系来自上杭,也是说客家话。而吾族十之八九操客家话的都是上杭追祀始祖三五郎公脉下之裔孙(继龙公裔孙特盛)"。据此,是否可以认为,台湾丘氏裔孙绝大部分均为上杭三五郎后裔。而上杭之丘氏,皆由河南迁移而来。可见台湾丘氏与河南关系之密切。故称为"河南堂丘氏"。而丘逢甲之侄孙女、台湾著名作家丘秀芷也指出:"慎终思远,不忘祖宗",几乎成了台湾同胞普遍遵守的"族规"。以台湾丘族为例,他们每年祭祖时,祖先灵位上写有"河南堂"三字。他们说,看到祖先灵位上"河南堂"这三个字后,就更确定自己是中华儿女了。多年来,丘秀芷小姐在大陆与台湾之间频繁穿梭,为促进海峡两岸的交流穿针引线。2004年,笔者参加广东省政协为纪念丘逢甲先生诞辰140周年而拍摄的电视传记片《爱国志士丘逢甲》(在中央电视台国际频道和广东、广州电视台曾多次播放。

河洛地区作为中华民族的摇篮,孕育了中华文化的源流。河洛文化源远流长,创造了悠久灿烂的古代文化。台湾河南堂丘氏一族,从河南经过数十代人的不断南迁,最后定居台湾。然而他们却一直传承着中华民族的优良传统,并结合沿海地区的文化,使之发扬光大。

一、爱国爱乡

精忠报国是中原地区百姓固有的优良传统。丘氏家族从中原南迁定居台湾后,岳飞、文天祥的壮举仍在民间流传。他们是民众崇拜的英雄。精忠报国精神永远铭刻在丘氏族人的心中。早在甲午中日战争时期,清朝战败,被迫在《马关条约》上签字,将台湾群岛及所有附属岛屿和澎湖列岛割让给日本。丘逢甲旋即投笔从戎,组织台湾义军,抗日保台。丘逢甲的本族弟兄、大哥丘先甲、三弟丘树甲也投身于抗日保台的行列。"丘门三杰"在义军中一时传为佳话。在他们的带动下,台湾的青壮年纷纷参加义军,同仇敌忾,抗日保台。

20世纪80年代,台湾开禁之后,台湾同胞纷纷回大陆寻根问祖,探望亲人。2004年9月,山东省人民政府在临淄举办首届国际文化旅游节,其间还举行祭姜太公大典暨丘氏会馆揭幕仪式。笔者正和《爱国志士丘逢甲》传记片摄制组在山东拍外景。经丘逢甲在广州的后裔丘文东先生介绍,我们有幸采访了台湾"世界丘氏宗亲总会"副理事长丘正吉先生。丘先生祖居地在福建上杭。对故土充满虔诚之心,挚爱之情。他说:"我身居台湾,心系大陆,不忘祖根,热爱故土。我将联络更多的宗亲回来寻根拜祖,投资经商,造福桑梓。"

二、兴学重教

重教兴学是中华民族的优良传统。河南堂丘氏宗族十分重视教育。我们仍旧以丘逢甲为例。丘逢甲生于清代福建省台湾府淡水厅境内的双峰山区铜锣湾(今台湾省苗栗县铜锣湾)。父亲丘龙章是私塾教师。丘逢甲小时候便要背诵诗词,熟读四书五经。长大后经过科举考中秀才、举人直至考取进士,钦点为工部虞衡司主事。到署不久,无意仕途,告假还乡。应聘在台南、台中和嘉义等地讲学。甲午战争时期,丘逢甲率领台湾义军抗日保台,失败后内渡大陆,落籍海阳(今广东潮州)。此后,他更是致力于教育救国、强国,锐意兴学启民智,积极创办新学。先后在粤东的韩山书院、东山书院和景韩书院任教。后来又创办了"岭南同文学堂",开创粤东新学的先河。尤其是为了使更多的穷孩子能读书,他根据我国的特点,利用宗族纽带,派宗人子弟前往闽、粤筹办族学。族学的兴办,使民办学堂在闽粤之间、韩江沿岸遍地开花。后来,为了解决民办学堂师资之不足,丘逢甲又联络福建上杭的宗亲,利用上杭城区的丘氏总祠为校址,创办了福建省第一所民立师范学校——"上杭师范传习所",独树一帜,"启文化教育之先声",培养了许多新式师资力量,是河南堂丘氏宗族尊师重教兴学的成功范例。丘逢甲的孙女丘棣华女士就曾对笔者说,在丘逢甲重教兴学的精神熏陶下,我们家族是往来无白丁。现已年过九旬的丘棣华女士还继承丘逢甲的遗志,不仅在台湾创办了竹林幼稚园、竹林小学、竹林高级中学。而且自20世纪80年代起,至2002年,每年都回蕉岭县捐资办学,先后捐资人民币近500万元,为发展家乡的教育事业贡献力量。

三、敢为人先

台湾河南堂丘氏宗族,近千年来,自河南南迁,一路披荆斩棘,历尽艰辛。艰苦的历程,铸就了敢冲敢闯,勇往直前,敢为人先的精神。

我国丘氏宗族出自姜太公之后,系以齐都营丘之邑名"丘"字为姓。传两千余年后,至清朝雍正三年(1725年)始以尊孔,应避孔子讳为由,诏令强迫丘氏族人在"丘"旁加"阝"为邱,从此改为邱姓(古代丘与邱相通,有姓丘者,也有以邱为姓者)。直到辛亥革命胜利后,丘逢甲与丘荷公(又名复,福建上杭人)联名上书中央政府,请求去除"邱"姓之"阝",恢复"丘"姓。他俩还将倡议书登载在当时闽粤地方报上,于是闽粤沿海及南洋与山东等地族人闻悉,颇多响应改"邱"为"丘",恢复了丘姓。但也有未闻此议者或闻之有虑者继续沿用"邱"。丘逢甲、丘复的倡议,充分体现了丘氏族人敢为人先的精神。

近千年来,虽然千千万万的河洛人走出河洛,走向世界,遍布全球各大洲。但是他们根在河洛,心系中华,为祖国的强盛而欢欣鼓舞,为振兴中华而贡献自己的力量。台湾河南堂丘氏的历史,就是很好的写照。

参考资料:

1. 戴逸《关于河洛文化的四个问题》。

2. 世界河南堂丘氏文献社《闽粤台河南堂丘氏族谱》。

3. 台湾各姓渊源研究学会《台湾源流》。

4. 福建上杭客家联谊会《客家姓氏源流汇考》。

5. 郑喜夫《民国丘仓海先生逢甲年谱》。

6. 丘念台《岭海微飚》。

7. 丘秀芷《剖云行日—丘逢甲传》。

8. 吴宏聪、李鸿生《丘逢甲研究》。

(作者单位:广东省社科联)

广东赵氏宗亲及其河洛情结

赵立人

一、广东汉族赵姓的人口分布

当代中国赵姓总人数约 2700 余万,占全国人口的 2.3%,在各姓氏按人口数量排列中名列第七位,其中绝大部分是汉族。全省汉族赵姓比例较高,超过或接近全国水平的市、县,多是在农村聚族而居,这里仅就笔者所了解到的情况略述如下:

1. 珠海是广东赵姓(这里仅指汉族,下同。其他民族的赵姓因与本论题关系不大,暂不讨论)比例最高的地级市。全市赵姓当在 25000 人以上,占人口比例约 3%;斗门区赵姓排名第六,占人口比例约 6%,估计超过 20000 人。

2. 江门是广东赵姓最多的地级市,主要分布在新会区、台山市,以及江门城区的蓬江区和江海区。1985 年新会县(现新会区和蓬江区一部分)统计赵姓排名第六,占人口比例 3.6%,现约 36000 人。台山市 1990 年左右统计赵姓 22000余人,占人口比例 2%,排名第十位左右。

3. 汕头赵姓人口在广东地级市中仅次于江门;在潮南区排名十二位,占人口比例约 2%,约 24000 人;澄海县约有 6000~7000 人,人口比例接近 1%,排名当在二十多位。另有记载,1994 年统计整个潮汕地区赵氏总人口约 5 万多人,其中太祖派约 1 万多人,太宗派约 1.3 万人,魏王派约 3.8 万人。潮汕赵姓人聚族而居的县市以潮阳市(今潮南区和潮阳区)最多,两派(潮阳少太祖派)合共约3.8 万人。澄海县次之,约 5000 多人,均太祖派。赵姓居住人口最多的村落是仙城镇的仙门城,有 1 万人以上。其余各县市均有分布。

4. 云浮市赵姓总体比例不高，但新兴县 2004 年有 9255 人，占人口比例 2.05%。

5. 湛江市赵姓约 25000 人，总体比例不高；唯坡头区赵姓排名第十五位左右，占人口比例约 1.3%，约 5000 人。

6. 肇庆市赵姓主要集中在端州区和高要市。端州区 1998 年 4 月人口统计赵姓排名第十一位，当时区人口约 30 万，赵姓超过 2%。端州区 2003 年人口 33 万，估计现在赵姓已过 7000 人。高要市赵姓 1993 年 11229 人，排名第十四位，占人口比例 1.65%，现约 1.2 万余人（一说 2 万余人），多在莲塘镇。

7. 韶关市汉族赵姓总体比例不高；唯南雄市 2003 年赵姓排名第二十位，占人口比例超过 1.6%，约 7300 余人。

8. 东莞市赵姓估计有 3000 多人，占 0.2%；唯塘厦镇 2005 年赵姓人口 2334 人，占全镇总人口 7.3%。

二、广东赵氏族谱

广东赵氏各支系基本上都有自己的族谱，历代版本繁多。广东赵氏族谱版本虽多，所记载的先人均一致追溯到宋太祖赵匡胤、宋太宗赵匡义（后改名赵光义）、魏王赵匡美（后改名赵光美、赵廷美）三兄弟，认同河南为祖宗庐墓之所在，河洛情结代代相传，跃然纸上；其史料价值亦弥足珍贵。

赵氏族谱始修于宋太祖乾德二年（964），当时称"玉牒"，含五部分：一、玉牒；二、宗藩庆系录；三、宗枝属籍；四、天源类谱；五、仙源积庆图。

赵锡年《赵氏族谱》卷 1 记载了宋朝的建立，并追溯到太祖匡胤的前四世及相关史实；载录了乾德二年《太祖皇帝玉牒大训》："……我族无亲疏，世世为缌麻……勿恃富而轻贫，勿恃贵而轻贱……"并有"赵氏上古源流谱览"、"赵氏上古源流谱略"等，对研究我国氏族文化颇有价值。该卷收录的"汴水赵氏仙源族谱序"、"鄱阳赵氏续修谱序"其一、其二、"璇源图谱序"、"处士意翁亭续修天源族谱序"、"东莞赵氏族谱序"、"西外赵氏族谱序"、"南外赵氏天潢贵派积庆图序"、"浚仪赵氏三江宗谱重修序"等地续修族谱序，以及太祖、太宗、魏王系皇室宗派录，亦均为真实可信的历史文献。

美国史学家贾志扬（John W. Chaffee）在其著作《天潢贵胄——宋代宗室史》

(赵冬梅译,江苏人民出版社2005年版)中,就对广东的《赵氏族谱》予以高度评价:"最好的家族谱,比如成书于20世纪初的广东赵锡年的《赵氏族谱》和清初泉州的《南外天源赵氏族谱》,内容丰富而详实,细节描述合乎情理,部分可以得到证明……这些家族谱提供了别处找不到的珍贵资料,特别是关于宋朝的灭亡,多数材料都三缄其口,这里却有迹可寻。因此,只要用审慎的怀疑态度来使用它们,并与其他材料配合起来,家族谱资料便能帮助进一步丰满我们对宗室的认识。"他还特别提到新会三江《赵氏族谱》卷首的《太祖皇帝玉牒大训》:"《太祖皇帝玉牒大训》(亦即宗室族谱)的日期是964年夏历十一月十二。尽管这篇文献不见于《宋史》、《宋会要》和其他宋代史料,只见于赵氏宗族谱,但是,我们有理由相信它的真实性,因为赵氏宗族谱通常谈到要珍惜所有年代久远的宗族文献。再有,《赵氏族谱》的质量不同一般的好。我们下面要提到,三江(广东)赵氏自称源自太祖后代中杰出的一支。他们的共同祖先是北宋末年的赵必迎(1225～1289),1270年,他在广东,同宋朝朝廷保持着密切联系,1279年之后,他又得以在广东保聚家族,广营地产。因此,这个家族拥有大批宗族文献,看起来是合理的,这就可以解释《赵氏族谱》篇幅很长的第一卷文献丰富的原因。再说,尽管这些文献大多是孤本,因此无法自己证明自己,它们却都有着宋代的文献样式,其中所记录的信息也已经被证明是可信的。"

三、赵氏三派入粤源流

对族谱记载的史料价值,历史学家充分重视,但又采取十分慎重的态度,绝不未加鉴别就贸然轻信。贾志扬正是在经过细心的鉴别后,才肯定"《赵氏族谱》的质量不同一般地好",对其中收录的文献"有理由相信它的真实性"。因此,我们可以谨慎地依据广东各《赵氏族谱》中较合理可信的成分,大致理清赵氏三派由河南入粤源流。这里仅记录确知其后裔今日聚居状况者,资料来源所限,遗漏在所难免。

(一)太祖派

1. 高要市莲塘镇赵氏。入粤始祖赵鼎,太祖第十五代孙,原籍河南汴梁,元大德年间授肇庆儒学教授,洪武四年(1371),占籍高要莲塘石巷村。该村现在还保留着赵鼎的故居。

2. 粤东德昭房赵氏,是太祖次子燕懿王德昭后裔。入粤始祖赵伯全(1120~1178),太祖第七代孙,靖康之难随父南渡居临安。孝宗乾道六年(1170)授宣义郎、潮州推官,创基于潮府郡城使华坊。卒于任所,赠奉直大夫。今梅县赵姓亦有2000人左右,潮安书图陇房,揭西赤料房,潮州涧溪房,合计人口约3万多人

3. 南雄赵氏。太祖次子德昭后裔,太祖六世孙子崧,登崇宁五年(1106)进士第,宣和间官至宗正少卿,除徽猷阁直学士,知淮宁府。靖康之乱,汴京失守,子崧起兵勤王,高宗授为延康殿学士,知镇江府,两浙路兵马钤辖。建炎二年(1128),降为单州团练副使,谪居南雄州,绍兴二年(1132)卒于贬所。《宋史》卷247列传6有传详记其生平。子孙一支先卜居于今宾阳门地,后迁牛田坊洋坋村,再迁粤赣边陲龙头坊(今界址镇赵屋)。至1996年,子孙繁衍2300余户,男丁6100多人,其中居南雄1100余户,男丁3100余人(男女总人数当加倍),居赣南的几与南雄等。南雄142姓中,赵姓户数位列第20。

4. 增城派潭镇赵氏。太祖后裔赵世周康熙十五年(1676)由长宁(今新丰县)徙居派潭镇潮山;同年,赵世俊由长宁迁入派潭镇的高滩山枣潭。按:赵氏为清代长宁望族。有赵希璜,乾隆四十四年(1779)举人,好金石,善书画,工诗文,官河南安阳知县,修《安阳县志》,《清史稿》列传272有传;兄赵希睿,以贡生充四库全书馆缮录,署湖南益阳知县,亦书画名家。

(二)太宗派

1. 新会三江赵氏。太宗第四子商王元份十世孙必迎,宋理宗宝庆元年(1225年)十一月初二日生于福建(其先世南渡后居闽),以宗子荫补保义郎。咸淳十年(1274)奉诏勤王,与父崇囊由闽入粤,驻节广州。族谱记其景炎元年(1276)五月封为建安郡王。未几父丧,辞官葬父于新会文章都苦草迳(今台山大江、水步之间雷公岭)。闻崖山败绩,知事不可为,乃更易姓名,潜迹山中。元世祖至元二十六年(1289)十二月十一日去世,次年五月十二日与妻容氏(早逝)合葬于火炉岭交椅山(今新会罗坑天湖)。继室陈氏携所生子良韶潜隐新会潮居里皮子村。至元三十年(1293),良韶7岁,再迁新会三江蛇山尾(今佃官坑),为三江赵姓之始。今三江全镇赵姓有1.7万多人,海外、港澳的三江赵姓也有近2万人。

2. 新会古井镇霞路、台山浮石赵氏，是太宗长子汉王元佐后裔。太宗 11 世孙必次先世避金人之寇，由汴迁闽。景炎中，必次以宗室扈从入广，崖山败殉国，殉国前以子良铃、良璁托前知琼州林玄辅抚养。良璁托姓林氏，遁居新会睦洲，生子友通。明洪武初年，友通及其子宗远、宗逞始复姓赵。宗逞徙居霞路；宗远始移居十庙村（新会赵村），后再徙居浮石乡。1948 年浮石最后一届建醮开坛，各公房赵姓人口数统计（包括海内外人口）有 8561 人，现在当地赵姓估计已过 1 万。1993 年，经专人调查，浮石赵氏旅海外乡亲 2078 人，其中旅美（纽约和三藩市）人数为 1443 人。

3. 新会东头村、滘头乡（今均属江门市区街道）赵氏。太宗第四子商王元份五传至士伸，迁福建连江县，九传至崇瀗，知广西南宁军。宋亡，崇瀗偕子必持避居番禺慕德里。元中叶迁新会城东之东头村，谓之赵村。明洪武八年（1375），必持曾孙宗道迁滘头乡。

4. 阳江北桂、台山海宴赵氏，是太宗长子汉王元佐后裔。靖康之难，5 世修武郎士聪随高宗南渡，由汴至杭。6 朝散郎不武由杭至闽，居建阳桐油坊。7 善瀎由闽至赣，居江西吉安府庐陵县。8 汝敌于宋宁宗庆元二年（1196）举家由庐陵县南迁，居广州西城德星坊，为入广始祖。族谱记九世崇垓登进士第，迁阳江乔马四图紫罗官山（今阳东县新洲镇旱地村委官山村一带），堂号曰"祥光堂"，为阳江赵氏始祖。今台山海宴房和阳江北桂房两房合计约 1.8 万多人，另迁居省外及海外者近万人。

5. 台山田稠、龙溪赵氏，是太宗第四子商王元份后裔。商王 10 必弘，字昂甫，度宗朝进士，先世南渡后居福建连江县清湖乡。必弘授双恩、矬洞、海宴、淡水盐课司大使，遂离闽入粤，是为入粤始祖。他始居赤溪田头，后定居龙溪乡，故亦为龙溪乡赵姓之开族始祖。至商王 14 仲宝迁居田寮村，即今田稠村，今属斗山镇。现田稠村中有昂甫赵公祠，称为始祖祠，堂名报德，与龙溪村之报本堂，属昆仲之亲。现田稠村赵姓约 1430 余人。

6. 新兴赵氏，是太宗第四子商王元份后裔。太宗 7 孙不惮，原世居河南开封，高宗建炎三年（1129）南迁福建连江县东湖里。太宗九世孙崇麻始迁广州。太宗 11 良寅（1251～1312）移居新洲（今新兴县）塘背，为新兴赵氏始祖。新兴今有其后裔 1.2 万多人，分布在 35 条自然村，其中稔村镇高村最多。

7. 广东紫金、广西玉林赵氏,系太宗第 4 商王元份之子允让(濮王)后裔。商王 10 世孙良枢,居江西吉安府陵县罗子山;元顺帝二十八年(1368),其孙(即商王 12 世孙)胜(一作季胜)从军至广东梅州,立民籍于松源,是为梅州赵姓开基始祖。传至商王 20 世孙月梅生 6 子,除长房仍留梅州外,二房至五房子孙自康熙十一年(1672)起,先后居紫金县凤安镇凤圩围,蓝塘镇南山村岗,上义镇郊田村。其后的 24 世焜先,是由紫金县凤安镇迁居广东省博罗县,后转迁广西玉林市等地的赵氏之始迁祖;24 世炳先,是由紫金县凤安镇迁居增城高车村的客家赵氏之始迁祖。

8. 潮阳铜盂镇一带赵氏。太宗第 12 友益于宋室南渡后居于福建莆田,病逝于该县古楼村。其妻携子继亮徙居潮阳新兴。继亮有二子,长子同圭原地居住,次子同举迁徙新昔村。共奉友益、继亮为一二世祖,其后裔先后迁到县城、普宁洪阳及海丰梅陇等地创村立籍。

9. 东莞市塘厦镇赵氏。宋淳化年间(990~994),太宗七世孙不每携眷由福建到东莞任职。后代从莞城等地移居沙湖、蛟乙塘、平山。清代,其后裔陆续分居周边的鹤湖、大岭公、道生、新围仔、孖寮、和生、大来和东头等自然村。

(三)魏王派

1. 斗门赵氏,是魏王长子高密郡王德恭后裔。德恭五世孙赫之,修武郎,靖康之变,携三子从河南陈州南渡入杭,建炎二年(1128),入籍江西饶州府鄱阳县义犬乡。德恭八世孙怿夫(1176~1236),光宗绍熙三年(1192)领江西举,宁宗庆元四年(1198)领国子监,承直郎。历任南昌府都簿、安庆府宿松县尉、郁林州司户、英德府浛洸县尉、南恩州司理、英德府金判等职。理宗端平元年(1234)任广南东路广州府香山县知县,后卒于任上,为入广一世。怿夫生五子,第三子亦即德恭九世孙时鏓(1225~1273),12 岁丁忧,随祖母杨氏居广州城,入番禺县学为庠生。理宗淳祐九年(1249)领乡举,次年赐进士,初授承信郎、监南岳庙,再授承节郎、监广府在城税务;后居香山潮居里大赤坎,遍游山水以自适。11 世嗣焕(1296~1365)有五子,为 12 世。斗门赵姓人口合计约 16000 多人。下洲、南村、珠海三灶、新会城、南京、湖南常德、越南西贡、柬埔寨等地,亦均有斗门怿夫后人。

2. 潮阳仙城镇赵氏。魏王第 10 世孙时依,先世南渡,居福建莆田。时依宋绍定二年(1229)出任潮阳县丞,任满居县城铁巷口(今文光街道赵厝巷),为魏王派潮汕开基祖。时依有子三,其孙赵平田于明永乐年间由封建漳浦入潮,先后徙普宁铁山下和潮阳大长陇,最后居黄陇都仙门城,是仙城赵氏开基祖。若龙三子嗣助一直留居潮阳县城老家,后裔分派桑田、萧渡等村落,并向外县市及海外迁徙。潮阳魏王派赵氏人口在三派中居首位。

3. 增城市中新镇高车村本地赵氏。高车村是赵姓单姓村,现有村民 600 多人,分为本地赵和客家赵两支,本地赵约占三分之二。魏王长子高密郡王德恭七世孙彦仁,因靖康之难,由汴京南渡迁于杭州之钱塘,复于孝宗十四年(1187)由杭州钱塘迁于广州省城之德星坊番塔街枣树巷,为入广始祖。彦仁后裔时洮登理宗宝祐四年(1256)丙辰科四甲 202 名进士,授承事郎,服官增城。时洮子若杞留增城,为增城开基之祖。若杞生四子,长子嗣兴居增城,次子嗣荣居荷岭(今属中新镇),三子嗣圣居长埔,四子嗣贤居大岗。嗣荣移居荷岭在元仁宗延祐年间(1314～1319),为荷岭赵氏始祖。清康熙五十四年(1715),荷岭赵氏的11 世赵登云结识紫金太宗派的赵炳先(参看上文"广东紫金、广西玉林赵氏"),炳先应登云之邀移居增城。二人选定高车立村,各自建祠开基。现在村里既有本地赵的"炳先赵宗祠",也有客家赵的"登云赵宗祠"。本村人称客家赵为"二房"(太宗为二子),本地赵为"三房"(魏王为三子),彼此关系融洽。

(作者单位:广东省社科院历史所)

一个河洛诗人与岭南的"神交"

——杜甫诗中的岭南意象与历史事件

李健明

杜甫(712~770),字子美,号少陵野老,生于河南巩县。唐代著名诗人。

杜甫一生从未足涉岭南。但他的朋友在岭南或为官或公干,或南行平定叛乱,杜甫悉知或相遇,多以诗相赠,尤其在晚年,他在相互唱和的诗歌中寄托着他内心深处的理想。

一

公元761年,友人杨谭从桂州迁往广州,段(名无考)功曹自广州归,带给杜甫杨谭一封书信,在段功曹将回广州时,杜甫作诗托其回赠杨谭。杜甫此时,五十初度,仍居成都草堂,但多病计困,所谓"荒村建子月,独树老夫家"(本文所引杜诗,均见张志烈《杜诗全集》天地出版社1999年12月版,下同者不另注),"蜀酒禁愁得,无钱何处赊",颇有乔迁吴楚的想法,忽见老友书寄万里外,自是百感交集,于是便有此诗:"卫青开幕府,杨仆将楼船。汉节梅花外,春城海水边。铜梁书远及,珠浦使将旋。贫病他乡老,烦君万里传。"

在杜甫心目中,广州是梅岭之外,南海之滨的春城。可惜自己"贫病他乡老",只好拜托来人万里传信以作答谢。

不久,段功曹返广州,杜甫又作诗相赠:"南海青天外,功曹几月程。峡云笼村小,湖汉荡船明。交趾丹砂重,韶州白葛轻,幸君因旅客,时寄锦官城。"

在当时,南海县为广州治所,但行程确实需要几个月。在古代,确有远隔千里之感。

交趾(今越南一带)出产的丹砂成色较重,素为炼丹道士推崇,杜甫一生颇喜炼丹,晚年尤重,故有此求。在唐代,广东出产的白葛布素有名气,李贺曾有"欲剪湘中一尺天,吴娥莫道吴刀涩"盛赞其光洁精细,是当时人们馈赠亲友的珍贵礼品,杜甫自也钟爱十分,故也有此求。丹砂与白葛,可助诗人延年益寿和消夏度暑。

结合前后两诗,杜甫心目中的岭南或广州只是几个历史人物和几个典型诗意或特产构成的意象。不过,因了友人的音书,让他在困苦生涯中瞥见一丝阳光,而那曾是汉代楼船将军杨仆平定叛乱的岭南和特产丹砂与白葛,倒也给他带来无限遐想。

二

同一年,他收到在广州任判官的故交张叔卿的书信。此时,安史之乱仍未平定,叛将史朝义杀死史思明,故乡洛阳仍在叛军铁蹄之下,中原风声鹤唳,即"乡关胡骑满",暂居成都的他不免感叹"宇宙蜀城偏",但他很惊喜地收到远隔千里岭南友人的书信,因而有"忽得炎州信,遥从月峡传"。炎州指岭南一带,因古书就有"嘉南州之炎德"。

在他心目中,遥远的岭南在云海苍茫的岭南深处,故有"云深骠骑幕"一句。所谓"骠骑幕"是指汉代霍去病曾任骠骑将军,而这位张叔卿任广州都督府幕僚,故有此说。远在青天外的友人书信虽可以略舒愁困,让诗人感到人情的温煦,但贫无长物的他只好"却寄双愁眼,相思泪点悬"。即无物相赠还,唯寄满沾相思清泪以作答谢,可见其情深意重,却又无可奈何。

三

八年后,即公元769年,诗人的中表亲,又是李氏宗亲子弟的李勉(717~788)南下广州讨伐叛乱,诗人与他相逢湖南衡州(即今衡阳)。诗人作诗相赠,不过,全诗了无广州意象,只是自述困顿,如"日月笼中鸟,乾坤水上萍,王孙丈人行,垂老见飘零"。相比这位中表亲"斧钺下青冥,楼船过洞庭。北风随爽气,南斗避文星"的煊赫,诗人两相衬托,更凸显自身的孤苦飘零,实也婉求这位刺史大人能伸出援手以济困救穷,可惜,未见诗人后来的酬谢诗,可见也是未能奏效。

此时,诗人的生命其实已走到最后一年。五十八岁的他,一年间奔走衡州、湘阴、潭州(长沙)之间,只求一份安稳的差事,可总是阴差阳错,一无所得,困顿焦灼的他很是无奈。这年秋天,其老朋友韦迢赴韶州(今韶关西南)任刺史,途径长沙,专程看望杜甫,他们"相逢缆客船",韦迢称赞杜甫"大名诗独步",感叹他"地湿愁飞鹏",两人"把臂共潸然"。

"为客费多年"的杜甫,虽然"卧病江湖春复生",但看到朋友为官岭南,内心实也羡慕这位"炎海韶州牧,风流汉署郎"。他纵笔写道:"分符先令望,同舍有辉光。"汉代委派郡守,必将官符一分为二,右留京都,左给所派官员,以作凭证。韦迢出任刺史,故有此说。而杜甫与韦迢都曾担任郎官,他遂有"同舍有辉光"的荣耀感。他虽感慨"白首多年疾,秋天昨夜凉",但更希望友人"洞庭无过雁,书疏莫相忘",这种味淡意隽,纸短情深,倒也折射出诗人的重情尚谊。

韦迢于立秋后一天乘舟前往湘潭,次日发船时又寄诗一首,其中就有"故人湖外客,白首尚为郎"的叹息,而杜甫也感慨万千,写下"养拙江湖外,朝廷记忆疏"。语出无奈,隐隐有"中原不是无麟凤,自是朝廷记忆疏"的幽愤。他告诉友人:"虽无南去雁,看取北来鱼。"仍寄托着他对远方朋友的一片深情。

四

公元 770 年,杜甫表侄迁王砅往岭南节度使府公干,途经长沙,拜见杜甫。此时的诗人,"白首扁舟病独存",他在送别诗中叙说到李勉平定岭南的功绩及清廉刚正的品格。即"番禺亲贤领,筹运神功操。大夫出卢宋,宝贝休脂膏。洞主降接武,海胡泊千艘"。此处的"卢宋",是指卢奂和宋璟。根据史书记载,唐代历任广州节度使而不损公肥私者只有四人,其中就有卢奂和宋璟,而诗中的"大夫"自指李勉,因他曾任京兆尹兼御史大夫,说他"出卢宋",指李勉为官清廉,不私取一毫超过前贤,即使身处脂膏,也难润自身,故有"宝贝休脂膏"一句。

1. 从这段诗歌中,我们可读出一段历史并解读出当时广州繁盛景象。"洞主降接武",指当时兵祸岭南的叛将冯崇道和朱济时等人在李勉的招讨下兵败身亡,其他洞主纷纷受降的这段历史,而"海胡泊千艘"中的"海胡"实指海外胡人,"泊千艘"虽语出夸张,但仍道出当时实况。因广州历经战乱,加上贪官无节,当时广州港的对外贸易日渐萧条,而李勉到任后,力整吏弊,严惩不法,放宽检查,很快,海外商船日渐增多,根据《旧唐书》记载,他离任时全年海外商船达四千多艘,与杜甫的"海胡泊千艘"相吻合,一百多年后,南贬广东的刘禹锡(772

~842),也写下"连天浪静长鲸息,映日帆多宝舶来"(《全唐诗》卷13,《南海马大夫远示著述兼酬拙诗》)描绘当时海外商船停泊广州的景象。

不过,看着表侄南下,困顿惆怅的杜甫实也有与他一起优游南海,学仙方外的遐思。因这位表侄在安史之乱期间曾跟杜甫一起逃难,而王砅对这位前辈呵护备至,令他甚为感动,而此时,这位表侄担任评事,前往岭南,因此,他就有"我欲就丹砂,跋涉觉身劳,安能陷粪土,有志乘鲸鳌,或骖鸾腾天,聊作鹤鸣皋"。

上文已述,杜甫一生炼丹不绝,而岭南最靠近丹砂的出产地,因而,他确实极想跟随这位表侄远赴岭南,寻求丹砂,以求成仙长生。特别是当时他困居长沙,

求职无望,确实希望能挣脱一生难以摆脱的穷困阴影,走向乘鲸鳌于碧海,骖鸾腾碧天的新生命。这也是他生命最后一年里对岭南最深情的眺望,其实也寄托着他内心深处不为人知的真实渴求。

也是在这一年,魏二十四(名无考)到岭南担任崔郎中府判官,途径长沙,杜甫诗寄友人,他希望这位朋友能"佳声期共远,雅节在周防",告诫他"明白山涛鉴,嫌疑陆贾装",外地为官,宜以廉政为则,切莫瓜田纳履,授人口柄。同时,他也不忘仍在韶州担任刺史的韦迢,请这位友人"凭报韶州牧,新诗昨寄将"。在他心目中,虽然"故人湖外少",但是"春日岭南长"。那是一个有点令他神往的地方。

五

在杜甫为数不多的诗歌中,岭南,作为一个远离中原的他方,融合着诗人的几个意象。

首先是建功立业的古代名人,如他诗歌中的卫青、杨仆、山涛、陆贾等,他真诚希望这些为官岭南的友人能成为彪炳千秋的伟人,因而,也不厌其烦地提醒朋友们"明白山涛鉴,嫌疑陆贾装",更希望他们"致君尧舜上,再使风俗淳",岭南,成为他将希望和自身无法实现的理想寄托在友人身上的一个远方。

其次是风物特产。虽然这些特产他从未获得,但都能给他带来暂短的美好遐想。如白葛,丹砂等,尤其是生产丹砂的岭南,确令他有点神往。

此外,作为一个在诗人心目中遥远而有点陌生的地方,杜甫其实有点视之为可远适的"乐土"。虽然,他对那里并不了解,但是困顿病穷的他,实在太希望能摆脱当时困境,远离烦嚣,在一个可暂且安身避困,养性续命的庇护地,可惜,他

在岭南乘鲸骖鸾,扬波逐浪的梦想随着生命的凋零而永远无法实现,这,也是岭南与他缘悭一面的文化憾事,不过,岭南却因杜甫为数不多的诗歌而名播千年,不少诗句成为人们常常引用的名句,如"汉节梅花外,春城海水边"、"交趾丹砂重,韶州白葛轻"、"春日岭南长",这倒也成为这位河洛文化孕育出来的伟大诗人与岭南精神交流的另外一个收获。

（作者单位：广东省佛山市顺德区博物馆）

岭南诗人同河洛诗人的"心语"

——《黎二樵批点黄陶庵评本李长吉集》评介

岑丽华

李贺,字长吉,唐德宗贞元六年(790)出生于河南府昌县(今河南省宜阳县)的昌谷,卒于唐宪宗元和十一年(816),是中唐一位年少才高而英年早逝的杰出诗人。

这位天才诗人倾倒了历代骚人无数,其诗作的巨大的艺术魅力在唐代即赢得众多诗人的喜爱、学习与效仿,一直至宋、至明清,学李贺者代不乏人。而对李贺诗集的评点更自宋末元初的刘辰翁肇始,降至明清,大量出现。在众多后学者和评点家中,岭南诗人黎简是不容忽略的一个。

黎简(1747~1799),字简民,一字未裁,号二樵,广东顺德弼教村(今顺德陈村)人,以诗、书、画三绝驰名于世,是清中叶岭南诗坛大家,对岭南诗歌的发展起过积极的作用。

黎简于乾隆十二年出生于广西南宁,稍长,随父往来东、西粤间,遍览桂林山水。后又一度与友人西入云、贵,北游湘、鄂,饱览壮阔绮丽的风光,深得山川灵气的陶冶,诗艺大进。27 岁回家乡顺德后,从此"足不逾岭",再也没有离开过广东。他经常往来于顺德弼教村、大良镇和广州府城之间。曾在佛山住过 3 年,又先后到过番禺、肇庆、香山(今广东中山市)、新会等地。罗浮、西樵、鼎湖、七星岩这些名山胜景都留下他的足迹。32 岁中秀才,43 岁选为拔贡。此后无意科场,靠当塾师及卖字画来维持生活。中年之后,诗名、画名远播中原,但生活并不富裕。嘉庆四年,悄然病逝于弼教村中,卒年 53 岁。

　　黎简现存诗集《五百四峰堂诗钞》25 卷,其诗力辟异境,自成面目,受李贺等古代诗人的影响很深,但能学而不泥。他自幼酷好李贺诗歌,非李贺诗歌不读,刻意效仿其风格,表达出他对于中唐诗人李贺非同寻常的神交之意和神往之情。

　　对于研究河洛与岭南两地文化关系这一课题,黎简与李贺的“前世今生”的缘分是其中一个令人颇有兴味的文化现象,黎氏对《李长吉集》的批点即《黎二樵批点黄陶庵评本李长吉集》、以及黎简的不少风格酷肖李贺诗的作品,更可视作这两处相隔千里的文化之域其实遥遥呼应、息息相通的代表作。

一

　　《李长吉集》四卷及集外卷,上下两册,系黄陶庵先生评本,黎二樵先生批点,丁巳(1917)仲春上海会文堂书局精印。卷前有晚唐杜牧所为序,卷末有清光绪年间叶衍兰所识跋。

　　卷一之首,有黎简写于癸卯年(1783)三十七岁生日早上的记一则,如下:“余幼好长吉,非长吉诗不读,且学为之,甚肖也。向有手记一本,朱蓝墨三通矣,毁于灾。今于兹刻,复以己意稍论之。长吉诗似小古董,不足贡明堂清庙,然使人摩挲凭吊不能已,其体未纯而情有余也。吾后人读此,知所采择,亦知作诗须从难处落手,不嫌酷肖,到此时自然会生出面目来。见今人朝学古人暮欲立一格,动畏优孟之讥必至,获落无成,入于野体而已。”

　　黎简对李贺诗歌的酷爱分明表达,突出了他的几点意思:

　　1. 诗学观。主张学诗不嫌酷肖古人,不可急于自成一格,功力到时,面目自成;否则会一无所成,流于野体。他本人自幼精读李贺诗歌,刻意效仿,诗风酷肖,甚为得意。

　　黎简素来强调“我自用我法”,追求自成一家的艺术成就,事实上是在长期浸淫学习古人诗歌之后方可达到的境界。这一观点得于精读李贺诗歌。李贺作诗以苦吟闻名于世,字字雕琢,片言只语,必新必奇。故此,黎简不仅赞同李贺自辟门径的追求,还从根本上认识到欲自生面目必先苦学古人、刻意模仿的方法,黎简有诗《三月十三日十四韵》,写出自己取法长吉的作诗方法:“得句如长吉,投囊付小奚。陈言弃刍狗,知己属雌霓。”他师承李贺这位骑驴觅句的苦吟诗人,确是得其真意。

　　2. 李贺诗歌特点。如同小古董,不足贡明堂清庙,然使人摩挲凭吊不能已,其体未纯而情有余。"小古董"之喻,表现出黎简自幼对李贺诗歌反复把玩、烂熟于胸的情态,也可见他对李贺诗歌的评价,全局有不足,但感情深挚。

3. 二度批点长吉诗。黎简阅读长吉诗时,吟咏不足,以笔作记,如是者多次,故书中留下朱、蓝、黑三种手记,可惜这本记录黎简读诗心迹的手记毁于灾,他于癸卯年再度批点长吉诗集。根据苏文擢先生的《黎简先生年谱》所述,黎简再度批点的李长吉集情况如下:按李长吉集黄陶庵评本,先生加墨其上,吕石飚得之,后归陈兰甫。光绪十八年壬辰,陈兰甫门人叶衍兰手写付刊。凡四卷,附集外卷,分上下册。朱墨套印。

二

《黎二樵批点黄陶庵评本李长吉集》第一页有总批四则:从来琢句之妙无有过于长吉者。细读长吉诗下笔自无庸俗之病。昌谷于章法每不大理会,然亦有井然者,须细心寻绎始见。每首工于发端,百炼千磨,开门即见,至其骨力劲险,则温李两家俱当敛手。

前两条从艺术追求及诗歌意境上作评论,后两条则就局部问题作评论。突出李贺诗的四个特点:一指其"雕琢",并评价极高;二指其"无庸俗之病";三指其"于章法不大理会",但也指出个别章法井然的情况,须读者细心揣摩;四指其"工于发端,骨力劲险",与李商隐、温庭筠二人比较,予李贺以高度评价。此四则为总批,在集中有具体的分述,尤其是前两者,是集中最为突出的观点。此处只举批点"雕琢"者数例:

《河南府试十二月乐词·十二月》:一语胜人千百,非苦吟何能臻此?

《苦篁调啸引》:此全不似长吉,而一字不雕,一句不琢,字句之间,自然圆老。然集中只一首,似丰筵之得嘉蔬,便可人意。若长吉全造此境,亦不过元、白也。

《江南弄》:雕极而佳,状月是昌谷独创。

出于对李贺诗"苦吟""雕琢"的高度称善,黎简对于前人的某些迥异观点予以否定,如《示弟》,明代徐渭批点道:"冲淡拙率,尤贺之佳处。",黄陶庵亦批点道:"冲淡拙率,尤贺佳佳处。"对李贺诗歌批点"拙率",乃徐渭、黄陶庵等多次突出的观点;然而黎简对此持反对意见:"拙率为佳佳处,恐未然。"在外卷中,某些诗歌历来被视作伪托之诗,黎简没有直接指出"伪作"之说,但他能从用字是否雕琢锤炼而判断佳劣,如《白虎行》,批点道:"雄豪二字下得伧。长吉工用刺骨酸辣之字,此却欠炼。"显而易见,"雕琢之妙"是黎简精修细研李贺诗歌之后而总结的一个标志性批语,击节赞赏之情溢于言表。

钱锺书先生在《谈艺录》中论长吉诗时,曾援引黎简此说并予以认同:"长吉穿幽入仄,惨淡经营,都在修辞设色,举凡谋篇命意,均落第二义。……虽以黎二樵之笃好,而评点《昌谷集》,亦谓其'于章法不大理会'。"钱氏指出李诗惨淡经营、重修辞设色的特点,与黎简的观点一致;还指出黎简笃好李贺诗,而没有因其好而忽略了李诗在章法上的缺陷,再次认同黎简的观点。此外,钱氏对李贺诗"无庸俗之病"同样予以高度肯定:"盖长吉振衣千仞,远尘氛而超世纲,其心目间离奇俶诡,鲜人间事。所谓千里绝迹,百尺无枝,古人以与太白并举,良为有以。"黎、钱二人之所以能所见略同,是因二人均能抓准李贺之诗魂。

基于对李贺诗歌的半生揣摩,去粗存精,黎简在自己诗歌创作中注意扬长避短,使其诗歌青出于蓝而胜于蓝。笔者于2009年曾有拙作《黎简与李贺》,论黎、李二人诗风相近的艺术现象,在字字雕琢、造境奇险(无庸俗)、开端用力等方面,黎简显然是问途李贺,而黎简还注重每篇的谋篇布局,则是超越李贺之处。总之,黎简致力于李贺极深,彻悟极深,得其神髓,为我所用,故自道"我宗昌谷颇能仙"。

将黎诗与李诗相提并论,向为论者所不吝。例如:梁九图、吴炳南合编《岭表诗传》(国朝)卷五评黎简《汉驹氏镜子歌为药房作》道:"运盛气于离奇中,斯为善学昌谷,盖昌谷病在气促也。"同上卷六评李士桢(东田)道:"二樵、东田俱喜学昌谷者,二樵能变,东田不能变,遂差道里。"李遐龄《哀二樵》诗云:"胸中万卷笔无尘,二谷二樵前后身。山谷厄穷昌谷夭,汝樵斗牛岂能神。"并自注:"二樵尝谓予,其所作诗不名一体,实初学昌谷,后归山谷,深觉于二家得力,故雕削劲瘦,往往似之云。"钱锺书指出《随园诗话》见解的偏差时称善黎简诗近昌谷:

当日"十三省诗人"中,粤东黎二樵简生面别开,幽径独往;……《诗话》卷七称孙渊如"诗近昌谷",又谓"清才多,奇才少",渊如乃"天下之奇才";二樵《五百四峰堂诗钞》卷二十一《赠别沈见亭广文奎还长洲》亦自诩"我宗昌谷颇能仙"。二子相形,渊如脉张声嘶,血指汗颜,又每似使酒装疯,不若二樵之奇崛而能安闲。"奇才"之目,当在黎而不在孙耳。

三

《黎二樵批点黄陶庵评本李长吉集》四卷及集外卷,收李长吉诗 240 首,黎简批点了 140 余首,在这些批点中,可以看到黎简对李贺诗评的一个很大的特点:以自己的人生体验去领悟李贺诗歌。正因如此,他的批点往往只需片言只语而能切中命脉,处处体现出他与李贺非同寻常的心灵呼应。

笔者在《黎简与李贺》一文中论述了这两位代隔千年的诗人在生命悲剧意识上的相似性,李贺在短暂的二十七年中,仕途蹭蹬,生活困厄,体衰多病,敏感多虑,刻骨铭心地体验到人生的悲剧性,诗歌成了他唯一的精神寄托,因此形成了怪癖、瑰奇的诗风,后代学李贺者虽代不乏人,但鲜有真正的其神韵者,这是由于李贺的生命体验无法重蹈决定的。而黎简这位清代岭南诗人,却有着与李贺相近的生命体验,他自身的贫与病、他至亲至爱的亲友的相继亡故、敏感忧伤的天性、自幼对李贺诗歌的笃好,使他早在青年时代已形成生命悲剧观,正是这种相通的生命意识,使黎简对李贺的解读妙合于心、丝丝入扣。

李贺举进士不第,东归昌谷后作《浩歌》,黎简批点道:

> 黄谓(笔者按:指黄陶庵注)起三句沧桑之意。非也。意为山水险阻,行路艰难,促人之寿,安得山水俱平,人皆长命? 见千遍桃花开几回,彭祖死于是,长生安乐得美遨游也。"不须浪饮"以下乃转言人生未有不死,如平原君之豪,卫娘之美,皆不可留,况我身乎? 结句自伤也。篇中奇奇怪怪,而大意只是三段,若从沧桑上说,未得作者之意。

对于《浩歌》"南风吹山作平地,帝遣天吴移海水。王母桃花千遍红,彭祖巫咸几回死"等句,黄陶庵、黄周星等论者以为"沧海桑田"意,黎简则指出其"未得作者意",并切中肯綮地指出诗人感慨的是道途危厄、生如朝露、去日苦多。因为,李贺之"自伤"即是黎简之自伤。

上文已分析,李贺的生命悲剧意识是他整个诗作观的先导;黎简的批点中,早已识破长吉诗的这一关键,多处指出哪些是长吉的"平正之作",哪些不是长

吉的长处;当然,深得黎简认同的正是李贺那些感逝忧生的诗作,如李贺的《感讽五首》(其三):

> 南山何其悲?鬼雨洒空草。长安夜半秋,风前几人老。低迷黄昏径,袅袅清栎道。月午树立影,一山为白晓。漆炬迎新人,幽圹萤扰扰。

荒丘残陇,倍尽凄凉,表达了一种生命的惶惑,乃李贺之本色诗。黎简批点:"叹逝。"二字一点,宏旨即出。"千年以还吾识音",黎简听懂了李贺生命琴弦上的颤音,故其在长吉集中留下的吉光片羽,如点点烛光照映着千年前的幽幽洞天,为后人对李贺的认知提供了重要参照。

命运只为李贺留下一条诗人的路,负瑰奇之才,抱郁勃之气,致使李贺把生命的意义与年光全部托付给诗歌。虽然他对诗客无用屡出愤词:"寻章摘句老雕虫""文章何处哭秋风""谁看青简一编书,不遣花虫粉空蠹?"但依然苦心孤诣、惨淡经营,以期独成面目,以诗传世。明知悲剧命运无可逆转,偏用瑰奇的诗笔,在生命晦暗的天空上涂抹异彩,为后人留下了永恒的绚烂。这种"笔补造化天无功"的执着,钱锺书先生说是"长吉精神心眼所在",黎简则结合着自身的体验予以无比深挚的赞叹。例如,李贺的《伤心行》云:"咽咽学楚吟,病骨伤幽素。秋姿白发生,木叶啼风雨。灯青兰膏歇,落照飞蛾舞。古壁生凝尘,羁魂梦中语。"

黎简批点道:"诗是无益,知其不可为而为之,如灯蛾之赴火,灯熄而犹飞舞也。"

不仅一语中的,准确把握诗歌的内蕴,更传达出批点者对诗人"灯熄而犹飞舞"的精神的敬仰,以及对"灯蛾之赴火"的悲剧的哀伤。这是笔蘸血泪的手批,它来自批点者切身的体悟。

成名甚早的黎简却一生清贫,深刻体会到"绝世文章绝世贫"的侘傺幽愤,但他以诗传世的情结却十分执着,他五十岁刻印《五百四峰堂诗钞》自序道:"简自龆龀;先君子即教之为诗。既得其意而喜为之。其间存而惭,惭而焚者屡矣。既又复存,存又复焚,于二十年中,若有未可尽焚者。……昔所非而今是,今所是而后非,吾乌乎知其鹄之正也哉!"

又有《夜省所著诗稿戏作》诗道："著书恒欲多,作者心自尔。不知身后名,所及能几里。"

从他对平生诗作"惭而焚,复存又复焚,若有未可尽焚者"的严苛,"不知身后名,所及能几里"的忐忑,可见他对诗作的自珍及传名后世的期待。与李贺一样,他刻意自辟门径、自成一家,以孤往之力投于诗歌的艺术追求上,以期完成一个传统文人自我赋予的使命。

把人生的意义和才华都寄与诗歌,呕心为诗,世无几人,昌谷与黎简仿佛前后之身,前者对后者的影响,从生命观到创作观、审美观,深广无可估量:"昌谷心肝呕恼公""此夜诗魂泣昌谷",正是因为黎简与李贺相通的生命悲剧意识,才有了黎简对李贺诗歌的独到深刻的见解,才有了二人诗风相近的艺术现象。

结　语

《黎二樵批点黄陶庵评本李长吉集》末有叶衍兰在光绪壬辰(1892)仲秋所识跋,指出黎简对李诗见解之精当:"李长吉诗如镂玉雕琼,无一字不经百炼,真呕心而出者也。二樵诗学胎息于斯,故其评语最为精当。"

黎简在批点《李长吉集》是年,写了一首《昨梦李昌谷弹琴》:

　　年无几梦十九恶,昨夜何人媚魂魄。长爪诸孙秀眉绿,围玉神麟腰一束,鸣弦古寒动秋屋。陇山月黑叫孤鹦,昌谷云深啼老竹。红丝剩血弹涩吟,千年以还吾识音,车行确确雷碾心。行云已去银浦浅,出门独愁碧海深。

河洛诗人李长吉成了岭南黎简的梦中、诗中的常客,诗中常用李贺喜用的意象。自幼"案头不可一日无长吉集"的黎简在《李长吉集》中所留下的手记,就是他与李贺之间远隔千年而遥相呼应的心语。

清代顺德人何藻翔和近代番禺人陈融都提到岭南人好宗昌谷,此与黎简在岭南诗坛卓然独步、从者甚众有关不? 黎简曾有诗寄友人之子曰:"去秋从我借昌谷,满城西风背人读。"这就是黎简之好昌谷,从而对旁人产生辐射的一个例证。

千年以降,河洛文化孕育出来的诗人李贺影响过无数后人,而他的众多后学者中,岭南的黎简当推翘楚,他的整个人生观以及诗歌创作都深受李贺影响,手批《李长吉集》更为后人解读李贺提供了重要参照,这是河洛文化与岭南文化联姻而生的弥足珍贵的文化遗产。

参考资料:

1. 苏文擢:《黎简先生年谱》,香港中文大学出版社,1973 年。

2. 黎简撰,梁守中校辑:《五百四峰堂诗钞》,中山大学出版社,2004 年。

3.《李长吉集》,上海会文书局印,丁巳仲春。

4. 钱锺书:《谈艺录》,三联书店,2001 年。

5.《"岭南文献与岭南学"国际学术研讨会论文集》,2009 年。

(作者单位:顺德历史文化研究会)

河洛文化与古代岭南女性形象的型塑

刘正刚

所谓河洛文化,狭义上是指中原文化,广义上则包括齐鲁、秦晋、燕赵等文化。河洛文化产生于河洛地区,包括原始社会的彩陶文化(仰韶文化)和河南黑陶文化以及神秘而代表河洛人智能的《河图》、《洛书》;应包括夏商周三代的史官文化,及集夏商周文化大成的周公制礼作乐的礼乐制度;还应包括综合儒、道、法、兵、农、阴阳五行各家学说而形成的汉代经学、魏晋玄学、宋明理学以及与儒、道思想互相融合的佛教文化等等,以上各种文化的总和就是河洛文化。[①] 河洛文化因处于传统大一统王朝的政治中心所在地,随着王朝开拓边疆的不断延伸,河洛文化也随之流布四方。

秦汉以来,岭南已经被中原王朝纳入到大一统之中,中原仕宦南下岭南,对当地的历史文化多有记述,从中凸显了岭南女性个性的剽悍特性。岭南女性较早引起中原士人关注的,可能是龙母温氏,唐代刘恂《岭表录异》卷上记载,温媪乃"康州悦城县孀妇也,绩布为业。尝于野岸拾菜,见沙草中有五卵,遂收归置绩筐中。不数日,忽见五小蛇壳,一斑四青,遂送于江次,固无意望报也。媪常濯浣于江边。忽一日,鱼出水跳跃戏于媪前,自尔为常渐有知者。乡里咸谓之龙母,敬而事之。……朝廷知之,遣使征入京师,至全义岭,有疾,却返悦城而卒,乡里共葬之。"[②]这个故事本来并没有朝代断定。后来的地方志将此确定为秦朝,

①　朱绍侯《河洛文化与河洛人、客家人》,《文史知识》1994 年第 3 期。
②　(唐)刘恂:《岭表录异》卷上,辽沈书社,1990 年,第 331 页。

如同治《藤县志》卷六考证："按龙母,嬴秦祖龙时之神也。"光绪《德庆州志》卷五记载："龙母神生于周秦之世。"这些说法至少显示,从秦汉以来,岭南妇女野外劳作已相当普遍。此后,岭南地区又衍生出金花夫人、何仙姑、鲍姑等女神传说,给岭南女性世界添加了神化的元素。

如果说,龙母的传说是神话多于人性的话,那么中原士人对冼夫人的记载却是人性多于神性,这位被正史记载且被王朝册封为谯国夫人,唐朝官修《隋书》卷八十记载："谯国夫人者,高凉冼氏之女也。世为南越首领,跨据山洞,部落十余万家。夫人幼贤明,多筹略,在父母家,抚循部众,能行军用师,压服诸越。每劝亲族为善,由是信义结于本乡。"她嫁给中原士人冯宝后,全力支持冯家控制岭南社会,"自此政令有序,人莫敢违。"南朝灭亡后,冼夫人率众归附于隋,保境安民,"岭表遂定"①。正因如此,冼夫人成为日后岭南不同族群共同祭拜的女性神灵,并被后人型塑为中华民族的巾帼英雄。

岭南女性对地方政局的左右在南汉时达到高潮,史载:"(刘䶮)委政宦官龚澄枢及才人卢琼仙,每详览可否,皆琼仙指之。䶮日与宫人、波斯女等游戏。内官陈延寿引女巫樊胡入宫,言玉皇遣樊胡命鋹为太子皇帝,乃于宫中施帷幄,罗列珍玩,设玉皇坐。……又有梁山师、马媪、何拟之徒出入宫掖。宫中妇人皆具冠带,领外事。"②清代刘应麟编纂《南汉春秋》卷二考证曰:"卢琼仙、黄琼芝,皆南海人,中宗时有宠,与琼芝等十余辈皆官女侍中。朝服冠带,参决朝政。后主嗣位,俱封才人。复以朝事决于琼仙,凡后主详览可否,皆琼仙指之,……朝臣备位而已。"可见,左右南汉政局的女性并非个案,而是一批女性,宋代黎人王日存之母黄氏、③元末蔡九嬢、④郭贞顺⑤等人都对岭南社会的稳定做出过贡献。

唐宋时期,岭南基层乡村社会的女性在社会经济中相当活跃。宋人编《太

① 《隋书》卷八〇,《列传第45》,列女。
② 《宋史》卷四八一,《列传第240》,世家4。
③ (清)程秉钊《琼州杂事诗》,《丛书集成初编》第3128册,中华书局,1985年,"宋绍兴间,琼山民许益为乱,黎人王日存母黄氏抚谕诸峒,皆无敢从乱者。诏封黄氏宜人,以为三十六峒都统领。淳熙八年黄氏卒,女王氏袭职,嘉定九年,王氏卒,女吴氏袭。"第7页。
④ (清)程秉钊《琼州杂事诗》,《丛书集成初编》第3128册,中华书局,1985年,"蔡九嬢者,元末琼州仁政翼黎兵千户克宪之女,有姿色,通晓书义。年十一,殁弟幼,不欲以黎土他属,遂统父兵以佐弟。齿逾三十不嫁,及元乱,九嬢帅师保境……"
⑤ (清)温汝能《粤东诗海》,吕永光整理,中山大学出版社,1999年,第1789页。

平广记》记载了不少岭南女性事例，"番禺村中有老姥，与其女饷田，忽云雨晦冥，及霁，乃失其女。姥号哭求访，邻里相与寻之，不能得……"其后才知此女已被雷神娶为妻。① 故事肯定了岭南女性的田野劳动，而男性在劳动场合中却缺失了。这一现象在岭南较为常见，《太平广记》卷四百八十三记载："南海解牛多女人，谓之屠婆屠娘。皆缚牛于大木，执刀以数罪，某时牵若耕，不得前；某时乘若渡水，不时行。今何免死耶。以策举颈，挥刀斩之。"又记载，每逢端午节，"闻街中喧然，卖相思药声。讶笑观之，乃老媪荷揭山中异草，鬻于富妇人为媚男药。""岭南无问贫富之家，教女不以针缕绩纺为功，但躬庖厨、勤刀机而已。善醯盐菹鲊者得为大好女矣。"②岭南妇女除了田野劳作和"负贩逐市"外，还干起男性从事的屠夫行当，甚至在大街上公然叫卖相思药。③ 这一现象与中原风俗大相径庭，日本学者佐竹靖彦通过对宋人作品《清明上河图》研究显示，中原都市几乎看不到女性的踪影。④

在宋人文人笔下，岭南女性异于正统文化的行为成为中原士人猎奇的重要目标，宋人说："南越夷狄，男女同川而浴，淫以女为主，故曰多蛊。蛊者淫女惑乱之气所生。"⑤这一现象到了清代在岭南少数民族地区仍有保留，康熙年间吴震方从肇庆至广西梧州巡游，沿途所见："妇人四月即入水浴，至九月方止，不避客舟，男女时亦相杂，古所谓男女同浴于川也然。大约瑶童山居者尔尔，若中土人籍彼地者，其妇女则否。浴时或触其私不忌，唯触其乳，则怒相击杀，以为此乃妇道所分，故极重之。"⑥南方妇女与男性同浴于川的行为，令南来士人惊讶不止，其贬抑之情亦难掩饰。

历史时期的岭南妇女由于上述种种独特的言与行，其身体表现也与中原文化有所差异，"岭南妇女多不缠足，其或大家富室闺阁则缠之。妇婢俱赤脚行市中，亲戚馈遗盘椹俱妇女担负，至人家则袖中出鞋穿之，出门即脱之袖中。女婢

① （宋）李昉等编《太平广记》卷三九五，中华书局，1961 年，第 3160 页。
② （宋）李昉等编《太平广记》卷四八三，中华书局，1961 年，第 3979～3983 页。
③ 顾玠《海槎余录》，《明代笔记小说》第 25 册，河北教育出版社，1995 年版，第 445 页。
④ 佐竹靖彦：《〈清明上河图〉为何千男一女》，邓小南主编：《唐宋女性与社会》，下册，上海辞书出版社，2003 年，第 785～824 页。
⑤ （宋）李昉等编《太平广记》卷四七八，中华书局，1961 年，第 3938 页。
⑥ （清）吴震方《岭南杂记》，中华书局，1985 年，第 18 页。

有四十、五十无夫家者。下等之家女子缠足则诟厉之,以为良贱之别。至于惠州水城门外妇女,日日汲江水而卖,大埔石上丰市妇女挑盐肩木,往来如织,雇夫过山,辄以女应。"①可见,天足和劳动紧密联系,凸显了妇女在社会经济中的作为。岭南女性实际上支撑着社会经济运转,周去非《岭外代答》卷十认为:"城郭虚市负贩逐市以赡一夫,徒得有夫之名,则人不谓之无所归耳。为之夫者终日抱子而游,无子则袖手安居。群妇各结茅散处,任夫往来,曾不之较。"②这一现象到明代仍在某些地区流行,嘉靖《广州人物传》记载,元末明初的南海人孙蕡用"耕夫贩妇"③形容元明之际社会风气。海南黎族地方市场多由妇女主持贸易,男子则居家不出,"黎村贸易处,近城则曰市场,在乡曰墟场,又曰集场。每三日早晚二次,汇集物货,四境妇女担负接踵于路,男子则不出也。"④这一风气反过来对当时以汉人为主体构筑的大陆卫所军人家属也有影响,电白县"军妇贸易充溢墟市,盐妇担负络绎道途,军余荡子群聚赌博,纠伙作盗而鼠窃尤甚。"⑤岭南女性在社会经济中与男性一起推动社会发展。

宋代及其以前,岭南文化与习俗和中原大异其趣,唐宋文献多用"妇女强,男子弱"来描述岭南社会。女性穿着暴露,出入公共场所,其言行举止与儒家文化格格不入,"广州杂俗,妇人强,男子弱。妇人十八九戴乌丝髻,衣皂半臂,谓之游街背子。"⑥北宋广州太守章楶在《广州府移学记》中说:广州"俗喜游乐,不耻争斗,妇代其夫诉讼,足蹑公庭,如在其室家,诡辞巧辩,喧啧诞谩,被鞭笞而去者无日无之"⑦。宋人庄绰也说,广州"妇女凶悍,喜斗讼,虽遭刑责而不畏耻,寝陋尤甚"。⑧ 这些材料凸显了宋代珠三角女性的独特个性。这与中原正统文化强调女性足不出户大相径庭。

岭南女性在婚姻中也享有自主权,其婚俗与中原相异,周去非《岭外代答》

①　(清)吴震方《岭南杂记》,中华书局,1985 年,第 9～10 页。
②　《中国风土志丛刊》第 61 册,广陵书社,2003 年,第 351～352 页。
③　明黄佐《广州人物传》,卷一二,广东高等教育出版社,1991 年,第 290 页。
④　顾玠《海槎余录》,《明代笔记小说》,第 25 册,河北教育出版社 1995 年,第 445 页。
⑤　《古今图书集成》,第 168 册,《方舆汇编·职方典·高州府部》,中华书局 1934 年影印,第 4 页。
⑥　朱彧《萍洲可谈》,《南越五主传及其他七种》,广东人民出版社,1982 年,第 102 页。
⑦　马蓉等点校:《永乐大典方志辑佚》,中华书局,2004 年,第 2452 页。康熙《新修广州府志》卷七,风俗,书目文献出版社,1998 年,第 45 页。
⑧　(宋)庄绰《鸡肋编》卷中,中华书局,1983 年,第 52 页。

卷十记载:"瑶人每岁十月旦,举峒祭都贝大王于其庙前,会男女之无夫家者,男女各辨连袂而舞,谓之跳瑶。男女意相得则男呼嘤奋跃入女群中负所爱而归,于是夫妇定矣。各自配合不由父母,其无配者,姑俟来年。"婚嫁仪式也与中原有所不同,"岭南嫁女之夕,新人盛饰庙坐,女伴亦盛饰夹辅之。迭相歌和,含情凄惋,各致殷勤,名曰送老。言将别年少之伴,道之偕老也。……凡送老皆在深夜,乡党男子群往观之"①。明清岭南一些地区女性守节尚较松弛,妇女丧偶后,"群恶少争投(槟)榔肉,甚至三五家争娶者,往往至期攘夺,后为强有力者得之则盈庭聚讼"②。康熙《琼山县志》卷二《风俗》记载:"更有恃众夺婚,殴伤人命者。"男性抢夺寡妇为妻,与明清提倡的贞节观背道而驰,究其原因,可能与寡妇改嫁的经济原因有关,"再醮之妇,亦百余金或二百金不等,皆其夫家父母兄弟、族中兄弟瓜分其金"③。清代海南女性的贞节观仍相当淡漠,"琼欲甚淫,外江人客于此,欲谋得妇者,琼人必先问养汉邪?汉养邪?如汉养则女无外交,而平日亲串往来馈送,女之饮食衣服,皆取给男,所费不赀。如养汉则受聘之后,男子坐食,其衣膳甚丰,往来馈送诸费,皆出于女,而不得禁其外交。生子则携以归,生女则随母留琼,不肯渡海也"④。汉养或养汉,显示了女性在婚姻中与男性享有的同等权利,也意味着女性生活的独立性。

　　明以后,尽管岭南妇女仍保留有当地传统的习俗,但随着岭南士人阶层的崛起,儒家教化逐步向岭南渗透,岭南女性渐渐走上女红的轨道,明正德《琼台志》卷四十二《杂事》记载,"王文端公直,洪武末,随父太守公学郡斋,性虽端重,而好游赏。民有张思惠者,以染作驯其衙。公喜其朴野,每登临必与之。时郡俗:村落盐蛋小民家,女妇多于月明中聚纺,与男子歌答为戏。凡龙岐、二水、大英、白沙、海田诸处俱有之,号曰纺场。公为思惠所导,亦遍游观,撰有《纺场赋》。后公既显,思惠以鲑役,见公于京邸,……询及场女旧事,两相于邑发叹。后思惠归,述其事。……盖其俗虽经革于正统程守莹,然余韵犹存,至成化中始无矣。"海南流行的"纺场"风俗不仅展示了女性的劳作情形,也透露出女性与男性之间

①　(宋)周去非《岭外代答》卷四,广陵书社,2003 年,第 133～134 页。
②　康熙《临高县志》卷二《民俗》。
③　康熙《琼山县志》卷二《风俗》。
④　(清)吴震方《岭南杂记》,中华书局,1985 年,第 27 页。

的奔放情感。她们在纺场唱和的歌曲,据晚清程秉钊辑录的《琼州杂事诗》考察为《妹相思》,他说:"《妹相思》,粤中山歌名。略似苗蛮跳月词。风景不殊人事改,纺场一赋问谁知。琼俗邨落小民家妇女,多于月明中聚织,与男子歌答为戏。号曰纺场。"①据此可以想象,明初海南女性集体纺织且与男性互歌的场景。这在岭南各地颇为常见,民国年间刘经庵编著《歌谣与妇女》就收录有广西柳州、广东嘉应州等地歌谣,内容涉及女性生活的方方面面。② 罗香林在《粤东之风》中收录了广东客家歌谣,其中"生活歌"涉及妇女采茶、家务、耕田、养殖等事务。③

宋明以后,随着广东士大夫集团的崛起和儒家文化的推行,岭南女性也自觉或不自觉地接受了儒家的礼教,部分女性走上了礼教文化之途,守贞守节现象不断增多,生存空间被挤压得越来越狭小,她们原先张扬的声音在开始渐渐缺失,最终成为男性社会点缀的花边。特别是明正统以后,王朝在岭南的控制权不断加强,瑶、黎、畲等族群女性进入士人的视野,一方面是妇女文化传统愈益多元和复杂,但妇女在岭南社会乡村社会仍扮演多重角色;另一方面,明中叶以来,海洋贸易兴盛,广东乡村经济商业化日益浓厚,"市多妇女"屡见记载,她们甚至与男性一起以海为生,女海盗首领郑一嫂就曾控制华南广大海域的贸易。④ 随着丝绸成为中国出口国际市场的大宗商品,妇女又积极投入种植、缫丝、纺织等活动,与儒家的"女红"形象吻合。

与此同时,岭南才女的出现,也意味着儒家文化在岭南的推广。明代弘治、正德和嘉靖年间,岭南出现了一批诸如梁储、伦文叙、方献夫、霍韬、庞尚鹏等科举士人,他们官居要职,权倾朝野,形成了"南海士大夫集团"⑤。这些广东籍官绅开始着手整合岭南地方势力,不遗余力将儒家理念推行到岭南乡村社会。岭南女性在这种环境下,渐渐接受了中原文化和礼教贞节观,嘉靖十四年戴璟《广东通志初稿》卷十五记录了约 135 位贞女,这一数字在嘉靖三十六年黄佐《广东通志》卷六十三时上升为至少 162 人。之后修纂的方志对列女记载更是不厌其

---

① (清)程秉钊《琼州杂事诗》,《丛书集成初编》第 3128 册,中华书局,1985 年,第 9 页。
② 刘经庵《歌谣与妇女》,上海书店,1992 年据商务印书馆 1925 年版影印。
③ 罗香林《粤东之风》,上海书店,1992 年据上海北新书局 1928 年版影印。
④ (美)穆黛安著、刘平译《华南海盗 1790—1810》,中国社会科学出版社,1997 年。
⑤ 罗一星《明清佛山经济发展与社会变迁》,广东人民出版社,1994 年,第 81~85 页。

烦。这表明截止到明中叶,儒家贞节观念在岭南社会的推行已取得成效,在明清文人著述中,女性形象开始被重新塑造,甚至成为乡族社会炫耀的资本。① 再以现存的《顺德县志·列女传》来看,其数字也呈上升趋势,万历《顺德县志》记载总数约43人;康熙《顺德县志》约92人;乾隆《顺德县志》约890人;咸丰《顺德县志·节孝表》有3131人,其中有传者401人;民国《顺德县志》有1200人,有传者62人。按朝代划分,宋代5人,元代2人,明代747人,清代3578人。②

明清时期,王朝对贞烈之风的宣传几乎达到了疯狂的程度。明末时,社会风气虽然趋向开化,但清朝入主中原后,又尽力表彰女性贞烈。女性殉夫或守节的行为被官方作为楷模记录下来,并给银建坊以彰后世。岭南女性也渐渐顺应了这种"潮流"的趋向,以自身的行动付诸实践,不仅按王朝标准规范自己,还像男性一样著书立说对其进行系统演绎,乾隆年间顺德李晚芳③的《女学言行纂》,就是女教在岭南发展到顶峰的标志。这些女性演绎出一幕幕凄凉而又悲壮的故事,在故事的背后却是以生命为代价。女性地位的变迁引起了部分较开明文人的注意,他们在自己的著作中开始以正面的眼光来歌颂那些才华横溢的女性。明末清初著名学者屈大均在《广东新语》中专列"女语"④一卷,记载岭南地区列女或女性异闻。清代范端昂的《粤中见闻》、⑤温汝能的《粤东诗海》也专辟卷佚介绍女性或收集她们的诗歌。⑥ 人们开始从各个角度重新审视生活在岭南的女性经验。

岭南女性在日常家庭生活中也有男性不可替代的作用。她们辛苦劳作、课子读书,为家庭繁衍和昌盛贡献了一生,顺德龙端化妻为羊额何宾侯茂才女,生于万历三十年,卒康熙十六年,"媚节,足不踰阃,纺绩课读。"⑦顺德黎景义在《先妣罗孺人传》中记载说:"耀日公不禄,孺人年三十有奇,矢志靡他,以教子为务。

---

① 刘正刚、乔玉红《贞女遗芳与明清广东仕宦塑造的女性形象》,《史学月刊》2010年第3期。
② 万历《顺德县志》、康熙《顺德县志》、乾隆《顺德县志》、咸丰《顺德县志》、民国《顺德县志》。
③ (清)黄芝《粤小记》,广东人民出版社,2006年,第408页。"梁炜,字振科,顺德人,父永登。母李氏,名晚芳,晓大义,能通《史记》,恒以对贤自期,人称为女宗,同邑苏古侪、何西池皆重之,著有《史学管见》、《女学方行纂》等书行于世,兼擅制义,尤女中罕见。"
④ 屈大均《广东新语》卷八,女语。
⑤ (清)范端昂《粤中见闻》卷一九,人部7,第213～227页。
⑥ (清)温汝能《粤东诗海》卷九六,闺媛。
⑦ 龙景恺、龙光总纂:《龙氏族谱(顺德)》卷十七,敦厚堂刻本,1922年。

……三子就外傅,暮归,孺人自教之。每夜燃灯则纺绩之功与之交作,伏腊不辍,率以为常。其家政或有当用书契之类,孺人咸自为之。口占起草,悉中条理,以母仪而兼师父之道义,方严正有孚威,如三子受教惟谨。"①黎罗氏是一位识字女性,因矢志守节而成为家族骄傲的资本。嘉靖年间,顺德朱弘义从小读《女诫》,著《寒衿吟存》。19 岁时,丈夫李朝旻病死,她"哀毁骨立,矢志靡他",②守节一生。在痛苦的寡居生活中,朱弘义时刻以儒家礼教约束自己行为,以此作为精神支柱,"垂老犹诵古人之善恶,训诫诸妇"。在严以律己的同时,她还以身作则,训诫家中女性守节。③ 嘉靖时,顺德士人欲举其行为其请旌,她推辞说:"凡有所为而为者名也。妇人之道,从一而终。吾分当然,奚用名为?"④在男性的眼里,这样一位守节多年、矢志不移的女性自然是一位值得大张旗鼓宣传的典范。而朱弘义也能自觉地实践着男性社会的愿望。这些女性通过守节,成为维系家庭的支柱,在家庭中获得了为父为师般的地位和尊严。在将子女辛辛苦苦养育成人后,母亲还运用自己对儿子的影响力来支配儿子手中的权力,如生于嘉庆年间的逢简梁恭人在室时曾割臂救母,十九时嫁与桂洲胡云衢,二十九岁守寡,敬事公婆,督促儿子考取功名。⑤ 这些女性通过各种形式将其思想灌输给儿子,影响着男性的发展。

　　总之,宋代以来,随着中原仕宦的不断南下、王朝对岭南社会控制日益强化,以及岭南士大夫阶层的崛起,岭南女性在儒家文化的熏染下,渐渐由之前的强悍形象走向守贞守节的列女形象,这预示着中原博大精深的河洛文化经过不同时代仕宦的努力终于在岭南扎根,岭南妇女也最终在观念上接受了王朝设计的社会形象。

(作者单位:暨南大学历史学系)

---

①　(明)黎景义《二丸居选集》,黎氏家重刊,光绪元年(1875)。

②　(清)范端昂《粤中见闻》,汤志岳校注,广东高等教育出版社,1988 年,第 223 页。

③　康熙《顺德县志》卷九,中国科学院图书馆选编,2001 年,第 291 页。

④　(清)范端昂《粤中见闻》,汤志岳校注,广东高等教育出版社,1988 年,第 223 页。

⑤　冼玉清《广东女子艺文考》,商务印书馆,1948 年,第 41 页。

河洛文化与岭南文化的
历史交流和传播初探

司徒尚纪　许桂灵

河洛文化是我国一个最古老、最重要和最有影响力的地域文化。通常有狭义和广义之分,狭义河洛文化一般指以伊洛平原为中心,包括河南全境地域文化,而广义河洛文化,除河南省外,还包括晋南、关中、冀南、鲁西、鄂西北等地构成的地域文化,被视为是中原文化的代表。这里所论的主要是指广义河洛文化。而岭南文化作为一种地域文化类型,覆盖范围在五岭以南,指今广东、广西大部,海南岛、港澳,以及越南北部。虽然两地距离遥远,文化历史进程、特质和风格有很大差异,但那些连接两种文化的纽带,从未断绝并一直在加强彼此间的交流,形成很密切的文化碰撞、交融与整合关系,成为多元一体中华文化格局中两个重要成员,南北辉映,为推动中国历史前进,繁荣中华文化作出积极贡献。

一、先秦时期河洛文化在岭南的传播

先秦中原是中国文化的重心和代表。河洛文化作为中华文明之根,积累了高位文化势能,迅即以高屋建瓴之势向周边辐射,到达岭南虽已成强弩之末,但仍留下深刻痕迹和产生重大影响,为秦以后岭南快速进入封建社会奠定良好的基础。

历史文献记载、神话传说和风俗遗存,说明河洛文化在岭南传播是有事实根据的。这包括以下几种方式。

1. 尧舜禹对南方的征战

中原是尧舜禹的根据地,他们发动对南方土著的一系列征战活动,直接进入或影响到岭南,实际上给岭南带来中原文化。据郑樵《通志》和《后汉书·律历》推算,约在公元前25世纪,颛顼成为中原族群酋长,《史记》说他:"治气以教化,絜诚以祭礼,……南至于交趾。"即中原伦理道德开始影响到岭南。稍后,帝尧执掌中原政治势力,命羲叔掌握天文地理,《尧典》说羲叔"宅南交,平秩南讹"(讹,后人认为应为化,指今广东化州)。但这一过程出现阻滞,尧继派后羿发动南征,刘安《淮南子·木经篇》将其神话化,衍生出"后羿射日"故事,实为对南方猰貐、凿齿、九婴、大风、封豨、修蛇等南方部族或部落的战争。

舜继尧位,据《史记·五帝本纪》载,时三苗作乱,平息后,"放欢兜于崇山,以变南蛮,迁三苗于三危"。欢兜又写作驩兜,为"番禺"之异译,其地望一说在今珠三角一带。而"三危"在赤水东,赤水一说即今广西红水河。《山海经·中山经》曰:"朝歌之山,无水出焉,东南流注于荣。"《山海经·大荒南经》又曰:"有不庭之山,荣水穷焉。"刘伟铿认为,朝歌之山在今韶关以北韶石山,舜在此奏韶乐,故名。无水即武水,荣水(又名英水)则即北江,不庭之山即番山,在今广州,朝歌之山在今粤东。若此,则舜很多活动发生在岭南,最后卒于苍梧。此说实属无疑,在苍梧有舜帝庙,杜甫《暮冬送苏四郎傒兵曹适桂州》诗有"为入苍梧庙,看云哭九嶷"。苏东坡从惠州再贬海南昌化军(今儋州),路过苍梧,参拜过舜帝庙,有诗云:"幽人推枕坐叹息,我行忽至舜所藏。江边父老能说子(子由,其弟苏辙),白发红颜如君长。"此外,在桂林有宋代理学家张栻重修舜帝庙。明人周进隆有诗曰:"远民疾苦劳君心,虞帝南巡车驾临。"又韶关舜南巡奏乐处,旧名九成台,改称韶州后,韩愈贬岭南经此,亦有诗云:"暂欲系船韶石下,上宾虞舜整冠裙。"舜在岭南遗迹堪为河洛文化在岭南的一个缩影。舜被视为珠江文化的哲圣。

禹时,战争仍在继续,《墨子·非攻》曰:"禹亲把天之瑞令以征三苗。雷电悖振,有神,人面鸟身,若瑾以侍,扼矢。有苗之祥,苗师大乱,后乃遂几。"若按上述三苗迁三危的理解,则禹在岭南也有其活动。后来禹治理了洪水,平定战乱,奠定高山大川,把天下划分为九州。岭南在扬州外徼,而河洛在豫州,居九州之中,成为中原的文化中心地,对外文化辐射进入一个新阶段,与岭南文化关系,也同步发展。

2. 岭南原始文化对中原的传播

文化交流是双向的,在三代前后这段文化交流中,岭南文化也有向中原地区传播的一页。

伊尹所制四方献令,还规定:"正西,昆仑、狗国、鬼亲、枳己、阗耳(即儋耳,今海南岛西北),贯胸,雕题,离丘,漆齿,请令以丹青、白旄、纰罽、龙角、神龟为献。"据考,这些土邦小国,有一部分在岭南,如《山海经·海内南经》云"伯虑国(一说在今博罗)、离(儋)耳、雕题(在今西江、海南等地)、北朐国,皆在郁水(西江)南",所贡献为矿产、畜产和水产品,与岭南多种环境与资源相符合。

南北部族或以部落联盟,或以婚姻结成新的族群,也是中原与岭南文化交流一种方式。据考,分布在贺江流域以猪为图腾的原始人群封豨人,历经变迁和北上,到三代时,一部分人北上与陈人结合成陈锋氏,在今河南淮阳;一部分与钜人结合而成封钜氏,在今河南封丘,当然还有与其他氏族结合的。到西周时,封豨分化成两部分,一部分被掳北去为奴,被都郭国(在今河南郑州),作为贡品送给周天子,另一部分仍留在原地,即今广东封开。

《楚辞·远游》、《山海经·海外西经》等先秦古籍屡有羽人、白民、羽民记载,在岭南秦汉考古中,也常见羽人服饰图案(如广州南越王墓出土铜提筒羽人),这实为鸟图腾民族,分布于南北流江流域。这是溯湘桂走廊,出湘江,北上中原交通孔道。一部分羽人后北上,与傁人结合傁俞氏,即鄹鄃人,居河南阳武;另一支与娄人结合为于娄氏,居今河南固始县东南。羽人善种甘蔗,《山海经》称之为"甘木"。晋郭璞为之作注云:"甘木即不死树(即宿根蔗,可多年生),食之不老。"谅羽人可能将此作物传至河南,因先秦河南气候比后来暖湿。近年在河南濮阳约6000年新石器遗址中,即发现古人用蚌壳摆成龙形图案,被称为"中华第一龙"。这说明这一带气温比现在高2~3℃,适于野象、犀牛生长。故九州中有豫州,其中"豫"一说为象被系以绳子。野象可长,则甘蔗传此也在情理之中。

二、秦汉以来河洛文化与岭南文化的交流互动

秦汉进军岭南,可以说也是一次有组织的移民。《史记·秦始皇本纪》云:

"三十三年(前 214 年),发诸尝逋亡人、赘婿、贾人略取陆梁地,为桂林、象郡、南海,以谪遣戍。"实际上,这只是随军而来非战斗人员。而秦征岭南号称 50 万大军,经越人顽强抵抗,留下来的大概不足 10 万人,主要留屯于珠江三角洲和西江地区,是最早一批军事移民。秦军统帅赵佗来自今河北正定,属冀南,应为河洛文化范围内。同书《淮南衡山列传》又曰:"又使尉佗逾五岭攻百越。尉佗知中国劳极,止王不来,使人上书,求女无夫家者三万人,以为士卒衣补。秦皇帝可其万五千人。"这批女性,对加强两地民族血缘和文化交流同样不可忽视。而赵佗作为河洛文化或中原文化的代表,在他创立南越国期间所推行封建政治、军事制度、教育、礼教、城市规划和建设、土地垦辟、生产技术等皆来自中原,其残迹保留至今。广州任嚣城(秦城)、越城(赵佗城)、龙川佗城布局完全按照《周礼·考工记》营城规制进行,另有记载并经文物普查认同的还有乐昌"赵佗城"、湘粤边界仁化城、英德、清远间"万人城"等。赵佗积极推广汉语言文字,史称"赵佗王南越,稍以诗礼化其民"。① 使得岭南"华风日兴","学校渐弘"。② 汉高祖为此下诏称:"南海尉佗居南方长治之,甚有文理,中县人(中原人)以故不耗减,粤人相攻击之俗益止,俱赖其力。"③直到明末清初,屈大均《广东新语·人语》仍称"而任嚣、尉佗所将率楼船士十余万,其后皆家于越,生长子孙,……今粤人大抵皆中国(原)种,自秦汉以来日滋月盛,不失中州清淑之气。"又云:"盖越至始皇而一变,至汉武而再变,中国之人,得蒙富教于兹土,以至今日,"甚至"南越文章,以尉佗为始"。

当然,岭南文化也北传中原。如汉高祖十二年(前 195 年)曾封"织"为地跨闽、粤、赣三省区的"南海国"的南海王。《汉书·严助传》说:"南海王织上书献璧帛皇帝。"这是岭南出产玉石、织锦一类文化精品。赵佗更将岭南荔枝、鲛鱼进献给刘邦。汉武帝平南越国当年(前 111 年)即从岭南引种龙眼、荔枝、槟榔、千岁子、柑、橘等奇花异果百余种至长安,虽无一成活,但到底是一次岭南文化北上。南越国灭亡时,少数有功南越降将被封侯,安置在南阳等地,包括术阳侯建德、膫侯毕取,安道侯揭阳(史)定、随桃侯赵光、湘成侯监居翁、临蔡侯孙都

---

① 黎崱:《安南志略》。

② 嘉靖《广东通志》卷四〇。

③ 《汉书·高帝纪(下)》

（稽）、涉都侯喜、下鄜侯左将黄同等。① 他们是一批有深厚南越文化底蕴南越国官员，对封侯地文化应是有贡献的。

东汉建武十六年（40年），交趾女子征侧征贰反汉，扶风茂陵人伏波将军马援奉命平乱。这实为一场中原封建制度对交趾奴隶制度的战争，以前者胜利结束，封建文化自此大规模在交趾地区立足。事后在今合浦一带留下谪戍士兵，"号曰马流，言语饮食，尚与华同"。② 至今这一带仍操一种名为"马流话"方言，③为中原话在岭南的见证。建国以后，在中原通岭南湘桂走廊、南北流江沿线，乃至合浦港一带，发现大批汉墓，出土各类文物上万件，包括青铜器、玉器等首饰，属汉式器物，也有铜、陶仓等越式器物，以及玻璃、水晶、奇石等舶来品，显示中原、百越和海外文化在这里交融。马援"所过辄为郡县，治城郭，穿渠灌溉，以利其民。"④

秦汉代开始，岭南已成为贬谪罪犯、官员之地，其中因入岭南交通线偏重于湘桂走廊关系，不少中原官员、贵族"徙合浦"。有人据《汉书》、《后汉书》统计共有16处提到此事。⑤

汉代，岭南人北上，在洛阳、长安等地或学习汉文化，或为官，后来返回岭南，也成为河洛文化传播者。如东汉的著名学者番禺（今广州）人杨孚在洛阳为议郎，深得汉和帝器重，后回到家乡，将其居地称为"河南"，即今广州市海珠区，也是海珠岛称"河南岛"由来之一。并在海珠区下渡村保存有"杨孚井"，漱珠岗建"杨议郎祠"。杨孚撰有我国首部《异物志》，为重要地志类作品。传顺德人陈临，也在洛阳官至太尉，后回到故乡。后人为纪念陈临，称其所在地曰陈村，明清以来陈村发展为著名花卉之乡。

岭南文化在土著文化基础上吸取中原文化、海外文化之长，到汉代已形成自己文化体系，同样向河洛地区传播。据《史记·封禅书》载："是时既灭南越，……乃令越巫立越祝祠，安台无坛，亦祠天神上帝百鬼，而以鸡卜。上信之，越祠

---

① 葛剑雄主编：《中国移民史》第二卷，福建人民出版社，1997年，第249页。

② 郦道元：《水经注》卷三六，《温水注》俞益期笺。

③ 潘琦主编：《广西环北部湾文化研究》，广西人民出版社，2002年，593页。

④ 《后汉书》卷二四，《马援列传》。

⑤ 杜树海：《试论两汉时期合浦郡与中原王朝的政治、经济与军事关系》，见吴传钧主编：《海上丝绸之路研究》，科学出版社，2006年，第248页。

鸡卜始用。"鸡卜是越人风俗,已流入长安,成为汉武帝预卜吉凶的手段。又有一些骆越人被北迁至汉水中游中卢县(今湖北襄阳)。东汉初,刘秀和公孙述都争取这批人为他们所用,无疑是看中这些骆越人的文化所致。1973 年襄阳附近汉墓出土"越人口二户"的户籍简牍,验证此事属实。① 马援征交趾,常吃薏苡,有辟瘴气之效。马援胜利回朝,载了一车,"欲以为种",②也是岭南热作文化北上洛阳的一段佳话。

汉时岭南政治中心在广信,即今两广封开、梧州一带,也是名重一时的教育和学术中心,有"史在苍梧"之说,涌现了一个经学大师群体。他们在岭南治学之同时,也北上洛阳、长安讲经,传播岭南文化。如经学家陈钦,苍梧广信人,公元 9 年,王莽称帝,陈钦上京师,为王莽讲《左氏春秋》,颇多创新见解。其子陈元,也是一位经学家,曾赴京师为郎,对《左传》注疏周详,见解精到,一时名噪京师。在东汉那场古今文经学论战中,他以掷地有声之论,驳倒对方,深得汉光武帝器重,被诏立为《左传》博士榜首。东晋南朝,广州成为佛教一个中心,禅宗始祖达摩在广州登陆,后上河南嵩山面壁,对佛教在河洛地区传播贡献甚大。今洛阳白马寺,甚至还奉供禅宗七祖像。

三、客家人迁移与河洛文化流布岭南

岭南客家人作为一个民系形成应在宋元,但其先人从中原南下入岭,可追溯到很早,且与河洛文化有很深渊源。黄遵宪曾在《梅水诗传》序中说:"此客人者,来自河洛。……而守其语言不少变。余尝以为,客人者,中原之旧族,三代之遗民,盖考之于语言、文字,益自信其不诬了。"③实际上,岭南各民系,在唐以前未分化时,中原移民都是他们共同先祖,唯客家人更重族源而已。两宋两次移民商潮,一部分是北人,另一部分是江淮、两湖和江西人,进入五岭南北山区,以客家话成为一种独立方言为主要标志,说明客家民系已经形成。这一过程,伴随河洛文化在岭南传播,客家人是一个最重要的载体。

基于客家人深厚中原文化基因和对故土的眷恋,到新居地聚族而居,这除了

---

① 黄伟宗、司徒尚纪主编:《中国珠江文化史》,广东教育出版社,2010 年,第 544 页。
② 黄伟宗、司徒尚纪主编:《中国珠江文化史》,广东教育出版社,2010 年,第 544 页。
③ 黄火兴等:《试论客家民系形成的时间与地域》,载《客家大观园》1998 年第 1 期。

进入陌生环境,须相互照顾以外,更源于客家先人在汉魏南北朝时中原宗族是聚族而居的,并采取坞堡式大屋①。这种聚居方式和大屋建筑形式随着他们的南迁而带到新居地,大屋式在山区演变成堂屋或围龙屋。曾昭璇教授在研究了客家屋式以后,同样认为:"客家家屋之基本形式,乃中原型式。……今日屋式之特殊,正因其移动急速,与土著间不能立即讲和,是以屋式呈堡垒形态,此与历史或风俗学研究所得结论相同。"②此外,客家民居都以堂号、堂联彰显其本根文化意识。此堂号、堂联折射了中原文化在岭南生根、发展。堂号是祠堂的名号,是家族标志,有历史、血统意义;而堂联是祠堂大门对联,上联为本族发祥地,下联多为赞誉祖宗功德、激励后人文字。据侯月祥先生对广东139姓堂号、堂联摘辑,经粗略梳理,这些姓氏来源于陕西、山西、安徽、河南、河北、山东、江西、湖南、甘肃、江苏、浙江等省区,分布比较分散,但来自河南的相对集中,表示河洛文化作为中原文化之根或者代表是有根据的。例如邓姓"南阳堂",堂联为"南阳世泽,东汉家声";钟姓"颖川堂",堂联为"高山流水,金陵世德";郑姓"敦睦堂",堂联为"荥阳世泽,诗礼家声";丘姓"河南堂",堂联为"鸿胪世泽,枢密家声";谢姓"陈留堂",堂联为"乌衣世泽,宝树家声";利姓"河南堂",堂联为"忠臣世泽,贤相家声"③等等,都充满儒家礼教,传承祖居地人文精神。客家人俗重读书,追求功名,即与此一脉相承。

河洛文化最大的一个亮点是周易,其中风水理论在客家民居堂屋和围龙屋中得到充分运用,也是河洛文化在岭南的一个长生点。按客家屋和围龙屋形制和布局,一个是中轴对称,主次有序,以厅堂为中心组织院落,体现了皇权至尊思想;二是屋前必有半月形池塘,屋后也有半月形化胎(隆起土堆),两个半圆相结合,形同阴阳两仪的太极图式。两个半圆围绕方正的堂屋,寄寓于中国古人"天圆地方"理念,将整座屋宇比喻小宇宙,又反映了"天人合一"的哲学观。

四、结语

鉴于南北之间的地理环境和文化特质的差异,以河洛文化为本根的中原文

---

① 罗建忠:《大埔县客家民居之我见》,载《客家研究辑刊》2007年第1期,第84页。

② 曾昭璇:《客家围屋屋式研究》,载《岭南史地与民俗》,广东人民出版社,1994年,第314页。

③ 侯月祥:《客家族谱中的堂号、堂联对客家人文化意识的诠释——以客家139姓为例》,载《赵佗与客家文化学术研讨会论文集》,中共河源市委宣传部印,2010年,第64~80页。

化与岭南文化,自远古时期开始即发生以部族征战和融合,以及方物贡献为主要形式的区域文化交流,中原文化居于强势和主流文化地位。秦汉以来,自北向南的军事活动和移民,成为中原文化向岭南传播的主要方式,并产生深远影响。而岭南文化则以广信经学和百越文化某些特有内涵传入中原。宋元以后,客家作为岭南一个族群形成,其在深厚宗族观念、俗重读书、聚落选址和建筑布局,以及包括整个岭南在内的龟蛇神崇拜等方面,都彰显客家人是中原文化传播入岭南的主要载体,对岭南文化和区域发展作出重要贡献。

(作者单位:司徒尚纪,中山大学地理科学与规划学院;

许桂灵,广东行政学院研究所)

屈大均广东情结的中原认同

左鹏军

一、广东情结：文化信仰的表现形式

屈大均一生，对于广东文化一往情深，而且在广东文化的许多方面有着独特而深切的体会。这种家乡情结首先是通过大量的诗歌表现出来的。作为一位创作了 6700 多首诗、300 多首词的高产诗人，屈大均从多个方面表现了广东的风土人情、历史事件、杰出人物，从而展现了广东文化的历史传统和多彩面貌。

屈大均有时是通过描绘广东山川名胜来表现浓重的广东情结。如写罗浮山有《罗浮放歌》："罗浮山上梅花村，花开大者如玉盘。我昔化为一蝴蝶，五彩绡衣花作餐。忽遇仙人萼绿华，相携共访葛洪家。凤凰楼倚扶桑树，琥珀杯流东海霞。我心皎皎如秋月，光映寒潭无可说。临风时弄一弦琴，猿鸟啾啾悲枫林。巢由不为苍生起，坐使神州俱陆沉。"有时是通过对广东风物人情的真切描述来表达对于家乡的熟稔和热爱。如《民谣》十首其一："白金乃人肉，黄金乃人膏。使君非豺虎，为政何腥臊？"其四："东莞有廉泉，长官何不酌？府中诸吏胥，岂可为囊橐？"其七："金为莲叶珠，珠多叶倾覆。使君勿爱金，莲茎自叠叠。"《广州荔枝词》五十四首其中四首云："后皇嘉树产番禺，朱实离离间叶浓。珠玉为心君不见，但将颜色比芙蓉。""未曾夏至难齐熟，最喜蝉声日日催。笑口但令香欲满，愁心尽与绛囊开。（童谣云：秋蝉喊，荔枝红。）""龙眼独从阴处长，荔枝先向日边红。仙人肌体如冰雪，玉液丹成大火中。（谚曰：当日荔枝，背日龙眼。）""绛雪含滋不留齿，十分膏润可生津。朝来被酒轻狂甚，一颗能成独醒人。（荔枝可解宿酒。）"

这些诗歌除真切地传达出极具特色的广东地方风物和风土民情之外,还表现出诗人丰富的历史知识和清晰的地理观念,对于由于时代变迁而带来的风物人情的变化也有所反映,可见诗人面对家乡风物时态度之清醒和眼光之独特。

还有一类诗歌是通过对某些历史或当时人物、事件的描述以表达沉重的历史体味和深切的现实感慨,从而直接地反映诗人的情感和判断。这是屈大均广东情结最集中、最深挚的表现。《读陈岩野先生政要》云:"往日陈都谏,谋猷信有余。初闻哀痛诏,即上治安书。丞相劳相疾,君王叹不如。可怜捐七尺,地下奉銮舆。"诗中"政要"指陈邦彦所著《中兴政要》,内有端本、肃吏、保民、励俗、制用、驭戎、固圉、讨逆八篇三十二策,凡一万七千余言,皆指陈得失,以图恢复者。

屈大均浓重的广东情结的第二个突出表现,就是穷二十年之精力,终于在晚年完成了兼具史志价值和诗性精神的关于广东文化的巨著《广东新语》。《广东新语》不仅具有特别重要的文化史地位,而且产生了特别深远的历史影响。

对于《广东新语》的价值,屈大均也表现得非常自信,他在此书卷首的《自序》中说:"《国语》为《春秋》外传,《世说》为《晋书》外史,是书则广东之外志也。不出乎广东之内,而有以见夫广东之外。虽广东之外志,而广大精微,可以范围天下而不过。知言之君子,必不徒以为可补交广春秋与南裔异物志之阙也。"

《广东新语》是一部空前绝后的具有百科全书性质的关于广东的笔记著作,这一点已成为公论;特别值得注意的是此书蕴含的主观色彩和时代特征,这种诗性精神不仅是作者冒着一定政治风险经过精心准备的有意为之,而且是在不得已的情况下其独立思想、反抗个性的学术化表达。《广东新语》中透露出的这种诗性精神和人格追求使之超越了一般的史志、笔记著作,从而获得了学术文化意义以外的一种思想文化意义。这是其他史志笔记著作所不能达到、甚至是难以比拟的。

《广东新语》卷十二《诗语》"白沙诗"条有云:"粤人以诗为诗,自曲江始;以道为诗,自白沙始。白沙之言曰:'诗之工,诗之衰也。率吾性情盎然出之,匹夫匹妇,胸中自有全经。此风雅之渊源也。彼用之而小,此用之而大。存乎人,天道不言,四时行,百物生。焉往而非诗之妙用?'此白沙诗之教也。甘泉尝撰白沙诗教以惠学者。然学白沙者难为功,学曲江者易为力。曲江以人,而白沙以天。诗至于天,呜呼至矣!"用"以道为诗"、"诗至于天"来表彰白沙诗歌的独特价值和杰出贡献,这在屈氏评其他诗人的时候还没有见过。在历代广东诗人中,屈大均将最高评价给予了陈献章及其诗,可见对于白沙人品与诗品的钦敬之情。

《广东文选》选辑自汉代至明代广东重要人物的诗文作品为一编,是屈大均晚年完成的又一项重大学术工作。从广东文化精神和文学学术传承的角度来看,可以认为,《广东文选》的编选是屈大均广东情结的又一种重要的表现形式,其中寄托了编选者传承与弘扬广东文化的深远用意。

屈大均本人对《广东文选》一书非常重视,甚至是饱含深情的。他在《〈广东文选〉自序》中就动情地说:"嗟夫!广东者,吾之乡也。不能述吾之乡,不可以述天下。文在于吾之乡,斯在于天下矣!惟能述而后能有文,文之存亡在述者之明,而不徒在作者之圣。吾所以为父母之邦尽心者,惟此一书。"可见作者对于家乡和家乡文献的一往情深,作者为桑梓之地、父母之邦尽心尽意的坚定信念从中也可以清晰地感受得到。在《广东文选·凡例》中,屈大均进一步揭橥编选的标准和追求的目标:"是选以崇正学、辟异端为要,凡佛老家言于吾儒似是而非者,在所必黜。即白沙、甘泉、复所集中,其假借禅家言,若悟证顿渐之类,有伤典雅者,亦皆删削勿存。务使百家辞旨,皆祖述一圣之言,纯粹中正,以为斯文之菽粟,绝学之梯航。"以此书倡导和恢复儒家正统、保持与弘扬广东文学正脉的用意不仅非常明显,而且特别坚决。这当是屈大均针对当时广东乃至全国世风、文风状况的有感而发。

《广东文选》特别有针对性且有文化价值深意的编选标准,在编辑实践中得到了相当充分的表现。这在此书对于广东文学史、学术史、文化史上某些重要作家、学者、关键人物的重视与关注中,就可以明显地看出。比如张九龄、余靖、崔与之、丘濬、孙蕡、黄佐、邝露、郑学醇、欧大任、欧大相、陈献章、湛若水、陈邦彦、梁有誉、黎民表、黎贞,都是屈大均特别重视的人物,从这一串人物名单中,即可以约略体会到编选者对广东历代人物的取舍与评骘。

应当承认,屈大均是对广东文化如此用心、勤勉一生、著述甚丰、并产生了重大历史影响的第一人。屈大均的这种开创性贡献不仅超迈前人,而且后来者中亦鲜有其比。

二、中原认同:广东情结的文化渊源

从文化价值观念的渊源上看,屈大均在世变之时、鼎革之际对于广东文化的一往情深和着力提倡,是以对于中原文化为代表的汉族正统文化的深度认同为基础的。这种认同,从屈大均早年就开始萌生,而随着时代的巨变,明朝为清所取代,甚至连岭南如此偏远的所在也全面地成为清的天下,屈大均对于中原文化的认同不但没有减弱,反而明显有所加强,以至于成为他最重要的文化信仰,成为他判断的主要标准和行为的主要准则。

在屈大均看来,清军虽然以血腥的手段征服了广东,但是这最后失去汉族的土地上,最大可能地保留了汉族的民族血脉和文化传统,这正是汉族同胞永不屈服、志图恢复、还我河山的文化之源,就如同南宋王朝虽然在最后广东灭亡,却留下了深远的民族精神和历史遗响一样。而且,在屈大均的思想意识中,南宋之亡与明朝之亡的历史竟然是如此的相似,无论是就时间来说还是就空间来说,都距他是如此之近。这种直接而巨大的冲击之下造成的历史兴亡之感成为屈大均思想中最为深刻的冲突,也是一种强大的力量,驱使他不能不思考和探寻其中的究竟,并志图恢复汉族的河山。

屈大均的中原认同在诗歌中有着集中而鲜明的表现,成为他创作意识中一个特别强烈的思想主题。正如徐嘉炎《屈翁山诗集序》中所说的:"噫!翁山诗之可以不朽者,信足慕乎?翁山少值流离,方袍圆相,走燕、秦、齐、晋诸地,所历残墟遗垒,重关古戍,有可概于中者,徘徊凭吊,长歌当哭,识者知其有托而逃。"汪琬《送屈介子序》的评价也再次证明了这一点:"介子其为人雄敖自喜,尝远走吴、越、燕、赵、秦、晋之邦,结纳其豪杰,辄乘间作为诗歌相倡和,其词深沉跌宕,有风人之旨。"

屈大均对于以中原地区为中心的广阔汉族所在地区的山川名胜的展现与描绘,是他中原文化认同的一种重要表现形式。《垓下》二首其一:"战鼓无声落日黄,英雄自古是天亡。乌骓不失阴陵道,岂有山东与汉王。"表达对项羽生前死后、经验教训的思索与感慨。《过大梁作》云:"浮云无归心,黄河无安流。神鱼腾紫雾,苍鹰击高秋。类此雄豪士,滔滔事远游。远游欲何之,驱马登商丘。朝与侯嬴饮,暮为朱亥留。悲风起梁园,白草鸣飕飕。挥鞭空鸣镝,龙骑如星流。超山逐群兽,穿云落两鹜。归来宴吹台,酣舞双吴钩。惊沙翳白日,垂涕向神州。徒怀匹夫谅,未报百王雠。红颜渐欲变,岁月空悠悠。"在开封这一著名古都,也是中原的腹地,展开古今兴亡的沉重思考。《黄河舟中作》云:"河流黄日月,万里客愁中。天入清霜苦，人过白草空。暮心生寂寞，春气破鸿濛。吾道宜沧海，乘桴孰可同。"

又如《渡淮》云："长淮愁不渡，驻马向秋风。天入黄沙暗，人归白草空。涂山余王气，泗水有离宫。父老思尧德，讴歌尚未终。"《黄河》云："黄河万里贯长城，势落龙门太华倾。一自鸿濛开大禹，至今形胜壮神京。中华事去因潼谷，朔漠人归为柳营。天意不怜司马苦，频将风雨丧佳兵。（司马，谓孙公传庭。）"《登潼关怀远楼》云："山挟洪河走，关临隘地开。八州高仰屋，三辅迥当台。戍晚栖乌乱，城秋班马哀。茫茫王霸业，抚剑独徘徊。"《塞上感怀》云："未有英雄羽化期，茫茫一剑报恩迟。天寒射猎龙沙苦，日暮笙歌塞女悲。太白秋高空入月，黄河春暖又流澌。鬓边一片天山雪，莫遗高楼少妇知。"凡此均可见作者在广袤中原大地上的沧桑之感和深痛心情。

诗歌中对中原地区的某些具有文化象征意味或深刻影响的历史人物与事件的追怀，也是屈大均中原认同的一种重要形式。出于对江山易主、山河变色的极度敏感和深刻不安，他经常被耳闻目睹的有关历史人物或事件的遗址所吸引，并进而由此抒发古今兴亡的感慨，这似乎已经成为屈大均的一种思考习惯和行为习惯。

他在《寒食》中写道："萧条寒食节，蒿里草茫茫。岁月添黄土，英雄聚白杨。报仇寻豫让，驱马渡清漳。辛苦邯郸子，从今老战场。"《豫让桥》云："国士感知己，能将七尺轻。击衣仇已报，吞炭气难平。漳水西风急，邢台落日晴。千秋石桥上，过客马犹惊。"通过对廉颇、豫让等历史人物的追怀表达对现实的失望，寄予深刻的感慨于其中。《鲁连台》云："一笑无秦帝，飘然归澥东。谁能排大难，不屑计奇功。古庙千秋月，荒台万木风。从来天下士，只在布衣中。"写鲁仲连的英雄气慨，得出了"从来天下士，只在布衣中"的认识，这对以功名利禄为念的肉食者来说，不啻是辛辣的讽刺。《吊袁督师》表达对广东东莞袁崇焕的崇敬之情："袁公忠义在，堪比望诸君。百战肌肤尽，三年训练勤。凉州无大马，皮岛有骄车。一片愚臣恨，长悬紫塞云。"这种感受对于从广东而至山海关外的屈大均来说，必然特别亲切而且有着超乎寻常的意义。

屈大均所结交的多是怀有强烈民族意识、具有坚定的汉族立场的人士，在广东如此，在中原等地更是如此。这种交友取向实际上不仅反映了古人所谓"人以类聚,物以群分"的朴素道理,而且更多地表现了在民族斗争之中、汉族危亡之际屈大均清晰而坚定的民族立场和反清精神。不仅广东籍人士陈恭尹、王煐、王隼、温汝能对屈大均的高度评价表明了定点,而且从非岭南人士朱彝尊、钱谦益、潘耒、曹溶、陈维崧、毛奇龄等的褒奖赞誉中,可以更有力、更充分地感受到。

屈大均对于时人时事的记录与品评,多怀有深沉的物是人非、古今沧桑、世变兴亡的感慨,这就使他对于这些人和事的态度和评价具有了文化认同的价值。《同杜子入秦初发滁阳作》写道:"天晓滁阳望,苍茫大野开。风威肃人马,烟色惨墩台。慷慨无衣赋,艰虞不世才。平生一匕首,为子入秦来。"《过太原傅丈青渚宅赋赠》云:"唐氏遗民在,忧思正未央。故人期饮食,良士戒衣裳。苓采今无地,桐封旧有乡。叔虞祠下柏,与尔共风霜。"从傅山坚定的遗民立场中,获得了深刻的文化认同。《赣州吊丙戌忠节诸公》云:"城南杀气似黄埃,三十年间黯不开。腐肉犹香章贡水,忠魂多在郁孤台。""三宫未得凭天险,十里徒然设地雷。秋色岂堪重眺望,乾坤处处白龙堆。"此诗康熙十九年(1680)秋南归道中作。顺治三年丙戌(1646),刘同升、万之吉、扬延麟、黎遂球等守赣州,抗击清军,城破死。可见作者对坚守赣州抵抗清军南下,直至最后牺牲者的凭吊与怀念,其中黎遂球即是屈大均的同乡——广东番禺人。

除了诗歌创作以外,屈大均晚年致力于广东文献的研究和有关著作的撰写,这是他有意识地将早年就已经开始的事业继续下去,并希望在有生之年能够完成。其中最重要的就是《广东新语》的撰写和《广东文选》的编选,此外还有地方志著作及《皇明四朝成仁录》等。

因为在屈大均看来,广东这块汉族文化的最后栖居地,岭南这块最晚被清占领的汉族江山,是最有可能保留一些汉族文化痕迹、存有一点汉族文化传统的地方。当广大的中原地区早已被征服,早已成为异族统治的天下的时候,他的多种想法就只剩下了一种可能,即通过对广东文献、人物、文学、历史、山川的记载和表彰,来彰显这片土地上仍然可能遗存的汉族文化传统。因此,屈大均晚年关于广东文献的整理、研究和著述,与其说是一种学术行为,不如说是一种具有政治意味的思想文化活动更加恰当。他实际上是在以一种比较隐晦的方式也是更长久的方式传承着正在灭亡之中的汉族文化,是在以一种不得已的途径护持着已经被异族征服了的汉族正统。这实际上是屈大均如此深切地认同中原文化的根源所在,也是屈大均遗民文化精神的集中表现。

参考资料:

1. 陈永正主编《屈大均诗词编年笺校》中山大学出版社,2000 年版。

2. 屈大均《广东新语》中华书局,1985 年版。

3. 屈大均辑、陈广恩点校《广东文选》,广东人民出版社,2008 年版。

(作者单位:华南师范大学岭南文化研究中心)

白沙陈献章的静坐说小考

孙兴彻

一

陈献章其学说称"白沙学说"或称"江门学派"。他是明代心学的先驱。陈白沙力创新旨、唯务实际,课余时间常与学生在旷野间练习骑马射箭。他留存各种体裁的诗作 1977 首,格调很高雅。白沙的学问起到了连接程朱理学和阳明学的作用。特别是学问和修养的方法论中的静坐说,与程颢的静坐方法和佛教修行方法中的禅定的关系密切。同时也是陈白沙的学问的特征。

本文对道教和佛教中静坐法的由来和意义、性理学静坐说的内容和特征、白沙的静坐法和特征依次进行研究,以此对朱子和陈白沙的静坐说进行比较考察,特别是白沙的静坐说的哲学方面的意义进行考察。

二

静坐的姿势是坐下来以后、调整呼吸、平心静气、集中精神、达到修身养性是身体健康的心神修炼法中的一个。这样的静坐法的由来有两个说法。一个是道教修炼法中的静功、另一个是佛教修行中的禅定。

道教中的静功是培养人的本性、积德的方法。道家和道教的一些经书中都有提及,心平气和,养性是养生的第一步。这也是道教养生最基本的方法。这样的道教的静功法在庄子的"心齐坐忘"和《太平经》的"守一存神"中可以体会,以后进而发展成后代的止念、收心、存思、定观手中、睡法。一方面、静功主要是要静心和安定,气功是以中国古代元气论为根据的气的修炼法。道教的养生家们接受了秦汉时期流行的元气说,认为天地万物都是有元气而诞生的。正是因为这样,人们的神是因为气而存在。断气了、神也就消失了。没有了气、则会死亡、有气的存在、才会生存。

另一方面是佛教中的修行方法禅定。禅是 Pali 语中的 jhāna、音译,为禅那、时期的缩写。佛教修行者以为静坐敛心,专注一境,久之达到身心安稳、观照明净的境地,即为禅定。又禅为色界天之法,定为无色界天之法。依其入定程度的浅深,并有四禅(色界定)、四定(无色界定)的区分。

佛教的修行目标是解脱。实现解脱的过程则是心的欢喜、心身的安稳,通过禅定来实现解脱的目的。

禅定和道教修炼法静功的目的和方法完全不同。静功是根据道家哲学原理,通过收心来达到自然无为的境界。其中有个辅助的方法就是动功和气功的结合。禅定是要抛掉内心的烦恼,有所觉悟。静功是为了使心清净,静下心来养性,是养生的基本方法。禅定是要抛去心思杂念,维持客观的、普遍的认知状态的基本方法。

三

北宋以后所形成的性理学中,介绍了静坐这种心的修炼方法。静坐是指平静的、端庄的坐下来。性理学中首次说静坐是说"排除杂念,闭目安坐",这被认为是道教和佛教的修养方法。这种静坐法被程颢发展成为心的修养方法。

朱子认为,静坐是为了收心,使人没有杂念。心如果没有杂念,自然能集中在一个地方。朱子的静坐和佛教的禅定不一样。朱子的静坐不是像佛教中坐禅入定那样,消除杂念的。朱子对佛教的禅定做了如下说明:"今若无事,固是只得静坐,若特地将静坐做一件功夫,则却是释子坐禅矣。但只着一敬字通贯动静,则于二者之间,自无间断处,不须如此分别也。"佛教中所说的静坐是学习的对象。而朱子所说的静坐则是静心、集中在一个"敬"字上面,并没有分开动和静。朱子对佛教和道教的修养法进行了批判。

曰:"释氏之坐禅入定,便是无闻无见,无思无虑。"即,佛教的禅定让人不闻不见,不思不虑,使得精神和肉体分离。相反,道教所追求的神仙则是精神和肉体的长生不老。朱子年轻的时候对佛教的禅,特别是宗杲的看话禅很重视,但以后对此进行批判,回到了儒学。其实,朱子所说静坐的学习方法受到了佛教很大的影响。

性理学本来是继承了孔子的儒学,强调修己、治人,内圣外王。这里面最关键的是修己,这和《中庸》的"中和"说密切相关。完成了性理学体系的朱子理解了"中和"和"修己"的中心内容,认为为了达到"中和",就要"存养"和"省察"。但是朱子主张,这两种功夫都要用"敬"来实践。敬的体就是"涵养",敬的应用就是"省察"。实践的具体的方法就是静坐修炼。静坐,就是要达到精神和肉体的认识论和道德论的统一。换句话来说,静坐就是为了学习敬的具体的实践方法。

四

性理学中所定义的静坐法,明朝的陈白沙将其引领到了一个新的发展方向。这里,首先分析一下白沙的学分方法论中的静坐法的内容和特征,并和上述朱子的静坐说进行比较和检讨。

陈白沙为了成为圣人,追求学问的为己之学。为了追求为己之学,他最重视的便是静坐。最初,白沙投师于吴与弼。吴与弼强调学习的集中,不能有丝毫的分神。同时要求"静时修养,动时省察,务使内心湛然虚明"。陈白沙拜师于吴与弼后,在学问方面有了很大的发展。但是,他并不同意吴与弼对《易经》的解说。之后游学于抚州、临川等各地,和许多有名的学者进行交流。在读了朱熹所编辑的《伊洛洲源录》后,对性理学的源泉进行研究,并对孔子孟子等的学问进行研究。之后,回到江门白沙村,在小庐山麓的南端建了一座房子命名为"阳春台"。陈白沙在此十年时间潜心研究,静坐精深,舍繁取约,以对心和物理的完全一致的学问修养为中心进行学习。并于1465年开始在阳春台进行讲学,临近乡村的学生全部汇集在此听讲。

白沙10年时间里进行的是自得的学习,其具体的方法便是静坐。对此,白沙自己如是说道。

> 仆年二十七、始发愤从吴聘君学,其于古圣贤垂训之书,盖无所不讲,然未知入处。比归白沙,杜门不出,专求所以用力之方,既无师友指引,惟日靠书册寻之,忘寐忘食,如是者亦累年,而卒未得焉。所谓未得,谓吾此心与此理未有凑泊吻合处也。于是舍彼之繁,求吾之约,惟在静坐。久之然后见吾

此心之体隐然呈露,常若有物,日用间种种应酬,随吾所欲,如马之御衔勒也。体认物理,稽诸圣训,各有头绪来历,如水之有源委也。于是涣然自信曰:"作圣之功,其在兹乎!"有学于仆者,辄教之静坐,盖以吾所经历粗有实效者告之,非务为高虚以误人也。

白沙所指的学习的目的和学习的方法是什么?他的学问在哲学思想上又有什么意义?这便是儒学中圣人的目标,学习的方法是静坐。白沙认为,通过静坐可以体会到事物的理质和圣人的教训。白沙的这样的学问被评价为阳明新学的先驱。

白沙认为自己的"静坐说"是北宋性理学中心的学习方法的延长。

伊川先生每见人静坐,便叹其善学。此一"静"字,自濂溪先生主静发源,后来程门诸公递相传授,至于豫章、延平二先生尤专门教人,学者亦以此得力。晦庵恐人差入禅去,故少说静,只说敬,如伊川晚年之训。此是防微虑远之道。然在学者须自量度何如,若不至为禅所诱,仍多静方有入处,若平生忙者,此尤为对症药也。

白沙虽然和朱子一样强调敬,认为静坐是性理学学习法的核心。白沙对主静的原因曾说明如下:

　　人心上容留一物不得,才着一物,则有碍。且如功业,要做固是美事,若心心念念只功业上,此心便不广大,便是有累之心。是以圣贤之心,廓然若无,感而后应,不感则不应。又不特圣贤如此,人心本体皆一般,只要养之以静,便自开大。

人心不受事物所阻碍,想廓然的话,应该从静来涵养心。因为这是圣贤的心。

"主静"和"主敬"是白沙与朱子不一样的地方。一部分朱子学者批判白沙的主静说和佛教比较相似,但白沙始终认为自己的主静和佛教的不一样。

　　承谕有为毁仆者,有曰自立门户者,是流于禅学者。甚者则曰妄人,率人于伪者。仆安敢与之强辩？姑以迹之近似者言之。孔子教人，文行忠信。后之学孔氏者，则曰"一为要。一者，无欲也。无欲则静虚而动直"，然后圣可学而至矣。所谓自立门户者，非此类欤？佛氏教人曰静坐，吾亦曰静坐；曰惺惺，吾亦曰惺惺。调息近于数息，定力有似禅定，所谓流于禅学者，非此类欤？

白沙对于有关自己深陷佛教，甚至被称为"妄"的批判进行了解说，强调自己的学问来自孔子，他是以孔子的"文、行、忠、信"为中心教育人才的，实践方法为"一"，为"无欲""静虚而动直"。白沙认为自己的学问属于孔子的正统学问，是对儒学学习方法中主静的实践。

白沙同时接受了庄子和孟子的理论，并创立了"山林朝市一"的新的人生观。"山林"是道家的人生观、"朝市"是儒家的人生观。"自得"是白沙哲学中重要的一个概念。

自得是外物和耳目的感觉和世俗不被拘束。就像了解鹰飞鱼跃一样了解自然。了解这样的原理被称为善学。白沙的自得的概念和道教儒教的人际关系和价值观相一致。

从而，白沙以静坐和自得为基础追求理学和心学的统一。一般认为，性理学的人性论的主要课题是《中庸》中的"尊德性而道问学"。这里"尊德性"和"道问学"是代表朱子和象山哲学区别的两个概念。两个概念在成为圣人的这个目的上是一致、互补、没有矛盾的。但是朱子学和阳明学的争议点是先后和轻重的问题。以朱子为代表的理学派重视以"居敬穷理"为中心的道问学。以陆象山为代表的心学派认为，先成为"尊德性"，自然会变成是"道问学"。白沙用"静坐说"来和主敬对抗。即以静坐为中心，统一"尊德性"和"道问学"。

白沙20余年自己学习主静，结果悟出了理解世上万物的理致，其根据便是"道"是无动静、内外、大小、精粗之分的。这既是孔子的学问，也是周濂溪和洛学的本质。

黄宗羲对白沙的学问评价是："有明之学，至白沙始入精微，其吃紧工夫，全在涵养。喜怒未发而非空，万感交集而不动。至阳明而后大，两先生之学最近。"

总之，白沙的学问以静坐为中心，把儒、佛、道的学问方法融合在一起，主张性理学"道闻学"和"尊德性"的融和与统一。白沙的心学实为阳明学之先驱。

参考资料:

1. 陈献章《陈献章集》,中华书局,1987年。

2. 林光《南川冰蘗全集》,中国文史出版社,2004年。

3. 王守仁《王阳明全集》,上海古籍出版社,1992年。

4. 朱熹《朱子语类》,中华书局,1986年。

5. 朱熹《朱子全书》,上海古籍出版社,2002年。

6. 黄宗羲《明儒学案》,中华书局,1985年。

7. 程颢程颐《二程集》,中华书局,1981年。

8. 程颢程颐《二程遗书》,上海古籍出版社,2000年。

9. 张载《张载集》,台北汉京文化事业公司,1983年。

10. 王曙星等主编《陈白沙新论》,花城出版社,1995年。

11. 牟宗三《从陆象山到刘蕺山》,台湾学生书局,1979年。

12. 朱汉民《陈献章—明代心学的"精微"》,中国文化月刊,第185期,1995年3月。

13. 傅玲玲《陈白沙心学之研究》台北辅仁大学博士论文,2001年。

14. 魏宗禹《陈献章思想与明代思维发展简论》,《开封大学学报》,第十二卷第四期,1998年12月。

（作者单位:韩国国际大学校韩国学系）

中心与边缘：从历史地理学的角度探讨河洛文化与岭南文化的关系

王元林

河洛文化与岭南文化是两种不同的地域文化，两种地域文化或以境内大川，或以名山为界来命名。两种不同的地域文化不仅在地理上有所区别，更凸显在不同的历史时期文化的差别。本文拟从历史地理学的角度探讨两种不同地域文化的关系，敬请方家指正。

一、地理差异影响下的两种地域文化在历史上发挥着不同的作用

河洛文化是以洛阳为中心的古代黄河与洛水交汇地区的物质与精神文化的总和，是中原文化的核心，也是中华传承文化的精华和主流。河洛文化以"河图""洛书"为标志，体现了中华传统文化的根源性；以夏商周三代文化为主干，体现了中华传统文化的传承性；以洛阳古都所凝聚的文化精华为核心，体现了中华传统文化的厚重性。河洛文化是在整个中国传统文化的结构中，与周边其他地域文化相比，具有特殊重要地位与作用，尤其是他的渊源地位与辐射作用，在中华传统文化形成过程中地位突出，作用重大。与此相较，岭南文化是中国最南方的地域文化，在长期历史发展过程中，由南越、西越族文化与中原文化、外来文化相结合所形成的兼有中外的地域文化，它是以珠江文化为中心，兼及岭南其他少数民族文化的总和。特别是近代，岭南文化"敢为天下先"，引领时代潮流，在中国历史上留下了浓墨重彩的一笔。

由于两地不同的地理位置，一个内地，一个沿海；一个地理上"居天下之

中",一个处在南部边陲;故中国历史的前半段,作为河洛文化诞生地的黄河中下游,自然是建都时间较长的地区之一,且大多是统一或占据中国大半壁江山的王朝。而岭南文化起步较晚,地理位置偏南,不适宜作为统一王朝的都城,故岭南历史上只先后建立过为数不多的三个割据政权。北宋以前,我国都城所在地多在黄河流域,故这里是全国的政治、经济、文化中心,是各种政令、制度等的制定与执行的重要地区。人才会聚,文化鼎盛,思想活跃,广泛和深刻影响着全国其他地区。而从整个纵的发展时段来看,岭南文化经过数千年的积淀、吸收和发展,在近现代大发光彩,改变明清乃至以前处于全国落后的局面。

　　受人们征服自然能力与环境的制约,河洛地区是中国古代文明形成最早、最先出现国家的重要地区之一。以"甲骨文"为代表的殷商文化,甚至更早的夏代,以及一系列的新石器文化遗存,河洛地区是如何也不可轻视的重要地区。东周时天下虽然分崩离析,但洛阳仍然担任着政治层面的"天下共主",百家争鸣,文化昌盛;东汉和魏晋,这里仍是全国的中心,太学成为全国的最高的学府,是文化培育与传播的中心。隋唐以及北宋,或为都城,或为陪都,其间所起的作用自不待言。而直到唐宋,岭南仍然是中央流贬官员与处置罪犯的地方;岭南西部以及安南,仍然是羁縻制度实施的地区之一;"南选"等制度虽在岭南推行,但选拔人才,岭南无论如何不能与河洛相比较。随着商品经济的发展,岭南发挥着临海的优势,海上丝路不断扩展,加之中国经济中心的南移,移民增多,原来"瘴气"充斥的岭南,经济逐步发展,珠三角出现"蔗桑果鱼基"的土地利用模式,两广丘陵经济也逐步发展起来,虽然边远山区的僮、瑶等少数民族经济与文化仍然落后,但无碍岭南整体实力的上升。而河洛地区,虽然农业发展所依赖的重要资源是土地,但由于战争不断,黄河泛滥,流民失去家园,结果是河洛经济受到很大的破坏,文化渐趋衰落。近代,岭南更发挥沿海优势,一些先进的文化理念、思潮,通过留学生、华侨带回国内,又通过沿海城市向内地传播。因此,原来的边缘地区成为了先进思想、文化传播国内的桥头堡,起着承接海外,联系国内的作用。地理上的中心与边缘发生着实质的变化。原来河洛文化、岭南两种文化代表了古代人们的中心与边缘地区,至近现代,边缘地区反而成为中心,而原来的中心地区,随着都城的迁移,经济、文化的衰落,失去了往日的繁华。

　　总之,受自然和人文环境影响,岭南文化是在南越文化、西越文化、包括河洛文化在内的汉文化、西方文化等不同地域文化交会基础上形成的。地域文化交会数量越多、程度越深,新形成的文化相对越发达,特别是与远距离先进文化的交会,更能碰撞出灿烂的文化。而岭南少数民族由于较少吸纳其他先进文化,相对落后。随着历史的发展,自然、人文环境的改变,岭南文化落后地区逐渐减小。

二、国家礼制史上,两地的岳镇海渎体现了国家层面上中心与边缘的地理观念

岳镇海渎的名称,中国先秦典籍既有:"五岳"见于《周礼·春官》的《大宗伯》《大司乐》和《礼记·王制》;"四镇"见于《周礼·春官》的《大司乐》;"四渎"见于《仪礼·觐礼》和《礼记·王制》;而"四海"称谓,古书记载较多,《山海经》《尚书·禹贡》等都有记载。秦统一,把这些天下名山大川从四面八方选出来的,成为各个地区的代表,与四方中央相配,与阴阳五行相配,成为大一统国家在地域上的代表,成为日后岳镇海渎制度的雏形。随着国家礼制制度的逐步完善,五岳、五镇、四渎、四海,这些代表国家四方五位疆域的山川,成为国家权力在地方上的标志。历代祭岳镇海渎,成为国家中祀的一部分,都城郊祀作为地祇陪祭的同时,在全国都有专门的庙宇来祭祀。除每年春、秋祭祀外,国之大事,诸如皇帝登基、立太子、上先帝谥号、皇太后和皇帝寿辰、求皇帝子嗣及重大战争、地方安定、国泰民安等,也都要去祭祀①。岳镇海渎制度已经成为在礼制上不可缺少的拱卫中央的制度之一。

作为中国地理上最重要的两个方位,中央与南方,河洛地区是祭祀五岳的中岳嵩山、四渎的济水(附祭北海)等的地区,相关庙宇到现在仍然保存,体现国家的大一统政治权力在地方上的落实。今在河南登封市的中岳庙、河南济源市的济渎庙、北海庙仍然承载着历史的厚重。

而岭南的南海庙,作为四海之一,随着海上贸易的繁荣,与东西洋各国的交往,平定岭南地方叛乱等等,其作用也日益显露出来。南海庙一度成为岭南最大的庙宇和民俗活动的重要场所,国家祭祀制度落地民间,南海神也与地方结合,不断显灵,有恩于地方,逐渐变成了地方神灵,"洪圣王"(南海神的国家封号之

---

① 王元林:《国家祭祀与海上丝路遗迹——广州南海神庙研究》,中华书局,2006 年。

一)庙宇不断建立。而今在广州黄埔区的南海庙,不仅是历史上国家祭祀的庙宇,而且是民间祭祀活动的场所。

河洛地区的黄河,国家祭祀的场所在今陕西大荔县,后随着都城的迁移而东移山西永济市。河祠附祭西海,由于历史上黄河小北干流在汾渭谷地频繁改道、崩岸①,导致这一历史遗迹不复存在。

值得注意的是,国家为了便于祭祀黄河,常常派遣使臣沿途和就近祭祀相关的岳镇海渎。例如元代,"自中统二年始。凡十有九处,分五道。后乃以东岳、东海、东镇、北镇为东道,中岳、淮渎、济渎、北海、南岳、南海、南镇为南道,北岳、西岳、后土、河渎、中镇、西海、西镇、江渎为西道。既而又以驿骑迁远,复为五道,道遣使二人,集贤院奏遣汉官,翰林院奏遣蒙古官,出玺书给驿以行。中统初,遣道士,或副以汉官。至元二十八年正月,帝谓中书省臣言曰:'五岳四渎祠事,朕宜亲往,道远不可。大臣如卿等又有国务,宜遣重臣代朕祠之,汉人选名儒及道士习祀事者'"。② 当时南海为广利灵孚王,中岳为中天大宁崇圣帝、济渎为清源善济王,中岳地位远高于海渎。南海与中岳、济渎、北海等曾一度为同一道的中央官员来祭祀。

总之,"为治之道,必本于礼"③。国家礼制层面上的岳镇海渎制度,不仅体现了国家利用地理方位的名山大川,来维护政权的所在,而且体现了不同时期,国家对不同方位的重要性的重视。南宋偏安东南,南海神和东海神,南岳、东岳作用凸显,封号叠加④。而中岳嵩山,随着逐步纳入道家的洞府仙境,并与其他名山并列,还成为道教祭祀的重要场所。这就是中岳嵩山庙宇有着丰富的文化内涵的原因所在。

三、从移民文化看,河洛为迁出地,岭南为跳板,进一步播散到海外

中国历史上有三次大移民的高潮,第一次从晋怀帝永嘉年间到南朝宋元嘉年间,基本上是北方移民迁移到江淮流域,与岭南关系不大;第二次大移民即安

① 王元林:《历史上黄渭洛汇流区河道变迁及现今沿岸的经济开发》,《地域开发与研究》,1997年第2期。
② 《元史》卷七十六《祭祀志五》。
③ 《明史》卷四十九《礼志·吉礼三》。
④ 王元林:《国家祭祀与海上丝路遗迹——广州南海神庙研究》,中华书局,2006年。

史乱后中原汉族的南迁,少部分甚至南迁到江西和五岭地区。这两次移民,以河洛地区为移民的主要迁出地。与岭南关系最密切的是第三次移民。北宋靖康之乱后的南迁,持续了一个半世纪,大部分岭南地区特别是珠三角洲一带的民众普遍认为自己的家族"从南雄珠玑巷迁来",且有族谱为证。历史上迁移到岭南东部的今赣南、粤东北、闽西南的今客家人,在宋元时期,已经形成了客家族群。而包括客家在内的岭南,甚至闽南民众,在宋元乃至明清甚至近代,又继续这种移民浪潮,移居东南亚、美洲、欧洲等世界各地,形成了海外华侨华人。岭南是这一移民过程的跳板,随着移民的南移和移居海外,汉文化也被一步一步带到岭南和国外。

宋元以前,由于受自然条件的限制,以河洛等文化为代表的强势汉文化对岭南南越、西越文化影响限于交通线附近,岭南与中原交通最近且交通较便利的西江流域、桂东北、粤北成为岭南文化发达的重心地区,广信、连州、韶州、桂州等文化中心有一定的辐射力。南越国时期和三国以后,广州文化中心形成,但辐射力仅限于珠三角地区,远没有后世强大。而桂东北的桂州也成为岭南西部的文化中心。宋元时期是岭南经济发展的重要时期,大量移民拥入,自然条件较优越的珠江三角洲、韩江三角洲显示其优势,发展超过了原来交通优越的西江、粤北地区,逐步改变了先秦至隋唐以来岭南文化发展的重心格局。明清时期,岭南文化重心的格局形成,珠江三角洲、韩江三角洲地位日趋明显,广州、潮州中心城市的文化辐射作用日益加强,特别是珠江三角番禺、南海、顺德县一级的文化优势突出。

近代,岭南是全国文化发达地区之一。受地缘优势影响,岭南是我国接受西方文化最早的地区,中外文化交融产生了岭南物质制度和精神文化近代的繁荣。近代岭南文化的发达仍然集中在珠三角、沿海及兴梅的侨乡地区。岭南是中国革命的摇篮之一,影响全国。现当代岭南成为我国改革开放的前沿地带,为率先实现四个现代化的发达地区之一,在物质文化发达的同时,形成一系列有特色的文化,如"三个代表文化"、"特区文化"、"新企业文化"、"新侨乡文化"等发展模式,但精神文化发展的水平与物质文化仍有一定距离①。

总之,受自然和人文环境影响,河洛地区在地理区位上占有雄据天下之中的优势,是中古时期国家的政治统治中心、经济活动与管理中心、军事指挥权力中心和文化培育与传播中心。河洛地区人气旺盛、经济繁荣、文化昌盛、科技领先。随着分封制的实行和数次中原人群的大规模播迁,中原先进的文化和生产技术又源源不断地传送到四面八方,影响到齐鲁吴越、秦楚燕赵。尤其是南方庞大的客家民系的形成,中原文化不仅在闽、赣、粤广大地区生根开花,并波及湘川滇黔,而且跨海越洋,由台湾渐及东南亚、欧美以至世界各地。岭南文化在不同时期发展水平不一,强势文化辐射和影响在明以前,包括河洛在内的汉文化由北向南,由西向东传播。明清以后,西方文化逐渐渗透和影响,沿海"得风气之先"。特别是近代,强势的西方文化辐射和影响由南向北,由沿海向内地传播。岭南文化在近代才成为中国先进文化之一,"开风气之先"。今天岭南文化各地发展水平不尽一致,有一定的继承性,宋元形成的广府、客家、福佬三大民系,其文化观念和民族心理特征等在一定程度上影响着现今岭南文化的发展,虽然并不起决定性支配作用。

今天,遍布世界各地的许多华人华侨还骄傲地称自己为"河洛郎",所讲的话为"河洛话",牢记"根在河洛",对姓氏、郡望万里追寻,寻根问祖,兴学兴业。河洛文化中的血缘、族源成为维系中华儿女的一条强大的精神文化纽带。岭南地区经历历史上的移民和文化的传播,中心和边缘相互转化,成为以河洛文化为代表的汉文化南传的重要节点,也成为海外华侨华人寻根中国的第一站,其文化与河洛文化一样,永远放射着璀璨的光芒。

(作者单位:暨南大学历史系暨历史地理中心)

---

① 王元林:《论广东文化的时空特征与和谐发展》,收入《当代广东发展与和谐》,广东人民出版社,2008年。

岭南与河洛的时空律动

——广东客家山歌探析

袁东艳

人类所有的艺术创造皆源自生活。音乐的发展与人类的发展自始相伴,它是集民族(族群、民系)的文化传统、集体观念、心理意志、审美情趣等,在特定的时空以音响律动表现出来的概括的、抽象的但是动情的、深刻的具有生命心力体力交织的活态信息。

找寻客家山歌从意境生发到词曲唱出的成形基元,必须从山歌的定义和客家人对它的选择谈起。

一、山歌的定义:客家人为何选择了山歌

山歌是中国民歌之一种。中国民歌浩如烟海,是人类文化发展中起源最早、历史最长、影响最广泛的艺术品种之一。然而,在明清之前尚少见"民歌"之称。读唐代李益"山歌闻《竹枝》"、白居易"岂无山歌与村笛"、宋代张耒"哀怨山歌不可听"、明代祝允明"乃起跳舞而唱山歌"等诗文,"山歌"其实是民间歌唱艺术的体裁,因为"山歌"广泛普及于各地民间,它又曾经是民歌的代称。

山歌,作为中国民歌中的基本体裁,按其产生的环境、传唱的人群以及它的功用等来定义,是泛指人民为歌唱劳动、歌唱生活、歌唱爱情而创作,流传于我国南北各地山村、水乡、高山、草原、海隅的高远奔放而抒情的歌曲。换言之,山歌是在山野户外即兴漫唱的抒咏性或实用性的曲调,一般具有高亢嘹亮、节奏悠长的特点。在浩如烟海的山歌中,情歌占有很大比重,在有些地区和民族中,山歌

又是情歌的另一称谓。有些文人拟作,称为"竹枝词"。

人类生产音乐和使用音乐的方式,除了本身的能力所及,还要取决于生存的地理环境和社会条件等多元因素。客家人之所以选择了山歌,他们的生存空间——岭南山野,是非常重要的决定因素。

客家人的主体是南迁汉人的后裔。客家先民原居史称"中土"的黄河流域,秦统一岭南,已有部分戍卒和"中县人"停居在边鄙山区,成为首批客家先民;两汉六朝,大批汉人进入广东,定居粤东、粤北山区;唐宋时期,因避乱、营生、贬谪、仕宦等原因南迁入粤的汉人更多;明清两代,由于战乱、社会经济发展、粤闽赣比邻区域开发等动因,又形成了客家迁入热潮。由于自然条件较好的平原沃野、可耕之地多为土著和先至汉人所占居,迟来者只好深入山区和内河上游小盆地垦种拓荒。比较封闭的山居环境,交通不便,形成一个个相对独立的地理单元,为客家文化保存其浓郁的地方特色和民系个性创造了条件。他们沿用中原汉语,保持传统宗族观念、文化礼俗,有特殊的社会生活区域,而整个群体被定格为"客家"。他们以山野为依托,生在山、活在山、爱在山、死在山,开辟草莱,筚路褴褛,以长子孙。山间劳作辛苦,一旦走到山上或原野空谷,面对空山远景,谁都会不禁唱情涌动,聊借高吟漫歌来宣泄自己的感情,排遣寂寞,寄予生趣。从一些田野资料,我们还可窥见客家人初到粤地开怀大唱的斑影:梅县客家人居荒山野岭,猛兽纵横,生存异常艰苦,一出门先用大嗓门打个"啊嗨!",随编唱几句山歌,舒缓一下压力和吓走野兽。至今梅县一些偏僻山区的民众,还有一出门就唱山歌号子的习惯。①

晚清诗人黄遵宪将他的家乡嘉应州(今梅州)的山歌比作得自天成的"天籁",他赞叹:"念彼岗头溪尾,肩挑一担,竟日往复,歌不歇者,何其才之大也!"客家山歌之所以有更加浓郁的"山歌味"和才情,同山野岗头溪尾特定环境的涵育固然有关,同她的演绎空间——岭南社会提供的"大戏台"也密不可分。

二、岭南社会——客家山歌演绎的"大戏台"

"岭南"在地理范围说是指五岭之南。在两广北部的南岭山地,有一组横贯

---

① 参考《粤东客家山歌》,1981 年 5 月梅县地区民间文艺研究会(编印内部资料)。

东西的山系:大庾岭、骑田岭、都庞岭、萌渚岭、越城岭。古代交通不便,五岭阻隔,使岭南偏处于祖国东南一隅,形成独特的自然环境和人文环境。"岭南"历史上又称为"岭外"、"岭表",此中的"外"和"表"是以"中"——包括"河洛"在内的古称"中州""中土"中原地区——为参照系的。岭南原是百越民族聚居地,开发较晚,在明代以前,岭南的社会经济、政治、文化发展远逊于中原和江南,保留下浓厚的"百越蛮风",曾被视为"南蛮"、"蛮方"。客家人越岭而南,同岭南社会发生新的整合过程,作为客家文化特征之一的歌唱艺术,在岭南找到了新的演绎空间。岭南社会的若干特性,使客家山歌兼具了很多文化"杂交优势"而秀出在岭南大地上。

首先是"粤俗好歌"。

粤俗好歌,在秦汉时期中原文献中已见披露,在历代广东地方志和笔记中更是大量涌现,以屈大均《广东新语》卷十二"粤歌"条下所载至为详尽和精彩:"东西两粤皆尚歌",古粤人几乎每事必歌,举凡坐堂歌、摸鱼歌、山歌、采茶歌、汤水歌、拜月歌、踏月歌、咸水歌、婚嫁歌、儿歌、小调、秧歌、蛋人歌、各山峒少数民族歌等等,不胜枚举。粤人还不时举行"歌试","以第高下,高者受上赏,号为'歌伯'"。粤歌"以俚言土音"唱出,总是"信口而成,才华斐美"。粤人在漫漫的历史长河中被"风俗好歌"的文化氛围浸渍,自有天赋的歌唱文化基因,"儿女子天机所触,虽未尝目接诗书,亦解白口唱和,自然合韵"。近现代大量民族学、文化人类学研究证明,"粤俗好歌"是源自百越民族遗风,粤歌"山"和"野"的味道,自不待言。屈大均虽然没有为"客家山歌"立名,但累代南迁的客家人吸附古粤人的各种歌唱元素精华,在岭南"大戏台"上充当"主角"的角色,已有很多研究成果定论,笔者毋庸赘述。

艺术创作的首要条件是自由。明代以前,中央政权对岭南的经略尚采取相对宽松的羁縻政策,岭南大地上还生活着较少受封建专制制约和封建礼法束缚的"化外之民"。他们有着较大的自由空间,尤其是岭南妇女,受百越遗风的影响,保持着较多的人格独立性和对社会的参与度。百越女首领冼夫人曾经统辖岭南半壁江山;岭南民间有数不胜数的被封建政权视为"淫祀"的女神崇拜;在歌唱艺术殿堂中还有"歌仙"刘三妹(刘三姐)。"吾越妇女,雅好为歌"。在春耕时,妇女数十为群,一人擂大鼓,"群歌竞作,弥日不绝",这是古代的女声大合唱;粤歌"大抵言男女之情","男女杂遝,一唱百和";女子在山崖水泮,"歌唱为乐,男子相与踏歌赴之,相得则唱酬终日,解衣结带,相遗以去"。在封建社会里,这些都是不堪入目的"伤风败俗"之举。屈大均是封建文人,但他作为粤人深刻理解岭南故土独特的文化现象,并没有站在封建卫道立场上,视之为"南蛮雌风"、"淫邪滥调"。他在《广东新语》中对这些文化现象作了满腔热情的记录,可见这些文化现象被古代岭南社会所广泛接受和颂扬。屈大均还特地为刘三妹立了小传,三妹"善为歌,千里内闻歌名而来者","尝往来两粤溪峒间,诸蛮种类最繁,所过之处,咸解其语言","粤民及瑶、僮(壮)诸种人围而观之,男女数十百层,咸以为仙"。① 刘三妹是古代"自由女性"的榜样,往来于岭南汉区和各少数民族"溪峒",据说是壮族歌手,但令人惊奇的是在客家人的传说中,她竟然是客家身份,可见客家人对岭南人文环境的认同和追慕。

情歌,在现存文献中最早见于《诗》的"风"部,原是采自各地的民歌。《中华全国风俗志》云:"十五国风,豫(河南)居其半。"而国风诸如郑卫之风等最引人注目的部分多出自河洛地区。河洛在古代是为"天下之中",文明开发早,殷周时代工商业为当时的"天下"之甲,河洛人民有较高的文化素质。从当时流行的"郑卫之音"看来,妇女生活丰富多彩,男女对爱情有率直的表白和勇敢的追求。生长于斯的人民,原本也有响遏行云的爱情之歌。汉代《诗》被儒家和封建皇朝捧为至高无上的《经》,"郑卫之音"被视为"淫声"、"淫奔之诗"。汉代以降,封建专制日甚,封建礼教渐隆,而情歌的自由创作空间遂被封杀。

岭南风土涵育和壮大起来的客家山歌,它的情歌不但在岭南歌坛独领风骚,而且成了捍卫自由创作空间和人性自尊的武器。一幅晚清嘉应州题曰"禁唱山歌"的图画,把山歌视为"淫合之媒",申言要把唱歌者送官惩治。但是,我们在画面中却能看到客家男女在山间情歌对阵的写实,歌者是如此欢腾雀跃,官府的禁令反倒显得苍白无力,宣传效果适得其反。

民国初年,兴宁县有男女对歌,被地方当局以"奸情案"入罪。公堂之上,女歌手竟然唱出:"你爱过堂就过堂,莫把案桌紧去梛(敲打)。交情不是人命案,

_____

① 屈大均《广东新语》卷一二《粤歌》、卷八《刘三妹》。

莫来吓坏我亲郎。"当堂把官府惊得目瞪口呆。①

　　在现存岭南情歌中,最丰富的就是客家情歌。故黄遵宪把客家情歌同十五国风相比,赞叹不已;而早在乾隆年间,四川才子李调元就仿效周代"采风",把采集的粤地民歌称为"粤风",结集出版。是岭南大地为客家情歌开拓了广阔的演绎空间,而客家人以其特有的才情反哺和充实了岭南民歌宝库。说到客家"才情",我们不能不追溯到她的源头——河洛文明。

三、河洛文明——客家山歌才情之源

　　岭南同中原的音乐文化交流,早已有之。声乐,作为一种时空性艺术,通过民间口耳相传而流播。据西汉刘向《说苑》记载,早在先秦,越人歌已经北传;黄佐《广东通志》卷五十一记载,汉惠帝时粤地的歌手已在长安宫供职。但是,秦汉时期传入宫廷的粤歌,因为同"正统"的钟鼓之乐大相径庭,而被视为"野音"。在岭南历史上,时空穿透力最强,流动量最大的却是"外来"的客家山歌,其支撑背景就是来自中原以河洛文化为核心的优秀强势文明。客家文化是以中原汉文化为主体的移民文化,它不仅具有中原文化的深厚底蕴,而且还具有作为移民这一特殊群体所具有的文化面貌。比如,客家文化中所含有的非常强烈的寻根意识和乡土意识,这正是远离祖居地的移民在新居地驻扎、劳顿之后所表现出来的对故土文明的眷恋。客家人举族南来,先辈多出自书香门第、仕宦世家,是一个高文化层次的民系,有着绵远的中原文化情结。例如客家学者总是把客家山歌的源头归附到《诗》。《诗》是周代社会生活及其礼乐制度的反映,是中国文学创作的源头。从《诗》发端的中国学术,例如风、雅、颂、赋、比、兴——《诗》之"六义",对中国文学创作影响极其深远。客家山歌除了在岭南张扬"国风"精神之"体",还对"六义"之"用"有较深刻的理解和实践。客家山歌有雅俗之分,归类明确,祭祀、宗教、庙堂歌曲较庄严典雅,同大多"未尝目接诗书"的岭南土著民歌相比,有明显的文野之别;大量客家民歌作品证明,客家民间歌手对赋、比、兴以及其他诗词的修辞和表现手法运用娴熟,常可信手拈来,达到出神入化的地步,令专业诗人惊为"天籁"。屈大均在《广东新语》"粤歌"条下罗列出数十则

---

① 　参考《粤东客家山歌》,1981 年 5 月梅县地区民间文艺研究会(编印内部资料)。

歌词,条析说明粤歌"往往引物连类,委屈比喻","皆以'兴'、'比'为工,辞纤艳而情深,颇有'风人'之遗,而采茶歌尤善",亦即得自《诗》教遗传。笔者以为,这是客家民歌在岭南普泛、《诗》教风被岭南的结果。而客家山歌从河洛到岭南的律动和流播,是依傍于强大的语言载体——客家方言。

语言是表达思想最主要的载体,任何语言都会将其语族所特有的思维定势、生产劳作、文娱生活、传统习俗、审美取向等影响显现出来。因此,方言对文化的影响甚大,而它对音乐的影响几乎是攸关性命的,客家山歌就是典型的证明。

广东客家方言是客家人从中原"带来"的,以"中州话"为基调,在岭南再演进而成。梅州语言是国家认可的标准客家话。有研究者概括梅州方言特点:语音分六个声调,平声、入声分阴阳,上声、去声则不分阴阳。见下表:

例字	调类	调值
家[ka]	阴平	44
麻[ma]	阳平	11
假[ka]	上声	31
嫁[ka]	去声	52
惕[tit]	阴入	1
敌[tit]	阳入	5

从研究可见,梅州方言的声调比普通话(或北方话)的声调类型丰富,但调值却没有普通话(或北方话)高,比吴越之音少一个声调,但没它那么多上下跳跃式音调。梅州语音音调,是在其声调最高也只是52或44的调值范围里进行"活动"。这种方言反映在客家山歌里,文采自然,旋律流畅、韵味悠长,衬词和装饰音的运用,使得歌唱委婉深情,既不像北方民歌那样奔放激越,也不像江淮民歌那样柔媚糯糍。语言载体决定客家山歌行腔平实,恍如行云流水,节律易于自由配置和把握,也适合细腻情感和华彩润饰的即兴发挥,颇有助于"客民"在山崖水泮创建优美的"音响效果"。

声韵,也是影响客家山歌创作的重要因素。清代至现代都有学者研究客家方言音韵,发现客家话保留了一些中原古汉语语音的特点。据清代语言大师考证,古代汉语的声母从周、秦至汉、唐,只有重唇音(双唇音),到了晚唐、五代,轻唇音才从重唇音分化出来。而在客家县份虽然出现了轻唇音声母,但仍保存了大量重唇音声母。另外,客家方言中的浊塞音的清化过程,也说明了承沿于远古中原的客家语音系统,在晚唐、五代至宋代仍接受中原汉语的影响,至今客家方言中还保留着较多中原古音和古汉语词汇。这决定客家山歌更适合接受来自岭北的先进文化精华。①

《诗》是从"歌"而来,歌韵早于诗韵。歌词押韵是歌曲节律美和文化韵味的基本要素。汉语声韵代有变化,但中国历代编纂《韵书》皆以"中州音韵"为则,分声别韵来安排。现代声韵学大家为保持诗韵的纯正,编纂"诗韵"还特地收入杜诗的全部用韵。② 盖因杜甫是河洛间巩县人,得中州正韵。《嘉应州志》对客家方言进行过详细辨析,肯定客家方言中保留着"中州音韵"。客家南来,虽说是"乡音渐改",但客家山歌的韵脚同中原诗韵颇多合辙。笔者只试举《大埔县志》收录的古代流传下来的一句客家山歌:"半夜梳头送姊归,送到深山雨微微。""归"、"微"两字在《诗韵合璧》同属"五微"韵目,用客家话唱是押韵的,但用广州方言就不协韵。试以客家山歌同广东的其他民歌比较,这种差距非常明显。明清时期,广东有文人尝试纯用广州话来拟作民歌,称为"粤讴"(例如番禺人招子庸创作的《粤讴》),但是作品未能普泛开来,淡出了公众生活,成为个别文人孤芳自赏的作品。个中原因,颇值得我们深思。

语言优势,还在乎它的统合能力。客家方言流行区域相当广阔,随着客家人不断迁移外拓,流行区域逐渐扩展,现已分布于国内几十个省市和海外80多个国家和地区。广东是客家话使用人口最多、流传最广的省份。纯粹讲客家话的县市有近17个,还有50个县市的部分人群讲客家话,讲客家话的人数2000多万。各地客家话有些差异,但不影响相互交流,都能欣赏对方的音乐语言。我是来自湖北的音乐工作者,不懂客家话,但我在中山市采风时偶然听到了客家山歌"四季采茶",竟能一字不差地听下来,感动得热泪纵横。客家山歌不仅仅是歌手本事,而是整个民系的歌唱文化养成。客家山歌成了客家最具有文化身份特征的"名片",在岭南,有客家人的地方就有客家山歌。客家强劲的语言统合,为岭南打造了一支最声势浩大的民歌"合唱队",有助于抵御包括封建专制在内的

---

① 笔者在本节和上两节关于客家语言的阐述,吸收和引用了一些研究专家的成果,田野调查也受到地方学者的启发和帮助。特此说明,并至谢忱。

② 王力《古代汉语》下册(第二分册)附录诗韵字表,中华书局,1964年9月。

所有逆境而长盛不衰。

客家方言为客家山歌造就了其他民系的歌种不能企及的强势;客家山歌是客家方言在中华文明的源头(当然也涵括了河洛文明)和岭南之间建立起来的声响律动,这种律动穿越时空,把历朝历代的中华传统文化精华源源输送入岭南;岭南特殊的人文环境,滋养了庞大的客家山歌群体,激活了被封建"正统"压抑渐显衰颓的民歌艺术精神,造就了客家山歌的文化杂交优势。

音乐——尤其是声乐,是流动的时空艺术,这种活态特性使岭南许多古老的音乐艺术随时光流逝、湮没,然而客家山歌在岭南却不断成长、发展、壮大,乃至成为南中国最大的民歌歌种之一。客家山歌的声响律动,是随时空流动的活态信息,我们对她的认识还远远不够。更加科学地解读这笔珍贵艺术财富所承载的活态信息,有助于我们开拓河洛文化和岭南文化研究的范域。

（作者单位:广州星海音乐学院）

先秦时期岭南与中原地区的关系

徐恒彬

秦始皇三十三年(前 214 年)统一岭南,设置南海、桂林、象郡三郡,实行郡县制统治。秦朝为什么能这么顺利地实现郡县制统治? 为了弄清这个问题,我曾请教过著名考古学家苏秉琦教授,苏先生说:凡是设置郡县的地方,都是经济和文化比较发达的地方,落后的地区一般都保留当地的土司制度。岭南地区的考古发现,越来越多地证明了苏秉琦先生的论述。

先秦时期,岭南属于"百越"(越与粤通)地区,有自己的古文化,有自己的青铜文化,有自己的"夏商周",岭南古文化的发展有自己的特点,与西南地区、闽越地区和东南亚地区有着一定的关系,但是最重要的还是与岭北地区的关系。与岭北地区的关系,包括与中原(即河洛)地区的关系和吴越楚国地区的关系。

岭南地区在历史发展中,不断地学习和吸取中原地区、吴越地区和楚国地区的先进工艺技术和文化。本文仅就先秦时期岭南与中原地区的关系作一些初步探索,就教于各位专家学者和同行。

一、岭南地区的古文化与中原地区的关系

从旧石器时代到新石器时代,岭南地区的原始居民就在我们祖国南方这块美丽富饶的土地上劳动、生息、繁衍。他们用自己的勤劳和智慧认识自然、适应自然,发展自己,创造了丰富多彩的地方特色文化。

从发现的文化遗址的地理环境观察,岭南地区的先民,有适应石灰岩地区的洞穴遗址,有适应河流两岸的山冈遗址、台地遗址,有适应河谷和三角洲冲积平

原的贝丘遗址,有适应海滨、岛屿生活的沙丘、沙岸遗址等等,在各种不同的自然环境生产和生活,发展了著名的几何印纹陶文化。

苏秉琦先生在《中国文明起源新探》一书中,把岭南地区古文化划归为"以鄱阳湖——珠江三角洲一线为中轴的南方",是几何印纹陶分布的核心区。同时指出:"这是一条自古以来形成的南北通道,华南与中原的关系,与南海诸岛以及东南亚广大地域的关系都可以在这条南北通道上寻找答案。"①岭南考古的新发现,为这一论述提供了新的证据。

1977年在曲江坝石峡文化遗址的17号墓和105号墓中出土了石琮。17号墓石琮高4.4、外径7.1、内径5.3厘米。105号墓石琮高14.1、外径6.8~7.3、内径5厘米。时间在公元前3000~1500年间,广东新石器时代晚期。此后在封开县、海丰县等地又发现有石琮和玉琮。②

琮是典型的中原礼器。《周礼·春官宗伯、大宗伯》说:琮为六瑞之一,"黄琮礼地"。琮的造型特征为内圆外方,筒形,周刻棱纹。与内圆象天、外方象地的天地相通礼制相吻合。

璋也是典型的中原礼器。《周礼》说:以赤璋礼南方,以祀山川。璋的造型为顶端斜角形即半圭之形,有的近柄有牙,称为牙璋。

岭南在广东东莞虎门村头遗址、广州的增城红花林遗址发现牙璋,在香港的南丫岛大湾遗址发现牙璋,在越南的北部也发现牙璋。分布广泛,不仅珠江三角洲有,香港外岛有,越南的北方也有,特别是香港南丫岛大湾出土的牙璋,造型精美,用断之后可穿孔绑扎再用,表明对这件礼器的珍贵和重用。③

玦饰在广东极为流行,在珠海、深圳、香港、澳门以及越南北部等地的遗址墓葬都有发现。比较重要的有1986年在和平县龙子山墓出土的从大到小的10件玉玦。2000年在博罗县横岭山商周墓葬群中出土的玉玦有84件之多,还有玉管饰11件等。经专家研究:横岭山玉的材质以石英质和透闪石质,有的成分是和和田羊脂白玉相同。研究报告名其为薄锥台形玦饰,总体扁薄形,直径在2~

① 苏秉琦:《中国文明起源新探》,商务印书馆(香港)有限公司1979年6月。
② 广东省博物馆、香港中文大学文物馆:《广东出土先秦文物》1984年9月香港。 广东省文物管理委员会办公室、广东省博物馆:《广东文物普查成果图录》,广东科技出版社1990年3月。
③ 《东南亚考古论文集》香港大学美术博物馆,1995年。 徐恒彬:《华南考古论集》,科学出版社,2001年。

5.5 厘米之间,厚度因材质不同有所差异。石英质玦饰的厚度集中在 0.15 ~ 0.25 厘米之间;水晶质玦饰薄者仅 0.1 厘米,厚者可达 0.33 厘米。玦的口一般上宽下窄,玦孔皆为一面管钻而成。

这类玉玦饰在陕西宝鸡西周贵族墓地、山西曲沃晋侯墓地、洪洞县西周墓地江西、湖南、浙江、江苏等地都有很多发现。因此,吴沫、丘志力在《横岭山商周墓地出土玉器探析》中认为:"广东和环珠江口地区出土的牙璋和 T 字形玉环很有可能是从黄河流域经长江流域的江汉平原至湖南的洞庭湖——湘江流域及江西的鄱阳湖——赣江流域进入岭南地区。"对于博罗在文化交流路线上的地位,研究认为:"商周时期,博罗是处在中原文化向岭南乃至越南北部地区传播路线上的中间环节,因此在器物和文化特色上表现出与这条传播路线上的各地区存在或多或少的相似性。由此我们不难理解为何由博罗向北在山西、陕西、向南在环珠江口地区、越南北部都发现了与博罗商周墓地相似的玉器"。[①]

除上述文化交流的通道,笔者认为广西、湖南的湘桂水道也是一条重要的大通道。

把玉石器当成礼器,王权象征物,通神媒介物、美德标志物是中国特有的文化现象,这种礼制影响在夏商时期已传到岭南。岭南古文化的其他代表性器物,如石器、陶器、原始青瓷器等,与中原地区和岭北地区的文化的同类器物,也有着或多或少的联系、影响与相似性、限于篇幅,本文从略。

二、岭南地区的青铜文化与中原地区的关系

东周以前,商周文化强盛。商文化过长江到达湖南、江西地区,周文化的影响比商代更加向南扩展。因此,在广西、广东发现了商代和周代的青铜器。

商代青铜器在广西发现的有勉岭卣和兴安卣。

勉岭卣:1974 年 1 月于武鸣县全苏村勉岭山麓。有提梁、盖,器体呈椭圆形,下有圈足。通高 40 厘米,腹径 24 厘米,纵 19.4 厘米,重 10 公斤。器表呈灰黑色,是所谓的"黑漆古"。盖和身上四面都有高耸的扉棱,通体以云雷纹为地,

---

① 吴沫、丘志力:《横岭山商周基地出土玉器探析》,见广东省文物考古研究所《博罗横岭山——商周时期基地 2000 年发掘报告》,科学出版社 2005 年 4 月。

饰三重花纹。盖面和腹部是浮雕式的兽面纹,目、眉、耳突起,目似圆球,眉如卧蚕,眉尖突出器体外。盖的边缘、颈部、足部各装饰夔纹一圈,夔身上又饰以勾云纹。盖顶有钮,钮由6只蝉纹聚合成瓜棱形。提梁像一把弯弓,背面由两两相背的龙组成三角纹带,三角内又填饰蝉纹。提梁两端作成牛头形。全器构图严谨,刻镂精工。卣盖内有阴刻铭文"天"族徽。经蒋廷瑜先生研究,认为此卣与湖南宁乡王家坟山晚商戈卣很相似,也与安阳殷墟出土的卣近似,当然也有纹饰方面的不同,因此可断为商代晚期。

兴安卣:1976年8月在兴安县发现。扁椭圆腹,绳索形提梁,撇圈足,缺盖,颈部饰夔龙纹,腹部饰卷云状角兽面纹,器底内有铭文"天父乙"三字,通高22.8厘米,腹径15.3厘米、11.8厘米,足高2.5厘米。这类铜卣在安阳殷墟出土较多,与四期的夔纹提梁卣器形完全相同,亦为商代晚期器。[1]

1985年3月,广西武鸣县元东坡33号墓出土铜盘,器身作为平唇、折沿、浅腹、双耳、高圈足,外腹饰窃曲纹,圈足饰云雷纹。外形接近陕西长安普渡村的长盘,具有西周中晚期特征。[2]

1974年广东信宜松香厂出土西周铜盉。通高26.2厘米,口径14.2厘米,造型精美,体形厚重,花纹繁缛,铸工精细。盉身似鬲,口沿外侈,流较长,三足分裆。颈中部饰一周带状花纹,肩上有条斜角雷纹,腹部以裆为界,每足都由雷纹构成一组饕餮纹,两组之间各有一条夔龙,盖和流上饰龙纹,龙头铸成立体,造型和花纹与上海博物馆藏龙纹盉相似,只是耳不同,上博的盉为半环耳,信宜盉为耳。耳构造巧妙,由两个镂空的夔龙相结合而成,中间以小柱相连,上部的小柱刚好被盉身上的一条小龙的口咬住,利用了重力原理,体现了古代匠人的聪明和才智。[3]

2000年在广东博罗横岭山的商周墓葬群中发现不少商周时的青铜器。其中比较精美的有182号墓出土的青铜甬钟、青铜戈和201号墓出土的青铜鼎等,时代属于西周中晚期。

青铜甬钟:一大一小,形制相同,甬中穿与钟腔相通。钲部为合瓦形,两面

---

①　蒋延瑜:《桂岭考古论文集》,科学出版社2009年8月。
②　蒋延瑜:《桂岭考古论文集》,科学出版社2009年8月。
③　徐恒彬:《广东青铜器时代概论》,《华南考古论集》,科学出版社2001年。

36 枚,枚较高,呈双叠圆台柱状。钲间饰长翼蝉纹,篆间饰斜角云纹。鼓部正面饰相对双鸟纹,背面饰云纹,右侧面饰小鸟纹,中部弧度较缓。舞面饰云纹,较大的通高 30、甬长 11、铣间 16.8 厘米,重 3719 克。

青铜鼎:侈口,上有双方形立耳,浅腹,圆底较平,三半球形足,中空,跟部稍粗,足端外撇。腹部饰由涡纹、回首夔龙纹、四瓣目纹组成的带状纹,地纹为雷纹。口径 20.4、最大腹径 18.8、腹深 9.1、通高 22.4 厘米,重 1350 克。

从上述商周青铜器的特征可以很明显看出,有的青铜器是直接或间接经岭北的湖南、江西传到岭南。岭南青铜器的造型、纹饰和铸造工艺技术来源于中原地区的商周青铜文化,所反映的礼乐制度也来源于商周地区。

东周时期,周王室衰微,出现大国争霸的局面,楚国问鼎中原,吴越争霸中原。岭南地区主要发展与吴越和楚国的关系。

受吴越文化影响的青铜器大量出现,其中最明显的是"王"字形符号的青铜器。据不完全统计有 34 件青铜矛、斧、篾刀、人首柱形器等上有"王"字形符号。这种符号的青铜器在湖南、浙江和江苏等地也有发现。据浙江省考古所的同事介绍,浙江有十多件。从发现的地望看,都是楚、吴和越国地方。春秋时期经常发生战争,公元前 506 年吴国大败楚国军队,公元前 494 年吴国大胜越国,公元前 473 年越灭吴,称霸中原,公元前 334 年楚灭越,尽取吴越之地。"王"字符号青铜器来自越国地区,传播到湖南、广东、广西等地。

战国时期,江南地区成为楚国的地方,楚灭越后,"越从此散,诸族子争位,或为王,或为君,滨于江南海上,服朝于楚"[1]。岭南地区受楚文化的影响,出现了不少带有楚国特色的青铜器。其中最为典型的是肇庆北岭松山大墓出土的错银铜罍。

错银铜罍的形制为:平口、沿宽厚,颈稍高,肩缓平,腹圆,平底加圈足,肩部有双耳,耳的铺首作鸮头形。有盖,盖上有钮和环。盖上、口沿、颈部、肩部、腹部和圈足上都有错银花纹。[2] 花纹由勾连的鸟纹和云气纹组成,轻快流畅,生动活

---

[1] 广东省文物考古研究所:《博罗横岭山——商周时期墓地 2000 年发掘报告》,科学出版社 2005 年 4 月。

[2] 徐恒彬:《论岭南出土的"王"字形符号青铜器》,见广东省文物考古研究所《建所十周年文集》,岭南美术出版社 2001 年。

泼,变化多样。细线为错银,粗线填朱漆色,出土时颜色红艳。身高22厘米、口径14.9厘米、腹径24厘米、底径14.8厘米。整个器物的造型和花纹都具有显著的楚国特色,是来自楚国地区的典型器物。

三、中原地区出土的海贝有不少来自岭南地区

夏商周时期,中原地区珍视海贝。在汉代许慎的《说文解字》里,从贝的字有68个,都是与财货赏赐买卖贵贱等有关的字。在甲骨文中,宝字、得字、贮字从贝,可见贝的珍贵。

早在二里头遗址的一些墓葬中就发现有随葬贝的现象,比如9号墓出土海贝70枚,11号墓出土58枚海贝。此外,还出土有仿海贝的骨贝、蚌贝、石贝、铜贝等。

商代用贝殉葬或祭祀的现象已经比较普遍,少者数枚,多者数以千计。著名的殷墟妇好墓中,随葬海贝达6880枚,另有海螺2个。

经专家研究,妇好墓出土的海贝,产地分布于我国台湾、南海和日本、菲律宾、斯里兰卡以及阿曼湾、南非的阿果阿湾等地。

甲骨文中有赏赐贝和取贝的记录,如"丁亥卜,光取贝二朋在正月,取"[1]等。还有一人担着两串贝乘舟的形象。商代青铜器铭文也有赐贝和赏贝的记载,如:"中鼎"铭曰"侯赐中贝三朋,用作祖祭宝鼎"等。

到了周代,贝仍然是特殊的交换媒介,金文中常见周王对臣下赏赐的记录。《诗经》中也有"赐我百朋"的诗句。朋为贝的单位,有研究者说一朋为五贝,也有说可二、五、十贝不等的。

海贝作为宝贝、作为货币、作为饰物在中国夏商周的历史上曾经有光辉的一页,这一历史现象的出现,与海贝本身的光彩和瑰丽有关,与产地遥远求之不易有关,与夏商周时期的贵族需求有关。物以稀为贵,海贝生活在热带、亚热带的暖海里,我国北部沿海不产这种珊瑚海地域生长的瑰丽贝类,所以在夏商时期成为贵族的奢侈品,在商周时期成为货币,在商业活动中发挥重要作用。

我们常见的商周货贝和宝贝,主要是黄宝螺和黑星宝螺。

---

① 司马迁:《史记·越王勾践世家》,中华书局标点本。

黄宝螺在我国黄宗国主编的《海洋生物辞典》中称为货贝（Monetaria mometa）："贝壳小型。壳质坚硬。贝壳极光滑而呈瓷光，壳面为鲜黄色，或稍带灰绿色。生活在潮间带的岩礁和珊瑚间。分布在台湾、海南岛和西沙群岛。古时曾以此作为货币使用。"

黑星宝螺亦称为虎斑宝贝，贝壳较大，呈卵圆形。壳表极光滑，有瓷光，一般呈白色或淡黄色，上面有大小不同的黑褐色斑点，形似虎皮的斑纹。生活在低潮线以下至数米深的岩礁或珊瑚礁间，分布在中国台湾、海南岛和西沙群岛等海域。

《逸周书·王会解》说越人喜食海蛤、蝉蛇、文蜃、玄贝等①。《盐铁论·论菑篇》云"盖越人美蠃蚌"。自古越人善于行舟，善于与海打交道，因此岭南的越人采捞货贝、玄贝、绶贝等宝贝作为贡品或商品与中原地区进行交换和贸易，是极其自然的事情。

岭南的越族人民最早认识我国的南海，开创了我国南海的海上交通②，为开辟通往东南亚、印度洋等地的海上航线进行了最早的探索，为秦汉时期的官方使者在海上丝绸之路远航奠定了基础。

先秦时期，岭南地区与中原地区的关系，既有一般的规律，也有特殊的规律。一般的规律：即后进地区向先进地区学习，吸取和引进中原地区的先进工艺技术和文化，在交往过程中取得进步和发展。特殊的规律：即由于特殊的历史和地理位置方面的原因，岭南地区与中原地区的关系，在周室衰微，吴越称霸和楚国吞并吴越后，随着历史的变化，加强了与吴越和楚国的关系。岭南地处我国的南海，南海及其诸岛是我国唯一的热带和亚热带海域，在这里生长的货贝、大贝、玄贝、绶贝等宝贝特产，被岭南的越人采捞和利用，通过湖南和江西通道转输到中原地区，为我国光辉灿烂的夏商周青铜文化，特别是商业货币作出了特殊的历史贡献。

我国古代中原地区为华夏族，周边地区被称为蛮、夷、戎、狄等，但是华夷之间并没有绝对的差别，不是种族和国与国之间的差别，所以孔子说："入夷则夷，

---

① 徐恒彬：《试论楚文化对广东历史发展的作用》，《华南考古论集》，科学出版社 2001 年。
② 杨育彬：《建国以来河南古代钱币的发现和研究》，杨育彬、孙广清：《河南考古探索》，中州古籍出版社 2002 年 5 月。

入夏则夏。"范文澜先生在论述我国古代各族间的斗争与融合时指出:"文化高的地区即周礼地区称为中国,对文化低即不遵守周礼的人或族称为蛮、夷、戎、狄……华族与居住在中国内部和四方的诸族因文化不同经常发生斗争,斗争的结果,华夏文化扩大了,中国也扩大了,到东周末年,凡接受华夏文化的各族,大体上融合为一个华族了。"这一论述反映了我国先秦时期的历史实际情况。伟大的汉代历史学家司马迁说过:"余读春秋古文,乃知中国之虞与荆蛮勾吴兄弟也。"中原地区的华夏族与岭南地区的蛮、越都是兄弟,共同创造了中华民族的光辉历史。

（作者单位:广东省文物考古研究所）

从顺德汉墓看南越葬俗
与河洛文化的关联

陈　斌

　　本文所论河洛文化,主要是指夏、商、周三代到两汉期间,产生在河洛地区的区域性文化。从空间上讲,以洛阳及河洛流域为核心,相当于今天河南省西部和中部地区。在这一区域所创造的文化,内涵十分丰富:夏、商、周三代奠定的礼制;东周五百年首都洛阳"商遍天下,富冠海内",时在国家图书馆的老子掌管着周朝典籍,年轻的孔子曾不远千里从鲁国来到洛阳学习周礼,留下"孔子入周问礼"的佳话;秦朝丞相吕不韦"食十万户于此";洛阳作为周汉古都而形成了封建正统文化,即综合儒、道、法、兵、农、阴阳五行各家学说而形成的经学,尤其是西汉武帝立五经博士,将儒学定为国学,东汉建立传授儒家学说的太学机构,最早明确儒家经典文本等等。处在华夏文明腹地的河洛文化影响了中原地区,成为中国文化的源头,对于珠江三角洲地区的历史文化发展也有着重大的影响。反映在葬俗上也是如此。

　　顺德,地处珠江三角洲腹地,北距广州32公里,东南距澳门80公里,距香港69公里,水陆交通方便。秦代起属南海郡番禺县,秦末汉初,为南越国属地。汉平南越国后,置南海等九郡,顺德为南海郡属地。明以前,主要为番禺南海县属地。明朝景泰三年(1452年),建立县治,县城设大良,隶广州府管辖。立县550多年来,地域保持完整稳定,没有移治或改名。在顺德境内出土的两汉墓葬共有28座,其中东汉墓26座。墓葬群主要集中在:顺德北部陈村西淋山6座,北滘镇蟹岗4座,大良镇郊猪仔岗1座(抗日战争前在该处"曾发现过汉墓"),勒流镇沙富村15座,连村官山2座。据说,沙富汉墓群所在的地形是"风水宝地"。在地理位置上,连村与沙富很近,而附近的石涌村是南越国丞相吕嘉的故乡。所以本文将沙富汉墓群所在区域称"石涌聚落"。

一、先秦南越葬俗的族群特色

墓葬是一种特殊的考古学遗存,墓地是社会的一个缩影,在一定程度上反映了当时的社会形态和社会结构。葬俗足以复原文化,地域文化不同,葬俗也不同。

（一）南越族群的墓葬往往从简

坟墓最为汉人所重。《荀子·礼论篇》言"丧礼者,以生者饰死者也,大象其生以送其死也。故事死如生,事亡如存,终始一也",反映出汉人对待墓葬的重视程度。秦和西汉初期的大墓仍采取商周以来的葬制,以厚葬为主,最突出的就是秦始皇皇陵。但在岭南,情况不太相同。比如佛山河宕遗址发掘的墓葬,埋藏都比较简单:都系长方形浅坑墓,没有葬具;有随葬品的墓约占墓葬总数的三分之一,随葬品一墓仅一件,多者三件。

又比如,汉代砖室墓多在砖上雕刻图案,并且在墓内绘有彩色壁画,最典型的是西汉卜千秋墓、打鬼图墓等。这种壁画墓在河洛地区分布尤为集中,据不完全统计,该地区发现壁画墓已有十余座[①]。但是,岭南地区的汉墓就极少见到有砖雕、壁画之类的装饰,也没有中原常见的镇墓避凶物品,地上更少有翁仲之类。

（二）南越族群流行"二次葬"

"二次葬"葬俗在我国仰韶文化时期就有,其动机据说是古人认为人之血肉属于人间,必须待其腐朽之后再作正式埋葬,死者灵魂才能脱离尸身进入阴间。"二次葬"在汉代中原地区已经消失,中原人一次葬下以后是不再触动的,所以,一般而言,汉族属于一次葬民族范围。因此,黄河流域和北方地区的一般墓葬,多为结构简单的土洞墓(顺德本地人称之为"大旋涡"),不会像岭南越族流行至今的"二次葬"。但是到唐宋时期,顺德石涌聚落仍有不少南越人保持着原始葬俗。根据《顺德县文物志》所列的"生活居住遗址"材料发现,塘利村有唐宋村落

---

① 张翔宇:《河南中小型汉墓分析》.郑州大学出版社,2007年5月,第42页。

遗址,发现有石瓮十多件,内藏人体骨骼,估计很有可能是"二次葬",反映出南越人的原始葬俗遗存。其实,时至清末,在顺德仍有这种现象存在。南北墓葬文化存在着很大的差异。

(三)先秦时期越族葬俗的墓制特征:

其一,在墓的底部大多设有腰坑,腰坑内只放置一件陶器,有时,或在墓底铺碎石。这种反映奴隶制文化的葬俗盛行于两广地区的战国时期,以后不断弱化消退,但仍有所保存。其二,在岭南古越墓葬中,随葬品的组合情况一般是:铜兵器(如剑、矛、链等),加上生产工具(如锄、刮刀共出),再加上生活用具。如广宁县龙嘴岗战国晚期墓群,除两座墓仅见陶器外,其余各墓均有铜器[①]。南越国时期的广州墓葬中,随葬铜、铁器的墓葬也过半数有多。

先秦时期的两广地区,墓葬中陶器种类是很少的,有也主要是瓮、罐、瓶、碗、盆、釜等一般的饭器、盥洗器及炊器。要注意,这些罐、双耳罐、三足罐、瓶、瓮、小盒、三足盒,尤其是提筒这样的陶器,是属于越文化系统的,其器形具有地方特色。尤其是铜提筒或陶提筒,被越人视同"重器",是南越国统治者中的高层人物用以别贵贱、示权威的器物,一般人不能拥有。

总之,与先秦时期相对比,顺德汉墓情况反映出来的情况是:珠三角地区虽然还保留着其传统的越族文化习俗,但在强大的汉文化冲击下,汉越同化趋势已经十分明显。

二、从墓葬形制看汉越同化程度

(一)从腰坑设置情况见出南越族群文化特征消退

《顺德文物志》所述墓室均未见有明显的腰坑设置,但沙富2号土坑墓的主室"其底部比主室低约30厘米",怀疑就是腰坑设置的遗存。另有两座砖室墓出现"墓底砖":沙富13号"墓底不跌级,从东到西,墓底一线拉平,墓底砖保存较完整",蟹岗第一座"有墓室头部约一米见方的填底墓砖"。总起来看,腰坑葬俗退化乃至消失趋势是很明显的,反映出南越族群文化特征的消退行为。

有统计表明,两广地区南越国时期的腰坑墓主要分布在桂江、西江、北江及

---

① 广东文物局网站 http://www.gdww.gov.cn/showArticle.php? BAS_ID=91

其支流河岸附近,反映出苍梧部族的族属特征。而广州现已发现了9座西汉初年的腰坑墓。说明腰坑墓在汉初以后开始逐步减少甚至消失。据《史记·南越列传》记载:"吕嘉……及苍梧秦王有连",苍梧部落与吕嘉家族、南越国皇室都是存在长期的联姻关系的。因此推知,正是番禺与苍梧的密切关系,使得南越国先进的中原文化逐步影响到苍梧部落,使得腰坑墓这种葬俗逐步消失①。同样道理,来自于河洛地区的先进文化,也都对广州周边越族聚落地区产生了很大影响。顺德东汉墓葬群情况是以个证明。

(二)从墓葬型号和墓主身份见出南北葬俗相当接近

相比中原地区的许多汉墓,顺德汉墓都是小型墓,随葬数量不多(如沙富一墓多者27件而已),物件也不奢华(最"贵重"者不过蟹岗汉墓的三粒珠饰)。顺德汉墓未见"提筒",也能说明这些墓葬至少不是越族权贵,并非典型越族人。这有两种可能情况:其一是,所葬之人虽非王公贵族,但也具有相当文化层次和社会地位。要注意,从一个当时距离广州数十公里,濒临海边的南越住民区域来看,所葬之人应该是地主富户,或者是社会底层官吏,而不会是更低地位的平民老百姓。沙富13号墓是"砖室墓","由俑道、前室、南北耳室和棺室五部分组成",这样的墓制规模在同期河洛地区的墓葬中也属中下层地主、县级小官吏的级别。当然,另一种可能就是,东汉倡导薄葬风气所及。针对汉代厚葬风气盛行,东汉光武帝刘秀在建武七年(公元31年)就曾下诏曰:"世以厚葬为德,薄葬为鄙,至于富者奢僭,贫者单财,法令不能禁,礼义不能止,仓促乃知其咎。其布告天下,令知忠臣孝子慈兄悌弟薄葬送终之义。"②无论以上哪种情况存在,都可说明:东汉时期河洛地区与珠三角地区虽然相距遥远,但是葬俗相当接近。

(三)从墓制方面见出文化逐渐融合的趋势

顺德汉墓有土坑墓4座,也有砖室墓4座。一般地说,西汉前期流行土坑墓、木椁墓。例如,1959年出版的《洛阳烧沟汉墓》所报道的225座汉墓,都是洞室墓。在预先挖好的洞穴墓圹中再构筑墓室(椁室)结构的做法,对汉代及其以后的南越地区墓葬的发展演变都产生了深远的影响。据龙眼村民告知,当地人

①　莫志东:《试论两广地区腰坑墓的族属及其文化特征》http://blog. sina. com. cn/s/blog_4c131e35010007p8. html

②　杨树达:《汉代婚丧礼俗考》,上海古籍出版社,2000年12月,第82页。

见过这种坟墓出土,他们很形象地称之为"大旋涡"。

砖室墓出现在西汉后期的中原、关中地区,到东汉才普及全国各地。砖室墓存在单室、双室、三室(多室)等的繁简之别。在"生不极养,死乃重丧"和"事死如生"的思想支配下,汉人越来越重视死者灵魂所活动的空间———即墓室,开辟耳室,出现前堂,使得墓室变得越来越像生人的住宅,仓厨、库房、前堂、后室等一应俱全,一如今天所谓两房一厅、三房一厅、三房二厅。这样的思想,在东汉时期也传播到了岭南顺德这样的沿海聚落地区。"由甬道、前室、南北耳室和棺室五部分组成"沙富13号墓就属于比较复杂的砖室墓了,显示出较高文化层次和社会地位的墓主宗族所受到的影响。

顺德汉墓说明了该地区原住民聚居的文化活跃时段与状况。此时,要明显分别出汉族墓主还是越族墓主,已经很难,或正是所谓的汉越杂处后的越人。事实上,早在西汉南越国时期的许多大型墓葬也是基本无法分出墓主人的族别来。这正体现了一种逐渐融合的趋势。

总之,秦汉时期,南越族群文化中,一方面继续承传着明显的越族传统的地方色彩,另一方面,也存在着、吸收着、发展着中原汉文化的因素,到东汉时期,顺德境内的石涌聚落,汉越同化(或者说汉化)程度已经很高了。

三、从随葬品看汉越同化程度

(一)礼器随葬反映出较高的汉越同化程度

随葬用"礼器"盛行于殷周之时,以"别尊卑、明贵贱"。战国时期,中原地区礼崩乐坏,当时社会底层贵族以及平民老百姓纷纷僭越使用此前的王侯礼器,所以中原各国流行礼器随葬,中小墓葬中出现铜礼器。战国中期以后,出现大量的火候高的陶礼器,陶鼎、陶壶、陶豆等成为最普遍的随葬组合品。陶鼎、陶壶、陶豆属于汉文化系统的"礼器",成为当时汉族区别于别的族群的关键信息。

可以举例分析南越国时期的墓葬。南越国时期的墓葬,墓主明显是当地土著的,特别是一些腰坑墓,无论墓型大小、遗物丰简,往往是没有礼器的墓葬,有出现铜铁器的,多是富有地方特色的铜瓶、越式鼎等,绝不见属汉文化系统的铜礼器之类。这类总比例不大的墓葬所反映出来的文化面貌正是古越族群特征。至于有礼器物组合的墓葬,所占总数的比例就大得多。这类墓葬无论规模大小、遗物丰简,都出有礼器器型。顺德汉墓的礼器情况是:西淋山 2 号出土陶壶、陶鼎各一,沙富汉墓群也有陶壶、陶鼎、陶盒出土。就是说,普遍流行于中原地区的"礼制"葬俗,随着汉文化的南传,随着中原汉人的逾岭入粤,被带到了珠三角地区,也必然被带到了珠三角地区腹地诸如顺德陈村石州、勒流石涌这样的聚居村落。并且在这一过程中发生交融。时代变迁、越汉杂处,导致越族葬俗发生变化。

当然,越族特色的葬器依然大量存在,显示两种文化的并存态势。前述南越国时期的墓葬中还普遍随葬有罐、双耳罐、三足罐、瓶、瓮、小盒、三足盒、提筒等陶器,这些陶器是属于越文化系统的、具有地方特色的器形。顺德东汉墓也如是:顺德沙富 2 号墓出土物品二 17 件,其中罐在种类、数量上很多,双耳罐 7 件,其他式样罐各一,总计 10 罐。

(二)诸多随葬品反映出汉越文化并存与融合

1. 汉文化器物铜镜出土。顺德汉墓的随葬品组合情况不明,但均未发现大型铜铁器,所出土的倒是有两枚铜棺钉,两块铜镜。铜镜是属于汉文化系统的器物,还有人认为铜镜与道教文化有着密切的联系,当是道教中之法器,可以称之为道教文物。2010 年 6 月 26 日在新乡获嘉县史庄镇马村发掘出一座鉴定为东汉中晚期的古墓,出土的器物就有铜镜①。汉刘歆著《西京杂记卷六》也载:"袁益冢。以瓦为棺椁。器物都无。唯有铜镜一枚",从中可见铜镜的重要程度和汉文化特征。顺德汉墓出土了两块铜镜(沙富 2 号土坑墓,西淋山"胡人顶灯陶俑"墓),有明显的汉族文化特征。

2. 陶屋汉式特征突出。陶屋的式样,为我们了解汉代房屋结构、样式提供了实物凭据。西淋山汉墓出土的"平面呈曲尺式"陶屋也反映出当时的居住情况。西晋张华《博物志》云:"南越巢居",这种"干栏式"的越族居住特征,在广东高要县茅冈新石器时代晚期的遗址就有发现。但西淋山陶屋在建筑风格上,汉式特征突出,汉越文化的交融又可管窥一斑。

3. 汉越文化并存的薰炉出现。顺德汉墓出现了一个同时具有汉越文化特征的"特殊"器形——薰炉。顺德沙富、西淋山汉墓都有薰炉。薰炉是燃熏香料

---

① 搜狐网《河南获嘉县发现距今 1700 年古墓出土文物 40 余件》http://news.sohu.com/20100628/n273124481.shtml

的器具,西汉武帝以后盛行于中原地区,有铜制和陶制两种。属汉文化系统的薰炉由中原移民带入岭南,在南越王墓中就发现11件铜薰炉。薰炉在广州其他汉墓中常有发现,但每墓只出一、二件,而且都是"豆"式的薰炉,未见中原通行的博山炉,说明南越薰炉在器型及纹饰上具有地方特征。薰炉在顺德聚居地区的普遍出现,说明当时中上层阶级的生活习尚已经普及滨海乡村。

四、汉越文化并存与融合的原因

汉墓集中地区是顺德境内最早的越族聚落,可能早在春秋战国时期,就有大量的南越先民在此繁衍生息,形成了具有自我独特色彩的族群文化。以后随着中原移民的进入,汉越杂处的过程中,文化相碰撞交融。这是顺德石涌地区大量出土汉墓的一个原因。

住民变迁是文化并存与交融的根源。据说,吕嘉是吕不韦的后代(此说拟另文考证)。又有屈大均在《广东新语》中称石涌是吕嘉故乡,后人也多从此说。那么吕嘉的宗族从何处来,从何时起在此繁衍? 这是值得关注的。吕嘉是赫赫有名的越族首领,在这样一个典型的越族聚居地积淀形成的文化,无疑会对其后至少数百年的文化发展产生重大影响。更值得思考的是,汉武帝平定南越后,如何处置这个南越人聚居据点? 迁离本土、离散部众是最好的疏导方法,是"情理中事",有史料可证此说。但是,在迁走南越吕嘉家族后,还要不断移入汉军和中原百姓吧? 这也是有史例可查的。公元前111年,到公元220年,至少三百多年间,石涌聚居中的住民累积,对于该地汉墓的集中出现,对于南越文化与中原文化的融合发展,势必产生作用。

以上诸种,都在启人联想,让人隐约触摸到河洛文化,尤其是汉代文化在南越大地的雄劲脉搏。

(作者单位:广东省顺德文化局)

岭南盘古神话与中原地区的联系

李玉洁

在中华民族创世纪的传说中,盘古是开天辟地的创造世界的大神。大地、山川、河流乃至万物皆是盘古的身体所化成。元人陈樫《通鉴续编》卷一云:盘古氏"太极生两仪,两仪生四象。四象变化而庶类繁矣。相传首出御世者,曰盘古氏,又曰浑敦氏。盘古,犹盘固也;浑敦,未昭晰之谓也。《皇王大纪》曰:盘古生于大荒,莫知其始,明天地之道,达阴阳之变,为三才首君;于是混茫开矣。"盘古是混沌初开的英雄。

盘古神话传说最早当发生在北方地区,以后又向南方传播,故盘古神话传说可分为北方型、民间型、南方型等不同类型的传说流传在我国各地。岭南的盘古神话传说与黄河流域的传说有密切的关系。

一、文献典籍中关于盘古的神话传说

我国盘古的传说出现在文献中比较晚,今所见到的最早的材料是三国时期吴人徐整《三五历纪》中所记,而且是在唐、宋以后文人对一些文献的总结中见到。宋人黄休复在《益州名画录》之《益州学馆记》记载:益州学馆复修之时,见到壁上有一副盘古与李老诸神并列的图画,是汉献帝兴平元年(194)的作品,故黄休复记曰:"是知以盘古作图,汉末蜀中已流行之,则盘古之神话,最迟必产生于东汉。"①即是如此,该画也是东汉末年的作品,所以还是有人认为盘古的传说

---

① 饶宗颐:《盘古图考》,《中国社会科学院研究生院学报》,1986年第1期。

出现较晚。

梁人任昉的《述异记》卷上云：盘古的神话是"秦汉间俗说"、"先儒说"、"古说"等，所以盘古传说肯定是在秦汉之前的更早时期。从现在世界各民族的神话传说来看，出现越晚的神话，追述的却是时代最早的祖先，这是人们对祖先的模糊记忆。有人曾提出"层累"学说。其实"层累"学说，如今也受到质疑。在中华民族的文化传说中很早就对大自然的形成产生了兴趣，并进行探讨。

关于盘古的神话主要在《三五历纪》和《五运历年记》中有记载。但这两本书已经失传，都是在后人收集前人的文献中见到。唐欧阳询《艺文类聚》卷一《天部》引三国时期吴人徐整《三五历纪》曰："盘古生其中。万八千岁，天地开辟，阳清为天，阴浊为地，盘古在其中。一日九变，神于天，圣于地，天日高一丈，地日厚一丈，盘古日长一丈。如此万八千岁，天数极高，地数极深，盘古极长。后乃有三皇，数起于一，立于三，成于五，盛于七，处于九，故天去地九万里。"这是我国记载盘古传说较完整的古籍。这个传说表现了人们对天地形成的探讨和理解。人们认为天地原是混合在一起的，如浑沌的鸡子。盘古在天地只间，"一日九变，"使天地剖分，形成了大千世界。世界出现以后，才有万事万物和三皇五帝等。盘古是一个古代天地开辟时期的英雄。

梁人任昉《述异记》卷上云："昔盘古氏之死也，头为四岳，目为日月，脂膏为江海，毛发为草木。秦汉间俗说：盘古氏头为东岳，腹为中岳，左臂为南岳，右臂为北岳，足为西岳。先儒说：盘古氏泣为江河，气为风，声为雷，目瞳为电。古说：盘古氏喜为晴，怒为阴。吴楚间说：盘古氏夫妻，阴阳之始也。今南海有盘古氏墓，亘三百余里。俗云：后人追葬盘古之魂也。桂林有盘古氏庙，今人祝祀。南海中盘古国，今人皆以盘古为姓。昉按：盘古氏，天地万物之祖也，然则生物始于盘古。"

宋人高承《事物纪原》卷一引《五运历年记》曰："盘古之君，龙首蛇身，嘘为风雨雷电，又曰盘古吹为雷电阴阳。"又曰："盘古开目为昼，闭目为夜。"明人周琦撰《东溪日谈录》卷十八引《历年纪》谓："盘古之生而嘘以为风雨，吹以为雷电，开目为昼，闭目为夜。死而左目为日，右目为月，左手为东岳，右手为西岳，腹为中岳，首为南岳，足为北岳，骨节为山林，肠为江海，血为淮渎，毛发为草木。"这里把盘古之君进一步神化，把天地、风雨、雷电、江河湖海、山林树木、日月昼夜阴阳,全都认为是盘古所创造的。

明人董斯张《广博物志》卷九记载:"盘古垂死化身,气成风云,声为雷霆,左眼为日,右眼为月,四肢五体为四极五岳,血液为江河,筋脉为地里,肌肉为田土,髭髭为星辰,皮毛为草木,齿骨为金石,精髓为珠玉,汗流为雨泽,身之诸虫因风所感化为黎甿。"

中国大地的"四极五岳"、"田土草木"、"金石珠玉"、"风云雨泽";甚至是"黎甿",即广大的黎民百姓也是盘古"身之诸虫因风所感化"。中国传说完成了天地万物生成的的神话系统,这是中国人民对世界最初的认识和想象。

二、盘古神话在北方地区民间的传说

根据民间文学专家张振犁、程健君、高有鹏等人的考察,在全国的许多地方都有盘古的传说。如河南省大别山区、太行山区以及南方各地都有盘古的传说。笔者即曾到河南省南部大别山区的泌阳县盘古山进行过考察。

河南省泌阳县南约 30 里处峰恋起伏、奇石叠嶂、林木青幽,此山名为盘古山。山上有一座古朴庄严的庙宇—盘古庙,庙内有一尊盘古的大神像。

盘古山地处桐柏山的北麓,属于大别山的一支余脉。《泌阳县志》云:"盘古山,县南 30 里,蔡水出焉。本名盘山,后传为盘古,因立盘古庙于上。"泌阳县有一古老的民谣曰:"泌阳县景致多,出南门涉沙河,二十五里到大磨。大磨西南盘古山,每年盛会三月三。盘古庙岁知多少,皓首兴叹不知年。"这个民谣记载,盘古的传说与每年三月三纪念盘古的庙会已经不知有多少年了,即"皓首兴叹不知年"。

泌阳县的传说如下:远古之时,盘古家中父母双亡,有一个妹妹与之共同生活。盘古兄妹每天上山打柴,路上要经过一座寺院。一位须发如银的老僧向盘古兄妹乞食。盘古兄妹非常同情老僧,就省出一些饭菜供老僧食用。老僧告诉他们说:"如果哪一天寺院前石狮子的眼睛红了,就会天塌地陷。你们就钻进石狮子的口中,可以躲过这场灾难。"说完,老僧就不见了。

这年六月的一天,石狮子的眼睛忽然红了。盘古兄妹就赶快钻进石狮子的口中。石狮子的口立即闭上了。此时的世界黑云翻滚,洪水滔天,山崩地陷,天地化为乌有。盘古兄妹在石狮子的肚中度过九九八十一天,雨住风歇后,盘古兄妹出来,原来的世界已经不复存在。

盘古兄妹在玉帝等神灵的帮助下,造了天地、山脉、河流、平原和树林等。

但是世界上就只有他们兄妹二人。玉帝令盘古兄妹成婚。盘古兄妹坚决不从。玉帝说,我让石狮子把两扇石磨分别从两个山顶滚下,如果合在一起,必须成婚! 结果两扇石磨真的合在一起。这就是盘古兄妹滚磨成婚的故事。盘古兄妹成婚后,生子生孙,蕃衍后代。盘古兄妹也因此成为人根之祖,被当地人称为"盘古爷"、"盘古奶奶";或称为"人祖爷"、"人祖奶奶"。盘古开天地的故事经过数千年的流传,已经完全的口语化、民间化。这些流传与演变增加了盘古神话传说的魅力,也使这个神话传说更加美丽。

这个故事表明,人类还曾经有过一个原始群的时期,《吕氏春秋·恃君览》云:"昔太古尝无君矣,其民聚生群处。"《淮南子·本经训》云:"男女杂处而无别。"而随着人类地不断发展,人造工具开始出现,人类的体质也发生突变,从古猿变成直立人。随之,血缘家族公社出现了。

血缘家族公社内,只有同辈的男女才允许发生婚姻关系。恩格斯在《家庭、私有制和国家的起源》一书中说:"婚姻集团是按辈份来划分的","这种家庭的典型形式,应该是一对配偶的子孙中每一代都互为兄弟姊妹。正因为如此,也互为婚姻。"原始公社的第一个婚姻禁约的要义在于排除父母和子女之间的婚姻关系,实行通常所说的班辈婚,即兄妹婚时期。我国许多民族中都有兄弟姊妹互成婚姻的传说。

三、岭南的盘古神话与黄河流域的联系

盘古,也称为盘瓠,这是因为古音可以同音假借。盘古的神话传说有各种不同的类型和版本,盘瓠是东汉时期南方少数民族的创世纪的传说。

《后汉书·南蛮传》有高辛氏之女儿与盘瓠结合,生下六男六女,自相婚配的故事。"昔高辛氏有犬戎之寇。帝患其侵暴,而征伐不克;乃访募天下有能得犬戎之将吴将军头者,购黄金千镒,邑万家,又妻以少女。时帝有畜狗,其毛五采,名曰盘瓠。下令之后,盘瓠遂衔人头造阙下。群臣怪而诊之,乃吴将军首也。帝大喜,而计盘瓠不可妻之以女,又无封爵之道;议欲有报而未知所宜。女闻之,以为帝皇下令不可违信,因请行。帝不得已乃以女配盘瓠。盘瓠得女,负而走入

南山,止石室中,所处险绝,人迹不至。于是女解去衣裳,为仆鉴之结,着独力之衣也。帝悲思之,遣使寻求,辄遇风雨震晦,使者不得进。经三年生子一十二人,六男六女。盘瓠死后,因自相夫妻,织绩木皮,染以草实,好五色衣服,制裁皆有尾形。……今长沙武陵蛮是也。"这就是南方少数民族所传说的狗王创世的故事。这个传说中的盘瓠死后,他的儿女,即"六男六女","因自相夫妻"的故事,既反映了人类曾经过一个兄妹婚的史实,也是一个优美的创世纪的传说。

《后汉书·南蛮传》的关于"狗王创世"传说中的狗王是高辛氏的五采犬盘瓠,而高辛氏则是《史记·五帝本纪》中的帝王之一,即帝喾。

《史记·五帝本纪》云:"帝喾高辛者,黄帝之曾孙也……至高辛即帝位,高辛于颛顼为族子。"《集解》引张晏曰:"高阳、高辛,皆所兴之地名。"《索隐》引宋衷曰:"高辛,地名,因以为号。喾,名也。皇甫谧云:帝喾,名夋也。"《集解》引张晏曰:"少昊之前,天下之号象其德;颛顼以来,天下之号因其名。高阳、高辛,皆所兴之地名。"

高辛之名当是与其所处的地名有关。关于高辛所处地名,根据记载有两处:

(1)唐李吉甫《元和郡县志·河南道一》云:"偃师县,本汉旧县,帝喾及汤盘庚并都之。商有二亳:成汤居西亳,即此是也。"李吉甫在这里记载了一种说法,但他在同一本书中又记述了商丘说。

(2)商丘谷熟说,是针对偃师说的。《水经注·汳水》云:"亳,本帝喾之墟,在《禹贡》豫州河洛之间,今河南偃师城西二十里尸乡亭是也。皇甫谧以为考之事实,学者失之。如孟子之言:汤居亳与葛为邻,是即亳与葛比也。汤地七十里,葛又伯耳,封域有限,而宁陵去偃师八百里,不得童子馈饷而为之耕。今梁国,自有二亳:南亳在谷熟,北亳在蒙,非偃师也。"

唐李吉甫《元和郡县志·河南道三》云:"谷熟县,本汉薄县地,置于古谷城。春秋时为谷丘,亦殷之所都,谓之南亳。汉于此置薄县,属山阳郡。薄与亳,义同字异。后汉改置谷熟县,属梁国。隋开皇十六年属宋州上西北至州五十七里。……高辛故城在县西南四十五里,帝喾初封于此。"

宋乐史《太平寰宇记·河南道十二》也曾对"偃师说"提出质疑:"亳城在县西南三十五里,春秋庄公十二年宋御说奔亳、孟子云汤居亳与葛伯为邻,今宁陵县界有葛城相去八十里,龙元城在县西南五十里。春秋隐公二年莒人入向,注云:谯国龙元县东南有向城也。故高莘城在县西南四十五里。《地理志》云:梁国穀熟县西南有高辛城,《帝系谱》帝喾年十五佐颛顼有功,封为诸侯,邑于高辛,即此城也。"

综以上所述,学者多认为高辛氏帝喾所居之亳在"梁国穀熟县西南有高辛城",即今商丘市境之谷熟集更有道理。但是无论高辛氏发祥在河南省偃师县,或者在河南省商丘县的谷熟集,这两处皆是在今黄河流域。而岭南的关于"狗王创世"传说中的狗王是高辛氏的五采犬盘瓠的神话,当是黄河流域传说在岭南地区的传播与发展。

高辛氏是上古时期的部族首领,发祥于今河南商丘谷熟集,那么,这个"南蛮"产生的传说乃与北方有关,有可能是高辛氏部族的一支南迁,定居在南方以后而形成的传说。

徐中舒先生认为:"瑶族以盘瓠为始祖,音转为盘古。盘瓠、盘古也是蒲姑、夫余的对音。"蒲姑,是殷商王朝在东夷地区的诸侯方国。周克商后,太公望封在蒲姑旧地(今山东淄博市境),既然盘古是从瑶族始祖盘瓠转变而来。"瑶族出于夫余的狗加,所以瑶族以狗头人身的盘瓠作为他们的始祖","三国时代,孙吴大力开发吴越,瑶族大多融合于汉族之中,于是他们的始祖盘古也就成为中华民族的共同祖先。"[1]徐中舒先生其实也是认为狗王盘瓠是北方迁徙到南方的民族之中形成的传说。此说甚为有理。

"肇庆市郊原有盘古祖殿,始建于元朝元统元年。殿在北岭南麓,其十皇殿有:盘古皇、轩辕皇、神农神、高辛皇、伏羲皇、后土皇、颛顼皇、少昊皇、衡山皇、白马皇。其盘古、高辛、后土、衡山、白马、伏羲等皇,都与瑶人有关。其盘古皇为狗头人身,实所罕见。"[2]肇庆市郊盘古祖殿"盘古皇为狗头人身"的塑像,当与《后汉书·南蛮传》记载"狗王创世"的传说有关。

我国还有很多地方也有关于盘古的传说。梁人任昉的《述异记》卷上云:"吴楚间说,盘古氏夫妻,阴阳之始也。今南海有盘古氏墓,亘三百余里。俗云后人追葬盘古之魂也。桂林有盘古氏庙,今人祝祀。南海中盘古国,今人皆以盘

①　徐中舒:《先秦史论稿》,143~144 页。
②　曾祥威:《岭南的盘古崇拜群》,2002.《民族文学研究》(4).26 页。

古为姓。昉按：盘古氏，天地万物之祖也，然则生物始于盘古。"

在我国的四川成都、江苏淮安、江西会昌、陕西西安、湖南沅陵、广西来宾、广东肇庆等都有祭祀盘古的祠堂和庙宇。由此可见，盘古传说流传之广。如果剥去这些传说中不合理的成分，其中的史影是鲜明可见的。盘古氏当是一个部落的首领，被称为万物之祖，其后裔皆以"盘古"为姓。盘古氏可能由于部落冲突和斗争的原因，曾迁徙到全国各地，如南海、桂林等地，还受后人的祭祀。全国各地是相互影响的，表现了中华民族对盘古氏开天辟地之功的认同。

盘古神话传说的文献记载是在黄河流域，而盘古神话传说的民间传说是在黄河流域、或者是在淮河流域等，这些传说皆是在北方的传说，后又向南方发展的。从盘古文化的传说可以看出我国北方文化与南方有密切的联系。

（作者单位：河南大学黄河文明与可持续发展研究中心）

河洛与岭南文化交流的神话学考述

闫德亮

越城、都庞、萌渚、骑田、大庾岭等五岭以南的两广称为岭南,或称岭外、岭表,古时为南越民族杂居之地。史载:战国时的楚威王将势力扩展到岭南地区。秦始皇时在岭南设置桂林、南海、象郡三郡,并大量移民实边。西汉武帝时在岭南设南海、儋耳、珠崖、苍梧、郁林、合浦、交趾、九真、日南九郡,行汉制汉法。据传,处岭南地区的交趾、苍梧因古代氏族而得名:早在三皇五帝时代,岭南一支古老的部族,因其居地多梧桐、色苍而被称为仓吾(苍梧)族;又传其男女同浴,睡觉时两腿相交,又得交趾之名。《史记·五帝本纪》载颛顼帝教化祭祀"北至于幽陵,南至于交趾";另有舜时禹定九州"南抚交趾"的记载。《尚书·尧典》有"申命羲叔,宅南交,曰明都";蔡沈注"南交,南方交趾之地"。《逸周书》载向殷朝进贡的各方国,即有岭南仓吾(苍梧)、南海等国。《汉书·地理志》引臣赞的话说:"自交趾至会稽七八千里,百粤杂处,各有种姓。"上面的传说和文献告诉我们:在神话时代,岭南已入中华文明的视野和文化版图。

从神话学的角度考察,中原河洛地区与岭南地区在文化交往关系中最突出的表现是舜迹岭南、盘古文化与盘瓠文化在岭南的共存与相融。

一、舜迹岭南

神话帝王舜,又称虞舜、有虞氏,名叫重华,史载他是黄帝八世孙,其父瞽叟,其"母握登见大虹意感而生舜于姚圩"(《竹书纪年·帝舜有虞氏》)。"舜,冀州之人也。舜耕历山,渔雷泽,陶河滨,作什器于寿丘,就时于负夏"(《史记·五帝本纪》)。青年时代的舜生活在中原河洛一带,后受赏识于尧,佐尧政务,最终受禅继尧位,都于蒲坂(今山西永济市西蒲州)。舜在位期间,用"八元""八恺",逐"四凶",任命大禹治水,完成了尧的未竟事业。《史记·五帝本纪》云:舜"践帝位三十九年,南巡狩,崩于苍梧之野。葬于江南九嶷,是为零陵。"舜南巡是对屡次作乱的三苗实行文德之教化,致使"舜勤民事而野死"(《国语·鲁语》)。文献记载,舜的踪迹,几乎遍布华夏大地,南至南岭地区,但未越过南岭到达岭南地区,这也是大多数学者的观点。然而在岭南地区,却有多处舜文化遗存。在这些舜文化遗存之地还流传着有关舜的传说。

舜是位勤政为民的好帝王,也是位乐器家,其所制五弦琴,称为舜琴;舜还是位音乐家,曾作曲《韶》。舜南巡的目的是对蛮夷实行礼仪教化,其教化即是通过韶乐来实施的。舜南巡在岭南的广东连州南风岭上创作了"南风之薰兮,可以解吾民之愠兮;南风之时兮,可以阜吾民之财兮"(《孔子家语·辩乐解》)的《南风歌》,致使孔子在齐闻韵"三月不知肉味"(《论语·述而》)。在广东英德南山鸣弦峰上舜鸣琴奏韶。在广东曲江周田镇之浈江边上舜奏韶乐,留下韶石之名。韩愈到此一游留下了"暂欲系船韶石下,上宾虞舜整冠裾"的诗句。在广西桂林市市区漓江边有纪念虞舜而名的虞山,其中有"舜洞薰风"胜景,秦代开始在此建虞帝庙祭祀,历代名人到此亦撰文刻碑纪念,虞山现存古代碑刻65件,其中以唐代韩云卿撰文、韩秀实手书、李阳冰篆刻的《舜庙碑》和朱熹的《静江府新作虞帝庙碑》最为珍贵。自有唐以来梧州成了岭南朝拜舜帝的圣地,清时梧州对舜帝的朝拜成为当地一大盛典。广西梧州古称苍梧,舜南巡"崩于苍梧之野","葬苍梧九嶷山之阳,是为零陵"(《帝王世纪》)。《山海经》云:"南海苍梧之丘,苍梧之渊,其中有九嶷山,舜之所葬,在长沙零陵界中。""苍梧"是否为今梧州地区?是否为舜所葬之处?多数学者认为不是,而陈侃言先生认为"古苍梧之地域,北至湖南南部宁远一带,南极八桂三江、东至粤西一带","舜所巡的苍梧之野,即今之梧州地区,舜所葬的也是今梧州的白云山上"。如果我们把苍梧所辖范围突破现今行政区划来看,如果把舜崩地与舜葬地视为两地的话,舜帝的葬地就不会有地点之争了。

岭南的舜文化遗存可能是舜涉足岭南的纪念,也可能是河洛文化在岭南传播的结果。撇开舜是否涉足过岭南不说,透过岭南舜文化遗存我们能感觉到岭南民族对舜帝的追忆与爱戴,以及对华夏族的内向聚集。岭南舜文化遗存是中原河洛先民跨越南岭开拓岭南的记录。它告诉我们,早在上古的神话时代,中原河洛部族及其华夏文化已越过南岭,对岭南之地进行礼仪教化的启蒙,其后岭南地区接受中原文明教化,风俗渐变,对后世岭南文化的形成产生了积极的影响。从华夏民族的形成看,舜南巡以德征服了三苗及其他蛮夷,意味着民族大融合的共同体——华夏族基本形成。其后,舜迹岭南及其后裔地不断南迁,使岭南民族结构发生改变,不少民族不断融合到华夏民族大家庭之中。

二、盘古文化与盘瓠文化在岭南的共存与相融

盘古神话与盘瓠神话是中国古代神话中创世神话与祖先神话的经典神话。

关于盘古神话的文献来源主要是三国徐整的《三五历纪》与《五运历年纪》:

> 天地混沌如鸡子,盘古生其中。万八千岁,开天辟地,阳清为天,阴浊为地。盘古在其中,一日九变,神于天,圣于地。天日高一丈,地日厚一丈,盘古日长一丈,如此,万八千岁,天数极高,地数极深,盘古极长。后乃有三皇。(唐欧阳询:《艺文类聚》卷一引《三五历纪》)
>
> 首生盘古,垂死化身,气成风云,声为雷霆,左眼为日,右眼为月,四肢五体为四极五岳,血液为江河,筋脉为地理,肌肉为田土,发髭为星辰,皮毛为草木,齿骨为金石,精髓为珠玉,汗流为雨泽。身之诸虫,因风所感,化为黎甿。(清马骕:《绎史》卷一引徐整《五运历年纪》)

开天辟地与化生万物是盘古神话的主要内容与精髓。

关于盘瓠神话记录较早、故事情节又较完整的当为晋人范晔的《后汉书·南蛮列传》:

> 昔高辛氏有犬戎之寇,帝患其侵暴,而征伐不克。乃访募天下,有能得犬戎之将吴将军头者,购黄金千镒,邑万家,又妻以少女。时帝有畜狗,其毛五采,名曰槃瓠。下令之后,槃瓠遂衔人头造阙下,群臣怪而诊之,乃吴将军首也。帝大喜,而计槃瓠不可妻之以女,又无封爵之道,议欲有报而未知所

宜。女闻之,以为帝皇下令,不可违信,因请行。帝不得已,乃以女配槃瓠。盘瓠得女,负而走入南山,止石室中。所处险绝,人迹不至。于是女解去衣裳,为仆鉴之结,著独力之衣。帝悲思之,遣使寻求,辄遇风雨震晦,使者不得进。经三年,生子一十二人,六男六女。槃瓠死后,因自相夫妻。织绩木皮,染以草实,好五色衣服,制裁皆有尾形。其母后归,以状白帝,于是使迎致诸子。衣裳班兰,语言侏离,好入山壑,不乐平旷。帝顺其意,赐以名山广泽。其后滋蔓,号曰"蛮夷"。(晋范晔《后汉书·南蛮列传》)

"槃瓠"即"盘瓠","蛮夷"泛指我国古代南方少数民族,后演化为瑶、畲、壮等少数民族。据此可以说盘瓠非汉人神话,而是南方瑶、畲、苗等少数民族的图腾神话、祖源神话。在范晔之前,东汉应劭的《风俗通义》、三国时魏人鱼豢的《魏略》、晋人干宝的《搜神记》、郭璞注《山海经》等书,都有"盘瓠神话"的记载,由此我们可以说至少在东汉以前就有盘瓠神话的流传,而范晔在《后汉书》中的记录是对晋以前流传的盘瓠神话的总结。

盘古神是汉民族的创世神,也是人类的始祖,中原及其核心地域河洛地区应是盘古神话的起源地。在河南西部北自济源太行山南到南阳桐柏山一线是盘古神话群集中地。早在南北朝时期,北朝地理学家郦道元在《水经注》中记载,泌阳古城,城南有蔡水,出盘古水,亦曰盘古川,西北流注于泌水。此蔡水(盘古川)发源于盘古山,位于河南泌阳与桐柏两县交界处,此盘古山亦属桐柏山系。明代诗人李梦阳有描写桐柏山的《大复山赋》:"昔盘古氏作,兹焉用宅,是以浊清判,三纪揭,鸿洞开。明划日月,厥山既形,余乃发。故尔上冠星精,下首地络;聚膏山以为崇,渗泄以成川。"可见桐柏山盘古神话系统来源已久。现在河南泌阳县有盘古村,境内有被称为"中原盘古圣地"的盘古山,该山有盘古庙、盘古场、盘古垛、盘古爷石箱子等遗存;河南的桐柏县有盘古山、盘古庙、盘古墓等丰富的盘古文化遗存,桐柏被称为盘古文化的根源地,当地的盘古庙会被确定为国家第二批非物质文化遗产之一,2005 年 3 月桐柏被中国民间文艺家协会命名为"中国盘古文化之乡"。然而在岭南地区对盘古的信仰与崇拜却超过了中原河洛地区,中国的盘古庙宇也主要也分布在这里。岭南的盘古信仰由来已久,南朝任昉《述异记》注曰:"今南海有盘古氏墓,亘三百余里,俗云,后人追葬盘古之魂也。桂林有盘古氏庙,今人祝祀。南海国中有盘古国,今人皆以盘古为姓。"这是我国古文献中关于盘古祠及盘古国的最早记载。这里所说的盘古氏庙(盘古祠),在古桂林郡治所在地今广西来宾市象州县;这里所说的南海,指秦汉时的南海郡,包括岭南的大部分地区;这里所说的盘古国,则是岭南历史上形成的以盘古神话和盘古信仰为核心、以盘古祠为标志的盘古文化古国,其盘古神祭祀圈涵盖了岭南的西江、北江、东江地区。可见在南朝以前,盘古信仰在岭南就十分兴盛。目前,盘古文化在岭南的遗存还很多,如:肇庆的盘古祖殿,四会的盘古坛,花都的盘古岭、盘古神坛、盘古王山(又称盘古皇)、盘古庙等,深圳的盘古石、盘古村,连南、乳源、乐昌、英德、翁源、曲江、始兴、博罗县的盘古庙,罗定市的"盘古"姓,广西来宾市兴宾区的盘古山,金秀的盘王、上盘王、下盘王小村镇,广西岑溪与容县之间也有名为"盘古"的村镇,仅盘古庙遗存而言目前仅来宾市境内就有 28 处。在岭南以盘古文化遗存与信仰为依托,形成了岭南的瑶族、畲族、客家人以盘古为信仰主体的三大盘古崇拜群。岭南瑶族普遍崇奉盘古为始祖,每年举行"跳盘王"、"做盘王"或"还盘王愿"的崇拜祖先的祭祀活动。在岭南盘古文化集中的地区,每年的农历八月十二日(有的地方为十月十六日)还举行声势浩大的盘古诞祭祀活动,持续数天数夜。

在范晔等人记录盘瓠神话以前,在岭南地区,就有与盘瓠神话内容大致相仿的少数民族的盘瓠神话,如:瑶族的《盘瓠王》(《盘古歌》、《盘古皇歌》)、畲族的《狗皇歌》(《盘瓠歌》、《高皇歌》)、苗族的《盘王歌》等,以此来歌颂他们祖先创造土地和人类的功德。在晋以前岭南地带正是苗、瑶、壮、畲等兄弟民族活动的地方,盘瓠神话在这些民族中广为流传,特别是瑶、畲族笃信盘瓠是自己祖先,奉为图腾,不但严禁杀狗、亵渎狗和冒犯狗,而且每年举行隆重祭祀仪式,形成本民族特有文化特色。晋干宝《搜神记》,宋范成大《桂海虞衡志》,明顾炎武《天下郡国利病书》等文献都有两广各地瑶、畲等数民族祭祀盘瓠的记载。如广东博罗、曲江、乐昌、海丰等瑶人都祭祠狗头王。今天,广东龙门县蓝田乡的瑶族同胞,每年中秋要"打歌堂"祭祖,舞火狗。广东饶平、博罗、海丰、潮安与广西合浦等畲族也都祭祀其祖先盘瓠。畲族的民间还传唱《狗皇歌》,他们还把其绘成"祖像流芳图",定期拜祭,至今畲族姑娘还喜着凤凰装,认定那是三公主与盘瓠婚配时皇后娘娘赐给她的礼服。

　　"盘古"与"盘瓠",虽为一字之差,但二者不是同一神祇。从文化内涵上看,盘古与盘瓠同为氏族社会图腾崇拜的结果,但盘古即是一位开辟大神,也被视为人类的共同祖先;而盘瓠仅为西南瑶、畲等民族的祖先。从传播流行范围看,盘古神话流传的范围广,从中原河洛到岭南都有盘古神话流传及文化遗存;而盘瓠神话仅在岭南地区传播流传。从民族信仰看,盘古神不仅是汉民族的开辟大神,而且是人类的开辟大神,岭南瑶、畲、苗等民族同样也尊崇盘古为开天辟地大神;而盘瓠神仅在岭南的瑶、畲、苗等民族中受到祖先的祭祀。从文献记载看,《述异记》等文献中既有盘古也有盘瓠。这些都说明盘古与盘瓠不是同一神。

　　然而,当盘古文化随着中原河洛人的南下而进入岭南与盘瓠文化相遇后,却发生了混用、叠合或曰融合,形成了你中有我,我中有你,两者在很多方面难以区分与区别,或曰不加区分与区别。如肇庆名为盘古祖殿的宙宇供奉的却是瑶族神祇盘瓠,其庙宇楹联为"开天垂象物,辟地启鸿蒙",这显然是说的盘古而非盘瓠。乾隆时《马平县志》卷三载广西马平县城江东岸瑶人所建的盘瓠庙"俗误为盘古"。民国《柳江县志》卷七载广西柳江县的瑶、壮所建的盘瓠庙也"俗误为盘古"。近人刘锡蕃《岭表纪蛮》:"畲民之祖先为盘古",其实此盘古实为盘瓠。对岭南少数民族而言,他们既崇拜盘瓠,也崇拜盘古。据曾祥委先生调查研究:在广东畲族的神明崇拜中,盘古和盘瓠的区分是相当清楚的,尚未发现叠合和混淆的例子。在广东的瑶族,盘古王公和王婆即瑶族祖先盘瓠——狗头王和三公主——他们却叫它盘古,他们认为祖先有两个:盘古和盘瓠,盘古不仅是开天辟地的创世神,而且是创造瑶民的祖神,另外狗头王盘瓠立功取公主为妻也繁育了瑶人,在他们的故事、歌谣及祭祀活动中经常把盘古和盘瓠叠合在一起,尽管开辟神与祖先神故事的母题是完全不同的。岭南客家人崇拜的是创世神盘古,但在他们所信仰祭祀的活动中,盘瓠也在其列。

　　盘古与盘瓠在岭南的混用、叠合与融合由来已久,究其原因:一是古音相同所致;其二是过去与现在的盘古庙创建者的疑误所引起的;其三是文化交流互动的结果。文化的交流不仅使不同内涵的文化发生叠合融合,同时也会促进民族的融合。岭南潮州的凤凰山是畲族的发祥地与聚居地,现在大部分迁到浙江的畲民每年都回凤凰山祭祖。由于畲族是盘瓠的后裔,故在服饰上喜着凤凰装。现在潮州凤凰山一带仍有两万多人保留着特殊的凤凰习俗,但他们否认是畲族后裔。再从畲族的族谱来看,其宗族谱系和来源有两种类型:一是认定盘瓠图腾为宗族之始;一是一些与汉族姓氏相同的畲族姓氏的族谱与汉族的族谱有着相同的族源。在广西,盘古文化的影响也很大。在桂北、桂中、桂东一些壮、瑶、苗、侗等族分布区有很多盘古庙,民间颂唱关于盘古事迹歌谣。如桂西一带至今还在民间流传盘古开天地蓄海水辟道路造日月的《盘古开天辟地歌》。今天柳州复建的盘古庙其庙门悬联"混沌初开,天地神人尊盘古;乾坤久奠,苗瑶壮汉荐轩辕",在这座盘古庙里各民族都奉祀轩辕,这反映了各民族融洽相处,文化互为,都把自己纳入了黄帝后裔的行列的现实。

盘古与盘瓠神话在岭南的交流与融合,不仅反映了神话演变的轨迹,也反映了岭南民族分化、融合的过程。

总之,岭南与中原河洛早在神话时代就开始了交往,舜迹岭南及汉人大量迁入,盘古与盘瓠文化在岭南的共存共融及汉文化的广泛传播,使得岭南各民族文化互为互补,种族共处融合,体现了中华文化一体多元,中华民族和睦相处的中华特色。

(作者单位:河南省社会科学院)

从青铜技术传播
看中原与岭南之间的文化联系

周书灿

在先秦相当长的时期,由于地理环境的不同,中原地区的华夏和广东岭南一带的古越族在不同的地域分别创造着内涵不同、特色各异的古老的区域文化。开放和交流是世界文化也是中国文化发展的大势,考古学材料充分证明,"自始即在一大环境下展开"①的中国文化从旧石器时代起直到今天,"从来不是封闭和孤立的"②。本文仅以青铜技术的传播为例,略探中原青铜文明对广东岭南地区的影响及两地之间的文化交流等问题。

一、广东岭南地区青铜器的中原文化因素举证

岭南地区什么时候开始铸造青铜器,是否经历青铜时代的阶段,学术界曾进行过长期激烈的争辩。一种观点认为早在相当于中原地区的商代已经开始铸造青铜器,另一种观点认为岭南地区直至相当于中原地区的春秋时期才开始铸造青铜器。自1974年考古工作者在广东饶平浮滨顶大埔山发现被称为浮滨文化墓葬并采集到1件商式青铜戈以来③,随着新材料的增加和讨论的深入,第一种观点已逐渐成为学术界的主流认识④。李伯谦先生以为,"相当于中原地区的岭

---

① 钱穆:《中国文化史导论》,三联书店,1988年,第6页。
② 苏秉琦:《中国文明起源新探》,生活、读书、新知三联书店,1999年,第174页。
③ 广东省博物馆、饶平县文化局:《广东饶平县古墓发掘简报》,《文物资料丛刊》第8辑,文物出版社,1983年。
④ 李伯谦:《我国南方几何印纹陶遗存的分区、分期及相关问题》,《北京大学学报》1981年第1期。

南粤东地区率先开始铸造青铜器,已经是不可移易的结论"①。李先生还指出:"浮滨类型的居民已能铸造青铜器,浮滨类型属于青铜文化,应该是不争的事实","浮滨类型中……具有商文化特点的器物是通过吴城文化由商文化辗转传播而来","浮滨文化的青铜技术不是当地的,而是中原地区的商文化通过吴城文化向岭南传播的结果"。李先生推测,"将在吴城文化影响下出现的浮滨文化存在的时间估定为相当于中原商代晚期至西周前期是合乎情理的"②。根据李先生的以上分析可知,至迟于商周之际,在中原地区青铜文明的影响下,并经由吴城文化的传播,岭南粤东地区已经开始铸造青铜器,进入青铜时代。尽管目前对李先生的以上观点,学术界还存在一些分歧③,但总的来看,岭南地区的青铜器技术受到中原青铜铸造技术的影响,则基本上可以说是不争的事实。

继 1962 年和 1963 年在清远县三坑公社马头岗连续发现两座春秋晚期至战国初以青铜器为主要陪葬品的墓葬④以来,考古工作者陆续又在 19 个市县发现了随葬青铜器的墓葬达 120 多座,出土青铜器 1000 余件。这些墓葬主要分布在古代岭南与中原地区经济文化交流的主要干道——西江、东江、北江、韩江及其支流两岸的山岗上⑤。从器型和纹饰看,这些青铜器大体有四种情况:一是与中原地区出土的同类青铜器完全相同。二是与长江流域的相似。三是与广西、贵州、云南有一定的联系。四是极富本地特色⑥。其中,1962 年发现的清远三坑圩马头岗春秋晚期墓所出一罍,口沿外侈、高颈、圆鼓腹、双环耳衔环、矮圈足,形制近于春秋晚期罍,纹饰近于散螭纹。所出 001 号鼎的形制与纹饰也明显地带有春秋后期中原青铜器特征,但同一墓葬所出 002 号鼎则属于典型的"越式鼎"⑦。1977 年罗定太平乡南门垌 M1⑧、1983 年罗定背夫山 M1⑨二墓所出兵器中,戈是

---

① 李伯谦:《揭阳的远古与文明》序,《揭阳的远古与文明》,公元出版有限公司,2003 年。

② 李伯谦:《关于岭南地区何时开始铸造青铜器的再讨论》,《考古》2008 年第 8 期。

③ 李龙章:《岭南地区出土青铜器研究》,文物出版社,2006 年。

④ 广东省文物管理委员会:《广东清远发现周代铜器》,《考古》1963 年第 2 期;广东省文物管理委员会:《广东清远的东周墓葬》,《考古》1964 年第 3 期。

⑤ 湖南省文物考古研究所:《湖南省考古工作五十年》,《新中国考古五十年》,文物出版社,1999 年。

⑥ 参见《广东考古结硕果,岭南考古开新篇》,《文物考古工作三十年》,文物出版社,1979 年。

⑦ 广东省文物管理委员会:《广东清远发现周代铜器》,《考古》1963 年第 2 期。

⑧ 广东省博物馆:《广东罗定出土一批战国青铜器》,《考古》1983 年第 1 期。

⑨ 广东省博物馆、罗定县文化局:《广东罗定背夫山战国墓》,《考古》1986 年第 3 期。

中原式的,长剑、短剑则分别是楚式和越式的。南门垌 M1 鼎作椭圆形腹、有盖、附耳、三矮蹄足,是中原战国晚期鼎制,但纹饰为变形的蟠螭纹,足也较中原鼎矮小,所以"应是本地制造的仿中原鼎的形制"①。亦有学者认为,广东这时期出土的编钟②,多以 6 件或 7 件配套,只见甬钟而不见钮钟,花纹很具地方特色,很可能是受中原文化影响而在本地铸造的③。

综上所述,不难看到,从广东岭南地区出土青铜器中的中原文化因素可知,先秦时期,中原地区青铜文明通过不同的途径对广东岭南地区的青铜文化或多或少地产生过一些间接的影响,由此可以推知,早在先秦时期,中原文化与广东岭南文化之间的确已经存在着间接的联系。

二、中原青铜技术向广东岭南地区传播的路径分析

从文献记载可知,广东岭南地区最早于秦始皇统一南越过程中逐渐纳入中原王朝的政治管辖之下。《史记·南越列传》记载,"秦时已并天下,略定杨越,置桂林、南海、象郡,以谪徙民,与越杂处十三岁。"这是中国历史上中原王朝在岭南地区最早的行政建置。其中,南海郡管辖今广东省大部分地区。后晓荣先生结合秦文物资料和文献记载考证,"秦南海郡置县可考证者有番禺、龙川、揭阳、博罗、南海 5 县"④,郡治番禺就在今广州市。但根据前文对广东岭南地区青铜器中的中原文化因素分析可知,早在先秦时期,中原青铜文明就与广东岭南地区原始文化之间已经存在着千丝万缕般的联系。

根据现代历史地理学家的研究,早在秦通南岭峤道之前,虽然南岭阻挡南北,但先秦时岭北与岭南的民间交通往来就已存在,人们利用山脉间形成的天然径道而往来南北⑤。五岭之名,始见于《史记·张耳陈余列传》。然而五岭之释,历来说法纷纭,莫衷一是。《晋书·地理志》云:"自北徂南,入越之途,必由岭

---

① 朱凤瀚:《古代中国青铜器》,南开大学出版社,1995 年,第 1103 页。
② 杨少祥:《兴宁县出土战国编钟》,《中国考古学年鉴(1985)》,文物出版社,1985 年;邱立诚、黄观礼:《广东博罗出土一组青铜编钟》,《考古与文物》1987 年第 5 期。
③ 湖南省文物考古研究所:《湖南省考古工作五十年》,《新中国考古五十年》,文物出版社,1999 年。
④ 后晓荣:《秦代政区地理》,社科文献出版社,2009 年,第 437 页。
⑤ 王元林:《秦汉时期南岭交通的开发与南北交流》,《中国历史地理论丛》2008 年第 4 辑。

峤。时有五处,故曰五岭。"宋代学者周去非《岭外代答》卷一《地理门·五岭》云:"自秦世有五岭之说,皆指山名之。考之,乃入岭之途五耳,非必山也。"以上两说约略相似,值得注意。其中,横亘粤赣之间的大庾岭一段的梅岭有一隘口,秦开南岭始于此设关。设关之前,梅岭古道似已通过水陆连接,成为南北迁徙之通道。梅岭古道自北向南,下湞水循北江南下番禺,像一条纽带,把长江和珠江连接起来,是中原文化进入广东岭南地区重要的交通孔道之一。前文所举浮滨类型中具有商文化特点的器物可能就是通过该条路线进入广东岭南地区的。

　　另一条沟通中原与岭南地区的道路则是经过湖南进入广东岭南的桂阳古道。周去非《岭外代答》卷一《地理门·五岭》所举古代沟通南岭南北的第三条道路为"自湖广之郴入连"的路线,据文献记载,最早似在秦统一岭南时开通,但该条道路极有可能是在先秦时期民间交往的天然道路基础上改修的。王元林先生指出,"秦所通越道"主要有四条,其中两条通往广东岭南地区。一是由湖南零陵溯湘江而上,经严关(今广西兴安境)、秦城(同上),从湘桂走廊的灵渠入漓江,沿西江而达番禺岭南各地;一是自湘水支流耒水而达郴州,由此南越骑田岭,出阳山关(今广东阳山县西北),沿湟水(今连江)东南行,经湟溪关(今广东阳山西北)、洭浦关(今英德西南连江口附近),从北江而南达番禺①。由于秦朝以前,灵渠尚未开通,先秦时期由湘入粤则基本上应走第二条路线。由此可知,广东岭南地区春秋战国时期以青铜器为主要陪葬品的墓葬主要分布在古代岭南与中原地区经济文化交流的主要干道——西江、东江、北江、韩江及其支流两岸的山岗上,和先秦时期中原文化经湖南进入广东岭南地区的路线是完全一致的。

　　应该强调的,中原经过湘江、赣江流域进入岭南地区的陆路交通线基本上是秦汉时期才全面开通的,但许多主要交通基本仍多以水道为主,而且秦汉时期开辟的梅岭、桂阳等陆路交通线,由于受山川地形限制,多为险道。唐代张九龄《开凿大庾岭路序》记述唐代之前岭东路废后之交通状况:"初,岭东废路,人苦峻极,行径寅缘,数里重林之表,飞梁嵯峨,千丈层崖之半,颠跻用惕,渐绝其元。故以载则曾不容轨,以运则负之以背。"②桂阳古道亦因滩多水急,运输极度困难

---

① 王元林:《秦汉时期南岭交通的开发与南北交流》,《中国历史地理论丛》2008年第4辑。
② 《曲江集》卷17《开凿大庾岭路序》。《四库全书》别集类·集部五,上海古籍出版社,1987年,第186页。

而长期被视为险途。直到东汉桂阳太守郑宏等多次整治、疏浚，"于是夷通……遂为常路"①。尤其"在两汉的大部分时间内，岭南的政治、经济重心皆偏在西部，故岭南西部从越城岭或萌渚岭的灵渠道仍为重要"②。考古学材料表明，从湘江下游入泋水转资江一直到资江上源夫夷江，沿线均出土商式青铜器。考古学家将该条路线称为"联系中原与岭南的商路"③。由此可以想见，先秦时期中原通往广东岭南一带的陆路交通，必然更为不便。先秦时期中原由湘江、赣江流域进入广东岭南地区陆路交通的不便必然给中原与广东岭南地区之间的文化联系造成很大的困难。

三、中原青铜技术向广东岭南地区传播的文化背景推测

前已论及，中原地区青铜铸造技术至迟于商代晚期至西周前期已传入广东岭南地区，广东岭南地区也由此开始逐渐步入青铜时代。但值得注意的是，目前所见，岭南地区所铸造的青铜器多是小型的工具类，而且基本上都是在中原青铜技术的影响下在当地仿造的。这与同一时期湘江流域所出土商周青铜器的面貌有很大差别。

湖南是南方出土商周青铜器最多的省份。学术界通常将湖南出土的商周铜器按文化面貌区分为中原型、混合型和地方型三类。中原型是在中原地区铸造由商人南下带来的，混合型是商人在本地铸造或是本地民族在中原工匠指导下铸造的，而地方型则是本地越民族自身的产品。有关资料表明，湘江下游地区出土的大量青铜器，绝大部分为本地铸造。湘江流域的宁乡和望城是近年来出土商周时期青铜器较多的地方。宁乡是出土青铜器数量最多，种类最齐全，分布最集中的地方，并且风格独特，具有一定的代表性。据不完全统计，湖南出土的400多件青铜器中，有300多件来自宁乡境内，其中不乏稀世珍品。如此制作之精良、数量之多、风格之独特的青铜器，表明宁乡在商周时期应该是洞庭湖流域一重要的青铜文化中心。望城高砂脊的西周时期墓葬出土铜器中有极少数可以

①　《后汉书》卷三三《郑弘传》，中华书局，1965年，第1156页。
②　王元林：《秦汉时期南岭交通的开发与南北交流》，《中国历史地理论丛》2008年第4辑。
③　湖南省文物考古研究所：《湖南省考古工作五十年》，《新中国考古五十年》，文物出版社，1999年。

肯定是中原铸造的产品,另外多数铸造技术粗劣、胎质较薄的小铜鼎和武器、工具等从铜质和铸造技术方面观察,明显是在本地铸造的,据 AM1、AM5 推测,年代为西周早期后段至西周中期前段。其中不少器物已经孕育了本地春秋以后"越式"铜器的典型特征。从以上材料大体可以作出以下推断,随着商文化从南方撤退,铜鼓山类型商文化消失,以湘江下游为中心的洞庭湖流域,地方文化迅速崛起,到西周中期通过与各周围地方文化的重新组合,完成了本地区新石器文化向青铜文化的过渡。

　　湖南境内所出中原型商周青铜器的背景,学术界尚有较大分歧。有的学者认为,湘江流域所出商周时期青铜器,一部分是在中原制造后传入的,包括和中原的同类器形、纹饰完全相同,甚至有铭文的尊、簋、卣、鼎、瓿、爵、觯等,其传入时间或认为可能晚至西周中、晚期;而有的学者则认为应和器物自身年代相同或相近,姑且认定湖南出土的一部分大型、铸造复杂的青铜器来源于中原地区。近年来有的学者提出"湖南的商周铜器可能主要是三苗部落的一支在汉水流域铸造和使用、商末周初受周人所迫其主力迁入湘江流域时带来的"①的观点,并强调指出,宁乡铜器群最大可能是在商末周初周人灭商和开发汉水流域的背景下,商遗民及江汉地区土著势力南逃进入湖南时带来和来本地后铸造的②。也有人从商末到西周早中期的高砂脊遗址出土了商式铜器和带腰坑与二层台的墓葬推测:"高沙脊青铜器的所有者可能是商遗民。"③但亦有学者认为殷墟中与湘江流域所出类似青铜器"系湘江下游烧造,通过某种途径特别是贸易途径传入中原",并强调"晚商时期,虽然中原商势力和商文化在南方显示出后退态势,但相互联系特别是贸易联系仍然密切"④。在我们今天看来,无论哪种解释,都足以证明商周时期中原地区和湘江流域之间存在着极其密切的文化联系。

　　较之湘江流域,中原地区青铜文明对广东岭南地区原始文化所直接产生的影响并不明显和深刻。广东岭南地区所出青铜器中的中原文化因素,用技术传

---

① 向桃初:《湖南商代晚期青铜文化的性质及其与殷墟文化的关系》,《考古耕耘录——湖南中青年考古学者论文选集》,岳麓书社,1999 年。
② 向桃初:《炭河里城址的发现与宁乡铜器群再研究》,《文物》2006 年第 8 期。
③ 中国社会科学院考古研究所:《中国考古学·两周卷》,第 140 页,中国社会科学出版社,2004 年。
④ 湖南省文物考古研究所:《湖南省考古工作五十年》,《新中国考古五十年》,文物出版社,1999年。

播进行解释似乎更为接近历史实际。德国地理学家拉策尔在其名著《人类地理学》一书中强调,各族间的联系,包括诸如战争、贸易、通婚、迁徙等,都能导致各种文化现象的转移。然而,从青铜技术传播的角度分析,先秦时期中原与广东岭南地区之间的文化联系尚难以用战争、贸易、通婚、迁徙等文化现象进行较为合理的解释。两种文化之间联系的间接性与偶然性等特点,更进一步说明,由于距离的遥远和交通的困难,先秦时期的中原地区居民尚未大规模地进入今广东岭南地区,中原青铜文明也仅仅是通过湘江流域、赣江流域间接地对当地文化产生一些影响。文献记载,中原居民最早大规模进入广东岭南地区,是在秦朝统一南越过程中,广东岭南地区青铜文化中的文化因素可以为这一结论提供极有说服力的考古学证据。

（作者单位:苏州大学社会学院）

河洛岭南龙行忠信

潘树仁

前言

　　河洛文化与岭南文化都是中华地域文化之一部分,各具特色,河洛文化位处中原,占有地利,吸纳各方智慧,成为主轴,长期向外散发着影响力。河图洛书,启动先祖睿智,演化成龙文化及《易经》之学理,更是中华文化之源头。岭南位居南端,河洛文化延伸到此,山岭成为北方之屏障,刀兵之乱较少,但面临海洋,却使人有奋进之思。

　　本文以发掘传统文化为思路,探索现今世界一体化下之文化融合,岭南文化带头走出国门,为文化复兴作先锋,龙之传人应该不卑不亢,反身回顾易理之《乾卦·九三》,用"忠信"为前行之指南针,将会拥抱全人类,为文明光辉之新世纪,开创更加亮丽之大道。

一、河洛文化与河图洛书

1. 地域文化之特色

　　河洛文化指黄河洛阳地域之文化积淀现象,洛阳也泛指洛水、伊水等河道滨临黄河之地区,水道繁盛,处于大运河中间之要隘,被称为"十省通衢"①,在夏朝已建立宫殿城堡,西周时建立完善之交通网络枢纽,烙印着三皇五帝之隆兴,自

① 徐金星主编:《河洛通览》,第 3 页,中州古籍出版社,2008 年 8 月。

古即是中原文化范畴重点。周公于此制礼作乐,孔子专程到来问礼于老子①,学乐于苌弘,足证文化之鼎盛。

有着天时地利,人于其中自然产生丰硕之文化,其文化特色约有:(甲)十三朝首都,有着帝皇支持之文化中心领导地位;(乙)中华五大学说之原创地,周公制礼作乐,当时儒道不分家,是教化群众之秩序方式,往后汉代以下,儒家人文思想成为教育系统之主轴,孔子又特别推崇礼乐教化之优秀功能,礼乐遂偏向成为儒家系统之哲理。道家之老子,久居洛阳,产生道家思想,配搭着儒学,成为中华传统之根基。佛教盛于唐代,但早于汉朝已经传入中土,天竺高僧摄摩腾和竺法兰,带着佛经及佛像等文物到来,在洛阳建筑白马寺,成为最早译经和传播佛学理论之中心。魏晋玄学清谈,亦诞生于洛阳,使文人学士吹起虚无之风气。大家都认同周敦颐以《太极图》开创宋明之理学熔炉,宋代理学之先驱二程兄弟程颢、程颐是洛阳人士,经他们论述理学,才大大地开拓宋明理学之哲学大融合。(丙)河图洛书之文化源头,《易经·系辞》:"河出图,洛出书,圣人则之。"黄河出"河图",伏羲据此画八卦,成《易经》,作为万古经王,洛水出"洛书",大禹依此而成《尚书·洪范》。

2. 河图洛书之根基

河洛文化是华夏文化之根,上述三点足以彰显其价值之翘首,《易经》为群经之首,早被确立,当然河图洛书是其来源,就要进一步深究,以便明了对后世之影响。易学文化之特色如下:(甲)开创符号、图像及文化之传情表意方式,象、数、理是易学根基,数学之开辟,而成二进制之电子计算机人所共知,易理多层次阐释,丰富多彩,象成画像艺术,文字书法艺术也是千变万化,由象而成创意思维,形成文字②后再解构、拼合立体思潮,却被大部分人所忽略;(乙)联系天、地、人三位一体思想,天人合一和天人合德,是人类离不开环境之生命空间,不能自大自我而抛弃天地;(丙)启动玄学及未来学,同时离不开众缘和合之思潮,这方面引起命理学及风水学,但大多数研究者都认为,任何占卜也只能有七成准确,

---

① 这个历史悬案,说老子是周朝王家图书馆之馆长,故老子自然在都邑洛阳居住和工作,孔子由曲阜周游列国,专门找他请教。
② 同①,第 596 页,世传仓颉造字于现今之洛宁县兴华乡阳峪河,有造字台之遗址。河南省南乐县是仓颉故乡。

规范在黄金定律之内,因此不致于使人过分沉迷;(丁)启发混沌思维模式,开展一元多面之整体观,站在事理之源头是混沌,在此时作出思维,又是另一番景象,所有之开端,都从源头起动,把握这一点,便可明白和应对千万之冲击;(戊)建立形上学之宇宙哲学,使人们不再只思索在自身上,放心量于穹苍;(己)集体秩序与平等自由之均衡,卦象之序在于整体鱼雁班列,个人在范围内之选择仍有自由,只不过每个人之范畴不同而已,所以要顾及整体之秩序——即"礼";(庚)大道时位,时极必反,安位应时,天行健是大道之自然律,这里必须按时间走动,到尽头就会反过来,如果不安于位而应时,只有破坏正常秩序,而且得不偿失;(申)相生多赢,从阴阳到五行,调节平衡,和合十方,相对抗争之情况,必定要改变为相生相关,才能够使众人均沾利益,和衷共济于十方,达到天下太平之局面。

至于河图洛书之先导性,有以下特色:(甲)主根性,河洛为整体文化之主轴,辐射地影响后续文化之产生,而且一代一代深植其根,成为坚固之主根;(乙)融合性,对于外来文化,从来都没有排斥,因为和合天地是河洛文化之视野,必须尽量找出融合之和谐切入点;(丙)开展性,开放研习讨论河洛文化,必须打开心扉望大道之宽阔,向来就是文人之本色,也不怕政府之阻挠,阐扬天地之真谛,传扬心性之精神,是文化人之风骨气节;(丁)稳厚性,可以说因其厚而稳,亦可因其稳而厚,任何人接触和认识河图洛书后,都会被其简妙而吸引,但却要付出光阴和精力,结果是获得稳重而且厚实之学问,这些真理,不会被时间冲走及消失,还会绵延不绝。

二、岭南山丘与山水共融

1. 山岭阻隔与文化之延续

岭南地域,古称越国,春秋以前定为"蛮夷之地",一般指五岭(大庾岭、骑田岭、都庞岭、萌渚岭和越城岭)以南之广东和广西两省地区(也包括现今越南地区),虽然山势不高,却有限度地阻隔与中原地区之亲密来往,其中以珠江口之广州为重要据点。山丘不高之岭南丘陵地,人种较中原及北方地带矮小,不能称霸中原,反而被指为南蛮小子。因为近年考古发掘,证明南越王国,有宏伟宫殿,文化历史亦有光辉一页,岭南人大多数因北方战乱而南迁,携带着中土文化,落户在珠江三角洲水系(后用同音之"粤"字),较高温之阳光,令物产丰富,河洛文化融化于江南水乡古镇①,再创造一番新景象。

顺德是养蚕之胜地,或早年从河洛地区传入技术,一旦结合本地环境,即可窥见岭南山水共融特色。农家门前种满桑树,每户都有自己之渔塘,早上起来,将养蚕之范围清洁,残留桑叶和排泄物倒在渔塘里,把鲜嫩之桑叶摘下,供给新口粮予蚕虫,等待成茧时用热水抽丝,渔塘内不用加其他饲料,残渣足以令鱼儿长大和肥美。这种生态循环之保育式生产,是人们生活融合在山水之实践,足以令任何人参考及学习。水网更重要之功能,是调节雨水之多寡,并且兼顾农耕所须用水,这些都是与水共存,和谐而厚生应用山水之文化特质。所以老华侨一听到歌曲:"河水湾又湾,冷言说忧患,别我乡里时,眼泪一串湿衣衫,……难免起落数番……。"②都热泪盈眶,记忆着故乡,缅怀着溪流小艇。

2. 鱼米之乡与安居乐业

在南中国海之边陲,紧随着其他文明发展,远古有着母系文化,因为只有族群繁衍壮大,才能令氏族延绵。生存要饮食,气候使稻米一年三次收成,丰盛之物产及鱼米之乡美名令岭南饮食文化别树一帜,除保留着色、香、味之中原优点外,海鲜是另一类主菜,要吃得新鲜及热气腾腾,保持原味而少辛辣。这都是自然环境影响文化之习惯及发展。近海而有多种不同之海产食物,是中原和北方所没有,南方有热烘烘之夏季,食物不能储存,每日都要重新煮食,否则细菌滋生令人生病,清淡饮食不易使人口渴和出汗,所以广东点心驰名世界,鲜虾饺子利用海产制成,爽脆香甜,美味可口,有别于其他地方的肉馅饺子。

文化之多方面建设,必须在一个稳定之社会氛围下,积蓄人们之智慧,使创意活力苏醒,在文学哲理及艺术创作里,才有一次又一次之飞跃风采。安居乐业,当然要衣、食、住、行四大事情之安妥。衣服代表了礼仪制度之完善,这方面越国之传承比河洛中原文化要薄弱,只有学习和跟从。行方面则多用大船作航海对外之旅具,珠江三角洲内之水网纵横,也成为地区性之通路。居住方面,岭南之水乡也不同于江南地区。这里天然情况较多,水量较大,只要稍加配合和修饰,小桥流水配置花草树木,水榭楼台确实清雅脱俗。在山水之间,有诗人墨客

---

① 林峰著《江南水乡》,"大佳魅力名镇",其中江南水乡古镇就占了三个:同里、乌镇、南浔。上海交通大学出版社,2008 年 8 月。

② 香港亚洲电视台著名歌曲,1980 年《大地恩情》电视连续剧主题曲。

之吟诵唱和,也有粗犷较量之龙舟比赛,或者顺德之唱龙舟①。面对滔天大浪,海啸风暴,岭南人又要多一些奋斗文化,保护着自己和家人,不怕海洋漂泊,又产生另一种历史文化。

3. 面对海洋之奋斗

华南地区面对南中国海,有海上贸易之便捷,形成海上丝绸之路,并且有丰富之海产食物源源不绝,也有海风送爽,令人心旷神怡。但负面之承担,就是暴风巨浪,波涛万丈,大水推倒房屋,台风卷走生命财产。这个时刻,人们便要与自然界搏斗。因为人类面对海洋,除了要有精神,亦为着获取所得,而进入海洋,或逍遥遨游,或挑战进取,在不断奋斗之中,得益和学习。孔子说"智者乐水"②,充分描述水性之善变,要活在水中,就必须有灵活之智慧,智者洞悉先机,早做准备,不立危檐之下,随缘见机行事,顺水势而行,又不失君子之道德。不费很多气力已经达到目标,或许这是岭南人被称为精灵之原因。

近代西方思想与科技器械,在文艺复兴后,于中国明朝进入东方王国。当时主要由海路广东或福建到中国,因此中国之民工、留学生及商人,亦开始往欧美各国。当时没有特定之中华文化输出,以学习西方民主科学为大前题,枪炮轮船和铁路之兴建,到清朝中业已经大量开展。华侨身上之文化习俗,就默默地在大量岭南人聚居地生根。广府人饮食之风味代表着中国菜之特色,节日之欢庆及龙狮大会演,令西方人士眼界大开。他们崇拜祖先,可以追溯到周公制礼,忠恕之道与仁义之行,都是家教之内容,易理阴阳平衡、不可过分之生活原则,家喻户晓。漂洋过海,在异地奋斗而安居乐业,又要保留文化习俗,传于子孙,当然是一件长期艰辛之路。

三、文化盛展与忠信和谐

1. 大中华文化之衰转盛

中华文化对人生和事物,都有一种坦然接受现实之态度,这样不是消极,是

---

① 其中一项研究——粤语协会:龙舟歌的曲调与唱词与另一说唱艺术"木鱼歌"近似。木鱼歌产生于明代晚期,又称作摸鱼歌,或沐浴歌,是上继唐代变文、而后宝卷、弹词,与广东粤语地区的民间文学、民间歌谣相互融合,经过长期演变而成的第一个粤语说唱曲种,一般为盲人所唱。它广泛流传于珠江三角洲和其他粤语地区,到清代以后极为兴盛。

② 《论语·雍也》子曰:"知者乐水,仁者乐山;知者动,仁者静;知者乐,仁者寿。"

明白到现况不易改变，人生之中有很多因果关系和缠扰。"物极必反（返）"①之道理是大家共同接受之情况，所以不怕眼前任何苦头，只要坚强忍耐，明天必然会更好。中国在清末受洋枪所伤，被船坚炮利而洞开国门，受尽外国人之欺凌，连带文化被压迫。更有甚者，个别人还自愿毁灭国学文化，要全盘西化。此时回顾，可以下一定论，此是大错。

其实中华文化之遗产，最重要是哲理思想，及人生艺术两方面，向来不会颂赞财富盈门之商贾，或者帝王将军之功绩，因为金钱名利不能显示道德善行或利民济世之创意思维。周公倡议之：礼乐教化、修身践言②、君臣忠义；老子提倡之：道德、慈、俭；孔子说：仁孝、忠恕、勤学；孟子讲：孝悌义行、仁义礼智、性善寡欲；宋明理学之存天理去人欲，知行合一等等；直至近人萧昌明③，在民国提出融合各教各派，以廿字哲学："忠恕廉明德正义信忍公博孝仁慈觉节俭真礼和"，提倡大同之新方向理想，采取简易普遍之实用哲理，消解人性困惑苦恼，使哲学生活化。这些都是文化之瑰宝。

2. 龙文化与易理

龙文化既是中华文化之特色，又是易理之精华所在，《说文解字·龙》："鳞虫之长，能幽能明，能细能巨，能短能长，春分而登天，秋分而潜渊，从肉飞之，形童省声。"④龙集合多个族群之特征，是现今56个民族共同流传之大思想。龙之形象最少包含：角似鹿、头似驼、眼似兔、项似蛇、腹似蜃、鳞似鱼、爪似鹰、掌似虎、耳似牛等九种形态美感。龙之幻影，也可能是一种自然本体论，而且直接套入水文圈之图腾，"龙体入地形成泉水，泉水之气上天即成为云。"⑤"云从龙"成为中华文化之高级境界，因为圣王都是若隐若现，不易看清其面目，或许圣哲也无须自大地显露其睿智。

《易经》以龙作比喻，原因之一是龙善变，整体而言，是步向更好之上天迈进。本文以《乾》卦之"元、亨、利、贞"比作河洛文化之根本性元始理想，有根基

① 《吕氏春秋·博志》："全则必缺，极则必反。"《鹖冠子·环流》："物极则反，命曰环流。"
② 邓柳胜、叶国译注《曲礼·礼运·曲礼上》第3页，广东出版社，2004年5月。
③ 笔者所编著《历海笙歌·萧大宗师传奇一生》，是萧昌明大宗师之第一部编年史传记，博学出版社，2007年12月。
④ 许慎撰、徐铉校定：《说文》，卷一一下，第245页，中华书局出版，2006年12月。
⑤ 何新著：《诸神的起源·漫说龙凤》第99页，时事出版社，2002年1月。

深固之中华文化，又可随着环境而变迁，因为持守君子之道，施仁、行礼、讲义，有地位更要谦虚，而爻位则在"九三"。比作岭南文化之谦卑接纳，勤力学习外来新知识，又反复不离于大道正轨之内，配合背后中华文化之复兴，刚好准备进入上德。遇到西方文化，便谦厚学习修业立德，等候良好之环境到临，缓步前行，行住坐卧不离于道，待机奋进。《乾·象曰》："终日乾乾，反复道也。"《乾·文言》："君子进德修业。忠信，所以进德也。修辞立其诚，所以居业也。知至至之，可与几也。知终终之，可与存义也。是故，居上位而不骄，在下位而不忧。故乾乾，因其时而惕，虽危而无咎矣。"跟着之理想，是整盘中华文化之脱胎换骨，诚意可化危难为吉祥，主位将高飞。

3. 忠信之道与和谐大同

卦位九三处于下段位置，就是喻意中华文化在国际社会，仍旧未有真正之安位。目前之情况，应该反复学习，从历史传统文献，甚至新出土文物，配合河洛文化之道德根源，以岭南文化之吸纳精神，创造未来人类新文化，为腾飞做准备。中华文化依天道而行，以德立国。这里提取郭店战国楚简之"忠信之道"，给予中华巨龙相应合之行持；此处"忠信"之意，从民众观点出发，并非个人之伦理道德，或单向"君臣以忠"之个别对应讨论，更有向当权者之要求，就是忠人、信人，向人民效忠，向群众诚信，这个范围的探讨，在其他文献较少见到，这样的情况，极符合眼前之情况。

其实易理早已指明"天下同归而殊途"，西方外在刑法较客观成熟，是中华文化所缺乏，中华文化对个人修养之种种方式或论述，则非常详尽。一体化之远景，不可缺少西方科技民主。但河洛文化之融合仁义，与岭南文化不怕山高水壮之能耐礼让，也不可失掉。个人没有道德之修炼，龙行没有忠信修养，如同禽兽，互相杀戮争伐，社会混乱，生活不得安宁。物质多一点可能舒适一点，中华文化以艺术人生为基点，名利得失放松一些，先修德修己，行忠信于生活工作之中，善德己身，伴随中华文化之兴隆，待机而跃；仁德兼备天下，利济苍生，万物瞻视，亨通和谐，贞正强健，开创人类大同之新文明，生生不息永续发展。

（作者单位：香港济川研究会）

韩愈的心性论
及其对潮州儒学传播的贡献

乔凤岐

　　唐代的潮州位于今广东省东部,即潮汕地区。秦始皇平定南越,置象郡、桂林、南海三郡,今潮汕之地归属南海郡。西汉于此置揭阳县,东晋分置义安郡;隋文帝平陈后置潮州,隋炀帝废州置郡,改为义安郡"统县五,户二千六十六。"①唐朝建立后,复于此地置潮州。潮州远离中原、交通不便,"是以汉室尝罢弃之。"②经过唐代近二百年的发展,唐元和年间的户数比隋代反而减少,仅有"户一千九百五十五。"③由于地处偏远,人烟稀少,经济文化落后,潮州成为贬逐之臣的流放之地。唐代被贬至此的中央高官大都为学富五车的硕儒,流放至此后依然热衷于传播中原先进文化,其中以韩愈的贡献尤为突出。

一、韩愈的"正心论"是对儒家"仁"、"礼"思想的继承和发展

　　儒家思想以"仁"、"礼"为核心,主张以仁政治理天下。④ 孔子认为,用政令和刑罚治理百姓只能起到暂时作用;用道德和礼教治理国家,社会才能长治久安。韩愈据此提出:"道莫大乎仁义,教莫正乎礼乐刑政,施之于天下,万物得其宜;措之于其躬,体安而气平。"⑤韩愈将礼、乐、刑、政当做教化民众的主要内容,

　　① 《隋书》卷三一,《地理志》,第881页。
　　② 《通典》卷184《州郡典》,第984页。
　　③ 《元和郡县图志》卷34《岭南道》,第894页。
　　④ 《论语·为政篇第二》
　　⑤ 《送浮屠文畅师序》,《韩愈全集校注》,四川大学出版社1996年(下同),第1583页。

把礼与法看做是制驭人性的政治工具,把儒家学说奉为治国安邦的理论基础和指导思想。

韩愈认为士农工商四民在君臣、父子、师友、夫妇等名分之下,应该各守其位、各尽其职,维护这种理想秩序的有效途径便是用儒家的忠孝思想和封建道德。他援引《礼记》中的《大学》篇来说明控制人心的必要性和重要性:"传曰:'古之欲明明德于天下者,先治其国。欲治其国者,先齐其家。欲齐其家者,先修其身。欲修其身者,先正其心。欲正其心者,先诚其意。'然则古之所谓正心而诚意者,将以有为也。"①韩愈的所谓"正心",除了反对佛、老的虚无遁世,并表现了儒家的古老的伦理观点而外,归根到底,在他的仁义道德辞令的背后,潜藏的仍然是封建统治阶级的物质经济利益及其等级特权的秩序。

韩愈针对佛教、道教的"法统"论,明确提出了儒家的道统传承,并以道统论作为政治思想的理论基础。他说:"斯吾所谓道也,非向所谓老与佛之道也。尧以是传之舜,舜以是传之禹,禹以是传之汤,汤以是传之文、武、周公,文、武、周公传之孔子,孔子传之孟轲。轲之死,不得其传焉。荀(子)与扬(雄)也,择焉而不精,语焉而不详。由周公而上,上而为君,故其事行;由周公而下,下而为臣,故其说长。"②韩愈虚构了从尧、舜、禹、汤、文、武、周公,到孔子、孟子的道统,把儒学的渊源溯至远古的"圣王",并奉之为中华之魂、文化正统。他致力于儒家道统的重建和儒家思想文化的传承,并把一切与孔孟之道相违背的学说统统归入异端,把应天道、顺自然的法天思想与合人道、行仁义的济世思想综合在一起,主张以孔孟之道重整伦理纲常,使之成为治国安民的主导思想。他把儒家的"礼"和朝廷的"法"看做是社会和政治的根本大法。

二、韩愈的"性品说"与教育观

佛学自汉代传入中国后,对社会的影响日益重大:"自帝王至于士民,莫不尊信。下者畏慕罪福,高者论难空有。"③为了争夺民众并得到政府的支持,儒、佛之争由来已久。元和十四年(819),韩愈因谏迎佛骨言词过于激愤而触怒唐

① 《原道》,《韩愈全集校注》第 2664 页。
② 《原道》,《韩愈全集校注》第 2665 页。
③ 《资治通鉴》卷 240,元和十四年(819)正月条,第 7759 页。

宪宗,被贬为潮州刺史。当时的潮州"学废日久,进士、明经,百十年间,不闻有业成贡于王庭,试于有司者。人吏目不识乡饮酒之礼,耳未尝闻《鹿鸣》之歌"①。潮州因文化教育落后,儒家道德观念和礼法制度还没有对当地民众的日常生活产生深刻影响,深受统治者推崇的亲情伦理也没有被当地居民接受。统治者推行以孝治天下,而潮州却普遍存在"父子别业,父贫乃有质身于子者"等违背儒家孝道的现象。用于维护社会秩序的法律制度,对当地豪强也缺乏相应的约束力,他们处理各类事务主要凭借自己势力强弱,"铸铜为大鼓,初成悬于庭中,置酒以招同类,又多构雠怨,欲相攻伐则鸣此鼓。"②无论从家庭亲情内部,还是人与人之间的相互关系,当时的潮州社会状况和中原地区存在很大差距,与韩愈的儒家治世观念不相一致。

韩愈认为教育可以改变人的品行,他继承和发展了秦汉以来的儒家人性论,他认为佛、道两家的人性论属于异端学说,而孟子的性善论、荀子的性恶论和扬雄的性善恶相混论又都存在偏颇。他继承并改造了汉代以来的性品说和性情论,明确提出自己的性品说:"性也者,与生俱生也;情也者,接于物而生也。性之品有三,而其所以为性者五;情之品有三,而其所以为情者七。……性之品有上中下三:上焉者,善焉而已矣;中焉者,可导而上下也;下焉者,恶焉而已矣。……情之品有上中下三,其所以为情者七:曰喜曰怒曰哀曰惧曰爱曰恶曰欲。上焉者之于七也,动而处其中;中焉者之于七也,有所甚有所亡,然而求合其中者也;下焉者之于七也,亡与甚,直情而行者也。情之于性,视其品。"③韩愈认为人的"性"是上天赋予的,分为上、中、下三品;"情"也分为上、中、下三品,是人处世的方式。上品之人自然向善,中品需要教化,下品惟可刑治。绝大多数人对世事万物的认识模糊不清,其性格品质处于两可之间,是教育感化的对象。韩愈继承并发展了孔子"惟上智与下愚不移"④之观点,提出"上之性,就学而愈明;下之性,畏威而寡罪:是故上者可教而下者可制也"⑤。韩愈以"性三品"为理论依据,认为品性之间又可以相互转化,阐述了教育的重要作用。

---

① 《潮州请置乡校牒》,《韩愈全集校注》第 2312 页。
② 《通典》卷 184《州郡典》,第 984 页。
③ 《原性》,《韩愈全集校注》第 2686～2687 页。
④ 《论语·阳货》。
⑤ 《原性》,《韩愈全集校注》第 2687～2688 页。

　　韩愈强调,改变人性是实现社会大治的关键所在,而学习则是改变人性的有效途径,也是解除心中迷惘的唯一方法。他说:"无常之教,与天地皆生。然而天下之人,不得其师,终不能自知而行之矣。"①他以远古圣贤为例,论说了天下之人需要有名师传授圣人制定的道德礼法,才能获得行为处世的基本方法。他所强调的无常之教是:"博爱之谓仁,行而宜之之谓义,由是而之焉之谓道,足乎己无待于外之谓德。"而无常之教需要学习的内容是:"其文,《诗》、《书》、《易》、《春秋》;其法,礼、乐、刑、政;其民,士、农、工、贾;其位,君臣、父子、师友、宾主、昆弟、夫妇;其服,麻丝;其居,宫室;其食,粟米果蔬鱼肉,其为道易明,而其为教易行也。"②仁、义、礼、法与等级制度是儒家思想的主要内容,《诗》、《书》、《易》、《春秋》是儒家经典,韩愈的无常之教即儒家思想。

　　儒家所讲的仁、义、礼、智、信五德,被韩愈看做是人之所以为人而区别于其它动物的根本。韩愈认为圣人创造的君主制度、等级制度是毋庸置疑的,君、臣、民分为三类身份和规范完全不同的等级乃天经地义。韩愈云:"君者,出令者也;臣者,行君之令而致之民者也;民者,出粟米麻丝,作器皿、通货财,以事其上者也。"③他把君看作是政治的主宰,臣是执行君主命令的工具,而民众则是有政治义务而无政治权利的被统治者。君、臣、民的基本关系是由天道所决定、圣人所规定的,每一等级都应各守其职,各尽其分。儒家的仁义礼智信与天地同生,是维护等级社会的重要工具,但天下之人如果没有圣人的教诲则不知道如何理解和遵循,以仁义教化中品之人,以刑政制服下品之人,依靠儒家学说的传播维护以圣贤治愚者的君主制度,则是韩愈办学的最终目的。

　　韩愈之前,虽有数名被贬至潮州的中央高官做过传播儒学的努力,但成效甚微。韩愈到达潮州,看到的是一幅经济文化十分落后的苍凉境况:"涛泷壮猛,难计程期;飓风鳄鱼,患祸不测。州南近界,涨海连天;毒雾瘴氛,日夕发作。"④但他认为此地落后的原因主要是文化教育滞后,责任在于州县官吏没有致力于教化民众。他说:"夫十室之邑必有忠信,今此州户万有余,岂无庶几者邪?刺

①　《通解》,《韩愈全集校注》第 2745 页。

②　《原道》,《韩愈全集校注》第 2665 页。

③　《原道》,《韩愈全集校注》第 2663～2664 页。

④　《潮州刺史谢上表》,《韩愈全集校注》第 2307 页。

史县令不躬为之师,里闾后生无所从学尔。"并在筹备建立学校的文告中说:"夫欲用德礼,未有不由学校师弟子者。"①韩愈强调,学校是传播孔孟之道的最佳场所,师生是有着义不容辞的责任。

三、潮州办学及对儒学传播的影响

潮州被称为蛮荒之地,被贬至此的中央官员到任不久便想方设法北回中原,很难专心致力于当地经济文化的发展。韩愈也不例外,与其他被贬官员一样,也不安心长期在潮州为官,希望得到朝廷的恩准回归北方。在《潮州刺史谢上表》和《贺册尊号表》两文中,韩愈对唐宪宗大加称赞,因此很快被朝廷改派为袁州刺史。

事情的成败,关键在于所用是否得人、措施是否得当。韩愈任职潮州之前,历任官员大多对教育重视不够或所采取措施不当,致使文化教育远远落后。与前任官员不同之处在于,韩愈大胆起用了当地学者赵德主持辖区内的教务工作。韩愈认为老师在文化传播中具有重要作用,他说:"古之学者必有师,师者,所以传道授业解惑也。"②教师不仅要给学生传授知识,还要进行思想教育,只有德才兼备者才能胜任,选择教师是一个至关重要的问题。韩愈说过:"世有伯乐,然后有千里马。千里马常有,而伯乐不常有。故虽有名马,只辱于奴隶人之手,骈死于槽枥之间,不以千里称也。"③潮州尽管文化相对落后,经过秦汉以来历代到此任职的中原官员推广,和逃避战乱的北方移民、被贬逐流放至此的官宦之家的言传身教,儒家文化已有一定程度的积淀,像赵德这样精通儒家经典的学者虽然不多,如果起用将比外乡人更具影响力,关键在于如何发现并起用他们。

赵德是潮州本地的儒家学者,其品德才学深受韩愈赏识,韩愈称他"心平而行高,两通诗与书。婆娑海水南,簸弄明月珠。"④在《潮州请置乡校牒》一文中,韩愈不仅称赞秀才赵德:"沉雅专静,颇通经,有文章,能知先王之道,论说且排异端而宗孔氏,可以为师矣。"同时推荐赵德"摄海阳县尉为衙推官,专勾当州学以督生徒,兴恺悌之风。"⑤韩愈在潮州的八个月中,与赵德结下了深厚友谊。韩

① 《潮州请置乡校牒》,《韩愈全集校注》第 2312 页。
② 《师说》,《韩愈全集校注》第 1508 页。
③ 《杂说四首·马说》,《韩愈全集校注》第 2709 页。
④ 《全唐诗》卷三四一《别赵子》,中华书局 1960 年,第 3826 页。
⑤ 《潮州请置乡校牒》,《韩愈全集校注》第 2312 页。

愈转任袁州(治今江西宜春)时邀请赵德同行,赵德婉言谢绝,表明了"其安于岭南故土,对北上求取功名漠然置之的淡泊态度。"①韩愈离开潮州之后,赵德及其后来者致力于当地教育事业,"从而使文教事业不致因主管官员的调动而受到影响。这一决策,可以说是开潮州治学风气之先河"②。

由于韩愈慧眼识人、办学措施得当,使儒学在潮州的传播得以延续,对潮州文教事业产生了深远影响,因而受到后人的高度评价。苏轼云:"始,潮人未知学,公(韩愈)命进士赵德为之师。自是潮之士,皆笃于文行,延及齐民,至于今,号为易治。"③儒家思想文化的日渐普及,也深刻影响着当地社会风气,韩愈与赵德也受到后世敬仰。宋代王十朋诗云:"韩公学孔子,不陋九夷居。诋佛讦君王,道大忠有余。南迁八千里,文墨以自娱。至今潮阳人,比屋皆诗书。蓬茨得赵子,如获沧海珠。"④韩愈选择当地才俊主持州学,不仅对潮州儒学的传播有着无法估量的作用,也为后世任职潮州的官员树立了一个典范。北宋时期,王安石为相,勉励前往潮州的吕使君云:"韩君揭阳居,戚嗟与死邻。吕使揭阳去,笑谈面生春。当复进赵子,诗书相讨论。"⑤王安石以韩愈起用赵德为例勉励官员,说明韩愈的举措对后世影响之深远。

韩愈在潮州任上办了许多实事,促进了当地经济文化的发展,使昔日蛮夷瘴疠之地逐渐出现了繁荣。至宋代,潮州文化水平得到大幅度提高,进士及第者越来越多,被宋真宗时期的宰相陈尧佐称为"海滨邹鲁"⑥。元代孛兰盻等云:"初入五岭,首称一潮。土俗熙熙,有广南闽峤之语。人文或或,繇韩公赵德而来。稻再熟而蚕五收,凤翔集而鳄远徙。扫除青草黄茅之瘴蔼,髣髴十洲三岛之仙瀛。"⑦韩愈的劝学活动深深地影响着潮州人的生活习惯,成为群体行为方式和地域风气,从而赢得了当地居民的永久怀念和敬仰,"至今,在潮州民间流传着不少有关韩愈的优美故事和传说;纪念他的文物胜迹遍布当地,尤其是潮州人民将'江山易姓为韩',把韩愈

---

① 李克勤:《试论韩愈刺潮与潮州教育文化的发展》,《广东史志》1996 年第 1 期。
② 何秀兰,李春:《韩愈在潮州》,《岭南文史》1998 年第 4 期。
③ 《潮州韩文公庙碑》,《苏轼文集》中华书局 1986 年,第 508~5103 页。
④ 《全宋诗》卷二〇四二《读韩公别赵子诗用韵以寄》,北京大学出版社 1998 年,第 22937 页。
⑤ 《全宋诗》卷五四二《送潮州吕使君》,北京大学出版社 1992 年,第 6506 页。
⑥ 《全宋诗》卷九七《送王生及第归潮阳》,北京大学出版社,1991 年,第 1088 页。
⑦ 《元一统志》卷九《潮州路》,第 683 页。

的名字和事迹嵌入潮州地名之中,使韩愈之名与潮州的山川大地千古同在。"①

四、后世对韩愈传播儒学的评价

韩愈是古文运动的倡导者,一生标榜反佛兴儒,并着意改造传统儒学,以图恢复儒家思想的统治地位。作为封建宗法思想的卫道者,韩愈相信儒家正统的天命论,强烈地反对佛、道的虚无遁世。韩愈在文学和儒学方面的活动受到后世的溢美,苏轼云:"自东汉以来,道丧文弊,异端并起,历唐贞观、开元之盛,辅以房、杜、姚、宋而不能救。独韩文公起布衣,谈笑而麾之,天下靡然从公,复归于正,盖三百年于此矣。文起八代之衰,而道济天下之溺,忠犯人主之怒,而勇夺三军之帅。此岂非参天地,关盛衰,浩然而独存者乎! 盖尝论天人之辨,以谓人无所不至,惟天下不容伪。"②韩愈不同于前人的地方,在于他从儒家传统的思想出发,企图为封建社会秩序制定出一套纲纪伦常的教义,以与佛、道的理论相抗衡。他主张文以载道,以孔孟继承者自居,致力于儒学的发展,被宋朝皇帝追封为"昌黎伯"③。唐宋以来,韩愈的影响越来越大,成为全国性的文化现象而被逐渐神化,以致影响到民俗生活与群体心理。

(作者单位:许昌学院历史文化与旅游学院)

---

① 吴国升:《潮州地名与韩愈》,《中国地名》2001 年第 3 期。
② 《潮州韩文公庙碑》,《苏轼文集》第 508 ~ 510 页。
③ 《宋史》卷一〇五《礼仪志八》,第 2549 页。

《广东新语》所载岭南民间神鬼信仰初探

陈冬冬

　　岭南古称蛮荒之地,居住于此的越族人断发文身,认为万物有灵并加以信仰崇拜,以求降福消灾。秦、汉以后,中原文化与道、佛等宗教在岭南地区传播开来,与本地区的神话传说相融合,形成了内涵复杂多样的民间鬼神信仰。虽然民间鬼神信仰看似是一个杂乱无章的体系,但由于与普通民众的生活更加贴近,对社会文化产生的影响也较为深远。

　　屈大均(1630~1696)字翁山,又字介子,号莱圃,广东番禺人,明末清初著名学者、诗人。他所著的《广东新语》一书(以下简称《新语》),是一部具有较高史料价值的学术笔记。全书共二十八卷,对明代广东的天文地理、经济物产、人物风俗等,均有详细记载。其中卷六《神语》全部是对岭南民间神鬼信仰的记载,内容丰富翔实。本文试图通过对该书神鬼信仰记载的考察,分析岭南地区的神鬼信仰的概况,探讨中原文化与岭南文化对鬼神信仰的交互影响,揭示岭南文化发展的一个侧面。

一、《新语》所载岭南民间神鬼信仰概况

　　《新语》卷六记载的岭南地区的神鬼信仰主要有:雷神、飓风神、罗浮山神、海神、南海神、南海之帝、真武、五帝、五谷神、禾谷夫人、伏波神、飞来神、天妃、龙母、斗姥、西王母、花王父母、金华夫人、东莞城隍、祭厉、绿郎、二司,计二十二种。

参照阴法鲁、许树安《中国古代文化史》对中国古代神鬼信仰的分类,①以上岭南神鬼信仰可以分为以下三类:

(一)自然神信仰

自然神信仰是对自然界中各种事物和现象的神化。上述诸神中雷神、飓风神来自于对雷暴、飓风等天象的神话,罗浮山神、海神、南海神、南海之帝来自于对罗浮山、南海等地理地貌的神话,五谷神、禾谷夫人是以农作物为对象的动植物神崇拜,均属于由自然崇拜而演化成的自然神信仰。天妃(即妈祖)、龙母,虽然在传说中分别实有其人:"然今南粤人皆以天妃为林姓云","夫母夫人者,晋康程水人也",②但在职能上已经分别成为海神和西江流域的河神,也属于自然神信仰。以上自然神信仰共计十种。

(二)人鬼信仰

人鬼信仰是对先人和灵魂的崇拜。《新语》中"伏波神"的原型是东汉伏波将军马援,"飞来神"的原型是西汉南越王赵佗,是对历史人物的神化;"金华夫人"的原型是一位"溺死湖中"的女巫,"祭厉"是对"无祀鬼神"等鬼魂的祭祀,"绿郎"则是危害年轻女子的"车中之鬼",③是对鬼魂的崇拜。这些对历史人物和鬼魂的崇拜都属于人鬼崇拜,计五种。

(三)社会神信仰

对承担社会职能人格化神的崇拜,称为社会神信仰。《新语》所载"花王父母"是主管祈子的神灵,"真武"、"五帝"(此处指作为天神的"五方之帝")、"西王母"、"东莞城隍"是民间化的道教神灵,"斗姥"的原型是佛教诸天中的"摩利支天",是民间化的佛教神灵,都属于社会神信仰,计六种。

另有一种"二司神"是类似于"跳大神"的比较原始的巫术活动,不能列入以上三种分类之中。

二、《新语》所载岭南民间神鬼信仰的特色

岭南地区地处热带、亚热带,气候条件与地处温带的中原地区不同;居住于

---

① 阴法鲁、许树安:《中国古代文化史》第三册,北京大学出版社 2001 年,第 410 页。
② 屈大均:《广东新语》卷六《神语》,中华书局 1985 年,第 212 页。
③ 屈大均:《广东新语》卷六《神语》,中华书局 1985 年,第 215~217 页。

岭南地区的古越人有着与中原不同的经济生活与文化信仰,这都使得岭南地区的民间鬼神信仰带有不少特色:

（一）自然神信仰突出

《新语》所载的岭南地区自然神信仰计十种,占了该书所载民间信仰的近一半,这些自然神信仰不少带有鲜明的岭南特色。例如,岭南地区地处热带与亚热带,飓风与雷暴等恶劣自然天气时有发生。据《新语》所载,明代岭南地区多发的大风就有"飘"、"青冬"、"石尤"、"狂龙"、"咸头"等名目,时间遍及一年四季,且"夏秋之交多飓,冬则多搅霜",带来种种自然灾害;[1]当时的雷暴亦有"冬雷"、"阴雷"、"旧雷"等多种名号。[2]飓风神、雷神崇拜的流行,就与这种极端天气经常发生有关。又如,岭南地区在唐宋以后,海上运输、贸易、捕鱼、晒盐等与海洋有关的经济生活也都日渐发达,海上风波的凶险,直接与人们的社会生活有关。《新语》所载的海神、南海神、南海之帝、天妃,均是海洋神或职能与海洋有关,就反映了当时岭南地区海洋经济的发达。

（二）地域性强

岭南地区的民间神鬼信仰具有很强的地域性,往往没有形成整齐画一的信仰模式。不同的地区,为了达到相近的祈福功效,也会崇拜不同的神鬼。例如,岭南各地区对海神的崇拜就有不小的差距。到了明代,多数粤人"率不泛祀海神,以海神渺茫不可知",但是在番禺渡海者,"率祀祝融、天妃",自徐闻渡海者,"祀二伏波"。[3]表现出明显的地域分别。

（三）敬畏鬼魂

《史记》卷一二《孝武本纪》:"越人俗信鬼,而其祠皆见鬼。"[4]古代越人的这种崇拜鬼魂的文化基因,一直延续到了明代。屈大均就曾亲眼见到东莞人驱鬼的场景,"每夜闻驱鬼者,合吹牛角,呜呜达旦作鬼声,师巫咒水书符,刻无暇晷",可见有相当大的规模。民间遇到疾病、死亡等事件,也勤于事鬼,以求平安。"而诸县寻常有病,则以酒食置竹箕上,当门巷而祭";"至始死,则招师巫开

① 屈大均:《广东新语》卷一《天语》,中华书局1985年,第9页。
② 屈大均:《广东新语》卷一《天语》,中华书局1985年,第16页。
③ 屈大均:《广东新语》卷六《神语》,中华书局1985年,第204页。
④ 司马迁:《史记》卷一二《孝武本纪》,中华书局1959年,第478页。

路安魂灵,投金钱于江,买水以浴。"①

　　明代岭南人的敬畏鬼魂,还表现为对横死的厉鬼或恶鬼惧怕甚至崇拜。例如,青年女性的非正常死亡,被认为是犯了"绿郎"这种恶鬼,在"以师巫茅山法治之,多不效"的情形下,则被归咎为"盖嫁失其时,情欲所感,至为鬼神侵侮",②只能加以规避。而金华夫人"少为女巫不嫁,善能调媚鬼神,其后溺死湖中",身份来历不那么光彩。广州人却修祠加以供养,祈求子嗣。屈大均对此也甚为不忿,认为是"人妖淫而神亦尔,尤伤风教"的表现。③

　　(四)掺杂巫术

　　《新语》记载的岭南民间鬼神崇拜,有时还表现出与巫术相掺杂,比较原始的特点。前述岭南人进行"祭厉"、"驱鬼"等活动时,使用的"吹牛角"、"咒水书符"、"招魂"等手段,均来自于巫术。前述"二司神"就更为原始。先是由儿童言"欲与萧公斗法",进行降神,附于称为"马脚"的神汉身上。接下来神汉进行"以枪自刺其腹"的表演活动,吸引人们注意。最后,让生病群众"许火棚"许愿。病好之后,则要"如数伐薪,请二司神酬愿。"完全是一种跳大神式的巫术。

三、《新语》所载岭南民间神鬼信仰与文化互动

　　(一)中原文化在岭南的传播与扎根

　　岭南地区自秦汉以后逐步融入了中原文化圈,中原地区主流的儒、释、道信仰,经历了长时期的传播,到明代已经在岭南民间神鬼信仰中打下了深厚的烙印。有不少儒、释、道中的神明,已经扎根岭南,成为当地人民精神信仰中不可缺失的部分。例如,真武本是道教中的北方之神,并非越人固有的信仰,据《新语》所载,汉武帝征服南越以后才传入岭南地区,而到明代已经是"吾粤多真武宫"④了。"五帝"信仰,本自于五岳,本也流传于北方地区,是"诸侯在其域内,乃得祭之"的供贵族祭祀的神灵。而到了明代,屈大均本人"顷行龙山龙江,见五岳庙,中禺五帝,冕而执规",成为百姓崇拜的对象。屈氏认为这种现象违背礼制,"今

---

①　屈大均:《广东新语》卷六《神语》,中华书局1985年,第217页。
②　屈大均:《广东新语》卷六《神语》,中华书局1985年,第217页。
③　屈大均:《广东新语》卷六《神语》,中华书局1985年,第215页。
④　屈大均:《广东新语》卷六《神语》,中华书局1985年,第208页。

帝之而不知其公也,僭诸侯之事而不知其庶人也。"①其时,这正是中原文化在岭南广泛传播并下移到民间的典型例子。

除了正常的渐进的文化交流,明代政府的官方力量,对于中原文化在岭南的传播也起了不小的作用。城隍信仰也来自于道教,本来较多流行于长江流域。传说明太祖曾梦见:"一臣幞头象简,一白髯老者随之,山呼舞蹈,称'臣东莞城隍,老者城中钵盂山土地,谨奏陛下。东莞岁中致祭无祀,一次不敷。乞敕有司,递年致祭三次,庶幽魂得以均沾。'"于是明太祖将东莞城隍封为"显佑伯",赐以"伯爵仪仗"、"异锦龙锻"、"东莞县城隍之印",命令地方官递年"三月三日"、"九月九日"必须以"少牢致祭"。"东莞及天下无祀者",在"岁中清明日"、"七月望日"、"十月朔日",还要祭拜土地。② 这个故事虽是传说,却反映出城隍神在明初的岭南地区并不受重视,甚至还出现了"致祭无祀"的情况。朱元璋通过官方法令规定东莞及其他"无祀"处的地方官都要按期按一定规格加以祭拜,大大提高了城隍、土地信仰的地位。明代城隍神很受官方重视,各地地方官赴任时,都要向城隍宣誓就职,"城隍神实际上成了封建社会地方官吏的化身"③。明太祖在岭南地区大肆推行城隍信仰,主要是为了加强思想控制,维护封建统治。当然,客观上也起到了普及中原文化的作用。

(二)岭南文化对正统信仰的吸收与改造

不同的文化系统在交流过程中具有双向性。虽然中原文化对岭南民间神鬼信仰的形成起到了重要作用,但岭南文化也会起到选择与改造的作用。进入岭南的儒、释、道等中原神灵,被有选择地纳入了岭南神鬼信仰体系之中;在纳入的过程中,往往还被岭南文化加以改造,打上了浓重的岭南色彩,不复本来面目了。

岭南地区"斗姥"信仰的原型本是佛教中的"摩利支天"。"摩利支天"本是佛教二十天中的第十六天。明代在肇庆七星岩有"斗姥"塑像,据《新语》的描述"花冠璎珞,赤足,两手合掌,两手擎日月,两手握剑。"④已经与传统的汉化造像"左四手持罥索、弓、无忧树花枝、线圈,右四手持金刚杵、针、钩、箭"的形象大不

---

① 屈大均:《广东新语》卷六《神语》,中华书局 1985 年,第 209 页。
② 屈大均:《广东新语》卷六《神语》,中华书局 1985 年,第 215 页。
③ 阴法鲁、许树安:《中国古代文化史》第三册,北京大学出版社 2001 年,第 451 页。
④ 屈大均:《广东新语》卷六《神语》,中华书局 1985 年,第 213 页。

相同。① 并且被民间讹传为"亦名天后",或被附会为帮助黄帝击败蚩尤的"玄女",②在民众心目中已经与其他神灵混同。"摩利支天"被纳入岭南民间神鬼信仰系统,并演化为"斗姥",就反映了岭南文化对佛教神灵的选择与改造。

其余如雷神出自《山海经》,本是道教神灵。《新语》记载雷州英榜山有雷神庙,神像"端冕而绯","左右侍天将","堂后有雷神十二驱⋯⋯及雷公、电母、风伯、雨师",都还与中原的雷神庙大同小异。不过雷州当地人却有一个关于雷神来历的传说:南朝陈代雷州男子陈鉷无子,打猎时捡到"巨卵径尺"。拿回家中,遇到"雷雨暴作",打开巨卵,其中有一个小孩,左右手还分别有"雷、州"二字。后来,这个小孩果然做了雷州刺史,名叫"文玉",死后成了雷神。③ 通过这个传说,《山海经》中的雷神就成了有名有姓的雷州人,在本地扎根了。

在中原文化与岭南文化的双向互动中,岭南民间神鬼信仰能够保持一定独立性,对中原正统神灵加以吸纳与改造,正是扎根民间、有着较强生命力的表现。

从《新语》的记载中可以看出,屈大均对于岭南民间信仰是不满意的。前文就曾经提到过他称一些神鬼信仰是"妖淫"、"伤风教",加以贬斥。但是作为一位著名学者,他却能超越自身的好恶,客观翔实地记叙下这些"妖淫"的民间信仰,为我们今天的研究提供丰富的史料,无疑是应该加以肯定的。

(作者单位:华中师范大学历史文献研究所)

---

① 白化文:《汉化佛教与佛寺》,北京出版社 2009 年,第 153 页。
② 屈大均:《广东新语》卷六《神语》,中华书局 1985 年,第 213 页。
③ 屈大均:《广东新语》卷六《神语》,中华书局 1985 年,第 211 页。

中原地区与岭南地区陈姓渊源探讨

杨　昶　陈昊

中原地区和岭南地区作为中华文化的主要承载区域,在传承和发扬中华文化方面也起了重大作用,陈姓作为中华五大姓之一,是其中的一个纽带。

一、陈姓在中原:以陈胡公为中心,陈姓开枝散叶

"三代之前,姓氏分而为二,男子称氏,妇女称姓"①,"姓氏之称,自太史公始混而为一。"②西周初所封淮阳陈胡公是天下陈姓的原始祖先,其后裔纷纷以"陈"作为姓氏,代表家族的徽号。"陈胡公妫满者,虞帝舜之后也。昔舜……居于妫,其后因为氏姓,姓妫氏。……至于周武王克殷纣,乃复求舜后,得妫满封之于陈,以奉帝舜祀,是为胡公。"③舜以居住地"妫"作为姓氏,妫满作为舜帝之后被周武王分封于陈来继承香火。"陈,妫姓,亦州名,本太昊之墟,画八卦之所。周武王封舜后胡公满于陈,后为楚所灭。以国为氏。"④"舜后封于陈,以国为氏。"⑤陈姓即妫姓,陈是州名,周武王封妫满于陈,陈胡公为陈氏得姓始祖。"陈"先从地名转为国名,再从国名转为一个家族的姓氏。"伏羲都宛丘,神农氏

---

① 郑樵:《通志·氏族略序》。
② 顾炎武:《日知录》。
③ 司马迁:《史记·陈杞世家》。
④ 林宝:《元和姓纂》。
⑤ 郑樵:《通志·氏族略》。

仍之,故曰陈。"①"陈为伏羲建都地,神农氏因其旧而都之,故名之曰陈。"②陈作为地名,古称宛都,在今河南淮阳。自此,中原成了天下陈姓的发源地。

自胡公封陈至亡于楚(前478),陈国凡588年,传20世、26位君王。在将近600年间,先后有四支陈胡公后裔避居他乡,主要播迁到当时的中原各地。

其一为陈胡公的十世孙完。"鲁庄公二十二年(前672)春,陈人杀太子御寇。陈公子与颛孙奔齐。"③此前陈庄公在位7年,其弟宣公继位。宣公为了传位给爱子款,杀了太子御寇,而御寇与公子完关系很好,御寇被杀,使公子完投奔齐国,史称"完公奔齐"。陈完奔齐后,深受齐人厚待,任工正,"完卒,谥为敬仲。仲生孟夷。敬仲之如齐,以陈字为田氏。"④"敬仲奔齐,以陈田二字声相近"⑤,为避祸而改为田姓。其后世五代而为大夫,八代而为正卿,传到第九代田和,终于取代姜齐,史称田齐;直到秦灭齐,历时184年,作为陈姓分支的田姓便在齐鲁大地播迁。而在陈完十五世孙齐王建为秦所灭前夕(前221),便有建之第三子轸奔楚为相,后徙颍川,恢复陈姓,被楚封为颍川侯,为颍川陈氏的始祖;其后裔陈寔在颍川(今河南许昌、长葛一带),将陈姓发扬光大,此支被称为"颍川衍派"。

其二为陈胡公的十七世孙留。陈成公去世(前571),哀公继位。哀公有四子,即太子师、偃、留、胜,哀公宠爱留。哀公弟陈招杀太子师,并害死哀公,拥立留为君。楚趁机灭陈,留流亡郑国,避居陈留(今河南开封陈留镇)。留即为开封一带陈氏始祖。

其三为陈胡公的第十八世孙吴。陈吴在太子师被杀后,逃至陈国属邑柘城(今属河南),为避楚军追杀,又奔晋。后楚国放弃对陈国的占领,从晋找回陈吴,立为惠公,陈亡五年复国(前529)。"我柘邑陈氏由来久矣。而溯其始,自周武王封舜后胡公满于陈……其后为楚国所灭,惠公遂徒居属邑柘城,寄食同族胡襄家(今胡襄城是也)……而子孙遂以胡襄为家焉"⑥,陈吴即为柘城陈姓始祖。

---

① 《历代帝王陵寝备考》。
② 崔应阶:《陈州府志》。
③ 左丘明:《左传·庄公二十二年》。
④ 司马迁:《史记·田敬仲完世家》。
⑤ 司马贞:《史记索隐》。
⑥ 《柘城陈氏族谱·自叙》。

又《陈州陈楼重修族谱序》载,孔子之徒陈亢为胡公二十世孙,因乱避于卫国之河阳,其子德成为太康陈氏始祖,瑶成为淮阳陈楼陈氏始祖。

其四为陈胡公的二十一世孙衍、全温。陈末君潜公亡国后,长子剑改名衍,避居阳武户牖(今河南兰考);衍有子琏与玙,都曾在齐国做官,并与陈完后裔联宗,因而户牖乡陈氏家谱世系也有颍川陈寔的记载;陈衍的十世孙是汉相陈平,子孙后来迁往河南颍川。潜公次子全温,避难于晋,其后裔孟琏,任固始侯相,迁居于固始(今属河南);孟琏的六世孙、信都别驾陈引奇无子,以颍川陈寔为嗣;南朝宋时,陈寔裔孙陈皋遣其五子达信迁寿州固始,以续固始陈氏。

此期陈姓向外播迁的特点:空间上主要限于北方,以中原为中心,或向齐鲁等地扩散,但有南迁的趋势;时间上主要在春秋战国时期,陈国内部、北方诸侯间的争斗,及秦统一六国导致陈姓迁徙;播迁人员的成分主要为陈王室成员,成规模地迁往北方某地而成为其陈姓始祖。直至秦汉,陈姓的播迁尚未跨越长江。至晋永嘉之乱,包括陈姓的大批中原百姓为避战祸,纷纷逃散而流向生活环境相对安稳的长江流域。

二、纽带的产生:以陈寔为中心,从浙江、江西、福建到岭南

在岭南地区,影响深远、枝繁叶茂的陈姓当推汉陈寔的后裔。陈寔是颍川陈氏的始祖陈轸的 12 代孙,谥“文范先生”。陈家祠楹联称:“发祥溯东汉之年,文范炳千秋”;“文范仰先生,依然东汉德星”。陈寔曾为颍川太守,定居颍川郡,后裔先后迁河南光州固始。

陈寔德高威重,其子德才亦颇佳,成语“元方季方”、“难兄难弟”即出自其子陈纪和陈谌。陈寔、陈纪、陈谌父子被世人称为“三君”,豫州百姓家家供奉“三君”画像,其故居被改建为文范祠。陈寔也被看做颍川陈氏向外播迁的始祖,岭南的陈氏宅门上多题写“颍川衍派”、“颍川流泽”之类匾额,至今广东、福建、台湾等地比比皆是。

陈寔的十八代孙霸先在浙江发迹,在南方建立陈朝;陈朝宜都王陈叔明的后裔在江西开创“江州义门陈”;陈寔的后裔南朝派、将军派和南院派在福建打造了“陈林半天下”的局面。

1. 陈霸先建立陈朝:从浙江开始的向岭南播迁

陈霸先是陈寔十八代孙,《陈书·高祖本纪》载:"高祖武皇帝讳霸先……汉太丘长陈寔之后也。世居颍川。寔玄孙准,晋太尉。准生匡,匡生达,永嘉南迁,为丞相掾,历太子洗马,出为长城令,悦其山水,遂家焉……达生康,复为丞相掾,咸和中土断,故为长城人。康生盱眙太守英,英生尚书郎公弼,公弼生步兵校尉鼎,鼎生散骑侍郎高,高生怀安令咏,咏生安成太守猛,猛生太常卿道巨,道巨生皇考文赞。"陈寔的玄孙准为西晋太尉,准孙陈达在永嘉乱晋室南渡后为丞相掾,历太子洗马、长城(今浙江长兴)县令,定居于浙,便在江浙地区播迁。再传九代至文赞,文赞有三子,长子道先是梁朝散骑常侍、南兖州刺史、长城县公;三子休先是梁朝侍中、南徐州刺史、武康县公;而次子就是霸先。

梁文帝太清三年(549),直阁将军霸先从始兴(今广东始兴)起兵平侯景叛乱,功拜征北大将军;后因击败北齐进攻,被敬帝萧方智封为陈王。不久霸先迫敬帝禅让,在建康(今江苏南京)建立陈朝,是为武帝;再传文帝、废帝、宣帝、后主,辖今湖北、湖南、江苏、浙江、广西、广东、越南及安徽一部,凡三世五帝,历33年为隋所灭。此后,陈姓播衍于南中国长江、粤海之间。同时,部分陈朝宗亲被迁往隋都长安(今陕西西安),遂在三秦大地繁衍。

就岭南而言,霸先本以始兴起兵,是为龙兴之地;登帝位后,他追封兄道先为始兴郡王,兄子顼袭封始兴王;后来兄子陈蒨即位为文帝,封皇子伯茂为始兴王;伴随政治权力由始兴扩散,陈姓在岭南的播迁极为便利。隋灭陈后,陈朝所封宗室子弟大多仍得分封,受任地方守宰,致使陈姓面向全国发起强势播迁,"陈林半天下"便是陈朝后裔在南方播迁的成果。

2. 江州义门陈:从江西开始的向岭南播迁

江州德安义门陈氏是陈朝宜都王叔明的后裔。叔明是陈宣帝第六子,被隋炀帝封为鸿胪少卿;叔明的玄孙陈兼,在唐玄宗时举进士,任右补阙;陈兼生陈京,陈京无子,以侄陈褒为嗣,褒任盐官(今浙江海宁盐官镇南)县令;褒之重孙陈环任临海(今属浙江)县令,迁居福建泉州仙游(今福建莆田);环有六子,其五子陈伯宣隐居于江西庐山。伯宣之孙陈旺在唐文宗太和六年(832)迁居江西江州德安县太平乡常乐里永清村(今江西德安县车轿乡义门陈村),故为江州义门陈氏的开山之祖。

陈旺以孝治家,立家规,建书堂,使江州陈氏日益兴隆,终成"萃居三千口人间第一,合聚四百年天下无双"的大家族,唐宋时屡受朝廷褒奖:唐僖宗中和四年(884)旌表义门;南唐升元年间(937~942)敕立义门三阁,建义门柱,筑表台;宋太祖建隆三年(962),筑表台,御笔亲书"义门陈氏"著于门,赐书三十余卷,题"真良家"字,并赐字号十二班为家世次第;太平兴国九年(984),太宗赐义门陈诗:"水阁山斋漾碧虚,亭亭华表耀门闾……颍川郡派传千古,芳震江南绍有虞。"淳化元年(990),又敕"真良家"著于门;真宗天禧四年(1020),旌表"锦屏堂"额;仁宗天圣四年(1026),赠青公以上五世公爵,并敕建五祖祠祭祀。①

嘉祐七年(1062),义门陈奉旨分家,宋仁宗赠义门分庄诗:"江州久著义门庄,庄上分庄岁月长……子孙各知遵义范,永于舜德有重光。"并御赐编号,将义门陈家族产业列为291份,人口分流至江西、河南、浙江、湖北、广西、江苏、广东、福建、山东、上海、天津等16个省125个县市;各支均由江州义门析出,家门悬"义门世家"匾额,号称"天下陈氏出江州"。迁往广东的义门陈,集中在南海、顺德、新会、东莞、惠州、广州、潮州、韶关、南雄、博罗、五华等县市。

3."陈林半天下":从福建开始的向岭南播迁

陈为福建大姓,有"陈林半天下"之说。中原陈姓入闽早在东汉永安元年(304),因陈寔七世孙润自固始赴闽任福州尹,举家迁至,是为福建陈氏之始。晋永嘉年间也有一支陈姓入闽,"永嘉二年,中原板荡,衣冠始入闽者八族,所谓林、黄、陈、郑、詹、丘、何、胡是也"②。据《莆田榄巷文峰陈氏族谱》:"陈氏之先,颍川人也,远祖曰梅洋三郎。当时困于兵乱,入不自保,惟恨所居之不远,遂入深山穷谷,以为营生业之地,若武陵桃源之避秦者。"此后入闽陈氏凡三大支系,即开漳圣王派、太傅派和南院派。

(1)开漳圣王派。唐总章二年(669),闽南发生少数民族啸乱,高宗任命固始人陈政为岭南行军总管,率众三千往前讨抚;后增派政兄陈敏、陈敷率固始五十八姓军校往援。仪凤二年(677),政死于军中,其子陈元光代父领兵,历九年平息啸乱。朝廷批准元光留闽开发之请而设漳州郡,元光遂被奉为"开漳圣

---

① 《中华陈氏宝典》。
② 何乔远:《闽书》。

王"、"北庙"始祖,而元光子孙则称"开漳圣王派",成为闽、粤、台及南洋诸岛陈氏主要支系。

(2)太傅派。颍川陈寔后裔忠之子陈邕,唐中宗朝进士,官至太子太傅,因受宰相李林甫排挤,玄宗时举家自京兆万年(今陕西西安)迁福建同安嘉禾,复迁居漳州南厢山。邕之裔孙陈洪进,出生于闽仙游,闽主王延政任为统军使,屡立战功;延政死后,洪进投南唐,并以延政之子王绍镃为晋见礼,南唐后主封洪进为劝南等州观察使;南唐旋为北宋所灭,洪进又投北宋,献漳、泉州给宋太宗,授武宁军节度使、同平章事,留东京(今河南开封)。陈洪进之子文福、文灏分别任泉、漳刺史,子孙兴旺,为闽南望族;以先祖陈邕拜太子太傅,故称"太傅派";此派尊陈邕为"南院"始祖,与"北庙"始祖陈元光并举。

宋元时,部分太傅派后裔播迁粤东。如"千七郎公",在元末时举家迁居广东揭西,为该县一世祖,自称系颍川陈寔后裔。

(3)南朝派。北宋嘉祐七年(1062),仁宗下旨义门陈氏分庄,中有十八支奉旨迁到福建各府县:彦悦公迁长泰,彦光公迁泉州同安,明通公迁南平,宗逵迁瓯宁,宗和迁侯官,宗迁迁马头,道大迁建阳,知炜归化,彦德、彦相迁往漳州,希豪迁上杭,显先迁邵武,思献迁政和,延盛迁建宁,延祚迁崇安。如陈昉一支极为显赫,他是宋太宗时的文林郎、太常寺卿,其十三世孙文龙是南宋状元;后人倬迁往广东,成为外海陈氏始祖。由于江州义门陈为南朝陈霸先后裔,故此支派也称南朝派。

此期陈氏播迁岭南,主要有以下路径:一是两宋之际随宋王室南渡,先迁浙,再赴粤;二是先迁赣,再赴粤;三是先迁闽,再赴粤。如北宋末中原士族成批南迁,颍川陈寔后裔陈魁率族人93口迁至福建宁化、上杭,陈魁是宋朝进士,为汀州陈氏的开基始祖;陈魁的曾孙二郎、三郎,再迁入广东程乡(今广东梅州),其后裔散居在大埔、兴宁、长乐、龙川等县。还有一支,始祖北宋进士陈坦为陈洪进的后裔,因任潮州海阳(今广东潮安)令,便定居当地,子孙分布于潮州秋溪十五个乡。

4. 南雄珠玑巷:岭南内部的播迁

北宋末靖康之变,皇室南渡。中原陈姓随之流亡,迁到广东南雄珠玑巷,定居于此。当时迁珠玑巷者33姓,陈乃其中之一,但后来陈姓成为广东第一姓,实为各地陈姓汇聚岭南的成果。

陈寔的二十二世孙瑚,因避战乱迁闽隆溪;其后裔陈文,因谪官由福建隆溪迁入珠玑巷,子孙播迁珠江三角洲及粤北、粤东、粤西。如陈文四世孙辉迁台山,成为台山陈氏太始祖,后裔南迁散居珠江三角洲及潮汕各地。陈文生鼎、鼐二子;鼎生万山、凤山,万山生辉、炜。陈辉,宋进士,拜谏议大夫,娶珠玑巷大尹公邝谕平之女为元配,生谟、宣、英、恺四子;姜侯氏生闱、图、仁三子,共七兄弟,后裔多南迁,其中长子陈谟、二子陈宣、三子陈英、四子陈恺几支迁居台山、新会、江门。

宋开禧元年(1205),珠玑巷族内有陈世兴、世道随罗贵南迁;其后裔遍布珠江三角洲,仅明代就出了理学家陈献章、礼部侍郎陈琏、刑部侍郎陈鼎等历史名人。元丰元年(1078),固始人陈显迁往广东南海,他原任户部尚书,后贬知越州,靖康之乱避居珠玑巷。南海县还有一批陈姓,系北宋末太学生陈东之后;其后裔先避居南昌,再迁珠玑巷,后迁广州定居。

迁粤陈姓有一特点,潮汕陈姓多由闽南迁来,珠江流域及粤西的则多是南宋时迁珠玑巷,而后再分赴广东各地。据黄慈博《珠玑巷民族南迁记》:南海县的九江、鹤园、河清,顺德县的大良、马齐、桂洲里村,新会县的凌村、石头、恩州,香山县(今中山)的听麻子、莆山、大都、四字都、水塘头、婆石村、冈背,及东莞县的陈氏多源自珠玑巷,均成当地大族。

三、结语

由于陈姓氏族早在秦汉已渐次迁离北方,故中原的几次战乱对陈姓的伤害较轻;自宋至明,陈姓在南方得到了稳定发展,最终形成今天典型的南方大姓。

陈姓第一大省广东,为全国陈姓人口的 14.7%,占全省人口的 10.5%。居全省人口比率前列的省份是福建(14%)、台湾(12.2%)。长江以南,粤闽和浙苏为两个陈姓密集区,形成长江流域陈姓分布区。北方则形成由河南、山东经渤海,连接东北三省的陈姓分布带。

(作者单位:华中师范大学历史文化学院)

东晋时期谢姓迁粤及其贡献

任崇岳　谢纯灵

广东湛江市遂溪县太平镇白鸽山,是一处林泉优美之地,这里三面环山,一面临水,涓涓小溪迸珠溅玉,汇成河流,然后奔腾入海。山不甚高,烟岚雨壑,松苞竹茂,松涛阵阵,幽篁挹翠,这在堪舆学上称得上是风水宝地。东晋名相谢安的母亲就长眠在这里,这为谢姓历史平添了一段佳话。该墓是一座红色、长方形石棺墓,石棺上面镌刻着3行繁体字,第一行是"元嘉甲申岁九月"7字,第二行是"曾祖妣庄太君"6字,第三行是"丙午日癸巳时"6字。元嘉是南朝宋文帝刘义隆的年号,甲申年为元嘉二十一年,即公元444年。这座石棺墓距今已1566年,虽然岁月沧桑,风雨剥蚀,字迹仍然清晰可辨。在庄太君石棺墓的左右两侧是她的曾孙谢琨夫妇的石棺墓,也葬于元嘉甲申年九月。三墓呈品字形,石棺上镌刻有花纹。年代如此久远的石棺墓,在国内也很罕见。

谢安是晋代陈郡阳夏(今河南省太康县)人,死后葬于建康(今江苏南京市)城南梅岭。南朝陈文帝次子叔陵掘谢安墓葬其母,谢安的裔孙将其骸骨迁至今浙江省长兴县三鸦岗。谢安的母亲缘何窀穸于山水迢递的岭南?又缘何迟至今日才被发现?这是值得探讨的问题。

谢姓埋葬于建康石子罡

说来话长。谢安的曾祖父叫谢缵,三国时期任魏国的典农中郎将,死后葬于陈郡阳夏吉迁里(今河南省太康县老冢镇谢家堂村),至今坟茔碑碣犹在,现为河南省文物保护单位。谢缵之子谢衡在西晋任过国子祭酒,是饱读诗书的大儒。永嘉五年(311年),"永嘉之乱"发生,这年六月,北方的少数民族刘曜、石勒等率兵围攻洛阳,晋怀帝司马炽被掳,后被杀死。刘曜等焚烧宫庙,逼辱后妃,百官士庶死者三万余人,洛阳到处是颓垣断壁,谢衡的家乡阳夏也成了干戈扰攘的战场。中原板荡,民不聊生,大批士族南迁,谢衡全家也跋山涉水,由陈郡阳夏来到了始宁(今浙江上虞)东山,以作求田问舍之计。从此,这支谢姓在江南瓜绵椒衍,成为望族。谢衡有两个儿子:谢鲲、谢裒。谢裒有 6 个儿子:奕、据、安、万、石、铁。谢据有 3 个儿子:方、朗、允。埋葬在庄太君墓侧的谢琨是谢方之子,从辈份上说,庄太君是他的曾祖母,他的祖父谢据与谢安是一母同胞,谢据是谢安的兄长,谢琨是谢安的亲侄。

谢姓在东晋南朝有一段荣辱兴衰的历史。由于谢氏进入江南之初社会地位还不高,尽管谢鲲、谢裒兄弟均已做官,谢鲲官至豫章太守、镇西将军,谢裒官至吏部尚书,但他们在朝廷上的地位并不牢固,得不到王、庾等旧士族的尊重,他们不以谢氏为世家。曾任吏部尚书的谢裒向地位显赫的世家大族诸葛恢为儿子谢石求婚,结果被诸葛恢拒绝。诸葛恢死后,诸葛氏势力衰落,谢氏地位逐渐兴起,为朝廷所倚重,谢裒之子谢石才得娶诸葛恢小女为妻。即使埋葬地也有规定,六朝时期多实行族葬,即某一大家族都有自己的葬区,如王氏家族墓在南京象山,颜氏家族墓在南京老虎山等等,而谢氏家族却没有墓区,只能分散埋葬在其他世家大族墓的葬区内。

石子罡是三国时期吴国的乱葬之所,冢墓相连,难以识别,稍有身份的人便不葬于此。谢鲲埋葬在这里,说明谢氏当时还不具备择地而葬的条件,只好假葬于此。假葬即暂时安葬,一旦有机会,便会改葬他处。除了谢鲲墓外,已知谢裒、谢安的墓地都在建康梅岭石子罡。谢安是东晋安邦定国的宰相,因功高震主,遭到晋孝武帝与会稽王司马道子的排挤,抑郁而终,也葬在石子罡。这表明直至此时谢氏还没有自己的单独墓地,与王氏、颜氏等家族不能同日而语。即然谢裒、谢安父子都埋葬在建康梅岭石子罡,谢安母亲庄太君奄岁于建康,也就是顺理成章的事了。

谢琨定居雷州半岛

把庄太君墓从建康梅岭石子罡迁往湛江市遂溪县太平镇白鸽山的是她的曾孙谢琨。那么,谢琨又是何许人也?虽然《晋书》未为他立传,《世说新语》等笔记小说亦不载其事迹,但《谢氏家谱》及清代重修的谢琨墓碑,却大致勾勒出了他的生平。遗憾的是,辈份记载舛误严重,雍正、乾隆年间镌刻的《重修琨公墓碑》均称庄太君是其祖母,许多族谱也跟着讹误,甚至有说庄太君是谢琨母亲者。只有1994年谢德华先生主持纂修的《谢氏族谱》才正确地称庄太君是谢琨的曾祖母。

东晋哀帝兴宁三年(365年),谢琨出生于金陵(即建康,今江苏南京市)乌衣巷。他青年时风神秀彻,才华横溢,倚马走笔,文思泉涌,常与族中谢灵运、谢瞻、谢晦等以文相会,诗词赓和,时人称为"乌衣之游"。成人后仿效"二十而游江淮,上会稽,探禹穴,窥九嶷,浮于沅湘"的司马迁,进入福建游历,见这里水甘土肥,景色秀丽,便卜居于莆田县井头村。元熙元年(419年)司马德文登基,是为恭帝,他知道谢琨才富学赡,便任命他为粤东学政,掌管一方教化。凑巧的是,谢琨的高祖父谢衡当过国子祭酒,隔了四代,谢琨也掌管地方学校,这可算是谢氏历史上一件盛事。《晋书·职官志》载,晋代中央设国子学,由国子祭酒、博士、助教等人掌管,地方则设学官掌管教育,也称学政。当时的雷州半岛还是瘴疠蛮荒之乡,这里居住的多为少数民族,"人性凶悍,果于战斗,便山习水,不闲平地。四时暄暖,无霜无雪,人皆倮露徒跣,以黑色为美,贵女贱男,同姓为婚"(《晋书·南蛮传》)。由于这里地处边陲,习俗迥异,士人视岭南为畏途,不愿在这里居官,而谢琨却无怨无悔,欣然登程。他所至之处,兴庠序,葺州学,到处书声琅琅,弦歌不辍,既提高了少数民族的文化水平,又促进了民族融合。同时他又改革陋习,推广中原先进的农业技术。说谢琨是东晋王朝在岭南的擎天一柱,是传播中原先进文化、开发雷州半岛的功臣,并非溢美之词!

但是,盛筵难再,好景不常。谢琨只在雷州半岛当了一年多的学官,便因朝廷政局发生变化,弄得有家难归。原来东晋末年,权臣刘裕飞扬跋扈,玩弄天子于股掌之上,他派人缢杀了口不能言、不辨寒暑的傻子皇帝安帝,又立其同母弟司马德文为恭帝。元熙二年(420年)六月,刘裕派人讽喻恭帝禅位,恭帝对左右说:晋氏久已失之,今复何恨,乃书赤纸为诏。"(《晋书·恭帝本纪》)尽管如此,刘裕仍不放过他,第二年又差人"逾垣而入,弑帝于内房"。当时恭帝只有36岁。刘裕取代了东晋,建立了刘宋政权。社稷易主,江山变色。东晋王朝既已不复存在,56岁的谢琨成了绕树三匝、无枝可栖的小鸟,只得淹留岭南不归。他把家安在交州古合(雷阳),成为谢姓来雷州半岛开墓的第一世祖。

据考证,当时合州的府址就设在如今的广东省雷州市附城镇榜山村。这里物产丰饶,交通方便,人烟辐辏,是理想的建村之地。榜山村不仅有雷州半岛最早的谢氏大宗祠(其他地方的只称宗祠),而且有古碑为证。该村谢宪祠乾隆年间的古碑载,谢琨"莅官学政后抵雷,恭帝时朝改世变,卜居榜山,其墓在造甲上村"。道光年间塘尾村的《谢氏族谱》也说:"谢琨公原住福建省莆田县会稽村……官莅学政抵雷,恭帝时朝政世变,卜居榜山村"。榜山谢氏大宗祠大门上一副石刻门联是"基开晋代,业绍周藩"八字。前句表明由于谢琨卜居于此,才使晋朝声威远被;后句是说谢国、谢姓历史悠久,是周王朝的屏藩。也只有谢琨卜居于此,才能有这样的门联。从此,谢姓瓜瓞绵绵,人丁兴旺,如今湛江市已有88600余人,分布在三区(麻章、赤坎、霞山)、一市(雷州市)、两县(遂溪、徐闻),是名副其实的名门望族。从清朝起,湛江就有宗亲会组织,凡谢姓宗亲来往、吃住都有人招待。当地谢姓父老相传,谢琨有一患传染病的儿子,谢琨怕传染其他宗亲,忍痛含泪将他逐出家门。他的儿子飘零无依,迤逦来至海南岛定居,如今海南岛的几万谢姓,均是谢琨裔孙。每逢祭祖,海南的谢姓也参加。前年祭祖时,因参加人数众多,公安局曾出动多名民警维持秩序,可见规模之大。

谢安母亲骨殖由建康梅岭迁往湛江

世代簪裾、一门阀阅的谢氏家族竟然没有属于自己的墓地,成了谢氏裔孙心头挥之不去的阴影。谢琨致仕后,与烟波钓徒为伍,有徜徉山水之乐,无衣食困扰之忧,自然想起了迁葬先人骸骨的事。当时他的祖父、父亲因未曾入仕,又享年不永,他们的骸骨埋葬在何处,已难寻觅,便迁葬了曾祖母庄太君的墓,至于为何未把曾祖父谢衷的骸骨一起迁葬,便不得而知了。也许是坟茔已被人破坏,也许是根本就未找到墓在何处。棺木抵交州古合后,谢琨大概曾叮嘱儿子:等自己撒手尘寰后,与曾祖母一起安葬,因此才有了后来3口石棺同一天安放的事。

南朝宋文帝元嘉二十一年,80岁的耄耋老人谢琨一病不起,乘鹤西去,他的儿子天锡遵嘱,将谢琨及其夫人陈氏同葬在庄太君墓左右两侧。式样为:

先考谢学政琨公
元嘉甲申岁九月
丙午日癸巳时

先妣陈太孺琨公夫人
元嘉甲申岁九月
丙午日癸巳时

　　谢琨夫妇与曾祖母墓同立于元嘉甲申岁九月,可知庄太君墓并非谢琨所立,因为安葬之时,他已不在人世。谢琨的夫人陈氏必然此前已经仙逝,否则不可能与谢琨同时立石棺墓。谢琨有了一子名天锡,从金陵乌衣巷跟随乃父来到交州古合,朝代鼎革之后,在南朝刘宋居官,做过京城太守,只有他才有能力将高祖母与父母安葬在一起,并立石棺墓。他后来卜居东海琅琊村,死后就葬在那里,离高祖母与父母的坟茔大约20华里。

　　谢安母亲墓缘何今日才被发现?原因很简单:当地谢姓只知谢琨为谢据之孙、谢方之子,不知谢据与谢安是一母同胞,谢据之母也即谢安之母,因此出了小小疏漏,迟迟未得到应有的宣传。时至今日,随着改革开放进程的加快,只要稍加修葺,谢安母亲墓必将成为雷州半岛一道亮丽的旅游风景线和谢氏子孙朝拜的圣地。

(作者单位:任崇岳,河南省社会科学院;

谢纯灵,河南太康县谢氏历史文化研究会)

交趾"二征起义"的性质——文化冲突论

薛瑞泽

国内外许多学者曾对"二征起义"的性质进行研究,并发表了一些不同论断,本文试图从文化冲突的角度对"二征起义"的性质加以考察。

一、"二征起义"性质的主要观点

关于"二征起义"的性质,学术界有多种不同的论说,为了研究的方便起见,现将主要观点作一介绍。越南学术界的主要观点多站在其本国的立场上加以阐述。陶维英认为:"这次起义是在锡光与任延为交阯和九真太守以后爆发的,那么我们不免会想到,这次起义能得到整个交阯和九真,甚至合浦、日南的各部落纷起响应,这与锡光、任延两太守的实行强硬的同化政策并与汉朝封建统治阶级的统治政策的改变是有着因果关系的。""本来本国贵族和人民早已对汉朝的统治怀恨在心,因此当征氏姐妹起兵振臂一呼时,便群起响应。"[①]陶维英对中原汉族同化政策的看法,已隐约提到了文化冲突的问题。明铮也认为,二征起义虽然是汉朝的统治制度与貉民拥戴的貉将之间的矛盾所引起,"事实上这次斗争并不是两个人之间的斗争,而是被统治者与统治者之间的斗争","当时起义的主要力量是各村社的貉民,即不堪忍受汉朝统治者的徭役、贡纳的那股反抗的力量"。"是民族意识正在成长的胜利"。[②] 越南学者在 20 世纪六七十年代还提出

---

① ［越南］陶维英著,刘统文、子钺译:《越南古代史》,商务印书馆,1976 年 11 月,第 474～476 页。

② ［越南］明铮:《越南史略》,生活·读书·新知三联书店,1960 年,第 18～19 页。

一些看法,文新认为:"公元40年,征侧和征贰在麊泠起义……在交趾、九真和南海各郡的越南人民纷纷响应,拿起武器推翻东汉政权。……二征夫人反抗东汉的战争多少带有人民战争的性质。"①T. H指出:"二征夫人起义抗击北方封建王朝统治也是为了以下目标:一是雪洗国仇,二是重建雄王之业。"②越南社会科学委员会认为二征起义是民族独立和民族觉醒。"这是一个国家和民族反抗正处在兴盛时期的亚洲最大的一个帝国的吞并和同化阴谋的具有高度民族意识的一场不屈不挠的战斗。"③越南学术界对"二征起义"的性质多认为是反抗东汉的统治和民族意识的觉醒。这些观点都是站在本国的立场上,没有将南越地区社会发展纳入东亚社会发展的宏观场景中去考察而得出的结论。

中国学术界对二征起义的看法因时代的变迁而不同。范文澜先生认为:"公元40年,交趾麊泠(音迷零 míling 在越南境内)县雒将的女儿征侧和她的女弟征贰起兵反抗,九真日南合浦等郡越人俚人群起响应,征侧取得六十五个城,自立为王。……这些刺史太守都是苏定一类的贪劣官,早就为居民所厌弃。"④范文澜先生的观点是20世纪四五十年代站在阶级斗争的立场上提出的一种看法。郭沫若先生指出:"东汉建武十六年(公元40年)交趾郡麊泠县女子征侧、征贰的起义,这是一次反阶级压迫,同时又是反民族压迫的斗争。"⑤郭沫若先生也是用阶级分析的方法来评述这次起义的性质。卢苇先生认为:"二征起义,是全民性的起义,虽然起义是由越南贵族雒侯、雒将领导的,但它的主力则为广大被压迫者阶级——公社农民,正是由于全体公社农民是这次起义的主力,才使得这次赴义获得了辉煌的成就。"⑥上述诸位大家的学术观点可以说代表了20世纪80年代以前学术界的主流看法。

① [越南]文新:《反对蒙古侵略军的几个特点》,[越南]《历史研究》1968年9月,第114期。中国社会科学院历史研究所编《古代中越关系史资料选编》,中国社会科学出版社,1982年5月,第763页。
② [越南]T. H:《从文郎到越南社会主义共和国》,[越南]《人民军队报》1976年7月3日,转引自中国社会科学院历史研究所编《古代中越关系史资料选编》,中国社会科学出版社,1982年5月,第767页。
③ 越南社会科学委员会编著:《越南历史》,北京人民出版社,1977年6月,第62页。
④ 范文澜:《中国通史》(第二册),人民出版社,1994年10月,第253~254页。
⑤ 郭沫若主编:《中国史稿》(第二册),人民出版社,1979年2月,第303~304页。
⑥ 芦苇:《初中世界历史上册第五编第四章,提到越南在1世纪时曾生过征侧、征贰姊妹领导的起义,这次起义是怎么回事?》,《历史教学》1960年第5期。

20 世纪 80 年代以后,对"二征起义"的性质学术界开始提出新的看法。施铁靖先生认为:"发生在公元一世纪四十年代的'征侧起兵',是一次交趾局部地方贵族对东汉交趾郡个别执政官员的武装反叛,绝对不是什么遍及四郡的人民大起义。"①曹金华先生提出不同的意见,他认为:"征侧'起兵'是在'州人苦之'的历史背景下引发的,是由东汉统治者'为政贪暴'、大肆搜刮、加重对人民的压迫和剥削造成的。也正因为这样,她的'起兵'得到了交趾、九真、合浦、日南四郡人民的群起响应,迅速攻占了岭外六十余城,迫使朝廷废除了严酷的'越律',沉重打击了东汉统治者。因此,征侧的'起兵'绝不是'对东汉交趾郡个别执政官员的武装反叛',更不能说成是什么'侵略者'。"②不过曹金华先生仍然没有摆脱此前诸位大家的看法。

从学术界的主流观点来看,关于二征起义性质的研究仍然停留在压迫与反抗的固定思维上,无论越南的学术界抑或是中国的学术界的研究都受固定思维方式的限制,难以有新的突破,这无疑对进一步弄清二征起义的性质不利。

二、"二征起义"前岭南地区社会的原始状态

为了弄清"二征起义"的性质,我们有必要对"二征起义"前岭南地区的社会发展状况作一论述,只有这样,才可以认识到"二征起义"实际上是两种文化之间的冲突。

在南越地区未建立郡县之前,其社会发展还处在原始社会的末期。《交州外域记》曰:"交趾昔未有郡县之时,土地有雒田。其田从潮水上下,民垦食其田,因名为雒民。设雒王、雒侯,主诸郡县。县多为雒将,雒将铜印青绶。后蜀王子将兵三万,来讨雒王、雒侯,服诸雒将,蜀王子因称为安阳王。后南越王尉佗举众攻安阳王。"③《广州记》云:"交趾有骆田,仰潮水上下,人食其田,名为'骆人'。有骆王、骆侯。诸县自名为'骆将',铜印青绶,即今之令长也。后蜀王子将兵讨骆侯,自称为安阳王,治封溪县。后南越王尉他攻破安阳王,令二使典主

---

①　施铁靖:《试从征侧起兵的规模看其性质》,《广西师范学院学报》1981 年第 3 期。
②　曹金华:《征侧"起兵"史实考辨》,《扬州师院学报(社会科学版)》1996 年第 3 期。
③　《水经注》卷三七《淹水注》。

交阯、九真二郡人。"①《南越志》云:"人称其地曰雄地,其民为雄民,旧有君长曰雄王,其佐曰雄侯,其地分封各雄将。"②桂光华先生对这些材料研究后认为,南越地区经济生活以农业生产为主。耕作技术则利用"水耨"的方法,生产水平是低的。土地属于集体所有,即所谓的"雒田"。"雒"应为部落,部落民为雒民,还有雒王、雒侯和雒将,"雒将是部落的酋长,雒王则必定是部落联盟的首领,而雒侯是部落联盟的军事领袖或者辅助雒王的官职。这是原始社会末期阶段所具有的政治组织和等级制度"。③ 从上述的相关材料和论述可以看出,当秦汉社会已经建立起稳定的大一统封建政权时,南越地区的社会还处在原始社会末期,文化的发展远远落后于中原地区。如果说秦朝在南越地区推行郡县制是中原地区先进文化对南越地区的重大影响,那么,控制在秦王朝手中的南越地区虽然说原始社会形态开始发生变化,但部落势力仍然很强大。

赵佗进入岭南后,河洛文化对南越地区产生影响的同时,南越地区社会风俗对赵佗政权的同化也很明显。赵佗率领北方的军队到达南越以后,为了能够在这里生存下去,他首先接受了南越地区的社会习俗,使跟随他来自黄河流域的士兵很快与当地民众融为一体。王充对赵佗接受南越地区的习俗有许多评说:"南越王赵佗,本汉贤人也,化南夷之俗,背畔王制,椎髻箕坐,好之若性。"④"赵佗入南越,箕踞椎髻……之性习越土气,畔冠带之制。"⑤"赵他王南越,倍主灭使,不从汉制,箕踞椎髻,沉溺夷俗。"⑥赵佗为了能够在南越地区生存下来,顺应和接受了百越民族的"椎髻箕坐"习俗。陆贾出使南越时,甚至直接指责他"反天性,弃冠带",赵佗也对陆贾承认自己"居蛮夷中久,殊失礼义"。所有这一切

---

① 《史记》卷一一三《南越列传》《索隐》引。
② 《太平寰宇记》卷一七〇《岭南道十四·交阯县》。《太平广记》卷四八二《蛮夷三·交阯》引《南越志》云:"交阯之地,颇为膏腴,从民居之,始知播植。厥土惟黑壤,厥气惟雄,故今称其田为雄田,其民为雄民。有君长,亦曰雄王;有辅佐焉,亦曰雄侯。分其地以为雄将。"《广东新语》卷十六《器语》引《南越志》云:"交阯之地最腴。旧有君长曰雄王,其佐曰雄侯,地曰雄田,一曰骆田,食其田者曰骆侯,诸县者则曰骆将,铜印青绶,如今之令尹然。"仔细分析上文所说的"雒王""雒侯""雒将"与"骆王""骆侯""骆将"以及"雄王""雄侯""雄将"可能为同音、同形的缘故,其实应为"雒王"、"雒侯"、"雒将"。
③ 桂光华:《试论"二征起义"》,《南洋问题》1985 年第 4 期。
④ 《论衡》卷二《率性篇》。
⑤ 《论衡》卷一四《谴告篇》。
⑥ 《论衡》卷二〇《佚文篇》。

都说明了赵佗建立南越国后,南越地区的社会风俗及习惯仍然具有强大的势力。赵佗并不能完全控制各个少数民族政权,而是采取利用各少数民族的首领统治各自的部落。赵佗就曾对陆贾自称"蛮夷大长老"。由此可见,赵佗在地方政权的设置方面并没有完全实行黄河流域已经成熟的政治体制,而是根据南越地区社会发展的具体情况,分别实施不同的管理体制。但这并不是说赵佗在南越地区就没有任何建树。汉高祖十一年五月下诏云:"粤人之俗,好相攻击,前时秦徙中县之民南方三郡,使与百粤杂处。会天下诛秦,南海尉它居南方长治之,甚有文理,中县人以故不耗减,粤人相攻击之俗益止,俱赖其力。今立它为南粤王。"①这说明赵佗在弥合两种文化冲突方面仍然做出了一定的贡献。

元鼎六年,汉武帝灭南越国后,在原南越国所控制的范围内设南海、苍梧、郁林、合浦、交趾、九真、日南等七郡。元封元年,汉朝又设珠厓郡和儋耳郡两郡,其"民皆服布如单被,穿中央为贯头。男子耕农,种禾稻、纻麻,女子桑蚕织绩。亡马与虎,民有五畜,山多麈麖。兵则矛、盾、刀,木弓弩、竹矢,或骨为镞"②。两郡社会状况相当落后,大约还处在原始社会末期。汉朝在这里设郡以后,"广袤可千里"的土地上"合十六县,户二万三千余"。正因为珠厓郡和儋耳郡地处南越的偏远地区,所以汉朝在这里所推行的成熟的文化制度遇到了重重阻力。汉武帝末年,珠崖太守会稽孙幸"调广幅布献之,蛮不堪役,遂攻郡杀幸"。虽然此后孙幸的儿子孙豹经过数年平定了蛮人的反叛,但也由此可以看出文化冲突的激烈。因民风原始,"骆越之人父子同川而浴,相习以鼻饮,与禽兽无异。""其民暴恶,自以阻绝,数犯吏禁",再加上"吏亦酷之",所以出现了"率数年壹反,杀吏",而汉朝则"辄发兵击定之",我们前文所说的两郡反复反叛,"连年不定"的现象,③也正是两种文化的激烈碰撞。

在此之后,岭南地区即使建立郡县的地方的民风也没有太大的改变。西汉末年"凡交趾所统,虽置郡县,而言语各异,重译乃通。人如禽兽,长幼无别。项髻徒跣,以布贯头而著之。"④对于汉武帝"诛吕嘉,开九郡,设交趾刺史以镇监

---

① 《汉书》卷一《高帝纪》。
② 《汉书》卷二八《地理志下》。
③ 《汉书》卷六四下《贾捐之传》。
④ 《后汉书》卷八六《南蛮西南夷列传》。

之"的南越地区以后的状况,后人的认识颇为准确,孙吴时期,薛综上疏言及交趾地区云:"山川长远,习俗不齐,言语同异,重译乃通,民如禽兽,长幼无别,椎结徒跣,贯头左衽,长吏之设,虽有若无。自斯以来,颇徙中国罪人杂居其间,稍使学书,粗知言语,使驿往来,观见礼化。"①再如"九真俗以谢猎为业,不知牛耕,民常告籴交趾,每致困乏"。中原地区先进的农业经济发展经验并没有在这一地区流传开来。婚姻习俗也仍然落后。"骆越之民无嫁娶礼法,各因淫好,无适对匹,不识父子之性,夫妇之道。"②这表明在西汉实现对南越地区统治之后,南越地区的文化传统仍然没有大的改变,南越地区相对落后的文化传统仍然有着加大的势力。

从赵佗接受南越地区的风俗,到西汉在南越地区设立郡县推行中原地区的政治制度,再到南越地区的民众不间断地起兵反叛,表明两种文化的冲突之激烈,并一直延续到西汉末年。

三、锡光、任延与马援弥合文化冲突的努力

南越地区民众对来自中原地区的文化采取的不接受政策,是因为南越地区社会的发展还相对较为落后,文化的差异使其难以接受相对先进的文化。为了弥合文化的隔阂,除了上述诸位太守努力外,以两汉之际锡光、任延所作的努力更加引起后人的关注。

可能是因为锡光、任延所作的努力过于激进,引起了以南越地区豪族征侧、征贰的反叛。锡光本为西汉汉中西城县人,"哀、平之世,县民锡光字长冲为交州刺史,徙交趾太守。王莽篡位,据郡不附。莽方有事海内,未以为意。寻值所在兵起,遂自守。"③锡光在担任交趾太守期间,"教导民夷,渐以礼义",在王莽统治期间,"闭境拒守"。④ 建武六年,岑彭"与交趾牧邓让厚善,与让书陈国家威德,又遣偏将军屈充移檄江南,班行诏命"。在此情况下,"于是让与江夏太守侯登、武陵太守王常、长沙相韩福、桂阳太守张隆、零陵太守田翕、苍梧太守杜穆、交趾太守

---

① 《三国志》卷五三《吴书·薛综传》。
② 《后汉书》卷七六《循吏列传》。
③ 《华阳国志》卷二《汉中志》。
④ 《后汉书》卷七六《循吏列传·任延传》。

锡光等,相率遣使贡献,悉封为列侯。"①我们可以看出在东汉初年黄河流域刚刚稳定,交趾牧邓让就率领其下辖的桂阳、苍梧、交趾等郡太守归附,这其中就包括交趾太守锡光。由此可见,锡光在任交趾太守时采取了一些措施促进了该地区的发展。从现存的史料我们无法看出锡光采取强硬的措施,文化的冲突尚不明显。

关于任延在南越地区的活动情况,《后汉书》卷76《循吏列传·任延传》记载:

> 建武初,延上书愿乞骸骨,归拜王庭。诏征为九真太守。光武引见,赐马杂缯,令妻子留洛阳。九真俗以射猎为业,不知牛耕,民常告籴交趾,每致困乏。延乃令铸作田器,教之垦辟。田畴岁岁开广,百姓充给。又骆越之民无嫁娶礼法,各因淫好,无适对匹,不识父子之性,夫妇之道。延乃移书属县,各使男年二十至五十,女年十五至四十,皆以年齿相配。其贫无礼娉,令长吏以下各省奉禄以赈助之。同时相娶者二千余人。是岁风雨顺节,谷稼丰衍。其产子者,始知种姓。咸曰:"使我有是子者,任君也。"多名子为"任"。于是徼外蛮夷夜郎等慕义保塞,延遂止罢侦候戍卒。

因为任延与锡光一样将中原文化传播到岭南地区,所以有"岭南华风,始于二守焉"的美誉。

正因为锡光、任延等人在南越地区大力推行黄河流域业已成熟的郡县制和社会风俗,交趾郡发生了二征起义,这其实是南越地区从西汉以来文化冲突的继续。因为汉朝自在岭南实施中原地区的政治经济制度以来,改变了岭南地区原有的生活与生产方式,因为在原始社会活动的越人,没有固定居住,来往自由,也不需要交纳赋税和服徭役。而成为郡县民的越人,改变了原有的生活方式,成为封建中央政府所控制下的郡县民,迁移受到很大的限制。改变生存方式对越人来讲,不习惯是必然的。再加上锡光、任延等人所推行的一系列封建化的改革,触动了原部落酋长的利益,特别是苏定任交趾太守后,所采取的措施更加严厉,引发越人乘机起兵造反。陶维英指出:"在锡光和任延两太守的殖民工作里,有两点最使得本国贵族和人民不满的是:一位遵从新的礼教,如嫁娶婚礼。这个制

---

① 《后汉书》卷一七《岑彭传》。

度粗暴地触犯到人家的固有风俗,同时又迫使长吏——即各雒将节省俸禄帮助穷人办理婚礼;二为抢夺各部落的土地和与此并举的是,那些被新地主霸占的土地上的农民遭到直接剥削。本国的贵族和人民,本来已对横征暴敛感到不平,而到了现代同化政策和抢夺土地又是这样激烈和残酷,与施加更增加了新的不满。"但在任延和锡光在位时,因为采取了相对柔和的措施,民心还比较稳定,而到苏定接替锡光太守时,所采取的措施使积累的矛盾迅速爆发,贵族和民众都对新的生活方式不满,因而爆发起义。① 征侧为麓泠县雒将之女,其丈夫诗也为当时雒将之子,征侧与其丈夫诗都是当时"雒"部落雒将子女,他们的起兵对于不适应东汉在这里所推行郡县制的部落民来讲,有很大的蛊惑性。因为他们在部落民众中仍然有深刻的社会基础,所以,很快得到了原部落民众的相应,"于是九真、日南、合浦蛮里皆应之,凡略六十五城,自立为王",一时间越地到处燃起战火。由此可见一种新的制度在相对落后的地区的推行所遇到的阻力。为了赢得部落民的支持,他们还采取"复交趾、九真二郡民二岁调赋"的措施,以便使部落民感到不用缴纳赋税的好处,似乎又回到原来的生活方式。在马援率领大军的镇压下,"尔时西蜀并遣兵共讨侧等,悉定郡县为令长也"。马援又"奏言西于县户有三万二千,远界去庭千余里,请分为封溪、望海二县,许之。援所过辄为郡县治城郭,穿渠灌溉,以利其民。条奏越律与汉律驳者十余事,与越人申明旧制以约束之,自后骆越奉行马将军故事"②。建武十九年,马援又设置了望海县,"马援以西南治远,路径千里,分置斯县。治城郭,穿渠,通道溉灌,以利其民。"③从二征起义的结果也可以看出,在两种文化的冲突中,中原文化占据了优势。经过此次事件,岭南地区摆脱了原始社会残余势力的干扰,加速了岭南地区原始氏族社会的瓦解,直接进入封建社会,这在岭南历史上具有重大的意义。

　　综合全文所论,我们认为,从文化冲突的视角来看,二征起义应是两种文化碰撞的反映。至于说阶级压迫、民族意识的独立似乎都没有说服力。

(作者单位:河南科技大学人文学院院)

① [越南]陶维英著,刘统文、子铖译:《越南古代史》,商务印书馆,1976 年 11 月,第 474～476 页。
② 《后汉书》卷二四《马援传》。
③ 《水经注》卷三七《叶榆河注》。

浅析河洛文化对岭南文化的影响

——以秦汉时期为例

史振卿　王双庆

　　河洛文化是指产生在河洛地区的文化,是中原文化的核心,是中国文化的重要源泉之一。近年来,随着河洛研究丛书的出版,其内核与主要精髓日益明朗,如,薛瑞泽《河洛文化研究》、杨海中《图说河洛文化》、史善刚《河洛文化源流考》等大作都做了说明。河洛文化产生后,伴随着中原王朝而辐射到边疆地区,对岭南的影响,即为一例。岭南即五岭以南,为古代百越之地。秦攻岭南后置南海、桂林、象郡三郡,汉初为南越国辖地,武帝平南越,置岭南九郡。到魏晋时期"岭南"一词才常用,岭南文化才受到学者的关注。当前岭南文化研究已初具规模,而岭南文化与河洛文化的关系如何,少有学者探讨。笔者认为河洛文化与岭南文化主要有四次交流:秦汉亲密接触、东晋真情互动、唐朝异曲同工、南宋发扬光大。现从秦汉时期亲密接触谈谈自己的一孔之见,以求证于大方之家。

　　岭南地区在前秦就有自己的文化,这从考古上可以证明:1985～1986年,在广西武鸣县马头乡元龙坡发掘西周—春秋时期墓葬中,出土一百多件物品,有斧、刀、钺、矛盘、铃、钟等,其中绝大部分器物为地方特有。在文献记载上岭南人有自己的信仰,如对鬼的敬重:"越人俗信鬼,而其祠皆见鬼,数有效。昔东瓯王敬鬼,寿至百六十岁。"一直保存到汉代,武帝鉴于此信仰的重要性,"乃令越巫立越祝祠,安台无坛,亦祠天神上帝百鬼,而以鸡卜",这说明岭南地区的越族始终有自己民族的文化延续。到春秋战国时期,楚国开始影响岭南。吴起相楚,"南平百越",楚成王受命于周惠王,"镇而南方夷越之乱",楚威王时,"南有洞庭、苍梧"，楚怀王时岭南的犀、象等成为楚的贡品，这意味着战国时楚国的触角已经伸到广州、南海一带，同样楚国的文化伴随着强大的政治攻势影响岭南地区。从楚国传入的礼乐制度、刑法和文化，对广东社会的各个方面都产生深刻的影响。

当中原文化进入岭南后，不断影响本地文化的发展。这种影响从战国就开始，《史记》载："田常杀简公，尽灭高子、国子之族。"而高子之族逃到岭南居住，成为高固的先祖，《百越先贤志》："高固，越人也，世在越，称齐高之族。"他们到岭南后传播中原文化，只是这个时期岭南文化是以楚文化为主导，中原文化只是作为楚文化的一部分。当南海被征服后，高固因其才学而为楚威王相，即为一例。

岭南得到开发始于秦朝。公元前218年，秦王嬴政"使尉（佗）、屠睢将楼船之士南攻百越"，后又于公元前214，派任嚣、赵佗再次攻岭南，"发诸尝逋亡人、赘婿、贾人略取陆梁地，为桂林、象郡、南海，以适遣戍"，次年，"适治狱吏不直者，筑长城及南越地"。当赵佗"使人上书，求女无夫家者三万人，以为士卒衣补。秦皇帝可其万五千人"。中原人口的大量移入，改变了岭南的文化程度。秦统一岭南后，由于中原文化大量介入后，岭南文化得到飞跃发展。无论手工业制造、农业生产、语言文字乃至城市建设、度量衡等精神文明及物质文明诸方面都仿效中原，在主流文化上鲜见越文化的孑遗。

岭南地区发展的关键时期，是秦末乱世之时南越国建立。南越政权的建立保证岭南的稳定，当汉政权建立后，赵佗又臣服于中原王朝，从而进一步促进岭南平稳发展，有利于岭南吸收中原先进的政治制度和生产技术，使岭南地区落后的政治、经济和文化得到有效的改善。从秦朝开始，中原"将进步的统治方式、先进的生产方式和生活方法带到了粤西地区，打乱了粤西地区原有的社会发展进程，给粤西地区的社会发展注入了新的内容"。而这一切与赵佗有密切有关："从一定意义上来说，现今所知的岭南文明史，正是从秦代开始的。而赵佗可以称得上是标志这一开端的一位具有代表性的人物。"南越国对于河洛文化在岭南地区的影响发挥重要作用：

其一，吸收中原王朝的政治体制。南越虽割据一方，但政治上包括行政、军事和生活礼仪均是秦代的体制。如郡县制的推行。赵佗把南越人，纳入统属于南越政权的郡县编民,实行统一管理,这样不但活跃了社会群体生活,加强越族之间的联系,促进当地民族的发展,而且保证南越政权的稳定。建国后不久,赵佗就臣服汉朝,所以在官僚体制上,南越国与汉初封建诸侯国一样,中央设王、丞相、内史、太傅,形成相当规模的官僚机构。在其他管制的设置上,也仿效汉制。考古出土遗物中常见到印有"居室"、"食官"、"常御"、"景巷令"、"厨丞"等泥印,这些官名大都在《汉书百官公卿表》得到证实。这也说明南越政权俨然为一个封建王国的建制,已经建立一套完整的政治管理体制,有效地促进了越族汉化的进程。

其二,灵活运用民族政策。赵佗不歧视南越族人,注重任用当地人才。在攻破安阳王后,"令二使典主交趾、九真二郡人",说明赵佗尊重岭南民俗,不强求一律,灵活运用民族政策。他接见汉使时,"弃官带",穿越服,回汉武帝书成自己"蛮夷大长"等,说明他是一位善于吸取岭南文化和团结本地民族的地方长官。赵佗热心在越人中推广中原文化,同时重视对南越文化的交流和整合,在南越任职的各级官吏吸纳越族优秀人才。如,"其相吕嘉年长矣,相三王,宗族官仕为长吏者七十于人"。由于赵佗能团结当地民众,没有民族偏见和歧视,故而受到当地人的爱戴,才使岭南在偏安一隅延续五代93年。早在汉初时,刘邦认为:"会天下诛秦,南海尉佗居南方长治之,甚有文理,中县人以故不耗减,粤人相攻击之俗益止,俱赖其力。"

其三,传播中原文化。赵佗建立南越国后,又积极传播中原文化,推行汉朝礼乐典章,办学教民,推广汉文字,作了许多开创性的工作:"稍以诗礼化其民","以诗书化国俗,以仁义团结人心",于是岭南出现"冠履聘娶,华风日兴"的局面。自汉武帝独尊儒术的文化政策后,儒家文明在岭南得到进一步发展。到西汉中期,岭南地区的文明已经达到一个高度,蛮夷之地变成最富庶边疆地区,而广州"亦其一都会"。这个时期形成中原文化主导的新南越文化,新文化形成后岭南文明开始向周围播布,其影响海内外。

自汉武帝"罢黜百家,独尊儒术"后,中原文明在中央政府的强有力的推动下,深深影响岭南地区,主要有两个途径:中央所派官员到岭南后,传播中原文化,如任延、锡光等人到岭南后"播华风,而夫子之风已洽"。卫飒、栾巴等官员入广东后,岭南出现"学校渐弘"的局面;另一方面,一些中原学者因故到岭南后,教授学生,改变岭南的学术氛围。如,程秉是郑玄高足,因避乱到交州,与刘熙考论经义,推动岭南古文学的开展。

秦汉时期,河洛文化处在发展阶段,但其核心的作用,已经日趋明显,尤其到东汉以洛阳为国都后,河洛文化的地位得以凸显,这一时期除了原有的儒家、道家,从印度传来的佛教在中国以洛阳为中心开始传播,岭南佛学也是从这个时期才出现。

河洛文化与岭南文化交流之所以成功,有以下几个原因:其一,河洛文化作为强势文化对岭南文化起到主导作用。河洛文化的形成与中国文化的源头密切相关,如,炎帝、黄帝在河洛地区创建早期的华夏文明;享誉古今的河图洛书,开启中原文明。孔子说:"河出图,洛出书,圣人则之。"河图洛书的传说代表河洛先民象数思维的最高水平,已成为炎黄子孙民族灵魂的文化渊源。以此发端,河洛成为中国文化思想的源头;而后,禹、汤、文、武、周公,皆在河洛地区建功立业;圣哲老子,久居洛阳,管理周王室图书典籍,撰成哲学名著《道德经》,道家思想在河洛形成;孔子不远千里到河洛,"入周问礼"于老子,学习东周文化,成就儒学;佛学首传于洛阳,东汉洛阳西雍门外的白马寺,初创于永平十一年,是佛教入华后官府营建的第一座寺庙,被誉为"祖庭"、"释源",是中国佛教早期活动和传播的中心;魏晋玄学诞生、兴盛在洛阳;唐朝东都洛阳,成为当时海内外的政治、经济、文化中心;宋代洛阳出现伊川二程,为宋明理学的奠基人等。河洛文化正是在这些先哲的不断努力下创造的,自从河洛文化出现后就占据优势,影响深远。

其二,河洛文化作为强势文化对岭南文化的影响,与强有力的中央集权密不可分。学者们探寻文化交流,重视战乱的作用,因为由于战乱而出现大量移民,随着人口的流动,文化也会随之嬗变。多数学者认为,中原文化对岭南文化的影响是伴随移民的出现而形成的,其事实上文化的相互影响与之并不一致。有文献可证,岭南在古代有五次较大规模的移民运动:第一次吴人在楚人的攻击下,进入岭南;第二次,秦朝南征越族,设岭南三郡;第三次永嘉之乱后,中原大量名望贵族虽皇室南下,建立东晋政权;第四次,南宋末年,大量贵族伴随幼主南下,入广东的人数达百万;第五次,康熙年间大批河南民众拥入珠三角。河洛文化在岭南的传播主要在四个时期:秦汉、东晋、唐朝和南宋。本文对秦汉时期河洛文化对岭南文化的影响,已略作论述。到东晋时期,新型的岭南文化业已形成,河洛文化的优势伴随着政权的移动而更一步影响岭南地区,在河洛地区形成和发展的玄学和佛学在岭南快速发展,只是这种影响带点被动的意味。有唐一代,强盛中原文明辐射到唐王朝的每一寸土地,河洛文化对岭南文化的影响在日益加深,而此时岭南文化也反向影响河洛文化。南宋时期,岭南文化已经成为一种独特的区域文化,开始影响海外,在某种程度上,岭南是文化的中转站,他把河洛文化传播到海外。所以说,文化的交流更多地是在国家统一,社会稳定中进行的,中原文化进入岭南,真正发挥作用的是南越国时期,而这一时期汉政权的强大,足以维系南越的社会稳定。到汉武帝时期,采取开明的文化政策,才使岭南文化得以保存。如武帝推行重农抑商政策时,考虑到岭南的特殊性,则"以其俗治,毋赋税"。这样在客观上保证岭南地区的稳定,有助于文化的传承。

其三,岭南文化自身的历史沉淀。秦汉时期岭南虽然受强大的河洛文化主导,但是自身的文化没有被抹去,原有的土著文化为底层文化得以很好的保存,同时汲取中原文化的优点,不断茁壮成长,从边缘文化发展成为得到广泛认同的独特的地域文化。

总之,在谈到区域文化之间的相互影响时,应从政权和移民两个方面来考虑。秦汉时期河洛文化对岭南文化的形成,起到重要影响。这种影响一方面在强有力的中央政权运作下,得到更好、更快地进行;另一方面,文化的交流伴随移民的出现而不断加深。

(作者单位:史振卿,华中师范大学历史文化学院文献所;

王双庆,中国文字博物馆)

从杨再思信仰
看中原文化对侗族文化的影响

廖开顺

　　侗族主要聚居于广西、湖南、贵州三省(区)毗邻地带,湖南、湖北、重庆毗邻地带也有侗族聚居。在 1990 年全国第四次人口普查中,侗族人口位于全国前 12 个少数民族之列。侗族没有自己的文字,其语言属于汉藏语系壮侗语族侗水语支中一个单独的部分。侗族的族源没有文字记载,一般认为侗族的主要族源是古百越民族的支系西瓯、骆越。西瓯在广西的郁林郡、苍梧郡地,骆越在广西的左右江流域和越南北部。北部侗族则与汉族楚地毗邻。侗族社会的原始社会时期相当漫长,直至唐、宋、元时期侗族才跨越奴隶社会进入封建社会。杨再思是唐末五代时期即侗族进入封建社会前期时的"十峒首领",之后被尊为侗族神,至今香火不绝,在湘、黔、桂、渝、鄂边区地带普遍建有祭祀杨再思的飞山宫、飞山庙、威远侯庙等庙宇。杨再思信仰是侗族一大信仰,它不同于侗族原有的女神萨岁信仰,杨再思信仰充分反映了唐宋以来中原文化对侗族文化的影响,以及在这种影响下,具有中原文化内涵的新的侗族文化的形成。

一、杨再思的历史功绩与地位:对国家利益和侗民族利益的双重维护

　　杨再思,侗族民间传说和民间史料中一般称他是侗族地区湖南靖州人,出生于唐咸通十年(869 年),卒于五代后周显德四年(95 年),享年 88 岁。杨再思是唐末五代靖州飞山少数民族"峒蛮"酋长式的首领,号称"十峒首领",又被尊称为"飞山太公"。唐代末期战乱不止,藩镇割据,王室衰微,对地方无力控制,叙州(治所在原湖南省黔阳县——今湖南省洪江市市治黔城镇)南部一带苗、瑶、侗各民族在潘金盛、杨再思的领导下,却得以兴旺繁盛,形成一个以飞山(今靖州城郊)为中心的少数民族集团——"飞山蛮"。后梁时马殷(852~930年,鄢陵人,唐末从军,先后任潭州刺史、武安军节度使)占领湖南全省和广西东北部,称楚王,威逼叙州。潘金盛在飞山和五开(今贵州省黎平县)一带,杨再思在叙州的潭阳、郎溪一带,互为声援,抗拒马殷。梁开平五年(911年)马殷派遣吕师周进攻峒蛮飞山大本营,擒斩潘金盛。在这样的形势下,杨再兴率领"飞山蛮"余部归附于楚王马殷,后被封为诚州刺史。杨再思的"归顺于楚"挽救了处于灭亡边缘的"飞山蛮",并且使这一少数民族集团获得合法地位,为以后的发展奠定了政治基础。附楚后,杨再思以杰出的文韬武略,励精图治,潜心经营"五溪十峒",发展经济,实施教化,倡导公益精神,保障了这一地域的社会稳定,各族人民得以休养生息,发展生产。杨再思以其族姓分掌十峒,以"再、正、通、光、昌、盛、秀"七个字派为等级,建立封建领土制度,推动境内各民族的团结和融合。后梁马楚政权灭亡后,杨再思的七子杨正岩将"飞山蛮"的统治范围逐渐扩展到今湘西南、黔东南、桂西北广大地区。杨再思的历史功绩也得到朝廷的认可和表彰,宋元时期的中央朝廷曾多次追封杨再思,追赐他为"威远侯"、"英惠侯"等。宋初,中央朝廷开始在民族地区设置总管府、军民总管府、都护府等地方政权,中央对民族地区的统治空前稳固。宋诗人陆游题杨再思庙的对联"澄清烽火烟,赤胆忠心昭日月;开辟王化路,宣仁布义壮山河",概括了杨再思维护国家统一和民族利益的历史功绩。

侗族以及相邻民族有关杨再思的民间传说与资料(特别是族谱)有很多不尽相同之处,但是,对杨再思做"十峒首领",领兵据楚但又归顺于楚王马殷,以及他在十峒地区励精图治的文治武功的赞扬是基本相同的。由此而看,杨再思的历史功绩和历史地位在于他以领袖的远见和魄力"率余部归于楚",从而保障了这个民族的生存与合法地位,将峒蛮地方政权纳入国家行政体系(尽管当时全国并不统一),避免了更多的割据政权出现,维护了国家的统一。杨再思的历史功绩更在于他的励精图治,使峒蛮地区在全国战乱时代保持了一方平安并积极发展经济,在较快发展的经济基础上促进了侗族从原始氏族社会超越奴隶社会而迅速进入封建社会,接受中原文化,从而重构了唐宋以来新的侗族文化。杨再思"率余部归于楚",也是中原文化(北部侗族地区虽然属于楚地,但是早已以儒家文化为主导)强大影响力的结果。

二、对杨再思先祖的溯源:杨氏大姓对中原血缘与文化的寻根

杨氏是侗族和周边苗族、土家族、汉族的大姓,人们对于杨再思的族别以及姓氏渊源争议颇多。这也涉及侗族的族源问题,因为杨氏在侗族中的人口相当多,如在通道侗族自治县,人口最多的 10 个姓是杨、吴、罗、石、陈、粟、李、曹、陆、张。侗族先民主要来源于古百越民族的支系西瓯、骆越,侗族的另一部分先民则来自汉族,如,据通道侗族自治县的《侗款集》、《宗谱》等民间史料记载,最早迁入到通道的是唐至明朝年间的 12 姓,迁徙路线大致有 3 条:一是从江西吉安府太和县到靖州入通道;二是从广西梧州来;三是从沅水到靖州入通道。通道、靖州都属于北部侗族地区,与汉族地区毗邻,侗族、苗族等民族与汉族或毗邻或杂居。他们共同生活的湘西南、黔东南被称为"五溪蛮地"。侗族之称并非自古就有,侗族长期自称为"干"(gaeml)、"更"(geml)、"金"(jeml)等。"侗族"称呼最早见于宋代的史籍,用反切的方法记成"仡伶"。"侗家"的 dongh(侗)是从"洞"或"峒"演变过来的,新中国成立后正式称"侗族"。古百越民族的分支西瓯、骆越并不直接演变为侗族,经历过被称为"蛮"、"僚"、"峒(洞)"的历史过程,最后发展为侗族。侗族的另一族源则是汉族,北部侗族地区紧邻楚地汉族,水路(沅水)和陆路交通较为便利,汉人移民(包括军事移民和受官府派遣的移民,以及汉侗杂居之间的通婚和迁移)进入五溪蛮地区,与峒蛮融合,共同演化为侗族。

由于峒蛮地区是个多民族聚居和杂居的地区,唐宋以来与汉族地区的联系密切,因而侗族和周边其他民族对杨再思的族别和族源有多种说法。一种观点认为杨再思是以汉族官员身份来到侗族地区:唐懿宗咸通十四年(873 年),杨再思随父亲杨居本守叙州,后江陵节度使推举杨再思为叙州知州,领五溪峒地。杨再思赴任后,在五溪地区建立峒制,管辖十五峒,亦称五溪长史。这种说法在逻辑上存在问题,因为原住"峒蛮"不会拥戴外族人为自己的首领并且如此衷心拥戴他。另一种观点坚决反对将杨再思作为汉族对待,认为杨再思就是侗族或者侗族的前身峒蛮,否则广大杨氏不会对没有血缘渊源的杨再思顶礼膜拜。如,"黎平县佳所各寨的杨姓侗族,每年清明都集体到长岭冈为杨再思扫墓,胡长新

在其所撰'杨再思墓表'中描述'其子孙在黎郡者,岁清明祭拜,香褚各林'",
"我国习惯,以清明为祭祖的盛大节日,如果佳所各寨侗族杨姓与杨再思无血缘
关系,不可能如此虔诚恭敬而持之以恒。我们不能仅凭杨芳的片言只字,就把侗
族人民杨姓公认的祖先颟预地说成是汉族吧。"①但这种观点又难以说明杨再思
的先辈不是汉族。众多的杨氏族谱都将自己的先祖追溯到中原汉族。如,《杨
氏族谱》记载:"再思父居忠,以隋宗室避唐隐于播州,即古黔中夜郎故地也。"②
清代道光年间(1821~1852年)杨芳自叙的《杨氏家谱》称:"杨氏系出汉太尉伯
起公震,世居关西。再思公以唐鼓宗咸通十年己丑岁(869年)生,至昭宗朝(889
~904年)值世乱,马殷据长沙,虎视滇、黔。公先由淮南垂迁辰州长史,结营靖
州飞山扼要拒之,屡战屡捷,与李克用同受绢诏征兵,道长梗阻,众奉为诚州刺
史,威名曰著,称令公焉。""历五代,天下多遭涂炭,独公奉唐正朔,保障滇、黔,
民赖以安。卒于后周世宗显德四年丁巳(957年),寿八十九。葬今黎平府长岭
冈,亥山巳向,民思其德为之立庙曰'飞山宫',祀之'溯自伯起公至再思公二十
四世。宋开宝八年(975年),继世入贡,追封'英惠侯'。生子十二,受土分镇
镇、黔,派衍日繁,,各就家焉"③。杨芳的《家谱》把杨再思的民族、籍贯、经历等
进行了详尽的叙述。侗族地区一些新旧县志也不同程度地记述了杨再思氏族的
历史。如《靖州乡土志》中详细记述杨再思氏族,锦屏县的新县志中详细记述杨
再思后裔的世系。根据各新旧县志的记载并深入民间调查,黔东南苗族侗族自
治州州志办于1998年7月成立《杨再思民族通志》领导小组和编写组,全面开
展《杨再思氏族通志》的编写工作。《杨再思氏族通志》对杨再思的远祖世系的
追溯:一是从第一世的黄帝到第五十五世的杨敞(汉昭帝时为丞相,封安平侯,
居弘农,为弘农一世祖);二是从"弘农杨氏世系"第一世的杨敞到第二十八世的
杨再思,并考证杨再思生十子:政隆、政滔、政修、政约、政款、政绾、政岩、政嵩、政
权、政钦(俭);三是将杨再思作为"靖州杨氏"一世祖。在对"弘农杨氏世系"的
追溯中,第五世杨震(字伯起,为东汉宰相,著名政治家、教育家)为侗族和其他

---

① 廖耀南:《杨再思的史实及族别初探》,《贵州民族研究》,1983年第1期。
② 平荣《杨氏族谱》卷1《杨氏派系始源》,秀山浚秀石印局1929年3月印,转载于李绍《从川黔边
　杨氏来源看侗族与土家族的历史关系》,《贵州民族研究》1990年第4期。
③ 转引自廖耀南:《杨再思的史实及族别初探》,《贵州民族研究》,1983年第1期。

民族杨氏最推崇的先祖。杨震声名显赫，从杨震起至杨秉后裔杨彪（8世）均为太尉，后世称为"四世三公"。《杨再思民族通志》还梳理了"靖州杨再思世系"与历史上各名望杨氏的关系，如，与隋朝杨氏系的关系，与北宋杨家将杨氏系的关系，与贵州历史上的播州杨氏系的关系等。《杨再思民族通志》在黔、湘、桂毗邻的民族地区和汉族中影响很大，声誉较高，各民族杨氏以中原杨氏先祖为荣。"惟有黔东南苗族侗族自治州人民政府支持出版的《杨再思氏族通志》一书，受到广大苗、侗、壮、瑶、土家、布依、仡佬等少数民族的赞赏。"①

　　尽管地方志和众多的杨氏族谱将杨再思的族别和先祖追溯为中原汉族，但是仍然有观点认为不足信，"杨芳确定杨再思为关西杨震的第二十四代裔孙，是沿袭我国各姓氏修族谱的故套，岂足为凭。至于民族融合论者，在理论上虽然不可非议，但必须有文献可考，或令人信服的民间流传，否则徒托空言，也是没有说服力的。"②笔者认为，根据《杨再思民族通志》等较为正规的史志和民间资料，可以确定侗族等民族中的杨氏大姓出自中原。五溪之地在唐代以前偏远人稀，古百越民族从广西，汉族从楚地进入五溪，与当地原住族群融合为"蛮"、"僚"峒等，最后演化为族群界别明显的民族。而杨氏大姓坚持追溯到中原杨氏为先祖，是一种文化建构，也是一种血缘与文化的中原寻根。

三、对杨再思的造神运动：唐宋以后侗族文化与中原文化的融合

　　可以将杨再思信仰作为侗族的一个"造神运动"看待。唐宋以来我国经济、政治、文化由中原向南方推移，影响了南方特别是一些边远地区的原住族群文化，这些原住族群文化在中原文化的巨大影响下进行了文化重构。文化重构的重要途径之一是"造神"，造出具有新的文化内涵的神。对于杨再思其人，尽管有的观点认为侗族历史上根本无杨再思其人，有的观点则认为虽然有杨再思，但不是来自中原汉族，其中原姓氏渊源是族谱的攀附，而更多的观点愿意相信杨再思既来自中原，又是融入五溪蛮而成为侗族的先祖。无论怎样诠释，杨再思为侗族之神，杨再思信仰是侗族一大文化现象和一大民间信仰，杨再思信仰中蕴涵着

　　①　杨非然：《杨再思史料中的几个问题》，《粟裕研究资讯》2006年第3期（总25期）
　　②　廖耀南：《杨再思的史实及族别初探》，《贵州民族研究》，1983年第1期。

浓厚的儒家文化思想。如宋人张浚的诗《题飞山庙》:"忠义曾将帝业扶,英灵犹自倒强胡。超群拔类真王佐,千古流传几丈夫。"明代参将邓子龙的诗《登飞山》:"南来倚剑上苕荛,满眼烽烟坐里消;神器自知无鬼域,嫖姚何处有天骄;岩飞瀑气披深洞,风送钟声下远苗;西望六百八十穴,我欲一扫归天朝。"明进士吴国伦的诗《谒飞山广惠王庙》:"峥嵘庙貌峙江门,为报当年辟土恩。共说精英能障卫,况多膏雨遍郊村。灵开笔洞时缥缈,气撼铜岩壮吐吞。独是韬铃藏奥葵,妖氛何以靖兵棼。"后人对杨再思的纪念庙宇以今湖南靖州城郊的飞山宫最为壮大,其中有署名为"飞山宫建设管理委员会"于2004年所铭刻的碑记:"杨再思,生于咸通十年,五代初为飞山蛮酋长,结营飞山,号十峒首领,众举为诚州刺史,称曰飞山太公。宋开宝中被追封为英惠侯,绍兴三年封威远侯,淳熙十五年改封英济侯,嘉定十年封广惠侯,淳祐九年封创远英惠侯。历代以来,湘、桂、滇、黔四省各族人民奉为神灵,普建飞山庙、飞山宫,成立太公会,设太公田。自宋初祭祀活动即已开始。清同治七年奉旨列入祀典。靖州飞山庙,宋元丰年间始建于飞山绝顶之上。绍兴二十五年置于绝顶之下,方广寺之左侧。"这一碑记基本可代表当代湘、黔、桂、渝、鄂边区侗、土家、苗等民族对飞山圣公信仰的由来的解释。由此来看,侗族杨再思信仰标志侗族文化已经由原始氏族文化进入中华封建文化,与中原文化对接,成为以儒家文化为主导的中华文化的一部分。

在唐宋以前,侗族的民间信仰具有浓厚的原始信仰特点,普遍信仰的是各种自然神,人神崇拜主要是侗族女始祖神萨岁,而对萨岁的崇拜又具有太阳神崇拜的意味。萨岁是集侗族祖先神、保护神、英雄神、太阳神于一身的神,萨岁崇拜无汉族文化特别是儒家文化内涵。杨再思则是唐宋以后侗族全新的神,既是杨氏大姓在侗族地区的先祖神,又是文治武功的圣贤与英雄的神化,具有儒家文化内涵。再从侗族文化整体上看,侗族文化与汉族文化有很多接近的地方。如,侗、汉伦理道德观念具有近似性。在自然环境观上,汉族与侗族都是以农耕为主,主张与大自然友好相处,并且不违农时地利用自然,这集中体现在侗族的习惯法《约款法》中。侗族通过德高望重的寨老、款首的"讲款"和以身作则,培养个体的"善",并且,用相当严格的规约来制裁背离道德规范者。侗族与汉族一样,其民族性格具有女性思维偏向。侗族文化与汉族文化具有较多相近因素的原因为:第一,同为农耕民族,地理环境与生产方式基本相同。第二,唐宋以来朝廷加强了对侗族等民族地区的统治。第三,侗族与汉族交往密切,侗族去汉族地区求学、经商频繁,受到汉族文化的影响。汉文化的许多戏曲、故事、谚语在侗族地区相当流行,如《梁山伯与祝英台》、《陈世美》、《二度梅》、《说唐》、《三国演义》等。第四,也是更重要的,侗族使用汉语文字进行书写,使用侗语和汉语西南官话进行民族内部、民族之间的交流。可以说,唐宋以来的侗族文化是一种既保留一定的原始氏族文化(如巫性思维、女神信仰、补拉文化等),又融会了中原文化,具有儒家文化内涵的新形态文化。杨再思则是新的侗族文化的重要标志。更值得一提的是,杨再思不仅仅是"五溪十洞"地区杨氏宗亲引以自豪的祖先,而且是该地区各民族人民共同的祖先和神,这标志中原文化对桂、湘、黔毗邻地区各民族文化的影响与交流、融会的成功。

(作者单位:三明学院客家文化研究所)

论岭南文化渊源于河洛文化

李立新

　　文献中显示,早在先秦上古时期,中原地区的古帝王神农、颛顼、尧、舜、禹、商纣等都曾把势力扩展到岭南地区。《淮南子·主术训》:"其(神农)地南至交趾,北至幽都,东至旸谷,西至三危,莫不听从。"《大戴礼记·五帝德》:"孔子曰:'颛顼……北至于幽陵,南至于交趾。'"《史记·五帝本纪》:"帝颛顼高阳者……北至于幽陵,南至于交趾。"《墨子·节用中》:"古者尧治天下,南抚交趾。"《韩非子·十过》:"昔者尧有天下,饭于土簋,饮于土铏,其地南至交趾,北至幽都,东西至日月之所出入者,莫不宾服。"《淮南子·修务训》:"尧立……西教沃民,东至黑齿,北抚幽都,南道交趾。"《水经注》卷三十七引《尚书·大传》曰:"尧南抚交趾。於《禹贡》荆州之南垂,幽荒之外,故越也。"《大戴礼记·少闲》:"昔虞舜以天德嗣尧……南抚交趾,出入日月,莫不率俾。"刘向《说苑》卷十九:"南抚交趾……四海之内,皆戴帝舜之功。于是禹乃兴九韶之乐,致异物,凤凰来翔,天下明德也。"《新序·杂事》:"北发渠搜,南抚交趾,莫不慕义,麟凤在郊。故孔子曰:孝弟之至,通于神明,光于四座。舜之谓也。"《吕氏春秋·求人》:"禹东至榑木之地……南至交趾、孙朴、续樠之国。"《史记·五帝本纪》:"唯禹之功为大。披九山,通九泽,决九河,定九州。各以其职来贡,不失厥宜,方五千里,至于荒服。南抚交趾。"《淮南子·泰族训》:"纣之地,左东海,右流沙,前交趾,后幽都。"但是,上述文献记载都很简略,大约是后世层累夸大之词,难以确信,但史影缥缈,其中也折射出上古时代中原古国对于岭南的影响。

　　文献确载对岭南真正的大规模移民和开发始于秦代,移民主要来自中原。

据《史记·白起王翦列传》、《秦始皇本纪》、《南越列传》等记载,秦始皇在灭楚后,于公元前218年"南征百越之君",先后由屠睢、任嚣、赵佗率领50万余人突入岭南,到达番禺(今广州市)。这批秦国军人在岭南地区长期戍守并定居下来,是最早大批南迁岭南的中原人。秦始皇三十三年(前214),又"发诸尝逋亡人、赘婿、贾人略取陆梁地,为桂林、象郡、南海,以适迁戍。"秦始皇三十四年(前213),"适治狱吏不直者,筑长城及南越地。"《淮南子》卷十八《人间训》对秦始皇攻伐南越有比较详细的记载:"又利越之犀角、象齿、翡翠、珠玑,乃使尉屠睢发卒五十万,为五军,一军塞镡城之岭,一军守九疑之塞,一军处番禺之都,一军守南野之界,一军结余干之水,三年不解甲弛弩,使监禄无以转饷,又以卒凿渠而通粮道,以与越人战,杀西呕君译吁宋。而越人皆入丛薄中,与禽兽处,莫肯为秦虏。相置桀骏以为将,而夜攻秦人,大破之,杀尉屠睢,伏尸流血数十万。乃发谪戍以备之。"此后,赵佗"求女无夫家者三万人,以为士卒衣补,秦皇帝可其万五千人。"上述南下定居的汉人,包括军人、商人、犯人、贬官和妇女,被统称为"中县人",亦即中原人,总数大约有50~60万之多。

秦始皇去世后,天下大乱。赵佗自立南越国。汉武帝元鼎五年(前112),统治岭南的南越王赵兴与承相吕嘉不和,赵兴欲除吕嘉,反为吕嘉所诛,边邦骚乱,汉武帝遂拜卫尉路博德为伏波将军,统领十万大军,分兵沿水路南下岭南,征讨吕氏,生擒吕嘉。元鼎6年(前111),汉武帝巡视至新中乡,得到斩获吕嘉首级的消息,于是改新中乡为获嘉县,这就是今河南获嘉县名的由来。割据岭南达九十三年的南越国,至此结束,汉武帝在此设立儋耳、珠崖、南海、苍梧、郁林、合浦、交趾、九真、日南九郡。150余年之后,东汉光武帝建武十六年(40),"交趾女子征侧及女弟征贰反汉,攻没其郡,九真、日南、合浦蛮夷皆应之,寇略岭外六十余城,侧自立为王。"(《后汉书·马援列传》)光武帝于建武十八年(42),"遣伏波将军马援,率楼船将军段志等击交趾贼征侧等。"(《后汉书·光武帝记》)次年夏,"援破交趾,斩征侧、征贰等……于是岭表悉平。"(《后汉书·南蛮西南蛮列传》)伴随着这些征伐活动和戍边的需要,一批又一批中原人来到岭南并定居下来。

唐宋时期,岭南成为贬官的去处,这些被贬的官员来到岭南,带来了中原先进文化,极大地促进了当地文化的发展,形成了贬官文化。唐代贬官南来最多,如韩愈、柳宗元、刘禹锡、王义方、牛腾、宋之问、李邕、李绅、李勃、李德裕,其中影响最大的是韩愈。宋代被贬岭南的官员有苏轼、苏辙、秦观、杨万里、寇准、李纲、李光、赵鼎、胡铨等人,其中苏轼大半生在岭南度过,是宋代贬谪文化的杰出代表。

珠玑巷,位于广东南雄市北 9 公里沙水村,是宋代移民粤地的中转站,粤港人寻根问祖的圣地。南雄珠玑巷得名于宋时开封府祥符县(今河南开封县)的珠玑巷,是由于南宋时移居此地的官吏士民眷恋故土而得名。调查显示,珠玑巷移民家族有 797 支之多。今天,这些移居南雄的中原人士的子孙已经遍布粤港,从广东方志和许多姓氏族谱中我们可以追寻到其祖先出自宋都开封,到南雄珠玑巷,再辗转各地的踪迹。

近年来,学术界对河洛地区的范围几乎取得了一致的共识,即指以洛阳为中心,西至潼关、华阴,东至荥阳、郑州,南至汝颍,北跨黄河而至晋南、济源一带地区。著名学者许顺湛是这样给河洛文化定位的:"中华文化的主体是黄河文化,黄河文化的中心是中原文化,中原文化的核心是河洛文化!"

河洛地区相当于狭义的中原,中原在北宋以前极尽繁荣,有四个发展高峰:第一次是新石器时代,中原是裴李岗文化、仰韶文化和龙山文化的核心区域,是中国传统农业文明的首善之区,是著名学者徐旭生在《中国古史的传说时代》所说的"华夏集团"的形成和活动地域。第二次是夏商周三代,中华文明在这里闪现出第一道曙光,中国的国家雏形在这里形成,中华元典思想在这里产生。华夏族形成并构成国家主体,自称其中心区域河洛地区为"中土"、"中国",而称周围民族为四夷,即:"东夷"、"西戎"、"南蛮"、"北狄"。第三次是东汉和魏晋时期,民族大流动大融合,佛教传入,道教形成,玄学盛行,三教合流,极大地促进了中华民族的形成。世界上最大的民族汉民族、中华民族在这一时期正式形成。第四次是北宋时期,中国的文化科学在中原得到快速发展,达到了前所未有的高峰。这一时期最终形成博大精深、辉煌灿烂的中华文化。

正是经历了上述四个发展高峰,中华文化在中原不断孕育、生长,并最终达于成熟。产生于河洛地区的文化是中华文化的滥觞,至夏商周三代达到第一个高峰,形成"河洛文化";循此继进,扩展到中原地区,历经秦、汉、魏、晋、唐,至宋代达到鼎盛时期,形成中华文化。中华文化根植于中原大地,源发于河洛故土。

河洛文化的内涵包括产生于这一地区的以裴李岗文化、仰韶文化、河南龙山文化为代表的原始文化,夏、商、周三代文明,老学、儒学和墨学等中华元典文化,以及此后的汉代经学、魏晋玄学、宋明理学与佛教文化等等,此外,在盘古开天地、夸父追日、河图洛书、大禹治水、愚公移山等神话传说中,已隐藏着中华民族精神起源的密码。如此博大精深的河洛文化成为中华民族文化重要的核心组成部分。河洛文化是中华民族文化的根文化、母文化、主流文化,客家文化、闽台文化、岭南文化等都渊源于河洛文化。可以说,中华民族的文化之源在中原。

文献中被称为"三皇五帝"的共有 12 位,即:伏羲、女娲、燧人、炎帝、黄帝、祝融、共工、少昊、颛顼、帝喾、尧、舜。他们被视为中华民族的人文始祖,大都出自河南或主要活动于中原。在依人口多少而排序的 300 个中华大姓中,有 171 个起源于河南或部分源头在河南;前 100 个大姓中有 78 个姓氏直接起源于河南,有 98 个姓氏的郡望地在河南,这些姓氏涉及当代华人的 90%。河南历史上名人辈出,群星灿烂,在二十四史中立传的历史人物 5700 余人,其中河南籍的就有 912 名,占总数的 15.8%。仅在中国被称为"圣人"的名人中,出自河南的就有:酒圣杜康、道圣老子、商圣范蠡、字圣许慎、科圣张衡、医圣张仲景、画圣吴道子、诗圣杜甫、文圣韩愈、乐圣朱载堉。他们对中华文明的形成、中国历史的进程都做出过巨大的贡献,产生过巨大的影响。可以说,中华民族的血脉之根在中原。

狭义的中原指河南,在河南,与全球华人根脉关系密切的地方有六:一是河南桐柏县、泌阳县,这里是"中国盘古之乡"和"中国盘古圣地",一年一度召开盘古文化节。二是河南淮阳,这里是"定姓氏、制嫁娶"的中华民族人文始祖伏羲氏建都之所,太昊伏羲陵所在地,这里一年一度举行"中华姓氏文化节"。三是河南新郑,是华夏"炎黄子孙"公认的始祖黄帝的故里故都所在地,一年一度举办"黄帝故里拜祖大典"。位于郑州黄河风景名胜区的炎黄二帝巨塑,是当今世界上最大的雕塑,是全球华人寻根黄河、拜谒始祖的不二之选。四是河南内黄县,这里有颛顼帝喾陵,颛顼、帝喾位列"三皇五帝"中的第二位和第三位,前承炎黄,后启尧舜,奠定华夏根基,是华夏民族的共同人文始祖,二帝陵因此也成为了华夏子孙寻根祭祖的圣地,这里一年一度举办颛顼帝喾陵祭祖节。五是洛阳王城公园和巩义市的河洛汇流处。客家人自称"河洛郎",认定根在河洛,这两处是客家人的故国家园。六是"光州固始",即今河南省固始县,这里是陈政、陈元光父子,王潮、王审知兄弟,以及郑成功、施琅这些与闽台关系密切的人物的故乡。为数众多的闽台及海外华人有一种"固始情节",因为在他们的家谱中,均明白无误地记载着祖上来自"光州固始",固始成为今天大部分闽台人寻根谒祖的目的地。

以山岳言之可称岭南文化,以江河言之,可称珠江文化,在经历了数千年的文化积淀之后,在近现代得以勃发,从洪秀全到孙中山,从黄遵宪到康有为、梁启超,出现了近现代的"南文北化"现象。当代中国改革开放之后形成的开放文化、特区文化、珠三角文化等,均领潮时代之先,开创一时风范。可以说草原文化、黄河文化、长江文化、岭南文化(或称之为珠江文化),构成了中华文化的四大支柱。而从政治文化、移民文化、贬官文化、姓氏文化等方面观之,可以认为岭南文化导源于河洛文化,根脉自中原故土。

(作者单位:河南省社会科学院历史与考古研究所)

唐代贬谪流放官员
对岭南文化发展的历史作用

王永宽

在中国历史上,朝廷把罪官贬谪或流放到外地,是非常普遍的现象。而唐代对于罪官贬谪或流放的地域,多选择在岭南一带。贬谪流放官员大量进入岭南,对于该地区的文化发展,客观上起到了一定的促进作用。

所谓岭南,又称岭表,这样的指称大抵是出现在唐初。《晋书·滕脩传》云:"(孙)皓以脩宿有威惠,为岭表所伏,以为使持节、都督广州军事、镇南将军、广州牧以讨之。"《晋书·安帝纪》云:"桓玄欲革岭南之敝,以(吴隐之)为广州刺史。"这两处虽然讲的是晋朝的事,但《晋书》是唐初房玄龄、褚遂良等人编纂的,因此可以推断"岭表"、"岭南"这样的词汇是唐初才出现的。唐高祖武德四年(621年)十一月,李靖率大军度过南岭,被任命为岭南抚慰大使、检校桂州总管,隋朝的岭南九十六州依次平定①。贞观年间,把全国的行政区划为十道,其中之一为"岭南道"。《新唐书·地理志》记载,岭南道的治所在广州,辖七十三州、一都护府、三百一十四县,大致相当于如今的广东省、海南省和广西壮族自治区。后来又分为岭南东道和岭南西道,仍然被合称为岭南。

今据《旧唐书》与《新唐书》中的本纪、列传,《资治通鉴》,唐代文人别集以及其他相关资料,把唐代因获罪而被贬谪或流放到岭南的官员情况略作统计。

贞观二年(628年),原来隋朝的通议大夫、参与谋杀隋炀帝的裴虔通归顺唐

---

① 《资治通鉴》卷一八九"唐纪五·高祖武德四年"。

朝之后曾官辰州刺史,唐朝追究其弑逆之罪,又把他流放于驩州(今在越南北部),他最终死于此地。《旧唐书·刑法志》记载,贞观十四年(640年)"制流罪三等,不限以里数,量配边恶之州",而岭南就是这样的"边恶之州"。贞观二十二年(648年),参知政事崔仁师因受褚遂良忌恨而获罪除名,被流放于连州(今广东连州)。贞观年间,刑部尚书张亮获罪被诛,弘文馆博士王义方受牵连而被贬为儋州(今海南儋州)吉安丞。这几件事,开创了唐代将罪官贬谪或流放到岭南的先例。

唐高宗永徽四年(653年),尚书右丞宇文节受房遗爱谋反案牵连被贬于桂州(今广西桂林)。显庆二年(657年),侍中韩瑗因与褚遂良同获罪被贬为振州(今海南三亚崖城)刺史,显庆四年(659年)死在那里,其子孙流放于广州。显庆四年,曾为兵部、度支、吏部三尚书的唐临被贬为潮州刺史。麟德年间,上官仪被武皇后杀掉之后,司列大夫魏玄同因与上官仪友善而获罪,被流于岭外。从此,在武则天当政及其后来建立武周的这一历史时期,将朝廷官员贬谪或流放于岭南最为频繁,而且人数最多。主要有:

光宅元年(684年),将裴炎之侄裴仙先流于瀼州(今广西上思)。垂拱元年(685年)五月,将侍中王德真流于象州(今广西象州西)。垂拱三年(687年)十月,大将军李孝逸被流于儋州(今海南儋州)。此外,垂拱四年(688年)十二月、永昌元年(689年)、天授元年(690年)二月、长寿元年(692年)、长寿二年(693年)、均有无数人流放于岭南①。

武则天之后,朝廷对于罪臣的贬谪或流放,也多选取岭南为主要区域。

唐中宗神龙初年,武则天宠信的张昌宗、张易之兄弟被诛,杜审言坐结交张氏兄弟,被流放于峰州(今在越南北部),王无竞坐结交张氏兄弟被贬于广州。武则天的宠臣宋之问被贬于泷州(今广东罗定东),后又流于钦州。著作郎阎朝隐被贬于崖州(今海南海口市东南)。同时有刑部侍郎冉祖雍被流于岭南,后被赐死于桂州(今广西桂林)。亲附武三思的中书舍人崔湜被流于岭外,还没有到达,又被朝廷差官追到荆州赐死。崔湜的内兄、著名酷吏周利贞被贬为邕州(今广西南宁)长史,不久又被赐死于梧州。唐中宗神龙元年(705年)六月,曾参与

_____
① 又见《旧唐书·万国俊传》。

清除张昌宗、张易之兄弟的五位大臣(即五王)同被贬谪岭南,流张柬之于泷州。

唐睿宗复位后,太极元年(712年),尚书右仆射刘幽求被流于封州(今广东封开),右羽林将军张暐被流于峰州(今在越南北部),侍御史邓光宾被流于绣州(今广西桂平市西南)。尚书右丞卢藏用因亲附太平公主,被治罪,流于新州(今广东新兴);又有人告他谋反,再流于骧州(今在越南北部)。

玄宗即位后,先天元年(712年)朔方大总管郭震被流于新州(今广东新兴)。开元初年,曾为魏州刺史的杨茂谦被贬为桂州都督,又迁广州。著名酷吏、左台侍御史王旭被贬为龙川(今属广东惠州)尉。开元十年(722年)四月,秘书监姜皎被流于钦州。开元十九年(731年),大将军王毛仲被贬于瀼州(今广西上思),王毛仲的党羽左监门将军卢龙子、唐地文被贬于振州(今海南三亚崖城),左威卫将军王景耀被贬于党州(今广西玉林)。开元二十四年(736年),曾为剑南节度使的王昊被贬为端州高要县尉。开元年间,给事中、吏部侍郎齐澣触怒玄宗,被贬为高州良德丞。天宝二年(743年),考官礼部郎中裴朏、起居舍人张烜、监察御宋昱、右判拾遗孟正朝四人同时被贬于岭外。天宝五年(746年),匠作少监韦兰与兵部员外郎韦芝兄弟同被贬至岭南。李林甫任宰相时,其亲信东畿采访使宋浑因贪赃被流放于高要,另一亲信崔器也同时被流于岭南。天宝十二年(753年),曾官礼吏二部尚书的郇国公韦陟受宰相李林甫、杨国忠排挤,被贬为桂岭尉,又流于平乐(今广西平乐);此年,著名酷吏、御史中丞吉温被贬为端溪(今广东德庆)尉;另一著名酷吏、殿中侍御史罗希奭被贬为海康(今广东雷州)尉。玄宗时,曾为殿中侍御史的李邕被贬为崖州舍城丞;守颍川抗击安禄山的名将薛愿,原来也曾被贬于岭南。

唐肃宗时,前朝宰相张说之子张均因投顺安禄山被治罪,流于合浦(今广西合浦)。杜甫之侄杜位也被贬于新州。中丞崔伯阳因谢夷甫一案触怒肃宗,他与推官十余人皆被流放于岭外远恶处。

其后的唐代宗、唐顺宗、唐宪宗、唐穆宗、唐敬宗、唐文宗、唐武宗、唐宣宗、唐懿宗也无数次地将罪臣流于岭南各地。

唐昭宗大顺二年(891年)二月,谏议大夫张浚被贬为绣州(今广西桂平市西南)司户。景福二年(893年)九月,太尉杜让能被贬为雷州司户,十月被杀。同年,同平章事刘崇望被贬为昭州(今广西平乐)司马。昭宗乾宁二年(895年)十月,同平章事崔昭纬被贬为梧州司马,并赐死;刘崇望之弟、水部郎中、知制诰刘崇鲁因与崔昭纬友善而被贬为崖州司户参军。

　　以上所列见于史籍记载的唐代被贬谪流放于岭南的官员中有姓名者,还只是不完全的统计,已有136人。这些被贬被流的罪官中,上至宰相,下到普通官员,以及他们的家眷、亲属与其他受连累者,其中的宰相、同中书门下平章事、左右仆射及封王封侯者这样的勋贵重臣就有32人。由此可以看出唐代将罪官贬谪或流放于岭南的人数是如此之多,贬谪与流放的地域是如此之广。被贬谪与流放的罪臣中确有不少奸恶凶顽之徒,他们当然是罪有应得,但是其中也确有不少德高功大、忠正廉明的名臣与文士,如张柬之、张说、韩愈、柳宗元、刘禹锡、杨炎等,他们在封建时代朝政斗争的政治旋涡中经受挫折与坎坷,也在谪宦生涯中到岭南地区留下一段从政与生活的足迹。

　　唐代将官员的贬谪流放地多选择在岭南,其主要原因,一是由于岭南地域偏远,距京师长安或陪都洛阳在两千里之外,道路艰难,不便到达;二是岭南环境恶劣,多瘴疠之气,北方人到那里容易患病,痛苦不堪。岭南地区虽然在秦汉时已设立郡县,并经过三国的吴国及后来的东晋、南朝至隋朝数百年的经营开发,但是同北方繁荣发达的中原地区相比还是要显得远远落后。朝廷把那些罪官贬谪或流放到岭南,其本意就是让他们到那样的蛮荒险恶之地接受惩罚。刘禹锡曾说:"张九龄为宰相,建言放臣不宜与善地,悉徙五溪不毛处。然九龄自内职出始安,乃有瘴疠之叹;罢政事守荆州,有拘囚之思。身出遐陬,一失意不能堪,矧华人士族必致丑地,然后快意哉!"[①]这里,张九龄的言论具有代表性,在唐代朝廷看来,岭南就是"丑地"而非"善地",正是有意安排谪官罪臣受苦受难的合适地域。

　　因此,唐代那些被贬谪或流放的罪官到了岭南之后首先是对于这里的落后与艰苦深表感慨。宋之问《在桂州与修史学士吴竞书》云:"拙自谋卫,降黜炎荒。杳寻魑魅之途,远在雕题之国。飓风摇木,饥鼯宵鸣;毒瘴横天,悲鸢窒落。心凭神理,实冀生还;关号鬼门,常忧死别。"[②]这里把岭南的情况描述得非常可

---

① 《新唐书·刘禹锡传》。
② 宋之问:《在桂州与修史学士吴竞书》,见《全唐文》卷二四〇,中华书局,1985年版。

怕,瘴气弥漫,飞鸟难存,人到了这里就像是进了鬼门关一般。张均《流合浦岭外作》诗云:"瘴江西去火为山,炎徼南穷鬼作关。从此更投人境外,生涯应在有无间。"①这里和宋之问的感慨一样,也把岭南视为人境之外的鬼域,在此地居住真是生死难料。韩愈贬谪的潮州,同广西和海南相比还算是好一些的地方,可是在韩愈看来也是相当的恶劣。他有《泷吏》诗云:"岭南大抵同,官去道苦辽。下此三千里,有州始名潮。恶溪瘴毒聚,雷电常汹汹。鳄鱼大于船,牙眼怖杀侬。州南数十里,有海无天地。飓风有时作,掀簸真差事。圣人于天下,于物无不容。比闻此州囚,亦有生还侬。官无嫌此州,固罪人所徙。"②韩愈所列举的岭南的各种险恶,有瘴毒、台风等,尤其是鳄鱼又大又凶,真让从中原文明之乡初次来到岭南的北方人感到十分恐惧。"固罪人所徙"一句,更是明言这里正是罪官受惩罚之处,表现了当时贬谪官员对于岭南之地的共同看法。柳宗元《柳州寄京中亲故》诗云:"林邑山联瘴海秋,牂牁水向郡前流。劳君远问龙城地,正北三千到锦州。"③诗中极言柳州的瘴气之害及路途遥远,同在长安、洛阳的亲友相距如在天涯。刘禹锡被贬到连州上任的途中,经过湖南的郴州时就患上了疟疾,他仍然坚持着抱病前往,他在给朝廷的奏章中陈述道:"伏以南方疬疾,多在夏中,自发郴州,便染瘴疟,扶策在道,不敢停留。"④刘禹锡以贬谪之身仍然勤于王事,但他所受的磨难与艰险以及切身的体会与感受,在唐代被贬的官员中具有一定的代表性。

唐代不少官员被贬谪或流放到岭南之后,在那里还有许多相关的交往与活动。有些罪官不甘心于身处逆境,就想方设法逃离那个非人之地。如宋之问刚到流放地泷州不久,就偷偷地逃回洛阳,藏在友人周某府中;裴伷先被流放到瀼州,一年多后也逃回京城;姚绍之被贬为琼山尉后,也偷偷地逃了回去,被有司官员发现抓住打折了脚骨。又有一些罪臣在流放地密谋串连,进行种种反对朝廷的活动,如明代传奇《节侠记》写裴伷先和其他流放或逃亡于岭南的罪臣刘生、骆宾王、俞文俊等互相来往,在一起发泄对于武周朝廷的怨恨与不满⑤。这虽然

---

① 《全唐诗》卷九十。
② 《全唐诗》卷三四一。
③ 《全唐诗》卷三五二。
④ 刘禹锡:《连州刺史谢上表》,见《刘宾客文集》卷三。
⑤ 许三阶:《节侠记》第十五出"侠晤",《六十种曲》本。

是戏曲中的描写,但也在一定程度上反映了唐代政治斗争的实际情况。而且,唐代武则天时还曾经有流言说"代武则刘",有人就附会说"刘"是"流放"的"流"的谐音,于是武则天就相信流言,对流放者的行踪加强监视。《唐书·裴炎传》记云:"时补阙李秦授为武后谋曰:谶言'代武者刘',刘无强姓,殆流人乎?今大臣流放者数万族,使之叶乱,社稷忧也。"鉴于此,唐代朝廷还曾不断地派遣钦差大臣到岭南去,对那些被贬谪或流放的罪臣的活动进行访查与监督,或者朝廷差官到岭南对于某些罪臣就地进行处分,将他们斩杀或赐死。如唐中宗时武三思派周利贞前往岭南,假传圣旨把敬晖、桓彦范、张柬之、袁恕己、崔玄晖五人于流放地一一处死。宋之问、崔湜、周利贞以及唐末的杨收、崔昭纬,都是被朝廷的差官赶到流放地将他们处死的。这些情况,反映了唐代一种奇特的历史现象:在岭南那种蛮荒凶险的贬谪流放之地,竟成为朝廷政治斗争和宫廷斗争的延伸地域,成为阴谋活动与暴虐政治交相表演角逐的场所。

　　唐代众多的官员被贬谪或流放到岭南地区的事实,在客观上对于岭南的文化发展是起到了一定的促进作用的。其主要反映在以下四个方面:第一是增加了内地官员和岭南地区的文化交流。谪官罪臣从北方到了岭南,无论是在那里继续做官或者是作为被监管的罪民,都要进行正常的生活,他们必然带去北方发达的都市里先进的文化观念和生活方式,这对于岭南本地的官吏及百姓的思想意识和生活习俗都会产生重要的影响。谪官罪臣在岭南的活动以及与当地士人的来往,还有朝廷所派遣的巡察官员或钦差大臣前往岭南的活动,也增加了朝廷与岭南地区各种政治文化消息的沟通。与贬谪流放相关的人事来往,在一定程度上打破了岭南原来落后、壅塞、封闭的局面,促进了岭南地区与内地的文化融合。

　　第二,由于许多朝廷官员被贬谪或流放到岭南地区,这在客观上扩大了唐朝中央朝廷在岭南地区的影响力,对于稳定岭南隶属于唐朝的政治局势增加了正面的因素,在防止或平息岭南地区的反叛活动方面发挥了积极作用。如卢藏用被流放到驩州(今在越南北部)期间,适逢交趾叛乱,卢藏用没有袖手旁观,而是和唐朝的地方长官一起有所作为。《新唐书》本传记述云"会交趾叛,藏用捍御有功,迁黔州长史",可见卢藏用虽然是罪臣身份,但是他在面对发生反抗唐朝的叛乱活动之时,仍然能够坚定地站在朝廷一边,并且能够起到重要作用并建立功勋。

　　第三,唐代被贬谪或者被流放的官员,大都是通晓经史的文士,他们在岭南目睹异地风物习俗等,常见写入诗文作品中。如前引宋之问的《在桂州与修史学士吴竞书》文,韩愈的《泷吏》诗,都描述了岭南的气候环境险恶及本人经受灾厄之际的心态,虽然在渲染苦难方面有夸大之处,但毕竟能够在一定程度上反映了当时罪臣们在岭南的现实生活。杜审言在流放岭南期间有《南海乱石山》诗,描写了他所亲历的乱石山的地势与景色,中有数句云:"悬危悉可惊,大小都不类。乍将云岛极,还与星河次。上耸忽如飞,下临仍欲坠。朝暾毦丹紫,夜魄炯青翠。"①诗句绘形绘色,险峭奇异,令人读之如身临其境。他又有《旅寓安南》诗云:"交趾殊风候,寒迟暖复催。仲冬山果熟,正月野花开。积雨生昏雾,轻霜下震雷。故乡逾万里,客思倍从来。"②诗中所描述的峰州(在今在越南北部)风光与物候也使人耳目一新。柳宗元、刘禹锡等文士官员在被贬谪于柳州、连州等地期间,也有不少反映岭南风物的诗文。这一类作品,对于瑰奇而丰富的唐代文学来说,确是拓宽了题材范围,开阔了叙事视野;而对于反映岭南现实,传播岭南文化,也产生了重要而深远的影响。

　　第四,唐代那些被贬谪的官员在岭南为官期间,其从政的内容包括推行教化、发展生产、兴利除弊等,这对于岭南地区的社会进步和文化发展更起着直接的推动作用。如唐初王义方被贬为儋州吉安丞,就主动积极地兴办教育,史载:"吉安介蛮夷,悍不驯,义方召首领,为开陈经书,行释奠礼,清歌吹籥,人人悦顺。"③王义方用儒家经典对海南的民众进行教化,是他对唐朝的重要贡献,也为后来贬谪到岭南的官员做出示范性的开端。韩愈被贬至潮州,也是积极地创办学校,他有《潮州请置乡校牒》云:"此州学废日久,进士明经,百十年闲。不闻有业呈贡于王庭,试于有司者。人吏目不识乡饮酒之礼,耳未尝闻鹿鸣之歌,忠孝之行不劝,亦县之耻也。"④这里,韩愈指出了潮州原来教育文化落后的状况,他决心予以改变,设置乡校进行普及教育,这是他在潮州的重要政绩之一。柳宗元

　　①　《全唐诗》卷六十二。
　　②　《全唐诗》卷六十二。
　　③　《新唐书·王义方传》。
　　④　韩愈《潮州请置乡校牒》,见《全唐文》卷五五四。

在柳州同样是勤于政事,忠于职守。他主持修建孔庙,作《柳州文宣王新修庙碑》记此事①。柳宗元在柳州积极种树,更是流传千古的佳话。他有著名的《种柳戏题》诗云:"柳州柳刺史,种柳柳江边。谈笑为故事,推移成昔年。垂阴当覆地,耸干会参天。好作思人树,惭无惠化传。"②此诗末句,柳宗元自谓为在柳州从政无惠化可传而感到惭愧,这是自谦之语,实际上他的修庙种柳等事都是可歌可颂的惠政。其他那些贬谪于岭南的官员大都是按照儒家经世致用、建功立业的人生理想,在仕宦经历中力求有所建树。他们的努力,对于当地的文化发展在客观上必然能够发挥一定的作用。

(作者单位:河南省社会科学院)

---

① 柳宗元《柳河东集》卷五。
② 《全唐诗》卷三五二。

唐代岭南地区的河洛人

卜祥伟

岭南又称五岭之南、岭表。"五岭"之名最早见于《史记》,曰:"北有长城之役,南有五岭之戍,外内骚动,百姓疲敝"①这里没有具体指明何为"五岭",而《后汉书》卷八十六《南蛮列传》中已有明指,曰:"秦并天下,始开领外,置南海、桂林、象郡",后"徙其渠帅三百余口于零陵,于是岭表悉平"。从中可以看出,岭南相当于现在广东、广西、海南等周边地区(本文仅论述狭义上的岭南——广东地区)。唐代已在此设置岭南道,加强对岭南地区的控制,作为统治中心的河洛地区曾以不同形式移民于此,河洛人的到来一定程度上加快了岭南地区的开发,使其经济社会文化等方面都发生了巨大的变化。

一、河洛人进入岭南的背景

唐代以前,岭南地区开发缓慢,尽管有河洛地区移民的迁入,但规模较小,况且受河洛文化的影响不大,基本上还处于蒙昧状态。《新唐书》卷九十三《李靖传》曰:"岭海陋远,久不见德,非震威武、示礼义,则无以变风。"说明岭南本土文化仍然比较原始。

有唐以来,两次大的社会动乱无不与河洛地区有关,岭南因远离统治中心,社会相对安定,自然也就成了河洛人民理想的避难地。"安史之乱"中,河洛是重灾区,叛军几次三番的占领,让当地老百姓苦不堪言,纷纷举家南迁,形成了唐

---

① 《史记》卷八九《张耳陈馀列传》。

代第一次外迁移民潮。周振鹤先生认为,安史之乱后,中原移民纷纷南迁各地最终沉淀下来,形成了三道移民痕迹,其中第一道就是岭南、闽南地区。①安史之乱引起的移民浪潮,对岭南地区的经济、文化的发展产生了重大影响,其后的藩镇割据,也闹得河洛地区鸡犬不宁,部分人继续移民岭南。唐朝末年,黄巢揭竿而起,一时间遍布大江南北,连地处偏远的广州也没能幸免,黄巢于唐僖宗乾符六年(879年)进入广州,"巢以士众乌合,欲据南海之地,永为窠穴,坐邀朝命。是岁自春及夏,其众大疫,死者十三四。众劝请北归,以图大利。巢不得已,广明元年,北逾五岭。"②虽然占据广州时间不长,但其军中病赢者却留在了岭南,成为变相的移民,这些军士中不乏有河洛人。河洛地区作为黄巢反复经过的地区,受其灾难自然严重,而作为岭南的南部、东北部等地区基本未受巢害,社会安定,众多河洛人流落于此。嘉应(今广东梅州)《刘氏族谱》记载,"唐末僖宗乾符间,黄巢作乱,携子及孙避居福建汀州府……祥公原籍,自永公家居洛阳,后徙江南。"③河洛人的到来也成为岭南客家人的重要源头。

　　河洛文化在岭南的传播除以大量移民为载体外,个人历史作用也是不可低估的。唐代岭南地区在统治者眼里,仍然是一个蛮荒之地、化外之区,理所当然的就成为他们流放罪犯和贬谪官员的理想场所。流刑是唐代刑法的重要组成部分,《旧唐书》卷五十《刑法志》曰:"流刑三条,自流二千里,递加五百里,至三千里。"《唐律疏议》在注释"流刑三条"时曰:"流宥五刑,谓不忍刑杀,宥之于远也。大罪投之四裔,或流之于海外,次九州之外,次中国之外。盖始于唐虞。"诸多河洛人因故被贬,流落岭南者不乏其人,他们中既有政客也有文人。一代文学宗师韩愈因反对迎佛骨一事被贬广东潮州,他在《左迁至蓝关示侄孙湘》诗中曰:"一封朝奏九重天,夕贬潮州路八千。"韩愈途经韶州言:"下此三千里,有州始名潮。"④《新唐书》卷四十一《地理志四》曰:"潮州潮阳郡,属岭南道",而"韶州至京师四千九百三十二里",⑤共计约八千里,岭南几乎成为流刑的最远地。被贬岭南的河洛士人还有韩会、刘禹锡、杨于陵、杨嗣复、宋之问、杨知至、郑亚、

① 周振鹤:《唐代安史之乱与北方人民的南迁》,载《中华文史论丛》1987年第2、3期合刊。
② 《旧唐书》卷二〇〇下《黄巢传》。
③ 邓凡之:《客家源流研究》,天明出版社1982年,第48页。
④ 《全唐诗》卷三四一,韩愈《左迁至蓝关示侄孙湘》、《泷史》。
⑤ 《旧唐书》卷四一,《地理志·剑南道条》。

李尚隐等,他们来到岭南后,多致力于传播河洛文化,推动当地经济文化发展。

据统计,唐代被贬岭南地区的官员共 138 人,占整个唐代流人总数 211 人次的 65%,其中武则天统治时期被贬人数最多,这些官员中大多生在或长期活动于河洛地区。① 武则天定都神都洛阳后,为巩固自己的统治,利用酷吏排除异己,迫害李氏宗室和挺李大臣,并把它们流放岭南。武则天天授元年(690 年),指使酷吏杀害李氏宗室 12 人,并将"其子孙年幼者咸流岭外,诛其亲党数百余家"②。《资治通鉴》卷二百五《唐纪二十一》也有类似记载,"太后自垂拱以来,任用酷吏,先诛唐宗室贵戚数百家,次及大臣数百家,其刺史郎将以下,不可胜数。"河洛人宋之问也因此获罪,被贬泷州(今广东罗定县)参军。被贬岭南的流人也有起叛者,武则天"长寿年有上封事言岭表流人有阴谋逆者,乃遣司刑评事万国俊摄监察御史就案之,若得反状,斩决。国俊至广州,遍召流人,拥之水曲,以次加戮,三百余人,一时并命,然后锻炼曲成反状"③。由此可以看出,武周时期流放岭南士人之多。

二、河洛人在岭南的活动

有唐以来,诸多河洛人以种种原因移民于岭南,带来了中原先进的文化和生产技术,加快了岭南地区的开发,从某种意义上讲他们的到来也加速了岭南封建化的进程。流落岭南地区的河洛人数众多,这里就不一一阐述,本节将重点论述被贬谪到岭南的河洛士人。

被贬流到岭南地区的河洛士人,他们中既有曾经权倾朝野的官员,也有诗人学者,他们来到这蛮荒之地,不但没有消极颓废,反而融入到当地人的生活中去,用行动来实践着自己的抱负。当然初次乍到蛮夷之地免不了对家乡的向往、亲人的思念。"宋之问,虢州弘农人",于神龙元年(705)因罪被贬岭南泷州。④ 途经韶州大庾岭写下了《题大庾岭北驿》一诗,曰:"阳月南飞雁,传闻至此回。我行殊未已,何日复归来?江静潮初落,林昏瘴不开。明朝望乡处,应见陇头梅。"

---

① 王雪玲:《两〈唐书〉所见流人的地区分布及其特征》,载《中国地理历史论丛》2002 年第 4 期。
② 《旧唐书》卷六《则天皇后本纪》。
③ 《旧唐书》卷五○《刑法志》。
④ 《旧唐书》卷一九○中《文苑传中·宋之问传》。

表达了诗人对故乡的思念和对早日回归的渴望。而另一首《早发韶州》中"虞翻思报国,许靖愿归朝。绿树秦京道,青云洛水桥。故园长在目,魂去不须招。"几句也流露出对家乡的思念。韶州的佛教禅宗文化却深深地吸引了他,宋之问在《自衡阳至韶州谒能禅师》一诗中写道"愿以有漏躯,聿薰无生慧。物用益冲旷,心源日闲细。伊我获此途,游道回晚计。"给诗人以心灵上的慰藉。一句"谁怜在荒外,孤赏足云霞",表达了作者对统治阶级的不满和被贬他乡的无奈。①

河洛文豪韩愈曾三次来岭南,其中因故被贬两次。起居舍人韩会因坐宰相元载而被贬潮州司马,这是韩愈随兄第一次踏上岭南的土地,没想到自己为官后竟然又来了两次。韩愈一生仕途坎坷,36岁才当上一个八品的监察御史,因上疏《御史台上论天旱人饥状》,得罪权贵,于德宗贞元十九年(803年)被"怒贬为连州阳山(今广东阳山县)令",②这时他才做官两月。他在遭贬途中赋诗《赴江陵途中寄赠》曰:"弱妻抱稚子,出拜忘惭羞。黾俛不回顾,行行诣连州。朝为青云士,暮作白首囚。"③可以看出诗人被贬后极其不悦,但他到岭南上任后却没有心灰意冷。韩愈在阳山三年,施以德政,深入民间,教习山民耕作技术,受到当地百姓的爱戴,竟以"民生子以其姓字之"。后元和十四年(819年),他因上《论佛骨表》,被贬潮州刺史。韩愈一到任,着手办的第一件事,就是驱逐长期危害潮州人民生命财产安全的鳄鱼,"初,愈至潮阳,既视事,询吏民疾苦,皆曰:郡西湫水有鳄鱼,卵而化,长数丈,食民畜产将尽,以是民贫。"韩愈写《祭鳄鱼文》,劝诫鳄鱼搬迁,"数日,湫水尽涸,徙于旧湫西六十里。"④这里虽有点夸张,但是他毕竟为当地百姓除去了一害,因此潮人将鳄溪改称韩江,并建韩愈祠附联曰:"辟佛累千言,雪冷蓝关,从此儒风开岭娇;到官才八月,潮平鳄诸,于今香火遍瀛洲。"后来苏轼还亲自题写《潮州韩文公庙碑》,歌颂韩愈在岭南的丰功伟绩。

《全唐诗》中集诗最多的当属洛阳人刘禹锡,堪称唐代"诗豪"。他仕途也并不顺利,《旧唐书》卷十五上《宪宗上》曰:"屯田员外郎刘禹锡贬连州(今广东连州市)刺史,坐交王叔文也。"在接下近五年时间里,刘禹锡与连州结下了不解之

---

① 《全唐诗》卷五二,宋之问《题大庾岭北驿》、《早发韶州》、《自衡阳至韶州谒能禅师》、《过蛮洞》。
② 《旧唐书》卷一六〇,《韩愈传》。
③ 《全唐诗》卷三四一,韩愈《赴江陵途中寄赠》。
④ 《旧唐书》卷一六〇,《韩愈传》。

缘,他到连州后不但没有颓废,反而更加励精图治,造福一方。连州曾出现过"罕罹呕泄之患"的疫情,他到任后组织编写医本《传信方》,济世救人,让科学之光在岭南遍传。他还关心农业生产,亲自跑遍连州山川,赋有《连州刺史厅壁记》,生动地描绘了连州的风情,对外宣传连州。清人杨楚枝评价刘禹锡,曰:"连州风物媲美中州,则禹锡振起之力居多。"①他撰写了一些诗歌来歌颂劳动,如《连州腊日观莫徭猎西山》、《莫徭歌》、《蛮子歌》等,鼓励百姓耕作。② 在《莫徭歌》诗中鼓励发展瑶、汉民族关系,曰:"莫徭自生长,名字无符籍。市易杂鲛人,婚姻通木客。"这有利于岭南地区民族团结稳定。作为诗人,刘禹锡还积极倡导岭南文风,他在《送曹璩归越中旧隐》③中写道,"行尽潇湘万里余,少逢知己忆吾庐。数间茅屋闲临水,一盏秋灯夜读书。地远何当随计吏,策成终自诣公车。剡中若问连州事,唯有千山画不如。"指出"若问连州事,唯有千山画不如",开振岭南兴学重教之文风。刘禹锡在连州区区数载,撰写描写岭南风情的诗歌就达73首,散文25篇之多,这是他留给岭南人民的宝贵文化遗产。

三、河洛人的到来加快了岭南开发的进程

唐代,岭南地区迎来了众多异域他乡的河洛人,他们的到来使原本荒僻的土地发生了翻天覆地的变化,尤其是那些在官场失意被贬岭南的士大夫们,他们并没有因境况的突变而颓废,转而带领岭南地区的百姓开荒辟地、兴修水利、改革陋习、开发岭南。他们时常深入村寨,和各族人民朝夕相处,促进了民族融合,无形中也把河洛文化带到了岭南,使这里的社会经济、生活习俗乃至观念等都发生了深刻的变化。

第一,注重提高当地农业生产水平。河洛移民带来了中原先进的生产工具和技术,河洛人移民岭南的过程也就是那里农业生产水平不断提高的过程。被贬河洛士人关心农业生产,刘禹锡到任连州伊始,就着手调查研究连州的地理位置、气候特点、农业发展状况等,他还把掌握到的基本情况写入《连州刺史厅壁记》用以指导农业生产。他还用诗歌歌颂劳动,提高人们的积极性,在《插秧歌》

① 卞孝萱:《刘禹锡评传》,南京大学出版社2006年。
② 《全唐诗》三五四,刘禹锡《连州腊日观莫徭猎西山》、《莫徭歌》、《蛮子歌》。
③ 《全唐诗》卷三六一,刘禹锡《送曹璩归越中旧隐》。

中写道:"农妇白绽裙,农夫绿蓑衣。齐唱田中歌,婴咛如'竹枝'。但闻怨响音,不辨俚语词。时时一大笑,此必相嘲嗤。水平苗漠漠,烟火生墟落。"刘禹锡还注重发展农田水利,修整了唐肃宗时道州刺史诗人元结始凿的海阳湖,并根据当地自然环境教习连州农民用机械吸水方法灌溉农田,大大提高了农业生产力。韩愈坐贬阳山期间,深入民间,指导山民耕作和教习先进渔猎技术,他在潮州八月间,率领百姓,兴修水利,排涝灌溉,无不促进当地农业生产水平的提高。

第二,兴学重教,引领岭南文风。被贬的河洛士人大多又是文人骚客,他们的到来给岭南文风注入了新的活力。大文豪韩愈曾做过国子博士,堪称当时的文坛领袖和儒学大师,他深知教育的重要性,被贬潮州后努力改变当地文教落后状况,上报《潮州请置乡校牒》,并慧眼识人,任命当地进士赵德为海阳县尉,韩愈称赞赵德为人"沉雅专静,颇通经,有文章,能知先王之道,论说且排异端,而宗孔氏,可以为师矣"。遂让他主持州学。他还"出己俸百千以为举本,收其赢余,以给学生厨馔"①。潮州文化事业得以迅速发展,韩愈也受到了潮人的称赞,在韩文公祠正殿柱上有一副对联,曰:"原道开理学渊源,吏部文章,长昭日月;辟佛作中流砥柱,孤臣羁旅,独占江山。"对韩愈在潮治学成就予以高度赞扬。诗人李商隐被贬循州(今广东龙川县),他的到来也促进了当地文风的发展。刘禹锡在连州期间也注重教育,培养人才,他还培养出连州第一个进士刘景,并赋《赠刘景擢第》以示祝贺,曰:"湘中才子是刘郎,望在长沙住桂阳。昨日鸿都新上第,五陵少年让清光。"②后来刘景成为岭表有史以来第一位宰相。正是由于刘禹锡在连州大力倡导重教兴学,岭南文风大振,人才辈出。唐代广东共中进士48名,而连州就占到四分之一,因此赢得"科第甲通省"之美誉。后因刘禹锡的名气和连州文气大振,当时荆、楚、吴、越一带的儒生也趋之若鹜,赴连州求学,一定程度上带动了整个岭南地区教育事业的发展。

第三,河洛文化远播岭南。岭南文化博大精深,其构成要素之一就是以河洛文化为核心的中原文化。河洛人在移民岭南时已经自觉不自觉地把河洛文化带到了这里,贬谪官员在励精图治开发岭南的同时也把所带来的思想文化留在了

---

① 《昌黎先生集》外集卷五,《潮州请置乡校牒》。
② 《全唐诗》三六五,卷刘禹锡《赠刘景擢帝》。

岭南。韩愈被贬阳山时,大力倡导古文运动,把儒学思想带到了荒僻之地,大批青年慕名投奔韩愈门下,吟诗论道,诗文著作颇丰,今收于《昌黎先生文集》古诗二十余首,文数篇。其《原道》等篇章,构成韩学重要论著"五原"学说,影响深远。河洛思想中的伦理观念、孝道思想也传入岭南,出现了刘轲①式的经学大师、王传武式的孝子。河洛的建筑艺术也传到了岭南,刘禹锡依照中原园林的模式在连州建造了岭南名园—海阳湖。河洛人"户部侍郎杨于陵为广州刺史、岭南节度使"期间,发现当地百姓用木头盖房子,容易着火,于是引导他们建设砖瓦房屋,从此火灾很少发生。② 至于河洛文化其他方面,前文已有表述,这里就不再赘述。总之,河洛人的到来,不仅使岭南地区在生产技术上有所革新,而且在思想文化上也有明显突破,他们的进入大大地加快了岭南封建化进程。(本文在写作过程中得到导师薛瑞泽教授的悉心指导,特此致谢!)

(作者单位:河南科技大学河洛文化研究所)

① 《新唐书》卷六〇,《艺文志》四。
② 《旧唐书》卷一五上《宪宗上》。

韩愈谪阳、贬潮与中原文化
在岭南的传播

李　乔

　　韩愈一生曾两次遭贬到岭南。第一次是在贞元十九年(803),身居监察御史之职的韩愈因上《御史台上论天旱人饥状》,触怒德宗皇帝和当权者,被贬为连州阳山(今属广东)令。第二次是在元和十四年(819),时任刑部侍郎的韩愈因上《论佛骨表》,惹恼宪宗皇帝,被贬为潮州(今属广东)刺史。两次被贬,韩愈分别赢得了"民生子多以其姓字之"和"是山是江总韩姓"的美誉。分析原因,除韩愈关心农桑,修筑堤防,发展生产,改善了当地人民物质生活外,更重要的原因在于韩愈兴学校,重教化,提升了当地百姓的文明素质,使环境恶劣、教化不兴的"蛮夷之地"骤变为文明之地。因此,从某种意义上说,韩愈两次被贬岭南的经历就是中原文化在岭南传播的过程。

一、韩愈眼中的岭南自然与人文状况

　　长期以来,南岭山脉阻碍了岭南地区与中原的交通与经济联系,使岭南地区的经济、文化远不及中原地区,被称为"蛮夷之地"。唐杜佑《通典》这样评价岭南:"五岭之南,人杂夷獠,不知礼义……大抵南方遐阻,人强吏懦,豪富兼并,役属贫弱,俘掠不忌。"当韩愈来到地处大庾岭山脉之巅的阳山时,他看到或感受到的情况也印证了这一点。在韩愈眼中,这里气候闷热潮湿,瘴气很重,"疠疫忽潜遁,十家无一瘳"①、"蛮俗生梗瘴病蒸"、"江氛岭祲昏若凝"、"海气湿蛰熏腥臊"、"南方本多毒"、"毒雾恒熏昼,炎风每烧夏";这里草木繁茂,虎豹、猿猴、毒蛇、怪鸟、昆虫出没其间,"陆有丘陵之险,虎豹之虞。江流悍急,横波之石,廉利侔剑戟,舟上下失势,破碎沦溺者往往有之"②、"緜郴逾岭,蝮狖所家,鱼龙所宫,极幽遐瑰诡之观"、"白日屋檐下,双鸣斗鹪鹩。有蛇类两首,有蛊群飞游"、"江氛岭祲昏若凝,一蛇两头见未曾。怪鸟鸣唤令人憎,蛊虫群飞夜扑灯"、"下床畏蛇食畏药"。这样的环境对韩愈的生理造成了极大的伤害,也造成了他心理上的极大恐惧,"南方本多毒,北客恒惧侵"、"未报恩波知死所,莫令炎瘴送生涯"、"远宰蛮县,愁忧无聊,瘴疠侵加,喘喘焉无以冀朝夕"、"雄虺毒螫堕股肱,食中置药肝心崩"。

这里的人文状况是,人烟稀少,经济落后,"山净江空水见沙,哀猿啼处两三家"、"阳山穷邑惟猿猴"、"县廓无居民,官无丞尉,夹江荒茅篁竹之间,小吏十余家",就连县城也不过十几户人家,这里贫穷落后由此可见一斑。因此,韩愈称阳山为"蛮县","天下之穷处也"。这里的居民面目狰狞,相貌诡秘,言语不通,易于动怒怀仇,"吏民似猿猴,生狞多忿恨,辞舌纷嘲啁"、"猜嫌动置毒,对案辄怀愁"、"小吏十余家,皆鸟言夷面"、"言语不通,画地为字"、"夷言听未惯,越俗循犹乍。指责两憎嫌,睢盱互猜讶"。

唐代的潮州是一处荒凉偏僻无比的"蛮烟瘴地",是惩罚罪臣的流放场所,当韩愈被贬为潮州刺史时,便"惊恐入心身已病,扶舁沿路众知难",途中碰到侄子,又咏出"知汝远来应有意,好收吾骨瘴江边"之句,自认生还无望。到达潮州后,他在给宪宗表章中对当地的环境做了如下描述:"臣所领州,在广府极东界上,去广府虽云才二千里,然来往动皆经月。过海口,下恶水,涛泷壮猛,难计程期;飓风鳄鱼,患祸不测;州南近界,涨海连天,毒雾瘴氛,日夕发作。臣……所处又极远恶,……居蛮夷之地,与魑魅为群。"这段关于潮州自然环境的记述可以概括为地位偏远,交通不畅,气候湿热,瘴气连天,蛮夷所居,怪兽出没。他还做

---

① 韩愈:《赴江陵途中寄赠王二十补阙李十一拾遗李二十六员外翰林三学士》,《韩昌黎诗系年集释》,上海古籍出版社,1984 年版,第 289 页。以下韩愈诗皆出自《韩昌黎诗系年集释》,注略。

② 韩愈:《送区册序》,《韩昌黎文集校注》,上海古籍出版社,1986 年版,第 266 页。以下韩愈文皆出自《韩昌黎文集校注》,注略。

诗形容当地"恶溪瘴毒聚,雷电常汹汹。鳄鱼大于船,牙眼怖杀侬"。韩愈不仅认为这里自然环境险恶,而且对这里的人文环境也颇为不满,他在《潮州请置乡校牒》里说:"此州学废日久,进士明经,百十年间不闻有业成贡于王庭,试于有司者。人吏目不识乡饮酒之礼,耳未尝闻鹿鸣之歌,忠孝之行不劝,亦县之耻也。"由于这里缺少教化,因此使他感到孤独寂寞,连一个可以交流的对象都难以找到,正如他在《与孟尚书书》中所称"远地无可与语者"。

二、韩愈在岭南传播中原文化的作为

尽管韩愈对于岭南的恶劣环境心存恐惧,对自己无端遭贬感到怨愤、哀伤,但他并没有因此颓废、消沉,相反积极履行一个父母官的职责。

关于韩愈在阳山的惠政,文献记载有限,但从与韩愈同时代人李翱、皇甫湜称其"政有惠于下,及公去,百姓多以公之姓命其子"[①]、"阳山民至今多以先生氏泊字呼其子孙"[②],《新唐书》说他"有爱在民,民生子多以其姓字之"[③]来看,韩愈的政绩得到了当地百姓首肯。

韩愈在阳山的最大贡献在于传播儒家文化。儒家文化的核心是"礼",因而重教化、重修养,实现礼治、德治是儒家文化的精髓。自幼便接受中原文化熏陶,终生以捍卫传承儒学传统为己任的韩愈当然深谙这个道理。因而,他令阳治阳期间,把教化百姓作为自己的分内之事。万历三十九年(1611),知县冯大受在《祭韩文公文》称赞韩愈"民有子弟,我其教之",《阳山县志》也称韩愈"移风易俗,教民以诗书礼义"。

谪阳前一年,韩愈还在四门博士任上时,就积极推荐文学青年,敢为人师,广授门徒,人称"韩门弟子"。韩愈也因此遭到攻击,但他"不顾流俗,犯笑侮,收召后学,作《师说》,因抗颜而为师"[④]。当韩愈来到阳山后,一批外地学子如区册、区宏、刘师命、窦存亮等,千里迢迢,慕名来到阳山,师从他学习诗书礼仪,并一起垂钓游乐、赋诗唱和。例如区册"自南海挐舟而来……入吾室,闻诗书仁义之

① 李翱:《李文公集》卷十一,《赠礼部尚书韩公行状》,文渊阁《四库全书》本。
② 皇甫湜:《皇甫持正集》卷六,《韩文公神道碑》,文渊阁《四库全书》本。
③ 欧阳修等:《新唐书》卷一七六,中华书局,1975年版,第5251页。
④ 柳宗元:《答韦中立论师道书》,《柳河东集》,世界书局,1935年版,第358页。

说,欣然喜,若有志于其间也。与之翳嘉林,坐石矶,投竿而渔,陶然以乐";刘师命"手持钓竿远相投,我为罗列陈前修,芟蒿斩蓬利锄耰";窦存亮"乘不测之舟,入无人之地,以相从问文章为事"。后来,当地一些学子也加入进来,"相与切磋砥砺,诵诗读书",阳山出现了一派"彬彬儒雅"、崇文重教的景象,《阳山县志》说:"通儒乡,在县南,旧志以昌黎暨区册宿其地,乡人化之,遂崇文教。"阳山人文环境的改变,使身居蛮荒之地的韩愈颇感欣慰,他在《县斋读书》中是这样描述他的愉快心情的:"出宰山水县,读书松桂林。萧条捐末事,邂逅得初心。哀狖醒俗耳,清泉洁尘襟。诗成有共赋,酒熟无孤斟。青竹时默钓,白云日幽寻。"

韩愈还积极向山民传播中原农耕文明。当时阳山的居民多为瑶民,他们以狩猎为主,很少种庄稼,生活质量较差,为此,他"课农深峒",劝农"耨耕"、"辟畴畛"、"广耕籍"。

在潮州刺史任上,韩愈驱鳄鱼、释奴婢、办学校,为当地百姓办了不少好事,但对后世影响最大的还是后一件事。在韩愈看来,一个地方的治理,应"以德礼为先,而辅之以政刑",而"欲用德礼,未有不由学校师弟子者"。面对潮州当时"州学废日久","人吏目不识乡饮酒之礼,耳未尝闻鹿鸣之歌,忠孝之行不劝","刺史县令不躬为之师,里间后生无所从学"的现状,韩愈把尽快恢复和发展荒废已久的潮州地方教育当做头等大事来抓。没有老师,他就因地取材,聘请当地俊彦出任,受过儒家正统教育的饱学之士赵德就是其中的一位,韩愈称赞他"心平而行高,两通诗与书","沉雅专静,颇通经,有文章,能知先王之道,论说且排异端而宗孔氏",于是韩愈请他出来主持一州之学,"请摄海阳县尉,为衙推官,专勾当州学,以督生徒,兴恺悌之风"。办学缺资金,韩愈就"出己俸百千以为举本,收其赢余,以给学生厨馔"。曾楚楠先生曾据当时的币值和俸禄标准做过换算,"百千"大致相当于韩愈八个多月的俸禄,也就是说,韩愈为兴办学校,把其治潮州八月的所有俸禄,都捐了出来。[①] 由此足见韩愈对潮州兴学的重视。

三、韩愈教化对岭南文化的深远影响

韩愈贬令阳山,尽管时间很短,仅一年有余,但对当地百姓的风俗习惯、生活

---

① 曾楚楠:《韩愈在潮州》,文物出版社,1993年版,第15页。

方式却产生了巨大影响,主要表现在:

一是"华风生,而陋俗理"。韩愈初到阳山时,与当地百姓交流时由于"言语不通",只能"画地为字",经过一段时间教化之后,便"可告以出租赋,奉期约"了。对韩愈在改变阳山礼仪风俗方面的贡献,文献记载不胜枚举,如,明嘉靖二年(1523),知县庄希缵在《韩文公祠祝文》中称:"公所过即化,华风生而陋俗理。"这位知县认为,阳山经过韩愈的教化,之前的少数民族鄙陋风俗被以儒家礼制为中心的中原民风、习俗、习惯所代替。陈廷璐《读书台》诗赞曰:"化到徭蛮后,荒隅礼教成。"其《通儒乡》诗亦赞称:"此地留一宿,遗风万古闻。偶施仁义教,尽洗楚荆氛。家有弦歌雅,人多揖让文。迄今观史册,犹著旧功勋。"符翕亦做诗曰:"左迁来岭表,山城修百政。名教渤然兴,俗浇涤辄净。宣化期年间,膏泽万家庆。"

不少文献都把阳山文明的开创之功归于韩愈,明万历二十一年(1593),湖广参政游璞在《阳山县志》序中说:"昌黎之先,阳山固灌莽狐兔之区尔,韩公拂拭而洗濯之,诗书之习遂迄于今。"崇祯三年(1630),知县王明选在《重修儒学记》称:"诗书仁义之训,始于昌黎公,易草昧而文明之。"清乾隆二十年(1755),金绅《培风书院记》曰:"阳山,众山丛积,土瘠而陋。隋以降,民犹鸟言夷面,言语不通,画地作字。自唐贞元间监察御史韩愈以言事谪邑宰,始教之诗书礼仪,惜其未二载迁江陵,不得竟其志。然更九百余岁,而甕室蓬牖之中,犹知手一编,咀嚼不歇间,公之流泽长,而垂庇远也。"道光三年(1823),知县陆向荣在《阳山县志》序中称:"阳山昌黎过化区……昌黎未至之先,阳山一蛮獠乡耳。自昌黎政教行,而民始知有制度、诗书,日洗濯而熏陶之,鸟言夷面而易为衣冠;犷悍冥顽化为齿让,俾千载下得观风问俗。以上供輶轩之采者,非昌黎实为之耶?"光绪三十二年(1906),广东提督学政徐琪在《志树文社》中写道:"阳邑天下之穷处,开化较迟,自韩文公来宰斯土,一洗鸟言夷面之俗,申之以孝弟,泽之以诗书,陶淑渐摩,涵濡鼓舞,而篁竹荒茅之域,骎骎乎变为衣冠文物之邦矣。"

二是由不重视农耕、以狩猎为主的生活方式改变为以农耕为主的生活方式。关于这一点,清嘉庆年间提督学政万承风在《谒韩文公词即次公〈县斋有怀〉韵并寄王明府》诗中说得很清楚:"昔闻湟关南,异俗真可吒。山居杂徭獞,猎食薄耕稼。悍性辄睚眦,夷言无逊谢。户不闻读书,日唯追獐麖。自从韩公来,礼义为策驾。务本习渐移,农桑米无价。入耳有弦歌,从禽废弋射。化导存乎人,德力分王霸。思古何凶顽,今乃少欺诈。谁令此邦贤,不同浍以下。"清人仪克中在《阳山志游次昌黎先生〈县斋有怀〉韵呈陆明府》也称:"自今美山水,在昔鲜禾稼……贤令辟畴畛,通儒广耕藉。炎薰涤光天,飓雾归潜化。郊露浥莺花,社酒乐桑柘。"在韩愈的教化之下,阳山人民由"猎食薄耕稼"、"日唯追瘴麋"、"在昔鲜禾稼"变为"务本习渐移,农桑米无价"、"从禽废弋射"、"社酒乐桑柘"了。从社会发展史来看,这无疑是一大社会进步。

韩愈在阳山的巨大影响不仅表现在"民生子多以其姓字之",还表现在山水为之易名,符翕《够青园记》诗曰:"自唐韩公治斯邑后,民志其德,因呼山曰韩山,水曰韩水。"陆向荣亦在道光《阳山县志》序中说:"是以山曰韩山,水曰韩水,天下因昌黎而知有阳山。"今人陈新璋教授在《韩愈传》中也说:"由于韩愈的到来,后人曾把阳山改为韩邑,把湟川改为韩水,把牧民山改为贤令山,甚至还有望韩桥、望韩门、尊韩堂等纪念性的名字,多少可以反映出韩愈在阳山时政绩的一斑。"

韩愈在潮州兴办教育的结果,使得潮州文风勃兴。宋代大文学家苏轼在《潮州韩文公庙碑》中称:"始潮人未知学,公命进士赵德为之师。自是潮之士,皆笃于文行,延及齐民,至于今,号称易治。"元代江西儒学提举张思敬《修文庙新田记》曰:"潮为郡,僻于海隅,而风土颇饶。民始未知学,然朴且易化。逮唐昌黎至,命师教育之,迄今号称多士,实甲闽越诸郡。"明代翰林院编修李士淳《书院记》称:"潮州自唐以前声教罕通,文物未著,山川灵异之气,半湮于荆榛瘴疠山林海市之中。自昌黎出守,赵德为师,士始知学,山川之色亦遂烂然一新。"清康熙三十二年,两广总督吴兴祚在参谒韩文公祠时题诗勒石,有谓:"文章随代起,烟瘴几时开;不有韩夫子,人心尚草莱。"清代康熙进士赵执信也称赞韩愈对潮州文明有开创之功,他说:"潮阳文物区,韩公实肇造。"

延至宋代,潮州人才辈出,潮州登进士第的人数从唐代的 3 人激增至 172人,潮州也因此赢得了"海滨邹鲁"的美誉。宋郡博士陈余庆《重修州学记》曰:"潮之为郡,实古瀛州。文物之富,始于唐而盛于我宋。爰自昌黎文公,以儒学兴化,故其风声气习,传之益久益光大。绍圣以来,三岁宾兴,第进士者衮衮相望。"元代翰林国史院编修官刘希孟《南珠亭记》曰:"南粤自尉佗分封之后,椎结余风,由汉历唐而未殄。惟潮阳乃韩文公过化之邦,较之他郡,污染为易新。自置乡校牒,进士赵德为之师,潮之人士,始笃于文行,遂为海滨之邹鲁。"

在潮州,韩愈也赢得了山川为之改姓的巨大效应。明万历三十七年(1609),林熙春《重修韩祠记》就说当时已有"山川草木尽蒙曰韩"①的现象。清康熙二十年(1681),吏部员外郎曾华盖《重修韩公祠广济桥碑记》云:"昌黎有德于潮,民思之不忘,故令山川草木皆号之以韩。"在潮州,以"韩"命名者甚多,山称韩山,江称韩江,木称韩木,亭称韩亭,正如明代万历年间潮州知府郭子章《韩江韩山韩木》所言:"自韩公过化之后,江旧名恶溪,改曰韩江。山俗名笔架山改曰韩山。木本橡木,改曰韩木。"康熙四十六年,潮州知府许锡龄在《韩文公祠堂记》中亦称:"(余)至之日,询其山川俗里,山曰韩山,江曰韩江,公手植木曰韩木,至今存焉。乡之缙绅先生及里巷小民啧啧颂公者不可殚记。觑缕而言,要皆被公之遗泽而发为讴思,记姓于江山草木,历千百年如一日。"

韩山旧称笔架山、东山、文笔山等,因韩愈常登临赏景,又名韩山。光绪《海阳县志》载:"韩山,在城东一里,旧名双旌山。顶有三峰,形类笔架,又名笔架山。高六十余丈,俯临大江,唐韩昌黎刺潮时常游览于此,故名。"橡木被称为韩木,始于宋代。相传当年韩愈刺潮时,工作之余,常登临东山游览,曾手植一株树。潮人不识其名,便称为"韩木"。《夷坚续志》云:"昌黎韩文公谪潮州守,从乡中带一木种,栽之潮州隔江山中,其叶厚而长,开花白如柑橘实,人称之曰'韩木'。"人们甚至把韩木是否开花与开花多少看做是潮人能否登第与登第人数多寡的征兆,南宋进士王大宝《韩木赞》说:"每值士试春宫,邦人以卜登第之祥,其来旧矣。绍圣四年丁丑开盛,倾城赏之。未几,捷报三人,盖比前数多也。继是榜不乏人,繁稀如之。"元何民先《重建水东韩庙记》载:"公以忠言谪潮,道迪人心,功在生民。尝爱溪东山水之胜,公退之暇,时一游憩。亭下之木,所亲植也。旧株既老,飞枝复生,州人以韩木称之。且瑞其花,以卜科目。"亭称"韩亭"亦自宋代始,宋王象之《舆地纪胜》云:"侍郎亭,在州东山。昌黎登览旧址,俗呼为'侍郎亭'。又曰韩亭。"陈余庆《韩山亭记》亦云:"山有韩亭,昔文公选胜游赏之所也。"

---

①　曾楚楠:《韩愈在潮州》,文物出版社,1993 年版,第 96 页。

　　由此可见,韩愈在两次被贬过程中为中原文化在偏远的岭南的传播做出了重大贡献,对岭南文化产生了深远影响。

（作者单位:河南省社会科学院文学所）

韩愈治潮与台湾内埔乡昌黎祠之探述

蔡鸿江

韩愈(768～824)字退之,唐河南南阳(今河南省孟县)人。元和十四年(819)因上疏极谏罢"迎佛骨"事,贬为潮州刺史(今广东潮安),刺史任职六个月后,改任袁州(今江西宜春)刺史,俱有惠政。

一、韩愈刺潮与治潮之事况

(一)韩愈贬为潮州刺史历程

元和十四年正月,唐宪宗遣使者往陕西凤翔法门寺迎释迦牟尼佛指骨一节入禁中,留三日,乃令诸寺递迎供养,韩愈时为刑部侍郎,乃上《论佛骨表》,唐宪宗见之甚怒,隔日以此表出示宰臣,欲加极法,当时裴度、崔群上奏求情,但唐宪宗仍愤怒不已,欲加之罪。元月十四日贬韩愈为潮州刺史,须即日奔驰上道。韩愈离开长安,往南逾秦岭,至蓝关(即蓝田关,陕西蓝田县),有姪孙韩湘(年27岁)远来伴随。从商洛(今陕西商县)至武关(在商洛东,可通往河南南阳),逢遇流配吐蕃之戎人,故有《武关西逢配流吐蕃》一诗。自南阳往穰县(今河南邓县)曲河驿均有诗作,如《次邓州界》、《过南阳》、《食曲河驿》等,说明有罪在身,凄然伤情,尤其独自踏上万里程,内心孤寂无以释怀。

二月二日,韩愈四女韩拿(年12岁)抱病卧席,依政令规定凡有罪者之家人不得留京师,是以舆行上道,但因饮食失节,卒于商南层峰驿(瘗于驿南山下),此时韩愈来到宜城县(湖北襄阳县,即今自忠县),经过楚昭王庙,故有《题楚昭王庙一诗》。

三月十五日、十六日抵达广东省北境乐昌县,县西 180 里处有武溪(武溪源自湖南郴州临武县),惊湍急,故称为"昌乐泷",韩愈有一首《泷吏》诗,以泷头吏之言,说明潮州是险恶之地,有溪水狂泻、瘴毒聚集、鳄鱼硕大、飓风狂作、雷电交加等,此为贬官徙窜之处。至清远县时,桂管观察使裴行立因柳宗元推荐,派遣从事元集虚(即元克己)以书及药物慰劳韩愈,元集虚将辞归桂林时,韩愈以《赠别元十八协律六首》相赠褒勉赞美元集虚、裴行立、柳宗元为人立学。

三月廿五日至广州,从广州赴增城,韩愈宿曾江口,遇江水涨溢,有《宿曾江口示姪孙湘二首》,说明当地居民常为大水所苦,尤其"暮宿投民村,高处水半扉。犬鸡俱上屋,不复走与飞。篙舟入其家,暝闻屋中唏。"

韩愈由增城往惠州(今之惠阳),四月廿五日抵达潮州。韩愈上任后就呈献《潮州刺史谢上表》,说明对唐宪宗服罪与感激,且宣扬唐宪宗圣德,希望在潮州能以自己的才学为朝廷效命,最后表白对唐宪宗之思念,乞求唐宪宗能哀怜。唐宪宗见此表后,觉得韩愈是"大是爱我",决定要赦免,但宰相皇甫镈嫉妒而加以阻挡。七月十三日群臣上尊号,赦免天下,十月廿四日韩愈因赦免而改授袁州刺史(江西宜春)。元和十五年(820)春正月廿六日唐宪宗崩。闰正月三日唐穆宗即位,八日,韩愈抵达袁州,月末有《袁州刺史谢上表》,陈述唐宪宗赦免之恩,在新朝初立时,将遵守国家承平之规,劝民耕桑,能戮力从事百业,无所怠惰。九月廿二日韩愈自袁州刺史改授为国子祭酒,又返回朝廷中央,以儒家积极进取之精神为国家效命。

(二)韩愈治理潮州之功业

韩愈在元和十四年四月廿五日(819)抵潮州任职,至十月廿四日改授袁州(江西宜春)刺史,虽治潮仅有六个月,但在任职期间其政绩有三:

1. 驱除鳄鱼

韩愈至潮阳,视察政事,询问吏民疾苦,皆曰:"恶溪有鳄鱼,食民畜产且尽,民以是穷。"数日,韩愈自行前往巡视,令判官秦济以"一羊一豚"投溪水而祝祷,期冀鳄鱼有自知之明,能自行迁徙他处,否则将扑杀殆尽。在祝祭之夜晚,恶溪突然暴风震电大作,经数日,河水尽干涸,鳄鱼西徙六十里,自此以后潮州无鳄鱼之患。

2. 以"计佣偿值"方式,释放奴婢

《唐律疏义》卷二〇:"掠人、掠卖人为奴者绞。"但唐代南方经济落后地区仍有"没良为奴"的陋习,其因有三:债务纠葛的存在、以武力掠夺人口、地方官员代买奴婢向京师权要献媚取宠。柳宗元任柳州刺史时,因地方习俗常以男女抵押金钱,若约定期限内不赎回则本金与利息加倍,甚者"没为奴婢",柳宗元利用方法让他们如愿赎回。若贫穷无力偿还者,则规定记载工时,以抵偿赎金,其法颇受观察使重视,将此方式推行至其他州,赎免而归有近千人。韩愈在潮州刺史任内,亦遭逢此事,是以将柳宗元处理"奴婢赎放"方式用诸潮州。李翱《韩文公行状》:"…贬潮州刺史,移袁州刺史。百姓以男女为人隶者,公皆计佣以偿其直,而出归之。"皇甫湜《文公昌黎韩先生神道碑》:"上章极谏,贬潮州刺史…掠卖之口,计庸免之,未相值,辄与钱赎,及还,着之赦令。转刺袁州,治袁州如潮。"韩愈以"计佣"的方式解决奴婢抵押权问题,不仅让奴婢还其自由,且让社会有淳朴民风,此于维持社会和谐稳定具有很大之效益。

3. 兴办学校教育乡民

潮州久居于偏东之处,学校教育事业始终落后,韩愈为潮州刺史后,认为要推广礼德教育必须有学校老师教导学生,但潮州久已荒废学校教育,一般官吏不认识"乡饮酒之礼"、不曾听闻"鹿鸣之歌"、也不实践"忠孝之行",甚至在一百多年间未有贡试于朝廷。于是韩愈在潮州以自己的薪俸作为办学之用,而且任用赵德为师,办理州学,管教生徒,使潮州人能笃守文行,其于教育文化之贡献可谓卓著。

二、屏东内埔乡建置昌黎祠及对当地文教之发展

清康熙三十、三十一年(1691、1692)有粤东客家人到凤山县下淡水"滥滥庄"(即今屏东县万丹乡四维村)垦殖。康熙六十年(1721)朱一贵乱事后,在高屏地区客家先民组成六支民间义勇军,此六支军队来自屏东客家乡镇,是以名为"六堆",即有先锋堆(今万峦乡)、中堆(今竹田乡)、前堆(今长治乡、麟洛乡、九如乡、屏东市田寮、盐埔七分仔)、后堆(今内埔乡)、右堆(今高树乡、美浓乡、杉林乡、六龟乡、甲仙乡一部份、里港乡武洛、旗山镇手巾寮)、左堆(今新埤乡、佳冬乡)。雍正十年(1732),吴福生设"六堆客庄",协助官兵平乱有功。乾隆中

叶,何元濂(广东嘉应州镇平县,即今蕉岭县)来台,致力教育事业,宣扬圣教。乾隆四十九年(1784),创设"文宣王祀典会",何元濂又募集捐赀,置田产,广设义学,廷师训导,长育人才。乾隆五十一年(1786)林爽文之乱,钟麟江、曾中立、刘绳祖征剿庄大田巢穴获胜。五十二年(1787)钟麟江、刘绳祖率领六堆义民救援台湾府(今台南市)。五十三年(1788)平乱后,钟麟江官拜"厦门千总"。嘉庆八年(1803)钟麟江建造内埔昌黎祠与天后宫。道光七年(1827)李孟树创建昌黎祠,将"文宣王祀典会"改名为"大成祀典会",又创设"韩文公祀典会",此对六堆儒教文化有相当影响。昌黎祠建成后就成为内埔庄的书塾与义学之所在,当时遴聘名师驻祠,教以制艺,课以试帖,为科举考试储备人才,亦为当地带来蓬勃的文风。

六堆地区何以昌黎祠专祀韩愈?其由有二:一以依地缘关系而言,据《屏东县志》卷一《地理志》:"昔日潮州先民自潮移居此地,为纪念故乡,故沿用此名曰潮州庄。在广东之潮州有韩文公庙,台湾潮州亦有之。"按:康熙中叶时,在广东惠州(海丰、陆丰等县)及潮州(潮阳、大埔、饶平、澄海、普宁等县)之潮客相继来台,在缅怀故乡之时,亦共建昌黎祠,以作为乡里情谊之梁柱。二依潮州兴学而论,钟国珍《内埔昌黎祠重建记》:"盖岭南之民,自昔皆尊文公为师表,我六堆士子瞻仰儒宗而人文蔚起,宜乎庙宇独巍峨于斯地焉。"此说明岭南移民至台,传承韩愈兴学之精神,让学子能知书达礼。

为维护昌黎祠之完整性,历史上也曾多次修缮和翻修,如同治元年(1862)举人余春锦募修,光绪十七年(1891)例贡生李向清重修,民国二年(1913)地方绅者刘金安等再重修。民国三十六年(1947)由钟梅贵等人重修天后宫与昌黎祠。1977年赛洛玛台风肆虐南台湾,造成昌黎祠前殿倾圮。1981年昌黎祠以新貌落成,因钢筋水泥的建筑,不得列入国家古迹,此为憾事,但从匾额及楹联的词语,亦能体察韩愈德泽及儒学传承。匾额词语有"斯文砥柱"、"后学楷模"、"群学师表"、"千古文宗"、"弘道化民"、"百世之师"、"垂文沃世"、"岭南师表"、"道传世宗"、"宗儒弘道"、"宣扬文化"、"百世师表"、"圣学千秋"、"浩气磅礴"、"佑吾学子"、"浩然正气。"楹联有"一生弘圣道、直谏谪潮州、驱鳄安民、诞敷文德留遗爱,百世仰儒宗、仁施周海峤、辟邪赞化、运启昌期佑复兴","八代挽狂澜、吏部文章光日月、九重彰直谏、海疆声教讫风雷;直谏谪边疆,八千里雨雪风霜,天意岭南开治化。至言垂后学,数百世文章道德,人心海外起顽廉。""德业与山河并重、风声同日月常新。""麟吐玉书、河洛出图。""六堆前贤沾化育、千秋后学仰儒宗,""一身扶圣教、千载仰儒宗。"此说明韩愈儒家思想及卓绝精神深植于台湾,成为知识分子之典范。

三、结论

苏轼《韩文公庙碑》曰:"匹夫而为百世师,一言而为天下法,是皆有以参天地之化,关盛衰之运。其生也有自来,其逝也有所为。……自东汉以来,道丧文弊,异端并起,历唐贞观、开元之盛,辅以房(玄龄)、杜(如晦)、姚(崇)、宋(璟)而不能救。独韩文公起布衣,谈笑而麾之,天下靡然而从公,复归于正,盖三百年于此矣。文起八代之衰,而道济天下之溺,忠犯人主之怒,而勇夺三军之帅,此岂非参天地、关盛衰,浩然而独存者乎?"此说明韩愈秉持儒家积极奋进之精神,不论在政治或学术上皆能勇往直前,纵然有失意落魄,仍不退缩畏怯,是以虽离开潮州后,但当地潮州人仍是"食必祭,水旱疾疫,凡有求必祷焉"。州人已将韩愈神格化,以为韩愈能庇护他们的安危。

中唐以后,历代之学者或潮州首长均有撰文与建祠,以尊崇韩愈的学养与涵养。如晚唐皮日休作《请韩文公配飨太学书》,北宋真宗陈尧佐为韩愈建造专祠,且赞扬韩愈使潮地成为了"海滨邹鲁"。北宋仁宗石介《尊韩篇》列出 14 圣 5 贤人,认为韩愈《原道》可上继孟轲、荀卿、扬雄、王通诸辈。欧阳修《本论》尊重韩愈凛然之气,亦效其辟佛之勇。北宋神宗元丰七年(1804)诏封韩愈为"昌黎伯"。哲宗元祐五年(1090)王涤督守潮州,重建韩愈祠庙,苏轼应潮州人之请,撰写《潮州韩文公庙碑》。南宋高宗时,知州张思永有建州学之举。南宋孝宗时知州丁允元迁建修葺韩愈新庙,潮州人以祭祀韩愈遂积习成风。南宋宁宗嘉定十二年(1219)进封韩愈为公爵。理宗淳祐五年(1245)知州陈圭亲为书院讲学及课试命题,还捐俸购置朱熹著作于书院。明宣宗时潮州知府王源扩建海阳学宫,并修韩祠与书院。清世宗时知府龙为霖沿昌黎书院址扩建为韩山书院。光绪十三年(1887)两广总督张之洞令知府方功惠修缮昌黎祠。由上述所列潮州韩愈祠经由历代官署不断重修整建,且成立州学、书院,已将此地蔚为儒家之学风,此举亦直接影响台湾内埔昌黎祠之创建。

客家人从来就有极浓厚"耕读传家"与"显亲扬名"的观念,常鼓励学子必须勤奋向学求取功名,这种客家"硬颈勤朴"的传统美德,皆缘自于广东潮州的习性。台湾全省唯一韩愈的专祠,仅在屏东县内埔乡,此为当地文化历史的傲誉。柯万成教授认为"昌黎祠"的兴建有三个意涵:1. 以族群来源而言,因潮州有"韩祠",内埔有"韩祠",说明文化血缘如潮水般延续。2. 以文化道统而言,凤山县儒学设有"朱子祠",以朱熹为奉祀对象。"昌黎祠"则专祀韩愈为师,以文化传承各有其特色。3. 以庙祠功效而言,凤山县儒学有学宫、书院、义学、社学,但内埔仅有昌黎祠,此以儒学施教则有捉襟见肘之处,故昌黎祠在儒教之推广则具备此效能。昌黎祠之设置,既是弘扬韩愈之"孔孟儒学"思想且传承客家勤朴好学精神,是以内埔乡在 2003 年起,每年皆有举办"韩愈文化祭",借以激发客家族群对于韩愈儒教思想兴学教化有更深层之体认,此为海峡两岸文化融合之最佳印证。

参考资料:

1.《新唐书》,台北洪氏。

2. 马其昶:《韩昌黎文集校注》,台北汉京出版社,1983 年 11 月。

3. 钱仲联:《韩昌黎诗系年集释》(上下两册),上海古籍出版社,2007 年 7 月。

4. 冼玉清:《韩愈与广东》,见《中国艺林论丛》,1976 年 2 月。

5. 陈瑞琴:《屏东内埔昌黎祠之研究》,高雄师范大学国研所,2007 年。

6. 刘尊明:《韩愈贬谪潮州的人生体验与诗文创作》,《湖北大学学报》2001 年第 3 期。

（作者单位:高雄餐旅大学通识教育中心）

从移民看秦汉时期
中原与岭南的文化交流

李晓燕

百越杂居的岭南地区处于五岭以南,大海以北,云贵高原以东和福建山区以西的特殊地理位置中,主要相当于现在的两广和越南北部地区。从某种程度上说,公元前的三个世纪在岭南早期开发史中占有重要地位。

一、先秦时期岭南地区与中原地区的往来

文献记载中的岭南地区与中原地区的往来可以追溯到上古五帝时期,据《尚书·尧典》载:尧"申命羲叔,宅南交",大戴《礼记·少闲》也载:舜也曾"南抚交趾",《史记·五帝本纪》中有两处记载:

"帝颛顼高阳者……北至于幽陵,南至于交趾,〔正义〕曰:'趾,音止,交州也'。""唯禹之功为大。披九山,通九泽,决九河,定九州。各以其职来贡,不失厥宜,方五千里,至于荒服。南抚交趾。"

对于上古五帝与岭南地区的关系,比《史记》更早的文献也有类似的记载:《墨子·节用中》:"古者尧治天下,南抚交趾。"《韩非子·十过》:"昔者尧有天下,饭于土簋,饮于土铏,其地南至交趾,北至幽都,东西至日月之所出入者,莫不宾服。尧禅天下,虞舜受之。"《大戴礼记·五帝德》:"孔子曰:"颛顼……北至于幽陵,南至于交趾。"《大戴礼记·少闲》:"昔虞舜以天德嗣尧……南抚交趾,出入日月,莫不率俾。"《吕氏春秋·求人》:"禹东至榑木之地……南至交趾、孙朴、续樠之国。"《水经注》卷三十七引《尚书大传》曰:"尧南抚交趾。於《禹贡》荆州

之南垂,幽荒之外,故越也。""《周礼》南八蛮:雕题、交趾,有不粒食者焉。春秋不见于传,不通于华夏,在海岛,人民鸟语。秦始皇开越岭南,立苍梧、南海、交趾、象郡。"《楚辞·大招》:"德誉配天,万民理只。北至幽陵,南交趾只。西薄羊肠,东穷海只。"《淮南子·修务训》:"尧立……西教沃民,东至黑齿,北抚幽都,南道交趾。"《淮南子·泰族训》:"纣之地,左东海,右流沙,前交趾,后幽都。"《淮南子·主术训》:"其(神农)地南至交趾,北至幽都,东至旸谷,西至三危,莫不听从。"

《史记》以后的汉代文献又有舜抚交趾之说,如刘向《说苑》卷十九记载:"南抚交趾……四海之内皆戴帝舜之功,于是禹乃兴九韶之乐,致异物,凤凰来翔,天下明德也。"卷二十又载:"臣闻尧有天下,饭于土簋,啜于土铏,其地南至交趾,北至幽都,东西至日所出入,莫不宾服。"《新序·杂事》:"北发渠搜,南抚交趾,莫不慕义,麟凤在郊。故孔子曰:孝弟之至,通于神明,光于四座。舜之谓也。"

对于尧舜等帝是否真的到达过"交趾",学者们观点不一,因为以当时的社会经济和交通条件,尧、舜等逾过五岭到达岭南的可能性微乎其微,甚至对于古典文献记载中的"交趾"到底是地名还是族群,仍没有定论。但是有一点却毋庸置疑,那就是,这么多的文献记载也至少反映了当时中原地区与生活在岭南的越族已经有了一定的交往和联系,这种联系为后来中原移民的大批南迁打下了基础。这种分散而小规模的来往并没有形成大的趋势,真正大规模的交往发生在秦汉时期的移民浪潮。

二、秦汉时期中原移民南下岭南

论及中原地区与岭南地区的文化交往,抑或中原文化对岭南文化的冲击和影响,不可回避的一个现象就是大规模南下岭南的中原移民。首先,秦始皇时期平南越的战争,客观上改变了岭南地区的人口结构。促进了越人和汉人的民族融合;其次,秦统一五岭,岭南从此被纳入中国版图。经过秦汉王朝的大规模经营,岭南地区经济的发展初具规模,岭南社会历史也由此步入了一个新的发展阶段。

秦汉时期中原移民向岭南地区的迁徙,按其性质,大致可分为以下几种:

1. 随军事征伐而落籍于岭南。《淮南子·人间训》载:始皇二十五年,"使尉屠睢发卒五十万为五军","一军塞镡城之岭,一军守九疑之塞,一军处番禺之都,一军守南野之界,一军结余干之水……以与越人战。"这次进兵遭到了激烈的反抗。《史记·秦始皇本纪》载:始皇"三十三年,(更使任嚣与赵佗)发诸尝捕亡人、赘婿、贾人略取陆梁地,为桂林、象郡、南海。以谪遣戍。"此次发兵才一举平定岭南,并在五岭屯兵五十万。秦始皇积数年之功,攻破岭南。并于岭南地区设置了"南海、桂林、象郡"。为巩固统一,原五十万大军除病死和阵亡之外,余者留在岭南,"适戍以备之"。这些遣戍的秦兵,除去伤亡者以外,基本上都作为戍边部队留驻岭南。这次的移民数量大,迁移时间长,地点比较集中,因而具有广泛的经济和社会基础,影响巨大。其后到秦二世时,南海尉赵佗"求女无夫家者三万人,以为士卒衣补"①,秦朝为此征调一万五千名中原未嫁女或丧夫女子到岭南,以便与留守士兵组成家庭,繁衍后代。这次的女性移民数量小,流动的时间短,地点分散,影响较小。

到了汉代,仍有对岭南地区的军事行动。据《后汉书·马援传》、《水经注·淹水》引《林邑记》,以及广西一带地方志等有关资料记载,东汉建武中,交趾女子征侧、征贰反,马援率军南征,战争结束后,除去随马援北归的士兵,仍有部分士兵落籍于岭南。如东汉青州人黄万定就是随马援南征而后定居于合浦的。

2. 徙民实边政策下的规模移民。在徙民实边中,移民都是从经济发达地区迁往落后地区,从而推动了这些地区的经济发展,而这其中当数向岭南移民规模最大,历时最长。岭南地区,是秦移民的一个重地。后又将五十五万罪犯谪戍岭南,与越人杂处,是秦最大规模的移民。其用意一方面在于疏散六国的反秦势力,另一方面也是为了充实岭南新设郡县的人口。其后不久,秦始皇又将一些"适狱吏不直者","筑长城及南越地"②。

汉朝时,沿用并发展了徙民实边的政策。史载,晁错对边界统治的建议是:"遣吏发卒以治塞,甚大惠也。然令远方之卒守塞,一风而更,小知胡人之能,小如先常居者,家室山作,且以备之。"③晁错这里所指虽然主要针对匈奴,实际汉朝也是在岭南实施这些政策的。此外,汉兴,其典章制度多袭秦制,一些在统治集团内部权力争斗中失败者,也往往发配到岭南。如汉哀帝时关内侯张由,平帝时中山王后卫氏等人,都是在争权夺利失败后,被强制迁往岭南的。秦始皇三十

---

① 《史记·始皇本纪》。
② 《史记·淮南王列传》。
③ 《汉书·晁错传》。

三年:"徙中县之民南方三郡,使与百粤(百越)杂处。"①这里所说的"中县之民",即秦朝的编户之民。

3. 因躲避频仍的战乱而南迁。此种情况以东汉末年为最多。是时,交趾三郡社会秩序比较稳定,而中原地区正处于干戈扰攘之中,为躲战乱大量中原人南迁。据《三国志·吴书·程秉传》记载:程秉,东汉时为"汝南南顿人",逢乱世而"避乱交州"。同书《士燮传》亦载:汉末雄居交州一地的苍梧广信人士燮,其先人为"鲁国汶阳人",汉末避王莽之乱而迁居苍梧广信,"六世至燮父赐"。另据《三国志·吴书·全琮传》记载:"是时中州士人避乱而南,依琮(时居桂阳)居者以半数"。《大越史记全书·外纪》亦载:"李贲:其先北人,西汉末苦于征伐,避居南土,七世遂为南人。"类似记载,不胜枚举。

秦汉时期中原移民至岭南地区的规模和数量可以从岭南诸郡的人口数量变化得到反映(如下表):②

岭南诸郡名称	西汉		东汉	
	户数	人口数	户数	人口数
南海郡	19613	94253	71477	250282
苍梧郡	24379	146160	111395	466975
郁林郡	12415	71162		
合浦郡	15398	78980	23121	86617
日南郡	15460	69485	18263	100676
交趾郡	92440	746237		
九真郡	35743	166013	46513	209894

三、中原移民对岭南的开发与文化交流

岭南地区的文化是以本地区古越文化为基础,在中原先进的汉文化诸因素的强烈冲击和影响之下而形成的一种历史文化,其文化面貌是纷繁复杂的。从

---

① 《汉书·高帝纪下》。
② 段塔丽:《秦汉王朝开发岭南述论》,陕西师范大学学报(哲学社会科学版)2000(2)。

这个角度来说,大规模南下岭南的中原移民所携带的先进的汉文化,对古越文化的影响不仅是巨大的也是全方位的,如生产方式、语言文字、工艺美术等方面,都能或多或少地见到汉越文化交融的迹象。

首先,改进和提高了岭南地区的生产方式

铁器和牛耕是农业耕作方式变革的关键因素,对经济开发起着极为重要的作用。秦汉时期岭南地区在农业基础较好的河谷平原和州郡县近郊地区,已开始使用和推广牛耕与铁农具。近年来广州、佛山一带出土的东汉墓中,就发现有陶牛,其中一块水田模型中,有 V 形犁头,另有陶俑一手扶犁,一手赶牛耕作。另据《汉书·地理志》记载:汉代的儋耳、珠崖二郡,也出现了"男子耕农"、"民有五畜"的情况(颜师古注曰:五畜指"牛、羊、豕、鸡、犬")。说明农业生产中使用牛耕已很普遍。在岭南社会发展史上占据关键地位的南越国时期的墓葬中,发现了大量的铁器,说明当时铁器的使用非常普遍,这其中,由中原地区移入岭南的人民扮演着重要的角色。农业的发展也带动了以农产品为加工原料的手工业的迅速发展,如桑麻种植和养蚕妊织手工业。《安南志略》记载说:交趾两汉以来"男耕贾,女蚕绩"。因为两汉时期的发展基础,到了晋代,交趾地区的蚕桑丝织业更为进步,所谓"一岁八蚕茧,出日南也。桑则大小二种:小桑孟春培之,枝叶繁茂。自三月至八月,皆养蚕云,收丝事织"①。岭南地区,无论是农业还是手工业,在中原地区的影响之下,较之以前有了长足的发展。

其次,加速了岭南地区的文明进程

秦统一岭南以前,岭南经济不发达,文化习俗也相对落后,史称"骆越之民,无嫁娶礼法,各因淫好,无适对匹。"②也说:"交趾糜冷、九真都庞二县,皆兄死弟妻其嫂,世以此为俗。"③而南下的中原士民多是有文化的北方官员,特别是那些知书识礼的士大夫,他们在传播汉语语言和文明礼仪方面发挥了独特的作用。汉武帝诛吕嘉,开九郡,设交趾刺史,"自斯以来,颇徙中国罪人杂居其间,稍使学书,粗知言语;使释往来,观见礼化"④。在加速岭南地区文明进程的过程中,

---

① 刘欣期:《交州记》卷一,岭南遗书本。
② 《后汉书·任延传》。
③ 《三国志·吴书·薛综传》。
④ 《三国志·吴书》。

入粤汉官扮演了非同寻常的作用。他们在其所辖区域,设立学校,传授礼义。如东汉南阳人任延于光武帝建武年间任九真太守,"教道民夷,渐以礼义"①,对骆越之民的婚娶旧俗进行改造。由于锡光、任延在教民耕稼、建立学校、导以礼义方面颇有"化声",遂有"岭南华风,始于二守焉"②的说法。河内修武人卫飒于光武帝时任桂阳太守,桂阳郡人与交州接壤,"颇染其俗,不知礼制",卫飒上任后,"修库序之教,设婚姻之礼。期年间,邦俗从化"。卫飒不但从修学校、推广礼制婚姻入手改革桂阳风俗,而且以开辟交通、官营手工业为手段来杜绝奸吏,防止奸盗,使老百姓得以安居乐业,保证教化得以取得成效。卫飒在桂阳太守任上整整待了十年,而后又为有同样声誉的茨充继任:"南阳茨充代飒为桂阳,亦善其政。教民种植桑柘麻紵之属,劝令养蚕织屦,民得利益焉。"③《东观记》把茨充的政绩更加具体化了:"元和中,荆州刺史上言:'臣行部入长沙界,观者比徒跣。臣问御佐曰:人无履亦苦之否? 御佐对曰:十二月盛寒时并多剖裂血出,燃火燎之,春温或脓溃。建武中,桂阳太守茨充教人种桑蚕,人得其利,至今江南颇知桑蚕织屦,皆充之化也。'"魏郡内黄人栾巴于东汉顺帝时为桂阳太守,"以郡处南陲,不闲典训,为吏人定婚姻丧纪之礼,兴立学校,以奖进之。虽干吏卑末,皆课令习读,程式殿最,随能升授"④。这些北方入粤官员清正廉洁,勤政爱民,言传身教,对岭南人民颇有感化作用。汉平帝时,王莽制定地方官学制度,岭南从此地方学校蓬勃兴起,对于这片开化较迟的地区来说,学校是普及汉学、推行教化的重要场所。虽然在先秦时期,岭南人已经开始使用汉字,但广泛使用是从南越国时期开始的,这可以从现今出土的南越国墓室中得到印证。在岭南地区这时期的墓葬和遗址中,都出土了不少的汉字材料,有的刻在铜器与陶器上,有的烙在漆器和木头上,也有的墨书在陶器、木牍及竹简上,另外还有封泥、印章等。在广州南越王墓和广西贵县罗泊湾一号墓出土的文字材料最多,内容也最丰富,如广州南越文王墓发现的铜器和陶器上,刻有"文帝九年乐府工造"等字,还有"文帝行玺"等金、玉印 19 枚。一些中小型墓葬中出土的文字资料则较为

① 《后汉书·循吏列传》。
② 《资治通鉴·汉纪》。
③ 《后汉书·卫飒传》。
④ 《后汉书·栾巴传》。

少些,但这些也足以说明,在南越国时期汉字已成为岭南地区的官方文字,并已较为普遍流行。越南学者阮元书、章收在其《越南儒学史概述》中便认为"汉人来后把汉字传入越南,从这时起,越南也使用汉字。所以中国文字,越南人叫'汉字'(从汉代传来)"。汉字的广泛传播和使用促进了岭南文明的发展。

最后,实现了汉越民族的融合

秦汉政权统一南越,更置郡县,重新建立起中央政权对岭南地区的统治。随着边关的废除,中央权力的扩张,内地和岭南的交流也频繁起来。从考古发现的南越国的城址和墓葬来看,其首府番禺地区墓葬中汉式因素突出,包括广州南越王墓、贺县金钟一号墓、贵县罗泊湾一、二号汉墓、肇庆北岭松山大墓等,其丰富的随葬品中既有大量汉式风格的随葬品,又有带本族特色的器物,番禺地区以外的大墓中也有受到中原厚葬习俗影响的豪酋首领的墓葬。此外交通困难的偏远地区仍保持了较浓的早期地方文化,如广西西林普驮就发现过以套合的铜鼓作为葬具的汉墓等。①

从考古出土的南越国时期的墓葬及随葬品来综观岭南地区,可以发现②:汉人和越人的墓葬都基本上杂处一起,尤其是广州地区则更为明显,很少发现有汉人或越人的单独墓地。汉式器物和越式器物同处一个墓葬中的现象十分普遍,即越人墓中不仅随葬有汉式的器物,甚至有的腰坑墓与铺卵石墓也随葬有汉文化的"礼制"明器,而在汉人墓中随葬越式器物的现象更是普遍。同时,出现了一些同时具有汉越文化特征的"特殊"器型,如属汉文化的薰炉虽是由中原移民带入岭南的,但在这时期则明显地受到越文化的影响,在器型及纹饰上都具有了较浓厚的地方特征。这诸多现象实质上是这些墓的丧葬礼俗、汉越文化交融等方面的体现。

中原和岭南两地区域间的文化交流不仅表现在中原地区对于岭南的影响,随着往来的频繁,大量岭南物产北上,北方也出现了"民间厌柑橘"的情况。

---

① 张帆:《从考古遗存的区域分布谈秦汉时期岭南的开发》,《边疆经济与文化》2009(12)。
② 刘晓民:《南越国时期汉越文化的并存与融合》,《东南文化》1999 年(1)。

参考资料：

1. 葛剑雄：《西汉人口地理》，人民出版社 1986 年。

2. 阎明恕：《论秦代移民》，《贵州师范大学学报》(社会科学版)2002 年第 5 期。

3. 程潮：《论岭南的汉化和儒化历程》，《广州大学学报》(社会科学版)2002 年第 7 期。

（作者单位：河南省社会科学院）

河洛文化与岭南及广府文化

高安泽

一、北宋五子尊儒而形成理道学说

《宋元学案》五子次序：邵雍（百源学案）、周敦暨（濂溪学案）、程颢（明道学案）、程颐（伊川学案）、张载（横渠学案）。范仲淹、欧阳修、司马光学案均在前。

邵雍（1011～1077），字尧夫，谥康节，其先范阳人，随父古移河南省辉县百泉，泉是水源，因称（百泉学案）。师李之才，友司马光、富弼等。著作《皇极经世书》、《观物内外篇》、《渔樵简答》、《伊川击壤集》等。学说重易、书、诗、春秋。曾言天有四时，地有四方，人有四支。天有日月份星辰，地有水火土石，经有易书诗春秋。主张经合道以权，圣人行权，轻重合宜。贸易以先天方圆图为主，朱熹《周易》，即采用邵雍图解。

周敦颐（1017～1079）字茂叔，道州管道县人，居旅濂溪，因以为字号。著作《太极图说》、《通书》（亦称易通）。主太极动静而生阴阳，阳变阴会而生水火木金土，雄雌交感而生万物，五性感动而善恶分。又说宇宙之本体为太极，人之本极为诚。人本性至善，有仁义礼知信五性。故人之行为，均由诚演至五常之出。但人常接触外物，乃有善有恶，如能慎于本性之动，保持清静即可为对人。

程颢（1032～1085）字伯淳，谥明道、河南人，父珦。颢濂溪阿人，学生谢良佐、杨时、游酢、吕太临等。著作《定性书》、《诚仁篇》。定性言动亦定静亦定，先将迎无内外，夫灭地之常，以其心普万物而无心，圣人之常，以其情顺万物西无情。君子之学，莫若廓然而大公，物来而顺应。诚仁以学者以先诚仁，仁者浑然与物同体，义礼智信皆仁也。诚得此理，以诚敬存之，不须防检穷索。

程颐(1033~1107)字正叔,封伊川伯,学生谢杨、吕希哲。著作《顾子好学论》、《易传》、《春秋传》、《伊川文集》等。言顾回学以至圣人之道,天地储精,得五行之秀者,其为人之本也。易变易也,随时变以从道也。顺性命之理,通幽明之故,尽事物之情,开物成务之道也,易有圣人之曰:言尚称,物尚变,制器尚象,卜筮尚占。春秋以天之生民,长之治之,争夺息,道生养,教之伦理,后人道立,天道成地道平,人道安也。

张载(1020~1077)字子厚,凤翔眉县横渠镇人,世居大梁。年十八上书范仲淹,研究《中庸》,后及《六经》,无所不窥。著作《西铭》、《东铭》、《正蒙》、《经学理窟》、《易经》等书。学以太虚为气,阴阳二气为太虚之属性。气升隆飞杨,未尝止息。游气纷扰,合而成贤,生人物万殊,立天地之大义。曾言,为天地立心,为生民立命,为往圣继绝学,为万世开太平,后之学者,多为推崇。

二、东南三贤集古今之大成

《宋元学案》岭南三贤次序:朱熹(晦翁学案),张栻(南轩学案),吕祖谦(东荣学案)。胡寅、胡宏、刘勉之、赵鼎、张浚等学案均在其前。

朱熹(1130~1200)字元晦,又字仲晦、晦巷、晦翁。号紫阳、徽州,婺源人。父名松,进士。熹十四岁父殁,父遗言熹从胡寅。

朱熹十九岁登进士第。二十四岁从李侗学,为程颐再传弟子,以洛学为正统。学生蔡元定、黄干、张洽、辅广等别有学案。著作《四书集注》、《周易本义》、《诗集传》、《仪礼经传集注》、《伊洛渊源录》、《近思录》等。学说承濂溪太极说,伊川理气二元,横渠气一分殊,尧夫八卦图,明道识仁等。《四书》后为国家考试主课,学校文化基本教材。《周易》更是今日研究易学,不可缺少之书籍。

张栻(1133~1180),字敬夫、乐齐,号南轩。广汉人,后迁衡阳。父宋丞相魏国公,谥忠献。南轩少承家学,长从五峰间程氏学,益自奋励,志古圣贤,为《然顾录》以见其志。著作《论语孟子解》、《南轩易说》、《太极图说》、《洙泗方仁》、《诸葛忠武侯传》、《经世纪年》等书。另《南轩集》,学先明义利,有所书为即是义,即天理。有所为即是利,即人欲。如饮食男女,欲富欲贵,皆天理自然,以正道求之即义。倘达天理恣行妄求,均为私利,切不可为。出于义之行为皆善,出于利之行为可能为不善。张栻曰:"有所为者曰利,无所为而为者曰义"。

吕祖谦(1139～1181),字伯恭,世称东荣先生,祖先荣州人。高祖希哲(荣阳学案),曾祖好问封东荣郡侯,祖父弸中赠存正仪大夫,父大器赠朝大夫。祖濂本家学渊源,得中原文献之传,根底深厚。著作《东荣左氏博义》、《吕氏家塾读诗记》、《古周易》、《书定考》、《春秋集解》、《枕头鑑》等。学说重治心,存养此心,公私正邪之辨别。心如镜子明亮,须自豪境明,然后见得美恶轻重。发挥孟子书心,治乱、收、安然。守之广,执之定,急而后,则知存亡矣。

三、明末三先生效法汤武革命

以出生先后言,黄宗羲长,顾炎武次,王夫之三。宗羲主穷经读史尊王陆,炎武宗程朱而远陆王,夫之神契横渠南不满阳明。以下按黄顾王分述于后。

黄宗羲(1609～1695)字太冲,号梨洲,又号南雷,浙江余姚人。父尊素明忠臣,遭魏忠贤所害,帝叹义为忠义孤儿。归家穷诗经史,学于刘蕺山,醉心陆王哲学。又研究天文、算术、乐律,与孙奇逢、李醒并称三大儒。著作《明夷待访录》、《宋无学案》、《易学象数论》、《吕律新义》、《宋史蒇书补连》等书。学以六经为根底,子学以顾曾思孟,博文绚礼,明善诚身。曾言:(读书不多,无以穷理之变化。多而不求于心,则为俗学。)

顾炎武(1613～1682)原名绛,字宁人,号亭林,自置蒋山庸信。昆山人,江东望族。性耿介绝俗,偶交与归庄。明亡母王氏绝食卒,道言勿事二姓。顾乃力学著书,以气节见称。著作《天下郡国利病书》、《启域志》、《二十一史年表》、《历代帝王宅示》、《日知录》、《音学五书》、《九经谈字》等书。学重"博学与文"行己有心。主张经学即理学,为学书法贵创造,排斥模仿依傍。求实证,反对杜撰臆造。薄致用,凡不关于当世之务者,一切不多。

王夫之(1619～1692),字而农,号卢齐,又号船山,衡阳人。父武夷中副榜,母谭氏,长兄介之。七岁从长兄读十三经,对儒学以汉儒为门户,宋五子为堂奥,更爱横渠正蒙。著作《周易大象解》、《尚书引义》、《诗经稗疏》、《礼记章句》、《春秋世论》、《读四书大全》、《宋论》等书。认为人欲为恶,说:"天理即在人欲之中,无人欲无理亦无从发。"熊十力评:"船山易内传,较伊川为佳。"宋三评:"船山思想丰富,义理宏通,心性理气才情贯通一起。"

四、清末民初四大家创新有成

中华书局《清朝全史》83 章"革新与革命":帝召见康有为、梁启超、谭嗣同、黄遵宪、张元济等陈改革意见。广东香山孙文等组成兴中会。张玉法《中国现代史略》,志士争起义时期,革命运动是孙中山、陈少白、杨衢云、郑士良、章炳麟等十数人倡导,会以康、梁、孙,章四人,叙述于后。

康有为(1858~1927),原名祖诒。字广厦,号长素,又号更生,广东海南人。师朱次琦,倾心陆王,1895 年《马关条约》签订时,鼓励在京会试学夫 1300 余人署名上书,求拒和、迁都、变法,同年考取进士。著作《大同书》、《孔子改制考》、《长与学记》、《春秋笔削大义微言考》、《清史稿》等书。学术富有创意,如新学伪经考,托古改制,教育求国,公年三世,虚君共和,物质救国,大同学说等。以通俗文字编报刊、开学堂、立学会,学西方民约、进化、日新、自由平等论说。

梁启超(1873~1929),字卓如,号任公,又号饮冰室主人,广东新会人。祖上十世务农,至祖父中秀才。十七岁中举人,次年赴京会试,归余经上海,购得《瀛环志略》,眼界大开,秋与陈千秋同访康有为,以康博学折服,终身追随,世称康梁。著作有《变法通议》、《中国近三百年学术史》、《欧游心影录》、《中国历史研究法》、《新民说·新民农报》、《饮冰室合集》等书。学术重日欧新学,曾有人介绍中山与康梁携手,因民主共和不同,仍各行其是。启超较保守,不及其师康进步,但在学术上,却光芒万丈,有不可淹没之功。

孙文(1866~1925),谱名德明,号逸仙,又号中山,又有帝象、日新、戴之、公武等称谓。广东香山(今中山)县人。出身农家,幼读私塾,后随兄檀香山读基督教学校,16 岁回国进广州博济医学院,又进香港英文医学院获博士学位。师康德黎博士,孙文在伦敦蒙难时,康师曾营救脱险。曾上李鸿章书:"人书其才、地书其利、物书其用,贷畅其流,四条建议。"遭到拒绝,于是创立兴中会,后改为同盟会,提出"驱除鞑虏,恢复中华,建立民国,平均地权"的口号。著作有《民权初步》、《三民主义》等书。学说主要以心理建设,物质改良,社会秩序,促进民族平等,民权自由,民生乐利为目标。于 1912 年推翻帝制,宣布中华民国成立,但是寿命不长,在 1925 年以 59 岁之年逝世。

章炳麟(1868~1936),初名学乘,字枚叔,因慕顾炎武改名绛,号太炎,余姚人,生于书香门第,曾祖均,县增广生,祖父鉴国之鉴生,父澬家贫苦读不第,潜心医术。太炎7岁读经,16岁读《东笔录》、18岁读《十三经注疏》、20岁读《明季稗史》,始有排满思想。先参加康梁维新强学会,后与邹容《革命军》作序,又参加同盟会。著作有《春秋左传读叙录》、《刘子政左氏说》、《检论》、《庄子解敌》、《古文尚书拾道》等书。1901年夏,章赴苏州大学任教。1903~1905年应蔡元培邀,赴上海爱国学社任教。1911年,报纸称章为革命文豪,袁世凯任总统时任命为高级顾问,不久被关入狱,袁死后孙中山推荐章任国史馆馆长。1925年中山先生逝世,章撰《祭孙公》文。"五四"运动后,章反对新文学,主张尊孔读经,晚年赞成抗日,反对不抵抗政策,后在苏州组织讲学会,以讲学终老。

结语

中华文化发源于黄河流域,但历代不断南移。唐朝韩愈,因上书力谏宪宗迎佛骨入禁中不宜,被贬官广东潮州,柳宗元因坐王叔文案,贬到永州(今湖南省零陵县),后从柳州(今广西省柳州府)。宋朝苏轼,初因神宗时王安石行新法,上书论其不便,被派杭州、湖州、惠州等地。哲宗亲政,被儋州(今海南岛)。明朝王阳明因上书救戴铣忤刘瑾,被贬贵州龙场驿。日寇侵华,北京失陷,北京大学校长蔡元培先生全家迁香港,日本投降不久,蔡先生逝世,葬于香港。傅斯年来台北,任台湾大学校长,1950年5月20日逝世,葬于台大校园。胡适之和董作宾,分别任中央研究院院长和院士,去世后均葬在研究院门前山丘墓园。以上学者都曾发扬中华文化于各地区。今欧洲各大学,已设孔子学院,中华仁民爱物,和平共存之文化,将永恒传播于世界。

(作者单位:台湾《安阳文献》社)

承先启后的岭南文化

蔡世明

一、岭南文化渊源于中原传统文化

"岭南"一名,始见于《史记·货殖列传》卷129:"领南、沙北固往往出盐";"领"与"岭"通,这是以中原为中心所划定的南向的地理区域。"岭南"亦称"岭外"或"岭表"。"岭外"之名,见于《后汉书·南蛮西南夷列传》卷86:"秦并天下,威服蛮夷,始开岭外,置南海、桂林、象郡"。"领表"之名,则见于《晋书·滕修传》卷57:"广州部曲督郭马等为乱,皓以修宿有威惠,为岭表所服,以为使持节,都督广州军事、镇南将军、广州牧以讨之。"

"岭南"的"岭",指的是"五岭","南"为方位词;"岭南"即五岭之南的广大山地丘陵地区。"五岭"的说法,在历史文献上的指称并不一致,主要表示"多"的数目概称,其说法有下:《史记·秦始皇本纪》卷六《正义》引《广州记》,称"五岭者,大庾、始安、临贺、揭阳、桂阳"。《正义》又引《舆地记》云:"一曰台岭,亦名塞上,今名大庾;二曰骑田;三曰都庞;四曰萌诸;五曰越岭"。北魏郦道元的说法是"大庾、骑田、都庞、萌诸、越成"。就现实的地理范围而言,"岭南"大抵包括广西东部往南至越南中部,广东大部往南至海南省;宋朝以后,越南部分才分离出去。

岭南这一地理范围内的"越人",最早出现在商代早期,而成熟于战国末年;中原华夏诸国,把南方众多的种族泛称为"百越"。岭南的"越人"也称为"粤人",在古代文献中,"越"与"粤"二字常相通用。朱希祖《客家研究导论序》:"凡《史记》所称百越、南越、东越、闽越,《汉书》皆改为粤,而称百粤、南粤、东粤、闽粤。"但后世"粤"多指岭南,而"越"则包括今天的浙江、福建、江西、两湖、两广等地区。

先秦时代,岭南地区为越人散杂居处,而臣服于楚。从第一个中央集权的秦帝国开始,秦始皇南取百越之地,设立"南海"、"桂林"、"象郡"三个郡,进入帝国的统辖。唐太宗贞观元年(627),分全国为10道,五岭以南地区设置"岭南道","岭南"从此成为官方确定的地名。自秦、汉以后,岭南地区的管辖,在中央政府治理、地方官员割据、或豪强称雄自立,时而交织发生;在此漫长的历史过程中,中原政权对于岭南的政治控制,从地理的范围到控制的程度,都一步一步在加深,这意味着"岭南"不仅是对自然地貌的指认,同时也是一种文化空间的形成。"岭南文化"是人们以中原中心的观点,建构出一个地域文化的实体概念。①

岭南濒临南海,优越的地理位置,使此地成为中国乃至全球对外文化交流和商业贸易最活跃的重要地区。西汉时,番禺(今广州)是全国19个都会之一,成为海上丝绸之路的起点;魏晋南北朝时期,南亚高僧络绎前来广州,译经传教,广州与洛阳、建康成为当时三大译经的中心,传入印度文化;唐、宋时期,大批波斯、阿拉伯人前来广州贸易,传入阿拉伯文化;明、清时期,西方商人、传教士前来岭南,传入欧美文化。岭南长期输入外来文化,不仅丰富了岭南文化的内容,而且也有助于中国传统文化的创新。

二、承袭中原传统的岭南客家文化

在古代南传的中原文化里,有一支极具传统特色,而且影响岭南地区相当广大而深远的,就是"客家文化"。客家在岭南分布的地区,以广东东北部的嘉应州与惠州最为集中。嘉应州所属的梅县、兴宁、五华、平远、蕉岭等县,地处韩江上游,与潮汕地区相邻接,因有韩江舟楫之利,所以人口密集,文物富盛,一向被视为客家的中心地区,拥有"客都"的地位。惠州所属的和平、连平、河源、紫金、博罗等县,则在东江上游,由东江上达粤、赣边区,可与嘉应州各县相连;东江下通广州平原,其水利之饶足,尤过于嘉应州。②

① 刘晓民:《南越国时期汉越文化的并存与融合》,《东南文化》1999年(1)
② 陈运栋:《客家人》,页65。

关于客家族群的形成,南迁的时间及路线,说法互异,至今仍未有定论。清人徐旭曾(1751~1819),广东惠州和平县人,出身客家,嘉庆四年(1799)进士及第,曾官户部主事,晚年归里后,主持惠州丰湖书院。徐氏熟悉历史,于嘉庆十三年(1808),应族人之请,口授《丰湖杂记》,载于嘉庆二十年(1815)《和平徐氏族谱》。《丰湖杂记》的第一段为序言,述说著文的原委,涉及客人形成时间、客人之源、中原汉人南迁路线、主要聚集地、语言、习俗、宗教、品行、崇尚、精神、客人妇女、客土关系等,是一篇最早记述客家的文献。杨海中先生认为此文是应人之请,为说明客、土械斗之因,而概述客人简史,文中既未有对客人过誉溢美之词,更无贬损丑化土人之语,其态度平和公允,持论是客观可信的。[1]

徐氏认为,今日客人的由来,其先乃因宋、元之际,中原衣冠旧族遭逢国难而举族南迁;尚有自东晋后迁来者,但为数不多也。他说:

> 今日之客人,其先乃宋之中原衣冠旧族,忠义之后也。自宋徽、钦北狩,高宗南渡,故家世胄先后由中州、山左越淮渡江从之,寄居苏、浙各地。迨元兵大举南下,宋帝辗转播迁,南来岭表,不但故家世胄,即百姓亦多举族相随。有由赣而闽沿海至粤者,有由湘、赣逾岭而至粤者。沿途据险与元兵战,或徒手与元兵搏,全家覆灭、全族覆灭者殆如恒河沙数。天不祚宋,崖门蹈海,国运遂终。其随帝南来历万死而一生之遗民,固犹到处皆是也。虽痛国亡家破,然不甘田横岛五百人自杀,犹存生聚教训、复仇之心。一因风俗语言之不同而烟瘴潮湿,又多生疾病,雅不欲与土人混处,欲择距内省稍近之地而居之。一因同属患难余生,不应东离西散,应同居一地,声气既无隔阂,休戚始可相关。其忠义之心,可谓不因地而殊,不因时而异矣。

徐氏接着谈到客人迁居避难的地方,大多在粤、闽、赣、湘各省的边境,他说:

> 西起大庾,东至闽汀,纵横蜿蜒,山之南、山之北皆属之。即今福建汀州各属,江西之南安、赣州、宁都各属,广东之南雄、韶州、连州、惠州、嘉应各属

---

[1] 杨海中:《图说河洛文化》,页316~318。

及潮州之大浦、丰顺,广州之龙门各属是也。

在各就其地定居后,客人披荆斩棘,筑室垦植,以休养生息,并教育其子弟读书、习武。他说:

> 客人以耕读为本,家虽贫也必令其子弟读书,鲜不识字,不知稼穑者。日出而作,日临而息,即古人"负耒横经"之教也。
>
> 客人又精技击,传自少林真派。每至冬月农暇,相率练习拳脚、刀剑、矛梃之术。即古人"农隙讲武"之意也。

杨丽丽等人所编著的《历史上的大移民》,在论及客家的根源时,提出以下的结论:

客家人根在中原的事实是毋庸置疑的,这一点可以透过诸多例子说明:比如闽粤赣一带的围龙屋、土围子、方楼等客家民居大多保留着中原府邸式的建筑风格;又如客家人非常崇敬先祖,而且都依照汉族的传统习俗置办长辈的丧葬;再如,独具特色的客家话依然保留着古汉语的部分发音,被誉为"古代汉语的活化石",等等。[①]

三、开创新局的岭南近代文化

古代的岭南远离中央政权所在地,由于交通和通讯的不方便,受到正统思想的束缚比较少;可是长期与海外进行经济、文化交流,却容易接触到新事物,吸收新思潮;例如:南北朝时印度名僧菩提达摩在广州华林寺传教,开创中国佛教禅宗;唐朝时,六祖慧能主持韶州曹溪宝林寺,创立禅宗顿悟的学派,是最具中国特色的佛教宗派。明末清初,海通以后,西学的东渐,引进西方的宗教和科学;阮元、张之洞对传统科举教育的改革;黄遵宪首倡文言合一的白话文运动;康有为、梁启超鼓吹维新变法;孙中山创立三民主义,领导辛亥革命;近代的许多改革运动,大多发自岭南,这就显出岭南近代文化的革新精神。

---

① 杨丽丽、林玉琳、李输、富瑶、范丽君:《历史上的大移民》,页68。

1. 近代东西文化交流的起点——圣保禄学院

刘羡冰在《澳门圣保禄学院历史价值初探》中,指出圣保禄学院"是澳门最早也是远东最早的欧洲中世纪的高等教育机构,16世纪圣保禄学院在澳门的诞生,不但是澳门高等教育的肇始,同时是澳门西式教育的肇始,而且还是中国土地上的第一个西式教育的样本。"

圣保禄学院在澳门教育史,在中国教育史,在东西文化交流史上的价值,其实是远远超过它作为历史文物的价值,……它不但是东方传教士的摇篮,还是双语精英的摇篮;她培养的传教士不但向东方传播西方的宗教,还架起东西文化交会的桥梁,向东方传播了西方的文明,向西方又推介了东方悠久的文化,同时又为欧洲汉学奠基,催化了世界两大文明的融合。①

2. 阮元、张之洞在广州首倡教育改革

清道光四年(1824),两广总督阮元在广州城越秀山建学海堂书院,不教制艺,重在自学,专勉实学,刊刻《皇清经解》一千四百卷,所收全系经学考据,与清廷所提倡的宋学义理大不相同,使书院的教育风气大为转变。

两广总督张之洞于光绪十二年(1886)在广州设立广雅书局,初设于菊坡精舍,后就省城机器局修葺应用,继阮元的刻书之举,刊印经史书籍,是为粤省有书局之始。光绪十三年(1887)闰四月,于广州西村创立广雅书院,设经学、史学、理学、经济四门,重在实学,不课制艺。光绪二十年(1894),中日甲午战争,清廷败绩,张之洞于光绪二十四年(1898)发表《劝学篇》,全面阐释"中学为体,西学为用"的救国主张;他所谓的中学,是以孔孟儒家经史之学为中心,主张忠君爱国,保种保教;他所谓的西学,除农、工、商、兵诸学外,游学、译书、变法、矿学、铁路、阅报等,无一不是西学;所以要学习西方科技与实业知识,乃在于补中学的不足。对于张之洞此说的评价,历来可说是毁誉不一,吴俊升先生提出较为持平的看法,他说:

> 中体西用政策,如纯从定义推敲,似不可通。盖有此体斯有此用。中西学不同体,何能以西学为中体之用?……惟如不以辞害意,所谓中体西用,

---

① 本节所述,取材于李向玉:《汉学家的摇篮——澳门圣保禄学院研究》,页5、页10~11。

实以中学为主,西学为辅;在于就中国传统文化及西方科技政治之间,取一折衷方针,使维新运动虽采西化,而不离我国故有圣贤义理之根本大道尤属不刊之论。①

3. 白话文运动的先行者——黄遵宪

黄遵宪21岁时在《杂感》一诗中发出"我手写我口,古岂能拘牵! 即今流俗语,我若登简编,五千年后人,惊为古斓斑"的呼声,提出诗歌革新的主张。

黄遵宪在日本使馆任职期间,认真考察日本的语言文字,发现日本的假名文字有个很大的优点,就是语言与文字能很好的结合,使平民百姓容易吸收文化知识。对比中国的现状,他认为中国必须改革语言与文字,他在《日本国志·学术志二·文学总论》中,开宗明义就说:"文字者,语言之所出也。"又说:"语言文字离,则通文者少。语言文字合,则通文者多。"因此中国要创造一种"明白晓畅,务达其意","适用于今,通行于俗"的新文体,使天下的平民百姓以至于妇女儿童都能轻松地学习和使用文字。

黄遵宪可以说是民初白话文运动的先行者,黄增章、陈志雄合著的《杰出诗人外交家——黄遵宪》说:在近代白话文运动开始之前,汉语书面语言都是文言文,它有独立完整的词汇、语法体系,与民众的口语严重分离。语言与文字的分离使汉字难写难认,平民百姓接受文化教育不容易,因而成了中国文化发展的一大障碍,文言合一的改革势在必行,而黄遵宪则是这一重大改革的倡导者。②

4. 近代爱国主义与变革思想的发轫

爱国主义与变革思想是岭南人民一笔宝贵的精神财富。清代主张向西方学习以图强的第一个中国留学生容闳(广东香山,1828~1912),具有强烈爱国思想的郑观应(广东香山,1842~1922),他们都是倡导变革的先驱;而影响最大的当属康有为(广东南海,1858~1927)、梁启超(广东新会,1873~1929)发起的戊戌变法,此次维新运动虽然失败了,但在中国近代史上的意义是不可否定的。宣统三年(1911),孙中山(广东香山,1866~1925)领导的辛亥革命,终于推翻清王

---

① 吴俊升:《张之洞与广雅书院序》,页3。
② 本节所述,取材于黄增章、陈志雄:《杰出的诗人外交家——黄遵宪》,页117~121。

朝,摧毁了长达两千多年的封建制度。

孙中山所领导的革命党——兴中会,于光绪二十一年(1895)九月九日(10月26日),首次在广州起义,不幸没有成功;其后在华南沿海和沿边地区,又发动了几次起义,全都遭到失败,但革命党人仍然不屈不挠。宣统三年(1911)三月二十九日(4月27日),改组后的革命党——同盟会,在广州发动著名的黄花岗起义,不料又遭到重大的挫折;然而此役却引爆了八月十九日(10月10日)的武昌起义,一举推翻了专制腐败的清王朝;孙中山的革命,历经十次起义的失败,才建立亚洲第一个民主共和国。①

三、结语

历经 19 世纪的风雨摧残,走过 20 世纪的沧桑岁月,随着不断深入的改革和开放,如今的中国已经浴火重生,再度崛起,由世界的工厂逐渐转型为世界的市场。

近 30 年来经济的发展,其实也是从岭南地区起步的。1980 年 8 月 26 日,第五届全国人大常委会第十五次会议,宣布建设广东省的深圳、珠海、汕头暨福建省的厦门为经济特区。1983 年 10 月又批准在海南实行特区政策。1984 年 1 月 24 日至 2 月 10 日,邓小平视察深圳、珠海、厦门三个经济特区;4 月,进一步开放天津、上海、大连、秦皇岛、烟台、青岛、连云港、南通、宁波、温州、福州、广州、湛江、北海等 14 个沿海港口城市。1985 年年初又把长江三角洲、珠江三角洲,闽南厦、漳、泉三角地区,以及胶东半岛、辽东半岛开辟为经济开发区,逐渐形成沿海地区对外开放的格局。1990 年又批准在武汉、重庆、成都、沈阳等内地城市,兴办 26 个技术开发区。近几年进一步开放沿江沿边城市,形成全面性对外开放。②

文化与经济是国家建设的两翼,二者必须取得平衡的发展,才能起到相辅相成的作用;如上所述,近代以来,我国许多新文化的创始大多起源于岭南,可以想见今后岭南文化的发展,必将肩负起继往开来的重大使命。

---

① 本节所述,参考焦润明:《救亡图存——清末维新潮》、李书源:《弃旧图新——清末共和潮》。
② 本节所述,取材于孟云剑、杨东晓、胡腾:《共和国记忆 60 年·编年纪事》页 175、191;郑竹园:《大陆经济改革与两岸关系》,页 41~42。

参考资料：

1. 罗香林:《客家研究导论》,台北古亭书屋,1981 年 9 月。

2. 胡守为:《岭南古史》,广东人民出版社,1999 年 9 月。

3. 陈运栋:《客家人》,台北东门出版社,1978 年 9 月。

4. 杨海中:《图说河洛文化》,河南人民出版社,2008 年 1 月。

5. 杨丽丽、林玉琳、李输、富瑶、范丽君:《历史上的大移民》,中国时代经济出版社,2009 年 8 月。

6. 李向玉:《汉学家的摇篮:澳门圣保禄学院研究》,中华书局,2006 年 12 月。

7. 周汉光:《张之洞与广雅书院》,中国文化大学出版部,1983 年 11 月。

8. 郑竹园:《大陆经济改革与两岸关系》,联经出版事业公司,2000 年 4 月。

（作者单位:台北华侨高中）

河洛文化与岭南文化的特征比较

阳信生　饶怀民

河洛文化、岭南文化都是中华文化中颇具特色和影响力的区域文化。河洛文化是一种先进的辐射力很强的核心文化,由于封建统治的强化,特别是几次河洛地区居民的大迁移,原来落后的边陲地区逐步融会于河洛文化并获得了巨大发展。从这个意义上说,河洛文化是岭南文化的母体,岭南文化属于河洛文化的子系文化。但是,河洛文化在传承过程中与当地的地理环境和社会环境发生密切联系,文化的陈陈相因和推陈出新相伴始终;岭南文化外向性发展中也体现出很强的文化继承性、文化适应性。因此,在长期的发展演化进程中,相比于河洛文化,岭南文化既带有河洛文化的某些特点,也具有自己的独特性。对河洛文化与岭南文化的特征进行系统、深入比较,可以发现不同文化之间融通的历史脉络和现实面貌,也有助于理解我国丰富多彩的地域文化发展演进的基本特点和基本规律。

一

岭南文化的发展演化与其特殊的地理环境紧密地联系在一起。岭南北倚五岭,南临大海。对北部内地,它相对封闭;对南部大海,是开放的。这种区位形势,极有利于孕育和发展富有地理特色的文化体系。[①] 长期以来,海洋文化和文

---

① 曾牧野等:《话说岭南》,广东人民出版社 2005 年,第 1 页。这几乎是研究者的共识。刘益在《岭南文化的特点及其形成的地理因素》一文(《人文地理》1997 年第 1 期),第 44 ~ 46 页)对此进行了比较深入的探讨。他考察了自然地理位置、经济地理位置、政治地理位置以及生存自然环境和生产自然环境对岭南文化的影响,认为岭南鲜明特色的新成,地理环境因素起了重要作用。

明尚未发育形成,岭南由于与处于国家政治经济中心的黄河流域隔绝,加上自然环境和条件的恶劣,被看做"化外"之地、"瘴疠"之乡,岭南人也被称为"蛮夷"、"南蛮",岭南地区的文化发展远远落后于先进的中原地区,土著的南越文化长期以来被认为是原始、落后的代名词。"岭南思想文化的发展,主要受中原文化的影响,起步晚,成熟也晚。"①秦始皇统一中国后,在岭南设置南海郡、桂林郡和象郡,南海郡治番禺(今广州),从此,岭南大部地区逐渐纳入封建中央集权制国家的版图。

与此同时,或统治者为巩固岭南地区统治的需要而组织河洛地区移民岭南,或由于战争频繁、政治动荡、民生不宁等而引发大规模的中原移民潮,中原地区向岭南文化的移民人数不断增多,河洛文化迅速渗透到岭南地区。特别是秦汉、两晋南北朝、两宋和明末等四个时期,由于北方政治动荡、连年战争、自然灾害等原因,岭南由于地处偏远,社会环境相对安定,加上岭南地区开发潜力大,因而常成为北方人口逃避战乱的理想场所。需要特别指出的是两晋南北朝时期,不仅移民规模大,而且还形成了以士族为主体的南迁人流。清道光《广东通志》载:"东晋南朝,衣冠望族向南而迁,占籍各郡","衣冠望族"移居岭南后聚族而居,在极短时间内成为当地的大族,有力地推动了当地的政治、经济、文化的发展。多次大规模的人口南迁裹挟强大的政治、军事、经济力量,极大促进了先进的河洛文化在岭南的传播。

毫无疑问,河洛地区的经济、科技、思想、学术和民俗等对岭南地区产生了直接而深刻的影响,先进的河洛文化对岭南文化的渗透与融合,使得岭南文化逐渐发展、成熟。由于河洛文化的根源性、辐射性,岭南文化与河洛文化具有某些共同的文化基因和文化特质。

第一,务实性。不管是学风方面倡导经世致用,还是民风民气朴实、务实、勤劳、勇敢等,河洛文化与岭南文化表现出共同的文化特性。"洛学"反对空疏学风,具有重实用、实际的"经世致用"、求真务实特征,对岭南文化的影响很大。岭南学派在形成与发展过程中,都继承和发展了河洛文化求真求实精神。陈白沙治学提倡独立思考,不受程、朱那套繁琐经注的束缚,提出"贵疑"、"自得"主

---

① 曾牧野等:《话说岭南》,第37页。

张,创立了独树一帜的江门学派,开岭南文化新风。朱次琦破除学术门户之见,采用调和汉宋经学于一体的治学方法,强调学习韩愈的"通经致用",主张从实践中求得真知、并学以致用,最后创立了江门学派。他提出:"学必期其有用,功必归于实践,不明经谊,不能实践,就不算通经。通经所以致用,致用就是躬行实践,修身治国。"①

第二,兼容性。河洛是天下中心、中华文明之都和中华文明最早的源头之一,河洛文化是中华文化之根,具有强大的吸引、包容、凝聚的力量。其开放兼容性表现在,它既能把周围的文化和其他类型文化的包容、吸纳,使河洛文化这棵大树因此更加根深叶茂,生机勃勃;又能把自己的文化推出去,许多地域文化都或多或少都受到河洛文化的影响。而岭南文化继承、吸收与再造河洛文化、土著文化、西方文化等不同的文化类型,而呈现多元渗透、兼容并包、互补共存的文化特征。

第三,传统性与现代性并存。两种文化都兼具传统与现代、乡土性与现代性等双重特征。河洛文化历史悠久,韧性十足,从古至今都表现出顽强的生命力。其历史传承过程中保留了大量的传统烙印,如讲究礼仪、甚至繁文缛节等;但在现代社会亦呈现出务实开放的新风貌。岭南文化亦是传统性与现代性并存。自海洋文明兴起后,岭南文化开风气之先、对全国有引领作用,但是岭南地区汉化程度较小的土著居民的乡土性、封建性和客家人对河洛传统的捍卫亦不能忽视。

二

虽然河洛文化与岭南文化的有某些共同的特点,但由于地理因素、发展的历史机缘以及文化本身的特性,两种区域文化所呈现出明显不同的特点。② 当然,在比较岭南文化与河洛文化的不同特征时,首先应明确以下三点:

其一,河洛文化具有岭南文化所无法企及的强大的辐射力、影响力、带动力与衍生能力。古代河洛文化以其根源性、丰富性、多元厚重性,对其他区域(包

---

① 简朝亮:《朱九江先生集》,(台湾)文海出版社1966年,第70~71页。
② 有关河洛文化特征分析的论著不少,都比较赞同李权时(《岭南文化:一种富有活力的地域文化》,《羊城晚报》1997年11月3日第10版。)中提出的观点,他认为"岭南文化具有重商性、开放性、兼容性、多元性、受用性、直观性和远儒性等七大特征"。当然,需要指出的是,岭南文化在不同的区域亦呈现不同的特征,如有研究者指出,岭南地区中,珠江中上游"多山地,地区位闭塞,民性比较保守和纯朴,传统风气厚重。而下游和三角洲地区,交通便利,民性灵巧,善于吸收外来文化,故商业文化和海洋文化成为该地域文化的主要特色。"(曾牧野等:《话说岭南》,第3页。)

括湖南、江西、安徽、山东、广东、广西、福建、海南等地）的文化产生了巨大而深刻的影响。而岭南文化在中华文化体系中并不具有明显的优越性、吸引力,影响力和带动力亦有限,其格局和气量亦难以成为主流。即使在全面推行改革开放的今天,岭南文化对其他区域文化的辐射力、渗透力及全国影响力似乎亦不宜估计过高。

其二,河洛文化与岭南文化、农业文明与海洋文明、商业文明的差异。中国是个农业大国,河洛文化作为中华民族的源头,就是以农耕文化和农业文明为基本特征的。以河洛文化（或曰中原文化）为正统的封建王朝,在政治上都推行"重农抑商"的政策,这极大地遏止了资本主义的萌芽。而岭南地区因为一端是南海,从汉唐始便成为中外交流的重要门户,对外贸易非常发达,浸润海洋文明之风,具有很好的商业传统和明显的商业文明特征。

其三,岭南文化与河洛文化是政治文化、正统思想文化与世俗文化、实利文化的差异。历史上在河洛地区建都的王朝最多,洛阳是九朝之都,开封是六朝古都之一,河洛文化具有政治化、王权化、正统性、伦理化特征。而由于地理上的原因,秦末汉初,赵佗还在岭南实行武力割据,建立起半独立的南越国;而后,岭南地区一直远离政治统治的中心,都或多或少地保留了一定的政治上的独立性和自主权,对中央政府具有一定的疏离感。而且,岭南地区因少军事纷争和政治动荡,多以发展经济、改善民众生产生活条件为目标,世俗性、功利性特点明显。

基于此,我们认为,河洛文化与岭南文化有如下差异:

第一,开放性创新性方面,岭南文化具有典型的海洋文化特性,比河洛文化更具对外开放的特质和创新的精神品质。

因为岭南具有河洛地区所不具有的特殊的地理环境,岭南文化的开放性、创新性和冒险精神很强。岭南作为后发地区,岭南民众筚路蓝缕,敢于冒险,开拓进取的精神体现得非常充分。梁启超亦言:"广东于地理上受此天然优胜之感化,其剽悍活泼进去冒险之性质,于中国民族中,稍现一特色焉。"[①]特别是由于岭南南临大海,与越南、马来西亚、印度尼西亚、菲律宾等国隔海相望,是我国通往东南亚、大洋洲、中近东和非洲等地区的最近出海处,沿海地区的地理优势明

---

① 梁启超:《饮冰室合集》第 2 册《文集》卷一九,中华书局 1989 年,第 91 页。

显。自三国时代以来,广州就已是中国海上丝绸之路的起点,到唐代已成为世界著名商埠,宋代广州与 50 多个国家有通商及政治关系,元代广州与 140 多个国家有贸易关系。岭南人还积极进取、敢于冒险,大胆迈出国门,今海外华侨和华人 3000 多万中,粤人占了 2000 多万。因为所具有的明显的外向开放型的海洋文化特性,岭南文化被注入新的养分和活力,逐渐形成为一种先进文化。①

特别是到了近代,海洋成为岭南对外开放的主要通道,岭南"得风气之先",在走向世界、探究救国新知方面走在全国前列。1847 年,广东香山籍人容闳、黄胜和黄宽等三人是中国近代最早的出国留学生,由容闳创议留学的晚清留美幼童是中国近代最早的公派留学生。这 120 名留学生中,广东籍的学生总数为 84 人,占留美幼童总数的 70% 。而第一批 30 人中,广东籍有 24 人,占 80% 。② 后岭南地区成为近代维新变法的思想源泉和民主革命的策源地,康有为、梁启超、孙中山等人在变法维新和民主革命走在全国前列,也与岭南文化的开放性着密切的关系。

值得一提的是,岭南文化的创新意识很强。如开岭南学术新风的岭南学派(先后以江门学派、九江学派为代表)便极具开放性和创新性。有研究者认为,"九江学派极富于创新精神,朱次琦调和汉学宋学,是经学的创新;以掌故治史,以谱牒治史是史学的创新,学必期其有用,功必归于实践是认识论的创新;以实学为旗帜,提出'四行''五学'是一代学风的创新。"而后康有为弘扬九江学派的创新精神,"把中学和西学相互融合,使传统学术有了全新的改观"。③ 还有,在佛教发展过程中,新州(今新兴)的慧能摆脱原来禅宗"渐悟"的义理,打破佛典中各种繁琐经义教条的束缚,直指心源,提出众生平等、"人人皆有佛性"、"顿悟"之说,建立了一整套特色佛教理论,南方禅宗自成一派,影响深远。

第二,相比于河洛文化,岭南文化兼容并蓄、充分吸收各种文化的有机养料,极具兼容性。

兼容性是开放性的一种表现。岭南文化是以当地南越文化为底本,与中外

① 曾牧野等:《话说岭南》,第 7~8 页。
② [美]勒法吉著,高宗鲁译:《中国幼童留美史——现代化的初探》,台北华欣文化事业中心出版社 1982 年年,第 31 页。
③ 冼剑民、叶美兰:《九江学派及其影响》,赵春晨、何大进、冷冬主编:《中西文化交流与岭南社会变迁》,中国社会科学出版社 2004 年,第 238~239 页。

各种文化长期交流、碰撞、整合,兼容并蓄,融会升华而发展形成的独具特色的地域文化。岭南文化具有包容南北、兼纳中西的特点。在与内陆其他地域文化交流中,岭南文化接受并融会了河洛文化、楚文化、湖湘文化、吴越文化、巴蜀文化的影响,特别是接受了强劲的河洛文化的滋润,焕发了勃勃生机;岭南文化对各种外来文化的兼容并包尤为彻底,在与海外文化交流中,又兼容了基督教文化、阿拉伯文化、波斯文化、日本文化、西方文化的因素,尤其吸收近代西方文化的养料,岭南文化获得迅猛发展。因此,有研究者认为,岭南地区"唐代,伊斯兰教、基督教、犹太教在广州藩坊中并村,是一个很独特的现象。入华的波斯文化、阿拉伯文化、印度文化乃至拜占庭文化都在岭南扎根,与岭南文化共生共荣,如果没有文化的兼容性,这种异质文化的交会是难以想象的"[1]。

　　岭南文化的兼容性不仅表现为各种地方文化的共存共生现象,区域内部广府文化、潮州文化、客家文化、桂系文化、海南文化等地区文化具有鲜明的区域差异,而且异质文化的兼容和共生现象亦比较普遍,如高度文明的科学技术与极端落后的封建迷信中许多家庭和市民身上同时并存,相安无事。[2] 同时,岭南文化对儒道释等宗教和各种外来文化的兼容并包也是一大特色。岭南是佛教传入中国最早的途径之一。岭南地区的佛教一直比较兴盛,底蕴深厚。岭南亦是我国的道教重地,中国道教南传过程中,岭南文化兼容道教文化,呈现出"道化"品格,如岭南信仰富有道情、岭南民俗蕴涵道味、岭南文化艺术饱含道韵,道教玄妙的义理为岭南文化的风姿多彩增添了哲理。[3]

　　当代岭南地区的包容性和容纳力更是众所周知,特别是广东改革开放的成就就是以开放包容的文化品格为基础的。有论者认为"岭南文化从一开始便具有鲜明的兼容性,其原发期便兼容了农业文化和海洋文化,而不像中原文化那样以农业文化为单一的源头;而后,则在不断地兼容中原文化和西方文化中,形成自己的特点和优势,成为中华文化百花园中的一枝奇葩,绚丽多彩。"[4]这种说法是颇中肯綮的。

---

① 曾牧野等:《话说岭南》,第 55~56 页。
② 刘益:《岭南文化的特点及其形成的地理因素》,《人文地理》1997 年第 1 期,第 44~45 页。
③ 王丽英:《道教南传与岭南文化》,华中师范大学出版社 2006 年,第 5 页。
④ 黄明同:《岭南文化的三次大兼容与三个发展高峰》,《学术研究》2000 年第 9 期,第 98 页。

第三,务实性方面,相比于河洛文化,岭南文化更彻底、更纯粹、更世俗。

这主要表现在对政治的远离、对儒家教义的不拘泥、对世俗生活的极大关注,表现出与其他地方不同的文化特点和现实风貌。河洛地区以其厚重大气养育了其人民,河洛文化不管是农耕文化,还是商业文明,都有古王朝遗风,民风纯朴,民众忠厚实在,讲信用。"洛学"代表人物之一程颐"安贫守节,言必忠信,动遵礼法"①,鲜明地体现了河洛文化的精神内核。而岭南民众更少有礼俗之羁绊,更为务实,更为生活化和崇尚自然。这与岭南山区恶劣的自然条件和大海的诡秘莫测有关。自然环境恶劣使得岭南地区民众被迫与大自然进行顽强的斗争,也要求他们必须更务实以求生存和更好的生活。为此,他们形成的勤劳、勇敢、敢于冒险、勇于开拓的精神品格;同时,在恶劣的自然环境面前,他们又不得不求助于神灵,笃信鬼神,求助于超自然力的保护,世俗性很强。至今岭南地区求神拜佛的风气仍然承袭不衰,即这一传统心理和习俗的延续。②

岭南文化中蕴涵的实用主义、求实精神、平民气息和追求俗世享受色彩很浓。有研究者在分析岭南文化的变通意识时就认为,岭南文化具有"利益驱动人心思变"、"俗世自乐轻言规范"、"平民心态疏于王权"等特征,在岭南地区,由于商业活动的发达,民众较少受土地、家庭、礼教的束缚,讲求人际的平等和人性的自然,讲求俗世生活的情趣化。即"生活知识为了内在切身自在、自足、自娱的俗世享受。"③这一调整在岭南文化和民俗中有集中体现。岭南饮食文化具有强调节俭有度、不尚奢华、讲究实际的风格。即使宴请宾客,也绝不铺张,以吃饱、吃好为原则。岭南民俗中多有发财、行大运等与现实生活相关的内容。

第四,相比于河洛文化的政治性格和崇文重德传统,岭南文化的重商性特色显著。

河洛文化与封建政治、伦理有密切的关联,有崇文重德、重农轻商、重儒轻商的传统。而古代岭南一直远离中国封建社会的政治中心,加上相对封闭的自然环境,使得岭南开发较迟,被中原王朝视为化外之地,岭南文化对封建正统思想文化保持较大的游离性和反传统性(或称之为远儒性、反传统性、政治异端性)。

---

① 《宋史》卷 427。

② 此处参见刘益:《岭南文化的特点及其形成的地理因素》,《人文地理》1997 年第 1 期,第 45 页。

③ 张红娟、吴重庆:《岭南文化的灵活善变与广东经验》,《现代哲学》2000 年第 1 期,第 20～21 页。

从儒学人才来看,从汉到隋长达八百余年中,广东被朝廷察举、征辟人才总共不过 24 人。唐朝始开科取士,在广东,唐前期没有一个进士,唐后期广东进士仅 5 人,占全国 0.7%,仅在广西之上。① 而且,岭南地区形成了实利重商的文化导向和良好的商业传统,与河洛地区"重本抑末"、"重农抑商"观念占主导的农业社会文化形成了鲜明对照。长期以来,岭南特别是珠江三角洲一带一直是一个商业贸易比较发达的地区,具有悠久的经商传统,"崇利"的商品观念渗透到岭南社会各个角落。明清时岭南商品经济发展尤其迅猛,当时浙商、徽商、晋商、闽商争相"走广",岭南地区,尤其是广州、潮州等地,人们重商观念很强,经商活动十分普遍,商业贸易不断走向繁荣。广州城南的濠畔街成为"天下富商聚焉"的闹市区。② 清代仅潮州一地,"不务农业"的居民达 10 万户之多。宋代以来,岭南特别是广东地区,富甲一方似乎是不争的事实。

结　语

后进文化总会被先进文化所影响而具有某些趋同的特征,但不同地域文化因为地理条件、社会环境和历史传统的不同而具有一定的差异性。通过不同地域文化的历史与现实的比较,发现文化的生命力在于通过交流、碰撞,相互借鉴,共同发展、共同繁荣。同时,各种文化应不断挖掘其自身优势和特色,积极寻求传统文化的现代性转化,提高文化对现实的回应力,进而实现文化与社会的良性互动和可持续发展。

(作者单位:阳信生,湖南商学院公共管理学院;

　　　　　饶怀民,湖南师范大学历史文化学院)

---

① 刘益:《岭南文化的特点及其形成的地理因素》,《人文地理》1997 年第 1 期,第 45 页。

② 李权时:《岭南文化》,广东人民出版社 1993 年,第 22 页。

浅析潮汕文化的建构与传承

——以教育文化为研究主轴

赵明义

潮汕文化就是指潮汕地区人民的历史与生活文化的总称。她是中原文化的一个支流,是土著文化与中原文长期自然融合的结果。

在潮汕文化熏陶下,潮汕人养成如下的特质:爱乡爱国;团结信实;勤俭坚毅、热心公益;兴学建校、重视教育。潮汕人自奉甚俭,但公益捐献却从不吝啬,对兴学建校尤然。如李嘉诚捐巨资建汕头大学,林国长解义囊购置台北市潮州会馆,足为典范。

一、潮汕地理人文速描

潮汕,是一个地区称谓,泛指原来的潮州九县与汕头市的总称。位于我国东南沿海广东与福建的交界处,三面环山,一面向海,面积 10346 平方公里。隋初设潮州治,唐称潮阳郡,宋曰潮州潮阳郡,元称潮州路,明、清称潮州府,属广东省,治海阳。辖海阳、丰顺、潮阳、揭阳、饶平、惠来、大埔、澄海、普宁九县。民国废府,1921 年设汕头市。目前,潮州行政区划为汕头、潮州、揭阳三个地级市。汕头辖金平、龙湖、濠江、潮阳、湖南、南澳七县区。潮州市辖潮安、饶平二县。揭阳市辖揭东、揭西、惠来三县与普宁市、顺丰县划归梅州市。

潮汕处于广东的南越(秦末赵佗建南越国)与福建的闽越(越王勾践后代无诸建闽越国)交会之处。至隋唐时仍被目为荒蛮瘴疠之乡,谪宦逐客之地。亦即韩愈在《潮州刺史谢上表》所说"飓风鳄鱼,祸患不测,州南近界,涨海连天,毒雾瘴氛,日夕发作"的地方,只有畲、獠、俚少数民族(或称蛮僚)居住。① 今日潮汕居民,大半由外来移入。史载,秦始皇平定南越后,遗戍卒五十万人,分驻两粤五领,揭阳就是其中的一领,是最早移居于此地的外族人。汉武帝平南越国、南海国和闽越国后,行民族大迁移政策,"将其民徙处江淮间,尽虚其地"(《史记·东越列传》)。晋室东迁,大批汉人移居于地广人稀的闽南地区,汉人遂成为这一地区居民的主体。宋元两代,海上贸易发达,潮汕得地利之便,中原移民经福建漳、泉两州大量拥入,相互融合成为潮汕族群的社会体系。故而潮汕文化与闽南文化有密不可分的关系,所谓"境土有闽广之异,风俗无漳潮之分"(《方舆胜览·潮州》)。可见潮汕虽非中原之土,却是华夏文化最为繁盛的一支,是南宋名相陈尧佐在《送人登第归潮阳诗》中所称誉:"休嗟城邑住天荒,已得仙枝耀故乡;从此方舆载人物,海滨邹鲁是潮阳"的"海滨邹鲁"神奇土地。②

二、潮汕文化的发展与特质

文化是一个十分复杂的概念,定义不下百种之多。但无论如何,文化不能脱离历史,不能脱离生活,文化是人类集体生活的总记录。③ 潮汕文化是古代潮州土著文化、中原文化与海洋文化相融合而产生和发展的文化。共同的潮汕文化起源于潮州先民,成型于秦汉,发展于唐宋,倡盛于明清,创新于现代。是中华民族优秀文化的一个小分支。它有中外文化的特点,也有自己独特的文化体系,如潮州方言、戏曲、音乐、饮食、工夫茶、工艺品、人文民俗等。其中潮绣为中国四大名绣之一,陶瓷有南国瓷乡之誉,木雕更为中国之绝艺,工夫茶煮法考究,茶道精致,沿袭了唐代饮茶之遗风。可以说,潮汕文化是本地土著文化与中原文化长期自然融合的结果。再经过潮汕人大量移民海外,把中华文化传播到四海五洲,同时吸纳并回游了世界其他民族文化的优点,使潮汕文化不断丰富发展。

---

① 唐代,居住在福建、广东、江西交界地区的少数民族被泛称为"蛮"、"蛮僚"或"峒僚",即包括畲族先民在内。畲族原住广东潮州府凤凰山,以凤凰山为其民族发祥地。俚人又称俚僚,主要分布在岭南地区,其社会组织以峒为骱单位,拥有铜鼓的首领称都老。海南黎族、广西的壮族,与俚人有密切的渊源关系。

② "邹鲁":"邹"是孟子故乡,"鲁"是孔子故乡,二处皆为儒家文化发祥地,故"海滨邹鲁"一语,含有礼义之邦义。

③ 如汤恩比:"文化是挑战与反应"。桑戴克:"文化是种思想价值和器物的累积体"。钱穆:"文化是人类生活之大整体"。于斌:"文化的本质,是人类向上努力向上的总成就"等。

千百年来,在潮汕文化熏陶下,潮汕人养成如下的性格并成为一种文化特质。它们是:

(一)爱乡爱国:由于潮汕先民大多为移民而来,有浓厚的氏族观念,所居之处,皆以姓氏宗祠为中心,以示不忘"本"。所谓:"望族营建屋庐,必建家庙","雕梁画栋,池台竹林,必极工巧","大宗小宗,竞夸壮丽,不惜赀费"("清府县志")。移居异地的人,更是把堂号宗祠或神庙,作为溯源归宗的圣地,乡情凝聚的中心。"潮之诸邑,在在有庙,莫不只祀,水旱疾病。有祷必应"(《台湾南部碑文集成》)。如早期移来台湾的潮人中,揭阳弟子马义雄、周榆森二人,在公元1386年时,恭带故乡霖田庙"敕封三山国王"香火来台立庙,作为潮州人普遍信仰的神祇,族群凝聚的中心,乡亲活动的场所。① 把这种爱乡情操扩而大之,便成为爱国精神。数百年来,海内外潮民,或献身报国,或捐助乡梓,或兴学办校,爱乡爱国事迹,不绝如书。

(二)团结信实:有潮州人的地方就有潮州会馆或同乡会,作为服务乡亲、联络情义、互助团结、传播文化的中心。依据2005年第十三届国际潮团联谊年会统计,包括美、法、德、澳、非洲、台湾、香港、澳门在内,全球有27个国家地区,设有会馆组织,形成一个全球性的团结服务网,团结信实精神令人钦佩。

潮侨最多的地方,首为泰国,次是香港、新加坡和马来西亚。泰国华侨华裔约700万人,潮人占80%。潮人与泰人通婚,亲如一家人。一些泰国总理据说为潮人后裔。泰国潮州会馆建立于民国27年,是泰国最大的华侨会馆,属十县同乡会。无论在团结服务,救灾济贫,兴学建校,促进邦谊等,均有卓越之成果。②

(三)勤俭坚毅、热心公益:潮汕地处滨海,地少人多,培养了他们敢于拼搏的精神,往往是:"一条裤带头,走遍七洋洲","双手打天下,独臂转乾坤",勤劳刻苦,坚毅锐敏,白手起家,创业有成,而发达致富的人也有许多。他们善于经商,与"温州帮"齐名。他们奉己甚俭,对公益捐助却毫不吝啬。兹举数例:其

---

① 传说"三山国王庙"原为宋太祖北伐北汉时,对独山、明山、巾山山神之封神,后成为粤东潮梅惠百姓的守护神。现今全台共有155座"三山国王庙",屏东县28座,最多。其中台南市立人路的"三山国王庙",台籍民俗学者林衡道认为是"台湾现存唯一广东庙宇建筑的潮州会馆"(见《潮州文献》,第29卷第57、58期)。

② 陈益廷:《潮州人在泰国》,载《潮州文献》第22卷第43、44期。

一、前台北市潮州同乡会理事长林国长先生,他吃面时,加不加一个蛋,还要和太太商量考虑,是否太过浪费,但他捐建台北市运动场,一笔就是一千万台币。他身上有三种香烟,第一,洋烟,请洋人与高官。第二,名牌烟,招待一般客人。第三,他自己抽的是平价"新乐园"。其二、现台北市潮州同乡会址,位于繁华市区潮州街,即系由林国长先生独捐 120 万元以及其他乡亲,热心解囊购置,台北市潮州同乡会务得能运作不辍。其三、香港企业家李嘉诚,捐巨资超过 12 亿港元,建汕头大学,于 1990 年完成。这种勤劳俭朴热心公益的精神,造就了潮汕文化的另一特质。

(四)兴校建学、重视教育:潮汕人有一句俗语:"地瘦栽松柏,家贫子读书",代表着对后代教育的期待与重视。历史上在潮州首播教化之功者为唐代韩愈。这位被苏东坡称为"文起八代之衰,道济天下之溺,忠犯人主之怒,勇夺三军之师"的大儒,①宪宗元和十四年(819),因谏佛骨表贬潮州刺史。韩在潮州虽仅 8 个月,但他设学校、勤农耕、修水利,驱鳄害,发展文化,普及教育,移风易俗,均有极大之成就。他上牒请置乡校,举赵德专学政。习孔孟之学,行先王之道,自是潮之士皆笃于文行,延及齐民,至于今,号称易治。② 后潮民为感韩愈之德而有韩文公祠之设,以及韩江、韩山之名。

宋代,潮州职官多闽人,彼等尊崇韩愈,慨然以兴学明道为己任。兴建官学,创办书院,办置扩充学田,文风大盛。③ 参加科举应试的人数增长很快,淳祐庚戌科(1250),超过一万人。学风之盛,非其他州郡可比。有宋一代,潮人登进士及第者 172 人。世称"潮州前七贤",都是宋代的科举人物。④

明嘉靖年间,揭阳薛侃(字尚谦,号中离),阳明先生入门弟子,师阳明习格物致知之学,倡知行合一,重实践笃行,先后讲学于府城金山玉华书院,梅林虎山

---

① 苏轼:《潮州韩文公庙碑》,载《东坡文集》卷五五。
② 《潮州请置乡校牒》,载马通伯《韩昌黎文集校注》,[台北]华正书局,1982 年 2 月。
③ 黄挺:《潮汕文化的历史与潮客关系》。网站:维基百科,潮汕地区。
④ 黄赞发:《潮汕先贤》,载潮州历史文化研究中心编:《潮汕历史文化小丛书》,2000 年 7 月。

（中离山），以及宗山书院，①传阳明之学，并积极推动阳明的"乡约"制度。② 乡约出于礼而应乎教，德业相劝，过失相规，礼俗相交，患难相恤，振民俗，励礼义，是儒家伦理政治思想的具体发挥，更是潮汕地区一次成功的儒学社会化工程。在此儒风影响下，有明一代，潮汕地区经济繁荣，人口稠密，文风兴盛，人才辈出。中进士 160 人，举人 162 人，共 322 人。而嘉靖一朝就多达 149 人，其中进士 34 人，举人 115 人。同时还流传着宋"前七贤"、明"后八俊"的美谈。③

由于重视教育，海外潮人一直有兴学建校的好传统。他们不但在侨居地办侨校，保持中华文化，更关心乡梓教育，大力捐资，回乡建校。初期以建私塾为主，戊戌政变（1898）以后，受新思想影响，开始创办新式学堂。1978～1988 年，海外潮人捐资新建、扩建和修建的学校共 1500 所以上，其中以香港企业家李嘉诚巨资创办汕头大学最为代表。由上述可知，重视文教乃是潮汕文化的重要部分。

三、潮汕人在台湾

潮人何时来台，史不可考。一说明末潮人林道干率徒众最先来台。而大批潮人移台，当有三波。其一，郑成功据谋匡复，潮籍进士辜朝荐与潮人丘辉等率潮义兵义民数万，来台佐郑，皆落籍本岛。"台阳僻在海外，旷野平原，自郑氏絜内地数万人以来，迄今，闽之漳泉，粤之潮惠，相携负来，率参错寄居"④。其二、清咸丰八年（1858），潮州正式设置为通商口岸，台闽海上交通频繁，大批潮人相继移垦台湾，先后置潮州、惠来、饶平等庄镇，借寄乡情。⑤ 其三，1949 年大陆局势逆转，约五万军民撤退来台。迄今，潮汕人在社会上奋斗有成者大有人在。虽

---

① 黄赞发：《潮汕先贤》，载潮州历史文化研究中心编：《潮汕历史文化小丛书》，2000 年 7 月。
② 乡约，原为宋代维持社会治安的乡社组织，为陕西蓝嘉祐进士吕大防（叔和）所创。继而朱熹对吕氏乡约略加增减，行之于今江西、福建地方。及至明代，王阳明多参照吕氏条规，定"南赣乡约"，行之于江西南部各乡镇。乡约精神为："凡同约之民，皆孝尔父母，敬尔兄长，教训尔子孙，和顺尔乡里，死丧相助，患难相恤，善相劝勉，恶相告诫，息讼罢争，讲信修睦，务为良善之民，共成仁厚之俗。"
③ 宋前七贤为：吴复古、余许申、张夔、刘允、林巽、王大宝、卢侗。加上唐代的赵德，亦称前八贤。明后七贤为：翁万达、林大钦、萧端蒙、郭子章、黄奇遇、许国佐、罗万杰。
④ 台湾省文献委员会《重修台湾府志》，1993 年。
⑤ 屏东县潮州镇网站：据载清雍正四年（1724），潮州府居民为开拓新土，渡船东航，居于本地，斩荆披棘，拓石开基，遂以其先民聚集居住，并兴建三山国王庙奉祀，并由此发展迄今之潮州。

与其他族群相融合,但仍保持本身固有传统,在这方面,潮州同乡会扮演着极为
重要的角色与平台。

1951 年 10 月 21 日,全台第一个"潮州同乡会"在台北市成立。创会宗旨,
主要是连络乡亲情谊,协助乡亲急难,传承优良传统文化为目的。初无定所,后
经元老会员林国长、陈素、以及爱国爱乡的乡亲们热心捐助,方购置永久性会馆
于潮州街,始得保有今日会务"顺畅"之局面。目前,台湾设立同乡会的县市有:
基隆市、台北市、新竹市、台中市、台南市、高雄市。其中台北市与高雄市仍维持
每年发放潮籍青年奖助学金的传统。

台北市潮州会馆四楼"兰臣厅",悬挂创会元老陈素先生撰写的一副对联,
"循苏韩文教、恢邹鲁遗风"①。苏韩者国之哲儒,邹鲁者孔孟之乡,意在期勉潮
汕同乡传承中华文化,发扬儒家精神。也就是要重视教化,奖掖后进。台北市潮
州同乡会自成立之日起,每年均发放大专院校奖学金,嘉惠潮汕学子。每年发行
《台北潮人》(原《潮州文献》)一册,暨《台北潮人》季刊一份,免费分赠全体乡亲
及海潮籍社团及本岛各同乡会,借以交流沟通。

2005 年,该会组团赴澳门参加第十三届国际潮团联谊年会,与海内外各潮
团建立联系,会后拜访潮汕二市政府首长,受到高规格热情款待。近年来,两岸
交流扩大,文化艺术团体,来台表演、参访或展览者日多,台北市潮州同乡会乐意
尽地主之谊,居中协调联络,使行程更为圆满顺畅,为促进两岸乡亲情谊,作出力
能所及的奉献。

四、后语

笔者非潮汕人士,之所以撰写此文,得缘有二。一为参加第九届河洛文化会
议,希望能提出一篇心得报告,就教于方家先进。二为老友何才判学长现任台北
市潮州同乡会理事长,热心提供资料,笔者才能放心执笔,成此短文。限于才识,
个人虽已尽力,但析论颇感不足,期蒙方家教正,荣幸至极。

(作者单位:台湾复兴岗学院)

---

① 何才判:《循苏韩文教、恢邹鲁遗风》,载《台北潮人》,台北市潮州同乡会出版,2008 年 1 月 30 日。

河洛文化与岭南文化之关系

齐卫国

中华文化之特性,是吸收不同文化而形成,不但说明其同源,而且强调其合流。然而文化的内涵是什么? 它的功效如何? 世界上各国文化可分为哪些系统? 我们中国的北人南迁是何原因? 中华文化所称的"河洛文化"、"岭南文化"是什么? 两者之关系如何? 立足中国,放眼天下,中华文化之重要性及其将来之发展怎样? 笔者不揣固陋,愿一一陈述于后。

一、文化内涵,叙明功效系流

(一) 文化之内涵

"文化"的定义,各言其是,兹举梁漱溟及梁启超、钱穆氏之说法,以明之。

梁漱溟所著《中国文化要义》中说:"文化就是吾人生活所依靠之一切。"我们进一步分析:狭义解释,是指文字、文学、思想、学术、教育、出版等等为文化;然其广义解释,是指人生需要岂徒衣食,我们常说的"精神食粮"亦包含在内,那么音乐、戏剧、政治、经济、法律、宗教……那也是人生所依靠,如此说来,"文化"就无所不包了。

梁启超说:"文化者,人类心能所开积出来之有价值之共业也。易言之,凡人类心能所开创,历代积累起来,有助于正德、利用、厚生的、物质的和精神的一切共同业绩都叫做文化。"此说较前者为精要,故为大众所引用。

钱穆说:"文化就是人生,就是人类的生活。惟此所谓人生,并非指个人人生而言,是指集体的大群的人类生活而言。"这里指的是集体、大群的人生所产生的积累。

由三位学者的言论，可归纳其内涵为：以时间言，是人类从蒙昧至今日文明，都是文化的过程；以空间言，人类智能所及，言行所表，生活所依，物质的、精神的都是文化的领域，至此，我们对"文化"一词了然于胸中矣。

（二）文化的功效

汉朝刘向所著《说苑·指武》"凡武之兴，为不服也，文化不改，然后加诛。"这说明对各族国，先用文化方式化之，如不服教化才用武力加诛，可见对文化之重视了。兹举两例以明之：

其一为唐朝之文成公主，在贞观十四年嫁给吐蕃族弃宗弄赞，因好佛法，感化了弃宗弄赞，放弃武力，信仰佛教，建立佛寺，派子弟入唐留学，学习唐朝文化，使唐朝安定繁荣，无西顾之忧，此乃文化之功效也。

其二为清朝对待藏族，是推崇藏人的"喇嘛教"，使藏人心悦诚服。在盛京盖"喇嘛庙"，请喇嘛高僧驻庙诵经。那时的谚语是："十个喇嘛僧，胜过十万兵"、"十座喇嘛庙，胜过十个道"（清代在省以下划分若干道，是行政区域）。话虽有些夸张，但其文化之功，信仰之力，不可小觑。

（三）世界文化之系流

综观世界各国家、各民族之文化，可分为五大系流，即是：第一为中华文化，系自创及吸收他族文化而取名，第二是印度文化，第三是回教文化，第四是西方文化（以基督教为核心），第五是俄国文化。在此五大系流中，唯我中华文化系独立创发。历史上所谓的古文明文化，如埃及、巴比伦、印度、希腊、波斯，有的泯灭，有的转易，失去自主的民族生命。唯我中华文化屹立不摇，而且向外辐射融化异族，为世界任何民族所不及。

二、河洛岭南，两地人民关系

根据中华书局出版之《辞海》，"河洛"，一、谓黄河与洛水也。《史记·封禅书》"昔三代之君，皆在河洛之间。"《晋书·怀帝纪》"大旱，江、汉、河、洛皆竭，可涉"。二、谓河图洛书也。《神仙传》"王远，学通五经，尤明天文、图谶、河洛之要。"这个解释，其一说明是地理名词及其位置，并说明晋怀帝时河、洛二水之情形；其二说明是河图、洛书，这两解已具梗要，待叙明"岭南"后，再予以补充。

"岭南",唐,道名,贞观时置,以在五岭之南,故名。有今两粤及安南之地,省会在广州。后分为岭南东、岭南西两道。这里说出了省会在广州,地理上是在"五岭之南",那么"五岭"是指何地?经查其注解,录其二:"一为《裴氏广州记》,大庾、始安、临贺、桂阳、揭阳,是为五岭;二为《读史方舆纪要》,谓五岭是入岭之途五路也,自福建入广东循梅一也,自江西南安入广东南雄二也,自湖南郴县入广东连县三也,自湖南道州入广西贺县四也,自湖南全州入广西静江(今桂林)五也。"从此可知五岭之地也。

河洛在中国中部,岭南在中国南部,可以说是天南地北,在人口上来说,这两者有什么关系?那就请听我娓娓道来。

所谓"岭南文化",是来自于"河洛文化",其人口是从河洛迁徙到岭南的。进一步问为何要迁徙?揆其原因有:

（一）因战乱而迁徙

例如:晋朝的"八王之乱",自己的兄弟叔侄互相攻伐,到筋疲力尽时,"自己不和外人欺",引来了"五胡(匈奴、鲜卑、羌、氐、羯)乱华",把晋朝打了个落花流水,不得不向南迁徙。此时晋室家族、政府官员、富商大贾及不愿受外族统治者,纷纷向南迁徙,有的居于福建,有的居于江西,有的居于浙江,有的到了广东、广西,住下了以后,就不愿再移动了,况且原来的田园庐墓,已被外人所占有,南迁的这些人,繁衍了下一代,那就成了"落地生根便是家"了。

晋朝的战乱使人迁徙是如此,唐朝的"安史之乱"也是如此,北宋的辽、金、元之乱是如此,明末的清兵入关也是如此。由此可知,战乱使人民迁徙是一大原因了。

（二）因天灾而迁徙

中国北方常发生的是水灾、旱灾、蝗虫灾。以言水灾,就是黄河决口,一淹就是几个县,汪洋一片,成为泽国,人畜死亡,尽饱鱼鳖;以言旱灾,就是赤地千里,颗粒无收,饿殍载道,连县连州;以言蝗灾,就是铺天盖地,吃光庄稼,谁家被吃,毫无办法,捕不胜捕,只有祷告菩萨,这些灾害,不断上演,人民惩前毖后,有人就三十六计走为上,来一个迁徙到南方去吧。

（三）因瘟疫而迁徙

瘟疫,是一种急性传染病之总称,如伤风、伤寒、霍乱、鼠疫、赤痢、白痢、猩红热、天花、白喉,这些病症均属之。在以前医药不发达,只要这一家人有一个人染上了这些病,那这全家的人,就无一幸免。医药费的支出,营养费的增多,会使这家人债台高筑,甚至破产。因此北方地少人稠,有的人就卖光田产而到南方的江浙、两广去谋生了。

(四)因求适而迁徙

北方的气候,严寒酷暑:在最冷时,冰冻三尺,河水断流,若无足够御寒之衣物,真可把人冻死。人们为了御寒,把一年所收得之粮米,都耗费在购置棉、皮衣物上;可是到了盛夏,都在38°以上,甚至会把人热死,那真是"赤日炎炎似火烧,田野禾苗半枯焦",像这样的气候,真不适合居住。可是由于"安土重迁"的性格,就忍受着气候的折磨,然而有些开创、冒险之士,认为"埋骨何须桑梓地,就毅然决然地离乡背井而迁徙到亚热带的南方来了。

由上所述,可知北人南迁之原因,可是这些南迁之人只带些盘缠和动产吗?不然,他们还带来"河洛文化"。

三、河洛岭南,两地文化关系

(一)河洛文化之渊源

前面提及"河图洛书",据汉朝大儒孔安国注解"河图八卦也,洛书九畴也"。后人以为文明之象,伏羲则之以画八卦,由八卦进而造文字,因此地在黄河、洛河汇合处,称作河洛文化,即现在之河南省之巩县,属中原之地,叫做中原文化,中原文化也称作中华文化,我们现在常说"逐鹿中原",中原即中华也。

(二)河洛文化之丰盛

河洛文化亦称中华文化,在世界上独树一帜、光芒万丈,其所以丰盛之原因,除独立创发之外,还吸收了外来文化,那就是"泰山不弃拳石,故能成其高,大海不捐细流,故能成其大。"例如:胡瓜、胡床、胡桃、胡琴、胡萝卜、胡旋舞、蕃茄、番鸭……即今日惯用之阿拉伯数字,都是吸收了外来文化,所以我国历朝、历代能危而复安,弱而复存,皆由此也。

(三)迁徙岭南之人民,带来河洛文化

文化之涵义及北人迁到岭南之情形,前已陈明,我们进一步问,迁到岭南之人带来哪些文化? 以姓氏言,在北方是姓张、王、李、赵,到岭南仍是如此;以堂号言,北方姓陈的颖川堂、姓黄的江夏堂、姓杨的四知堂,到岭南仍是如此;以民生言,北方的正德(五伦、十义)、利用(工作器具、通商、利民)、厚生(不饥不寒,厚民之生),到岭南仍是如此;以教育言,艺术、教育、四书五经,到岭南仍是如此,惟在语言方面,北方是受了外族进入而有所同化(学得胡儿语,城头骂汉人),而岭南保存了汉语原音。现在做古诗,还是用河洛音押韵。由此可知,迁到岭南之人,带来了所有的"河洛文化",继承发扬了河洛文化,可见两者关系之密切,使我们得到了一个总结——岭南文化来自河洛,河洛文化自创、收纳。

四、结语

中华文化,是以儒家思想为中心,无论是哲学、政治、经济,都是面对现实解决问题,所以经得起时代的考验,经得起各国哲人、文学家、科学家的考验。公元1988年,世界诺贝尔奖得主于巴黎会议时发表宣言:"人类如需在二十一世纪继续生存,则必须回头吸取两千五百年前,孔夫子的智慧。"这是世界硕学鸿彦所倡言之共识,不是我们中国人的自吹自擂。

从这则宣言,使我们得到一个启示:不论物质文明怎样的进步,仍须以人文为主要核心。要以人驭物,才能使天下太平。我们"河洛文化"就是以此为宗旨。

现在世界上有200多所"孔子学院",都是以宣扬中华文化为鹄的,但愿在以"仁"为中心的思想,使天下苍生共沐恩泽,吾人拭目以待这大同世界的到来。

(作者单位:台湾知风草文教协会)

秦汉时期中原与岭南地区
的经济文化交流

程有为

　　中原地区原指黄河中游地区,及至春秋战国时期,其地域范围已经扩大到整个黄河中下游地区,包括今陕西、山西、河南、山东、河北以及安徽、江苏北部。这是广义的中原地区。本文所谓中原即广义的中原,河洛地区是中原地区的核心。

　　岭南又称岭外或岭表,指南岭(又称五岭)以南的地区。五岭又称五峤,是大庾岭、骑田岭、都庞岭、萌渚岭和越城岭的总称。岭南地区北有南岭(五岭),南有大海,构成一个独立的地理单元。本文所谓岭南主要是指今广东、广西、海南三省,有时也涉及越南。

　　中原和岭南地区相距数千里,有南岭山脉阻隔。过岭道路穿过南岭山脉的隘口,称"五岭峤道",包括越城岭道(湘桂道),萌渚岭道(桂岭道、谢沐关道),零陵、桂阳峤和大庾岭道等。这些,都是中原经荆楚至岭南的交通要道,也是两地经济、文化交流的重要通道。自古以来,中原和岭南不仅有政治联系,而且存在着经济文化交流。本文主要探讨先秦、秦汉时期中原与岭南的政治、经济、文化关系。

史前三代中原与岭南地区的关系

　　先秦时期岭南地区生活着南越与西瓯族群,泛称扬越、外越。岭南越人与中原华夏人很早就有交往。相传尧曾"申命羲叔,宅南交,曰明都"[①]。舜使禹"定

---

① 《尚书》卷一《尧典》。

九州,各以其职来贡,不失厥宜。方五千里,至于荒服。南抚交趾、北发"①。所谓"南交"、"交趾",即指岭南一带。若这些传说可信,则尧舜时代中原华夏族的政治影响已到岭南地区。

就考古学文化而言,中原地区有蓝田人、南召人,旧石器时代早期有以西侯度文化和匼河文化为代表的遗存,中期有以丁村文化为代表的遗存,晚期有以山西朔县峙峪、沁水下川、河南安阳小南海为代表的遗存。新石器时代早期有裴李岗、磁山、老官台文化,中期有仰韶文化,晚期有中原龙山文化。

旧石器时代岭表也有人类居住,例如广东曲江马坝人,广西柳江的柳江人。新石器时代早期的遗存,前段以独石仔、黄岩洞、青塘圩和大龙潭为代表,后段以甑皮岩为代表。在广东东江和北江流域分布着石峡文化;在珠江三角洲分布着西樵山文化,大部分以双肩石器、大型打制石器、绳纹陶或几何形印纹陶为特征。岭南地区新石器文化延续时间比中原长。

在新石器时代,洞穴、沙丘、贝丘、岗地遗址是岭南先民的主要生活地点,和中原地区多见经营农业的村落遗址有较大差异。周边地区考古学文化对岭南的进入和渗透从来就没有停止过,但珠江大传统始终发挥作用。珠江大传统与中原地区有显著区别。②

由于文献记载不足,人们对三代及其以前中原与岭南地区的联系知之甚少,但考古学研究提供了一些信息。例如,中原庙底沟文化的彩陶的传播有很多路线,"其中向南的一支在河南淅川下王岗、湖北枝江关庙山都有重要线索,所以很多学者都认为洞庭湖左近的大溪文化或相类遗存的彩陶与庙底沟文化的直接影响有关……尔后,彩陶由湘水走灵渠,从桂北入西江,进入广东后一路南下,经高要蚬壳洲、东莞万福庵、深圳大黄沙等地直至香港的大湾遗址等,形成了仰韶时代的中晚期彩陶由太行山、伏牛山、武当山、武陵山东麓而下,纵向切割中国版图的格局。"③

学术界承认新石器时代以来岭南地区就与中原地区,特别是与长江中下游地区有文化方面的接触,但倾向于文化通道的"形成发展时间与楚人进逼岭南

① 《史记》卷一《五帝本纪》。
② 卜工:《文明起源的中国模式》,第234、235页,科学出版社,2007年。
③ 卜工:《文明起源的中国模式》,第217~219页,科学出版社,2007年。

大体一致"①。其实中原经荆楚到达岭南的路线古已有之,而且文化走廊比人们预计的要多,联系更为紧密。"岭南地区的考古学文化与中原血脉相连,文明起源的中国模式在岭南继续延伸是客观的历史事实"②。

夏商周三代,中原与岭南的关系逐渐密切。商王朝的势力扩张已经到达南岭以北,在湖南、江西的考古发现就是证明。商朝初年,南方各国就向商王朝进贡特产。文献记载:"伊尹受命,于是为四方之令曰……正南,瓯、邓、桂国、损子、产里、百濮、九菌,请令以珠玑、玳瑁、象齿、翠羽、菌鹤、短狗为献。"③在郑州、安阳的商代墓葬中,出土了产自南海和东海的龟甲、海贝、海蚌、鲸鱼骨等,这些应是作为贡品或交换品传到中原的。④《逸周书》又记载,西周初年有"成周(今河南洛阳)之会",骆越人向周成王进贡"路人(即骆人)大竹"、"仓吾(苍梧)翡翠"、"越骆之菌(竹笋)"和"南海之秬(黑黍之类)"。周公摄政时期,岭南越人曾献白雉于周室。广东信宜县出土的西周铜盉,和中原的西周中晚期铜盉形制相同。广西亦有商周青铜器出土。⑤ 当时中原与江南、岭南的往来由此可见一斑。

总之,早在史前,中原地区与江南及岭南的往来就见于记载。"在中原进入阶级社会以后,高度发展的商周文化曾给南方以强烈影响;同时南方古文化中的某些因素,也被中原文化所吸收。它们之间的相互交往融合,共同缔造了我们中华民族的古代文明,共同促进了我国统一的多民族国家的逐步形成。"⑥

春秋战国时期中原文化对岭南的影响

春秋战国时代,岭南地区是越人的天下,长江中游地区则是楚人的世界。当时已有一些南越人活动于中原等地。杨宽指出:"至少在春秋后期起,越族已开始和华夏族融合,南越和中原的关系已很密切。"⑦战国中期,楚悼王任用吴起实行变法,楚国强盛,"南并蛮越,遂有洞庭、苍梧"。⑧ 楚国疆域的南拓,增强了对

① 黄展岳:《论两广出土的先秦青铜器》,《考古学报》1986 年第 4 期。

② 卜工:《文明起源的中国模式》,第 238 页,科学出版社,2007 年。

③ 《逸周书·商书·伊尹献》。

④ 蒋祖缘、方志钦主编:《简明广东史》第 53 页,广东人民出版社,1987 年。

⑤ 蒋祖缘、方志钦主编:《简明广东史》第 53 页,广东人民出版社,1987 年。

⑥ 《江南地区印纹陶问题学术讨论会纪要》,《文物集刊》第 3 期,1981 年 3 月。

⑦ 杨宽:《战国史》第 267 页,上海人民出版社,1980 年。

⑧ 《后汉书·南蛮西南夷列传》2831 页。

岭南地区的影响。中原华夏文化对岭南地区文化的影响,是通过楚文化作为桥梁而实现的。

广东清远、四会、德庆、肇庆、始兴、罗定与广西恭城、平乐、宾阳等地,都曾发现大量的春秋战国墓葬。这批墓葬的空间分布,大致在五岭南北两侧的河流沿岸。它表明岭南地区和中原文化的交往是沿着南岭山地的河谷而进行,这些河谷正是历史上的过岭通道。这些墓葬都具有中原地区商和西周墓葬的特点,特别是具有明显的楚文化特征,而墓葬中出土的青铜器,则兼中原和地方特色。①

1963～1964年在广东清远县马头岗发掘两座随葬有铜器的墓葬,年代为春秋末到战国前期。2号墓是长2.8米的长方形竖穴土坑墓。随葬青铜器有些与中原近似,特别是1号墓有方格绳纹的残器,竟与北方所出相仿,疑为外地传来的。② 1971年,广西恭城县秧家出土一批青铜器,包括有足部外撇的鼎、南方式的尊,也有近似中原风格的鼎。③ 广西平乐银山岭发现的战国中晚期墓葬,出土器物具有楚文化的特点,有些铜戈上还刻有楚国境内的地名,如"江"。④ "江"即江国,位于今河南正阳东南。

先秦青铜器的出土地点遍布岭南四十多个市县,总数800多件,年代多为春秋战国时期。"由于独具特色的人首柱形器、半球形器屡屡在此地出现,青铜器中含砷的特点完全有别于中原地区,加之夔纹陶遗存自身所表现的青铜文化特色,岭南青铜时代有一个土著时期已成为学术界的共识。"同时,"该时期青铜器中有与中原地区完全相同者,有与滇黔地区发生密切联系者,也有来自长江流域的因素"⑤。

广东青铜时代的物质文化和社会发展深受中原、楚越等地的影响,可以从出土文物得到证明。如广东发现的相当于商周时期的折肩大口尊、觯形器、簋形器和矮足豆等陶器,以及广东青铜时代盛行的形状多变又富于图案意味的夔纹,可以看到商周时代器形和夔龙纹的影响;广东青铜时代陶器或青铜器上的窃曲文、

①　李孝聪:《中国区域历史地理》第368页,北京大学出版社,2004年。
②　广东省文物管理委员会:《广东清远发现周代青铜器》,《考古》1963.2;《广东清远的东周墓葬》,《考古》1964年第3期。
③　广西壮族自治区博物馆:《广西恭城县出土的青铜器》,《考古》1973年第1期。
④　广西壮族自治区文物工作队:《平乐银山岭战国墓》,《考古学报》,1978年第2期。
⑤　卜工:《文明起源的中国模式》,第222页,科学出版社,2007年。

乳钉纹、兽面纹、蟠龙纹以及流畅的云气纹、羽状纹等,可以看到两周和楚文化的影响。惠阳的春秋狩蹄足云雷纹铜鼎,罗定南门垌的兽蹄足蟠龙纹鼎,南门垌和四会鸟蛋山的铜盉,清远马头岗的铜罍等,都与中原春秋晚期至战国早期的同类器物极其相似。[①] 人面纹在中原商代青铜器上已经出现,广东发现的都是春秋时期的铜兵器上。德庆县拦马山战国墓出土的一件青铜短剑上,刻有六个汉字铭文,说明汉字早已在广东流行。

总之,到了春秋战国时期,岭南的青铜器时代已经经历了数百年的自身发展,加上中原商周时期先进文化的影响和浸润,终于使岭南地区出现了奴隶制的生产关系。

秦汉时期中原与岭南的政治关系与经济文化交流

秦汉时期,岭南成为统一多民族国家的一个组成部分,岭南与中原的政治关系更为密切。

一、日益密切的政治关系

秦王政二十四年(前223年),秦国派军灭楚,"因南征百越之君"[②],数万军队进入岭南地区。为了解决运输和给养问题,秦军在广西兴安县境内开凿了一条长60里的人工运河,引湘江水入漓水,称作"灵渠"。秦军得到沿湘江运抵岭南的大批粮饷和物资的接济,得以深入西瓯作战,基本控制这一地区。秦始皇三十三年(前214),派遣亡人、赘婿及贾人继续"略取陆梁地",秦将任嚣、赵佗率领水师到达番禺(今广州)。秦朝在岭南设置桂林(治今广西桂平附近)、象郡(治临尘,今广西崇左境内)、南海(治番禺,今广东广州)三郡,于是岭南地区的越人成为封建政府的编户齐民。

秦二世元年(前209年),陈胜、吴广起义爆发,六国旧贵族和民众纷纷响应。南海郡尉任嚣临终前召真定(今河北正定)人龙川县令赵佗,嘱其拥郡自立,保境安民。赵佗接任南海郡尉,遂杀秦朝官吏,派兵阻断岭南与中土的交通,用武力吞并桂林、象郡。汉元年(前206年),赵佗在"中县人"的支持下,自称南

---

① 蒋祖缘、方志钦主编:《简明广东史》,第55页,广东人民出版社,1987年。
② 《史记》卷七三《白起、王翦列传》。

越武王,建立了一个地方千里的南越国。

西汉王朝初建,无力统一南越,遂于汉高祖十一年(前196年)派陆贾为使前往番禺,颁给赵佗南越王的封号。赵佗遂向汉王朝称臣,并交纳土特产作为贡品。其行政制度、度量衡等均采用汉制,双方贸易往来不断。后来吕后恐南越把铁器改铸为兵器,不利于汉,禁止出售铁器给南越。赵佗请求恢复往日的贸易而无果,又听说老家的族人被朝廷杀光,遂背汉,自称南越武帝,并出兵攻汉长沙国。及汉文帝即位,为赵佗先人修墓置陵邑,重赏赵佗宗族兄弟,表示对赵佗宗族的特别优待。然后派陆贾再使南越,表明汉朝对赵佗的作为既往不咎,劝赵佗取消帝号,毋起边衅,从今以后"通使如故"。赵佗报文帝书称:"老夫故粤吏也,高皇帝幸赐臣佗玺,以为南越王,使为外臣,时纳贡职……高后自临用事,近细士,信谗臣,别异蛮夷,出令曰:'毋予蛮夷外粤金铁田器;马、牛、羊即予,予牡,毋予牝。'……今陛下幸哀怜,复故号,通使汉如故,老夫死骨不腐,改号不敢为帝矣。谨北面因使者献白璧一双、翠鸟千、犀角十,桂蠹一器,生翠四十双,孔雀二双。昧死再拜,以闻皇帝陛下。"①赵佗取消帝号,称臣纳贡。从此南越与汉友好往来,终文景之世,相安无事。

汉武帝建元中,赵佗孙胡继立为南越王,派太子婴齐如汉宿卫。婴齐在长安取邯郸樛氏女,生子兴。婴齐死,太子兴继立为王。武帝元鼎四年(前113年)遣使至南越,"谕王、王太后以入朝,比内诸侯",南越王"即因使者上书,请比内诸侯,三岁一朝,除边关"。承相吕嘉发动叛乱,攻杀南越王、太后及汉使者。于是武帝"令罪人及江淮以南楼船十万师讨之。"②汉军兵分四路南下。元鼎六年(前111年),伏波将军路博德和楼船将军杨仆进攻番禺,南越降。汉朝以其地分置九郡,岭南又为中原王朝直接统辖。

东汉建武十七年(41年),"交趾女子征侧及女弟征贰反,攻没其郡,九真、日南、合浦蛮夷皆应之,寇略岭外六十余城,侧自立为王。于是玺书拜(马)援伏波将军,以扶乐侯刘隆为副,督楼船将军段志等南击交趾",终于"斩征侧征贰,传首洛阳",③平息了叛乱。

---

① 《汉书》卷九五,《西南夷两粤朝鲜传》。

② 《史记》卷一一三《南越列传》。

③ 《后汉书》卷二四《马援传》。

总之,秦朝在岭表设置郡县,岭南地区开始在中原王朝的直接统治之下。虽然在西汉前期岭南地区出现了一个南越国,但由于赵佗原本中原汉人,出身秦朝军官,南越国长期臣服于汉,与中原王朝保持良好的关系。从汉武帝时灭南越国恢复郡县以迄东汉,岭南地区又在中原王朝的直接统属之下。

二、在岭南地区推行善政教化

秦汉时期,中原封建王朝及其岭南地方官吏推行了一些善政,并进行封建教化,这对于岭南地区政治进步、经济文化的发展起到了促进作用。

秦朝开凿灵渠,是中国古代水利史上的创举。灵渠沟通了长江和珠江两大水系,不仅保证了当时军需的运输,而且从秦汉到隋唐一直是中原入越的重要通道,为中原与岭南的经济文化交流提供了较为便利的条件。

东汉初马援率军平定交趾的叛乱,"所过辄为郡县治城郭,穿渠灌溉,以利其民。""条奏越律与汉律驳者十余事,与越人申明旧制以约束之,自后骆越奉行马将军故事。"[1]马援在岭南推行汉朝法制,为郡县修治城郭,开渠灌溉,有利于岭南地区政治稳定,经济发展。

一些地方官引导岭南越人学习中原先进生产技术,发展农业生产,并以封建礼仪教化民众。如西汉"平帝时,汉中锡光为交趾太守,教导民夷,渐以礼仪"。又如"任延字长孙,南阳宛人也。"东汉初"诏征为九真太守……九真俗以射猎为业,不知牛耕,民常告籴交趾,每致困乏。延乃令铸作田器,教之垦辟。田畴岁岁开广,百姓充给。又骆越之民无嫁娶礼法,各因淫好,无适对匹,不识父子之性,夫妇之道。延乃移书属县,各使男年二十至五十,女年十五至四十,皆以年齿相配。其贫无礼聘,令长吏以下各省俸禄以赈助之。同时相娶者二千余人。是岁风雨顺节,谷稼丰衍。其产子者,始知种姓。"[2]

三、中原向岭南的大规模移民

史称:"楚越之地,地广人稀,饭稻羹鱼,或火耕而水耨,果隋蠃蛤,不待贾而

---

① 《后汉书》卷二四《马援传》。
② 《后汉书》卷七六《循吏列传》。

足。"①从秦朝开始,有大规模的中原移民进入岭南地区。秦朝把岭南作为强制迁徙中原"罪徒"的一个基地,以疏散六国的反秦势力,充实"初郡"和"初县"的人口。终秦一代,南迁的中原人有三批:第一批是在岭南建郡的秦始皇三十三年(前214年),"发诸尝捕亡人、赘婿、贾人略取陆梁地……以谪迁戍"。这批人据说有五十万,其中最多的是商贾;第二批,"谪治狱吏不直者,筑长城及南越地";②第三批,赵佗"求女无夫家者三万人,以为士卒衣补,秦皇帝可其万五千人"。③ 此外,还一再大批迁徙刑徒和内地民众到这里屯戍垦殖。

西汉以后中原人的南迁有两种方式:一是汉军留戍落籍,例如东汉初年黄万定随马援南征,留家合浦,其后裔世代充当诸洞首领;二是贵族官僚的流放,例如哀帝时关内侯张由、平帝时中山王后卫氏等人,都被强迁合浦;三是人民避乱南迁,例如王莽时鲁国汶阳士氏避地苍梧广信县,桓帝时颍川唐氏迁居桂阳县(今连县),后来都成了当地的望族。劳动人民的南迁从两汉时几个郡人口的增加可以证实。以南海郡为例,据《汉书·地理志》、《后汉书·郡国志》数字统计,汉平帝元始二年为94,253人,汉顺帝永和五年为250,282人,增长约166%。除去当地人口自然增长外,也包括北来移民的人口。

关于汉代中原与岭南的文化交流,例如广州象岗南越王赵眜墓就保留着较多的中原葬制。岭南地区的越人精于铜鼓制作。马援"于交趾得骆越铜鼓,乃铸为马式,还上之"④。骆越人的铜鼓也传到中原地区。

秦汉时期陆续南迁的中原人民,带去了铁制农具、生产技术和多方面的文化科学知识。他们长期"与越杂处",对岭南诸郡的早期开发,对封建经济文化的扩展起了关键的作用。李孝聪说:"岭南人很少越五岭而入中原,反倒是北人频频南下。长达百年以上的南越国文化为岭南文化奠定了地域基石,历代中原汉族的文化,给岭南源源不断地灌入新鲜的血液和强身的元素。"⑤

总之,秦汉时期岭南地区直接归中原王朝管辖,岭南与中原地区的政治联系、经济文化交流明显加强。中原王朝在岭南地区推行善政教化,中原大批汉人

---

① 《史记》卷一二九《货殖列传》。
② 《史记》卷六《秦始皇本纪》。
③ 《史记》卷一一八《淮南衡山列传》。
④ 《后汉书》卷二四,《马援传》。
⑤ 李孝聪:《中国区域历史地理》,第395页,北京大学出版社,2004年。

的迁入,促进了越人与汉人的融合,有力推动了岭南地区经济文化的发展。

卜工认为中原礼制文化对岭南地区有三次冲击:第一次是庙底沟文化的彩陶;第二次是陶鬶、玉琮在粤北石峡遗址的登场;第三次是商代江西清江流域的遗存,使岭南地区文化结构和特征发生重要变化。"此后,在广东博罗地区包括横岭山墓地可以见到浓郁的周礼特点,'钟鸣鼎食'取代了'觥筹交错',已经成为当时人民尊崇的时尚。到南越国时期,南越王墓葬中汉代的制度已然成为主流……紧紧依偎在南部中国环抱中的岭南地区,文明的进程与中原地区息息相关。"[1]"岭南文明是在中原文明的开发、开化的影响下逐步形成的,因此,属于次生文明,而不是原生文明。由于她不是从当地文化内部自然生长出来的,因而在其发展过程中的每个阶段始终都能见到中原文化的影子"。[2]

(作者单位:河南省社会科学院)

---

[1]　卜工:《文明起源的中国模式》,第238、239页,科学出版社,2007年。
[2]　卜工:《文明起源的中国模式》,第242页,科学出版社,2007年

广东叶姓的起源

——兼谈客家人的形成时间

陈建魁

广东省户籍人口近 8000 万人,有统计资料称,广东叶姓人口在各姓氏中排名第 12 位,总人口超过百万,是全国各省区中叶姓人口分布最为密集的省区,约占全国叶姓人口的五分之一,其中以梅州市、汕尾市、惠州市、佛山市、潮州市、汕头市等地区叶姓分布更为集中。广东叶姓的另一个特点,是客家叶姓在广东叶姓人口中占有相当大的比例。

一

广东各市地,叶姓都是大姓,其中梅州市、汕尾市、惠州市、潮州市、汕头市等地区叶姓所占比例更大。我们选择几个市地,从当地叶姓的来源中可窥知广东叶姓人数众多的渊源。

1. 汕尾市叶氏

汕尾市叶姓的来源主要有二支,一是道山叶氏,一是螺溪叶氏。南宋初年,有叶姓子孙南迁福建,其中叶炎会南迁至福建仙游,成为仙游古濑叶氏始祖。叶炎会后裔叶提岭后来又从莆田带兵进驻海丰县,成为"道山叶"的始祖。叶提岭曾任内阁中书、提督,他在明成化年间,带兵从福建莆田到海丰县道山围剿海贼。遗下子孙为不忘福建祖居地洼塘谢潭园村,将其三房子孙居住的村落分别命名为谢道山、潭头、园埔三个村名,并建祖祠"追远堂"于谢道山。现道山叶氏后裔聚居于仙垭、下可塘、前港、墩头、兴洲、汕尾、汕尾市城区红草东宫村、邬厝塘、大塘、长沙、南汾、石叶、山岗、后门及县城东笏、河园、下巷、新会营等村镇。其中一支于清乾隆初年迁居普宁县扑兜乡。"追远堂"裔孙分布在海丰县、陆丰市、惠州市及普宁县的40多个村庄,人口约3万多人。

螺溪叶氏远祖可追至叶大经。叶大经,汴梁(今开封)人,南宋末任福建制置使,后辞官举族流寓梅州曾井,为梅州叶氏始祖,其子孙散居广东潮汕、汕尾、惠州等地。其9世孙梅友、梅实兄弟俩及15世孙叶德戚成为各支螺溪叶氏的始祖。明洪武初,梅友最先从梅州迁到海丰县吉康都螺溪(现属陆河县)开基。其大儿子材成长大后移居普宁县,别号老松,成为普宁县占陇、南径、林内乡的开基始祖。明万历年间,螺溪传下的9世孙叶怀梧建沙坝祖祠(上祠)。及至明崇祯元年,11世孙叶高标考中戊辰科进士,官至礼科都给事时,获崇祯御赐的"职任最为清要"和同僚题赠的"谏议名卿"横匾,悬挂在沙坝祠内。

梅友之弟梅实亦随兄迁到螺溪,其后代于清雍正元年(1723年)在溪西建田心祠(中祠),大门悬挂"三世一品",左右悬挂"太保第"、"尚书第"牌匾。此派传下名人有明户部郎中、著名方志学者叶春及和曾任兵、工二部尚书的叶梦熊。叶梦熊中进士,在明嘉靖四十年(1561年),后累官至甘肃总督,率兵平定蒙古部落的叛乱,勒石贺兰山。至明万历二十年(1592年),神宗御赐叶梦熊"葵心体国"的牌匾,悬挂于田心祠内正厅上。

后来,梅县叶大经15世孙叶德戚亦从永安县徙居螺溪,创建镇楼祠(下祠)。三派祖祠总称"南阳堂",子孙繁衍生息,成为海陆丰望族。

自明代中期起,叶姓子孙开始向海丰城乡迁徙,致叶姓遍布海丰。明嘉靖二十六年(1547年),叶梅实9世孙叶祖权,携眷迁至海丰县梅陇孔子门乡定居。逮至明万历年间,叶梅实10世孙、曾任云南腾越州知州的叶逢春率三兄弟迁入海丰县城,筑屋于龙津河西岸。至明崇祯二年(1629年),梅实10世孙叶珠在其大儿子叶高标金榜题名后,亦举家迁入海丰县城东笏水门。时适逢海丰大饥荒,叶珠捐稻谷600石赈救灾民,颇得时人赞许。

据统计,螺溪梅友、梅实兄弟俩及15世孙叶德戚"南阳堂"三派子孙在汕尾市内不断繁衍,形成了许多聚族而居的乡村,如陆丰市的大安、博美、碣石、南塘、甲东等,陆河县的新田、上护、河口、河田等,海丰县的孔子门、大液、溪头、尚墩、雷丰寮、东塘、北笏、上墩美、新村、明热、蛟湖、莫厝寨、公平布街、黄羌、汤湖及县城的新市、陂头园等,汕尾市城区的南汾及红海湾经济开发试验区的过洋埔等,人口总计约近 10 万人。

2. 梅州市叶氏

梅州处于闽粤赣三省交界处,辖梅县、蕉岭、五华、大埔、平远、丰顺、兴宁市和梅江区六县一市一区,2008 年户籍人口户籍人口 505.28 万人。梅州是客家人最主要的集散中心和聚居地。

梅州叶氏人口众多,且多是从南宋后期开始,在不同的时期,由不同的支系分别从江西、福建等地陆续迁梅开基、繁衍的。迁梅叶姓支系主要有三支。

其一是大经系。据梅州市《梅州叶氏族谱》所记,梅州叶氏有大经、五郎、梅江三系,而以大经一系占多数。叶大经,字伯常,号封川,祖籍汴梁,谱称为叶姓85 世,宋宝庆二年进士,授朝奉侍郎,历官二十余载,咸淳年间(1265~1274 年)升闽制置使,在德祐二年(1276 年)元兵南下,宋运将终,大经愤恨成疾,以病免官。时南北道梗,遂流寓粤东,行至梅州曾井(今梅州市中山路)安家。大经每言国事便感慨流涕,自称宋室遗民愿以身殉宋。仙逝后葬于梅州西岩前油坑口,碑书宋太祖叶公墓,后世裔孙尊为梅州开基一世祖。自从叶大经定居梅州之后,梅州叶氏便迅速地发展开来,成为当地大族,子孙繁盛,不断地向本省境内的其他地区以及周围的江西、福建等省,乃至四川迁徙。

这支叶姓陆续从曾井向其他地方播迁,是从大经的三世孙开始的,广东梅州以及福建、广西、江西的许多地方,都奉大经后裔子孙为开基祖。大经后裔迁徙者,如大经 3 世孙怀才,任潮州教谕,迁福建清流;怀善任宣州教谕,迁龙川;怀义迁博罗;怀美生叶泰、叶菁,迁河源。大经 5 世孙叶从龙,迁南雄保昌县。大经 6 世孙叶清,从梅州曾井五马坊分居龟潭。大经 9 世孙叶文英自曾井迁居龙川,其子仲贤,迁江西吉安,仲睿,迁石龙;9 世孙叶文献,迁博罗;9 世孙叶文清,迁和平;9 世孙叶梅友,明洪武初年偕弟叶梅实与子叶材成迁居广东陆丰螺溪开基为始祖;叶梅明,生叶著、叶薯二子,兄弟迁居嘉应州程乡;9 世孙叶梅林居龙川,生九子,思仁居龙川,思义居蓝口,思礼居江西和平县彭镇,思智居龙川通衢,思信居龙川,思成居江西和平县彭镇,思式居彭镇,思茂居南塘,思武居江西。叶大经13 世孙叶僖,他的三个儿子叶万高、叶万始、叶万治由梅州江南白土桃树下(今三角镇泮坑桃树下)迁居兴宁龙归洞。今兴宁市叶姓奉叶僖为开基始祖。后来,这支叶姓后裔又有迁至惠阳、龙川、河源、博罗、紫金、五华等地开基者。叶僖后裔发展至今,超过 10 万人口,名将叶挺是这支叶姓后裔,出生于惠阳周田村。叶僖之弟叶傅(传),在梅县松口镇桑梓前村开基。

《梅州叶氏源流世系说》称,闽粤交界的清流、龙川、博罗、河源、长乐、归善、兴宁、龙川、平海、平远、镇平、永安等地,以及江西的瑞金、雩都、会昌、兴国,湖北、四川、浙江、湖广等处的叶氏子孙,皆"其一脉贯通之所发也",都是叶大经的子孙。

其二是五郎系。叶五郎,本名映玉,约生于南宋高宗绍兴十五年(1145 年),南宋福建上杭县中都古坊村人。五郎 9 世孙叶日通于明代前期迁至程乡县(今梅州市梅江区)松源堡,其 12 世裔孙叶俊华(1434 年生)、叶俊贤和叶俊宁三兄弟,自松源辗转迁徙至梅县雁洋开基(叶俊宁后徙居大埔大麻)。这支叶姓后裔主要居于梅县雁洋镇、瑶上镇。名帅叶剑英 1897 年生于雁洋镇下虎形村,是叶俊贤的第 17 世孙。

其三是梅江系。叶梅江,讳朝举,谥文献,约生于南宋理淳祐二年(1242 年),他在南宋末年荐任潮州教授,从江西徙居梅州老梅城上市五马坊开基。这支叶姓后裔现主要居于蕉岭南山下、松口、南口,大埔大麻,梅县白渡悦来、白马头、径下、城东官塘、石子背、上坑、汾水、石扇象村、丙村卢陵、雁洋、西郊寨子坪,梅州市老梅城联科第、东厢攀桂坊、东郊芹黄、城北扎田、张七凹、丰顺、畲坑、水车、梅南、西阳、三角梅塘、跨龙坝、新塘尾、官塘头下、约亭顶、车头坝、马鞍山、江南水汶、杨桃树下、四溪角、中心坝、双元宫前、进士楼、蜂橱形、凤尾园、龙坪等地。

3. 佛山市叶氏

佛山市现辖禅城区、南海区、顺德区、高明区和三水区。全市户籍人口 355 万人。佛山是著名侨乡,祖籍佛山的华侨和港澳台同胞达 130 多万人,其中港澳同胞 60 多万人。佛山叶姓人口众多,其中南海区叶姓尤众。

南海叶姓奉叶颙为始祖。叶颙(1107 ~ 1195 年),字子昂,谥号正简,祖籍福建仙游县,是出自佛山为数不多的丞相之一。叶颙 25 岁考取进士,次年被任为南海县主簿。孝宗乾道八年(1172 年),他升任丞相兼修国史、参政同知事。叶颙有七个儿子都考取了进士,"一门八进士"由此得名。淳熙三年(1176 年),叶颙辞官归隐南海,定居大辅堡,开村名颜峰村,89 岁时谢世。叶颙后裔主要分布在南海、新会、花都、鹤山、番禺、惠阳、东莞、龙岗等地。广州市永汉北路（即今之北京北路）曾有"清介书院"，就是叶颙后人为纪念叶颙而修建的。

二

梅州是广东乃至全国叶姓人口最为稠密的地区，同时也是全国客家人比例最大的地区。在梅州市，除了占极少数的畲族等少数民族和潮汕人外，绝大部分是客家人。在六县一市一区中，除丰顺县外，其他都是客家人，人口数占90%以上的"纯客住县"。因此，弄清梅州叶姓的来源，对于探讨客家人的来源及形成时间具有一定程度的标本意义。

客家人的形成与中原人口南迁有不可分割的关系，这已为学界所公认。不管认为中原人口有三次、四次、五次或六次南迁高潮，但西晋末年永嘉之乱后中原人口南迁向被称为客家人形成之始。他们认为，客家人的形成非一时之功，而是中原人多次南迁后逐渐沉淀而形成。我认为这种观点是正确的，但是并不全面。从梅州叶姓的来源中，结合客家人保留的唐宋古音看，唐宋时期的中原移民是形成客家先民的主体。梅州叶姓的三个主要来源都在宋末或明初，其中两支是从宋代以前南迁江西和福建的中原移民辗转而来的，而且福建和江西也是全国客家人分布较多的地区。我们认为，客家群体形成于宋代，这个群体肯定有宋朝以前来到南方的中原人，但在宋代以前，他们并没有形成一个相对独立的文化群体。从中原的光州固始迁到闽南的中原人很多，他们的后裔闽南人占多数，客家人只是一少部分，因此，迁到南方"客而家焉"的中原人并不一定最后成为客家人。

梅州一带属多山地区，在中国古代交通条件闭塞，与外界交流相对较少，自然经济条件相对落后。而宋代是中国经济重心由北方向南方转移完成的时代，随着中国人口的急速膨胀，南方的平原地区早已为人们所占据，而宋代以后的南迁者以及福建等地原先入居的中原移民，慢慢地向山区推进，在这种推进的过程中，以梅州为中心的山地逐渐成为不同批次中原南迁士民的落脚点，中原移民的主体地位在这一地区越来越突出，他们与当地土著相互杂居，并在相对封闭的社会与自然条件下，与土著民相互融合，从而创造出一支以汉文化为主导的、与周边文化相区别的地域文化，这就是客家文化。在客家群体形成的过程中，有唐宋以前南迁的中原的后裔，但更主要的是唐宋以至明清时期迁移到这一地区的中原人,当然也有从其他地区迁移到梅州一带的移民。从梅州叶姓的迁徙看,今天梅州叶姓人后裔有的是客家人,有的是潮汕人,等等,说明一个文化族群的形成是有特定条件的,这也是梅州而不是其他地区成为"客家之都"的原因所在。

（作者单位:河南省河洛文化研究中心）

晚清嘉属人士在潮汕

李吉奎

一

从中原地区踰岭南来的客、潮两支民系,主流部分同在粤东。大体上是客家人聚集在嘉应州,居梅江——韩江上游;潮州人居下游。

清雍正十一年(1733),广东潮州府程乡县升格为直隶州,定名嘉应州,脱离潮州府,辖兴宁、长乐(今五华)、平远、镇平(今蕉岭),连同本属(民初定名梅县),称为"嘉应五属"。"嘉应五属"是纯客家县份(山区有少量畲人)。今日归梅州管辖的丰顺、大埔两县,居民虽然基本上是客家人,但迄清亡仍属潮州府。

潮州是汉民族福佬(河洛)民系的中心,清代粤东地区设惠潮嘉道,道台衙门先设在潮州城内,同治六年(1867)迁汕头。因此,潮州曾长期是粤东的政治文化中心

1858年中英《北京条约》的内容之一,是增加开放七个通商口岸,潮州(实际系汕头)即其中之一。与汕头开埠,大体上是太平天国南方部队在嘉应州最后失败的时期,数量可观的嘉应州居民开始纷纷出洋。他们比乡前辈罗芳伯走得更远。除了到海峡开殖民地、荷属东印度,还到了毛里求斯,由此地转往留尼旺、南非、大溪地和塞舌尔等地。这样,汕头便成嘉属县民(包括水客)出洋及回国必经的地方,相关的服务业如客栈、民船等业务也兴旺起来。清制,潮、嘉、汀、赣、宁(宁都直隶州?)五州,食盐由广济桥(湘子桥)分运。运往韩江上游的还有海产、土产、工艺品及洋货;上游运来潮汕的,主要是竹木柴炭、土布、杂粮。两地之间的商业流通促进了两大民系的交往,但在农业经济为主的社会里,彼此间还

谈不上融合的问题。

在科举制度时期,潮汕地区有不少书院,如海阳、龙湖、景韩、韩山等,其中有一些是由嘉属人士担任主讲或任山长的。例如,蕉岭人黄香铁(嘉庆己卯举人),曾主讲韩山书院;钟孟鸿(咸丰丙辰科进士)曾主讲韩山书院;温仲和(慕柳,光绪壬辰进士),曾任金山书院山长;蕉岭丘逢甲(光绪己丑进士)曾先后主讲韩山书院、东山书院,兼讲景韩书院。这几位均是饱学之士,训育潮人士子,功不可没。也有一些嘉属青年赴潮汕就学者,如张文、林百举均曾在韩山书院读书。

嘉属人士在潮汕的最大动作,是华侨张榕轩、耀轩等人集资,在1904年正式动工修筑潮汕铁路。该路于1906年完工,1908年延长至42公里(抵意溪)。这是我国第一条由华侨投资兴建的纯商办铁路(抗战期间为日寇拆毁)。在商言商,但该路建成后,也确实便利当地民众的生计。

二

1906年,在台湾反抗割台、抗日失败后回大陆的丘逢甲,奉旨落籍海阳(潮州)。他将家眷安顿在蕉岭澹定村,筑室安居,他本人则先后来往于蕉岭——汕头——广州间,从事教育工作,并藉以维持家庭生活。他在潮汕地区结识了不少当地人士。他在讲学时介绍西方文明,提倡兼习西洋科学,被顽固派视为异端。1899年,他采纳梁居实、杨守愚的建议,与其弟树甲谋办新式学堂,撰《创设岭东同文学堂缘起》。

1900年,丘逢甲受当局派遣赴南洋调查侨情,顺便为办学筹得一笔资金。他还撰写《创设岭东同文学堂禀稿及续议章程》,再申面向民众、广育人才,以救危亡的办学宗旨。次年春,岭东同文学堂在汕头正式开办,丘自任监督(后又兼了两年管理)、温仲和、何寿朋、温丹铭(后二人为大埔籍客家)等分掌教务,并请日人熊泽纯之助任教,以欧西新法教育青年,惠潮嘉漳汀各州入学青年甚众。该堂堂规甚严,除安排自然科学,社会科学课程外,还请广东陆路提督秦炳直提供枪枝练习射击。嘉属学生姚雨平、林震、林修明、李次温、林百举(一厂,厂音ān)、萧惠长、李思唐、林国英等,后来都在辛亥革命过程中起了重要作用。丘逢甲办学还得到一些潮籍商人的支持,如潮阳人萧挥五以商起家,曾热心支持丘逢甲办学。由于同文学堂鼓吹新思想,学生响应"种族革命"号召,革命文字见诸国文课卷,受到地方顽固势力攻击,逢甲以"天赋人权","思想自由"为之申辩。尽管粤督陶模在一份奏折中称同文学堂"章程一切均属妥协",但守旧势力仍借端发难。后经省方派员调查,事虽平息,而该学堂自1903年转交公办。逢甲辞去学堂职务,转往省城谋发展新式教育。岭东同文学堂的作用是重大的。它除了培养出一批具有新思想的青年外,据丘逢甲自叙:"岭东之兴学也,自汕头之同文学堂始。今则韩江上下游数百里间,学风之盛,不下于其他流域。其引新潮而大之,论者皆推同文。"此虽夫子自道,亦实事求是之言。

1904年,丘逢甲将岭东同文学堂工作交代后,赴广州任广东学务公所参议,后来还先后担任两广学务处视学,两广学务公所议绅兼惠潮嘉道视学员,广府中学堂监督,广东教育总会正会长,广东咨议局副议长等职。他未能忘怀同文学堂,每年夏冬两次放假回蕉岭探亲,他总要到学堂看看,并到《中华新报》社盘桓。

1908年春,汕头《中华新报》发刊,逢甲辄将诗文寄该报披载,并先后与梁千仞、叶楚伧结识。《中华新报》的开创经费,是谢逸桥从南洋带回的昭信股票募款。它的社长梁千仞,总经理陈迪予,总编辑林一厂(百举)。陈陶遗、叶楚伧先后任笔政。古直(公愚)也参加编辑,并由叶楚伧介绍加入南社。由于《中华新报》社内多南社成员,该报成为南社刊登章程、通告的媒体,报上也不断登载南社成员柳亚子、高旭等人的诗作和连载叶楚伧《世徽楼诗词话》。是南社在南方的一个重要阵地。叶楚伧曾称"师事丘仓海,兄事林一厂"。《中华新报》实际上是中国同盟会岭东地区的机关,据林一厂日记所载,日本人宫崎滔天还与该报有联系。刘士骥曾任广东学务处视学员,与丘逢甲关系密切,曾不止一次保护岭东新学,免受顽劣势力摧残。刘士骥被康派刺杀后,该报作了跟踪报导,直指康有为保皇党是刺刘案主凶,并公布了不少证据及保皇党内讧的内幕,还刊登了刘士骥之子刘作楫的《哀告书》。《中华新报》编辑人员多为嘉属人士,故它被认为是客家人群体的喉舌。叶楚伧印有一部《楚伧文存》,记载他在汕头办报记事及其趁船溯韩江而上至梅县游历的见闻,是当时外省籍人士所记梅州山水人文的不可多得的材料。广东光复后,原同文学堂学生姚雨平任广东北伐军军长北上讨清,叶楚伧任司令部参谋,一时传为佳话。

1911年6月18日,因刊登温生才刺孚琦事件,广东巡警道以"莠言乱政,妨害治安"为由,停止《中华新报》发行。29 日,《中华新报》散发《停刊宣言》。因丘逢甲的关系,只是封屋而未捕人。至 7 月 26 日,《中华新报》易名《新中华报》出版,柳亚子、古直等为之作诗祝贺。报纸是制造舆论、鼓动风潮的工具,《中华新报》与《新中华报》办了几年,它的种种宣传,对于启迪民智、开通风气,应有一定的作用。

三

1905 年中国同盟会成立后,武装反清不断开展起来。1907 年 3 月,孙中山在安南河内设立指挥部,派潮州人许雪秋等人发动饶平黄冈起义。据载,谢良牧曾与许雪秋在香港商议,后又返梅县策动。盖修潮汕铁路时有不少筑路工人在路成后无业,可动员参加起义。丘哲、李思唐、林国英、梁鸣九、熊越山等客籍党人参与其事,或系谢之策动结果。谢良牧又利用其祖父、伯父在潮汕铁路拥有巨股,以及他在铁路公司供职的机会,通过铁路渠道秘密运送军火和传递信息。黄冈起义以失败告终,但它是同盟会成立后由孙中山直接领导的第一次武装起义,也是清末反清武装斗争中客、潮两个民系的第一次政治、军事合作。

1911 年 4 月 27 日(农历三月廿九日)广州黄花岗起义失败后,革命党人转向东西两翼、北江和珠三角地区发动武装斗争。同盟会会员广东兴宁人张醁村在香港筹集了一笔经费,赴韩江上游和潮汕地区开展秘密工作,并以汕头正始小学(属于客属旅汕人士子弟学校性质。当时该校教员如张通则、蔡鹤田、黄□□等均为同盟会员)为中心机关。党人为统一步调,开会成立统筹部,张醁村被选为统筹部部长兼起义军临时司令,孙丹崖(潮汕人)为副司令,陈励吾为军务处长。属于孙丹崖一派的潮汕人士有许无畏、萧公溥、王翼黄、林贤绍、方宏藻、方次石、何子因、黄虞石、吴子寿、卢青海等。还有梁金鳌(洋行职员,广州人)一派。以及叶楚伧、林一厂、饶小田、陈迪予等《新中华报》的一批人。主要力量在张、孙二人方面。与此同时,谢逸桥还跟许雪秋率民军响应并支持张醁村发动的潮汕起义,为光复潮汕作出了一定的贡献。1911 年 11 月 8 日下午,党人先在汕头发动,然后占领潮州。最后是知府陈兆棠被枪决、镇台(满人)赵国贤自缢而宣告潮汕地区光复。攻打镇署,革命军牺牲一人。但在 11 月 14 日,郭映三(梅县丙村人)由潮州赴揭阳接收巡防营缴械时牺牲,这是潮汕地区光复时牺牲的一位重要的革命党人。由客家人和潮汕人合作发动的潮汕光复是成功的,城乡未遭兵燹。至于许雪秋等人被冤杀，那是张醁村他们离开汕头之后的事了。

综上所述，粤东客、潮两系，虽然同处一方，共饮一水，但由于各自在方言、习俗、民间信仰乃至生活情趣等方面，都有差异，原本除了商旅之外，彼此间交往不多。到了晚清时期，由于国内外形势变化，交往逐渐频繁起来，在一些历史事件上，客、潮两系精英开始和衷共济，在政治、经济、文化诸方面造福粤东；在维护祖国统一和民主革命中，两系的先驱更是作出了重大贡献。

但是，向往对粤东客、潮关系的研究颇不能令人满意。例如 1907 年由顺德人黄节编写的《广东乡土历史教科书》说"客家、福佬非粤种，亦非汉种"。1920年，商务印书馆出版西人编写的英文版《世界地理》，也称广东"其山地多野蛮的部落，退化的人民，如客家等等便是。"写这些著作的先生们大概对客家、福佬两大民系并没有多少研究。有些学者，笼统地把客家学纳入"潮学内涵"，也是有失偏颇。这些"研究成果"，现在理所当然被大家所摈弃了。

客、潮两系，都是历史上从以河洛为中心的中原地区络绎踰岭南来的人民，整体来说，有着较高的文化素养。客家民系从来都把自己的文化渊源归附到中原，而潮州受中原传统文化熏陶更早，久有"海滨邹鲁"的美誉。贫困山区和沿海平原的地理环境差异，曾经制约了客、潮民系的融汇，但是只要历史条件成熟，两系就会达成很多和衷共济的目标，共同的文化基因所起的作用不可低估。推进对近代客、潮关系嬗变的研究，除了挖掘和积累史料之外，还应该抛弃歧见，多从大中华文化传统的角度予以解读。

参考资料：

1. 梅县志。
2. 梅州人物志。
3. 楚伧文存。
4. 林一厂日记（稿本）。
5. 丘逢甲集。

（作者单位：中山大学）

河洛文化视角下的佛门夏夷观

——以清初岭南遗民僧澹归金堡出家前后夷夏观的变化为例

何方耀

明清鼎革,山河易主,不愿受清招降的南明士大夫,往往削发为僧,托庇佛门,以贞厥志。所谓"十年王谢半为僧",①就是当年遗民逃禅的写照。对这些避世逃禅的"遗民僧",学者们曾从许多方面进行过研究,但对其明清易代观,特别是其中蕴含的夷夏观,似未见专文论述。作者不揣浅陋,以遗民僧中天然和尚的法嗣澹归金堡禅师为典型,探讨其明清易代观和夷夏观的变化轨迹。

一、儒家士大夫金堡的明清易代观和夷夏观

与乃师天然和尚相比,澹归禅师的人生轨迹更为复杂,曲折多变,也更具典型的遗民特色。明朝末年,他从小便致力于科举之途,由进士而知州,走了一条古代士大夫典型的修齐治平之路,明亡后,又先后辅佐隆武、永历两个南明小朝廷,任兵科及事中和礼科及事中,本着"武死战、文死谏"的古训,在小朝廷中,揭露朝廷积弊、抨击弄权佞臣,"廷臣无不掊击,一月章至六十上,"有"虎牙"之称。是传统士绅中的"正统派"。

存世的文献虽然没有金堡为官时专论明清易代或华夷之辨的材料。但我们仍能从他处置相关事件的态度、言行中窥其一斑。

---

① [清]钮琇《觚賸续编》卷一《言觚·樾巢近体》何巩道诗《元夕坐西山草堂感旧》,整首诗云:"雨晴荒县有春灯,照入西山路几层。屋暖渐低鸡树月,石寒犹响马蹄冰。新愁绿酒酣千日,往事红灰化五陵。不用更歌金管曲,十年王谢半为僧。"

他在福建隆武帝小朝廷中任兵科给事中时,曾有上隆武帝《中兴大计疏》,
疏中对当时形势和明清之争的性质论述道:

> 臣窃惟:今日大建义旗,具任君臣之义,华夷之防。属有秉彝,孰无愤厉
> 至臣,鲜民抱痛,礼不言兵,而咫尺松楸,为腥膻盘踞,欲终庐墓,其路无由,
> 则舍沙场,片地无臣洒血横尸之所。若欲借此苟且利禄,即与夤缘起覆之鄙
> 夫何以异乎? 臣闻之:为祖宗报仇者天子之事,为君父报仇者臣子之事。
> ……今陛下亲高帝之孙,九州版籍为虏所觊觎,万姓衣冠为虏所役使,二京
> 陵寝为虏所侵陵。一身托于闽粤,势危而迫。①

疏中所谓"华夷之防"、"腥膻盘踞"、"九州版籍为虏所觊觎,万姓衣冠为虏
所役使",显然是将这场明、清间的政权争夺视为一场华夏与夷狄、文明与野蛮
之间的生死较量,是"九州版籍"、"万姓衣冠"等华夏文化的毁灭,是亡国灭种之
祸。

在《再上鲁藩启》中,金堡讲述自己与姚志卓起兵抗清失败,妻子儿女全陷
敌手,于舟中见明将方国安时,方"犹欲为职遣兵迎取家属",他答曰:"但愿明公
灭虏,使余生得见汉官威仪,若贱眷私事,不敢仰烦公旅。"②可见在他心目中,若
清军胜利,明朝灭亡,结果就是再也不得见"汉官威仪"。

所以,在金堡眼中,明清易代绝非一般的改朝换代,而是一场华夏民族与蛮
夷索虏的殊死较量,是一场华夏礼乐与蛮族夷俗的生死对决,若明军不幸失败,
结果必然是几千年华夏文明的颠覆与毁灭。

二、佛门高僧澹归禅师的明清易代观和夷夏观

永历四年(1650),金堡因直谏而得罪朝中群小,他们遂串通一气,罗织罪名
欲置之于死地而后快,后经友人施救而改戍清浪卫(今贵州清溪县),至桂林,城
陷,乃于一小庵中削发为僧,法名性因,开始了其由儒入佛的人生大转折。此后,

---

① 《岭海焚余》卷上《中兴大计疏》。
② 《岭海焚余》卷上《再上鲁藩启》。

又至广州,礼海云天然和尚,法名澹归。

与其他遗民僧一样,澹归禅师身上的遗民性格、儒者习气是显而易见。儒生入佛,佛门儒化,对此,学界有共识。明末清初的岭南佛门,因遗民僧的大量拥入,"沾儒风,擅外学",以忠孝作佛事,以气节相标榜,增添了儒者的风格和色彩。① 澹归禅师由儒入佛之后,其明清易代观及其华夷观的变化,正好为儒者的佛化提供了一个例证。

澹归皈依佛门之前的明清易代观和华夷观,如上文所述:明清易代,就是"蛮夷猾夏",是野蛮的夷狄对文明的华夏的征服,是礼乐倾覆,正朔错位,对一个儒家士大夫来说是不能接受的。但随着他出家为僧,这种夷夏对立,非此即彼的儒家观念开始发生变化。

澹归有一流传后世的疏文,即著名的《请殓瞿(式耜)公、张(同敞)公二骸上定南王疏》,在此疏中,他要求占领桂林的清将定南王孔有德允许安葬被其杀害的南明督师瞿式耜和总督张同敞两将军,至于安葬两将军的理由,澹归在疏中论曰:

> 山僧尝私论之:衰世之忠臣与开国之功臣,皆受命于天,同分砥柱乾坤之任。天下无功臣则世道不平,无忠臣则人心不正,事虽殊轨,道实同源。两公(瞿式耜、张同敞)一死之重,岂轻于百战之勋哉! 王既已杀之,则忠臣之忠见,功臣之功亦见矣,此又王见德之时也。请具衣冠,为两公殓。……夫杀两公于生者,王所以自为功也;礼两公于死者,天下万世所共以王为德也。山僧以生死之交情,不忍默然,于我佛冤亲平等之心,王者泽及枯骨之政,圣人维护纲常之教,一举而三善备矣。山僧跛不能履,敢遣侍者以书献,敬候斧钺,惟王图之。②

此疏乃为安葬前明故将上清将孔有德之书,而孔正是杀害瞿、张二将之凶手,孔有德是否采纳,或者是否会因此而兴师问罪,均难以预料。故疏中多虚与

---

① 参见蔡鸿生《清初岭南佛门事略》,广东高等教育出版社,1997 年。
② 《小腆纪传》卷三二,《金堡传》。

委蛇之词,未必句句发自肺腑,尽管如此,它也从一个侧面委婉地反映了其明清易代观的细微变化。疏中称"衰世之忠臣与开国之功臣,皆受命于天,同分砥柱乾坤之任。""衰世之忠臣"乃指明将瞿、张二人;"开国之功臣",当然指清将孔有德,两者"皆受命于天",言下之意,明之衰亡,清之"开国",皆天意所为,清之立国也是奉正朔、乘天意而来。这与他为官时所发之论,已有明显改变。照此推论,明清易代并非"蛮夷猾夏",而是奉天承运的改朝换代。

如果说,在此一疏中,因为特殊的语境以及由儒入佛的时间太短,澹归对明清易代或华夷之辨,尚语多隐晦,难以捉摸的话,那么,在参礼天然和尚,经过较长时间的薰修之后,在《与丘贞臣明府》两函中,则明确表达了他入佛知见后的华夷观。

(1)滇池初沸,人称故国之旗,弟即辩之,盖取六诏,戎共主,皆此公也。世岂有项羽而可复为义帝发丧者乎?佛法世法,同条共贯,释迦如来,亦不曾许人者边那边,到处悖逆。传抚受康熙再生之恩,尽心无二,亦是本等;况与永历之雠为难,此弟所以亟取其择义之正也。偶因示谕,辄此剖析,初不欲使傍人闻之,想高明者于彼中一目,洞如观火耳。

(2)前寄数行,于不与周人,已有同见。得来书,犹似介介于出处之间,何也?世界无不变通之理,为贫而仕,古之人不以为非,况兄负经世之志,有人民社稷之寄,敬能济人利物,则一身出处可不计也。华夷二字,乃人间自家分经立界,若同一天覆,则上帝必无此说,亦但论其所行之善恶耳。……但愿吾兄居官不忘为民父母之意,于催科刑罚中宽得一两分,则民便受真抚字,实教化之惠。孟子不云乎:"民之憔悴于虐政,未有甚于此时者也。"若有圣贤心胸,亦应具豪杰作用,决不能拆独木桥,坐冷板凳,做自了汉而已。弟常云:天下有道则见,无道则隐,只是笃信好学守死善道之流。有脊梁汉子,天下无道方出现,既有道了,要你出现做甚?所以上有尧舜,下有许由;上无文武,下有孔子。许由若见,只当得一只凤凰;孔子若隐,便成了缩头的乌龟,岂不可耻?澹归为此说,不是解嘲,只是要有心肝人,著实干些济人利物之事。如莽将军有仁义于南诏,南诏之人至今颂美不去。口不可说"渠不是中国人",便抹杀了他也。其二,诗所感慨,皆汉儿事,凡弟之所是非,从民生起见,不为一身出处起见,并不为一国土内外起见,此为天道,此为圣教,高明以为如何。①

之所以不厌其烦,具引此信,是因为,此两信所论实乃澹归明清易代观和华夷观变化之关键文字,不可等闲视之。不以出身、民族、国属论是非,唯以是否"济人利物"为标准,不以独善其身的"自了汉"为可贵,而以能济时艰,兼济天下为可贵。这的确凸显了大师"般若空智"的大乘特色。

也正是在此信中,我们发现澹归今释的明清易代观和夷夏观,与其为官时已发生了根本的改变,其正统的儒家意识形态和价值观念,如强调华夷之辨,贞臣不事二主等,已为佛家四众一体、冤亲平等,法无内外,善恶由己等观念所化。不再耿耿于夷、夏之分,正、闰之辨。

这两封信显然是与丘贞臣讨论三藩之乱的性质,华夷之分界,出仕与归隐等问题,丘写给澹归之信已无从得见,我们只能从澹归的回信讨论其观点。

首先,他肯定吴三贵起兵(即"滇池初沸")是叛乱而非复明,他叛大明,杀永历,投靠清朝,清廷待他不薄,却又突然起兵叛清,故称其"者边那边,到处悖逆。"因此,他劝丘:既然"传抚(指丘贞臣)受康熙再生之恩",就应该"尽心无二",继续仕清,并且明确反对叛乱。

至于清本是夷狄,仕清是否违背纲常,他更是明白表示:"华夷二字,乃人间自家分经立界,若同一天覆,则上帝必无此说,亦但论其所行之善恶耳。"因此,"莽将军有仁义于南诏",绝不能因"'渠不是中国人',便抹杀了他也"。他明示丘贞臣;"凡弟之所是非,从民生起见,不为一身出处起见,并不为一国土内外起见,此为天道,此为圣教。"

评论政事是非得失,不依出处,不为一国土内外所限,不论其所事之主为夷为华,仅"从民生起见",即仅以是否解决民生疾苦为标准。这与他为官时所撰奏疏中满纸"夷狄"、"索虏",动辄以"披发左衽","犬羊之编户"而警世,形同霄壤。此时的澹归,华夷界线冰释,是非对立泯灭。评价人事,完全不以夷、夏,中国与否为依据。

① 澹归《徧行堂续集》,卷一一,《與丘贞臣明府》。上海国学扶轮社,1911(宜辛亥季春)年。

这已经不是儒家的风格和特征,而是佛门的胸襟和气度。遗民逃禅在给岭南佛门带来儒化的同时,这群逃禅的儒家士大夫也经历了一个佛化的过程。澹归之明清易代观和夷夏观的变化,正是这群遗民僧,由儒入佛之心路历程的典型和缩影。

三、儒、佛两家"华"、"夷"、"中"、"边"观之分野与区别

在传统儒家观念中,"华"、"夷"和"中"、"边"是两组既相互对立又相互联系的重要种族文化范畴。华,指居住于中原地区的华夏族或汉族,在用以表示地域时也指中原地区;夷,指居住于中原周边地区的少数民族,简称"四夷",或按方位称为北狄、南蛮、东夷、西戎,用以表示方位时则指中原以外的边疆地区。中,主要表示地域,指京畿地区或中原地区,称"中国",有时也表示族群,指华夏族或汉族,称"中华";边,主要表示方位或地域,指京畿以外或中原以外的四周边疆地区;表示族群时也指周边的少数民族。

关于中央、四裔、华夏、夷狄之构成和格局,《礼记·王制》描述道:

> 中国戎夷五方之民,皆有性也,不可推移。东方曰夷,被发文身,有不火食者矣。南方曰蛮,雕题交趾,有不火食者矣。西方曰戎,被发衣皮,有不粒食者矣。北方曰狄,衣羽毛穴居,有不粒食者矣。……五方之民,语言不通,嗜欲不同。①

这就是传统儒家的中国、蛮夷戎狄五方四裔之说。中华之民与四方蛮夷之民"语言不通,嗜欲不同",各有不同的生活习俗,文明准则,且这些不同的特性"不可推移"。按照传统儒家的政治理想,管理中华与蛮夷之民,治理中国与周边之地,应采取不同的模式,此即所谓"五服"之制:"先王之制,邦内甸服,邦外侯服,侯卫宾服,夷蛮要服,戎狄荒服。甸服者祭,侯服者祀,宾服者享,要服者贡,荒服者王。日祭、月祀、时享、岁贡、终王,先王之训也。"②

---

① 《礼记·王制》,吴树平等点校《十三经》,北京燕山出版社,1991 年。
② [汉]韦昭《国语解》卷一《周语》,上海书店影印社,1987 年版(据商务印书馆 1934 年版复印)。

周制,邦内,即京畿内千里之地,即以京畿为圆心,每五百里为一服向外延伸,直至蛮荒之地。每一"服"对周王要尽不同的义务,如果"五服"之民不履行其义务,中央王朝就会"有刑罚之辟,有攻伐之兵,有征讨之备,有威让之令,有文告之辞"①。即采取相应的政治或军事措施,以惩罚不服王化者。这种以不同的规制治理周边民族的政策,随着历史的发展而变化。在汉唐则为羁縻之策,在明清则为怀柔之术。方式手段虽有所不同,但总原则却是华、夷有别,中、边分治。

可见,受中国古代的历史条件以及周边地理环境的限制,传统的儒家思想并没有形成多元文化平等共存的理论,而是一直强调"夷夏之辨"。虽然华、夷的区别并非以种族为标准,而是以文化为标准,所谓"诸侯用夷则夷之,进于中国则中国之",②华夷可以因文化的升降而转移,但华夷的对立却是不变的,而且,一般来说,华夏族在文化上总是高于周边少数民族的水平,只有用华夏的礼乐文明来教化夷人蛮族,而不能用周边蛮荒之民的夷风蛮俗来颠覆华夏文明。正如孟子所讲"臣闻用夏变夷,未闻变于夷者也"③。至于"中"、"边"之别,虽然随着中国版图的变化,中、边的范围在不同的历史时期也有所不同,但中国是礼仪之邦,正朔所在,四周则是蛮荒之地,化外之民则是不言而喻的。因此,历代正史之"四夷传"或"外国传"记述周边民族和国家之史迹,要么以族名如"匈奴"、"突厥"、"回迄"、"吐蕃"立标题,要么以"夷"、"蛮"、"戎"、"狄"加上方位总其类,如西戎、东南夷,北狄等立传名。

那么,佛门对"华"、"夷"、"中"、"边"的看法如何呢? 与儒家有什么差别呢?

首先,在佛教的理念中,根本没有"夷夏之辨"。这是因为佛教本非华夏所固有,乃域外传入之教。诚如排佛宗师韩愈所说,"佛者,本夷狄之法耳"④。按中国固有的观念,佛法本"胡"人之法(隋以后世人才开始将胡与梵区别开来),所以它就不会强调华夷之分。

---

① 《国语解》卷一《周语》,第 2 页。
② 〔清〕苏舆著《春秋繁露义证》卷二,中华书局 1992 年。
③ 《孟子·滕文公章句上》,杨伯峻译注本,中华书局 1960 年。
④ 韩愈《论佛骨表》,郭预衡主编《隋唐五代散文选注》,岳麓书社,1998 年。

其次,更为重要的是,佛教在其祖国,是在反对婆罗门教不平等的种姓制度的斗争中产生的,主张"四河入海无复河名。四姓出家同一释种"①。反对任何形式的种族歧视和阶级仇恨,在解脱论上主张众生平等,连人与动物在生命价值上都是平等,华夷之辨则更可置而不论。

再次,在"中国"与"边荒"的问题上,佛教更是与儒家完全对立。在传统儒家士大夫看来,华夏族所居住的中华大地,不仅是文化的中心,而且是地理的中心。故称为"中国",中国以外的边疆地区乃蛮荒之地。而在古代中国佛门之中,却普遍认为,佛所行化之天竺才是"中国",而华夏所居之神州大地只是"边国"、"边地"。这在中国古代佛僧的著作中,特别是西去印度取经的求法僧,如法显、玄奘、义净的著作中,更被视为普通常识。

汉唐时期,佛教认为当时的世界由四主所统治,即所谓南之象主、北之马主、西之宝主和东之人主。象主即天竺、马主即月氏、宝主即大秦、人主即中国。但是中国佛门却认为,中国(唐朝)并非世界的中心,只有印度才是世界的中心,称之为"中国"。唐代高僧道宣在《释迦方志·中边篇》中论曰:

> 所都定所,则以佛所生国迦毗罗城应是其中,谓居四重铁围之内。故经云三千日月万二千,天地之中央也。佛之神威不生边地,地为倾斜故。中天竺国如来成道树下有金刚座,用承佛焉。②

明确指出,佛所生之迦毗罗城乃"天地之中央"。并对儒家传统以中华为中心之地理方位观进行批评:

> 此土诸儒滞于孔教,以此为中,余为边摄。别指洛阳为中国,乃约轩辕五岳以言,未是通方之巨观也。又指西蕃例为胡国,然佛生游履,雪山以南名婆罗门国,与胡隔绝,书语不同。③

---

① ［唐］湛然《法华文句记》卷二,大正藏第34册。
② ［唐］道宣著,范祥雍点校《释迦方志》,中华书局,2000年。
③ ［唐］道宣著,范祥雍点校《释迦方志》,中华书局,2000年。

按照中国儒家的观念,中国是世界的中心,而唐之东都洛阳又是中国的中心。道宣认为这仅仅是局限于中国版图之内而言,不是"通方之巨观",用今天的话说就是不具备世界眼光。其结论则是"雪山(喜马拉雅山)以南(即印度)名为中国,坦然平正,冬夏和调,卉木常荣,流霜不降。自余边鄙,安足道哉?"①天竺才是"中国",中国则与其他二主一样是为"边鄙"。这对一向自视为世界和文化中心的中国士大夫来说,不谛是一个石破天惊的异端邪说。问题是,这不是道宣一个人的观点,而是整个佛门的观点,如法显、玄奘、义净都称天竺为"中国",以中国为"边地"。

当澹归金堡尚为儒家士大夫时,他也肯定会认为佛门有关华、夷、中、边的观点"其诞谬不足与争",可是当他皈依佛门之后,却漫漫放弃了儒家的那一套夷夏之辨,中外之别的理念,而接受了佛家的华夷平等、中外一体的观念。他并且告诫仍死守儒家观念的丘贞臣"世界无不变通之理"。对澹归自己而言,这一"变通",不是由佛归儒,而是融儒入佛,展示了一个儒家士大夫融入佛门慧海的心路历程。

(作者单位:华南农业大学人文学院)

---

① 〔唐〕道宣著,范祥雍点校《释迦方志》,中华书局,2000年。

河洛地区天文历学与月令体著作
在岭南的传播

——以晚清广东蔡最白氏的历学成就为例

程存洁

河洛地区是中国古代文明的发源地。这一文明以农业为基础发展起来,为了农业生产的需要,很早就产生了观察天象的物候历和天文历结合的科学活动。人们将物候和天象记录下来,按照气候和节令变化合理安排指示农业生产中春种、夏长、秋收、冬藏等活动,这样就产生了中国最早的月令体农书。中国古代最早的农书《夏小正》,就是物候历和天文历结合的月令体农书。《夏小正》是春秋晚期孔子在杞国发现的"夏时",杞是周武王给夏禹后代的封地。所以《夏小正》应该是西周至春秋时期夏的后代在杞所使用的一种历法。(中国农业科技史稿,70 页,中国农业出版社,1989 年)《夏小正》后来被儒家奉为经典,在古代文化史上有非常重要的地位。这主要表现在它的所有科学基础奠自古代河洛地区,对中国传统天文历学起着开导先河的作用;

河洛地区的农业文化在秦汉以后开始传到岭南。很可惜,在漫长的历史时期里,古代广东没有著名的历法家,也没有一部区域性的农家月令体著作。直到近代,两广总督阮元倡建学海堂,广东的学术才真正走在全国的前列。晚清时,广东顺德人蔡最白氏以天文历学出名,并在制作"通胜"(通书)类著作方面自成一家,在继承河洛文化方面作出了贡献。本文仅对蔡最白氏的历学成就及其对与河洛文化的关系略作考察,抛砖引玉,求教于方家。

一、晚清广州府顺德龙江蔡氏历学与广州学海堂的学术渊源

晚清广州府顺德龙江蔡氏讳绥彩（1845～1920），字采端，号最白。据蔡伯励撰《真步堂创办人最白公行状》记载，蔡绥彩的学术成长与乾嘉时期两广总督阮元在广州创建的学海堂密切相关，其学术成就源于学海堂的教育。

另据民国 11 年壬戌岁真步堂顺德蔡绥彩最白氏男崇俭别字廉仿、崇任别字萃任同著《七政经纬历书》"历书新序"："民国三年阴历甲寅岁真步堂主人前学海堂历学毕业生蔡绥彩最白氏披露。"云云。这里，蔡绥彩本人也提到自己是在学海堂学习历学的毕业生。

同书收录的《光绪十七年岁次辛卯六月南海黎维枞簾庭甫序》云："及门蔡生最白肄业于学海堂，为专课生，究心天文历算之学，尝推步七政四余黄赤道地平经纬及气朔弦望交食过宫星度，悉遵《历象考成》、《协纪》、《辨方》诸书。"黎维枞为学海堂学长。又据蔡绥彩《七政经纬诹吉通书》"自叙"云："余在学海堂专课算学有年，熟读《钦定历象考成》、《数理精蕴》、《考成后编》、《续编》、《协纪》、《辨方》诸书。"是知蔡绥彩是在学海堂专修天文历算。可以说，蔡绥彩在历学方面所取得的成绩，是与当年学海堂的教育分不开的。学海堂除开设经史子集方面的课程外，还开设了天文历算等科学技术方面的课程，在广州地区培养了一批科学技术人才。如邹伯奇，不仅是著名的天文学家，还是学海堂的一名学长。清代内阁学士兼礼部侍郎衔广东全省督学部院张伯熙在为蔡绥彩的著作光绪廿一年（1895 年）新镌《七政弧角图集》（顺德龙江真步堂藏板）所写的序言里明确写道："乾嘉间，阮文达公莅粤，提倡宗风，倡建学海堂，力学之士兼精算术。咸同间，邹征君特夫起焉，北方学者未能或之先也。近国风尚显学、光学、电学、化学，各有专致之一途。要旨，以算学为起点，时康成郑氏游于马季长之门，三年不得亲相质问，闻其能，召见之，楼上脱令此邦人士有郑氏其人者，慎毋以三年也。余闻而识之。及下车，岁试广州，其间专门之学，颇不乏人，而精通算理者尤夥洵乎，文达公之教泽不衰，而征君特夫之流风未泯也。"正是在学海堂学术宗风的影响下，广州有了科技人才兴起的土壤。蔡绥彩天文历学学术成就的取得，与学海堂的教育分不开。

二、从《最白公遗下各书记表列》看蔡缕彩历学研究之路

蔡缕彩从学海堂肄业后,于光绪辛卯年(1891年)设馆广州市高第街,颜其额曰:真步堂。据《七政经纬历书》记载,该馆设在广州城高第街西约门牌五十五号。据顺德龙江蔡缕彩故居所藏两信封所记,一信封书"广州市高第街西约/蔡真步堂日馆",另一信封书"广州高第街二百三十号/蔡真步堂日馆收";另据蔡伯励辑《经纬历书》菲页所写"广州市(22)区高第街七号伯励氏日馆收"及封底所写"发行所:广州市维新路高第西街门牌第七号(伯励氏日馆)",表明清末民国时期蔡氏真步堂一直设在广州市高第街。

在顺德龙江蔡缕彩故居至今还保留有一份《最白公遗下各书记表列》手写本。从这份手写本所记图书,我们可以略知蔡缕彩历学研究之路。

1. 算学用

考成后编一套八本　代数术一套六本　西算新法直解一套二本

算法须知一套四本　八卦对数表一套一本　几何三种一套八本　广东考古辑要一套十本　四元玉鉴一套四本　江氏□梅一套四本　中西算学辑要一套六本　数理精蕴一套三十二本　皇舆全图一套一本　大舆地图一套一本　礼记天算释一套一本　邹氏遗书一套六本　航海算法表一套六本　电学一套六本　梅氏丛书一套六本　翠微数学一套十七本　梅氏浅刻一套一本　三才略一套一本　算迪一套九本　数学精详六本　三统术详说一套一本　开方表一套一本　皇清地理图一套六本　对数表一套三本　九数通考一套五本　算学问答一套四本　格致精华一套四本　弦切对数表一套一本　火器命中一套四本　南海县图志一套三本　地图韵编一套三本　海国大攻记一套十二本　海山仙馆一套九本　手抄算学成说二本　细数理精蕴一套二十四本　道艺录

2. 文章用

韵类锦一套八本　试帖仙样一套三本　文□竹机一套二本(以下50种略)。

3. 择日用

交食捷算一套二本　阳宅藏书一套二本　太乙庙算一套二本(以下18种略)。

起源与远古河洛地区的中国天文历法，几乎囊括了中国的"国粹"——中国全部的传统文化珍藏。如果不具备精湛的国学素养，就连天文历法的门口都进不去，更遑论"推步七政四余黄赤道地平经纬及气朔弦望交食过宫星度"！根本不可能在中国天文历法上有所建树。上录书名分为算学、择日及文章三类，所列书名当然只是蔡氏经眼的极少一部分，但我们可以窥见，蔡缓彩历学成就的取得，首先得归功于学海堂"提倡宗风"，诸生奋志好学，肆力经史，使蔡氏对中国传统文化有深邃的造诣；另外，学海堂又开一代新风，积极引进西方自然科学，当时大量西方科技书籍传入广州，如《西算新法直解》、《中西算学辑要》、《航海算法表》、《金星表》、《木星表》、《水星表》、《火星表》、《土星表》等，俱为诸生学习课程。蔡缓彩既掌握了中国传统天文历学知识，又大量地吸收了西方天文历学的知识，融会贯通，以故他和其他同学能达到"北方学者未能或之先"的高水平，促进中国古代天文历学的新发展。

三、蔡氏家族对河洛天文文化的再创造及对中国历学的贡献

蔡缓彩以七政四余选择问世，学以致用，驰誉遐迩，出版的主要著作有《七政经纬历书》、《弧角七政图算》、《各省立命表》等书，风行海内外，特别是在择日方面更是稳坐清末民国广东全省择日名家之冠。

《七政经纬历书》一书初版于光绪十七年，即1891年，时称《七政经纬诹吉历书》。据蔡缓彩最白氏在该书"自叙"所记载：

选择重七政四余久矣，然七政四余有经度、有纬度、有黄道经纬、有赤道经纬、有地平经纬。选择者，取其化为吉曜，到山到向，或三方拱照及拱照命宫为吉势，必先求黄道经纬，次由黄道经纬求赤道经纬，次由赤道经纬求地平经纬，而后诸曜所到方位始真。诸法惟求黄道经纬，乃有专书，余则参以黄赤大距及诸北极出地高度以斜弧三角驭之，盖推步若斯之难也。钦天监有浑仪为用，可以省算，然必以黄道经纬为本，故递年京师自有刊行，吾□□□□寥远，构求不易，选择家所刻其度数，率得大略，且有经□□□遵其书而用之，则有以为到子而实到丑，或到亥者，其贻误岂浅鲜哉。余在学海堂专课算学有年，熟读《钦定历象考成》、《数理精蕴》、《考成后编》、《续

编》、《协纪》、《辨方》诸书,推步选择,颇有心得,因发明用浑仪之法,将气朔弦望交食过宫及逐日七政四余经纬,细心推步,均与宪本相符。其年月吉凶神煞悉遵《钦定协纪》校正,余于理无取,已为《协纪》所不用者,概不收录,至四十八山造葬、一十六命嫁娶,亦人间所必有,并为详选吉课,成《七政经纬诹吉历书》。

在"自叙"里,蔡缓彩提及,他发明用"浑仪之法"细心推步,成此一书。据民国 11 年版《七政经纬历书》介绍,书中内容包括:"蔡最白辑《天地球图说》、《恒星经纬》、《星中时刻》、《黄经求赤》、《蒙气差表》、《流年事款》、《二十四山》、《禄马贵人》、《月吉凶神》、《立命百岁图》、《造葬吉课》、《嫁娶吉课》、《各事吉课》、《经纬历书》,蔡最白订《选择要言》、《日紫白辨》,蔡最白步《七政经纬》、《北极经纬》、《黄道宿度录》、《太阳出入》、《地平方位》、《各省节气》、《诹吉便览》。"另附有蔡真步堂绘《球面十八省图》。

蔡缓彩的另一部著作《弧角七政图算》更是创立了"以图代算"的简捷计算方法。清代内阁学士兼礼部侍郎衔广东全省督学部院张伯熙在为蔡缓彩著光绪廿一年新镌《七政弧角图集》(顺德龙江真步堂藏板)所撰写的序言里写道:"经术七政经纬月孛一条,推出实行,足补台官阙略。蔡生之学,可以传世而行远矣。"足见蔡缓彩对中国历学所作的贡献。著者曾在《七政弧角图集》"自叙"中详细谈及了"以图代算法"的来由及其功用。

此"以图代算法",为天文算学中之捷法,为"浑仪代算法"之补充,更便于"求立命十二宫七政到地平"。

蔡缓彩在《弧角七政图算》里有"说浑仪之用"一卷,详细地介绍了"浑天仪"的制造和使用功能:

　　今欲变为简捷之法,莫如置一浑天仪。其式先置一圆球为天体仪,球面取相对两点为南北极,又从北极向南,南极向北,各照黄赤大距度分分数之,得两黄极;又依天象画黄道宫度,及各距等圈,乃取黄道恒星表及黄道天汉表,入以岁差,依法算定经纬,取诸恒星及天汉于球面画之,便成一天体仪,……用铁条通南北二极点而贯之,外用一铜圈,对开两眼,以安铁条,其首尾适于铜圈外而齐平,此铜圈名为子午圈。南北眼上下画度数约六十度,以便较各方北极出地,又安一十字铜圈,与子午圈全大而稍薄,此圈名为赤道圈,又名时辰圈。此圈画齐三百六十度,又分为二十四时,每时跨十五度。此两圈之内,藏一高弧圈,与天体仪相切,此圈宜最薄,上下用一小铜柱夹之,上对天顶,下对地底,通于子午圈之外,再用一铜圈与子午圈相套,此圈名为天顶圈,以管高弧圈之两柱。子午圈近天顶之北,近地底之南,均通一镈,其阔取能容高弧圈之两柱,其长约六十度左右,以便较北极出地时,子午赤道二圈移,而天顶高弧三圈均不动之用。高弧圈在地平上半周,画一百八十度。天顶圈外加一十字圈,此圈名地平圈,亦画三百六十度,照地面分二十四方位,每方位亦跨十五度,宜用两半圈相合于正子午处,以较联之,取其可上可下,如是再用一架盛之,又置一铜弧尺,其一边须与球面子午圈线相参直,遂成全副浑仪,以备测量七政四余之用。

　　值得庆幸的是,广州博物馆曾于1975年7月入藏"浑天仪"一件,高49.5厘米,直径36.8厘米,球体上阴刻"顺德蔡真步堂最白氏造"字样。这件"浑天仪"制作精良、考究,正是蔡绶彩最白氏制造,充分显示了蔡绶彩最白氏在"观天仪器"制造方面的成就。上述记载有助于我们全面了解该件"浑天仪"的构造及其使用功能。

四、蔡氏"通胜"类著作对河洛文化的弘扬

　　古代河洛地区的农家类著作,发展到汉唐时代,按照农家历记载的活动,就不仅仅是农业生产活动,而是包括了占候择日禳镇、衣食住行、婚丧、农事习俗、文化教育、医药卫生和节日民俗等方面的活动了。这以唐韩鄂撰《四时纂要》最典型。后来在民间流行的通书,就吸收了月令体农书的特点,以农历的日期安排了占候择日禳镇、衣食住行、婚丧、农事习俗、文化教育、医药卫生和节日民俗等活动。对待通胜类著作,不能简单地以"封建迷信"加以否定,而首先将它放在河洛文化流行和传播的漫长历史背景下考察。首先,古代天文学成就,是中央政权颁行"正朔"、"月令"的基础,而民间"历书"的编制,是中央政令在民间普泛化的结果,民间行事通按此而行,故称"通书";因按朝廷"正朔"颁行,故又称"皇

历"。"通胜"(通书)是古代月令体农书的变体,可以说是一种"月令体行事指南",对我国古代人民和中华文化具有高度的整合力。

秦汉以来,河洛文明源源不断流布岭南,起源于河洛地区的历法、农家历也在民间广为传播。明中叶,随着珠江三角洲的开发,追慕正统文明的精英阶层出现,岭南风俗"丕变"(方志"风俗"篇的说法),地域文化极力追步"正统",民间节令行事以中原为准则,以民间日常生活为背景的"通胜"类著作在民间流行起来。明代以降,中国古老的天文"推步"失误越来越大。与此同时,西学东渐,近代自然科学优势凸显。西方天文学、气象学、数学、物候学等近代自然科学传入我国。珠江三角洲人民以其对文明的敏锐,开风气之先,引入和学习近代自然科学,并以近代自然科学的眼光审视我国古代天文历学。在广州,以学海堂为首的书院试行西式科学教育和天文实测;一批广东本土的科学家应运而出,如著名的邹伯奇、蔡最白氏等人。蔡最白氏,是把古老的河洛天文历学文化导向近代科学轨道的岭南第一人。

蔡最白氏创立的"真步堂"号一直沿用至今。蔡最白氏的天文历学成就也被蔡氏后人所继承和发扬。其中,影响最大的是其孙蔡伯励先生(1922年出生,健在)。从蔡伯励辑《经纬历书》所收录的内容,可以看出蔡伯励在天文历学方面的成就。该书既收录有蔡伯励辑录的内容,也有蔡伯励新订的内容,还有蔡伯励推步的内容。推步的内容最能反映蔡伯励在天文历学方面的贡献,因为这部分内容是要经过精心推算才能得出的。

正当中国传统天文学受到西方天文学猛烈撞击之时,蔡伯励在家乡顺德创建了具有中国特色的天文学"计算中心",集中了40名优秀的岭南算盘高手连续高速运算,确保"通胜"编制的正常延续。这个在计算机出现之前效率最高、功能最庞大的"计算中心",能进行精准快捷的运算。蔡氏还及时采集西方各国最新的天文测算数据,同"计算中心"算出的数据互校,大大提高了计算精度,为传统历书注入新生命力。

蔡缓彩最白氏及其家族取得如此卓著的天文历学成就,与他们善于吸收、融会、贯通中西天文历法的科学成果有关。蔡氏以天文历学编创的"通胜",将历法和人们的社会行为、生产活动、节俗行事结合起来,由于它对公众事务具有几乎"无所不含"的实用指导价值,所以迄今仍在民间沿用。蔡氏"通胜"在晚清已经进行"市场化生产",实施新式的经营和科学的管理,产品从"计算中心"定期批量推出。每年,岭南民间都对它的出版和行销翘首以待,在港澳台地区和海外华侨中也广泛流行。目前,蔡氏"通胜"作为南中国唯一幸存的历书,依然在港澳台地区和海外华侨中有着深刻的影响,是中国人节俗和日常行事依从的"共同标准",这也是一条以河洛文明为正脉的中华传统文明的情结纽带。

（作者单位：广州博物馆）

连阳地区"唱春牛"考略

黄远奇

广东三连一阳(连州、连南、连山、阳山)乡村民俗有"唱春牛",其时有歌:
"春牛牯仔角哀哀,借问春牛哪边来?借问春牛哪边去?谁人带出春牛来……"

一、河洛农耕与"春牛"节俗起源

中国以农立国,牛自古就是中国人在田地讨生活的伙伴。对牛的尊崇、爱重和期待,形成了中国特殊的节俗——"春牛"节,如果要推究这个节俗的起源,当远溯中国牛耕的历史。远古中国的"两河流域"——河洛地区,养牛业就很繁盛。在河洛文化的辐射区域,考古发现石器时代遗址有大量牛骨和牛骨制品。在殷商考古中,发现殷商王朝祭祀动辄屠牛数十至数百头,在出土的甲骨中发现大量刻有卜辞的牛肩胛骨,可见其时河洛间人已经对牛有某种神圣感。但是,在仍以畜牧业为主要经济部门的殷商时代,还没有发现牛耕的史实。周朝河洛地区的养牛业也颇有可观,《国语·晋语》:"宗庙之牺,为畎田之勤。"就是牛除了只用作祭祀宗庙之外,已被勤用于耕田。史载郑国商人弦高已远途贩运牛群。这些商品化的牛只,除了供食用之外,恐怕有相当多用于力役,例如挽运和耕作。周代农业发达,黍稷、稻粱、豆麦、桑麻等中国农产毕俱。传说周的先人稷是农耕之祖。《山海经》载:"后稷之孙叔均始作牛耕。"春秋时晋国有个大力士名牛子耕,孔丘的弟子司马耕字子牛、冉耕字伯牛。牛与耕相连可作为人名,可见春秋时用牛耕田已是相当普遍的现象了。"牛者农之本",同牛耕有关的节俗应该兴于此时。《礼记·月令》是根据以河洛为中心的中原地区的物候来确定每月行事的,在季冬之月,官府要"出土牛,以送寒气"。后人注释说,此风俗是季冬出土牛,以示农耕之早晚。《后汉书·礼仪志上》:"立春之日,夜漏未尽五刻,京师百官皆衣青衣,郡国县道官下至斗食令史,皆服青帻,立青幡,施土牛耕人于门外,以示兆民。"宋代孟元老《东京梦华录·立春》曰:"立春。前一日,开封府进春牛入禁中鞭春。"最初,这种起源于河洛地区的礼俗,有督促官员重视农业,劝勉民众勤于农耕的寓意,原是政府行为,但很快被民间普泛化为节俗,各地有"春牛"、"土牛"、"鞭春"、"鞭牛"、"打春"之类的名目。

二、连阳地区的牛耕

连阳地区处在南岭山地的南麓,有一些山口可沟通五岭南北,如穿越连阳地区的桂阳古道、大庾岭道等,自古是五岭南北交通要道,而连阳地区是远古中原文化入粤的首途。牛耕和春牛节俗传入连阳理应较早,但如何演绎,却苦于缺乏早期文献记录而难以稽考。中国最早的牛耕的形式如何,也不得其详。考古界多根据出土的陪葬冥器和壁画来推断。连阳牛耕场面,也在出土文物中再现。如晋代牛犁耙田模型等。

1963年,连县(今连州)龙口古墓出土一方晋代永嘉六年(312)的陶质犁田耙田模型。该模型长19厘米、宽16.5厘米,生动记录了1700年前岭南的农耕场景。大水田四角各有一漏斗状设施,中间纵贯一田埂将水田分为两块,一块有一人使牛犁田,另一块田有一人使牛耙田。此耙有六齿,下有一横把,是我国目前发现最早的耖耙类实物模型。畜拉耖耙的出现,说明从河洛地区南传的牛耕技术,已被当时连阳人民所吸收和创新。相关的春牛节俗,想必也在连阳地区扎下深根。

三、岭南最早的"春牛"节俗

降及唐宋,随着农耕技术的进步,连阳农业生产水平大有提高。据陈鸿宇等学者研究证实,唐天宝年间(742~755),连阳有32210户、143532人,人口密度居广东第一。《广东通史》确认,从唐贞观到天宝初,连州经济与户口均居于领先地位。该州所在的粤北地区,官府采用贷给牛犁激励农耕的办法,亩产直追江淮,粮食生产水平接近全国领先地位。毫无疑问,这与牛的辛勤耕田是分不开的。

唐元和十年(815),刘禹锡贬连州刺史,有《插田歌》描绘州城周围乡村的热闹田耕场景。"冈头花草齐,燕子东西飞。田塍望如线,白水光参差。农妇白纻裙,农父绿蓑衣……水平苗漠漠,烟火生墟落。黄犬往复还,赤鸡鸣且啄。"

连阳农事兴旺,民间的春牛节俗也开始见于文士笔端。唐咸通九年(868),卢肇谪连州刺史,有《谪连州书春牛榜子》诗:"阳和未解逐民忧,雪满群山对白头。不得职田饥欲死,儿侬何事打春牛?"

卢肇中状元后,官至集贤院直学士,因事谪连州。立春时节,作为一州之长,卢肇照例祭祀芒神,亲书春牛告示,告知农民开始农耕。

此诗除悯农之外,诗人还借牛喻己,抒怀才不遇之慨:不是春牛(自己)不勤力,而是人(皇帝)的无能,酿造百姓的苦难。今研究"春牛"者,常引此诗。这也是岭南"春牛"的最早记录,同在连阳发现的最早的牛耕文物,可谓是研究岭南春牛节俗的"双璧"。

四、明清至近代连阳地区的春牛节俗

明清时期,连阳动荡,人口下降。明初,为防控粤北战略重地,在阳山县设三个百户所,从珠江三角洲、都城南京调兵驻守,实行战时为兵、平时为民的屯田制度。按人划拨荒地,发给牛畜种子。阳山地广人稀,劳动力缺乏,依赖牛力发展农业,因此,人们特别重视牛的生存,同牛有关的节俗也隆盛起来。当时,三和洞冯屋村设有牛坛。传说某年牛瘟流行,冯氏先祖到牛坛焚香祷告"牛神啊!今瘟疫横行,牛将灭绝,若佑我牛避过牛瘟,誓凿香炉,永远供奉"。事后,仅冯家母牛躲过一劫,遂凿香炉以谢。村民见状,纷纷效法。新买牛只,牵上牛坛转几圈,生生猛猛,努力耕田。丢失了牛只,马上求牛神,多能找回。每年二月二,教生牛犁耙,先到牛坛礼拜。某年,阳山秤架发牛瘟,乡民集资打了三日四夜的"牛醮",驱除了瘟疫。乡村习俗,农历四月初八系牛的生日,当日不准使牛,还用甜酒犒劳耕牛。

顺治《阳山县志》载:"立春先一日,迎芒神土牛,饰彩架。"乾隆《阳山县志》又载"乡人装演小儿作故事,以架舆之杂于迎春队中"。乾隆《连州志》载"立春先一日,官府迎春于先农坛。盛列百戏,前陈鼓吹,以导芒牛,老幼填集街路,谓之'看春'。乡落之人,遇土牛用五谷掷之"。

立春之前,用桑柘为骨,裱纸为肤,外抹泥浆制成土牛。牛高四尺(寓意四

时,下同),身长三尺六寸(三百六十日),头尾长八尺(八节),尾长一尺二寸(十二个月),鞭子用柳枝,以五色丝线缠绕,长二尺四寸(廿四节气)。牛的头角耳、蹄尾肚与笼头、构索等颜色均与当年的天干地支合五行而定。塑造的芒神,服色、头髻、鞋裤等以立春日的五行而定,身高三尺六寸。

立春前一日清早,州县官率下属到城东门外先农坛祭祀之后,迎接芒神、土牛到州县城的头门外。迎春队伍中,八音乐队,吹拉弹奏,敲锣打鼓,热闹喧天,欢天喜地;小孩扮成各种戏剧故事人物,坐在五颜六色的架舆上,被大人抬着参加游行,增添喜庆气氛,以示人丁兴旺。城市乡村,男女老少,聚集在春牛经过的道路上,观看迎春游行,叫做"看春"。乡村农人,见到春牛就用五谷掷过去,让五谷粘在牛身上。这同中原地区"立春日,太守集府堂,鞭牛碎之,谓之打春。农民竞以麻麦米豆抛打春牛,里胥以春毬相馈贻,预兆丰稔。"的节俗和寓意相酷似。立春日破晓时分,州县官再行祭祀,然后带头轮流鞭打春牛三下,俗称"鞭春"或"打春",以示春耕开始。鞭牛者站位有讲究:立春在腊月十五前时,站在春牛前,示意春耕宜早;立春在正月十五后则站在春牛后,示意春耕宜晚些;立春靠在正月初一前后则与牛并排站,示意春耕宜不早不晚。同时,鞭牛者唱道"一鞭曰风调雨顺,二鞭曰国泰民安,三鞭曰天子万岁春"。鞭打春牛时,人们争相上前争抢牛身上掉下的土块、谷粒。回家后,把泥土和水涂于牛栏、炉灶,将谷粒放入谷仓,预祝来年五谷丰登,六畜兴旺。这些节俗行事,颇类唐代河洛诗人元稹《生春》诗描绘"鞭牛县门外,争土盖蚕丛。"的景象。我们研究这些节俗行事,可以窥见河洛文明南进之一斑。

清朝康乾盛世,社会安定,经济繁荣,人口剧增。乾隆后期,在官府引导下,粤东客家人大批迁入连阳山区,开垦荒地,免税三年。客家人最看重中州文化传统,"唱春牛"又大流行于客家乡村,用客家话来歌唱、表演,今存春牛歌抄本即是客家方言。据此,笔者认为"鞭春牛"、"演百戏"与客家山歌相结合而产生了连阳乡村"唱春牛"。

这时,"唱春牛"融入了春节、元宵等节庆元素,丰富了内容与形式,从"土牛迎春"发展为"春牛贺春"。春牛以唱兼舞,舞狮以武而舞,一文一武,成为连阳乡村最广泛流行的传统民俗。

各村"唱春牛"主题一致,表演形式则各师各法。在此,仅以阳山黎埠为例。

秋收冬藏后的农闲演练春牛,过年至立春开耕前后表演。春牛班通常由十多人组成。角色为:举帅牌打浪伞各1人,担花蓝、骑纸马的花旦各2人,提春牛、使牛者各1人,使牛者为主角,捡田螺小孩1人。乐队中,敲锣、打鼓、铙钹、落确鼓各1人。道具有帅牌、纸春牛、浪伞、木犁、白马、花蓝等。"唱春牛"有"唱"与"舞"两部分。一边歌唱一边起舞,歌起即舞,歌止舞停。舞春牛的动作十分简朴,一边模仿犁田等动作,一边绕圈而舞。舞曲、锣鼓和谐奔放,曲调流畅开朗。使牛者是主角,使牛犁田兼领唱春牛歌的首句、第三句。花旦、打浪伞、举牌者是配角,舞蹈动作有扭、摇、摆、进、退,与扭秧歌相似,兼合唱二、四句。其间,场外好事者不断提出各种问题,请使牛者回答。刁钻古怪的话题早引发哄堂笑声。若能以诙谐幽默的歌声回答,更能引发全场男女老少的捧腹大笑。要是卡壳了,其他队员立即火力支援,江湖救急。无论怎样,乡民最需要的是充满智慧的欢笑,畅快淋漓的愉悦。春牛歌词主要是颂牛谢恩,庆丰旺人,贺春添喜。同时,传授生产知识,歌颂才子佳人、英雄豪杰,教人生活伦理,表达男女情爱,祈求风调雨顺,国泰民安。可以说,几乎涵盖了农村生活与劳动的所有内容。

春牛歌唱完后,主人给春牛上花挂红,赏春牛班红包。最后,主客"驳四句",看似往来礼仪,实是比才斗智。尽兴之后,鸣炮结束。"唱春牛"是赞牛庆丰、贺春旺人的春耕动员令,也是乡村社交联欢的活动。

明清时期,粤北连阳地区"唱春牛"节俗的愉悦性、消费性、社会功能性特别强,同岭南进入大开发的历史时期,商品性经济高涨,大有关系。因此之故,来自古老中原地区的传统春牛节俗,在岭南得到了创造性的改良与发展。

至民国,随着封建体制的灭亡,官方"鞭春牛"也消失了。"唱春牛"更趋向于贺年迎春、寓教于乐的民俗。其社会功能也迈向现代化了。

抗日战争中,广东省政府北撤到连阳,"唱春牛",也成为全民宣传抗战救亡的艺术形式。抗战初期,新舞蹈艺术开拓者吴晓邦(后任中国舞蹈家协会主席)深入粤北乡村,创作唱春牛舞蹈,这个舞剧,可说是中国第一次把民间舞加工提高搬上舞台的舞蹈。后来,舞蹈家梁伦编导《唱春牛》到南洋各国巡回演出,使春牛走向了世界。

1938年秋广州沦陷,作曲家黄友棣逃亡连县。次年春节,在街头见乡村小学校长带领一群小学生表演客家舞蹈《唱春牛》为大众贺年,为乡亲祈福。之后,他用提琴演奏春牛歌,模仿歌舞节奏。他回忆说:"不久,我被邀往大专学生集训营,为众人演奏《唱春牛》以贺新春,人人大感开心。热烈的掌声,请求再奏。快乐心情,接近疯狂状态"。

此时,诗人胡根天也在寒星残月下,从广州流亡到阳山同冠峡,听到春牛歌声后,感慨万千,赋诗:

> 山月如钩窥客舟,谁家儿女唱春牛?
> 荒年不是平常事,愿卜黄金满地秋。

这首充满希望、饱含爱国情怀、富有艺术魅力的诗篇,成为岭南名篇杰作,刻有二碑,今在广州白云山碑林公园陈列,供后人鉴赏。

五、当代春牛

新中国成立初期,不少民俗遭到不合理的封杀,但为了配合政治宣传,促进农业生产,连县文工团改编"唱春牛",创作了春牛歌舞剧《山村春早》、《春花吐艳》,并在韶关文艺会演中获奖。

改革开放后,各家各户忙于耕种经营,解决温饱,连阳春牛节俗也逐渐淡出民间了。近年,随着经济腾飞,农村生活水平迅速提高,农民重新追求精神愉悦,接续优秀文化传统,冷落多年的春牛歌声又响起来。在建设文化大省的浪潮中,阳山"春牛舞"被列入清远市第一批非物质文化遗产名录;"唱春牛"连续搬上连州国际摄影年展的舞台,通过各国摄影师的镜头而重新走向世界。给大地带来希望的春牛从哪里来? 歌曰:"春牛牯仔角哀哀,春牛系从天上来;未耕先赏身有罪,玉皇圣旨下凡来……"

中国民间节俗,是以河洛为核心的中华传统文明的重要组成部分。连阳"唱春牛",其源在河洛,岭南人民以其对中华传统文明的认同与追慕,传承了这份民间节俗瑰宝;其流在岭南,岭南人民以其广阔视野和非凡创造力,为古老的中华传统文明注入了新的生命力,并且把它奉献给世界!

(作者单位:广东省阳山县公安局)

屈大均诗文所描述的岭南海神信俗文化

章文钦

一、引言

明遗民、名诗人、学者屈大均(1630~1696)是明清之际出现在岭南而具有全国影响的一位文化名人。大均以诗人兼学者,身历家破国亡之惨,蕴蓄至深,形诸吟咏,气势磅礴,变化无穷,直追楚骚,出入李杜。顾炎武《屈山人自关中至》有"弱冠诗名动九州"之句,钱谦益谓其诗"果非时流所及"。与陈恭尹、梁佩兰合称岭南三家,而成就实居三家之首,为明清两代卓然大家。

岭南文化渊源于中原文化,与中原文化有着不可分割的联系,而又属于滨海地域文化,具有悠久的海洋文化传统。沿至明清时代,粤东十郡,滨海者居其七。屈氏世居番禺茭塘都沙亭乡。《西屈族祖姑韩安人遗诗序》述其先世称:"吾屈自汉高帝迁之关中。……传至有唐,吾屈有节度使讳政者,自关中来,始居梅岭之南。"《沙亭解》又称:"吾始祖迪功郎诚斋当宋徽宗时,来居于此。其地滨扶胥江,多细沙,又念先大夫怀沙而死,因名乡曰沙亭。"(《屈大均全集》,人民文学出版社1996年,第3册)。自沙亭始祖诚斋至大均十八世,而与沙亭隔扶胥江相望者为南海神庙。

古代中国人的航海活动,主要在东、西二洋,一般以婆罗洲为界,以东为东洋,以西为西洋。与西方交通的航路,通常称为南海道,而与陆路的西域道相对。古代航海,风涛险恶,工具落后,航海人仰求神佑,以辅人力,保证航行顺利的愿望显得十分迫切,由此在航海人中间和沿海各地形成海神信俗文化。屈大均诗词咏及的岭南海神包括祝融、龙母、伏波与天妃。

二、南海神

祝融即南海神,是珠江三角洲最重要的海神信仰,其庙宇遍布城乡,而以位于广州东郊庙头村的南海神庙最具香火权威。大均有咏南海神诗多首。《南海神祠作》之一云:"扶胥江口水微茫,箫鼓人祠百谷王。万派洪涛朝涨海,千秋绛节奠扶桑。参天花倒龙宫影,浴日亭浮蜃气光。闻道汉家东渡急,冯夷先为架鼋梁。"之二云:"夹江铜鼓响天风,春半家家祀祝融。神次最尊南海帝,隋时初筑虎门宫。波罗花落蛮娘拾,狮子洋开估舶通。汉代楼船零落尽,何时重见伏波功?"《南海庙作》之一:"金银宫阙映朝暾,火帝南兼水帝尊。万里朝宗来百谷,中华形势尽三门。云开帆席洋船过,月出楼台海市屯。元气茫茫全化水,不知天外有渔村。"之二上半:"南越人祠尽祝融,章丘平处有行宫。三江水到扶胥大,万里天归涨海空。"之三下半:"家家水帝祠南海,岁岁天朝使暹罗。汉将神灵铜鼓在,风吹音响满沧波。"《南海祠作》:"衡岳精灵满粤中,朱明洞府总相通。天教火帝司南海,万古扶胥祀祝融。"《南海祠下作》上半:"南溟天尽水茫茫,江汉争朝百谷王。万里云霞开海市,中宵日月出扶桑。"(屈大均全集》,第2册)

最足以与大均诸诗相印证者为韩愈《南海神庙碑》,起首曰:"海于天地间为物最巨,自三代圣王,莫不祀事。考于传记,而南海神次最贵,在北东西三神、河伯之上,号为祝融。天宝中,天子……册尊南海神为广利王。祝号祭式,与次俱升。因其故庙,易而新之。在今广州治之东南,海道八十里,扶胥之口,黄木之湾。常以立夏气至,命广州刺史行事祠下,事讫驿闻。"(《韩昌黎全集》,卷31《碑志》8)。

四海神君是中国人最早崇拜的航海保护神。《太公金匮》称:"南海之神曰祝融,东海之神曰勾芒,北海之神曰玄冥,西海之神曰蓐收。"(李昉等《太平御览》,卷882《神鬼部》2))祝融以火神、南岳之神兼南海保护神,在四海神君中神次最贵。南海神庙建于隋开皇间,自唐至清,代有重修。历代遣官致祭,多有碑记。庙右有小丘,名章丘,上建浴日亭,苏轼有《浴日亭》(苏轼《苏文忠公诗编注集成》,卷38)。

大均又有《喜王阮亭宫詹至粤即送其行》十首,之二云:"南来祠水帝,光景动扶胥。海市空中起,神山水下居。天浮元气外,地接大荒余。欲见仙人迹,章

丘是石闾。"阮亭谓王士禎,所咏即康熙二十四年(1685)士禎以少詹事兼翰林院
侍讲学士奉命祀南海神事。

据士禎《南来志》载,康熙二十三年(1684)十一月十九日发自京师,次年二
月初八日到达广州。初九日斋戒沐浴,易舟会于扶胥之口。"初十日昧爽,入庙
即事。陪祭官分巡广南韶道按察司副使劳之辨、广州府知府刘茂溶、番禺县知县
李文浩,拜献望沉如礼。讫事,观骆越铜鼓。……循廊观韩碑,下此则宋开宝中
裴丽泽奉诏撰碑差古,次皇祐、康定、乾道、庆元、宝庆碑,余则元明碑耳。阶下有
波罗树二,久枯死,九十僧今玙重植。宴海光寺,寺侧木棉花初开,照映初日,殷
红可爱。宴毕登浴日亭,亭在寺外西偏小山,下俯海岸,所谓扶胥之口,黄木之湾
者也。东南望虎头门,云涛万里,泱溔无际。"(王锡祺辑《小方壶斋舆地丛钞》,
光绪十七年刊,第9帙)。自清朝定鼎以来,遣官祭南海神,顺治间一次,康熙初
二次,至此凡四次矣。

再证以大均之文,略谓:"祝融者,南海之君也。……祠在扶胥江口,南控虎
门,东溯汤谷。……每当天地晦冥,鲸呿鳌掷,飓风起乎四方,雾雨迷其咫尺。舟
中之人,涕泣呼号,皆愿少缓须臾之死以请于祝融。其声未干,忽已天日晴朗,飘
行万里,如过衽席。""南海神庙在波罗江上,建自隋开皇年。大门内有宋太宗
碑、明太祖高皇帝碑。其在香亭左右,则列宗御祭文,使臣所勒者也。""祝融,火
帝也。帝于南岳,又帝于南海者。……祝融兼为水火之帝也,其都南岳,故南岳
主峰名祝融。其离宫在扶胥。……四海以南为尊,以天之阳在焉。故祝融神次
最贵,在北东西三帝、河伯之上"(《屈大均全集》,第2册),皆可以为其诗作解。

三、龙母与伏波

大均《江行》诗之二云:"白艚洋海至,香郁澳门来。雨势过龙媪,霞光起蚌
胎。潮争新旧水,酒酹浅深杯。多谢波臣好,殷勤送客回。"《江间》之二上半:
"万里成南渎,西江比北长。浊辞交趾国,清入祝融乡。"(屈大均《广东新语》,上
册)皆为咏西江航行之作。

西江为珠江干流。龙媪又称媪龙,即龙母,为西江的保护神。珠江口西侧的
磨刀门、厓门为西江出海口,故广州沿海亦以龙母为保护神。澳门在磨刀门之
东,承流西江水,对龙母的崇拜颇为热烈。今粤西德庆县有龙母庙,在西江边,为

龙母信仰的源头。

大均撰文述龙母之由来称:"龙母温夫人者,晋康程水人也。秦始皇尝遣使尽礼致聘,将纳夫人后宫。夫人不乐,使者敦迫上道。行至始安,一夕龙引所乘船还程水。使者复往,龙复引船以归。夫人没,葬西源上,龙尝为大波,萦浪转沙以成坟。会大风雨,墓移江北。每洪水淹没,四周皆浊,而近墓数尺独清。……夫人姓蒲,误作温。然其墓当灵溪水口,灵溪一名温水,以夫人姓温故名。或曰媪者,媪之讹也。夫人故称蒲媪,又称媪龙。唐李绅诗'风水多虞祝媪龙'。然媪非生龙者也,得大卵而畜之,龙子出焉,养之以饮食物,龙得长大,盖古之豢龙氏也。始皇以为神,遣使迎媪。以尝闻徐福言,海神之使者铜色而龙形,光上照天,意媪其同类也。"(《屈大均全集》,第 1 册,第 418 页,第 2 册)。盖谓龙母以西江之神而兼海神。

大均又有咏伏波诗多首。汉有两伏波将军,一为平南越之邳离侯路博德,一为平交趾二征之乱之新息侯马援。《汪学博携饮罗湖》之三咏雷州二伏波祠云:"中原从此尽,回首奈愁何。地控三洋海,人祠二伏波。凉应天北少,风是日南多。况有澄湖水,亭高出芰荷。"《雷阳曲》之九:"朔日城南小队过,鬈边只要插花多。金钗竟叩三铜鼓,沉水齐薰二伏波"(《屈大均全集》,第 1 册)。则咏二伏波祠之娱神祭赛。

其专咏马伏波者,如《乌蛮大滩谒伏波将军祠代景大夫作》:"两岸青峰随帆转,一滩白鸟逐篙回。滩名乌蛮最险恶,伏波往日曾疏凿。功同神禹合俎豆,有庙巍巍镇瓯骆。瓯骆至今遵约束,岁时庙下祭旗纛。祠中铜鼓铸马余,银钗叩击蛮风俗。"《咏马伏波》之二:"麋冷双女自为王,锦绣旌旗海上张。一自伏波亲讨伐,日南长作汉封疆。"之三:"飞鸢站站坠炎云,薏苡加餐范政勤。骆越至今遵约束,岁时频祀马将军。"《马留辞》咏马援后裔:"山留铜柱水铜船,新息威灵在瘴天。终古马留称汉裔,衣冠长守象林边。""朝鸣铜鼓伏波祠,大汉儿孙实在兹。一任金标埋没尽,马人终古识华夷。"(《屈大均全集》,第 1 册)

大均撰文述伏波神,亦以马伏波为主,略谓:"二伏波将军者,专主琼海,其祠在徐闻,为渡海之指南。……李伯纪(纲)常祷于二将军,北得生还,乃书子瞻所作碑,刻石祠中,祠有二,正祠为新息,别祠为邳离。""伏波神,为汉新息侯马援。侯有大功德于越,越人祀之于海康、徐闻,以侯治琼海也。又祀之于横州,以侯治乌蛮大滩也。滩在横州东百余里,为西南湍险之最,舟从羊牁至广必经焉。滩有四,……每滩四折,折必五六里,出入乱石丛中,势如箭激,数有破溺之患。夹岸皆山,侯庙在其北麓。凡上下滩者必问侯,侯许乃敢放舟。每岁侯必封滩十余日,绝舟往来。……有大风雨,侯辄驾铜船出滩,橹声喧豗,人不敢开篷窃视。……凡过滩,每一舟拨招者四人,使舵者四人,前立望路者一人。左右侧竖其掌则舵随之。然此地仅一姓人知水道,世为滩师,余人则否,其人亦马流遗裔也。……侯威灵盖千年一日也。祠中床、帐、盘、盂诸物,祝人拂拭惟谨。居民每食必祭,事若严君。……伏波祠广东、西处处有之,而新息侯尤威灵。其庙在交趾者,制狭小,周遭茅茨失火,庙恒不及。交趾绝神之。……侯之神长在交趾,凡以为两广封疆也。"(屈大均《广东新语》,上册)

伏波之为海神,苏轼《伏波将军庙碑》已表出之:"汉有两伏波,皆有功德于岭南之民。……两伏波庙食于岭南均矣。……自徐闻渡海适朱崖,南望连山,若无若有,杳一发耳。舣舟将至,股栗丧魄。海上有伏波祠,元丰中诏封忠显王。凡济者必卜焉:某日可济乎?必告然后敢济。使人信之如度量衡平,必不吾欺者。呜呼!非盛德孰能如此!……四州之地,以徐闻为咽喉。南北之济者,以伏波为指南,事神其可不恭?某以罪谪儋耳三年,今获还,海此往返,皆顺风,无不答神贶。乃碑而铭之曰:至险莫测海与风,至幽不仁此鱼龙。至信可恃汉两公,寄命一叶万仞中。"(苏轼《东坡后集》,卷15)即谓二伏波为航海寄命之神。

四、天妃与孤魂

关于天妃。大均《阳江道上逢卢子归自琼州赋赠》之二云:"大风吹海啸,舟似转篷飞。竟与波涛斗,私将涕泪挥。旌旗过水怪,灯火降天妃。欲作玄虚赋,心魂今尚微。天妃,海神,吾粤事之甚谨。卢子是日舟几覆,祷之,有一大鸟止于樯。少焉,红光荧荧,绕舟数匝,兼花香酷烈,舟遂定,得济。"(《屈大均全集》,第1册)。咏卢子渡过琼州海峡时遇风,舟将覆,祷于天妃,神降于樯,一舟遂安。《澳门》之六句云:"五月飘洋候,辞沙肉米沉。"(《屈大均全集》,第2册)五月为海舶出航东洋日本的季节,辞沙谓出航时到沙边的天妃庙拜祀辞行,祈求平安。

大均有《海神》之文,述粤人事祝融、伏波、天妃诸神甚详,略谓:"语云:上海人,下海神。盖言以海神为命也。粤人事海神甚谨。……凡渡海自番禺者,率祀祝融、天妃。自徐闻者,祀二伏波。……而天妃神灵尤异,凡渡海卒遇怪风,哀号天妃,辄有一大鸟来止帆樯,少焉红光荧荧,绕舟数匝,花氛酷烈,而天妃降矣,其舟遂定得济。又必候验船灯,灯红则神降,青则否。其祠在新安赤湾,背南山,面大洋,大小零丁数峰,壁立为案,海上一大观也”(屈大均《广东新语》,上册)。

孤魂又称孤鬼,传说为海难者魂魄所化,为求航海和沿海地方平安,必须祭孤。大均《澳门》之六“辞沙肉米沉”之句,肉米沉即以肉和米投入海中,以祭孤魂,与辞沙拜祀天妃同为海舶出海时祈求平安的拜祭仪式。

大均《阳江道上逢卢子归自琼州赋赠》之四句云:“行穿龙洞穴,战退鬼楼船。”(《屈大均全集》,第1册)鬼楼船谓孤鬼所乘海舶。大均《海神》载:“父老云,凡渡海至海安所,……其或日影向西,巨舶相遇,帆樯欹侧,楼舵不全,或两或三,时来冲突。火长必举火物色之,举火而彼不应,是鬼船也。火长亟被发掷钱米以厌胜,或与之决战。不胜,必号呼海神以求救。”(屈大均《广东新语》,上册)可为“战退鬼楼船”句注脚。

五、结论

岭南文化作为中国一种滨海地域文化,具有深厚的海洋文化的历史传统。本文以屈大均诗文为基本史料,探讨明清之际岭南海洋文化中的海神信俗文化,包括南海神、龙母、伏波、天妃等,目的在于揭示岭南海洋文化中具有深厚历史传统的一面。

(作者单位:中山大学)

客家文化

试论客家形成于明代

杨海中

一、罗香林先生关于客家的论述

客家问题研究的开先河者罗香林先生于 1950 年发表了《客家源流考》一文,对何谓"客家"作了概括性的界说:

> 欲定客家界说,自时间言之,当以赵宋一代为起点。客家居地,虽至今尚无普遍调查,然依其迁移所居,大体言之,其操同一客语而与其邻居不能相混者,则以福建西南部,江西东南部,广东东北部为基本住地,而更及于所再迁之各地,此就空间言之者也。鄙意凡属客家之基本住地,自赵宋以来之文物或活动,除极少数不能并计外,大体皆可认为客家之文物和活动。吾人研究客家问题,固当上溯源流,下瞻演变,然其基本对象,当不能离此地域此时间一般操客家语之人群及其所活动之迹象。

关于客家形成的时间,他说:

> 客家系统的形成,大体已晚在五代于宋初。

罗先生是客家研究的拓荒者,其关于客家形成时间、生活地域、语言与文化特征等在学术界影响很大。

二、客家民系形成的几个重要因素

客家民系的形成,时间与文化的积淀是首要条件。其次,必须有一个相对固定的生存地域与空间。再次,必须有共同的语言、心理、生活方式与信仰,并成为民系的自觉。最后,与当地土著人已经融合。

上述条件的成熟,绝不是一朝一夕的,而是一个相当漫长的过程;说其形成,也只是一个时段,而不像一个人诞生那样有准确的日。

客家的形成,其时当在明代中期。

首先,完成了时间与文化的积淀。

从西晋"永嘉之乱"中原汉人南下至明代末年,历时 1300 多年,南迁士族百姓及其裔孙,在共同的遭际、利益、信念中已逐渐从一个自在的群体演化成为一个自觉的群体。若从时间上看,元代之前是客家形成的孕育期,明代是客家形成的成熟期。

西晋末年的北方士民南渡,就当时的心理状况而言,绝大多数人只是为了暂时避乱,并没有长期居留的打算,因而总是怀着早日收复中原、重回河洛的想法,侨置州郡就是最明显的证明。

几代人过去了,南迁先民们恢复中原之梦一个一个地破灭了,汉人政权偏安一隅的局面却成了事实。东晋末年及南朝时果断地取消侨置郡县而实行"土断",客家先民的子孙深感重回河洛无望,也只好"落地生根"了。

从西晋南渡到隋文帝统一南北,河洛南迁汉人在南方生活了近 300 年,其间,南方的农业、手工业、商业得到了极大发展,尤其江浙一带,成了鱼米之乡,江南对北方已具有很大的吸引力。

北宋是中国封建社会经济最为发达的时期,但随着政治、文化中心的南移,杭州不仅成了政治中心,也成了经济中心和文化中心。历史有着惊人的相似之处,和东晋一样,南宋初年,朝野上下虽无不言歼胡虏、复中原,但正像陆游所哀叹的,"但悲不见九州同",不仅如此,最终则如林升所痛斥的那样:"直把杭州作汴州!"这样,流寓南方的宋代也只能是落地生根了。

北宋时,以二程为代表的理学逐渐取代了儒学的地位,至南宋时更得到了光大,尤其经过朱熹的发展,理学被称作"程朱理学",其影响十分深远。

至明代,理学的杰出代表人物王守仁将理学发展为"心学",主张"知行合一"、"知行并进"。王守仁曾任赣南巡抚(驻丰城),并于此讲学,遂使"心学"广为传播,促进了东南一带整体文化素质的提高。

经济的发展,文化的繁荣是民族融合、族系形成的基础。正是经历了东晋、唐、宋千年的时间积淀,经济发展与文化繁荣的积淀,南迁的中原汉人及其裔孙才与当地民族相融合而形成了新的民系——客家。正如台湾学者潘海英指出的那样,这是一个"文化合成"的过程和形成"合成文化"的漫长过程,时间与文化的积淀,促进了合成的完成。

第二,客家生存地域已相对固定。经过无数次的迁移、变动和重新聚合,到明代的时候,南迁之北方汉人后裔已不再有大规模的南向迁移活动,相反,倒是出现了一些回流现象,一些客家人又返回了河南。同时,另一些客家人又西向到了湘、桂、川。这时,客家的聚集地基本形成并稳定了下来。赣、闽、粤交界地带的客家的大本营得到了巩固的同时,在大本营地域中又形成了若干个繁荣点,这就是江西的赣州、福建的汀州、广东的惠州和梅州。

第三,客家"血统"基本形成。一般意义上说,客家人在血统上是有所指的,并非北方南播士族百姓之后裔都是客家人。如众所周知的开闽圣王王审知,从光州固始入闽,后来建立闽国。但他并未成为客家人,而是属于福佬人。宋代理学家朱熹,先祖为河南人,后移徽州婺源(今属江西),寓居建阳(今属福建),他却是客家人。客家人多指迁居南方后,没有和当地土著人通婚而保留着汉族血统、文化、语言和习俗的人。

实际情况更为复杂一些。血统只是客家认同的一部分,并非全部。客家人在形成过程中,与当地畲族及其他土著居民的融合、结合包括通婚是必然的,既有"以汉化蛮"的结果,也有"以蛮化汉"的结果。因此,从一定意义上说,客家人的血统,是中原汉人与土著人相互融合、"相互异化"的结晶;汉人、畲人(瑶或其他族)在一起生活中共同"异化"为客家人。

对此,罗香林《客家源流考》中也有认可:"就种族遗传说,客家民系是一种经过选择淘汰而保留下来的强化血统。"

有鉴于此,以文化客家为基点,坚持血统而又不唯血统,才能全面地认识客家的形成。

第四,客家方言已经形成并被公认。文化是最难同化的,其中包括语言。客家语是魏晋时流传下来的,经过南北朝的发展,到唐代基本定型,至宋代、元代又融进了大量北方官话,因而到明初就形成了有自己特色的方言。

关于客家方言,音韵学大师章太炎对客家语言与音韵进行了研究,他在《客方言·字》一书中指出:"广东称客籍,以嘉应诸县为宗,大抵本之河南,其声音亦与岭北相似。"美国耶鲁大学教授韩廷敦在《种族的品性》中说:"客家人原出北方,他们的方言实际是一种官话,像中州河南的话。"中州音韵,既是河南土音,也是北方官话。

元人周德清曾著《中原音韵》一书,被视当时"标准普通话"的范本记录。《嘉应州方言志》引黄遵宪之语:"余闻之陈兰甫先生,谓客人语言正之周德清《中原音韵》,无不合。"黄遵宪为梅州人,他在《梅水诗传序》中说:"此客人者,来自河、洛,由闽入粤,传世三十,历年七百,而守其语言不少变。"还说:"有《方言》、《尔雅》之字,训诂家失其意义,而客家犹存古意者;有沈约、刘渊之韵,词章家误其音,而客人犹存古音者。"明代嘉靖年间编写的《惠州府志》、《兴宁县志》均提到了客家方言,印之清人所记,可知客家话在明代已经形成是毫无疑义的。

第五,形成了有特色的习俗。民俗文化事象是区别民族和民系的重要标志,客家人在长期的生活生产中形成了有别于当地土著的生活方式、心理意识和信仰。其中比较典型的是民居与葬俗,充分表现了其与土著不同的精神风貌和道德诉求。

中原汉人的村落,出于防御,稍大的村子多有土寨相围。客家土楼、围龙屋的修建也是出于防御自保。但研究表明,明代之前尚无土楼、围龙屋,其大量出现是在明中叶之后。这也从一个侧面表明,客家的形成在明代而不是之前。"二次葬"也称洗骨葬,是古越族特有的葬俗。《墨子·节葬下》:"楚之南,有啖人国者,其亲戚死,朽其骨而弃之,然后埋其骨。"客家的"二次葬"从一个侧面说明,客家人这一习俗,是土著人与中原汉人相互"异化"的结果。

上述五个问题,在清代嘉庆年间徐旭曾所写《丰湖杂记》中也得到了明确的解答和印证。

三、《丰湖杂记》关于客家的记述

"客主"之分或"客土"之分虽然很早就见诸史籍,但"客人"或"客家"一词用作学术却出现较晚。

"客人"一词在含义上具有"民系"意义,最早出现在清人徐旭曾所著《丰湖杂记》。徐旭曾(1751~1819)为客家人,字晓初,清广东惠州和平县人,嘉庆四年(1799)年进士,曾官户部主事,晚年归里后曾主持惠州丰湖书院。

清代的惠州领一州九县,是历史上客家人的主要聚集地。罗香林《客家研究导论》将汉族在南方的支系分为五大部分,即江浙系、湘赣系、闽海系、客家系和广府系。就地域区位而言,惠州之东是潮汕人的聚集地,也即罗香林所说闽海系;惠州之西则是广府系的聚集地。惠州实际上成了客家、闽海、广府三民系的交流与融合中心。

《丰湖杂记》写于清嘉庆十三年(1808),载于嘉庆二十年(1815)《和平徐氏族谱》。全文如下:

> 博罗、东莞某乡,近因小故激成土客斗案。经两县会营弹压,由绅耆调解始息。院内诸生询余何谓土与客,答以客者对土而言,寄居该地之谓也。吾祖宗以来,世居数百年,何以仍称为客? 余口述,博罗韩生以笔记之。嘉庆乙亥五月念日。

> 今日之客人,其先乃宋之中原衣冠旧族,忠义之后也。自宋徽、钦北狩,高宗南渡,故家世胄先后由中州、山左越淮渡江从之,寄居苏、浙各地。迨元兵大举南下,宋帝辗转播迁,南来岭表,不但故家世胄,即百姓亦多举族相随。有由赣而闽沿海至粤者,有由湘赣逾岭至粤者。沿途据险与元兵战,或徒手与元兵搏,全家覆灭、全族覆灭者殆如恒河沙数。天不祚宋,崖门蹈海,国运遂终。其随帝南来历万死而一生之遗民,固犹到处皆是也。虽痛国亡家破,然不甘田横岛五百人自杀,犹存生聚教训、复仇之心。一因风俗语言之不同而烟瘴潮湿,又多生疾病,雅不欲与土人混处,欲择距内省稍近之地而居之。一因同属患难余生,不应东离西散,应同居一地,声气既无隔阂,休戚始可相关。其忠义之心,可谓不因地而殊,不因时而异矣。当时元兵残

暴，所过成墟。粤之土人亦争向海滨各县逃避，其粤闽赣湘边境，毗连千数里之地，常不数十里无人烟者。于是，遂相率迁居该地焉。西起大庾，东至闽汀，纵横蜿蜒，山之南、山之北皆属之。即今福建汀州各属，江西之南安、赣州、宁都各属，广东之南雄、韶州、连州、惠州、嘉应各属及潮州之大埔、丰顺，广州之龙门各属是也。

所居既定，各就其地，各治其事，披荆斩棘，筑室垦田，种之植之，收之获之。兴利除害，休养生息。曾几何时，随成一种风气矣。粤之土人，称该地之人为客，该地之人也自称为客人。终元之世，客人未有出而作官者，非忠义之后，其孰能之？

客人以耕读为本，家虽贫也必令其子弟读书，鲜有不识字、不知稼穑者。日出而作，日临而息，即古人"负耒横经"之教也。

客人多精技击，传自少林真派。每至冬月农暇，相率练习拳脚、刀剑、矛棁之术。即古人"农隙讲武"之意也。

客人妇女，其先亦缠足者。自经国变，艰苦备尝，始知缠足之害，厥后生女不论贫富，皆以缠足为戒。自幼至长，教以立身持家之道。其于归夫家，凡耕种、樵牧、井臼、炊爨、纺织、缝纫之事，皆一身而兼之。事姑翁，教儿女，经理家政，井井有条。其聪明才力，真胜于男子矣，夫岂他处之妇女所可及哉！又客人之妇女，未有为娼妓者，虽曰礼教自持，亦由其勤俭足以自立也。

要之，客人之风俗俭勤朴厚，故其人崇礼让，重廉耻，习劳耐苦，质而有文。余昔在户部供职，奉派视察河工，稽查漕运醎务，屡至汴、济、淮、徐各地，见其乡村市集间，冠婚丧祭，年节往来之俗，多有与客人相同者，益信客人之先本中原之说为不诬也。客人语言，虽与内地各行省小有不同，而其读书之音则甚正。故初离乡井，行经内地，随处都可相通。惟与土人风俗语言，至今仍未能强而同之。彼土人，以吾之风俗语言未能与之同也，故仍称吾为客人。吾客人，亦因彼之风俗语言未能与吾同也，故仍自称为客人。客者对土者而言。土与客之风俗语言不能同，则土自土，客自客，土其所土，客吾所客，恐再千数百年，亦犹诸今日也。

嘉应宋芷湾检讨，曲江周慎轩学博，尝为余书：嘉应、汀州、韶州之客人，尚有自东晋后迁来者，但为数不多也。

　　徐旭曾出身客家,进士及第,熟悉历史,口授此文时年已 64 岁,且是应弟子之请,为说明客、土械斗之因而概述客人简史,文中既未有对客人过誉溢美之词,更无贬损丑化土人之语,其态度是平和公允的,持论是客观可信的。上述所记,不仅是目前所见清人论述客家问题最全面的一篇历史文献,而且内容极其丰富,凡涉客家内容,几无所不包,如客人形成时间、客人之源、中原汉人南迁路线、主要聚集地、语言、习俗、家教、品行、崇尚、精神、客人妇女、客土关系等。其中尤为重要的有三点。一是关于客家之源流:"今日之客人,其先乃宋之中原衣冠旧族","尚有自东晋后迁来者"。二是关于客家之界说:"客者对土者而言"。三是关于客家之习俗、语言:"行经内地,随处都可相通。"

　　由此也使人想到,客家民系的产生,虽然更多的方面和细节需要更深入地发掘和研究,但总体的发展脉络却是异常清楚的。

　　关于客家先民。《丰湖杂记》只提宋人,其目的仅在于突出其"义"不帝元,并无排斥先前之意。由此即可推知,北宋南播士民,不可能到南方后立即就演化为客家人,而至明末,已历 500 年之久,子孙亦越 20 多代,这正符合客家人演化的过程。

　　关于客家生活地域。《丰湖杂记》不仅指出为"粤闽赣湘边境",尤其指出"西起大庾,东至闽汀,纵横蜿蜒,山之南、山之北皆属之。即今福建汀州各属,江西之南安、赣州、宁都各属,广东之南雄、韶州、连州、惠州、嘉应各属及潮州之大埔、丰顺,广州之龙门各属是也"。值得注意的是,《丰湖杂记》还明确指出,上述客家生活地域的形成,是在元代之后,"当时元兵残暴,所过成墟。粤之土人亦争向海滨各县逃避,其粤闽赣湘边境,毗连千数里之地,常不数十里无人烟者。于是,遂相率迁居该地焉"。这对我们确定客家形成于明代,也是一个有力的佐证。

　　关于血统的保持原因。《丰湖杂记》指出"因风俗语言之不同而烟瘴潮湿,又多生疾病,雅不欲与土人混处,欲择距内省稍近之地而居之。一因同属患难余生,不应东离西散,应同居一地,声气既无隔阂,休戚始可相关"。

　　关于语言与习俗的保持与形成。《丰湖杂记》指出"惟与土人风俗语言,至今仍未能强而同之。彼土人,以吾之风俗语言未能与之同也,故仍称吾为客人。吾客人,亦因彼之风俗语言未能与吾同也,故仍自称为客人"。因而"冠婚丧祭,年节往来之俗"与中原多同。

关于客家人的含义。《丰湖杂记》指出"客者对土而言。土与客之风俗语言不能同,则土自土,客自客,土其所土,客吾所客,恐再千数百年,亦犹诸今日也"。

四、结论

据此我们可以有根据地推断:

第一,如果清代之前客家民系没有形成,徐旭曾不可能这么简要、全面、准确地把客家的历史、流变、特点在这样短的文章中一下子就能概括出来;如果徐旭曾没有看到或听到过前人对客家的描述和品评,他也不可能这么扼要地如数家珍般地向弟子们娓娓道来。

第二,如果明初或之前客家民系就已经形成,并与土著发生过如械斗这样严重的矛盾,民间笔记、杂闻中不可能无只字片语的字载;如果明初或之前客家势力已炽,成书于嘉靖年间的《惠州府志》、《兴宁县志》也不可能只提及方言而不及其他。

因此,以《丰湖杂记》作参照,我们可以有根据地说,客家民系大致在社会相对安定的明代中期形成。

参考资料:

1. 罗香林:《客家研究导论》,上海文艺出版社 1992 年。

2. 饶宗颐:《饶宗颐潮汕地方史论集》,汕头大学出版社 1996 年 8 月。

3. 谢逸主编:《潮州市文物志》1985 年 7 月(内部发行)。

4. 潘海英:《文化合成与合成文化——头社村太祖年度祭仪的文化意涵》,《台湾与福建社会文化研究论文集》,[台湾]中央研究院民族学研究所 1994 年。

(作者单位:河南省社会科学院)

客家文化与河洛文化的
关系及其意义

温宪元

在我国漫漫的历史长河中,客家文化是先天就带有河洛文化印痕的中华民族文化的一个重要组成部分。"客家"既是一个时空概念,又是一个地域概念,也是一个文化概念。客家文化的形成,经历了一个较长的历史时期。在其成形的过程中,由于大规模的流动、迁徙和环境演变,形成了坚韧卓绝的精神和斗志,开拓了客家人的自我生存环境,从而造就了别具一格的客家文化精神特质。千百年来客家文化的历史演变,既保留了自己独有的文化形态和文化特征,又在河洛文化乃至中华民族文化发展长河中具有重要历史地位和发挥着重要作用,影响深远。深入研究客家文化,对于进一步深化研究中华民族文化的核心文化和主体文化,深刻把握中华民族多元一体的形成与发展所赋予的凝聚、主导和融合作用,具有重大的现实意义。

一、客家文化的精神特质

客家文化具有鲜明独特的精神特质。美国学者亨廷顿(Samuel P. Huntington)在《种族的特性》中说:"客人这族,是中华民族的精华。"[1]英国传教士康普尔(George Compbell)说,客家并非混血种,而是具有纯正血统的汉族,不仅比少数民族优秀,而且比土著汉族优秀,他们是有来历的中原王朝的后裔。客

---

[1] 况璃、凸凹:《天下客家之"岸"的图腾》(代序),四川辞书出版社2005年。

人确是中华民族最显著,最坚强有力的一派……由于他们颠沛流离,历尽艰辛,所以养成他们爱国爱种族的爱国心理,同仇敌忾的精神,对中华民族前途的贡献,将一天大似一天,是可以断言的。① 英国学者布肯顿(Buchen Cotton)在《亚细亚人》一书中指出,客家人具有勤劳、耐苦、节俭、慷慨、团结、爱国、敢作敢为等许多优点,书中赞美客家人是"牛乳上的乳酪"②,认为"客家人的精神就是亚细亚精神"③。然而,客家文化精神是什么? 精神是指人的意识、意志、情绪、良心,思维活动和自觉的心理状态,等等。客家文化精神就是指客家人的观念、意识、思维活动和客家人自觉的心理状态、文化习俗和生活样式。关于客家文化精神特质的探索和研究课题,前辈及学者们已有诸多探讨和论述,本文略作归纳和概括。

第一,艰苦创业、自强不息的进取精神。探寻客家人先辈艰苦创业的历程,可以追溯到一千多年前。夏商更替之际,战火连年,客家人先祖辗转经历数次大迁徙,颠沛流离,迁徙到了南方的闽、赣、粤、台等边界地域。"荜路蓝缕,以启山林"④,正是这种"荜路蓝缕"的精神成为客家民系的立身之本,使客家人养成坚忍卓绝,刻苦耐劳,冒险犯难,团结奋进的族群特性,成为中华民族史上艰苦创业的典范。历史告诉我们,客家人是"自然环境和人为环境影响或选择下的适者",通过一代代人的长期艰苦奋斗,使客家人的民族性格得到考验和磨炼,客家地区的经济得到空前发展。正是凭着艰苦创业、自强不息的进取精神,客家人才能在族群强手的夹缝中求生存、求发展,由小到大,由弱变强,创造了客家文化发展史上的一个又一个奇迹。

第二,锐意进取、不断开拓的变革精神。客家人有着一种浩然正气的民族节操,客家人的"崇尚忠义,反抗压迫,义不帝秦⑤,同仇敌忾,爱国爱乡,注重武术"的凛然自傲之气,使他们成为"民族心理发展中的一群勇者"。在中华民族史上一次次悲壮的革新运动,一个个大胆的改革运动中,客家人的这种变革精神历史

① 康普尔(George Compbell):《客家源流与迁徙》,《霹雳客属公会开幕纪念特刊》,马来西亚,1951年。
② 引自:章夫、况璃、凸凹著:《天下客家之"岸"的图腾》(代序),四川辞书出版社 2005 年版。
③ 引自:章夫、况璃、凸凹著:《天下客家之"岸"的图腾》(代序),四川辞书出版社 2005 年版。
④ 《左传·宣公十二年》。
⑤ 刘向校录《战国策》。鲁仲连"义不帝秦",其"义"在仁德与暴虐的对立。

上都有过很多的文字记载：从南宋丞相、抗元民族英雄文天祥（江西吉安客家人）起兵勤王所率之队伍多是粤赣区域的客家人，到明末袁崇焕（广东东莞客家人）抗清护明，竭尽忠心；从清中叶发动太平天国革命的洪秀全及其部将（大部分为客家人），到清末勇敢抗击日本海军进攻的丁日昌（广东丰顺客家人），及其抗日保台的民族英雄丘逢甲（广东蕉岭客家人）；从领导辛亥革命的孙中山（客家后裔）及其助手廖仲凯、邓仲元、姚雨平等客家人，到北伐名将叶挺、张发奎；从抗日战争中十九路军将领蔡廷锴，国民党抗日烈士谢晋元，到中国共产党的著名将领朱德，叶剑英，刘亚楼，萧华等客家人，在历次的革命斗争中，均表现出强烈的爱国爱乡民族的锐意进取、不断开拓的变革精神，成为客家文化精神特质的杰出代表。客家人在科学技术、哲学思想、文化艺术、文学创作等诸多方面也都作出了杰出的贡献。客家人锐意进取、不断开拓的大胆变革精神，创造了灿烂辉煌的客家文化乃至中华民族文化。

第三，融会南北、海纳百川的开放精神。在先秦的诸民族中，客家人主张民族融合，强调兼收并蓄，善于融合南北各民族文化，以及融会包括来自海外、西方的文化思想。日本学者竹越三郎曾经指出，客家在台湾是最开化、最坚强和最富民族意识的民族。日本人山口县则认为，客家人原有的一种自信与自傲之气，使其能自北方胡骑之下，迁至南方，因此，他们的爱国心，比任何一族为强，是永远不会被征服的……。的确如此，在几千年的迁徙过程中，当客家人绳绳相引离开故土、置身于异域文化中，为了生存发展，他们同舟共济、团结一心，表现出强烈的群体意识，并且始终对中原文化（河洛文化）故土抱有一种真挚的"寻根"情怀。客家先民深受中原传统文化教育的影响，宗族、家族、乡土观念根深蒂固。客家人虽然"漂"在国家的南方异地乃至世界各地的任何一个角落，但始终都对故里乡土有着强烈的归依感。客家人非常重视敬祖睦宗：聚族而居、修族谱、建宗祠。尤其在饱尝离乡背井之苦后，他们虽然身在异地却更加眷恋家乡，并深刻体会到家、乡、国和民族命运之一体、荣辱与共之关系。因而，客家人爱家、爱乡、爱国的思想已经深深地熔铸在骨髓里、血脉中。客家先民饱受战乱和压迫带来的痛苦，因此，客家人对家园的安定，国家的强盛，民族的崛起有着强烈的渴望。客家人唯有积极主动地学习他人之长，补己之短，海纳百川，学以致用，以发奋强盛为目标，因而客家文化能够充分表现出极大的融会南北、海纳百川的开放性、多元性和务实性。这些特征多基于客家人的善于学习、包容众长的博大胸襟,充分体现了客家人兼收并蓄,学他人之长,补己之短,发展中华民族之可贵的融会南北、海纳百川的开放精神。

客家文化的精神特质内容之博大、思想之精深,蕴藏于其中的精髓还有很多很多,还有待于我们进一步的深化研究与深层发掘。

二、客家文化与河洛文化的关系

河洛文化是华夏文化的核心,而且是中华民族文化的主干和精髓,在中华民族文化的形成与发展中占有重要地位。而河洛文化是客家文化的根本。因此,河洛文化始终深刻影响着客家文化的发展,在进入21世纪的新形势下,探讨客家文化与河洛文化的关系,有利于增进中原区域和华南区域乃至海峡两岸客属同胞的血脉亲情,推动海峡两岸关系和平发展。

大量研究表明,客家文化是以黄河中下游地区为中心的河洛(中原)文化的历史形态。而河洛文化就是植根于河洛地区的文化,这里的"河"即中国母亲河黄河,"洛"即位于河南省西部、黄河南岸的一个支流——洛河。河洛地区即黄河与洛水交汇的地区。[①] 在中国历史上,由于河洛地区自上古至唐宋一直是中国的政治、经济、文化中心,所以,河洛文化在某种程度上就是代表着中国传统文化的一种地域文化。一是,河洛文化的地域性与其他地域文化不同,其特点就是与中国文化形成有直接关联性。由于黄河泥沙的淤积和气候等诸多便利的自然条件,这里自上古时期就形成了发达的农业文明,在诸地域中最先跨过了"文明的门槛"。由这种文明衍生的文化,则为后世中国的社会政治制度、文化礼仪典章提供了基本的范本。同时,河洛文化之所以在中国文化的整体格局中占据重要地位,还在于它强大的辐射力。在中国历史上,它依托于生产方式的先进性、军事的扩张性,甚至中央政权崩解导致的移民大批迁移,向四方传播。二是,河洛文化传播或扩张有效性的特点是基于农业生产方式与土地形成的密切关联性。农耕方式使其文化深深扎根于异域的土地,并因土地的稳固性而得以保持和发展。从历史上看,河洛文化的南向传播基本上是以垦荒为先导,北向(尤其

---

① 徐光春:《河洛文化与中华文化关系》,《交流交往》,2010 年第 1 期。

西北向)传播更离不开屯田。这种依附于土地的文化扩张虽然缓慢,但却是步步为营,有着较为显著的绩效。相反,北方草原民族虽一次次入主中原,却从没有成功将其文化移入新的统治区域,明显与其游牧生产方式无法扎根于土地有着直接关联。三是,河洛文化,就其精义而言,主要的是在于它和黄帝、夏禹有关,因此体现着一种开拓的精神;它又与"阴阳五行"有关,因此表现着一种对事物之间相互联系及其不断发展的辩证思维,而这也正是中华民族得以生存发展的重要支柱。汤一介先生在《"河洛文化"小议》①一文中指出的这种开拓精神,正是我们必须对河洛文化作出全新的合乎于时代的新诠释,正是我们必须充分利用河洛文化已经具有的资源,对当前人类社会面临的重大问题创造出一种新的理论。

客家文化在河洛文化乃至在整个中华民族文化中间居于什么样的地位呢?河洛文化是中国文化的重要源泉之一,而且长期以来处于领先地位。河洛地区是中原四通八达地区,从远古以来一直是我们先辈活动的一个中心,这里的文化发展领先于其他地区,河洛文化历史悠久,影响深远,几千年来一直延续不断,前后相承,形成了一个连绵不绝发展的文化体系。正是这样的一个长期发展的文化,哺育了中华民族的祖先,影响了世世代代的炎黄子孙。我们认为,客家文化不是一般的地域性文化,而是中华民族文化中一个非常优秀的重要组成部分,说它优秀和重要,就是因为它对中华民族文化的形成和发展起着巨大的促进作用。它对周围既有吸引作用,又有辐射作用。它既有强大的吸收、包容、凝聚的力量,把周围的文化吸纳过来;又有把自己的文化传播出去,辐射、渗透、影响周围地区的力量。客家文化,一方面具有很强大的推动力,把自己推出去,甚至推延至海外;一方面又有很强大的吸引力,把周围地区的文化吸纳进来,形成一个新的融会。这个新的融会,既促进了客家自身文化的发展,又带动了周围文化的发展,所以说,客家文化在中华民族文化发展中确实起到了巨大的促进作用。

三、客家文化研究在中华民族文化发展中的深远意义

河洛文化源远流长、博大精深、辉煌灿烂,是客家先民最重要的精神财富,而

---

① 汤一介:《"河洛文化"小议》,《光明日报》2004 年 11 月 12 日。

且通过他们得到了最广泛、最深入的传播,极大地扩大了河洛文化的影响力和辐射力;与此同时,它也带来了中原的先进文化和先进的生产技术,极大地促进了南方社会经济发展和文化进步。因此,客家文化的基本价值观念产生于中原传统农业文明的土壤;客家文化的精神、精华、主要内容和组成部分,都是与河洛文化一脉相承的。客家文化触及到了当今人类社会的普遍关怀和人性的深层欲求,如人与自然和谐共存、人与人关系相互相融等思想,对当今中华民族如何正确处理人与自然、人与人的关系及人与国家的关系,仍然具有十分重大的深远意义。

人与自然的和谐共存是客家文化的非凡典范,在中华民族文化发展中具有重要的现实启迪意义。众所周知,客家围龙屋和客家土楼是现代"生态人居"住宅的范例,堪称绿色住宅、健康住宅。它以改善人的生态环境,提高人的生命质量为出发点,遵循生态平衡和可持续发展的原则,综合运用了生态学、建筑学和人类行为等手段,对住宅环境进行合理安排和组织,使物质能源在建筑系统内有序地循环和转换,创造了舒适、健康的"生态人居"工程。"生态人居"住宅,并不意味着要有多么高新的技术、多么高昂的成本,关键是要充分利用好常规手段,通过各种要素的合理配置,实现人、环境、建筑三个要素之间的的高度融合。"生态人居"住宅的要求在于人是环境的核心,环境是人与建筑的生态基础,建筑是环境的科学及艺术,是人与自然和谐共存发展的内在关联。无疑,客家先民所造就的这种"生态人居"文化是人与自然对话和谐共生关系的升华,对于现代城市建设坚持以人为本,特别是在构建社会主义和谐社会中,科学正确处理好人与环境及城市的关系,提高城市生态系统生产、消费和还原三种功能,在不断提高物质生产的同时推动文化事业和提高管理水平,并在充分发挥还原功能的过程中调整城市生态系统的结构关系,完善生态环境要素的组合,改善"生态人居"环境,创造和谐文明的城市家园,有着重要的现实启迪意义。

人与人关系的相互相融是客家文化的重要精髓,在中华民族文化发展中具有重大的现实借鉴意义。罗香林先生在《客家研究导论》①中指出,客家人在历史上有过五次大迁移。除因战乱大规模南迁外,中原人民还因旱灾水患逃荒而

①　罗香林:《客家研究导论》,台湾南天书局,1992年。

南移。客家先民从中原到南方,再从南方辗转海外,终于在中国南方及海外地区形成一个庞大的客家族群体系。历史证明,客家人是一个善于迁移的民系,到处为家,又能适者生存,每到一个地方落足,便与当地的原住民打成一片,而且懂得退让和有自知之明,多选择在穷乡僻壤生存,不与原住民争市镇居住权。客家民系在形成的过程中,又不断融化、吸纳畲、瑶、蛋、木客等南方少数族群而逐渐壮大。今天,如果我们从社会学、人类学、人地关系、生态等多学科领域的视角着眼,来观照客家民系的人与人关系相互相融的一惯思想和文化底蕴、理论依据、多族和谐共生关系、客家民系的跨区域流动、族性和性别与社会——文化空间等若干问题,无疑,客家民系所造就的这种族群相互相融的文化是中华民族文化的典范。如果我们从客家文化与河洛文化的关系层面着眼,来观照客家民系宗亲血缘的话,在传统河洛(中原)农业社会里,它是以家族和村落为基本单位,十分重视血缘和邻里之爱的河洛文化。此后,这种爱被儒家文化不断传承和放大,即由"亲亲"逐步推及到"四海之内皆兄弟"。我们今天所讲的和谐社会,依然是以这种不断"推己及人"的大爱为前提的和谐。而客家民系所造就的客家文化,正是积极注重人文传统在当代的延续,其本质就是当今社会倡导的以人为本思想;是当今社会提倡的有所作为的奋发有为、积极进取精神;是当今社会恪守的重德守信在人与人交往中重承诺、守气节的诚信观念;是当今社会要求的尚俭节用、勤俭持家的艰苦奋斗作风;也是当今社会引领的开放包容、对外来文明成果应该抱有接纳、融会的广阔胸襟。客家文化的这些价值观及行为准则明显具有普适性和时代跨越性,对今天建设中国特色社会主义文化依然具有重要价值和重大的现实借鉴意义。

人与国家关系的爱国情怀是客家文化的宝贵遗产,在中华民族文化发展中具有重大的历史意义。研究表明,客家人普遍存在强烈的国家观念和民族意识,这是由于客家民系是在迁徙流移中形成和壮大起来的。客家先民饱受战乱和压迫带来的痛苦,因此客家人对家园的安定,国家的强盛,民族的崛起有着强烈的渴望。一是从上古至秦汉,到魏晋,中国社会进入诸侯割据和异族入侵的混乱时期。当时,由于以洛阳为中心的黄河中下游地区长期是中国的政治、经济、文化中心,所谓的"河洛"、"中原"这时才被地域化、专名化、神圣化,成为人们心目中的"桑梓"、"帝宅"和"神乡"。在中国历史上,避居异乡的客家先人,既有"寄人国土,心常怀惭"①,又为"顾影中原,愤气云踊"②。客家作为中华民族精神的原乡的象征,成为他们表达爱国情感的主要对象,这对于我们今天增强民族凝聚力而言,是非常值得珍视的精神资源。二是从 20 世纪 70 年代末开始的中国改革开放,众多的客家后裔和港澳台客属同胞,或纷纷在家乡投资建厂,或慷慨出资赞助家乡的社会公益和福利事业,体现出游子的爱国爱乡情怀,为振兴国家和家乡的经济建设,复兴中华民族的伟大事业,做出了诸多重大贡献。客家文化内含的中华民族的共同信念、内聚凝合的情感心理,深深地融入客家子孙的血液,成为民族归属、民族认同、民族团结的精神基础。

当前,中国正处于转型时期。我们要研究中国传统文化的精髓所在,提倡"返本开新",既回到自己文化的传统中,又要吸纳异国文化的优秀之处。我们只有通过深入发掘客家文化与河洛文化的深邃精神,才能适时开拓出中华民族文化发展的新局面;我们只有通过敢于面对当前人类社会存在的新问题,并给予新的诠释,才能使客家文化与河洛文化的真精神得以发扬和更新,使中华民族文化在"返本开新"中重新燃起耀眼的光芒。中华民族正处在伟大的民族复兴新时期,我们必须抓住时机,在充分发掘客家文化优秀传统的基础上,深入研究新时期客家文化,大胆探索,为中华民族文化增加新质,使中华民族文化走向世界,造福人类。

（作者单位:广东省社会科学院）

---

① 刘义庆《世说新语》。元帝始过江,谓顾骠骑曰:"寄人国土,心常怀惭。"岳麓书社,2007 年。
② 赵至(晋):《与嵇茂齐书》:"顾影中原,愤气云踊;哀物悼世,激情风烈。"

客家文化的当代意义

孙君恒　董　雪

　　"有太阳和水的地方就有华人,有华人的地方就有客家人。"客家文化是中华民族文化的一个重要组成部分,是中华民族文化的一支奇葩。我们多次参加了炎黄祭祀大典、河洛文化国际研讨会、儒学国际研讨会,认识不少世界上的客家朋友,感受到了他们身上洋溢的客家精神和独特魅力,例如:崇尚读书、办事严谨、兴学育人、崇尚武术、刻苦耐劳、睦邻敬长、友好交往、乐善好施、开拓进取等。研究和发扬光大客家文化,在今天具有重要意义。

一、政治意义

　　客家文化是祖国统一、华人联系的一条重要的思想纽带。

　　台湾客家人和梅州客家人在生活习俗、语言、宗教信仰等方面都是一脉相承的,同根、同祖、同缘,联系非常紧密。目前,台湾客家人约占台湾地区总人口的20%,一直是台湾各政治团体争取的力量。客家文化是两岸同胞不可分割的文化见证和思想纽带。客家文化是促进香港、澳门繁荣稳定,推进台湾和平统一回归祖国的重要力量。

　　客家人分布在世界各个地方,客家文化可以团结海内外一切客家、客属力量,推进世界文明和中华民族伟大复兴。客家文化对于继承和弘扬中华民族的优秀传统,促进和增强海内外华人对中华文化的文化认同感、对中华民族的民族归宿感、建设中华民族共有精神家园、进一步增强中华民族的向心力和凝聚力、文化的精神内涵与圆融、统一对祖国信念的认同等方面都在起着重要作用,尤其在文化认同、祖国认同、价值认同方面有着重要意义。

二、经济意义

（一）招商引资

客家文化以其独特的开拓性、包容性,先于其他民族参与了海外交流。许多优秀"客商"（客家商人）的企业文化正是客家文化的集中体现。"客商"企业既有利于我国企业文化本土化,提高文化凝聚力和经济效益,同时,促使客家文化扎根于经济体系中,更有利于经济繁荣。

客家人自己在历史上形成了"客商",作为广东历史上的"四大商帮"之一,在中国"商帮文化"中有着积极的影响。"客商"所具有的"儒商"特质、崇名务实的经营之道,以及超常的社会亲和力,对于今天全球化背景下公司的发展和海外拓展有人文借鉴意义。

"客商"作为当今"华商"（华裔商人）网络的重要一员,可以直接投资祖国,对于促进我国同各国的贸易以及构建世界贸易有积极的作用,而且"客商文化"对于新时期我国的商业道德建设具有良好的启示、借鉴作用。

2006博白客家文化节,是博白县人民政府主办的首届博白县客家文化节,它展示了博白良好的投资环境和深厚的客家文化底蕴,因而充满商机,融招商、旅游、购物、娱乐为一体的节日盛会,促进了招商引资工作深入开展。

（二）旅游开发

在我国,客家人聚居比较多的地方有:广东的梅州、深圳、惠州、中山、汕头等市;福建的龙岩市、三明市;四川的成都市;广西的北海市、贵港市、东兴市、贺州市及柳州的柳城县等地,在那里,客家旅游经济正蓬勃发展,生机勃勃! 而港、澳、台及东南亚各地的客家人,在其所在地区或国家的生存、建设、发展中,在政治、经济舞台上也发挥着重要作用。

客家品牌已经引起了人们的关注。例如,广东省梅县客乡酿酒有限公司,是唯一一家经过注册"客家"商标的酿酒公司。生产经营客家米酒系列产品,其中,客家乡情酒曾被多次选为各种重大活动的指定宴酒和赠品。

三、文化继承

客家文化有丰富的内涵和长期的历史发展,是值得发扬光大的祖国优秀传统文化之一,尤其以下几方面更具特色。

(一)建筑文化

客家建筑的土楼,就极为形象、直观地体现了中华传统文化的道德和谐理念。客家土楼建筑的共同特点是坚固性、安全性、封闭性和合族聚居性。特别是圆形结构的土楼(即当地居民所说的"圆寨"),不论从内涵或外延看,都充满着一种"和谐"理念。整体圆形结构的土楼,有圆形的天井,是全楼居民共享的采光通风资源地。圆形土楼的房间,呈均匀的扇形,不论位于东南西北的哪个方位,其结构模式、大小面积、通风采光均相同。这三方面相同的要义,体现了作为道德和谐之前提的"资源共享"的利益分配原则。从外形上看,圆寨的造型是一种"弧线结构",形成了围绕中心与周遍"和谐"、圆满、圆融的视觉冲击,潜移默化地影响着居者的道德人格。圆寨之能够屹立数百年而不倒,正是建筑理念与天地和谐、与自然和谐的结果,因而成为客家人道德和谐的物质载体。在建筑历史上有重要地位,已经成为世界宝贵的历史文化遗产,值得专业人士和普通人认识或采用。

(二)儒家文化

客家文化是炎黄文化、河洛文化、儒家文化的延展或者新分支,与儒家思想有直接的继承关系。客家人的文化生活,基本是以儒家为主流思想和传统的。例如,客家土楼上的对联,多涉有关修身养德、齐家报国、写景抒情三个方面,如"修身积德,行善施仁"、"克勤克俭,耕读兴家"、"教育后代,成为人才"和"存忠孝心,齐家报国"、"尊老爱幼,和睦相处"以及"借景抒情,寄托理想"、"融情于景,热爱家园"等等,其中所浸透的儒家忠、信、仁、礼等思想昭然彰明,条理也很明晰,极便于人们欣赏、理解和陶冶性情。

客家饮食文化传承了中华传统的价值观、道德观、社会观,其意识核心与传统儒、道家的主张一脉相承,表现为"求和"、"养生"、"变化",并构成了中国饮食的本质文化属性。它概括了饮食文化发展的根本目的、宗旨和生命力所在,规范了饮食文化的内涵和外延。由这一本质所决定的,在漫长的饮食文化成长过程中不断凝练的"医食同源的辩证观"、"奇正互变的创造性思维"、"五味调和的境界说"、"孔子食道"等,成为中国四大理论体系,是中国饮食能够成为独立的文化体系的理论基石。中国饮食文化"和"、"养"、"变"源于中华民族创立的古典哲学中阴阳、五行学说以及儒家中庸学说和道家的"天人合一"的思想主张。儒家的"仁"、"和"的哲学思想及对饮食的积极、肯定的基本态度,道家为实现长生不老所做的不懈努力,这一切都造就了中国饮食文化。以追求"食与人之和"、"食与自然之和","食与社会之和"为最高境界。"求和"赋予了中国饮食生存的准则,"和"衍生出"民以食为天"、"治大国若烹小鲜"、"调和鼎鼐"、"嗟来之食"等以食论国、以食论道、以食论人的中华文化特有的经典治国修身理念。就养生方面来讲,客家菜讲究食材的天然、绿色,原汁原味。如博白白斩鸡、白斩西洋鸭、清蒸鱼、宁化全香菇等等;在养生方面,客家菜还有食补功效强的特点,在菜品上如莲子鸭汤、药膳长寿鸡、百合莲子蒸乳鸽、月婆姜酒鸡、博白生焖狗肉、红枣补血盘龙鳝等;在食材上讲究原生、鲜嫩、家养、粗种;在烹饪上讲究煮、煲、炖、炒、焯,调配及作料主要用油、盐、酱油、姜、葱、蒜等,以保证食物的原汁原味,既可口又有利于消化吸收。这些,都体现了客家饮食文化深厚的"养生"思想底蕴。

(三)移民文化

迁徙是客家人一个很重要的特点:处处为客处处家,日久他乡即故乡。谭元亨指出:"客家,客者,处于居无定所的动态当中。家者,则是安定落实的静态。客而家焉,两个本身处于相对立状态中的词,始终各方都在抗辩,不可简单称之为对立统一。其实,这描绘的,正是一个不断演变的过程,走走停停,时客时家,这也是我们在书中提出"二次到位"乃至"多次到位"的移民状态。走到一个地方,由客而家,于是有了自己的土地、房屋;可过了一段,又再度走起来,由于种种原因,战乱、灾荒、人口过剩,被迫再上征途,由家而客。

客家人在自然和社会变化中,都能够很快地适应环境,并在当地发挥优势,成为佼佼者,显示了很强的生存和发展能力。客家人源于中原,为躲避战乱与灾荒,从西晋末年起,经过大概五次的大规模辗转迁徙,而定居、分布、繁衍于我赣闽粤,之后走向世界各地。据有关资料统计:世界上迄今有一亿左右客家人。"有太阳起落、有炊烟升起的地方就有客家人。"

现在,我国国内有大量的移民(例如三峡、南水北调),存在很多社会问题。我们应该借鉴客家人的不畏艰苦、顽强开拓、不断创新的奋斗精神。

（四）名人文化

客家政治名贤与英才比皆是,古今中外最为著名的有文天祥、朱熹、洪秀全、刘永福、孙中山、廖仲恺、丘逢甲、邓演达、朱德、叶剑英、叶挺、萧华、刘亚楼、邓小平、胡耀邦、廖承志、杨勇、陈丕显、程思远、陈名枢、朱光、朱锡昂、谢非……他们都是客家骄子,新加坡前总统李光耀、副总理李显龙、泰国总理他信、菲律宾总统阿基诺夫人等,也都是客家人或客家人的后裔。

文化方面的名人有欧阳修、钟绍京、虞世南、伊秉绶、黄慎、林凤眠、郭沫若、卢嘉锡、林默涵、李政道、王力、陈寅恪,中国第一任女指挥家郑小瑛、第一位女将军李贞、刘三姐扮演者黄婉秋、歌唱家罗天婵和叶佩英、红色娘子军女主角祝希娟、法国作家韩素音、香港演艺界巨星黎明、张国荣、著名艺人胡仙、世界冠军叶乔波、亚洲球王李惠堂等。

经济名人,客家和客属就占在当今世界华人 500 富豪榜中一半以上。福布斯中国富豪排行榜上的朱孟依、梁胜亮、缪寿良,香港知名人士、大慈善家田家炳,金利来集团董事局主席曾宪梓,吉隆坡王叶亚来,泰国石油巨子丁家骏,印尼华族领袖吴能彬,生于马来西亚的著名侨领姚美良,法国华侨名贤刘国良等。

在当今中国大陆:现任中国首席大法官肖扬,全国政协原副主席叶选平、杨汝岱,司法部原部长邹瑜,中央电视台前台长杨伟光,TCL 集团总裁 L 东生,象棋大师吕钦,女排名将孙晋芳,中央电视台著名主持人叶迎春,安徽省委书记王太华,广东省长黄华华,副省长游宁丰、谢强华,深圳市长李鸿中,广西的李纪恒、温卡华、黄道伟、朱军四个地级市市委书记。这一连串的名字,他们都是客家人!可见,客家人承前启后、英才辈出、各领风骚、代不乏人。他们和千千万万的客家人一起,和全中华各民族的兄弟在一起,休戚与共、不懈努力、并肩战斗,为中华民族的大家庭建设增添了光和热!

（五）饮食文化

客家饮食文化的特点主要有以下四点:(1)食材使用广泛而多样。客家食品原料以稻米、畜禽、河鲜、山珍、果蔬为主。还有玉米、红薯、芋头、木薯、黄豆、黄粟,畜禽(猪、牛、羊、鸡、鹅、鸭),水产(河鲜、塘鲜),另外还有种类繁多的山中飞禽走兽蛇虫瓜果菌藻,根茎花叶实。客家名菜如赣南小炒鱼、酿豆腐,闽南八大干,闽西涮九品,香菇焖猪肉,东江盐焗鸡,酸菜扣肉,九龙姜丝鹅,博白白斩鸭,博白蕹菜等,都是利用上述原料所创作的佳品。(2)食品味型以肥咸香辣见长,清淡味重兼具。客家人在山区劳动强度大,需要油多的饮食;流汗多,也要补充更多的盐;客家菜起源于闽粤赣三省交界山区,与湘菜、川菜一样都重辣味。客家菜醇厚的咸鲜辣,则是客家人会用辣椒、姜、蒜、糯米酒和酱油的结果。(3)烹饪技艺复杂而精妙,既继承了中原传统的烹饪技术,又吸取了南方古老的技法精华并随着时代发展而不断创新,除了运用其他菜系常用的水烹、油烹、汽烹、火烹外,还精于古老的石烹、竹烹,并首创了盐烹(盐煨鸡即是)。客家菜经常使用的方法就有 50 种以上。(4)社会功能十分突出。中国各大传统菜系的审美评判标准可概括为色、香、味、形、器、名六个字,在饮食活动中,要求良辰、美景、可人、韵事、美食,即"五美俱",讲究饮食活动中的时间美、环境美、亲情美、言行美和食品美的和谐统一。客家菜的审美评判标准自然兼具上述要素,且尤其讲究菜肴的人文内涵,讲求物质与精神的有机联系与和谐之美。酿豆腐蕴涵着客家人的思祖情节;赣南小炒鱼反映了明代哲学家王阳明对客家菜的喜好和客家人的创新理念;炒东坡寓意为人处世要有度、恰到好处;状元菜则寄语世人要勤奋好学,敢拼才会赢;文山鸡丁教育年轻人要尊老、敬老;"四星望月"这款客家美食是毛泽东给取的。

孙中山先生在其《建国方略》中曾经说过:"我中国近代文明进化,事事皆落人后,惟饮食一道之进步,至今尚为文明各国所不及。"认识和了解客家的饮食文化,对满足老百姓的生活需要、对发展经济、对中华民族悠久历史和灿烂文化发扬光大等,都有重要价值。

(六)寻根文化

寻根,有个人与家族的,也有民族与大众的;亦或二者兼而有之的。认祖归宗、慎终追远是中华民族的传统美德,而随着国家的强盛和民族的富强,中华儿女的国家意识和民族自豪感得到了提升。华人寻根,是民族的、大众的寻根,是一种文化寻根,是当今之世华人文化情思的一种寄托。客家人崇祖报本观念根深蒂固,向有寻根敬祖、报效乡梓之传统。以炎黄精神为特点的客家寻根文化,未来的发展基础在民间,当这种平民化的寻根意识能进一步从精英阶层走进千万普通家庭,走进台湾、走进香港、走进澳门,然后漂洋过海走进每个华人的心里时,这对整个民族的融合、经济的发展、国家的统一,必将产生更大影响!

历史上,对炎黄二帝的祭祀活动除了官方的圣诞公祭外,每月的初一、十五以及各种节令、节庆(除夕、春节、清明节、端午节、尝新节、中秋节、重阳节、回归日、喜庆月、丰收年等)都会出现一定规模的民间祭祀活动。

海外华人饮水思源,追根寻祖,他们回乡进行宗亲交流活动时,往往带动商务合作,对当地经济建设起到了一定作用。以河南为例,河南建立起了对外宣传体系、全面系统的网络性的海内外华裔联谊体系及紧密配套的寻根文化资源开发产业体系,推出河南寻根文化的系列丛书和活动,吸引很多客家人来寻根。河南寻根文化的详细的战略规划,设立了寻根文化研究基金,创建了寻根文化高层论坛,规划了寻根旅游开发的总体格局,形成了各具特色的寻根旅游路线,开发了配套的寻根文化产品,建设了相应的寻根文化产业园区,已经初步达到了"寻根—育根—扎根"的目的,产生了良好的效果。

(作者单位:武汉科技大学文法学院)

参考资料:

谢重光:《客家文化述论》,中国社会科学出版社 2008 年。

刘海燕、郭丹:《闽台客家宗教与文化》,福建人民出版社 2009 年。

林晓平:《客家祠堂与文化》,黑龙江人民出版社 2006 年。

钟俊昆:《客家文化与文学》,南方出版社 2004 年。

谭元亨、黄鹤:《客家文化审美导论》,华南理工大学出版社 2001 年。

冼剑民、周智武:《明清时期客家对山区农业的贡献》,《客家研究辑刊》2002 年第 1 期。

河洛文化是客家文化之源

肖　洋

　　河洛是中华民族的摇篮,也是全世界炎黄子孙共同的故乡。河洛是一个地域概念,指的是黄河中游和洛水流域的广大地区,也就是狭义的中原地区。以中岳嵩山为象征的河洛地区,具有得天独厚的自然地理条件,在中国古代文明起源与发展中具有重要的地位。以洛阳为中心的河洛地区,不但最早跨入文明时代,而且在以后的数千年里,长期是我国政治、经济、文化、交通的中心。河洛文化历史悠久,它是中华民族传统文化重要的组成部分。河洛文化也正是形成中华民族文化的基石。《河图》和《洛书》是在上古时代华夏文明的产物,也是河洛文化的标志。《周易·系辞上》:"河出图,洛出书,圣人则之。"《汉书·公孙弘传》:"麟凤在郊薮,龟龙游于沼,河洛出图书"。

　　河洛地区自古就是中华文明的发源地和中心区。《史记·封禅书》:"昔三代之(君)〔居〕皆在河洛之间。"张守节《史记正义》注曰:"《世本》云:'夏禹都阳城,避商均也。又都平阳,或在安邑,或在晋阳。'《帝王世纪》云:'殷汤都亳,在梁,又都偃师,至盘庚徙河北,又徙偃师也。周文、武都丰、鄗,至平王徙都河南。'案:三代之居皆在河洛之间也。"《汉书·五行志》:"昔三代居三河,河洛出图书。"颜师古注曰:"谓夏都安邑,即河东也;殷都朝歌,即河内也;周都洛阳,即河南也。"从夏商周三代以后直至宋代,河洛地区一直保持着我国政治、经济、文化中心的地位。

　　客家文化是移民文化,它的源头应在河洛地区。客家族群是历史上自河洛地区南迁聚居的移民后裔群体。"客家"一词本是指客居他乡的家族,即相对土著居民而言,这些家族是从外地迁徙而来。"客家"最初不是自称,而是他称,是土著民对这一特殊族群的称法,大约在宋、元交替之际确定下来,从而形成一个独特的汉族民系。"客家"英文作"Hakka",是从客家人对"客家"二字的读音而来。故此,有人认为此读音源自"河洛"二字古音的音变,"客家人"即"河洛人"。客家文化是在客家族群中一直保持下来并富有个性的文化传统。它既表现出早期河洛文化的内涵,又具有魏晋唐宋时期的中原世风。若从整个中国传统文化的发展过程去认识,客家文化既可表现出唐宋以前不同历史阶段的中原文化,又可表现出北宋灭亡前早期中原文化的原始韵味。

一、客家先祖的南迁

西晋末年永嘉之乱和唐代时期安史之乱等都导致河洛地区的社会经济被严重破坏,引起了大量的河洛先民向南迁徙。这些由河洛迁徙至南方的河洛先民,从而构成了客家民系的主体。《晋书·孝怀帝纪》:"至是饥甚,人相食,百官流亡者十八九。"《晋书·慕容皝载记》:"自永嘉丧乱,百姓流亡,中原萧条,千里无烟,饥寒流陨,相继沟壑。"《晋书·王导传》:"俄而洛京倾覆,中州士女避乱江左者十六七。"公元464年(刘宋时期),南方各地人口除江苏、浙江、广东外,较之西晋普遍下降。广东人口的增加则是由于岭南受战争祸害较少的缘故。《旧唐书·史朝义传》:"时洛阳四面数百里,人相食,州县为墟。"《旧唐书·郭子仪传》:"夫以东周之地,久陷贼中,宫室焚烧,十不存一。百曹荒废,曾无尺椽,中间畿内,不满千户。井邑榛荆,豺狼站嗥,既乏军储,又鲜人力,东至郑、汴,达于徐方,北自覃怀,经于相土,人烟断绝,千里萧条。"《旧唐书·权德舆传》:"两京蹂于胡骑,士君子多以家渡江东。"《旧唐书·刘晏传》:"函、陕凋残,东周尤甚。过宜阳、熊耳,至武牢、成皋,五百里中,编户千余而已。居无尺椽,人无烟爨,萧条凄惨,兽游鬼哭。"李白《为宋中丞请都金陵表》:"今自河以北,为胡所凌;自河之南,孤城四垒。大盗蚕食,割为洪沟……天下衣冠士庶,避地东吴,永嘉南迁,未盛于此。"李白《永王东巡歌十一首》:"三川北虏乱如麻,四海南奔似永嘉。但用东山谢安石,为君谈笑静胡沙。"

客家先民的主体是在西晋永嘉之乱后开始成批南迁的,但基本上不是在一定时期内一次性迁到南方定居。因此,当某一地区移民数量急剧增多,或受战乱等因素的影响,又不得不再度转移。早期客家先民迁徙的主流大致是首先集聚在江北豫皖鄂交界地带,而后渡江,顺赣南、闽西、粤东的山岭地区迁徙,或分流到周边地区。西晋末至隋唐时期,中原各地汉人南迁基本路线:除少部分沿淮河进入京杭江浙一带外,主要集结河南南阳,进入襄樊沿汉水入长江,朝东至九江过鄱阳湖,或是直接顺赣水南下进入赣南山区。

图1 客家人迁移路线图

罗香林《宁化石壁村考》:"广东各姓谱乘,多载其上世以避黄巢之乱,曾寄居宁化石壁村葛藤坑,因而转徙各地。此与客家源流问题,关系颇巨,亦犹广府系各姓,多言上世避居南雄珠玑巷,因而转徙岭南;福佬系各姓,多言上世随岭南行军总管陈元光南戍,因而移居漳潮;虽皆未见于正史,而究之事出有因,非无实据,不容忽视也。"在每一次北方人南迁的潮流中,河洛人都占绝大多数,所以河洛人就成为客家人的重要组成部分,通常所说的"客家人根在河洛",其原因也在此。闽粤和台湾现有县志、谱牒及郡望、堂号、堂联中,能找到很多中原、河南、固始、河洛等名词或根在中原、根在河洛的记述。因此,客家人是逐渐迁徙到南方的,客家人的故乡应该在河洛地区。

二、客家文化中保留的河洛文化传统

南迁的客家人即使远离中原河洛地区,但仍然保持着河洛文化的传统。客家先民作为中原文化的传人,其文化形态中保留了较多中原礼仪文化传统。长期封闭的聚居生活环境,使他们的语言、习俗等得以世代保存并传承下来。客家人在语言发音、先祖崇拜、社会风俗、文化教育、精神品质等方面,无不沿袭着河洛文化传统。因此,古河洛文化是客家文化的根。

客家方言具有中原古音的特点。客家人尽管今天分散在南方各省、港、澳、台以及世界各地,但客家话保留着古汉语音韵和古代中原许多语言词汇。颇具特色的客家方言称"我的"为"吾"、"你的"为"若"、"姐姐"为"姊"、"吃"为"食"等,这些辞语都是古代所谓的"雅言",体现出中原古音或古代以中原方言为基础的官方语言特色。由此可见,客家人保留和传承了客家先人带来的中原古音。

客家人对祖先具有十分深厚的崇拜意识。在河洛文化中,对祖先的崇拜占据着重要的地位。《左传·成公十三年》:"国之大事,在祀与戎。"对于客家人来说,祖先是其精神支柱。客家人与闽南人,均自称河洛人、河洛郎。客家人是汉族的一支,他们迫于战乱等因素,举家南迁,历经千辛万苦,但虽适新土,不忘本源,重视传统,崇敬祖先。他们虽离开故土,却用祖籍地的地名来命名移入地的名字,坚持说引以为傲的故土之音,一直保留着河洛遗风,有着强烈的认祖归宗思想和"极强的文化坚守色彩。"客家人还把自己的母语称为"祖公话",无论走到哪里都不肯舍弃。客家人重视谱牒的修订与完善,各个宗姓追根溯源都能找到祖籍。客家人还重视对宗族祠堂的修建、维护及拜谒,并且聚集而居,过着群体生活,基本上是一姓一村,长幼辈分次序井然,严格保留了中原的家族制度。客家祠堂内的祖先牌位、祖宗像、楹联以及祭祖仪式等等,均反映出客家人的崇祖观念及祠堂在客家人崇祖文化中的地位。遍布客家地区的祠堂建筑群似乎向人们昭示,他们对祖宗的崇拜之虔诚令其他民系的人们难以望其项背。而晋末丧乱之后大批南下的中原移民,正是秉承着这样的文化特质,他们原本又多是中原的贵胄之家、衣冠之族。因此,这些移民及其后裔,无论迁居何地,都十分注重继承先祖传统,维护祖上盛名,保持先辈本色,对先民的传统有很强的固守观念和意识,如崇祖、重家、立祠、祭祖、修谱等,凡客家地区都有非常突出的表现。这正是客家人历经千年、播及海内外而仍具鲜明个性的重要原因。客家人不仅继承了河洛文化的先祖崇拜习俗,而且通过对先祖的崇拜表达了对故乡河洛的思念。

在社会生活风俗方面,客家文化更是保留了河洛地区的社会生活风俗。由于客家人居住在南方深山密林之中,交通不便,他们仍保留着古代中原的风俗和古风。还有些习俗由于战争以及移民文化的入侵影响,甚至在中原已经销声匿迹,而在客家文化中却能够被完整地保存下来。婚俗中仍然依循儒家传统的"六礼",丧葬中也保留了"寿终正寝"的习俗。中原流行的"泰山石敢当"习俗,由中原移民带入福建。树立"泰山石敢当"是北方的风俗,用来镇压邪气。客家先人来到南方后树立"石敢当"对付煞气,一直沿用至今。客家服饰深受河洛文化影响。客家大襟衫是由我国古代服饰"深衣"演变而来的。

客家人崇尚文化教育。因为河洛是中华文明的发源地,所以,在我国历史上,河洛地区的文化教育十分繁荣昌盛,在商周时代,就有"庠序之教"。客家先民来自河洛地区,文化素养较高,故注重文教,力求子弟"知书识礼",乃至考取功名,光宗耀祖。很多客家古村落都建有学堂。灵山秀水的自然环境、浓郁的重教传统和世代耕读文化氛围的影响孕育了一代又一代的文人名士,从中体现了独特的客家古村落文化意蕴。闽粤赣地区的客家先民基本上来自于中原望族,南迁后仍讲究耕读传家,并为这种文化走向成熟做出了贡献。有些传统客家民居的名称是引用"四书五经"中的经典字句而成的,表达居民们的道德追求和对子孙后代的美好愿望。"振成楼"有"振作那有闲时,少时、壮时、老年时,时时需努力;成名原非易事,家事、国事、天下事,事事要关心"等等众多的楹联,无时无刻不在教诲后人如何为人处世,如何奋斗成才。这也正是客家人重视教育的思想在传统客家民居建筑上的鲜明反映。客家人利用祠堂得天独厚的优势,办起了一所所的学校,是为宗族祠堂学校。特别是在清朝后期及民国初期,客家祠堂的办学规模达到高峰,几乎每一个较大客家宗族的祠堂都办起了学校。罗香林在清华念书的时候,陈寅恪曾对他说:"这些从闽粤迁去义宁的客家人,多数以耕读为业,因为生性耐劳,勤于读书,所以考秀才的时候,本地人往往以学额被客家学子多分去了,便出而纷争,后来由封疆大吏请准朝廷,另设'怀远籍'学额,专给客家人应考,与原来的学额无关,这才把纷争平息。"历代客家英才辈出是客家人重视教育的传统风气所产生的必然结果。

客家人传承了河洛文化的优秀精神品质。河洛地区是中华民族的发源地,河洛地区先民具有开拓进取、艰苦创业、奋发向上的精神品质。中原先民南迁聚居并最终形成客家民系,经历了长期频繁的迁徙过程,也经历了无数磨难和艰辛开拓。空旷贫瘠、人烟稀少的山区,成为这些逃难移民被迫选择的乐土。客家人在历史上正是以这种自强不息、开拓创新的精神,造就了许多英杰,同时形成了许多在艰苦环境中追求人生理想的格言和家训,这正是客家人矢志不渝、战胜困难、立于不败之地的精神力量。客家人的民族特质,具有酷爱自由、反抗压迫、敢作敢为、坚毅不屈、负责到底、勤俭节约、团结友爱、崇正包容、重视谋略、勇敢机警、审时度势、不达目的决不罢休的特点。在民族传统上,客家人有着重道义、好学问、尚教育、讲伦理、尊妇道、敦亲族、敬祖先等特点,其他如妇女不缠脚、讲礼仪、重名节等,这都是河洛文化对客家文化的影响作用。开拓蛮荒之地的客家先民勤劳勇敢、奋发拼搏的精神影响着一代又一代的客家人。在近现代,继承了河洛文化的优秀精神品质的客家人在异域他乡开拓事业,足迹几乎遍布全世界。

三、客家土楼建筑是客家人因地制宜的独特创造

客家土楼建筑是在特殊历史环境下,客家文化中产生的独特创造。南迁的客家人在继承河洛文化传统的同时,还因地制宜地创造出土楼这种独具特色的建筑。独具特色的福建客家土楼建筑是世界住宅史研究的重要课题,被联合国教育科学与文化组织的世界遗产委员会正式列入《世界遗产名录》。它是东方血缘伦理关系和聚族而居传统文化的历史见证,也是世界上独一无二的大型生土夯筑的建筑艺术成就。土楼建筑作为中国传统民居中的一个典型代表,具有鲜明的地方特色和唯美的艺术形式。传统客家民居依山而建,尽可能的不占或是少占农田,而且由于地势较高,因此视野开阔,重视对远处景观如远山的借景作用,将自然环境引入建筑内部空间。客家民居依山而建,自然使建筑形体在其立面上的构图更加主次分明,屋顶的高低错落使得立面轮廓更具节奏感。天井将自然引入建筑内部空间,充分体现了"天人合一"的传统空间哲学思想。传统客家民居能根据材料本身不同的性质特点,就地取材,合理使用材料。夯土墙具有优良的热工效能。当达到一定的厚度时,室外温度对墙体内表面温度基本不产生影响,因而房间的朝向也就不再受限制。在设计具有地方传统风格的建筑的时候,传统客家民居的这种夯土墙的做法也是具有借鉴价值的,因地制宜,就地取材,重视地方资源的利用,对于建筑及环境的可持续性发展具有重要意义。建构客家古村落的先贤们,借助山水来勾画自然与人和谐的环境,通过"水口园林"、"文笔塔"等把人之意识寄托于自然的重构中,把人的意识渗透到自然中。这

种互为表里的文化蕴含潜藏在客家古村落旖旎的山水风光、恬静的田园生活中，衬托出理想的耕读文化至真至美的理想境界。客家土楼建筑又渗透着中华民族传统文化精神，土楼既是客家人的居所，又是远离故土的客家人心灵的家园。

四、结语

河洛地区是中华民族的发源地，客家人的故乡在河洛地区，河洛文化是中华传统文化之源，河洛文化更是客家文化的源头。在历史上，战争等因素导致客家人逐渐迁徙到我国南方。虽然南迁的客家人远离中原河洛地区，但是他们仍然保持着河洛文化传统。客家人在语言发音、先祖崇拜、社会风俗、文化教育、精神品质等方面沿袭着河洛文化传统。客家土楼建筑是勤劳智慧的客家人独具匠心的创造。土楼建筑渗透着中华民族传统文化精神，不仅是客家人的居所，也是客家人心灵的家园。

（作者单位：湖北省社会科学院楚文化所）

坚韧不拔——客家精神之重要体现

刘　清

　　"有太阳的地方,就有中国人,有中国人的地方,就有客家人。"①客家即客家人,是中华民族中一支十分独特的民系。客家人没有按地域命名,也没有按民族称呼,而是用一个没有归属感的名字"客家",其以一个"客"字就足以证明移民、流亡者的身份,客家最初自两晋之际"衣冠南下",经唐灾,历宋劫,明清又迁移漂泊,"四海为家就是家"。经历了许许多多王朝兴衰和狂风暴雨,"也许,正是这个称谓,注定了他们上千年间的流离失所、浪迹天涯。"②在整个人类历史上,迁徙、移民、流浪的部族、民族无计其数,然而客家人则创造了一个坚韧力、创造力和开拓者的神话。

一、坚韧不拔直接源于客家坚定顽强的生存意识

　　历史上屡次避难迁徙。以河洛为中心的中原大地是中华文化的发祥地和摇篮,中原在相当长的历史时期里是中国经济、政治和文化中心。然而由于种种原因,尤其是战争、灾荒及瘟疫,多次造成中原地区人口大量向外迁移。如果说秦汉时期的移民迁徙的规模范围还较为有限的话,那么两晋之际的"永嘉之乱",可以说是揭开了客家先民南迁的序幕,"它从一开始,便是一部血泪史、流亡史"③。中原民众第一次大迁移即是"永嘉之乱"和"五胡乱中华"为躲避战乱而

　　① 任崇岳:《中原移民简史》,河南人民出版社,2006年4月,第92页。
　　② 谭元亨:《千年圣火——客家文化之谜》,江苏古籍出版社,2002年2月,第2页。
　　③ 谭元亨:《千年圣火——客家文化之谜》,江苏古籍出版社,2002年2月,第19页。

起。当时司马氏集团结束三国鼎立二统一,全中国曾经有一个短暂的和平安定局面,但该局面不久因司马氏家族内部矛盾的"八王之乱"而打破,迁居内地的少数民族也乘机崛起,匈奴贵族刘渊父子于公元316年攻破长安,西晋灭亡。此时长安、洛阳沦陷,顷刻间成人间地狱,中原民众包括不少士族大姓只好南迁,寻找安身立命之地。"时海内大乱,独江东差安,中国士民避乱者多南渡江东。"①即"衣冠南渡"。中国汉族大批渡江南下,前后持续了170多年,据官方文献记载南渡者90万人左右。也就是从这时起,客家先民开始了艰难的千年迁徙,万里长旅。在大规模的南迁浪潮中,人们的情形十分悲怆,据《晋书》记载"流移四野,十不存二,携老扶弱,不绝于略"。"鬻卖妻子,生相捐弃,死亡委厚,白骨横野。"在这场以汉族为主体的大迁徙中,人们被迫放弃家园,举室南迁,颠沛流离,巨大的战乱和巨大的灾荒,使人们一批批地蹚过淮河,越过长江,到达洞庭湖流域、鄱阳湖流域、太湖流域,更远的来到赣闽交界之地,为的是摆脱被剿杀、被消灭的命运。如果没有一种坚毅、刚强的求生意识,恐怕是难以想象的。后来安史之乱和唐末战乱、两宋灭亡外族入侵、明清交替满清南下、晚清械斗剿杀等又造成的几次大迁徙,中原南迁之人群最终形成汉民族的一个支系——客家人

　　新居地区开辟开发。"处处为客处处家。"从中原腹地一步一步往南迁移的客家人,他们从北方平原来到山峦重叠、沟壑纵横的南方山区,在客家人居住比较集中的粤闽赣三角地带几乎全是山岭连绵之地,武夷山、罗浮山、罗霄山、莲花山连接起来构成了南岭山脉,几乎就是华南的一道屏障。故有此谚"逢山必有客,无客不住山"。迁台的客家人也基本在丘陵、山地落脚。为了生存,客家人在那偏僻、荒芜的山野中去创业,伐木垦荒、耕种稼穑、打制茶油、采集樟脑,水土气候的不适,忍受蛇虫瘴气的侵扰,使南方包括台岛在内的不毛之地得到开发,如台湾淡水,在康熙帝设台湾府时还是荆天棘地,客家人胡焯猷带人在此屯垦,经过10多年的艰苦创业,开垦初上千甲(1甲约合14市亩)可耕之地,成为台湾地区农业发达的地区。"有人说,客家人在台湾发展历程中,承担了最艰难的工作,是台湾建设的栋梁。"②明清时期,居住在广东、福建的客家人,渡海出洋到达

---

① 司马光:《资治通鉴》(3),岳麓书社,1990年,第110页。

② 曾纯主编:《闲话台湾》,百花洲文艺出版社,1995年,第46页。

今天的东南亚地区,在侨居之地,他们同样从事着最艰苦的工作,开荒开矿、种胶采胶、修路架桥,泰国南部的铁路是客家人谢枢泗带着宗族乡党修建的,说客家是开发南洋的功臣是一点不过分的。

正因为这种面临危情险境的大迁徙、大开发的磨难,使客家人养成了坚韧卓绝、刻苦勤劳的精神,他们奋力拼搏、创业发展,永远写着"成功"两个大字,在客家人那里找不到"失败"之说。尽管在历史发展进程中,客家人经历不少的困苦、艰辛,甚至陷于绝境,还有屈辱和孤立,但其钢铁般的坚强,百折不饶的坚韧,使他们生生不息,革故鼎新,与时俱进,在海内外广受赞誉、崇敬。

二、坚韧不拔表明客家人反对压迫和反抗外来侵略的正义坚强

讲正义勇于反对压迫。客家人来源于中原汉民族,具有意志北方粗犷豪爽的性格特征,即刚强弘毅、勇敢豁达、坚韧顽强,他们是自然环境和人为环境影响和选择下的适应者。客家先民是中原华胄,他们来自中华文明的发源地,受到儒学熏陶,崇尚忠诚正义,反对压迫,义不帝秦,同仇敌忾。由于迁徙、流离,失去家乡故土,受到欺凌歧视,这一切无时无刻不在提醒客家人蒙受失败的耻辱,那种忧患意识、危机感,不仅仅是来自中华文化的影响,也来自于自身的经历。在邪恶、黑暗面前,客家人的坚韧不拔演化为一腔正气,体现出不屈不挠、以天下为己任、慷慨悲歌、追求自由的气魄。清朝"文字狱"的文化专制,造成中国大地"万马齐喑"之沉闷局面,惟独客家山歌敢直接嘲讽"乾隆登基古怪多,官府出来禁山歌,哪个山歌禁得绝,你个皇帝台难做"。有位学者认为客家人与历史上的封建统治者之间的关系并不融洽,甚至是敌对的关系。近代史上的太平天国运动,一般被认为是客家人的革命。民主革命的先驱孙中山领导辛亥革命,一举推翻几千年的封建帝制。在中共历史上的土地革命战争中,毛泽东等创建的中央根据地位于赣南、闽西,这里基本上是客家人居住的范围,参加长征的中央红军8万人,其中就有5万人是客家子弟。人民军队的名将如朱德、叶剑英、叶挺、刘亚楼、王首道、萧华、杨成武、杨勇、李贞等都是客家儿女。同为客家后代的胡耀邦、宋庆龄、宋任穷等成为国家领导人。在此,坚韧不拔也成为一种革命进取精神。

以民族大义为先勇于反抗外来侵略。客家人的汉民族(华夏)意识十分鲜明,自诩为中华文化的传承者,特别是客家人由于饱受战乱、压迫、歧视之苦,对家园的安定、国家的强盛、民族的崛起,有着强烈的渴望。日本学者认为"客家人是最坚强和最富有民族意识而不易统治的民族"。的确,客家人的汉民族尤其是中华民族的意识是十分浓厚的。靖康之乱,八千客家子弟奋力勤王,"元兵南下,文天祥在客家地区组织顽强的抵抗,其惨烈程度,远远超过中原一带"①清军入关,整个东南沿海特别是广东、福建的拼死抵抗不计其数。近现代史上的反抗外来压迫,客家儿女同样捧出自己一颗颗炽热的爱国之心,老将冯子材大败法军于镇南关,甲午海战中有英勇抗击日寇的客家将领丁日昌、邓世昌。抗日战争中勇抗日军的爱国将士蔡廷锴、谢晋元均为客家人。当台湾被迫割让给日本之时,台湾客家人以爱国爱家乡深明大义的文化意识,与日本殖民者进行了长期不屈不挠的斗争,在最初的反割台斗争中,客家人士唐景崧、刘永福、丘逢甲、徐骧等率其部属以鲜血保卫着家园,以至"每一次战斗都打得日军血流成河尸横遍野,使日军闻风丧胆,每迈出一步都付出沉重的代价。② 在50年的日据时代,客家人和台湾其他群族同胞多次组建抗日民团、义军袭击着日本殖民统治者,表现出他们维护领土完整的坚强意志和驱逐外国侵略者的爱国主义精神。

古老文明传言的影响和长期艰苦环境的打磨,使客家人自始至终带有一种浩然正气之民族节操,他们义薄云天,凛然自傲,不畏强暴,并具有强烈的国家观念和民族意识。在近现代史上客家人是御敌保家卫国的一支中坚力量。

三、坚韧不拔和开拓创新相结合时客家精神长久传承的鲜明特色

坚韧不拔系整个中华民族的主要精神风貌。人类文明发展从来就不是一帆风顺的,在天灾人祸中许多古老的民族与文明都灰飞湮灭了,四大文明古国其中三个已经覆灭了,古希腊、古罗马和玛雅文明也万劫不复,唯独中华民族和中华文化在几度面临死亡之门之后,竟然能够凤凰涅槃,重新站起来。曾经的磨难、危情没有击垮我们,"天行健,君子自强不息"的精神支柱,一直激励着华夏儿女,多难兴邦,愈挫愈奋,愈挫愈强,这正是我们中华民族历史的写照。作为中华民族主体汉民族的一个支系的客家人,其文化精神来自中原、河洛,在汀江、梅

①　谭元亨:《千年圣火——客家文化之谜》,江苏古籍出版社2002年2月,第2页。
②　华夏经纬网:《反抗日据的台湾客家》。

岭、赣江、东江、武夷,客家山歌表明"客家来自黄河边,水有源来树有根"。客家文化的根是中原文化,是中华文化,其源远流长,但它又吸收了当地的一些少数民族文化,有人形容客家文化精神如同一棵参天大树,她长在阳光充沛的南国红土地上,她那发达的根系,深扎在中原、河洛古老的黄土层之中。所以说,客家人的坚忍不拔也是中华民族精神的具体体现和传承。

坚韧不拔与开拓创新相结合。客家人有着执着的寻根意识,注重传统,但不因循守旧而勇于开拓创新。因为他们在迁徙过程中必须寻求到生路、活路,寻找到新的发展机遇,才能使其能够适应新的生活环境。这样他们不得不对原来的传统(思维方式、生活方式)进行一些调整、修订,久而久之便形成了新的风俗习惯。如客家民居既沿用中原模式,又有自己的特色,从宗法观念出发,讲究聚族而居和风水,特别体现敬老尊贤,长幼有序,但在山地多筑土楼(或圆或方),在丘陵盆地多建围龙屋,这些是根据地形、气候、治安的不同而来。"他们来自中原,有自己的传统习俗,却又得适应新地域的自然地理和人文环境。"①再如中原传统是男耕女织,男主外,女主内,女子在外抛头露面极少,而客家女子获得了一定限度的自由解放,她们没有束胸缠脚的陋习,太平天国的娘子军被当时内地人惊呼"大脚蛮婆"。在客家山乡,由于男子出外打拼谋生,家里家外的劳作全由女子承担,甚至像犁田、打铁、伐薪、采樵等繁重的体力活,辛苦的劳作和掌家理财的重担,培养着客家女子的刚毅仁慈、俭朴聪颖、任劳任怨、勇于牺牲。正是客家女子的吃苦耐劳、自食其力的坚韧性格,与内地女子的弱不禁风成鲜明对照,形成有别于传统汉族女子的精神特质。在南洋地区还有这样的传言"客人开埠,广人旺埠,潮人占埠"。客家人的历史既是一部迁徙史,也是一部开拓史,客家人身上有勇于落地生根的生命力,也有迁徙族群的独立性和包容性,客家人无论走到什么地方,无论环境多么险恶,都依靠着生生不息百折不饶的坚韧性与进取创新的开拓性,顽强地开拓事业,建设新家园。在他们心目中,耕读传家不可丢,工商皆本也崇高,没有望洋兴叹,苦海无边的概念。他们垦殖拼搏,甚至漂洋过海创业。近代以来,客家人在海内外从商者、从教者、从文者、从政者相当多,在科技领域、体育战线上大放异彩者也不少,如前面所言的近代中国军事家、政

---

① 谭元亨:《客家与华夏文化》,华南理工大学出版社,2003 年 10 月,第 172 页。

治家等。新中国成立后第一届中国科学院的 5 位学部委员全部是来自梅州地区的客家人；梅州号称"足球之乡"，为国家输送大量足球人才；企业界的佼佼者如曾宪梓、田家炳、刘宇新、叶华能等等，甚至外国一些政要也具有客家血统，如新加坡国父李光耀、加拿大前总督伍冰枝、菲律宾前总统阿基若夫人、泰国前总理他信等。

客家精神的生命力来自其坚毅顽强，始终不忘根本，但又用兼容并包之宽广胸怀努力适应新环境，发展创新。如果没有坚韧不拔的精神，客家恐怕难以冲过"死亡之门"，而被淹没在历史的长河之中，假如仅只有坚韧不拔，而没有开拓创新的话，客家也许就这么默默无闻地生活在地球的某一个角落，而不会在近代出现"名人爆炸"的奇迹，正是坚毅、聪慧的融合，在客家身上既有坚韧不拔，又有开拓创新，才有了今天的辉煌。客家及其精神风貌在中国，在世界展示出无数奇观。

坚韧不拔体现着客家精神的主要方面，它具体体现在客家人勤劳刻苦、顽强拼搏和开拓进取的精神。这种精神来自五千多年历史文化的沉淀熏陶，来自万里迁徙的磨炼锤打，来自偏僻山野的煎熬苦干，来自代代承袭的言传身教。客家精神是一种坚韧的、革命的、积极的、向上的乐观精神，这一点受到中外人士的一致公认、赞许。客家精神是在独特的社会环境和独特的历史渊源中逐步形成的，在形成中又不断地革故鼎新，不断地发展进步。这个精神也是中华民族精神的继承和发扬，并为中华民族的历史增添了光辉的篇章。故有人说，所谓客家精神，其实就是中华精神的演绎。

（作者单位：湖北黄冈师范学院）

客家文化与中原文化的关联性

蔡登秋

我们知道,客家文化是从中原南迁的汉文化与闽粤赣三角边地的土著民文化相融合的结果,其主干是中原文化。客家先民从东汉就开始入迁到闽粤赣三角边地,特别是西晋永嘉之乱时,由于河南颍川等地区汉民受到战争的荼炭,纷纷避难南迁,到达闽越赣地区。此后,迁入此地的中原汉民不断增多。客家先民主要来源是河南、山东、山西、河北、陕西、安徽、湖北、江苏等八个省,其中最主要的迁出地是河南、山东和山西三个省,尤以河南为中心,而这些地区就是我们所谓的中原地区。来自中原的汉民虽然与当地的原住民有交融和混合,但仍然保持着先辈传导下来的风俗习惯、生活方式以及为人处世的思想观念,客家人语言、思维、行为、心理、道德观念等方面承继了中原文化的传统。

一、中原文化

中原文化历史悠久,是中华文明的主要源头之一:有人文始祖伏羲的渔猎文明,有黄帝、炎帝的农业文明,有尧、舜、禹的禅让制,有夏、商、周的世袭制,有从夏朝到宋代3000多年间政治、经济和文化的中心。这里是中华民族的思想文化渊薮,有我国古老的神话:女娲补天、夸父追日、大禹治水、愚公移山都产生流传于此,这里成为中华民族的文学传统和民族精神的源头;代表儒学学派的孔子讲学、游说的主要活动地域在中原,洛阳的程颢、程颐开创了宋代理学,道家思想的老祖宗老子,法家思想的主要代表人物韩非子都衍生于此。总之,中原思想文化传达着"刚健有为、自强不息、中庸尚和"的哲学理念,不仅隐含着"变动"的变革进取精神,而且也体现了友好共处、向往和平的精神境界,成为中华民族思想的精粹。这些思想文化塑造了中华民族的基本文化形态和性格,这些文化因子是中原文化的主要构成,也是中原文化影响中华民族文化构建的基础元件,通过一种强大的辐射能力,不断地同化和融合着其他区域的文化,甚至于取代其他文化,成为被其他族所选择的文化。在中国内部表现为文化整合和同化,在外部主要表现为对国外文化的介入和影响。这都是中原文化的强大吸纳能力和整合能力所致。

二、客家文化

客家是汉族民系,是从中原南迁的汉民与当地原住民相互融合而成的一个民系,也是汉民系中形成较晚的一个民系。客家民系的形成有一个特色的区域特征,也就是闽越赣山区,这里地处三省交界地,离地方政治中心区较远,行政管辖较弱,民众生活的独立性较强。时间性特征明显,形成时期不早于晚唐,是迄今我国民系形成最晚的一个民系之一。方言性特征明显,南方方言的复杂性是较为普遍的现象,方言的区域变化往往呈条块过渡,同一水系、同一地块,人员来往较为频繁,其方言较为相近,但客家方言的独特性是客家方言岛,这一方言岛形成是与客家民的迁徙有着直接的关系,客家人有个传统情结:"宁卖祖宗田,不忘祖宗言",所以在客家民播迁的过程中,方言也随着慢慢衍播开来,但应该注意的是随着历史时间和百姓生活区域流变,方言也会不断地发生变化,这也是正是客家方言既能相通,但也有不一致的原因。客家文化的精神层次,这是客家文化最核心的部分,也是最难于判定的问题。所以近年来,学界也众说纷纭,观点不一。但考究起来,有几点是一致的:首先,对中原文化的"刚健有为、自强不息、中庸尚和"承继是不会改变的。其次,"重儒道、重人伦宗族观念"的恪守也是明显的。再次,好争胜,勤自为。这一点应当说明的是,客家人生活在山区,比之于原住民又是后来者,为了争得生活空间,开创和保护自己新的家园,仅靠儒雅风度是不够的;开疆拓土,创业持家,没有勤劳自为也是行不通过的。最后,兼容杂糅。客家文化在形成和播迁过程中,道路坎坷,生活不稳定,造成了一种忍耐性和包容性特征;吸纳能力强,所以就兼收并蓄,杂糅融化,就如客家人的信仰,各种祀奉对象同置一龛,相安无事,信众也同样是不分对象,不分你我,也能相安无事。总之,客家文化是客家人在生活生产活动过程中物质和精神的总和,是客家人活动的历史痕迹,是客家人在固守祖宗、承继中原文化的传统和播迁中,衍生出一种有特质的汉民系文化。

三、中原文化和客家文化之间的关联性

客家人自晋唐始迁于此以来,很多客家先民是来自中原衣冠望族,而中原地区是中国文化的中心,客家人带着中原地区先进文化来到闽粤赣三角边地,对传统文化的尊崇观念是客家文化得于较为完好的保留中原文化主要原因,不管你到哪个客家人聚居区,者可深深感受到浓浓的中原文化气息,其关联具体阐述如下。

（一）伦理思想文化的承传与转化应用

"中国的伦理思想体系主要由三方面内容构成:人伦关系原理,道德主体品格要求,人性的认同。概括说,就是人伦、人道、人性。'礼'的法则,'仁'的原理,修养的精神,构成中国伦理体系的基本结构要素。"①中国伦理通过"亲亲、忠恕、仁道"的运作途径来实现基本伦理范畴,即"五伦"的实现。从而实现个人伦理、家族伦理、社会伦理,甚至是国家伦理和宇宙伦理。这样就把血缘、宗法与政治结合起来,成为中国特殊的政治伦理化和伦理政治化的社会动作秩序。总之,中国伦理文化基本上局限于"以天为宗,以德为本"(《庄子·天下》)的框架里,某种意义上也制约了中国思想进步的步伐,但它是维系中国社会不断向前迈进的基本思想体系。

客家人重视人伦规范,强调族群内部的孝悌观念。从客家族群村落伦理来看,以中国伦理的基本框架内规范人与人之间的相互关系和为人的基本准则:以孝为首,"孝为百行","固人人当尽,人人能尽者也";以悌为二,同族兄弟,必须兄友弟恭,如有违者与不孝同科;宗族宜睦,同族之中,人与人之间必须相友相助相扶持,必须有仁人之心,扶弱抑强;进而到达个人修为,以廉耻为敬,戒僻邪侈,终身不忘,人与人之间应以宗族理论,族中老者应秉公判断,不要轻易进入诉讼,族人不可男盗女娼,奸淫偷盗;崇文重教,发扬"朴者耕,秀者读"的耕读世家之

---

① 张岱年、方克立主编:《中国文化概论》,北京师范大学出版社 1994 年。

风范,重视儒教,积极资助族中俊才入仕,鼓舞"上达之志";重视宗盟,以谱牒为系,维持血统,加强笃亲观念;强调"忠恕"观念,对社会国家大事宜审时度势,防微杜渐,预为提防,宜禁匪类,遵循拘束,不逾越纲常;审慎婚姻,不娶同姓,警戒乱伦。客家人从大的范畴上把族人的社会生活基本准则规范到位了,体现了中国传统伦理的"亲亲、尊尊、忠恕"的基本内涵。族人的生活中较细微的准则则通过家规来体现,也就是通过家规来补充族规不够之处,在家规中微化到族人生活的方方面面,与族规共同规约了族人生活的正常秩序。这些观念在客家人的祠堂和族谱中可以找到,数量之多,随处可见,此处不一一赘述。

(二)社会结构的因袭与重构

中国传统的社会结构主要是以线性中心,以旁枝为辅助的结构。"线性中心"就是:小家—宗族—村落—县—州—府—国家,这种结构其实是从"小家"到"大家"的结构方式;"旁枝为辅"就是一个家或宗族以外还有与之有血缘联系的另一个家或宗族,这种有血缘关系的家或宗族呈网状结构向四周扩散开来,形成了无数条的线性结构,共同构成了一个"大家"。地方的社会结构当然仅限于村落内部以下的那一级结构,我们所讨论客家社会结构也仅限于村落内部的社会结构的形式。

客家先民从北方中原地区迁徙到这里的同时,带来了中国传统的社会结构方式,即村落—宗族—小家的结构方式。其中村落不是一个结构单位,而只是一个结构共同体,也可以说地域性的概念,这个地域性概念是由诸多的宗族构成。在村落中,宗族是社会结构单位中最为主要的一个层次。客家人为什么如此重视宗族这一层的社会单位,原因很多,大致归纳如下:一是当客家先民来到闽粤赣三角边地时,与当地的其他居民发生了一系列的为抢占生活空间的争斗,以个人或家庭的力量无足与人抗争,宗族的全体成员的集体行动加强了他们的实力。二是在客家民系形成后,客家人被其他民系视为"匪"、"贼"、"獠","客"字被加上"犭"字旁。客家人极需将自己与中原汉文化之间建立起正宗的联系,需要建构客家民系所有成员认同的历史以及迁徙的谱系(修谱),宗族这个概念被提升到极为重要的地位。三是客家人传统的伦理观念意识浓厚,以之为内核,建立家族内部的组织结构,有利于对内部成员的控制和管理(将在伦理文化着重阐述)。四是移民的民性要求决定着宗族的重要性。

"家族者,社会、国家之基本也。无家族,则无社会,无国家。故家族者,道德之门径也。于家族之道德,敬有缺陷,则于社会、国家之道德,亦必无纯全之望,所谓求忠臣,必于孝子之门者此也。彼夫野蛮时代之社会,殆无所谓家族,即曰有之,亦复父子无亲,长幼无序,夫妇无别。以如是家族,而欲其成立纯全之社会及国家,必不可得。蔑伦背理,盖近于禽兽矣。吾人则不然,必先有一纯全之家族,父慈子孝,兄友弟悌,夫义妇和,一家之幸福,无或不足。由是而施之于社会,则为仁义,由是而施之于国家,则为忠爱。故家族之顺戾,即社会之祸福,国家之盛衰,所则生焉。"①蔡元培先生论述了家族之于社会的重要性,并由此引发了家族与国家的关系,他们是有机地联系在一起的各个单元。那么客家人家族是如何建构的呢?他们主要是按中国传统的伦常关系来建构的,依据"父慈子孝,兄友弟悌,夫义妇和"的方式来维系其家族内部关系。第一层次是父子之间的关系。父母要爱护其子女,子女要尊敬和孝顺父母,父母要生养和教育自己的子女,子女要赡养自己的父母。第二层次是兄弟姐妹之间。他们之间都是骨肉之亲,同案而食,同几而学,游则同方,相互扶携,其感情非一般可比。由于兄姊年长,见识经验比较丰富,有教导和示范于弟妹的义务,更不能侵凌弟妹。弟妹年小于兄姊,就应遵其训导。第三层次是夫妇之间。夫妇乃为人伦之始,风化之源。他们之间虽无骨肉之亲,但他们朝夕相伴,同甘共苦。为夫者应刚毅信义,负责家庭主业,不应随意驱使和休弃妻子。妻子应辅佐其夫,为夫分忧,以节义为导向,尽其本分。

"宁卖祖宗田,不忘祖宗言"的念祖情结,使致客家人对宗族的观念强烈而自觉,对血缘的记载看成生命的一个重要的指归,其本质上是对民系繁衍和生命延续的重视,也是对中原古代社会结构传统的具体应用了。

(三)民俗文化的沿用与变异

中原地区民俗文化特征性强,名目斑斓,集中体现在饮食、服饰、日常起居、生产活动、礼仪、信仰、节令、集会等各个方面。春节祭灶、守岁、吃饺子、拜年,正月十五闹元宵,三月祭祖扫墓,五月端午节插艾叶,七月七观星,八月中秋赏月,九月重阳登高等等丰富多彩。

---

① 蔡元培:《中国伦理学史》,商务印书馆2004年。

　　客家民俗的表现:婚姻方面,大体遵循"父母之命,媒妁之言",其婚俗礼仪与中原古风的繁文缛礼一样,沿袭"六礼"(纳采、问名、纳吉、纳征、请期、亲迎),但内容有所简化,合并为求婚、送果子、报日子和归亲四项;成亲后有三朝回门、五朝下厨、六朝洗手、满月送藤盘等;中原地区早已消失的夜晚迎亲习俗在石壁及周边地区却仍一直相沿承袭;贺新婚还产生了一个奇特的习俗,即"闹洞房"时,还有窥听圆房的习俗,甚至还有人悄悄躲进新房偷走新娘绣花鞋第二天再归还的嬉戏之举,民间故事里多有传诵。

　　民居方面,迁徙之初,与当地土著一样,多是利用当地盛产的竹、木、茅草、树皮等,先盖简易的草屋栖身——类似当地土著的"干栏"式,宁化石壁历史上的"三十六窝(棚)七十二(茅)寮"就是当时历史的写照;待安定之后,方重盖或择地另起泥墙瓦顶的土屋;当人口繁衍、经济发展之后,便沿袭中原先祖所居住过的建筑形式,如殿堂式、城堡等,建造起殿堂式围屋、高层土楼等——沿袭中原习俗;最后,随着自然环境的改变,在建筑形式和功能等方面也产生变化,衍生出客家人独有的民居习俗,如"走马楼"的出现,既是土楼的简化,又吸收了当地土著民居的优点(靠山、防潮湿、防蛇虫等),一层常设计为厨房、厅堂、主卧室、杂物间等;二层多为卧室、仓库等。

　　饮食方面,客家风味的传统食品、名菜有许多,如烧卖、大卷、韭菜包、老鼠干、腊狐狸、生鱼片等。前三种的夹馅、包馅,原就是北方中原人的习俗,而南方极少见。辞书谓"烧卖"以烫面皮包馅。江南无麦,客家先人发现将熟芋捣烂成泥拌薯粉同样可以制作烧卖皮,且风味独特;"韭菜包子"也是仿照北方水饺的一种变通,即将籼米磨浆置锅内熬成糊状,铲起摊冷搓成粉团,再捏成皮,包馅蒸熟;"大卷"的原料与烧卖相同,只是将芋子换成豆腐。上述变通显然是客家人承传了中原面食的制作工艺并延续发展,只是改面粉为当地物产。后三种名菜都是当地的土特产,是土著民的家常食谱,后来被客家人接受并改进成为客家名菜。受土著民捕捉"蛇、虾、蛙"等腥臊之物以充口腹的影响,有煮食的习俗。

　　总之,客家民俗对中原古代习俗的承传是一个部分,但客家毕竟生活于南方山区,又与当地土著融合,为了适应环境的变化和现实的人文环境的变化,习俗也发生很大的变化,所谓:"十里不同风,百里不同俗",其道理也在于这一点,风俗的变异性最为显著。所以客家人除了对中原习俗的承传,更重要的是产生的变异和产生新的风俗,这也是客家文化特异性状的主要因素了。

客家文化主要内涵来源于中原文化,而中原文化则是以儒道文化为主流,在客家人南迁之后,作为中华民族文化的主体也随着客家先民带到了闽粤赣三角边地,经过了数百年的整合,吸纳了当地原住民文化(古闽越文化),终而形成了独特的客家文化。当然客家人先民南迁亦是一个复杂的现象,撇弃南迁民其他要素不言,就客家先民从中原南迁来说,其本身就是一个中原文化传播的载体。所以客家地区与其他民系所在地区一样,其文化都是以中原文化主为体,一样有"耕读传家"的生活传统,一样有"仁义礼智信"思想意识,但不同的是在中原文化南移之前,客家先民则是对中原文化采取固守的同时,对当地原住民文化进行融合,从而形成了独特的客家文化对中原文化的承传与重构的复合状态,这也是之所以成就客家文化的主要原因了。应该强调的是,客家文化主体上的文化因子是中原文化的复制,但融合了南方文化的因子也是一个重要的、不可或缺的元素。

(作者单位:三明学院客家文化研究所)

试述客家文化对河洛文化之继承

陈文华　　杨雷丹

河洛文化历史悠久,源远流长。河洛文化可以向上追溯到上古时代。《周易·系辞上》:"河出图,洛出书,圣人则之。"

《汉书·公孙弘传》:"麟凤在郊薮,龟龙游于沼,河洛出图书。"因而,孕育河洛文化的河南地区应该是中华文明的发源地。客家人是中原移民的后裔群体,他们的先祖南迁之后,在我国南方开拓出了新家园。一代代客家人保留了祖辈的河洛文化,而且,他们在与岭南等地民族的交流和融合过程中,逐渐形成了独具特色的客家文化。

根据普遍较为认同的"五次迁徙说",客家人应该先后五次大迁徙:第一次大迁徙,魏晋时北方少数民族"五胡乱华",客家先民迁至江淮流域皖、赣地区;第二次大迁徙,唐末黄巢起义,客家先民迁至赣南、闽西、粤北地区;第三次大迁徙,北宋末金人南下至南宋末蒙古人入主中原,客家先民迁至粤东兴梅地区;第四次大迁徙,清初康熙年间"迁海令"解除后,粤东兴梅等地客家人被大批招垦进入今惠阳、深圳和香港等地以至湘、川、桂、琼、台等省;第五次大迁徙,清同治年间太平天国失败后,西方殖民者入侵中国,部分客家人迁至东南亚和世界各国。但是,在历史上,客家人迁徙和形成是一个十分漫长而又复杂的过程。客家先祖是逐步逐渐地迁徙到闽粤桂等地。河洛人应该是客家移民的主体,河洛地区应为客家人的故乡。

客家人南迁增加了岭南的人口,加快了我国南方的开发步伐,还给岭南地区带来了先进的农业和手工业生产技术以及生产方式,传播了中原河洛文化,促进汉粤地区民族文化融合。源源不断移向岭南的客家人给岭南带来汉族的生产技术，还带来汉族的生产方式、思想文化、风俗习惯以及重视文化教育的传统等等。客家人注重对客家先祖的河洛文化的继承与传承，特别是在社会风俗等方面，客家文化保留有较多的古河洛文化特性。

一、信仰崇拜

客家人的许多宗教信仰可以从古代中原河洛人那里追寻根源。土地神，客家地区称为"土地伯公"。我国古代有"社神"，与此相适应，客家地区则有"社官"。人们对土地的信仰，总是与农作物收成的丰歉联系在一起的。客家人崇拜山神与其居住和生活环境息息相关。客家人信仰的山神，以"三山神"最为有名。所谓三山，指明山、巾山、独山。传说，三山神源出隋代，因宋初有功而受封，故有三山国王之称。凡客家人聚居区，包括台湾在内，多祀此神。汉族中广为流传的一种古老的巫术手段，即所谓"泰山石敢当"，在客家人中也是如此。在客家城乡地区的屋后巷口，常有一块石头上刻着"石敢当"或"泰山石"字样，意在用巨石镇鬼压灾，以保佑人间安康。客家人地区，除建"火神庙"外，家家户户均设"灶君"供奉。蒸尝本我国古代冬秋二祭之名。冬祭名蒸，秋祭为尝，如《后汉书·冯衍传》："春秋蒸尝，昭穆无列。"蒸尝田，客俗又名祖宗"血食田"，清代黄钊《石窟一征·礼俗》："俗称祭田为蒸尝，亦有谓祖宗血食者。"可见，"血食"也是客家文化源于中原文化的例证之一。

河洛文化思想中有浓厚的崇祖色彩，客家人对祖先的崇拜更是源自中原河洛地区的文化传统。《伦语·八佾》："祭如在，祭神如神在。"《左传·成公十三年》："国之大事，在祀与戎。"在传统的客家社会，客家人具有强烈的崇祖意识，祖先崇拜是客家文化的重要组成部分。客家地区祖先崇拜的方式多种多样。客家宗族无论大小基本都修有各自宗族的祠堂。家族祭祀仪式的目的在于强化家族观念，增强血缘群体的凝聚性和增加族人对家族历史文化的荣耀感。客家人对祖先崇拜的敬奉极为虔诚，不仅祭祀形式繁杂，种类多样，仪式隆重，而且祭拜的对象远至姓氏始祖，近至亲生父祖，皆依次敬奉、虔诚祭扫，形成独具特色的客家宗族文化、民俗文化。客家地区还常常把祖先神明化，祖先神转变为社区神，不仅受到本姓本族的祭拜，而且成为某一区域民众崇拜的神明，有的专门立庙，有的则作主神的陪神加以祭祀。祖先神明演变成社区神或地方神明,从人格上升为神格,其祖先的意义超越了姓氏、宗族、血缘,成为保佑一方的地缘神,不仅神明的地位更高,法力更大,而且控制区域也更广,所以受到一定社区民众的崇拜祭拜。

家祭是以家庭为单位祭祀祖先,如在祖先的生、忌日和传统年节举行的祭祖活动。家祭一般在正月、中元、中秋、除夕等几个主要节日,以及婚嫁、盖房、消灾祛病等时节,以祈求祖先庇护或告慰祖先。祠祭是指在族姓宗祠和祖堂奉祀族姓的共同祖先与最亲近的祖先、父母等。墓祭是指一族一姓到其祖先的坟墓上举行的祭祀活动。客家地区的墓祭多在清明节举行。客家地区有大清明、小清明之分,《嘉应州志》云:"八月初一谓之大清明,或清明不祭,必祭于大清明。"实际上即为春秋二祭。客家人对墓祭很重视,其仪礼甚至比祠祭更为隆重。许多宗族对墓祭都有明文规定,并把它写进族谱,让族人遵循。

二、团结宗族

河洛地区自古就有聚族而居的习俗。在汉代,较大的宗族甚至可以"闭门成市"。《后汉书·樊宏传》:"其所起庐舍,皆有重堂高阁,陂渠灌注。又池鱼牧畜,有求必给。"《颜氏家训·治家》:"至能守其业者,闭门而为生之具以足。"汉魏时期,中原地区出现了许多大大小小的"坞堡"和"坞壁"。南迁的客家人传承了华夏民族聚族而居的习俗。客家土楼建筑是东方血缘伦理关系和聚族而居传统文化的历史见证,也是世界上独一无二的大型生土夯筑的建筑艺术成就。土楼因地制宜,就地取材,重视地方资源的利用,对于建筑及环境的可持续性发展具有重要意义。土楼村落依山面水的选址,土楼的定位、朝向、平面的形状、水井的位置、污水的排放等等都讲究风水,它注重与自然的和谐,创造理想的居住环境。建构客家土楼的先贤们借助土楼从而团结宗族,抵御盗贼,保卫家园,维护了一方的平安。

客家人的祠堂组织承袭了中原汉族祠堂的特点,祠堂多由族人合资修建,用以共同祭祀祖先,处理族务,管理族众,团结宗族。祠堂是供奉祖先神位的庙堂,客家地区宗族组织发达,宗族无论大小,皆建有祠堂。祠堂的主要功能就是崇颂和祭祀祖先。祠堂放置祖先的牌位,俗称"祖公牌"、"神主牌",置于祠堂上厅的神案上。一块神主牌代表一位祖先,历史悠久的大宗族的祠堂,往往分几层陈列着几十块甚至上百块神主牌,密密麻麻,蔚为大观。在许多传统的客家祠堂,盛行在春节等节日挂祖宗像的做法,表示对祖先的崇敬与思念。春节挂祖先像一般是从农历腊月二十五日开始,至正月十五结束。在此期间,人们早晚要到祠堂的祖像前烧香点烛,虔诚供奉。在过去,男婚女嫁时,也要在祠堂或祖厅的祖像之前表示其虔敬之意。女子出嫁时,要在祖像前祭拜;男方的接亲者也要到女方的祖像前进行供奉;新婚拜堂时,要在祖像前拜天地、祖宗与父母。客家祠堂的大门两侧、厅堂的墙壁及柱子上,镌刻着许多对联,其内容以颂扬宗功祖德的居多。

族规既是族人日常生活的准则,又是族长管理族人,行使族权的法律依据。客家的族规与河洛地区的族规相似,都提倡尊祖敬宗、孝事父母、和睦宗亲、严血统、正男女、明尊卑、防盗寇等内容。某些客家族规还更为详细,对财产继承、族长产生、族内婚姻、族产使用等等都有具体规定。由于客家族规比较全面、详细,而处分违规的族人也比较温和,因此整个客家社会的族风和家风都显得比较统一、严格而有序,宗族凝聚力较强,刑事案件较为罕见。

族谱是维系族权、记录世系血缘关系以及族众尊卑地位的依据。《世本》是记录黄帝至春秋时代帝王诸侯卿大夫的世谱。汉魏六朝时代,谱牒由官方修撰,与九品中正制选官制度有关。宋代时,家谱由官修变为私修。在客家社会中,只要是聚居一地的家族必有族谱。客家先民南迁后,不忘故乡河洛地区,因此,在客家家谱中一般都对祖籍河洛地区有记载。客家族谱其体例较土著民族的族谱显得更为完善和独到。世系图是族谱的主体内容,它是核实全族从先祖开始历代男丁的生卒、承继、字号、简历、子女生育等事实的依据,反映了数百年来家族繁衍的状况,保证了宗族成员血缘宗法关系的可靠性,明确了宗族内的辈分等级的上下尊卑地位。通过班辈诗,达到了"另尊卑"和"明次序"的目的。族谱编修的目的一般都是为了"尊祖、敬宗、睦族、知本"。

三、重视教育

河洛地区自古就有尊师重教的传统,商周时代就有了"庠序之教"。而且,中国传统文化十分重视教育。孔子提倡"有教无类"的教育理念,广招学生,先后有"弟子三千,贤人七十二",桃李满天下。客家文化突出地体现了儒家重视教育的精神。客家先民来自河洛地区,文化素养较高,注重文教,力求子弟"知书识礼",乃至考取功名,光宗耀祖。客家重视教育,比较突出地表现在办祠堂学校和助学、奖学等方面。客家人主要生活在山区,经济相对落后,在兴学校办教育方面存在着一定的物质条件的制约。然而,客家人利用祠堂众多的得天独厚的优势,办起了一所所的学校。法国神父赖里查斯在《客法词典》中描写道:在嘉应州,"我们可以看到随处都是学校。一个不到三万人的城市,便有十余间中学和数十间小学,学校人数几乎超过城内居民的一半。在乡下每一个村落,尽管那里只有三五百人,至多也不过三五千人,便有一个以上的学校,因为客家人每一个村落都有祠堂,而那个祠堂也就是学校。全境有六七百个村落,都有祠堂,也就是六七百个学校,这真是一个骇人听闻的事实"。赖里查斯虽然描写的是嘉应州祠堂办学的情况,事实上,其他客家地区的情形也是大致相同的。罗香林在清华念书的时候,陈寅恪曾对他说:"这些从闽粤迁去义宁的客家人,多数以耕读为业,因为生性耐劳,勤于读书,所以考秀才的时候,本地人往往以学额被客家学子多分去了,便出而纷争,后来由封疆大吏请准朝廷,另设'怀远籍'学额,专给客家人应考,与原来的学额无关,这才把纷争平息。"

　　客家人除办祠堂学校外,还出资帮助族内一些有培养前途而经济困难的子弟继续深造,同时,奖励族内学有所成的子弟。过去,客家祠堂都有祠产,有一定数量的田地,叫作"公堂田",公堂田的收获除用来举办祭祖仪式之外,相当一部分用来助学奖学,称为"学谷",根据子弟考取功名的不同层次给予相应的奖励。客家之所以人文兴盛、人才辈出,与其传承和弘扬河洛文化的重教精神,积极办学和重视教育是分不开的。

四、客家方言与山歌

　　语言是历史和文化的载体。语言是维系民系的重要纽带,而民系又是语言赖以存在的底座。客家方言保留着中原河洛古音的特点,这也证明了客家人源自河洛地区。客家方言中所保存的"魏晋古音"或"六朝古音",与"次生形态的客家先民"在东晋南北朝时期的迁入有直接的关系。而客家方言在不同程度上带有唐代汉语和宋代汉语的某些特点,则是"新生形态的客家先民"在两宋之际及宋末元初大规模迁入的结果。颇具特色的客家方言称"我的"为"吾"、"你的"为"若"、"姐姐"为"姊"、"吃"为"食"等,这些辞语都是古代所谓的"雅言",

体现出中原古音或古代以中原方言为基础的官方语言特色。客家语既是一种语音面貌处于南方方言与北方方言之间的"中间型"方言,又是一种处于古代汉语与现代汉语之间的"过渡型"方言。在客家人看来,语言是祖宗遗传下来的,是宗族的象征,丢掉本民族的语言,即是"叛逆"祖宗。客家人非常珍视自己的历史和文化,所以也就像固守家园一样固守自己的方言,"宁卖祖宗田,不忘祖宗言,宁卖祖宗坑,不忘祖宗声"这一祖训被世世代代传承着。在客家人的族谱里,定有相当严格的家规族约,不说客家话被视为忘了老祖宗,从而不准上祖坟,不准上祠堂。客家人学说别种语言则可,丢掉客家话则不可。不管迁徙到哪里,他们总是把自己的方言带到哪里。所有离乡外出的客家人,不论在什么地方相聚,几乎不问场合,都用客家话交谈。漂泊海外的客家人,更是乡情不断,乡音未改。即是面临侨居国语言的巨大影响,漂泊海外的客家人也极力保存着客家方言,在客属社团中用客家话交流,在家庭中用客家话和客家精神教育后代。

山歌是客家文化中最具代表性的文艺形式之一。客家山歌源自河洛诗歌文化。在夏商周时代,中原河洛地区的先民们也是十分的能歌善舞。《诗经》是我国最早的诗歌总集,《诗经》中的《国风》反映的多是先秦时代河洛先民们的社会生活面貌。客家人南迁后,还保留着河洛先民们的诗歌文化,从而产生了客家山歌。客家山歌广泛流传于客家地区,其内容贴近生活,语言生动,情意真切,神韵自然,堪称是民族艺术的奇葩。而山歌之所以能产生和流行,最为重要的客观环境就是因为有"山"。我国著名民俗学家钟敬文先生曾指出:"至于客家人的生活,因为他们所处的环境的关系,所以每日作业于田野山岭间的,颇占多数,并且男女俱出,没有'男子事于外,女子事于内'之严格差别。至少,我们这一带客家人的情形是如此。他们的气质,大都简朴耐劳,很少慵惰浮夸的恶习,犹保存古代人民的风范。这些,都和他们山歌的产生及内容等有关系。"客家山歌是产生并流传于客家民间的文艺作品,其代表性社团有梅县客家山歌剧团、闽西汉剧团等。繁荣时期,闽西客属各县都有剧团。客家山歌除反映客家人团结奋进、勤劳坚忍、纯朴憨厚的精神之外,不同时期创作的山歌也极富强烈的时代气息。

五、结论

河洛地区是客家人的故乡,河洛文化对客家文化产生了重要的影响,而客家人南迁后的新环境也促成了独具特色的客家民俗文化。客家的民俗文化反映了河洛文化对客家文化的深刻影响以及客家人对故乡河洛地区的怀念之情。客家人的宗教信仰以及祭祖活动展现出客家人对祖先的崇拜和对故乡河洛地区的怀念。客家人十分注重团结宗族,通过聚族而居的土楼、祠堂、族规和家谱等等形式,从而加强宗族的团结与和睦,实现人与人之间的和谐。客家人的祖先来自河洛地区,他们有着普遍地重视教育的传统观念,因此,客家人知书识礼,人才辈出。客家话是具有河洛中原古音的方言,这也证明了客家人源自河洛地区。客家山歌是客家人南迁后在新环境中对河洛诗歌文化的延续与发展。因此,南迁后的客家人不仅传承了河洛文化,而且,发展和弘扬了河洛文化。

（作者单位:湖北省社会科学院楚文化研究所）

客家妇女品质与河洛文化圈
性别期待的相关性

——以清代《龙川县志·耆寿》的记录为分析文本

钟俊昆

　　研究客家妇女品质的文章已有很多,而且大多称誉客家妇女勤俭的品质,但少有作量化分析,也较少对客家妇女品质与河洛文化圈对妇女角色的期待作出比较分析。本文以客家地区广东河源市龙川清代《龙川县志》卷三六《耆寿》中所附明清时期女寿者 39 人的记载为分析对象,按传主的品质设定指标类别,试图对客家妇女的品质作量化分析,探讨客家妇女的文化品质与社会地位,指出客家妇女体现在文化品格上与河洛文化圈中对妇女角色期待的一致性。

一、女寿者传主基本资料与文化品质的分类指标

　　《耆寿》中所附女寿者有 39 人,通过文本细读进行基本情况与文化品质的分类指标有以下十项:

　　A 年龄　1. 80～89;2. 90～99;3. 100 岁以上;4. 不详但至少 60 岁

　　B 家人出息　1. 丈夫;2. 儿子;3. 孙子;4. 不是或不详;5. 丈夫与儿子;6. 儿子与孙子;7. 丈夫、儿子与孙子

　　C 帮助家人　1. 相夫;2. 教子;3. 不是或不详;4. 相夫教子

　　D 贞洁　1. 是;2. 不是或不详

　　E 温柔　1. 是;2. 不是或不详

　　F 孝行　1. 是;2. 不是或不详

G 勤劳　1. 是;2. 不是或不详

H 节俭　1. 是;2. 不是或不详

I 慈惠　1. 是;2. 不是或不详

J 庄敬　1. 是;2. 不是或不详

K 善行乐捐　1. 是;2. 不是或不详

O 义方　1. 是;2. 不是或不详

M 受匾　1. 是;2. 不是或不详

按以上指标对照《龙川县志》卷三六《耆寿》所记载的每一位耆寿者,并经一一审核后把定类变量录入 SPSS 表格中,然后按 Descriptive Statistics 进行统计分析,得出年龄与评价指标的关联数据。

二、女寿者的评价指标与显示的比例

对女寿者的评价与男性有所不同,依据记载内容主要有家人有出息、帮助家人、贞洁、温柔、孝行、勤劳、节俭、慈惠、庄敬、善行乐捐、义方、受匾旌奖等,其中有些项目是针对女性的型范,比如贞洁、温柔、勤劳、节俭、慈惠、庄敬等,家人有出息与助家人成功两项其实也是偏向于对女性的评价。

（一）年龄分布情况年龄

		Frequency	Percent	Valid Percent	Cumulative Percent
Valid	80～89	13	33.3	33.3	33.3
	90～99	20	51.3	51.3	84.6
	≥100	6	15.4	15.4	100.0
	Total	39	100.0	100.0	

女寿是作为《耆寿》记载中的附录部分,总人数为 39 人,其中一人是在男寿中作为夫人的身份非常突出而被记录下来的,但在女寿中不载而移植到此。值得注意的是女寿中 90～99 岁的人数占了占统计人数一半多,80～89 岁人数约占统计人数 1/3,百岁老人约占占统计人数的 1/6。

(二)年龄与家人有出息

家人出息

	Frequency	Percent	Valid Percent	Cumulative Percent
	Frequency	Percent	ValidPercent	CumulativePercent
Valid　丈夫	10	25.6	25.6	25.6
儿子	9	23.1	23.1	48.7
孙子	2	5.1	5.1	53.8
不是或不详	14	35.9	35.9	89.7
丈夫和儿子	1	2.6	2.6	92.3
儿子和孙子	1	2.6	2.6	94.9
丈夫儿子孙子	2	5.1	5.1	100.0
Total	39	100.0	100.0	

Count		家人出息							Total
		丈夫	儿子	孙子	不是或不详	丈夫和儿子	儿子和孙子	丈夫儿子孙子	
年龄　80~89		6	2	0	2	0	1	2	13
90~99		4	6	2	7	1	0	0	20
≥100		0	1	0	5	0	0	0	6
Total		10	9	2	14	1	1	2	39

　　从上表中可以看出,约2/3的女寿者家人有出息,家庭享有荣耀,丈夫、儿子或孙子成功走向仕途或受到旌奖,其中丈夫有出息的达到33.3%,正好为1/3,儿子有出息的达到33.4%,也是1/3,就丈夫或儿子只要一方有出息的家庭累计计算共有60%,丈夫、儿子或孙子中至少两个人有出息的家庭达10.3%,这个比例至少可以说明:客家女性长寿者有六成出自有荣耀的家庭;客家长寿女性在家庭生活中相夫教子的重要作用得以发挥出来。也可得出这样的结论:丈夫、儿子或孙子有出息者,客家女性长寿的机会高达六成多。

(三)年龄与相夫教子

帮助家人

		Frequency	Percent	Valid Percent	Cumulative Percent
Valid	相夫	4	10.3	10.3	10.3
	教子	12	30.8	30.8	41.0
	不是或不详	19	48.7	48.7	89.7
	相夫教子	4	10.3	10.3	100.0
	Total	39	100.0	100.0	

年龄 * 帮助家人　Crosstabulation

Count		家人出息				
		相夫	教子	不是或不详	相夫教子	Total
年龄	80~89	2	5	3	3	13
	2	5	12	1	20	
	≥100	0	2	4	0	6
Total		4	12	19	4	39

　　从上表中可以看出客家长寿女性中相夫教子者的比例高达51.3%,分项计则相夫者20.6%,教子者41.1%,这说明客家女寿者既"相夫",然则更注重"教子",教子者的比例比相夫者多出一倍。结合前一表中的数据,丈夫有出息的达到33.3%,儿子有出息的达到33.4%,综合分析可以看出丈夫多半是靠自身的努力,而儿子的出息则多半靠家庭教育特别是母亲的艰辛教育和言传身教的影响力。

(四)年龄与贞洁言行

贞洁

		Frequency	Percent	Valid Percent	Cumulative Percent
Valid	是	11	28.2	28.2	28.2
	不是或不详	28	71.8	71.8	100.0
	Total	39	100.0	100.0	

年龄 * 贞洁 Crosstabulation

Count		贞洁		Total
		是	不是或不详	
年龄	80～89	5	8	13
	90～99	4	16	20
	≥100	2	4	6
	Total	11	28	39

　　这个项目是针对女性的,中国传统文化要求妇女贞洁,这像对男性要求忠孝一样。该文本记载着较多的女性贞洁情形,比如"王氏,沙廷秀妻,后堂街人。十九岁夫殁,生子志焕未过周岁,矢志柏舟,秉性孝顺,勤俭持家"。有的守贞大半辈子,如"刘谢氏,平越约监生刘汝缵母。雍正十二年夫故,上孝公姑,下教子孙,矢志四十六载。南海进士赠额:瑶冰自吟"。从上表中也可看出,约三成的女寿者有贞洁行为,贞洁成为女性的重要道德符号。

　　(五)年龄与温柔

温柔

		Frequency	Percent	Valid Percent	Cumulative Percent
Valid	是	8	20.5	20.5	20.5
	不是或不详	31	79.5	79.5	100.0
	Total	39	100.0	100.0	

年龄 * 贞洁 Crosstabulation

Count		贞洁		Total
		是	不是或不详	
年龄	80～89	5	8	13
	90～99	4	16	20
	≥100	2	4	6
	Total	11	28	39

　　这个项目也是针对女性的评价指标,中国传统文化要求妇女温柔,就像对男性要求刚强勇武一样。从数据中可以看出,有1/4的女寿者性格温柔。如"张氏,刘子熊妻。丫髻约人。持己温柔,教家勤俭"。"刘氏,马亮周妻,百齐约人。

操持家政,柔嘉可则。"这些都突出其温柔与持家的女性良好品质。

（六）年龄与孝行

孝行

		Frequency	Percent	Valid Percent	Cumulative Percent
Valid	是	15	38.5	38.5	38.5
	不是或不详	24	61.5	61.5	100.0
	Total	39	100.0	100.0	

年龄 * 孝行 Crosstabulation

Count		孝行		
		是	不是或不详	Total
年龄	80～89	7	6	13
	90～99	5	15	20
	≥100	3	3	6
	Total	15	24	39

从上表数据中可以看出,超过 1/3 的女寿者有孝行,而且孝行与其他品质相伴生,体现客家女性的综合素养。如"徐氏,监生黄鹤侣妻,在城人。勤俭持家,事翁姑,以孝闻。相夫教子,俱克成立"。

（七）年龄与勤劳

勤劳

		Frequency	Percent	Valid Percent	Cumulative Percent
Valid	是	13	33.3	33.3	33.3
	不是或不详	26	66.7	66.7	100.0
	Total	39	100.0	100.0	

年龄 * 勤劳 Crosstabulation

Count		勤劳		
		是	不是或不详	Total
年龄	80～89	6	7	13
	90～99	5	15	20
	≥100	2	4	6
Total		13	26	39

从上表数据中可以看出,有1/3的女寿者以勤劳著称。如"王氏,贡生黄天遴妻,在城人。相夫训子,克俭克勤"。但这个比例与研究者指称客家妇女勤劳品质而言是比例低的。

(八)年龄与节俭

节俭

	Frequency	Percent	Valid Percent	Cumulative Percent
Valid　是	15	38.5	38.5	38.5
不是或不详	24	61.5	61.5	100.0
Total	39	100.0	100.0	

年龄 * 节俭 Crosstabulation

Count		节俭		
		是	不是或不详	Total
年龄	80~89	7	6	13
	90~99	5	15	20
	≥100	3	3	6
Total		15	24	39

从上表中可以看出,有近四成的女寿者有节俭品质。节俭是与勤劳密切相连的,往往这两项品质如影相随,比如"吴氏,监生郑昌灏妻,在城人。善相善教,能俭能劳"。但这个比例也是很低的。

(九)年龄与慈惠

慈惠

	Frequency	Percent	Valid Percent	Cumulative Percent
Valid　是	20	51.3	51.3	51.3
不是或不详	19	48.7	48.7	100.0
Total	39	100.0	100.0	

年龄＊慈惠 Crosstabulation

Count		慈惠		
		是	不是或不详	Total
年龄	80~89	9	4	13
	90~99	8	12	20
	≥100	3	3	6
	Total	20	19	39

　　慈惠之意是指仁爱。《左传·成公十二年》："于是乎有享宴之礼,享以训共俭,宴以示慈惠。共俭以行礼,而慈惠以布政。"汉代徐干《中论·谴交》："乡有大夫,必有聪明慈惠之人,使各掌其乡之政教禁令。"唐代文学家韩愈《顺宗实录五》："皇太子某睿哲温文,宽和慈惠。"由此可以说,慈惠是与慈祥、温柔、孝行、义方比较接近而又是四者综合的词语,在文本中被刻意强化,或者说累计出现的次数特别多,按上表统计可以看出是超过半数的。有的甚至非常典型,很感人,比如"王氏,百齐约人,刘明苍妻。夫亡五日,侧室钟氏生子德崇,未几钟故。氏内抚孤儿,书获垂教。德崇品端行谨,皆由慈训"。王氏在丈夫和他的侧室双亡后抚养侧室所生儿子成长,从这个角度来看,其宽容慈爱之心是让人敬佩的。

（十）年龄与庄敬

庄敬

		Frequency	Percent	Valid Percent	Cumulative Percent
Valid	是	15	38.5	38.5	38.5
	不是或不详	24	61.5	61.5	100.0
	Total	39	100.0	100.0	

年龄＊庄敬 Crosstabulation

Count		善行乐捐		
		是	不是或不详	Total
年龄	80~89	7	6	13
	90~99	6	14	20
	≥100	2	4	6
Total		15	24	39

庄敬指的是庄严恭敬。《礼记·乐记》："致礼以治躬则庄敬,庄敬则严威。"孔颖达疏曰:"若能庄严而恭敬,则严肃威重也。"南朝梁文学家沈约《齐故安陆昭王碑文》:"在上哀矜,临下庄敬。"可见,庄敬是与庄重、娴淑、恭敬等母仪风范相结合的综合评价。从数据表中女寿者近四成有这样的品质。比如"王氏,石下约监生曹引上母。夫帮媦守四十余年,闺门严肃,勤劳持家,鞠子成立,乡里贤之,佥谓有敬姜风"。

(十一)年龄与乐善好施

善行乐捐

		Frequency	Percent	Valid Percent	Cumulative Percent
Valid	是	6	15.4	15.4	15.4
	不是或不详	33	84.6	84.6	100.0
	Total	39	100.0	100.0	

年龄 * 善行乐捐 Crosstabulation

Count		善行乐捐		
		是	不是或不详	Total
年龄	80~89	2	11	13
	90~99	3	17	20
	≥100	1	5	6
Total		6	33	39

从上表数据中可以看出,女寿中乐捐行善者并不是太多,在这男寿者中分析了其原因——要有一定的经济基础作支撑。人数虽少,但事迹却很突出,比如"刘氏,太学黄梦益妻也,刘出巨族,识大体。丙午岁饥,脱簪珥以助邻里"。还的还反复捐助,如"罗氏,江南县丞徐履中妻。当夫未仕,已丑岁荒,夫义赈。迨丁未乙卯再饥,复命其子国学生映堂映垣庠生映墀继志倡赈。邑尊周、何,府尊顾、郭俱嘉褒奖"。

（十二）年龄与义方

义方

		Frequency	Percent	Valid Percent	Cumulative Percent
Valid	是	6	15.4	15.4	15.4
	不是或不详	33	84.6	84.6	100.0
	Total	39	100.0	100.0	

年龄 * 义方 Crosstabulation

Count		善行乐捐		
		是	不是或不详	Total
年龄	80~89	2	11	13
	90~99	3	17	20
	≥100	1	5	6
	Total	6	33	39

从上表数据中可以看出，义方品质的女寿人数并不多。传统女性偏重于家庭，注重的是与家庭期待相关的品质，如相夫教子、温柔、贞洁、勤俭等，而与社会价值评价体系所需的规范与正道有所不同，比如为官、力学、科举等的记载一例都没有，因为这些只是"男人的事情"。义方与乐善好施是介于家庭评价与社会评价之间的指标，其比例偏低可由此得到解释。

（十三）年龄与受匾

受匾

		Frequency	Percent	Valid Percent	Cumulative Percent
Valid	是	5	12.8	12.8	12.8
	不是或不详	34	87.2	87.2	100.0
	Total	39	100.0	100.0	

年龄 * 受匾 Crosstabulation

Count		受匾		Total
		是	不是或不详	
年龄	80～89	2	11	13
	90～99	3	17	20
	≥100	0	6	6
Total		5	34	39

从上表数据中可以看出,女寿者以其德行而获得匾额旌奖者占一成,从比例上看并不多,但结合传统社会对妇女经济地位低下、社会地位受到不同程度的歧视等加权来看,能获得社会认可并得到官方的首肯这已是非常不容易的,但还是有不少女寿者获得此誉,如"罗氏,管以文妻,瑶头堡上蒙人。国学管廷瑞母也。义方垂训,慈惠式型。乙卯捐赈。府尊郭给匾:谊笃风敦"。只是女性所获匾额往往还与她的贞洁孝行、相夫教子、勤俭慈惠、庄敬乐施等美好品质有关。

三、客家妇女文化品质与河洛文化圈对妇女的角色期待的一致性

从上述客家女寿者文化品质的图表数据分析中,可以看出所记录的文化品质按高低顺序依次为:家人有出息64.1%,相夫教子、慈惠各占51.3%,孝行、节俭、庄敬各占38.5%,勤劳33.3%,贞洁28.2%,温柔20.5%,乐善好施、义方各占15.4%,恩赐受匾12.8%。

河洛文化圈在某种意义上说就是衍生于中原地区,长期占主导地位,甚至是官方所推崇的自秦汉独尊的儒学,而后又经宋明理学所推演,并以科举考试加以禁锢的礼制文化为根本特色。

河洛文化对妇女角色期待主要体现在以下几方面:一是按儒家对妇女的三从四德要求,幼时从父、于归从夫、夫亡从子,这是以男子为中心的男尊女卑宗法制度下的女性生存准则。主张夫荣妻贵、子荣母贵,相夫教子也就成了妇女最重要的生活内容和文化规约。从上表数据中,可以看出客家女性最看重、做得最好的地方是相夫教子,让家人有出息,同时重视母仪慈惠。

其次则是男性社会占主导的文化背景下对自身性别的定位,即女阴男刚、女主内男主外。这要求妇女主要是以家庭事务为核心,以温柔贞洁的阴柔之美为

主调,以事父母、事姑舅的孝道所称誉。而上表数据正是体现出客家妇女所具有的河洛文化圈中传统女性的良好品质,如勤劳节俭、敬老行孝、温柔贞洁,并尽可能地做好社会价值评判体系中的义方与善行。

再次,河洛文化圈中的妇女地位相对而言较为低下,"男尊女卑"成为社会定势。客家妇女也不例外,所受到社会旌奖赐恩的机会并不多,女性所获得的社会地位与其自我约束而形成的良好品质及与对家庭的付出而言,严格来说还是不高。

总之,通过清代《龙川县志》中所载明清时期客家耆寿妇女文化品质的分析,客家妇女的文化品质与河洛文化圈对妇女的角色期待有着高度的一致性,这种一致性既反映出客家文化与河洛文化的同根同源特点,也反映出明清时期客家妇女地位与传统文化背景下的妇女地位没有根本差异。

（作者单位:江西赣南师范学院客家研究）

从河洛到闽粤赣再到台湾的客家人

——台湾客家人评述

何绵山

一、客家人移民台湾的历史和在台湾的分布

　　客家人是中华民族中的一支群体。其渊源在学术界中有三种争论：一是客家人来自何处？二是客家人何时来到闽粤赣？三是何以称为客家人？第一种争论，虽各有些不同的看法，但都认为客家人来自河洛，即中原地区，只是具体地域范围有所分歧。第二种争论，或认为客家人南来，始自西晋永嘉年间"衣冠南渡"，或认为来自于唐末五代中原大乱之时，或认为始自北宋末年和南宋之时南迁。然而"衣冠南渡"和唐末五代之乱，中原移民来福建者，遍及闽北、闽中、闽南，何以不称客家人而独于闽西称为客家人？较为符合情理的是北宋末年及南宋时期，由于宋金、辽金频繁发生战争，中原人民为避战祸及随宋廷南迁而入福建，由于闽北、闽中、闽南及沿海地区，已早为先前移入者所占，经过几百年的开发和经营，可垦之地几尽，惟有闽西等偏僻山地可供居住和开垦，于是就成为此时移入福建的人们的可选之地。他们迁入新地，与当地原住之人相对而言，原住者为主，新入者为客，因而他们以"客"自称，既合乎情理，又暗含他们是中原暂来客居之人，一旦中原乱平，就将返回故土。不料南宋为元所灭，他们断绝了回乡之念后，只好以新土为故土，耕种生息，代代繁衍。但闽西多山，缺少可耕之地，人口增加的压力，不得不向外分衍，于是闽西南的汀州（今龙岩地区）和广东东部的嘉应州（包括镇平、平远、兴宁、长乐、梅县等县）、惠州（包括海丰、陆丰、归善、博罗、长宁等县）、潮州（包括大埔、丰顺、饶平、惠来、潮阳、揭阳、普宁等县)一带,就成为他们分衍之地。

　　闽西南和广东东部也是地狭土瘠的地区,难以养活日益孳生的人口。到了明末清初,人口的压力加大,除了向东南亚寻求出路外,台湾海峡东岸的台湾,则成为客家人寻找生活出路的好去处:一是台湾只隔一条海峡,距离不算远。二是此时台湾尚未完全开发,还有大量可供开垦之地。三是早些时候,有客家人曾到过台湾,多少传回了台湾情况的信息,引起了不少求出路人的向往。四是明郑军队有不少从闽西南和广东东部来的客家人,对于促使客家人移台起了不少的作用。五是客家虽多处于山区之地,但距离海岸不远,只要肯冒险,有舟楫,是可以渡过海峡入台的。因此,明末清初客家人渡台者络绎不绝。

　　但是,客家人迁台比之闽南人毕竟晚了一步。这有客观的原因,也有人为的原因。客观原因是地理上客家人多住于山区,不如闽南人多居住沿海,能够捷足先登。从历史上看,闽南人早于宋代即已开发澎湖诸岛,成为他们和后继者入台的跳板,为闽南人进入台湾开发创造了有利的条件。人为的原因是明郑收复台湾,带来的军队多是泉、漳之籍的士兵,而施行屯垦之策后,他们落户于屯垦之地,就在那里扎下了根基。其后施琅入台,建议清廷颁布了三条限制渡台的禁令:一是欲渡台者,先给原籍地方照单,经分巡台厦兵备道稽查,台湾海防同知查验,始许渡台,偷渡者严处。二是渡台者,不许携眷;既渡者,不得招致。三是粤地屡为海盗渊薮,以积习未脱,禁其民渡台。此三条中,最后一条对粤地客家人渡台下了禁令。闽南人可以通过向官方申请的正途,而客家人就不行,当然更不许许偷渡。

　　这个条令大约在颁布10年之后,随着施琅去世,日渐松弛,粤地客家人始渡台者渐多。有的走官定的航道渡台,先到厦门等待官方查验后,坐船到澎湖候风,再坐船到台南的鹿耳门,经官方查验后,由安平到达府城(今台南市)附近居住。这条路线与闽南人相同。无钱买通官方者,则惟有偷渡一途,趁着初夏西南风或7、8月风势较稳时,乘小帆般冒险渡过海峡入台。因此这三条禁令虽然大大限制了客家人迁台,但实际上并没有完全禁绝。

　　然而毕竟延误了客家人入台,当他们到达台湾之时,台湾南部及沿海之地,大多已为闽南人所开垦。据日本人伊能嘉矩所记载:清康熙二十五至二十六年(1686~1687),广东嘉应州所属的镇平(今改蕉岭)、平远、兴宁、长乐(今改五华)等县人民(即所谓"四县人"),渡海来台,计划在府治附近垦殖。是时府城附近的田园,已为闽南人所占有,没有余土可以开拓,乃于东门外垦辟菜园,以维生计。后发现下淡水溪(今屏东高屏溪)以东地区,尚有未拓垦的草地可以发展,遂相率移居其地,协力开垦,于是田园日增,生齿渐繁。广东原籍的族人听到后,接踵而来,垦殖的区域更大,北起罗汉门(今高雄县内门乡)南界,南至林仔边溪口(今屏东县林边溪),沿下淡水、东港溪流域,大小村落,星罗棋布。康熙六十年(1721)朱一贵之乱时,屏东平原就已有十三大庄六十四小庄的客家庄了。可见客家人到台之后,是在闽南人尚未入垦之地,来开辟他们在台湾的新天地。

朱一贵在台举事反清,客家人组织武装自保,并有援助清军之举,蓝廷珍奉清廷之命来台,于是奏请清廷解除先前限制粤人来台的禁令。之后,广东巡抚鄂尔泰上书清廷,请准许去台者携眷入台。携眷禁令解除之后,客家人纷纷来台。除粤东三州府(嘉应、潮州、惠州)的客家人之外,福建汀州所属的长汀、上杭、武平、连城、永定等县的客家人也踵至沓来。

客家人虽然比闽南人晚到台湾开垦,但台湾尚有许多山地、林地尚待开垦,客家人凭着他们在大陆原籍山区耕种的艰苦精神和经验,而且继承了客家人勤劳和冒险的传统,敢于向与原住民所占有之地的接垠地区的未开垦土地开拓,并善于在闽南人已拓展之地见缝插针,立足于闽南人之间,或在立足之后觅可垦之地开拓。因而他们开垦的足迹,也遍布台湾南、中、北部,并及于台湾东海岸地区。

清康熙、雍正、乾隆时期,是闽南人、客家人开发台湾的最盛时期。这个时期客家人在台湾的开垦居住之地大体如下:

南部地区如:屏东县"六堆"、台南县市海丰厝。

中部地区如:嘉义县市大林、梅子坑庄、竹崎塘下寮,云林县崙背、西螺、太和街,台中县市丰原、清水、神冈、潭子、大雅、雾峰、石冈、新社、东势、大甲、后里,南投县国姓、中寮乡。

北部地区如:台北县市兴直堡、芝兰三堡、海山堡、石碇堡、拳山堡、金包里堡,桃园县南崁、桃园、平镇、八德、大溪、中坜、观音、新屋、杨梅,新竹县市新竹市、竹北、新丰、新埔、湖口、竹东,苗栗县猫里、头份、铜锣、公官、三义、通霄、苑理、西湖、卓兰。

东部地区如:清乾隆以后的嘉庆年间,吴沙带领闽粤移民开发宜兰平原,客家人也随之西至。嘉庆以后,虽还有一些客家人入台垦居,但已渐少。

客家人在入台开垦的过程中,除了要冒渡海风险外,还要与自然搏斗,受尽难以忍受的痛苦,这与闽南人所遭遇的相似。但由于他们晚来台湾,须向山区开拓,不免要与原住民发生土地问题的冲突,或与先至的闽南人因争夺利益而发生械斗。客家人虽然勇猛,但人数居于弱势,不得不被迫迁出原垦居地。例如在北部垦地,因长期械斗,寡不敌众,不得不陆续迁往桃园、中坜一带;在中部地区,则为避械斗而迁往苗栗定居。

不管怎样,客家人经过努力奋斗,终于在台湾开辟出客家的新天地。客家族群随着时间的转移和开垦事业的成功,人口不断增加,族群的分布也遍及台湾南、中、北、东、西诸地。据 1968 年台湾族群人口统计,福佬人(闽南人)占 75.51%,客家人占 13.19%,外省籍占 9.85%,原住民占 2.37%。以保守估算,当时台湾的客家人应有 300 万。

二、台湾客家人的家庭

台湾客家人的家庭特点,主要有以下四个方面:

（一）实行大家庭制

客家人历来重视伦理之道。这个传统在客家人迁到台湾后,依然传承不替。实行大家庭制度,家长在大家庭中有绝对的权威,大事都由家长决定,家长操纵经济大权,不许任何人有私蓄。家长健在,虽子孙满堂,不能分居,亦不许分财。大家庭内成员尊卑长幼有序,济济一堂,多者数十人,少者十数人,以"五世同堂"为荣。但工商社会兴起之后,以农业社会为基础的大家制度逐渐解体,家庭成员多出外求职谋生,往往在谋生之地成家立业,小家庭渐居优势,"五世同堂"已不复有。

（二）妇女成为家庭中重要的劳力

客家妇女从不缠足,由于客家人多居穷乡僻壤,地少而瘠,男子多外出谋生,家中耕种及各种劳作,都由妇女承担,凡男子所作,妇女皆能。故客家妇女之勤劳能干,无与伦比。如苗栗居民十分之七为客家人,妇女多从事农业耕作,此外,无论教育、商业、工业、理发等各种工作,均有妇女参与其间,公交售票员、戏院营业员则多为妇女,即使是三轮车夫亦不乏年轻妇女。

(三)普遍收养养女

客家人家庭收养养女相当普遍,其原因有多方面,如:其一,备作未来儿媳,以免除娶媳的沉重经济负担。其二,抚养长大可作辅助劳力,以免雇工;或长成后嫁出,可坐取聘金。其三,家中如无亲生儿女可继,收养养女可备作招赘,视同亲生之女。这种养女,实际类似童养媳,不过美其名称而已。

(四)崇敬祖宗观念深厚

客家人特别崇敬祖宗,家中正厅必须设祖先牌位、香炉等。年长者于早晚进食之前,必向祖先上一炷香,年节更具供品祭拜,婚丧喜庆必在正厅举行。正厅既是敬宗拜祖之所,又是家庭相聚活动的中心。庄严肃穆而又和和煦煦,充满儒家伦理的气氛。

三、台湾客家人的文学艺术

(一)台湾客家人的歌谣

台湾客家人的歌谣按其内容和形式,主要有以下几种。

第一,叙事歌谣。如:《渡台悲歌》诉说渡台的悲惨经历和遭遇,《台湾番薯哥歌》叙述客家人移垦台湾的经历。《记麻歌》记述北埔金广福垦号姜家第三代家人和一个名叫记麻之间的恩恩怨怨之事。《吴阿来歌》则记述今之苗栗县铜锣乡吴阿来于清光绪二年(1876)抵抗清军讨伐之事。《姜绍祖抗日歌》则记姜绍祖抗日不平凡的事迹。第二,抒情歌谣。如《客家相褒歌》表达男女的生死之恋,《十想情郎歌》情真意切,难舍难分。《望春风》通过一个少女独自抒怀,生动地表现了少女怀春的真切心态。《农村曲》通过一个农民的独白,反映农民耕作的辛苦和善良的愿望,十分真实。

(二)台湾客家人的谚语

台湾客家人的谚语是其祖先留下的宝贵文化的一部分,有的产生自大陆,有的产生在台湾,两者组合成台湾客家谚语。台湾客家谚语的特点有五个方面:(1)句型多为五、七句型,其次是四句,七字以上的句型罕见,这是受到中国诗歌传统句型的影响。(2)不少谚语是以对偶形式组合而成的。例如"富人一口,穷人一斗"。意为富人吃一口可顶穷人一斗粮。又如"谦者成功,夸者必败"。"良

言一句三冬暖,恶语半句六月寒。""玉兰有风香三里,桂花无风传千里"等。(3)
先以别的事物提起,后说出正意。例如"火要窿空,人要灵通"。"惜花连盆,惜
子连孙。""猫哭老鼠,假慈悲"等。(4)先言正意,后以别的事物引证。例如"人
争一口气,佛争一炉香"。意为连佛都要争第一,人岂能不争气。"公不离婆,秤
不离砣"。意为秤离不了砣,夫妻岂能分离。(5)用方言。上列谚语中,用了一
些客家方言,例如"后生","系"(是)、"爱"(要)、"唔"(不)、"舌麻"、"摆"、
"次"、"惨死"、"恁靓"等等。

(三)台湾客家人的音乐

台湾客家人虽都来自大陆的粤东北及闽西南一带,但由于移入台湾时间的
先后和来自故乡的不同,造成了台湾南部和台湾北部客家山歌所用的音乐曲调
有所异同。

1. 台湾北部的客家山歌

早期客家人从大陆移入台湾的,多是从广东的嘉应州和海丰、陆丰地区来
的,故苗栗地区的山歌多使用四县腔(梅县、蕉岭、兴宁、平远四县),大湖、卓兰
使用饶平腔,新竹、桃园地区则多使用海陆腔。而台湾北部的山歌音乐曲调,主
要如:《老山歌》、《山歌子》、《平板》、《小调》。《小调》即是客家民间小曲。每首
小曲的名称、旋律、歌词都是固定的,不能像前三种那样可以即兴演唱。有些小
曲是从广东客家家乡传来的,如《闹五更》、《瓜子仁》、《五更调》、《十八摸》和
《十二月古人》等。有些是在台湾受到其他族群的民歌影响而形成的,例如《撑
船歌》是与闽南的《桃花过渡》结合而演变成的,《都马调》则取自歌仔戏中的
《都马调》。

2. 台湾南部的客家山歌

美浓地区三面环山,一面依水,封闭的地理环境,人口几乎全是客家人,造成
了这个地区独特的客家文化,因而爱唱客家山歌也成为美浓客家人的传统。美
浓客家山歌既继承了大陆家乡山歌的传统曲调,又在所居的环境中受到其他族
群的影响而创造和发展了美浓独特的山歌曲调。美浓山歌曲调有的是来自广东
家乡的器乐曲调,如《大埔调》是广东大埔地区流传笛子唢呐高调《广东大埔调》
的片段,经过加工后以家乡之名命名《大埔调》。有的是受其他族群音乐的影响
而产生的,如《桃花间》、《五更鼓》、《病子歌》等,是借用了闽南系歌舞小曲的曲

调,改用客家话来演唱。《串山谣》的曲调是原住民所唱的一首民歌,美浓人则称为《番仔曲》。《都马词》是歌仔戏里的一种重要唱腔,自台湾北部传入美浓后,受到美浓客家人的喜爱,便改用客语即兴填词演唱,并将歌名改为《下南调》,取北部南下之意。有的直接取自戏曲曲牌调,如《卖酒歌》的曲调,是取自流行的北管戏曲中的《闹五更》的前半段,加以变化而成客家山歌。但也有是美浓地方产生的道地的美浓山歌调,如《大门声》(一)(二)、《新民庄调》、《大埔调》、《美浓小调》、《送郎》等,都是其他地区客家人不会演唱的美浓歌谣。歌唱者都可以自由选择适当的歌词演唱。七言四句,以两个乐段成为一首完整的山歌。

(四)台湾客家人的戏剧

台湾客家人的戏剧,一般认为源自大陆赣南的采茶戏。明代赣南盛产茶叶,采茶女在采茶时常唱采茶歌,如《十二月采茶歌》。久之,受到当地马灯、龙灯以及粤东采茶灯的影响。在唱茶歌之时,增加了灯、扇、茶篮等道具,载歌载舞,于是形成了有歌有舞的采茶灯。明末清初采茶灯在东河戏影响下,进一步发展为唱、做、念、舞都具备的采茶戏。早期的采茶戏只有三个角色,二旦一丑,故称三脚采茶戏。例如《姐妹采茶》戏中,二旦扮大姐、二姐,上山采茶唱《十二月采茶歌》,手持茶篮,且歌且舞,丑扮茶童,摇着纸扇打诨。后来增加了戏中的情节,成为较完整的小戏,例如《送哥卖茶》,就有开茶园、炒茶、盘茶、送郎下山卖茶等情节。

当时赣东南、粤东北、闽西南一带,新居者大多是客家人,而移入台湾垦殖的客家人多来自这些地方,于是客家三脚采茶戏便随着传到了台湾,后来客家戏班既受台湾歌仔戏、北管戏的影响,也向大陆的京班、闽班多所借鉴,学习其台步、行头、布景等,并增加了戏的内容,于是逐渐形成了大戏。

客家三脚采茶戏在其发展过程中,吸收了许多地方的不同口音和唱腔,也吸收了许多地方的民谣,故其曲调与唱腔十分丰富,素来有"九腔十八调"之称。由于这种小戏的内容和形式,不适合宗教庙会的要求,不能在庙会戏台上演出,只能在空地、广场、草寮、田边演出。

参考资料：

1. 张祖基等著:《客家旧礼俗》,众文图书公司 1986 年 7 月。

2. 吴瀛涛著:《台湾谚语》,台湾英文出版社 2001 年 5 月。

3. 黄荣洛著:《台湾客家民俗文集》,新竹县文化局 2000 年 4 月。

4. 何石松著:《客谚一百首》,五南图书出版股份有限公司 2003 年 5 月。

5. 黄心颖著:《台湾的客家戏》,台湾书店 1998 年 11 月。

6.《民俗曲艺》第 120 期,《客家音乐专辑》(下),财团法人施合郑民俗文化基金会 1999 年 7 月。

7. 何绵山著:《中国民俗大系·台湾民俗》,甘肃人民出版社 2004 年 11 月。

（作者单位:福建广播电视大学闽台文化研究所）

河洛文化在赣南客家文化中的影响

——以江西龙南客家围屋文化为例

廖小凤

一、研究背景

司马光有诗云:"若问古今兴废事,请君只看洛阳城。"河洛文化在中国历史上的地位是独一无二的,它是华夏文明最早的源头之一,是中华文明的重要组成部分。

福建师大社会历史学院教授、博导谢重光先生认为:"河洛文化"这一概念实际上就是中原文化的代名词,是华夏正统文化的泛指,而并非是指黄河、洛水交汇处的一个小小区域的文化。

在汉族南方诸民系(福佬民系、广府民系、客家民系)中,客家民系最后形成,与其他民系的先民比较,客家先民最后离开中原,对中原和中原文化(即河洛文化)的记忆最为深刻鲜明。客家人"根在河洛",河洛文化系客家文化之源,这几乎是研究者的共同看法。作为中国传统文化的源头和核心,中国传统文化最重要的组成部分,河洛文化对其他包括客家文化在内的地域文化的影响十分巨大。

北京大学教授宋豫秦则认为:"曾几何时,许多人将河洛文化视为一种业已消失的历史文化。但在客家族群中,河洛文化的主体或精髓不仅从未中断,甚至不断得以强化和弘扬。因此,在某种意义上,可以认为河洛文化与客家文化同为一支历经数千年而延续至今的汉民族主流文化。"

赣州是客家人的主要聚居地,也是客家民系形成的摇篮。作为客家文化重要组成部分的龙南围屋文化,是客家特色民居文化的代表。据中外学者论证,赣南围屋是整个客家民居的母体,而龙南现存376座,最具代表性,因此,笔者选择龙南客家围屋文化特征来探讨河洛文化对客家围屋文化的影响具有一定的典型意义。二是因为以龙南围屋为代表的赣南围屋集住宅城堡、祠堂、议事厅、跑马坪于一体,几乎涵盖了人类生活的所有,被誉为"东方的古罗马"和"建筑教科书"。这些高大的建筑、奇特的结构、精湛的工艺与迥异的风格,成为我国光彩夺目的文化遗产,受到海内外的高度重视,得到历史学、人类学、民俗学等诸学科的青睐。笔者以围屋文化这一视角探讨河洛文化对其产生的深远影响是一种文化责任。居于此,笔者选择了以江西龙南客家围屋文化为例探讨河洛文化在赣南客家地区的影响。

二、河洛文化对赣南客家文化的影响

木有本,水有源,人类有祖先,"羁鸟恋旧林,池鱼思故渊"。随着河洛先民的不断南迁,千里迢迢,陆续定居闽粤赣山区,尤其是经过宋元时期的大迁徙,客家人已从自在的群体,演变为自觉群体,中华汉民族中的一大支系,客家民系终于形成了。徐旭曾在《丰湖杂记》中记述了客家民系的形成。

千百年来,沧海桑田,但客家人在辗转迁移的漫长过程中,始终心系河洛故土,不忘祖先,他们较多地保存了中原文化,而且还吸收了闽越、畲、瑶等族的优秀文化和风俗,从而使河洛文化不断得以强化和弘扬。

汉族南方各支系都追根于中原,而以客家人的中原情结最为深厚牢固。河洛文化对赣南客家文化的影响,笔者主要从以下三个方面进行分析。

1. 赣南围屋在形制方面来自河洛文化的影响是不争的事实

龙南是赣州客家摇篮县之一,赣南围屋以龙南县的最具代表性,也最为集中。龙南客家围屋民居年代久远,最早的可追溯到明代晚期。围屋是赣南客家民居的一个典型,顾名思义即围起来的房屋,其外墙既是围屋每间房子的承重外墙,也是整座围屋的防卫围墙。围屋的大门门额上多有"某某围"的题名,如关西新围、燕翼围、龙光围等。

据调查,龙南现存围屋有376座。形制上,除大量方形围屋外,还有半圆形、近圆形的围垅屋式围屋——乌石围,以及八卦形和不规则的村围——栗园围;结

构上,既有三合土和鹅卵石构筑的,也有青砖、条石垒砌的;体量上,既有赣南最大的围屋——关西新围,赣南最高、最雄伟坚固的围屋——燕翼围,也有最小的围屋——里仁白围。

龙南客家人通常聚族而居,一个围屋一般住一种姓或者一个族,一座围屋往往住几十户甚至几百户,他们同姓、同宗,有的还是同一祖先的直系血缘后代。如关西新围"三进四围五栋,九井十八厅,一百九十九间房",都住着徐家子孙。

龙南围屋在平面布局上,以方形为主流,屋顶形式以硬山为主。围内设有一至两口水井。围屋外墙使用的建筑材料,又可分砖墙、石墙、土墙三种类型,其中又以砖、石墙为主。一般用砖石料垒筑的墙体,大多采用俗称为"金包银"的砌法,即三分之一厚的外墙体用砖或石砌,三分之二厚的内墙体则用土坯或夯土垒筑;也有的外墙用三合土垒筑而成,即用石灰、黄泥和沙,或石灰、黄泥和鹅卵石相拌(有的还掺入桐油、红糖、糯米浆等黏性物)筑墙,此种围屋墙体的坚韧耐久性毫不逊色于钢筋混凝土墙。龙南的关西新围和燕翼围的墙体都是采用"金包银"的砌法。

龙南围屋具有极强的防御功能。它的外墙厚1至3米,高三四层约10至15米,四角向外凸出建有炮楼;炮楼和四周围墙均设有瞭望孔和射击孔。据《龙南县志》载:清咸丰六年(公元1856年),广东会党罗亚率领2000多名兵力,用枪炮对关西新围进行猛烈攻击,围攻数月之后,由于久攻以不下,最后撤离。乌石围正面左右两角对称,建有方形炮楼,围屋坚固异常,具有较强的防御能力,朝外的墙上则从上至下分布着许多枪眼和炮洞,与围屋前面两边的炮楼一起,形成抵御外敌入侵的火力网。围屋中还掘有水井,设有专门囤积粮草的仓库,其他生活设施也一应俱全。一旦有事,紧闭外门,可以坚守一至两个月之久。

客家围屋规模非常巨大,坚固的、封闭的外围和严密的防御体系的这些典型特征,正如北京师范大学历史系教授黎虎先生在《客家民居与中原民居的渊源——汉魏晋北朝中原大宅、坞堡与客家民居》分析道:

> 汉魏晋时期豪族地主的"大宅"不仅规模巨大,而且一般均具备相应的防御功能。据《四民月令》记载,东汉时北方豪族地主每年三月,"农事尚闲……缮修门户,警设守备,以御春饥草窃之寇"。可见其屋宇有御敌之设备

与功能。九月,"缮五兵,习战射,以备寒冰穷厄之寇"。家族成员需制造各种守备之武器,并习武以御寇。这种大宅的防御设施和功能,在考古资料中也有明显的反映,它们一般均建有望楼、碉楼等防御设施。上述东汉晚期安平墓壁画中的大宅,"不但周绕围墙,还有高耸的望楼,看来像是一座设防的坞堡"。湖北鄂城出土的魏晋之际的青瓷院落模型,"整体平面呈横长方形,外绕围墙……在围墙四角,各设一座碉楼"。客家围屋一般均具备的坚固围墙和高耸的角楼与此如出一辙。

"由于赣南属长江水系,古代一向视为中原的边缘,故史书称:'南抚百越、北望中州。'这种地理上的原因,使赣南在政治、文化、经济等方面,更习惯于来自中原的影响。围屋就方正而不就圆弧,并多用砖石材料,这显然是不断吸收中原文化的结果。"由此,赣南围屋在形制方面来自河洛文化的影响是不争的事实。

2. 围屋在构造艺术方面同样接受了河洛文化的影响

赣南围屋产生于明代中晚期,围屋的主要功能是防御,正如万幼楠先生所说:"建造围屋的主要原因是:社会矛盾机器复杂和尖锐、人们生存环境异常险恶、生命财产保障十分困难,人们只有筑围垒堡住进围屋以寻求安全。"所以,建造围屋时,建围者考虑最多的是把围屋建得坚固、易守难攻。

虽然,围屋的主要功能是防御,但因建围者均是富商巨室或地方名绅,所以,他们在建围时除考虑如何将围屋建得坚固、易守难攻外,还着意于如何将围屋建得气派和富丽堂皇。因此,在围屋的构造艺术上,往往竭尽精巧之能事,给后人留下了许多艺术珍品。

最为气派和富丽堂皇的是龙南的关西新围,关西新围是赣南围屋中的典型围屋和精品围屋之一,具有高度的代表性。它建筑宏伟,构造精良。徐氏同姓聚族而居,围屋建筑壁垒森严,集住宅、城堡、祠堂、议事厅、中心广场(跑马坪)于一体,几乎涵盖了人类生活的所有。如此功能之齐全,气势之宏伟,为世界之罕见,是建筑史上不可多得的珍贵遗产。

围屋的主体建筑是祠堂,祠堂门前有一对雕刻精美栩栩如生的石狮,其大门青石雕刻,门簪上刻有"乾坤",门顶有一珍贵的竖匾,题字为:"赏戴蓝翎"。斗拱上驼峰画彩镏金,左图为"龙凤呈祥",右图为"松鹤延年"之义。门枕的雕刻:左边的是羊,为"吉祥",右边的是狮,为"如意"。前厅圆拱门前设两个会客厅,也叫朝房,名曰左丞右相。(朝房是皇宫官员候朝拜上时休息的地方。传说徐老四建围屋时仿皇宫的规格来建,名称也按皇宫的名称,可见围屋的气派。)中厅天花板上绘有麒麟图案驼峰,钩檐雀替是倒挂飞龙,顶檐驼峰是十二生肖图案。上厅的顶柱石雕刻得非常精致,图案上刻有莲花和一个"寿"字。厅堂内铺方砖、天井沿阶都由巨条石打制。

祠堂门坪的左右两侧种有一棵很大的桂树和槐树,围主刻意将槐树弄成三根枝条,桂树为五根枝条,意为"一品三宫五贵"。正对面是一堵大影壁,影壁后面建有一戏台。

围屋西门口辟有 3600 多平方米的世外桃源——"小花洲"和梅花书院。内亭台楼榭,当中有一"品"字型的湖泊,叫"一品池"。池内建有一小岛,岛上置有假山、小塔,还有下棋读书的石台、石椅,湖四周用木头作礅形成走马楼,另有两座小桥和小岛相连。

另外,围屋虽然是方形建筑,而围内的无论是走马楼之间、女儿墙与祠堂之间还是东西走廊之间的连接,均是圆形或者半圆形大门连接,让人感觉到围外壁垒森严,围内是个和谐温馨的大家园。

按说,客家人建造围屋的主要目的是防御,像关西新围那样宏伟气派、装饰精美、富丽堂皇的"园林式""民间的皇宫",常常激发笔者作更深入的研究。

调查中,笔者了解到了一段鲜为人知的传说。据围主后裔徐荣照先生介绍,徐老四早年在放木排生意时结交了一位金陵(如今的南京)的朋友,老四也多次到金陵、苏杭一带游玩。建造围屋时,金陵的朋友按照徐老四的意愿,在江浙一带请来了二十多位名工巧匠,这些名工巧匠大都是参与过皇宫和诸多王府的修建。

众所周知,名工巧匠的技艺大多是代代相相传,而且云游四方,而当时大多著名的建筑皆在长江的中下游。由此笔者断定:由于赣南属长江水系,古代一向视为中原的边缘,故史书称赣南的地理位置为"南抚百越、北望中州"。这种地理上的原因,不仅使赣南客家围屋在形制上受到河洛文化(中原文化)的影响,正如关西围屋那样,在构造艺术上同样受到河洛文化(中原文化)的影响。尤其是,笔者在围主住过的西厢房发现门框上雕刻精美的"连(莲)年有余(鱼)"、"富贵(牡丹)有余(鱼)"和珍贵的"河图"、"洛书"图案后,更加肯定了这一观点。

建于1501年,距今五百多年历史的栗园围纪缙祖祠,是一座三开间带门廊的三进府第式建筑,宽15米,深40米,面积600平方米。两边防火山墙有三级和五级飞檐,檐尖是鱼龙雕塑,檐头有麒麟、牡丹、凤凰等图案,大门前横梁正中,有"福禄寿"漆金木雕图画,门堂顶部的藻井绘有"麒麟吐玉书",门楣上面的六个门当雕刻的是"鲤鱼跳龙门",构造艺术颇有讲究,装饰非常华丽。祖祠上厅有对联:派从文水分来支流长远,枝自栗园崛起根蒂坚深。他们是来至山西文水县。据龙南李氏族谱载:李姓乃华夏望族,发祥中原,堂系"陇西",源远流长。"橘瑞堂"李氏一世祖申甫公(生于1254年),乃陇西堂丹阳房始祖伦公一脉裔孙。这座历史悠久的围屋在构造艺术方面同样来自河洛文化的影响。

在龙南的376座围屋中,关西新围和栗园围在外形和内部结构是龙南围屋的母体,而建于明代晚期的乌石围,则是整个客家民居建筑的"航空母舰"。

3. 围屋文化受到河洛崇正思想的影响

汉族南方各支系都追根于中原,而以客家人的中原情结最为深厚牢固。其原因大致有如下两端:一是在汉族南方诸系中,客家是最后形成的,其先民离开中原最迟,对中原和中原文化的记忆也最为深刻鲜明;二是客家人常常处于弱势族群的地位,在与相邻民族的竞争中,唯有中原文化是他们用以增强自身凝聚力,激励自己自强不息、奋斗不止的力量源泉。正因为有此特点,因而在漫长而艰苦的历史发展进程中,客家人就相对自觉地不断强化着自身崇尚华夏正统和崇尚正义的"崇正"精神。

客家人崇尚华夏正统文化,有很多具体的表现,而讲究郡望、崇文重教、尊崇礼教诸端则是其中荦荦大者。翻开客家人的族谱,或者观赏客家民居的门联,就会发现大多都姓氏的郡望在中原。如钟、陈、赖等姓出于颍川,王姓出于太原或琅邪,谢姓出于陈郡或陈留等等。从文化学的观点看,说明在客家人心目中,只有来自中原才是光荣的、有地位的,这是他们长期养成的中原正统观念的一种表现形式。

"崇正"精神在龙南围屋文化方面,具体表现在围屋和围内布局取名的考究，"燕翼围"取名"燕翼"，是"为子孙留下良谋，使其后代安然有备"；"龙光围"按照当地客家方言读则与"荣光"谐音，意为"皇帝给予的恩宠荣光"。

"关西新围"虽没有自铭，当中同样体现围主的崇正思想。围内祠堂大门称"乾坤"门，前厅会客厅按照皇宫官员候朝拜皇帝时休息的地方来取名，称"朝房"，又名"左丞右相"；中厅与上厅之间的的屏风称"中堂"门，屏风一扇六面，开合相间，一般的人进出讲究男左女右，"七品官位"的官员来了，才可以打开这扇"中堂"门，叫开中堂。据了解，围屋建造至今二百多年来，关西新围的中堂门开过五次，一次是申报全国第五批重点文物保护单位时拍照，一次是全国政协副主席罗豪才先生视察来时，第三次是迎接第十九届世客会代表参观时，第四次是原省委书记孟建柱来到围屋时打开，第五次是华东五省一市春节晚会拍摄客家人的春节时。

"崇正"精神在围屋文化的另一种表现是崇文重教、特别看重读书人。在关西新围的小花洲内，建有一座梅花书院和新书房，专供子孙接受教育。据调查，徐家族谱记载，徐老四给十个儿子分家时，特意留出了一大部分的"善学田"、"善学屋"作为子孙读书的经费。清朝道光年间，关西果然出了五个翰林，其中有三个是徐老四的后裔。

栗园围有三个祠堂，在"纪缙祖祠"前，设有一个栓马台，石旗杆是族中子弟中举人、中进士的标志，有多少石旗杆，就说明族中有多少人获得了举人、进士之类的功名。因此，客家地区家族祠堂前的石旗杆实为客家人崇文重教的明证。

栗园围"新灶下"祠堂李姓族人出过两个五品大夫，除大门上书有"大夫第"三个大字，前厅书有对联："寒窗苦读为遂青云志；金榜题名争作栋梁臣"，为鼓励后人刻苦攻读以求得功名之意。

客家人不仅崇尚中原正统文化，崇尚诗礼传家，而且极为注重对传统语言、习俗的完整保存，并以共同的生活样式、习俗、信仰和观念将自己紧密团结在一起。不少专家学者在这方面已有不少的研究成果，笔者不再赘述。

三、简单的结论

透过以上以龙南围屋为代表的客家围屋文化特征的分析，不难看出赣南围屋不仅在形制方面和构造艺术方面接受了河洛文化的影响，而且围屋文化表现方面同样受到河洛崇正思想影响,可以说,河洛文化是赣南客家文化之源泉。

　　博大精深的河洛文化,不但是南迁汉人、客家祖先、客家人最重要的精神财富,尤其在赣南客家地区,河洛文化通过围屋文化在形制和构造艺术方面以及崇正思想方面得到了最广泛、最深入的传播,扩大了河洛文化的影响力,体现了客家文化和河洛文化的一脉相承。这一魅力无穷的源头文化,是华夏儿女世代相传、取之不尽、用之不竭的精神力量,也给人们提出了许多研究不尽的课题。

　　　　　　　　　　　　　　　　　　(作者单位:江西省龙南县文化馆)

河洛文化与客家文化关系探析

张留见

一

"君从哪里来？来自黄河边。"客家人"根在河洛"，河洛文化系客家文化之源，河洛文化作为中国传统文化的源头和核心，对客家文化、岭南文化及台湾文化等产生了巨大影响。

公元265年，司马炎废魏建立西晋，是为晋武帝。晋武帝出于监督异姓功臣及吴蜀地方势力的需要，大封宗室二十七人为王，并允许封国置军。武帝驾崩后，太子司马衷即位，是为晋惠帝，惠帝无能，皇后贾南风擅权，从此为争夺西晋最高统治权，以都城洛阳为中心，汝南王司马亮、楚王司马玮，赵王司马伦等展开了长达16年的大混战。这场导致"昭阳兴废，有甚弈棋，乘舆幽絷，更同羑里，胡羯凌辱，宗庙丘墟"①的"八王之乱"，给河洛大地造成极大灾难，广大人民难以生存，纷纷南迁，形成我国历史上第一次中原汉人大规模南迁浪潮，这便是今日各地客家人的第一批先民。安史之乱时，中原鼎沸，衣冠南走，"东周之地，久陷贼中，宫室焚烧，十不存一。百草荒废，曾无尺椽。人烟断绝，千里萧条"②。唐末大乱，又有不少中原人南迁。北宋末年，金军攻陷汴京，河洛地区成为宋金争夺的战场，河洛之人再次大规模南迁。

南迁的大批汉人中，有些和当地土著居民通婚融合了，还有不少人没有和当

---

① 《晋书》卷六五《王导传》。
② 《旧唐书》卷一二〇《郭子仪传》。

地人通婚融合,仍保持着汉族原有的血统、文化和风俗习惯。这就是今日客家人的先民。据统计,目前生活在我国南方各省及海外各地的客家人有近一亿之众,以致形成了只要有人类的地方就有华人,只要有华人的地方就有客家人的局面。在这些客家人中不乏企业家、政坛揆要、文化泰斗!"煌煌祖宗业,永怀河洛间。"客家人公认"根在河洛",他们对河洛有着极为浓厚的感情。

客家文化,是在客家族群中一直保持下来并富有个性的文化。它既表现出早期河洛文化的内涵,又具有魏晋唐宋时期的中原世风。若从整个中国传统文化的发展过程去认识,客家文化既表现出唐宋以前不同历史阶段河洛文化的兼容性,又表现出北宋灭亡前早期中原文化的原始韵味。

客家族群,是历史上自河洛地区南迁聚居的移民后裔群体。客家先民的主体,是在西晋八王之乱后成批南迁的,但他们不是在一定时期一次性迁到南方定居,而是经过多次迁徙而形成的。河洛先民南迁聚居并最终形成客家民系,不但经历了长期频繁的迁徙过程,也经历了无数磨难和艰辛开拓。空旷贫瘠、人烟稀少的山区,成为这些逃难移民被迫选择的乐土。早期客家先民迁徙的主流,大致是首先集聚在江北豫、皖、鄂、鲁交界地带,而后渡江,顺赣南、闽西、粤东的山岭地区迁徙。明清及近现代,大量客家人又迁居海外,遍布世界五大洲近百个国家和地区,所谓"有海水的地方就有华侨,有华侨的地方就有客家人"。

"要问客家哪里来? 客家来自黄河边。"客家族群之所以不同于其他民系,是因为这一族群南下后一直到今天,虽经历千年沧桑,却仍能始终顽强保持其移民群体的传统和文化个性,而不被其他族群同化。黄遵宪在《人境庐诗草》中说:"中原有旧族,迁徙名客家,过江入八闽,辗转来海滨,方言足证中原韵,礼俗犹留三代前。"说明客家与河洛在血脉、地缘上有着根系的连接。

不可否认,客家特性中不同程度地汲取了迁居地文化的因素,但从整体特征看,客家族群的形成,的确与河洛移民南迁直接相关。客家文化的个性,的确与河洛文化有很深的渊源关系。客家人根于河洛,客家文化源自河洛。客家文化在中国、在海外的广泛影响,透视出河洛文化、民族根文化源远流长的生机和活力。

二

儒家文化是客家文化的基本特质。自汉武帝"罢黜百家,独尊儒术"后,儒家思想成为中国占统治地位的思想,儒家文化成为中国传统文化中的强势文化。

汉族的各个民系深受儒家文化的影响,而在客家文化中,儒家文化的因子似乎比其他民系保留得更多、更浓厚也更为持久。儒家文化对客家文化的影响突出表现在崇祖先、重教育、重谱牒等方面。

崇祖先。儒家思想中有浓厚的崇祖色彩,儒家与祖先崇拜的密切关系,从孔子那里就奠定了。《史记·孔子世家》说"孔子为儿嬉戏,常陈俎豆,设礼容"。孔子从小就对周礼,特别是祭祀祖先之礼,产生了浓厚的兴趣。《论语·八佾》载"子入太庙,每事问",孔子来到太庙,对祭祀祖先的祭器、祭礼等有关事宜表现出极大兴趣。在参加祭祀祖先的活动时,孔子总是毕恭毕敬,整个身心都沉浸在其中。在儒家经典"四书五经"中,有许多关于祭祖的内容。后世儒家学者继承了孔子的崇祖思想。他们一方面在理论上宣扬祖先崇拜的意义,另一方面身体力行积极参与各王朝宗庙和祭祖制度的制定。在他们的努力之下,中国历代王朝的宗庙制度和祭祖制度,得以不断延续发展。在宋代,理学集大成者朱熹,提出了一个祭祖新方案,要求每个宗族必须建立一个奉祀高、曾、祖、祢四世神主的祠堂,初立祠堂时,按宗族内部所占土地数量取二十分之一作为祭田,以供祭用。朱熹的主张对后世影响很大,从此,民间祠堂、义田大量涌现,家族的祭祖活动更为频繁。祖先崇拜在儒家的倡导下蔚然成风,崇祖成为儒家文化的一个重要特征。

客家民系形成时期正是理学盛行之时,客家文化深受理学崇祖思想的影响,忠实继承了儒家崇祖文化。其中,客家祠堂集中体现出客家人的崇祖意识。在传统的客家社会,宗族无论大小都建有自己本族的祠堂,祠堂放置祖先牌位,置于祠堂上厅的神案上。在传统的客家祠堂,盛行在春节挂祖宗像的做法,表示对祖先的崇敬与思念。男婚女嫁时,要在祠堂或祖厅的祖像前表示虔敬之意。新婚拜堂时,要在祖像前拜天地、祖宗与父母。客家人除建祠堂外,还重祖坟及其"风水",这都反映出其浓厚的崇祖观念。

重教育。儒家素有重视教育的传统。儒家创始人孔子在打破贵族对教育的垄断,推广私人办学方面做出了重要贡献。他不但提倡"有教无类"的教育理念,而且广招学生,先后有"弟子三千,贤人七十二",可谓桃李满天下。后世儒生继承了孔子的教育思想,高度重视教育。

客家文化中突出地体现了儒家重视教育的精神。客家中广泛流传着这样的童谣:"蟾蜍罗,哥哥哥,唔(不)读书,无(没)老婆"、"生子不读书,不如养大猪"。客家重视教育,比较突出地表现在办祠堂学校和助学、奖学等方面。客家人主要生活在山区,经济相对落后,在兴学办教方面存在着一定物质条件的制约。然而,客家人利用祠堂众多的得天独厚优势,办起了一所所学校。法国神父赖里查斯在《客法词典》中写道:在嘉应州,"我们可以看到随处都是学校。一个不到二万人的城市,便有十余间中学和数十间小学,学校人数几乎超过城内居民的一半。在乡下,每一个村落,尽管那里只有三五百人,至多也不过三五千人,便有一个以上的学校,因为客家人每一个村落都有祠堂,而那个祠堂也就是学校。全境有六七百个村落,都有祠堂,也就是六七百个学校,这真是一骇人听闻的事实"①。赖里查斯所说的虽然是嘉应州祠堂办学的情况,事实上,其他客家地区这方面的情形也大致相同。客家人除办祠堂学校外,还出资帮助族内一些有培养前途而经济困难的子弟继续深造,并奖励族内学有所成的子弟。过去,客家祠堂都有祠产,有一定数量的田地,叫作"公堂田",公堂田的收获除用祭祖之外,相当一部分用来助学奖学,称为"学谷",根据子弟考取功名的不同层次给予相应的奖励。客家人之所以人文兴盛、人才辈出,与其弘扬儒家的重教精神,积极办学、助学与奖学是分不开的。

重谱牒。儒家素有重视谱牒的传统,所谓"崇本报先,启裕后昆",皆以谱牒为依据,客家先人虽迭遭兵燹,文籍荡然,但其后人能靠口头的传述,子孙相传继。宋明以来,修谱风气日盛,其所追记事迹,虽有遗漏错误之处,但其先人迁移的源流与背景,则大致可信。广东梅州客家姓氏,据初步调查约有一百八十多姓,各姓大都编有族谱和家谱,无论繁衍国内各省,或播迁海外,历代子孙都继续编撰。此项延绵不断的姓氏族谱,不仅是各族姓氏源流、人物的重要史籍,也是海外赤子寻根问祖最有价值的依据。

根据赖际熙等纂《崇正同人系谱》卷二《氏族》所载:

卓氏条云:"晋五胡之乱,中原望族,相率南奔,粤有卓伟者,为建安刺史,后因家焉。"

钟氏条云:"其族皆中州,东晋末,有钟简者,世居颍州。元熙二年,避寇南迁。"

吴氏条云："世居勃海,散处中州,其后有随王潮入闽,而入于粤之潮嘉等处。"

郑氏条云："世居中州,南宋孝宗时,有郑清者,以太师贬官福建上杭梅溪司巡检,遂家上杭。"

这一批批南下的客家先民,大家思乡心切,同时由各地迁来,五方杂处,为了便于区别,就各自在家门上,标著各自故乡的地名,后来大家互相效法,把这种风气一直流传下来,称为堂号。所谓堂号,就是"祠堂名号"的简称。堂号有的是为了纪念祖先所来自的地方,以老家所在的地名为堂号,有的则取自他们杰出先人的特殊功业或言行。在堂号的基础上,又产生了堂联,其结构一般是上联点出发祥地或望出的郡号,下联则多为炫耀祖德,亦多点出其时代,地点或官爵等。客家人的祖先从哪里来,从他们的堂号、堂联上不难找到线索,如:郑氏,堂号荥阳。堂联:荥阳世泽;诗礼家声。潘氏,堂号荥阳。堂联:瓜山世泽;花县家声。萧氏,堂号河南、蓝陵。堂联:文选南朝;勋隆两汉。

总之,河洛文化是中国古代文化的源头,中华民族的"根"文化。特别是奠基于河洛地区的儒家学说,对中国文化的影响是其他文化无法与之相比的,对客家的影响也非常深远。

（作者单位:洛阳理工学院中文系）

略论海外客家人的寻根意识与文化认同

罗　勇

在客家人的寻根中有一种极为奇特的现象,即除了个体对一宗一姓的追寻外,还对客家民系群体的祖源进行追寻,建立了属于客家民系群体的宗祠,如印度万隆的"百家宗祠",宁化石壁的"客家公祠"等等。为什么客家人有如此强烈的寻根意识? 寻根与认同有什么关系? 认同的基础又是什么? 探讨这些问题,对于我们深刻认识客家民系的品格特征,加强海内外客家人的联系和情感交流,进一步弘扬客家优秀传统文化,增强民族凝聚力,促进祖国统一和繁荣昌盛均有着十分重要的意义。

一、寻根与认同

在中华民族传统文化中,就有非常浓重的寻根意识,所谓"崇先报本,慎终追远"便是。但是,客家人的根意识不仅仅反映在个体对一宗一姓的追寻上,而是作为一个民系群体对祖源的追寻,如公祭黄帝陵、炎帝陵,公祭母亲河,宁化石壁祭祖等活动便是这种群体意识的反映。为什么客家人会有这样一种群体意识? 我们认为,客家人这种群体意识是基于认同而产生的,这是海内外客家人寻根热的根本动因。以下的文化事象很好地说明了这一点。

如客家社团的纷纷建立。远离故土、旅居异国他乡的客家人,最先得到的援助力是来自客家人之间的亲情和关爱。"涸辙之鲋,相濡以沫",同是天涯沦落人,同是炎黄子孙,同是客家人,强烈的文化认同感必然产生巨大的亲和力,于是结成以地缘相亲或文化相亲的同乡会、客亲会等客属社团。

经过十几、二十代的繁衍生息,现在的客家社团已遍布全世界。中国大陆自20世纪80年代改革开放以来经批准建立的客家社团有40多个。海外各地的重要客属社团约有300个,主要集中在东南亚及美洲地区,其中新加坡南洋客属总会属下有28个团体会员,马来西亚客属公会联合会拥有49个团体会员,泰国客属总会下属有22个分会或办事处,英国崇正总会属下有108个团体组织,美洲地区有16个客属社团组织。此外,在东亚、欧洲、非洲、澳洲一些国家和地区也有数目不等的客属宗亲团体。在近十几年来掀起的客家寻根热中,这些基于认同而产生的客家团体起了十分重要的作用,他们组成寻根访问团,参加客家公祭活动,举办和参与世界性的恳亲活动,筹措资金支持客家研究和家乡建设……

由此可见,客家社团其实是基于海内外客家人的文化认同而建立的,它们建立后举行的一系列活动也都是出于生存和心理认同的需要。"客家寻根热"更是体现了身处异域文化氛围中的海外客家人对母体文化认同的渴求。

如客家姓氏宗祠的普遍重修。重修宗祠是海内外客家人寻根热的重要表现之一。宗祠(亦称祖祠,祖庙,祠堂)是处理家族事务和进行祭祀活动的主要场所,它不仅是中国古代宗法制度的核心,而且是中国古代基层社会组织的灵魂。所以,修建宗祠在中国十分流行,客家地区尤其如此。在闽粤赣地区的地方文献中,关于宗祠的记载比比皆是,如"诸邑大姓,聚族而居,族有祠,祠有祭";"俗重宗支,凡大小姓莫不有祠。一村之中,聚族而居,必有家庙"。如果说客家地区对宗祠的修建还只是同姓宗亲对一宗一姓的追寻的认同,那么海外客家人扩大或重修宗祠就是作为一个民系群体对祖源的追寻了。

在漫长的迁移中,客家人根本无法保持传统的家族体系。各个家族的人走到一起来出于种族上、文化上的认同远远大于对血缘的认同。由不同宗姓的客家人组成的海外客属团体也就打破了传统的家族观念,他们修建的宗祠包容了许多客家姓氏;他们的祭祀对象也由原来的一族祖先升华为客家民系的共同祖先。如闽西宁化石壁客家公祠之所以能成为世界客家人的总家庙,只是基于"北有大槐树,南有石壁村",石壁村象征着客家祖源地这一共同的文化认同,而不是因为客家先祖都曾居住于此。所以海内外客家人修建宗祠和进行公祭,都是对客家民系祖源和族源地认同的表现。

如各宗姓族谱的续修。族谱,又称宗谱、家谱、家乘,是一个家族或宗族的世系表谱,是强调家族的血缘关系,维护家族势力,防止家族离散和瓦解,维系家族制度,承载家族文化的重要载体和纽带。作为一个不断迁移的民系,如何凝聚力量对抗迁移地土民的文化排斥和保存自身的文化传统是一个十分重要的问题。客家人的族谱就起到了加强民系内部团结和继承发扬客家精神的很好作用。所以,客家人重视谱牒,所谓"崇正报本,启裕后昆",皆以谱牒为寄托依据。在海外客家人的寻根热中,许多姓氏的裔孙纷纷组团前来中国大陆,要求在大陆的宗亲提供氏族流源、世系等资料。有的甚至出资或亲自组建家谱编修局,续修族谱。

但是,现在海外客家人热心修谱,既不是封建家族观念的复古,也不仅仅是对血缘关系的追溯,而是一种对自身历史文化的挚爱和追寻。因此,尽管我们在考察客家人族谱时不难发现一些牵强附会之处,诚如谭其骧先生指出过的"帝皇作之主,名人作之宗"这种攀宗联族之事。但透过这些族谱,我们可以清楚地看出客家人对族源中州的认同,对中原文化的认同。正是由于这种文化上的认同,海外客家人才会不远万里回到祖国,查询氏族源流,拜谒祖墓,重修族谱,追寻自己的生命之根、文化之根。

如对客家方言的固守。语言是历史和文化的载体。客家人非常珍视自己的历史和文化,所以也就像固守家园一样固守自己的方言,"宁卖祖宗田,不忘祖宗言;宁卖祖宗坑,不忘祖宗声"这一祖训被世世代代传承着。在客家人的族谱里,定有相当严格的家规族约,不说客家话被视为忘了老祖宗,不准上祖坟,不准上祠堂;客家人学说别种语言则可,丢掉客家话则不可。不管迁徙到哪里,他们总是把自己的方言带到那里。所有离乡外出的客家人,不论在什么地方相聚,几乎不问场合,都用客家话交谈。漂泊海外的客家人,更是乡情不断,乡音未改。台湾客家人在保留客家方言方面做得尤为成功,在小学开办了客家语学校,客家子弟可以选修客语文课程;还开设了客家语广播电视节目,2003 年 7 月 1 日,台湾客家电视台开始全天候播音。

语言和民系是两个完全不同的概念,有着不同的内容,但在广义的文化背景中,二者有着紧密的联系的。语言是维系民系的重要纽带,而民系又是语言赖以存在的底座。客家人对客家方言的执着反映的是客家人对客家文化的认同。客家话作为客家文化的重要表现形式,已成为维系客家民系的重要纽带。海外客家人的固守客家母语,就是固守自己心中古老的家园——中原祖地,华夏文明。

通过对以上文化事象的分析,我们可以得到这样的认识:客家人的寻根意识其实就是民族认同心理的表现。无论是对一宗一族的寻根还是作为一个民系群体对祖源的追寻,都源于认同的心理。惟有认同,才使天涯海角的客家人手携手、心连心地走到一起来,共叙亲情,共谋发展。

二、文化是认同的基础

既然客家人的寻根是源于认同心理的,那么,认同的基础又是什么?

近年来,我国学界对于民族认同问题展开了诸多讨论,取得了不少共识。学者们把西方民族认同理论中的"原生论"和"工具论"二者综合运用,对中国民族融合和民族认同的历史和现状进行了全面考察,认为"民族认同是后天形成,并在民族互动基础上发展而成,从未与外族接触过的人不会在头脑中形成民族认同。……即民族认同是在民族互动过程中以民族间的差异性为基础而产生的"。而在民族认同的要素中,"毫无疑问,文化认同对民族认同具有重要意义,一个民族特有的文化在民族互动中维持着本民族的主体性地位,正是文化上的巨大差异从而引导人们区分"我族"和"他族""。客家民系是汉民族的一个重要支系或曰族群,毫无疑问,其作为民系或族群标识的应该就是客家文化而非其他。

这里需要指出的是,在对客家民系渊源的认识上,学界长期存在着"血统论"的观点。这种观点在客家界定和认同中过分强调血缘性,认为客家是纯粹的中原汉族血统;客家民系的历史也就是中原汉族梯度迁移至赣闽粤交界地带再播迁海内外的历史。这种观点或把客家视为种族,混淆了种族与民族的概念;或把客家视作宗族,抹掉了宗族与族群的区别。无论是从理论上还是实践上都是行不通的。

民族学的理论认为,种族和民族是两个截然不同的概念。"种族所涉及的是人类种群(humanpopulation)对于自然生态环境的适应关系,它主要是自然科学,特别是生物科学研究的对象;而民族所涉及的则是人类的社会文化群体(ethnicgroup,简称族群)与生态环境(包括自然生态和文化生态环境)之间的互动关系,它主要是社会科学,特别是行为科学研究的对象。……前者主要考虑生物学因素而不考虑文化因素,后者则主要考虑文化因素而不考虑生物学因素。"可见,种族是血缘上、生理特征上的概念,民族是社会文化上的概念。所以,客家民系作为汉民族的一个支系也应该是一个社会文化上的概念。

民族是历史的产物,它总是在不断发展、演变的,因而文化的民族特征也会随之演变。但是,文化的民族特征具有相对的稳定性,特别是凝聚民族群体的伦理道德、思维方式、价值观念而形成的民族文化精神,作为民族群体文化的根本特征,作为民族文化的基本传统,是不会轻易改变的。所以说,抓住了文化也就抓住了民族的核心内容。与之相应的,民族学家为民族所下的各种定义,都是围绕文化的各种内涵而展开的;也都是以文化研究作为学科的基本课题。所以,民系作为民族的一个支系,其理论构建及其基本课题都应以文化为主。

诚然,从发生学角度看,民族共同体的形成乃是以"自然形成的共同体"即氏族部落为基础的,处于形成期中的民族"不过是部落的较复杂的副本而已"。部落共同体意识必然以血缘认同为中心,血缘认同是部族认同的最高原则,图腾崇拜和祖先崇拜就是其典型表达式。古代中国是一个宗法制的社会。其典型表征就是宗法性血缘关系及其组织方式的长期普遍存在和发展。春秋战国以后至明清时期,随着华夏族——汉族——中华民族的形成和发展,各民族在长期的历史过程中不断融合,纯粹的血统关系早已不复存在,因此对共同世系及共同祖先的追溯本质上乃是认同于各民族共生共存的历史命运与共同创造的文化传统。在这里,起决定性作用的是民族的历史与文化。正如恩格斯所说,在民族形成的过程中,人们对血统方面的记忆越来越淡薄了,"余下来的,仅仅是共同的历史和共同的语言"。由此我们亦可以推知,作为汉民族一部分的客家民系,在其先民南迁阶段和民系的形成过程中,宗族观念、血缘认同曾经起过重要作用。但是,在客家民系形成以后特别是播迁到海内外以后,血缘认同逐渐淡化而成为象征性的,而起作用的是对族群历史与文化的认同。也就是说,客家民系认同的基础是文化而不是血缘。

对一个民系而言,文化,特别是民系群体的伦理道德、思维方式、价值观念以及民族文化精神,是这个民系的灵魂,也使整个民系群体具有凝聚力。而这种凝聚力的表现就是民系群体及其每个成员对本民系文化的认同。客家人的寻根意识就是这种认同的表现,所有客家人都认同根在中原。但是,这里的"中原"已不是一个简单的地域概念,它已成为一个历史文化概念,即"中原"其实就是中原传统文化的代名词。

说到文化认同,我们不能不强调客家方言的重要性。列维·斯特劳斯说得好:"谁要讨论人,谁就要讨论语言,而要讨论语言,就要讨论社会。"方言是某个社会某一地区的人们所使用的有自己特点的语言,是识别和划分民系的第一要素。从文化史角度考察,方言的发展是同民系的发展密切相关的。方言在民系构成诸要素中占有重要的地位,是由于它和民系中的每一个成员息息相关,最深刻地反映民系的特征,是维系民系内部关系的纽带,也是人们区分不同民系的标志。所以,方言既是民系交际和思维的工具,也是民系成员彼此认同的坐标,是其内聚力的成因。在对民系的考察与区别中,虽然要考虑地域分布,经济生活,文化特点,乃至全体成员的意愿等因素,但方言无疑是其中一条最为重要的标准。

实际上,就血缘关系本身而言,它既不稳定又没有一个确切的标准,操作性也值得怀疑。因此,仅以血缘作为认同基础,根本就不具备操作性和可信性。

总而言之,客家人的认同是文化上的认同,而不是血缘上的认同;换言之,认同的基础是文化,而不是血缘。因此,作为同一个民系的客家人,也许血缘上会有所不同,但对客家文化的认同却是一致的。例如,美国洛杉矶客人熊德龙先生原为印尼血统,从小为印尼梅县客家人收养,成为出色的企业家。但他自认是客家人,认同客家文化,客家话说得比一般客家人还地道。又如英籍女作家韩素英,其先祖是梅县人,约在1682年到1710年迁移到四川郫县,她父亲名叫周荫桐,她母亲是比利时人,本人不会讲客家话,但她认为自己是客家人。此类情况在现代客家人中还有很多,难道我们就因为其血统不纯而将其排斥于客家民系之外吗?显然不能。故我们评判客家人的标准不是看其是否具有中原南迁汉族客家(闽粤赣)血统而是看其是否认同客家文化。

三、增强寻根意识与弘扬客家文化

既然寻根意识是建立在认同基础上的,而认同的基础又是文化,所以寻根意识与文化就有着必然的关系。

1. 增强寻根意识有助于弘扬客家文化

首先,寻根意识积淀和保存了大量客家文化的内容和材料。

在远离故土,不断地迁徙和漂泊中,客家民系形成了很强的根意识。而世世代代对根的追寻,又积淀和保存了大量客家文化的内容和材料。如族谱。客家人十分重族谱,甚至将保护族谱作为家训。梅州黄氏族谱"最要家训"中就有"戒轻谱"一条:"家谱之修,所以叙一本也,谱编成帙,乃一家之宝,务宜同为珍重,以便考查世系,切勿抛弃,以衰祖宗也,宜共凛之。"客家人保留下来的谱牒,不仅记载了本族世系源流,支派辈分,派衍情况,而且还记载了本村建村历史和一些民俗事象。其中丰富的传统文化积淀,风俗的嬗变,人口的迁移等等,不仅可与正史相证,甚至可以补正史之缺,是客家文化研究十分珍贵的资料。又如客家方言。客家人"宁卖祖宗田,不忘祖宗言"的祖训以及客家地区相对的封闭性,使客家方言得以较为完整地保存下来。也正因为如此,客家方言比其他方言更古敦、更具有稳定性,因而被语言学家视为研究汉语史的"活化石"。

其次,寻根意识促进了客家文化研究的发展。

亨廷顿说:"90年代爆发了全球的认同危机,人们看到,几乎在每一个地方,人们都在问:'我们是谁?''我们属于哪儿?'以及'谁跟我们不是一伙儿?'这些问题不仅对那些努力创建新的民族国家的人民来说是中心问题,对更一般的国家来说也是中心问题。在这种认同危机背景下,海外客家人发起了"寻根热潮"。这种寻根热潮把分居世界各地的客家人凝聚在一起。大量客家社团的建立,不仅增进了各地客家人之间的情感交流,也为客家文化的研究提供了一个交流的平台;特别是两年一次的"世界客属恳亲大会"暨期中的"客家学国际研讨会",更使客家研究由地域性研究走上了国际性研究的舞台。

2. 客家文化研究可以激发认同感,增强民族凝聚力,促进两岸和平发展

随着全球经济一体化进程的加剧,各国文化的相互交流和影响也愈来愈频繁和深入。面对如潮水般涌来的各色文化,不少人失去了民族的主体性而产生迷惑:"我们是谁?"在这种背景下,应如何对待民族文化已成为各国文化界研究的热点。本土文化与寻根热,民族认同和回归热,正是人们对本民族文化的一种追寻。客家文化研究厘清了客家的民族属性和历史源流,描绘了客家先民的南迁史及客家民系的形成发展过程,而且对客家生产生活方式、家族制度、宗教信

仰、社团活动、民俗文化等方面进行了全面研究。这些研究成果,使海外客家人对本民系文化有了一个清楚的了解,面对各种文化的冲击,仍能保持客家文化的独特品格,从而激发起更加强烈的寻根意识和认同感。

（作者单位:江西赣南师范学院客家研究院）

中州移民南迁福建后的向外再移民

黄英湖

　　从晋朝到五代十国,中州河南的居民向福建进行了多次大移民,使中州移民及其后裔在福建居民中占有相当大的比例。可是,后来由于各种原因,他们中的一些人及其后裔又纷纷向国内其他省份和海外进行了再移民,使福建成为中州移民的中转地。

一、北方汉人的入闽与福建人口问题的产生

1. 北方汉人的大量南迁入闽

　　众所周知,福建的土著居民是一些被称为"闽越"的少数民族。其首领余善起兵反汉失败,汉武帝"诏军吏皆将其民徙处江淮间"后①,许多汉人就纷纷从浙、赣进入闽越故地。据史籍记载,在北方汉人向福建的大移民中,有3次是成批、大规模地从中州河南迁入的:

　　第一次是发生在西晋末年的"永嘉之乱"后。乾隆《福州府志·外记》中,引路振的《九国志》说:"晋永嘉二年(308年),中州板荡,衣冠始入闽者八族:林、黄、陈、郑、詹、邱、何、胡是也。"必须指出的是,魏晋南北朝时社会盛行的是"门阀士族"制度,世家大族都有许多依附的"部曲"。因此,这些大姓绝不会是仅带自己一家几口人入闽,而是会携自己所属的许多"部曲"一起南下的,《九国志》中所说的"八族"就是这个含意。所以,"永嘉之乱"后南迁入闽的中州移民,应

---

　　① 《史记》《东越列传》。

该是有相当的数量。

第二次的大移民发生在唐初。总章二年(669年),今漳州和潮州地区发生"蛮獠啸聚"的少数民族叛乱,中州颍川人陈政奉命率3600多名的将士入闽平叛。以后,陈政的母亲和兄弟又率领3000多名将士南下增援。这些由陈家母子兄弟带到福建的中州将士中,有许多是携带家眷一起南下的。叛乱平定后,他们就在福建安家落户,使闽越故地又猛增了大量的中州移民。

中州居民向福建的第三次大移民,就是五代时光州固始人王审知兄弟率5000多军队和眷属的入闽。他们在福建建立十国之一的"闽国"后,许多老乡就纷纷南下投奔依附。客家研究专家罗香林在《客家研究导论》中说:"颍淮汝三水间留余未徙的东晋遗民,至是亦渡江南下,至汀漳依王潮兄弟。"从而形成中州向福建的又一次大移民。

除这几次大规模的移民外,还有许多中州居民是零星、分散地南迁入闽的。仅在唐代由中州迁入福建各地的就有:《大田县志》卷四《氏族》中说,该县田姓的入闽始祖是田本盛,河南固始县人,于唐开元二年(714年)迁入大田梅林;《闽杭赖氏宗谱》卷首"世系源流"说,唐贞观年间,其始祖赖德由河南颍川率赖标、赖极、赖枢三个儿子入闽;仙游《郭氏正续世庆志》卷首"续世庆志"也说,其先祖是在唐咸通年间由河南光州三迁而来到莆田的;郑成功家族的族谱也记载,其先世居河南省固始县,"我郑自唐·光启间入闽,或于三山(福州)、于莆(莆田)、漳(漳州),于潮(潮州),是不一处。独吾五郎公隐石兴,二三懿亲,若许若伍者,茑萝相附,意味投合,遂于杨子山下石井家焉"。

诸如此类的记载,在福建各地的族谱中比比皆是,在此不一一列举。所以说,福建境内的汉族居民,都是从北方各地陆续迁入的移民及其后裔。他们中的许多人都与中州河南,尤其是河南光州固始县存在着深厚的渊源关系,河南移民的后裔,在福建居民中占有相当大的比例。

2. 宋代福建社会人口过剩现象的出现

北方汉人的大量入闽,使福建猛增了许多人口;加上社会长期稳定,人口的自然增长快。所以,从北宋立国的建隆元年(960年)到熙宁年间(1068～1077年),福建户口就从46万多户增加到约100万户,居全国第六位。而当时福建在宋王朝所辖的 24 个行政区中面积最小,垦田数也仅居全国第十四位。① 到南宋的嘉定十六年(1223 年),福建的户数又增加到 1599214 户,比北宋初增长了 2 倍以上;占全国总户数(1267080l 户)的比重达到 12.6%,也比北宋元丰三年(1080 年)的 6.6% 比重增长了近 1 倍。②

两宋时期福建"生齿繁滋"的结果,就是境内开始出现土地开垦殆尽,许多人无地可耕这种人口过剩的社会现象。《宋史》"地理志"中说:福建"土地迫狭,生籍繁伙,虽硗确之地,耕耨殆尽"。就是说,连贫瘠的土地也都垦耕殆尽了。即使是在闽北山区,也是"田尽而地,地尽而山"③,土地得到充分的利用,达到"水无涓滴不为用,山到崔嵬犹力耕"④。这种情况说明,宋代福建对土地的利用已经达到极限,境内开始出现人多地少的社会压力。因此,南宋政论家叶适向朝廷提出,当务之急应该是"分闽浙以实荆楚,去狭而就广"⑤。中州移民后裔的向外再移民,大多是在这种情况下发生的。

二、中州移民及其后裔的向外再移民

中州移民南下福建后,他们中的一些人及其后裔由于各种原因,又再次向外进行了移民。如随王潮、王审知从河南光州入闽,并在闽国为官的王彦英,后来就因为和他们兄弟"发生枘凿(矛盾)",而带领家眷乘船投奔新罗国。⑥ 当然,这种再移民只是一种个别的偶发性现象。宋代以后,随着人口过剩社会问题的产生,才有更多的中州移民后裔和其他福建人一起,向国内外各地进行了再移民。

历史上,中州移民及其后裔从福建的向外再移民,是一种呈中间开花,向四面八方放射的状况进行的:

1. 中州移民后裔的南向再移民

在中州移民后裔的向外再移民中,有相当一部分是沿着祖先移民的方向,继

---

① 《宋史》卷八九,《地理志》。马端临:《文献通考》卷四。
② 朱维干:《福建史稿》上,福建教育出版社 1985 年,第 237 页。
③ 《古今图书集成》《艺术典》卷五"农部"。
④ 方勺:《泊宅篇》。
⑤ 《文献通考》卷一一,《户口考》。
⑥ 《宋史·王彬传》。

续向南迁徙而进入广东、海南岛和南洋地区的。

（1）中州移民后裔向广东和海南岛的再移民。

中州移民后裔向广东的再移民，首先是与闽南山水相连的古代潮州府，包括今天的潮州、汕头、揭阳、汕尾等地。所以，现在潮州话与漳州话基本相通，它们与泉州、厦门话同属闽南方言语系。两地的风俗习惯也基本相同，南宋人王象之在《舆地纪胜》卷一百中说："实望南粤，虽境土有闽广之异，而风俗无漳潮之分。"可见潮州和闽南两地语言相通，习俗相同的情况，至少在宋代就已经存在了。

除潮州外，在广东南部的雷州半岛，也存在一个讲闽南话的方言区。显然，那里居民的祖先是从讲闽南话的泉州、漳州、厦门和潮州一带，沿着海岸线南迁下去的，也是包括中州移民后裔在内的福建南迁移民的一部分。而在与雷州半岛隔海相望的海南岛上，也有不少讲福建闽南和莆田方言的居民，他们也都是福建南迁移民的后裔。周去非的《岭南代答》书中说："海南有黎母山，内为生黎……外为熟黎……熟黎多漳、广、福建之奸民。"因为海南地处福建前往东南亚的必经航道上，宋朝人范成大的《桂海虞衡志》说，琼崖海面常有事故发生，也有一些破船上的人侥幸脱险。他们逃上岸后，北望故乡，海天阻隔，路途遥远，回归无望，就深入黎族地区耕种，并且传有后代。

（2）中州移民后裔向南洋的再移民。

包括中州移民后裔在内的福建人"下南洋"，主要是由对外贸易引起的。随着贸易的发展和出国人数的增多，从宋代开始，南洋各地出现了一些"住藩"的闽籍华侨。据南宋泉州知州洪迈的《夷坚志》中记载："泉州人王元懋……尝随海舶诣占城（越南），国王嘉其兼通番汉书。延为馆客，仍嫁以女，留十年而归。"[1]淳熙五年（1178年），王元懋出资让吴大当"纲首"，带领38人去南洋进行贸易活动。这些人也"同舟泛海，一去十载。以十五年七月还"[2]。《夷坚志》中还记载：绍兴十年（1140年）"泉州僧本称说，其表兄为海贾，欲往三佛齐（印尼巨港）……落焦土，一舟尽溺，此人独得一木，浮水二日，漂至一岛"。以后，他就

---

① 洪迈：《夷坚三志》己卷第六，"王元懋巨恶"。
② 洪迈：《夷坚三志》己卷第六，"王元懋巨恶"。

和当地妇女结婚,还生了三个儿子,前后在岛上生活了七八年。^①在《夷坚志》中,还有"泉州杨客为海贾十余年"的记载。^②

这些人之所以被史书所记载,是因为他们后来又返回了福建。可以想象,肯定还有许多未被史书所载的福建商人定居在南洋,娶妻生子,终老于彼。所以,南宋时期,南洋一些地方就已出现被称为"土生唐人"的华侨后裔。乾道三年(1167年)十一月二十八日,福建市舶司报告说:"据大食国(阿拉伯帝国)乌师点等诉:本国财主佛记、霞罗池各备宝具乳香象牙等,驾船赴大宋进奉。至占城国外海,暂住候风。其占城蕃首差土生唐人及蕃人,招引佛记、霞罗池等船入国。及拘管乌师点等船众,尽夺乳香象牙等,作已物进贡。"^③所以,在元朝人周致中的《异域志》中,就有"泉州与爪哇杜坂之间,已有定期船往返,流寓于其地之粤人及漳泉人极繁"的记载。

总之,从宋代开始,就有许多包括中州移民后裔在内的福建人因经商而滞留南洋,成为早期的出国闽籍华侨。此后,历经元、明、清三代,尤其是清末鸦片战争后至民国这个历史时期,福建人海外移民的人数越来越多,地域也越来越广大,从而形成今天闽籍华侨华人遍布世界160多个国家和地区,总人数多达1160多万的壮观景象。

2. 中州移民后裔的东向再移民

(1)中州移民后裔对台湾的垦殖和开发。

包括中州移民后裔在内的福建人东渡台湾,最初是由渔民登陆避风、取水或修理船具渔网开始的。以后就有一些人定居下来,形成数户或数十户的渔村。到明朝中叶,聚居在这些村庄的汉族人口已约有一两万人。^④1628年前后闽南大旱,时任"游击"的郑成功之父郑芝龙"招饥民数万人"到台湾垦荒种植,成为有组织、大规模地迁入台湾的第一批福建移民。以后,不断有福建人随之移民到台湾,使岛上的汉族人口越来越多。1624年荷兰人入侵台湾后,"当时在他们统治下的汉族人口约三四万人,纷占全岛汉族总人口80%"^⑤。由此推算,当时岛

---

① 洪迈:《夷坚甲志》卷七,"岛上妇人"。
② 洪迈:《夷坚丁志》卷六,"泉州杨客"。
③ 《宋会要辑稿》"蕃夷"七,"历代朝贡"。
④ 陈碧笙:《台湾地方史》,中国社会科学出版社1982年8月,第38、61、94、103、105页。
⑤ 陈碧笙:《台湾地方史》,中国社会科学出版社1982年8月,第38、61、94、103、105页。

上的汉族人口已达 4 万至 5 万人,他们都是从福建前往垦殖的移民。

1661 年,郑成功率 25000 人收复台湾后,留在厦门等地的郑军也全部退守台湾,随同前往的还有众多眷属和官吏。郑氏政权还大力招徕不满清朝统治的大陆居民,以及因清朝"迁界"而丧失田园的福建沿海居民。据统计,郑氏政权退守台湾后,有 12 万至 15 万大陆人口迁入岛内,使台湾的汉族人口激增,总数应当达到 15 万到 20 万人。①

1683 年清朝统一台湾后,曾经颁布禁令不准大陆人民东渡台湾。但是,正如时人蓝鼎元所说,福建沿海"田少山多,人稠地狭"②,存在着较大的人口压力。所以,"台湾收入清代版图未久,就有数以万计的劳动大军,成群结队,纷至沓来,拥入台湾,不论清廷怎样使用严刑峻法,加紧稽查缉捕,都无法阻挡这一行动"③。到嘉庆十一年,台湾人口已猛增到 241217 户,2003861 人,100 多年间激增了 10 倍。"由于台湾女少男多,自然增殖率不高,新移入的人口占有很大的比例。"④

(2)中州移民后裔向琉球的再移民。

琉球是我国的近邻,从明朝开始就一直前来纳贡,其历代国王也都接受我国的册封,是我国的属国之一。据陈侃的《使琉球录》书中记载,为了加强双方的往来,明太祖朱元璋"特赐以闽人善操舟者三十有六姓,使之便往来,时朝贡"。这 36 姓就在琉球定居下来,子孙生殖繁衍至今不息。另外,福建还和琉球有密切的贸易往来关系,为此,明初朝廷还在福州设立市舶司,专门管理对琉球的商贸事务。此后,双方人员互有往来,也有福建人长期留居在琉球。

3. 中州移民后裔的北向、西向再移民

(1)中州移民后裔向浙江、江苏的再移民。浙江的福建移民主要分布在温州,其下属的苍南全县和平阳县半数以上居民,还有温岭、玉环、洞头、瑞安等县以及舟山群岛的一部分居民,都是包括中州移民后裔在内的闽南籍移民。据说他们的祖先是闽南沿海晋江、南安、同安等县的渔民,在北上舟山渔场打鱼时,途

①　陈碧笙:《台湾地方史》,中国社会科学出版社 1982 年 8 月,第 38、61、94、103、105 页。
②　蓝鼎元:《鹿洲集》。
③　陈碧笙:《台湾地方史》,中国社会科学出版社 1982 年 8 月,第 38、61、94、103、105 页。
④　陈碧笙:《台湾地方史》,中国社会科学出版社 1982 年 8 月,第 38、61、94、103、105 页。

中在温州等沿海一带停靠。开始只是季节性居住,以后就逐渐定居下来,使那里出现一个不小的闽南方言区。后来,他们中的一些人又移居到江苏宜兴县,在那里繁衍发展成一个9乡,22村范围的闽南方言区。在浙江南部的泰顺、庆元等与福建交界的几个县,则有一些讲闽东方言的居民,他们是福建闽东语系移民的后裔。

(2)中州移民后裔向日本和朝鲜半岛的再移民。

包括中州移民后裔在内的福建人移居日本,最早应该发生在唐代。据《唐大和尚东征传》记载:唐天宝十二年(753年)鉴真和尚渡日成功,"是时随从鉴真来者有扬州白塔寺僧法进,泉州超功寺僧昙静,台州开元寺僧思托……等十四人"。昙静到日本后,成为鉴真弘扬佛法的得力助手之一,最后圆寂在那里。和鉴真一起东渡的还有各种"伎工"120多人,其中有10多名是泉州人。

古代福建人向日本的再移民,更多的是由经贸往来而产生,这种往来至少从唐代就已经开始。到了明代,长崎与福建有着频繁的贸易往来关系,许多福建人长期居留在那里经商贸易,明末著名的海商集团首领颜思齐、郑芝龙,就是他们中的杰出人士。郑芝龙还娶个日本人为妻,生下民族英雄郑成功。明朝以后直至今天,仍有许多福建人定居在日本,曾经担任神户华侨总会会长的林同春先生,就是祖籍福建的福清市。目前,在日本各地生活着不少他的福清同乡。

福建人向朝鲜半岛的再移民,最早应开始于唐朝末年。唐天祐四年(907年)朱全忠篡唐,大肆杀戮异己时,在朝廷为官的泉州人林八及就渡海北上,前往新罗国避难。历经一千多年的衍传,至今其后裔已历39代,总人口达120多万,播迁到汉城、镇川、醴泉、安东、庆州、釜山和扶安等许多地方。1995年以后,韩国林氏宗亲代表团还多次前来福建寻根谒祖。①

进入宋代后,统一朝鲜的高丽王国重视与中国的通商贸易,专门在王城为中国商人建造宾馆。当时的高丽国王很喜欢中国人,"王城有华人数百,多闽人因贾舶至者,密试其所能,诱以禄仕,或强留终身。"②一些泉州人也因此被授以各种官职,如欧阳徵被授以"左右拾遗"之职,肃宗明也"权知阁门祇候",刘载被任

① 林树丹主编:《海内外林姓源流》,中国华侨出版社1998年版,第248~252页。
② 《宋史》《外国传二·高丽传》。

用为"守司空尚书右仆射",还有一个叫陈亿的也被留在高丽为官。① 另外,北宋
熙宁三年(1070 年),高丽还上表要求向该国派遣医药画塑人员。朝廷下令福建
转运史罗拯代为招募。不久,又有熙宁八年(1075 年)"罗拯言:泉州商人付旋持
高丽礼宾省帖,乞借乐艺等人"②。通过这两次招募,福建一些掌握各种技能或
手艺的专业技术人员也移居到高丽。

(3)中州移民后裔向江西、湖南、四川的再移民。

在江西、四川、湖南等省,也存在一些从福建迁去的中州移民后裔。据说
在湖南还有多达几十万的黄姓人家,他们都是福建闽清黄氏"六叶祠"的子
孙后裔,其先祖就是跟随王审知兄弟入闽的光州固始人黄敦。另外,在江西上
饶、兴国的一些地方,以及离福建更远的四川金堂、新都、广汉、什邡、中
江、灌县,还有重庆的大足县,也都有一些讲闽南方言的乡镇或村庄。

（作者单位:福建省社会科学院）

---

① 《宋史》《外国传二·高丽传》。
② 李焘:《续资治通鉴长编》卷二六一。

中原河洛人南徙之动因及条件

——以信阳市固始县为例

陈学文

　　中原河洛地区人口迁徙的历史,源远流长,从未间断。上自秦汉,下自明清,由于战乱、灾荒、谪贬流放、官职迁调、游学经商等原因,数以百万计的河洛人群,一批又一批地背井离乡,流徙于前路漫漫、前景渺茫的异地他乡。而其中流徙闽粤台之突出,历来为史家和社会学家所关注。这里以固始为例,就籍民迁徙之动因及条件试加探索。

　　在由晋唐至明清的漫长岁月里,地处江淮间豫皖结合部的"光州固始",因其特殊的地理区位、自然条件、历史因缘,成为历代中原河洛人南迁的肇始地和集散地,在中原移民史上有着显著地位和重要影响。徙居闽粤台的固始籍民,为当地带去了先进的中原文化、生产技术、农耕文明,加速了我国东南边陲人类社会的发展进程,其历史贡献与影响,将永远辉映于史册。中原南迁士人百姓及其后裔,千百年来,谱载口授,世代相传:牢记乡关祖地,勿忘"光州固始"。固始因此成为海内外知名的中原侨乡,"唐人"故里,客家之根,闽台祖地。

一、历史事件导致南徙

1. 朝廷募兵,远征闽粤——官方有组织的戍边绥靖移民

　　唐初,闽粤之境、泉潮之间,爆发了一场大规模的"蛮獠啸乱"。唐廷诏令归德将军、固始人陈政及其兄陈敏、陈敷,先后于公元669、670年率军远征闽粤,这便是唐代历史上颇具影响的戍边绥靖移民活动。据漳、泉、潮、台史志显示,这两

次入闽的 87 姓将士及眷属万余众,带有武装移民性质。当代学者、原漳州市地方志编纂委员会办公室主任苏炳坤,根据大量史料和唐代兵制与唐初府兵实力,考证认为,第一次入闽的 3600 名府兵和第二次入闽的"五十八姓"援兵,都是奉诏将领从地方征集的。至今,在漳州、潮州、汕头和台湾各地百余姓氏的族谱上,都可以见到"先祖随陈政、陈元光由固始入闽(粤)"的记载。

2."三王"举旗,义军南下——固始籍民一次自发的大规模南徙

唐末,江淮动乱,吏民南逃。其时,黄巢起义势震朝野。由于寿州农民义军首领王绪的影响,固始东乡人王潮、王审邦、王审知三兄弟,招众从义。王氏兄弟所率固始籍义军及其眷属达 5000 余众,转战入闽后,大都落居闽地。据福建省泉州市鲤城区地方志编委会考订,随王审知入闽的固始乡民为 50 姓。近年福州晋安闽台王审知研究会考证为 90 余姓。河南社会科学院考古与姓氏研究专家张新斌先生在其专著《论固始寻根》《上篇:谱志中反映根在固始的移民》章节中,从《台湾通志·氏族篇》和部分福建地方谱志摘录列举的 60 个根在固始的姓氏中,谱志中记载"先祖"于"唐末"或"僖宗年间","随王潮"或"随王审知"、或"避黄巢乱""由固始入闽"的,有王、陈、杨、郭、叶、廖、高、詹、魏、傅、韩、刘、黄、李、郑、周、许、方、曾、吴、谢、尤、沈、施、余、吕、龚、柯、蔡(辛姓)、彭、康、涂、苏、赖、卢、董、洪、戴、张、侯等姓氏。近些年,跟随王审知入闽的后裔从海内外来函在固始寻根的还有骆、蒋、包、阮、薛、乐、游、傅等姓氏。

民族英雄郑成功、复台功臣施琅的入闽先人(即入闽开基祖),就是跟随陈政父子和王审知兄弟南下入闽的将士。台湾《马巷郑氏族谱序》:"唐垂拱间,陈将军趋闽,大臣郑时中随之,郑氏遂星布闽粤。"又《郑氏石井宗族谱》:"夫我郑自唐光启间入闽,或居于莆、于漳、于泉,是不其处。"其中"于泉"一支,即为郑成功的入闽始祖。施琅自谓其"祖从唐代由光州固始入闽,迨宗翰公始分居于晋江之南浔江",传至施琅已是十六世。

3. 中原战乱,灾荒连年——固始籍民南徙的"推进器"

(1)西晋"永嘉之乱"的移民潮。公元 290 年晋武帝卒后,北方匈奴族刘渊、羯族石氏、鲜卑族慕容氏、氐族苻氏、羌族姚氏,相继称帝,争据中原,战乱不休,后世称之为"五胡乱华"。此次战乱始于晋惠帝永兴元年(304),至于宋文帝元嘉十六年(439),历时 135 年。"百官士庶死者三万余人",中原士民纷纷南渡。

其间,由晋怀帝永嘉年间"中原乱"到咸和年间"江淮乱","民南渡者转多"。固始《黄氏宗谱》序文云:"永嘉之乱,中原板荡",黄姓"流闽者百五十余户"。《三山志》记载:"爰自永嘉之末,南渡者率入闽陈、郑、林、黄、詹、丘、何、胡",其中固始士族入闽最为显著,"今闽人皆称固始人"(《闽中记》)。

(2)两宋之季、宋元之交的移民潮。靖康元年(1126)金兵攻入开封,北宋灭亡。徽、钦二帝被金军虏走,囚于漠北。钦宗之弟赵构始于南京(今河南商丘)称帝,继而"南渡",建都临安(今浙江杭州),史称南宋。此间,中原战乱不已,固始一度被金军占领,难民多举家南下。至南宋末年,元军攻克光州,再度占据固始。自此,州、县治所"徙治无常"达75年之久。在这段漫长的兵荒马乱的岁月里,固始从地方官吏到农士工商、平民百姓,纷纷泪别故土,"十室九空"。其持续时间之长、南徙吏民之多,在固始移民史上堪称之最。

4. 驱逐荷夷,收复台湾——郑成功率部武装徙台的爱国壮举

1661年4月23日,郑成功亲率将士2.5万余,乘大小战船数百艘,横渡海峡,挥师台湾。经过8个多月艰苦卓绝的战斗,于次年(1662年)2月1日奏凯,荷夷投降。沦陷了38年的台湾宝岛又回到了祖国的怀抱。郑成功率领入台的将士,就地安置,定居台湾,成为台湾又一批来自祖国大陆的开发者、建设者。

如前所述,郑成功祖籍固始。在今天的固始县南大桥乡郑堂村,仍存有郑氏宗祠——郑家飨堂遗址。时隔21年,施琅将军从东南沿海率水师(近3万人)复台归清,是又一次大规模武装徙台活动。

施琅同郑成功一样,也祖籍固始,其祖陵位于该县郭陆滩镇境内的青峰村燕子山。施琅所率入台部众,也多为东南沿海固始移民后裔。

二、地缘区位——得天独厚的南徙条件

1. 优越的生存环境带来的丰富人口资源——移民的物质基础

固始地处江淮之间、大别山北麓,地理坐标为北纬31度45分19秒至32度34分50秒,位于亚热带北部,属亚热带向暖温带过渡地区。气候温和,雨量充沛,四季分明,温度适中。农耕和灌溉条件相对优越。早在公元前605年,我国古代水利专家、楚相孙叔敖,就带领乡亲"决期思之水,灌雩娄之野",在固始大地兴建了被后人称之为"百里不求天"灌区的水利工程。据考证,它比引漳十二

渠早 200 年左右,比都江堰灌溉工程早 350 多年。固始"鱼米之乡"的美称闻名遐迩。

宜人的气候,丰富的物产,相对发达的农业文明和安定的生活环境,使这里的人民有生儿育女的良好条件,人口的出生率和增长量,在中原各县居于首位;一方面,固始是周边、尤其是北方人的向往之地和逃荒避乱的理想之所。清代河南巡抚毕沅的《固始县志》序文称:固始"地大则物力甚博,故一县之粟常敌于数州"。固始地广物博人众,由此可见一斑。

由于上述诸多因素、条件的"成就",使固始在历史上就是一个人口大县。譬如,固始现有 34 个民族 168 万人口、560 个姓氏,这在同级县区中不多见。

相对丰富的人口资源,使固始有着向闽台移民的人口基础,外来人口的不断充实,使固始有了人口资源南徙的"储备库"。这便是固始所以成为向闽粤台移民肇始地的重要物质条件。

2. 多元文化的交汇融合,形成的优越人文环境和深厚文化积淀——使固始成为有条件南徙的衣冠士族辈出之乡

固始背靠中原,东邻江浙,南接荆楚。特殊的地理区位,使它直接受中原河洛文化、楚文化和吴越文化的辐射与影响。多元文化在这里交汇融合,形成了深厚的文化积淀,造就了独特的人文环境和敦睦邻里、尊长敬贤的良风美俗。兴校立馆,尊师重教,好学上进之风世代相传。因此,耕读之家、书香门第,遍布城乡;学人士子,层出不穷。正如明嘉靖《固始县志·选举》所称:"代不乏人,籍有可据。"清康熙年间固始县令杨汝楫文称:固始"兆姓饮食嗜好类吴楚,而人文蔚起,在中州为最"。清乾隆《固始县志·学校》载:固始"庙学规模宏远,冠于淮右","汝南(郡)人文,固始为最"。加之如前所述的山清水秀、气候宜人、物产丰富的自然生态环境,使这里成为经济发展、社会进步、文化繁荣、人丁旺盛的一方热土。因之也是耕读世家、衣冠士族辈出之乡。据史料显示,仅明清两代,固始就有 113 名进士,这在中州各县独领风骚。上述史实,是固始自古多士族的一个佐证。

佐证之二,这里的衣冠士族,常携亲聚族而居,渐成宅围村落,有的形成街市,遂以其姓氏名其村庄、集市。如:王堂、陈集、赵营、张围、方集、汪棚、李店、刘老家、孙滩、吴楼、马埠、郭岗、姚圩、张家街、蔡寨、戴店、黄郢、任营、彭畈、汪旱

庄、钱堆子、杨岭、汪庙、陈族、胡族、王族、林族、刘上家、安家埠、郭陆滩、洪家埠、时老营、马岗集、余台子、余集岗、张老埠、孙老寨、李北圩……现存《固始县志》最早刊本(明嘉靖二十一年,即 1542 年刊本),对固始辖区以姓氏名之的村庄、集市多有记载。

佐证之三,县域内以姓氏名之的渠塘堰坝等水利工程和道路、桥梁、学堂等多不胜数。如:李家坝、万家沟、蒋大塘、钟闸、潘堰、汤家坝、董大桥、郑渡口、陆桥、薛桥、张莲塘、盛家湖、马家河、毛学、曾家学馆,等等。

以姓氏名之的村庄、集市和水利、路桥等工程建筑,非势微力薄的单门小户所能为之,只有耕读世家、衣冠士族、人丁大户才能做到。而对村庄、集市、水利工程等冠以家族姓氏符号的历史,可追溯到秦汉隋唐,至宋元明清更成为普遍现象。

由此可见,耕读大户,衣冠士族,在历史悠久的固始古已有之,而且数量可观。伴随着历史进程,数量一路趋增。

3. 可舟可骑,可水陆并进的交通区位——使固始成为中原移民的"桥头堡"和大通道

固始位于江淮之间,南有长江航运,北有淮河码头。千里淮河,由西向东,流经固始北部县境长达 59 公里,尔后流经安徽,进入江苏,注入洪泽湖。据 1999年版《辞海·淮河》注:"洪泽湖以下,主流出三河经高邮湖由江都市三江营入长江","干流自河南省固始县三河尖以下可通航"。"三河尖"历来为固始沿淮重镇,古老的淮河码头,生意通宵达旦,船只往来如梭。纵贯县境南北的史河、灌河、泉河、白露河、石槽河 5 大淮河支流,也是风帆上下,北可直达淮河码头,南可直抵百里之遥的黎集、张老埠、郭陆滩、方集等县域沿河名镇。历史上,固始地产品大都通过淮河航运销往蚌埠、扬州等江南各地;南方的商品也多通过水路进入固始。所以那时固始沿淮沿河集镇码头,船桅如林,商贾如云,十分繁华。

再谈陆路。固始在唐代曾属淮南道光州西路,治所在扬州。早在汉武帝时,曾将秦置之九江郡徙治于舒(今安徽庐江西南),辖固始县地。至隋大业及唐天宝、至德时,改庐州为庐江郡。从方位讲,其治所都在固始东南,即长江以南。这也是固始籍民南徙的必经之路、必过之境。固始,作为古豫州东南重镇和扬州治所的西北门户,境内设有驿站(县城内以驿站名之的"站马巷"至今妇孺皆知,史

志亦有记载）。出县境往江南方向,辟有"官道",直达建康、扬州等通都大邑。

水路,可乘舟顺流直下,过洪泽湖、高邮湖,入长江水系,或行经太湖、鄱阳湖,或沿赣江、汀江,辗转登陆苏浙闽赣徙居地;陆路,可骑可车可轿可步,与水路殊途同归,亦可直达闽粤之地。在如此便捷的交通条件下,居于豫东南边陲"桥头堡"和南徙大通道的固始籍民,大都是通过水路或陆路,或水陆并进,迁徙闽粤之境的。在福建省泉州市一条古老的文化街建筑物上,镶着一方古老的石碑,上面镌刻着1100多年前,王审知兄弟率众由固始入闽的行军路线图。笔者曾亲睹此碑,字迹、路线至今清晰可辨。这是对固始籍民南徙路线的一个印证。

三、先徙者闽台"搭桥",后来者投亲靠友——因循移民的"千千桥"

在漫长的历史长河中,固始籍移民及其后裔遍布闽粤台。前徙者"牵线搭桥",后来者投亲靠友,因循南徙,其族其户其人举不胜举。如:《十国春秋·闽国列传》审邦篇载:"中原乱,公卿多来依闽,审邦遣子延彬作招贤院礼之,赈赋以财。如唐右省常侍李洵,翰林承旨制诰、兵部侍郎韩偓,中书舍人王涤,右补阙崔道融,大司农王标,吏部郎中夏侯淑,司勋员外郎王拯,刑部员外郎杨承休,宏文馆直学士杨赞图、王倜,集贤殿校理归传懿,及郑戬等。皆赖以免祸。"

四、"愿往南迁一千,不往北挪一砖"——闽粤台地区为徙居者的理想目标

千百年来,在固始民间一直流传着"愿往南迁一千,不往北挪一砖"的民谣。这种迁徙观念,可说是根深蒂固,民谣所涵透的"常理",可谓家喻户晓。这是因为,其一,北方战乱频仍,南方相对安宁。其二,固始地处中原,人们趋暖怕寒。闽南粤北与固始在地理坐标上同属亚热带,漳州、泉州、潮州、汕头在亚热带南部,靠近北回归线,固始在亚热带北部,为亚热带向暖温带过渡地带,移民有一定适应性。其三,固始的地貌、土壤等自然条件、农业耕作和闽南粤北也颇为相似。因此,闽粤台地区成为固始移民的理想目标。

（作者单位:固始根亲文化研究会）

岭南客家文化的河洛情结

——以饶平客家为例

詹双晖

　　饶平客家,属客家民系的一个支派,地处潮州市饶平县北部山区,包括上饶、饶洋、新丰、建饶四个镇(乡),与福建的诏安、平和,广东的大埔三县为邻,面积272.07平方公里,耕地面积约3万多亩,户籍人口160190人,加上居住外地人口,合计总人口超过20万人。由于长期受到本地域强势文化——潮汕文化(当地人称为福佬文化)的影响,特别是近世以来,越来越多的人赴县城、潮州汕头以及其他福佬地区读书、经商、定居工作,饶平客家在语言与生活习俗等方面呈现出客家与福佬并存的文化现象,许多客家人会讲、会听潮州话,迎神赛会既请汉剧,又请潮剧,因此,饶平客家又被称为潮州客、半山客。

　　在20多万饶平客家人中,共有39个姓氏族群,除了蓝姓族群被确认为土著的畲族以外,其余姓氏族群均认为其先祖来自河洛地区,出自中原望族。尽管各姓氏迁饶时间有先后,尽管迁饶始祖大多不是来自中原地区,甚至从未踏足过,尽管历朝历代的饶平客家人的生活足迹从来没有超出闽粤边界山区(个别士商除外),但是,千百年来,饶平客家人始终认定自己是中原望族的后裔,始终推崇并保持耕读传家的儒家文化传统,并通过族谱、宗祠等宗族文化建设以及文化习俗等事象使得这种河洛文化情结在各姓氏宗族中代代相传。

族谱中的河洛故国

与梅州等地客家一样,饶平客家非常重视"木本水源"与"光前裕后",非常重视谱牒、宗祠等宗族文化建设。编修族谱,对于宗族来说是一件神圣而荣耀的事情。祖何以记?唯有谱牒。所谓谱叙世代之远近,牒述支派以明辨。事实上,族谱不仅记载宗族裔孙房系之繁衍脉络,而且还记载了许多祖先的威水史,成为凝聚宗族文化,联络宗族成员感情,并激励宗族成员发奋进取的重要动力。在浩如烟海的宗族祖先的荣耀故事中,对中原先祖威水史的记述无一例外地成为饶平客家各姓氏族谱的最光彩也最为后世津津乐道的一页。

詹姓是饶平客家诸姓氏中人数最多、势力最大的族群,明清时期因科举人才辈出而成为望族。饶平詹氏诸房派很早就有修谱的传统,各房派族谱大多自西周末年周宣王次子詹侯文公起,并以文公之子礼公为詹氏鼻祖。此后至四十六世约1200年间,虽然几经迁徙,但大致不离中原故地,基本上生活在今天的陕西、河南、河北之间。饶平詹氏诸族谱把这段时期称为礼公河间世系。至四十七世黄隐公,因隋文帝废郡不仕,公元606年为避乱隐居徽州婺北之庐源,是为开基江南始祖。此后至六十三世500多年称为开基江南黄隐公世系。六十四世学传公,宋靖康年间,金兵入侵,为避乱由江西南丰迁入福建宁化石壁,继而定居广东大埔茶阳,是为开基闽粤始祖。至六十九世肇熙公,迁居饶平,是为开饶始祖。迄今已传至九十四五世矣。

詹氏封国创姓的历史故事无疑在饶平詹姓族群的河洛情结中占据非常重要的位置,并成为宗族文化中最具凝聚力与自豪感的一页在宗族成员中代代相传。综合南北朝何承天《姓苑》、唐元和河南刺史詹信(澹斋)撰谱、宋罗泌《路史》及诸詹氏族谱记载,詹氏得姓于西东周交替之际,周宣王生二字,长宫湦,次宫文(即文公,字文禄)。宫湦承继大位,是为周幽王。幽王因宠幸褒姒,烽火戏诸侯,招致杀身之祸。其间,申侯与犬戎作乱,宫文西京筑城,御敌固国,力挽狂澜,使周祚得以延续。宫文也因此功锡受封为詹侯。据宋乐平县尹詹德考证,詹侯封地在嵩洛之地。当其时,詹国食采河间,南至京畿,北达于燕。文公之子礼公(世周,字尚节)因袭爵位,并以国为姓,是为詹氏一世。饶平詹姓各房系族谱均在最显要位置绘制鼻祖的画像与诗赞。

文公诗赞:

赫赫宗周,姬氏者流。宣王支子,食采封侯。于彼詹城,得姓之由。

赐命于周,承家以传。其盛赫赫,其泽绵绵。南至于京,北达于燕。懿惟吾祖,受命于周。詹城屹屹,得姓之由。

礼公诗赞:

金枝玉叶,服远厚别。指爵为姓,以遗后裔。蛰蛰螽斯,绵绵瓜瓞。

　　饶平詹氏族人对先祖封国创姓的历史记忆不仅使宗族内生强大的自豪感与凝聚力,而且在族人中始终推崇并遵奉中原儒家"耕读传家"的文化传统,千百年来,虽然僻居一隅,藏身大山深处,几乎与世隔绝,但族人不仅礼乐道德文章昌盛,而且儒学才俊代有人出。开闽粤始祖学传公,二十二岁中进士,官至中书侍郎加太子太保。南宋淳熙十六年(1189 年),公卒于大埔长窖村,越明年(即绍熙元年),朱熹闻讣告,特地撰写《祭詹侍郎文》,赞其天禀粹美,"孜孜问学,乐善不倦。其尊闻行知之效,见于日月之间者,在家在邦随事可纪。一本于中和而行之以慈恕,信乎所谓志于仁而无恶者矣!"有清一代,仅陈坑一乡进士及第者就有九人,考中举人更达十九人。特别是雍正二年(1724 年)至乾隆七年(1742 年),短短十八年间,竟然有七人高中进士,兄弟同榜、叔侄同科,一时传为美谈。一个不到两千人的偏远山村如此高的中举率即使是中原、江南大族、书香世家也是少见。怪不得当时担任主考官的乾隆礼部左侍郎状元邓钟岳要击节赞叹:"余承命提督广韶学政,巡行州府,临潮之凤城。较士诸卷,至饶平佳作林立,未尝不击节。迨揭晓时,而詹姓居半,始知为望族也。"

过黄河习俗

　　饶平客家人有着根深蒂固的落叶归根的观念,根在哪里? 根就在文公、礼公封国创姓的那片中原大地,根就是河洛之间的封邑詹国。千百年过去了,客居他乡的詹氏裔孙们已经不知道故乡具体在哪里,"过了黄河就到家了"成为饶平詹氏族人从先辈口中传下的故乡的全部记忆。虽然生时不能重返家园,死后灵魂一定要返回故土,与祖先团聚。那里才是族人灵魂最后的归宿,那里才是族人梦牵魂绕的乐土与天堂。曾几何时,亡魂"过河"成为詹氏族人独特的殡葬习俗,成为体现河洛情结的重要文化事象。

饶平詹氏族人认为,亲人故去之时,正是灵魂落叶归根之际。从亲人断气的那一天起,在鸡啼一遍的时候,亡亲的灵魂就开始启程返回遥远的中原故土。亡魂或者孤独而行,或者结伴同行,一路上不仅要翻越万水千山,而且还有妖魅鬼怪的袭击。因此,老人们总会提醒孝子贤孙们要多烧香烛纸钱,大声哭送,期望香烛的火光可以给亡魂在幽暗的阴间指路,纸钱可以在路上充作盘缠,亲人的哭声可以吓阻恶鬼的侵扰。在历尽千辛万苦终于来到黄河岸边时,面对滔滔黄河水,亡魂止步了。只有等到农历六月六这天,在阳世的亲人们按照祖训为他们搭起祭桥时,亡魂才可以渡过黄河,回到故乡乐天,与祖先们团聚。虽然现在已经没有人知道为什么只有六月六这天才可过黄河,但这一天在詹氏族群南迁历史中一定有重要的纪念意义,或许就在距离故土不远的黄河渡口发生过一幕悲壮的故事,以至于幸存的族人叮嘱后代子孙不论身处何地世世代代不忘这一悲壮日子。这一天,在此前一年内失去亲人的人家一定要做"桥粄"(把米糕做成桥板、桥墩的样子),并在祭桌上搭成一座桥,以供亡亲灵魂渡过黄河。亡亲家属不仅要在家择吉时焚香祷祝,而且还要请巫师做法(饶平客家称之为"落僮")与亡魂对话。

笔者小时候在饶平老家多次目睹六月六"落僮过黄河"的凄怆情景。记得村里有个"问香嫲"(饶平客家话对女巫师的称谓),世代以"问香""落僮"为业。那时(20世纪70年代),"落僮过黄河"、"问香"被认为是封建迷信而被公社严令禁止,"问香嫲"与亡者家属冒着被抓被斗的风险也要偷偷地"落僮"。六月六日,许多在这一年内失去亲人的亲属带着"桥粄"、草鞋、木棒、香烛纸钱等物品一大早悄悄来到"问香嫲"家里,了解亡魂回乡的情况,并送亡亲最后一程。"问香嫲"坐在祭桌后面,家属或跪、或坐在祭桌前面的草席上轮流将死者情况告知"问香嫲"。"问香嫲"先是一脸严肃,继而喃喃自语,继而口吐白沫,跌倒在地。半晌,徐徐醒来,亡魂附体后的"问香嫲"又跳又唱,告知亲属死后种种艰辛。最令家属悲伤、惊骇的是,亡魂在浊浪滔天的黄河水里洗去一身风尘、满脸污秽时,竟然发现肌肉也随着脱落,最后只剩下一副骨架。所谓"不到黄河心不死",这时,亡亲才真正体会到自己已经死了。有些中年离去的死者还会在此时最后一次挂念叮嘱家中妻儿老少,更令亲属哭得抱成一团。当得知亡魂已经顺利渡过黄河,回到故土时,亲属才感到宽慰,心中石头才落下。但是,并不是所有的亡魂都过得了黄河的。饶平詹氏族人相信,那些不孝、缺德以及作恶多端的族人死后亡魂是过不了黄河、见不得祖先的,祖先也是不会接纳的。那些过不了黄河的亡魂如果亲属没有虔诚超度,必将成为孤魂野鬼。

除了"过黄河"习俗外,饶平客家还有许多传统习俗都与认祖归宗的河洛情结密切相关。如人生礼仪中的"做灯"习俗。旧时,每年的正月十五前后,在之前一年内出生的本族男婴都要举行隆重的"认祖添丁"仪式,饶平客家人称之为"做灯"。只有通过"做灯",禀告祖先后,才算添了丁,才能写进族谱。所谓"水有源,树有根,人有祖",饶平客家人在很小的时候就要进行"不忘祖宗"、"光宗耀祖"的教育。过去詹氏族人还有男婴满月"砍(饶平客家话投掷之意)井"的独特习俗。男婴满月之日,胞兄或族兄用"扒带(饶平客家专用背婴儿的褡带)背着婴儿来到井边,成年人在后看护着,小哥哥捡起小石子并放在小弟的小手里,让其"砍"入井中,连"砍"三次,"砍"时大人教小兄弟除了祈求井公井母保佑小弟平安成长外,还要叮嘱小弟这个地方不是我们的故乡,不要留恋这里的井水,等到石子把井填满时,我们就可以回故土了。

再如葬俗中的"检骨葬"习俗。人死后,先以棺木敛尸入土埋葬,待三五年尸体腐朽后,再启棺,用白酒、草纸、碎布等物将尸骨擦洗干净,焚香烘干,并按人体骨格结构,自下而上将骸骨放置于陶瓮(俗称金坛)中,整付骨架形如蹲坐之状,坛盖内用毛笔写上死者姓名和生卒年月等。与广西、福建等地"检骨葬"不同的是,饶平客家除少数做风水祖坟外,金坛并没有重新下葬,而是在菜园、家族墓地等处的田坎、山坡处挖一小洞简单放置,一大半金坛裸露于外。显然,饶平客家这种葬俗,与其亡魂落叶归根的故土情结相对应,并不以此为最终埋葬尸骨之地,内心深处还是期待有朝一日可以带着祖先的骸骨落葬故土。甚至,连金坛的放置方法也保留北方窑洞特色,许多宗族墓地金坛安放是一层层一字排开,就象北方窑洞一样。

参考资料:

1.《詹氏族谱——广东学传公第十世宗宏公派下》。

2.《詹氏族谱——百九公世系》。

3.《饶平客家姓氏渊源》。

（作者单位：广东省社会科学院文化产业研究中心）

论客家精神的科学内涵与当代价值

唐金培

客家文化是以中原汉文化为主体的移民文化。它根植于河洛文化,具有深厚的文化底蕴。客家精神是指客家人在长期的迁徙过程和发展历史中凝炼出来的客家文化的深刻内涵,是客家人生生不息的力量源泉。团结协作、开拓进取,勤劳节俭、不畏艰险,重教崇文、耕读传家,慎终追远、爱国爱乡,这些特质的形成,既是对河洛地区传统优秀文化的继承与弘扬,也是对入居地土著文化的吸纳和摄取。这也是客家人优秀思想意识、伦理观念和文化习俗的集中体现。分析探讨客家精神的科学内涵,揭示客家精神与河洛文化的历史渊源,对构建社会主义和谐社会、实现祖国统一大业都有重要的现实意义。

一、团结协作、开拓进取:客家精神的内在本质

从某种意义上将,一部客家史就是一部团结协作、开拓进取的发展史。团结协作一方面表现在客家人内部的亲和力;另一方面,表现在客家人与土著之间的和谐相处。

当客家先民为躲避战乱或自然灾祸,绳绳相引,离乡背井。为了生存和发展,他们同舟共济,表现出强烈的群体意识。在荜路褴褛的南迁过程中,他们以和为贵,举族团结一心,不断克服迁徙途中的各种困难。同时,他们抱着以和为善、谦让忍耐的态度,与沿途各地民众协调关系,尽量减少矛盾和冲突。客家先民到达闽粤赣边地后,他们与当地土著难免会发生一些摩擦。但矛盾和冲突毕竟只是插曲,认同和融合才是主流。客家先民初到闽粤赣三角边地时,生产方式

和生活习惯与当地土著的生产生活习惯存在明显差异,但很快就将从中原带来的先进文化和当地土著文化融合。客家先民毫无保留地将先进的农耕技术传授给畲族人,并从畲族人那里学到了护林、狩猎技术。客家聚居区,地处偏远,社会相对安定。但随着人口骤增,为缓解人口对环境的压力,拓展了新的生存空间,外迁成了宗族开拓进取的必然选择。在长期主动或被动的迁徙中,客家人形成了自己的人格特质。外迁成为海内外客家人的共同特点。客家以中原汉族传统文化为根基,在迁移过程中,融会贯通了各地的民族民系文化,特别是迁入地的民族民系的文化,从而形成了自己的文化心理和人格特质。客家人在恪守古中原文化具有的精神特质外,又赋予了团结进取的精神气质,形成了独特的客家文化和客家精神[①]。每到一个新的地方,客家人都能披荆斩棘,白手起家,开创新的家园。正是在家族外植的过程中形成了客家人开拓创新、积极进取的精神。一代又一代客家人就是这样用自己的双手创造了独特的一页[②]。客家文化与中国传统文化一样,在个人与集体上,同样偏向于后者,尤其是其聚族而居的模式,演绎出土楼、围龙屋这样的物质符号,都说明了这一点。

新的历史时期,无论是构建社会主义和谐社会还是实现祖国统一大业,都要大力弘扬团结协作、开拓进取的客家精神。懂团结是大智慧,会团结是大本事。我们不仅要能干事还要能共事,要在团结中干事,在干事中团结。只有团结起来,才能开拓创新,朝着更高更远的目标不断迈进。

二、勤劳节俭、不畏艰险:客家精神的重要品格

客家人是山的儿女,具有山的品格。客家人住地大多山高谷深,重峦叠嶂。崎岖的山路,急湍的江河,险峻的群山,铸就了客家人勤劳俭朴、不畏艰险的本性和品格。这种品性外化在衣食住行等生活习俗及其他礼仪习俗之中。

客家人吃的是粗茶淡饭。上山干活时为回家吃饭路远浪费时间,往往就地烧制竹筒饭。收获季节,将吃不完的菜蔬或晒干或腌制以备冬春时用。为消暑解渴,疗饥治病,客家人将茶叶、芝麻、甘草、花生用擂钵捣成泥,然后冲入开水,

---

① 蔡登秋:《论客家文化构成的多元性》,《三明高等专科学校学报》,2004 年第 3 期。
② 李惠娟:《客家移民与文化的变迁》,《华南农业大学学报(社会科学版)》,2004 年第 2 期。

制成独具地方特色的饮料——擂茶。客家人穿的是自制的粗布衣服。他们喜欢用自制的靛青将苎麻布染成青、蓝色,以致蓝色成为客家人的标志色。客家人早期住的多是简陋的茅舍泥屋,后来虽然发展为土楼、围屋、围龙屋等夯土建筑,也几乎都是在山中就地取材建成的。他们凭着一双脚板一年四季穿行在崎岖陡峭的山间小路上。因为旧时山里不通公路,客家人大多出门就得上岗下岌,进出全靠手提肩挑。"三日肩头四日脚"就是传统客家人出行难的真实写照。出门肩挑手提虽然艰苦,但一旦磨出了铁脚板,炼就了铁肩头,就再也不怕挑担之苦了①。

　　客家人还常常利用民间节日,对子孙后代进行勤劳节俭、艰苦奋斗的教育。他们常常在晚饭后的坐聊中,通过讲故事等多种形式来传播客家人的勤俭节约、艰苦奋斗的传统美德。各地的民间谚语,也是进行艰苦奋斗教育的生动教材。这种勤劳节俭、艰苦奋斗的精神在政治上表现为敢于反抗,用官方语言说就是"不服管辖的叛逆精神"。宋代的"汀赣贼",明中叶赣闽粤边造反生事的"梗化顽民",清代发动金田起义的"长毛"(洪秀全、杨秀清、肖朝贵、冯云山、韦昌辉、石达开等人及其大量部众都是客家人)②。这些称谓都是历代统治阶级对客家人的歧视和贬称。从客家人的角度,被抑配质劣价昂的食盐就要自己组织起来贩运价廉物美的潮盐。被征求不已、役使无度,就要聚众反抗,揭竿而起,甚至要举旗建号自立政权。如明嘉靖间,在粤东闽西聚众造反的张琏,就改元造历,建立飞龙国,封官授爵,众达十数万人③。近代第一个革命团体兴中会不仅发起人孙中山是客家人,而且最初入会的 32 名会员中就有 31 人是客家人。土地革命战争时期,客家人积极投身革命斗争,仅兴国一个县 23 万总人口中就有 8 万人参加红军。其中,牺牲的革命烈士多达两万三千人④。日本学者山口县造在《客家与中国革命》一书中说:"没有客家,便没有中国革命,换言之,客家的精神,是

①　谢重光:《客家文化性质与类型新说——客家文化属于移民文化说质疑》,《福州大学学报(哲学社会科学版)》,2009 年第 2 期。

②　王庆成:《客家与太平天国起义》,《客家与近代中国》,中国华侨出版社,1999 年。

③　钟兆斗:《鸟槎幕府记》,《丰阳先生集附录》,《四库全书存目丛书》集部第 122 册,齐鲁书社 1997 年,第 5 页。

④　林晓平:《客家文化特质探析》,《西南民族大学学报(人文社科版)》,2005 年第 12 期。

中国的革命精神。"①这话虽然有点过,但体现了客家人不畏艰险、不怕牺牲的大无畏精神。

勤劳节俭、不畏艰险的进取精神和品格,是我们的立身兴家之道,立国兴邦之本。无论在什么地方、什么时候,我们都要时刻保持勤劳勇敢的精神,脚踏实地,求真务实,干好每一件事情,为社会多做贡献。

三、重教崇文、耕读传家:客家精神的传统理念

赣闽粤边山区,山高路远,交通闭塞,自然环境恶劣,商业很不发达。在这样的生存环境下,除了读书和种地外几乎没有别的选择。在这种环境下,客家人把耕与读紧密地结合起来。这就使耕读传家与儒家重本抑末的价值观得到很好地契合。

"敬祖宗一炷清香毕恭毕敬,教儿孙两行正业曰读曰耕"。这是客家人的祖训和传家宝,至今不少客家人的神龛两边都还贴着这样的对联。立足于赣闽粤边山区的客家人,耕作是多数人谋生的重要手段。儒家文化是农耕文明的产物,重本抑末、安土重迁就是其核心的价值观。在社会各阶层中,"士"为四民之首,"农"次之;"商"居四民之末,"工"次之。"万般皆下品,唯有读书高"。书中自有"千钟粟",书中自有"黄金屋",书中自有"颜如玉"。儒家价值观念在客家世界可谓深入人心,并与现实的环境条件相结合,各姓各族就理智地选择了耕读结合、耕读传家的生存发展策略,积久遂成为牢不可破的文化传统。在多数客家人心目中,只有从事农业才是做人的本分,经商则成为奸诈的代名词。反观福佬文化、广府文化,其海洋文化成分较多,比较注重农与商的结合,以海为田,以舟为车,重商色彩较浓,对"读"就没有那么重视了。相比之下,客家人对于儒家文化的自觉认同和趋归,显然强于福佬人和广府人。换言之,客家文化的传统文化情结福佬文化和广府文化要明显得多②。

重视教育是客家人的优秀传统。当年客家先民南迁,不少就是书香门第和豪门望族。客家后人们再穷再苦也要想尽办法送子弟读书求学。甚至不惜忍饥

---

①　江彦震:《外国人对客家人的评价》,《客家研究》(第 1 辑),同济大学出版社,1989 年,第 175 页。

②　谢重光:《客家文化性质与类型新说——客家文化属于移民文化说质疑》,《福州大学学报(哲学社会科学版)》,2009 年第 2 期。

挨饿,砸锅卖铁。客家人从孩童开始便用儿歌对他们进行教育,也有种种兴办教育的村规民约和传统习俗。不少氏族有公尝山、公尝田,用其收入来兴办村学,支持族中子弟上学。客家中广泛流传着这样的童谣:"蟾蜍罗,哥哥哥,唔(不)读书,无(没)老婆"、"生子不读书,不如养大猪"。在传统社会,客家重视教育突出表现在办祠堂学校、助学、奖学等方面。客家人主要生活在山区,经济相对落后,在兴学校办教育方面存在着一定的物质条件的制约。然而,客家人利用祠堂众多的得天独厚的优势办起了一所所学校。法国神父赖里查斯在《客法词典》中描写道:在嘉应州,"我们可以看到随处都是学校。一个不到三万人的城市,便有十余间中学和数十间小学,学校人数几乎超过城内居民的一半。在乡下每一个村落,尽管那里只有三、五百人,至多也不过三、五千人,便有一个以上的学校,因为客家人每一个村落都有祠堂,而那个祠堂也就是学校。全境有六、七百个村落,都有祠堂,也就是六、七百个学校,这真是一个骇人听闻的事实"①。

客家人独特的教育思想和家族教育体系,成为客家文化不断发展、客家英才辈出的重要原因。随着客家社会、政治、经济的发展,客家文化的内涵也不断地丰富与发展,对于客家"耕读传家、崇文重教"的成功教育经验,对我们今天加强农村文化教育事业的发展,对于现实客家文化价值观念的传承及现代转化都有重要现实意义。

四、慎终追远,爱国爱乡:客家精神的高贵品质

客家先民在从北向南迁徙,直至找到闽、粤、赣交界地区作为大本营,并由此向世界各地再次迁徙的历史过程中,长期处在"时时为客,处处为客"的流离状态中,始终遵循着以崇宗敬祖为基础的慎终追远精神,并最终使之成为客家人的重要精神支柱之一。一直激励客家族群仰承先志,艰苦创业。

编修族谱,敦亲睦族。对于客家而言,编修族谱是慎终追远的重要举措。在漫长的流离辗转、居无定所的迁徙中,一部部族谱代代相续,不仅仅维系了各个姓氏的世系传承,而且成为宗族的精神归宿。据统计,仅上杭客家族谱馆就收藏有闽、粤、赣客家地区客家族谱及相关文书契约、祖图等珍贵资料,共有 117 个姓

---

① 江彦震:《外国人对客家人的评价》,《客家研究》(第 1 辑),同济大学出版社,1989 年,第 178 页。

氏、1600 多部、1 万余册①。

寻根谒祖,祭祀先人。客家族群在长期的迁徙过程中,由于天灾人祸等多种因素,同姓宗族往往散居各方,而寻根谒祖就成了这些姓氏裔孙心中不解的情结,也是客家裔孙慎终追远精神的具体体现形式。上杭县稔田镇有一座李氏大宗祠,八百年前李火德迁居上杭,繁衍发展后,其后裔播迁国内外,后裔号称百万之众,这些后裔称李火德是李氏大始祖,每年春分时节,各地李氏宗亲都不约而同云集此地。特别是近年来,谒祖会宗常年不断,其中包括不少海外李氏后裔。这种不倦的寻根,正是客家人慎终追远、追寻先祖遗泽的最有力的佐证。

客家人不论在家乡,还是在外谋生,甚至远涉重洋,到了外国,他们都有强烈的家乡观念。客家人虽迁居他乡并移居海外,但仍时时惦念家乡的兴旺发达。在客家人看来,讲不讲客家话,往往成为衡量其家乡观念的标志之一。故而客家谣谚说:"宁卖祖宗田,不忘祖宗言。"不忘中华文化,这是客家人爱国爱乡精神的独特表现。

推进现代化建设、完成祖国统一、维护世界和平与促进共同发展,在中国特色社会主义道路上实现中华民族的伟大复兴,这是新的历史时期,全国各族人民的共同任务。为实现这些共同任务就要继承和发扬客家优良传统,大力弘扬以爱国爱乡为核心的客家精神,努力创造无愧于时代的新业绩。

(作者单位:河南省社会科学院)

---

① 黄如飞、张强福:《上杭客家族谱馆打造"海峡客家"精神家园》,《福建日报》2009 年 7 月 28 日。

客家文化是河洛文化与畲族文化
融合而成的文化

雷弯山　钟美英

　　客家之所以成为一个民系,传统观点在方言。近年来的"客家热"认为,客家之所以成为一个民系,在于文化。客家文化与畲族文化具有共性。这种共性,不是客家同化畲族、客家文化同化畲族文化,而是历史上南下的河洛人与生活在闽粤赣交界地的畲民数百年的语言等文化的互动,才出现了客家方言、客家文化,是文化融合的结果。客家文化,是以河洛文化为主体,融合了畲族文化而形成的一种新文化,是从河洛文化母体中衍生出来的一种亚文化,

一

　　客家,是中华汉族的一个民系;畲族,是我国的一个少数民族。客家文化是汉族文化,畲族文化是少数民族文化,然而二种传统文化存在许多共性:

　　语言"很接近"。语言是识别民族或民系的标志之一。客家之所以为客家,主要是由于其客家方言,客家方言是客家文化的标志。王东先生认为,客家人之所以区别于非客家人,其中一个基本的、也是最重要的方面就是语言。客家方言不仅是客家之成为客家的标志,而且也是客家民系自我认同的内聚纽带。也就是说,一个客家人之所以把另一个客家人认同为自己的属群,其最直接、也最简单的标准是因为他也讲与自己的一样的客家话,而不是共同的地域、血缘或其他什么原因。同样,畲族被确定为单一的少数民族,主要要素之一是因为有自己的语言。然而,客家方言与畲族语言"很接近"。畲语、客家方言的声母、韵母多数相同,都是 6 个声调。畲语、客家方言许多词语相同或相近,如:落水(下雨)、泥

(泥土)、冷水(凉水)、担竿(扁担)、田塍(田埂)、老鸦(乌鸦)、禾(稻子)、衫(衣服)、牛牯(公牛)、镬(铁锅)、阿鹊(喜鹊)、敨(哭)、撩(玩耍)、淋(浇)、灸火(烤火)、着(穿)、分你钱(给你钱)、分人打(被人打)、几久(多久)、几多(多少)等等。福建罗源畲语100个常用词语中,客家语词占13个。畲语表示亲属称谓的词语和客家话一样,习惯于在前面加词头 a1"阿";表示动物性别的词一般在后面加 ku3"牯"、ma4"么"。如:母亲 a1ngia3,父亲 a1tia1,姐姐 a1tsi3,姑姑 a1ku1,公羊 jiong2ku3,母羊 jiong2ma4。正因为如此,有的学者说,畲族所说的是客家话;也有的说,客家说的是畲族话。

服饰"很相同"。畲族的服饰,早期是"织绩木皮,染以果实,好五色衣服";《云霄县志》等记载唐代畲族先民"椎髻卉服";明清时期,男女椎髻,跣足,衣尚青、蓝色。男子短衫,不巾不帽;妇女高髻垂缨,头戴竹冠蒙布,饰缨珞状。畲族妇女,头戴笄,衣着花边衫,腰系彩带,足穿花鞋,色彩斑斓,绚丽多彩,在山间小路上迈着飞快的脚步,活像一只只在奔跑的凤凰。客家妇女穿的是侧开襟上衣,衣领、袖口、右襟沿及衫展四周,缀以花边,宽纹一寸,裤头阔大,裤裆较深,裤脚口亦缀以花边。身所系围裙子,用银练子系结,裙子状如"凸"字,其上半部也绣有花卉或图案等。逢年过节或串亲走戚时脖子上挂着银项圈,手腕上戴着银镯子,打扮起来活像个畲族妇女,与汉族传统服饰"束发冠带"完全不同。

"不缠足"。畲族、客家妇女都不缠足,从事田间地头劳动,其吃苦耐劳胜于男子。

"喜歌舞"。畲族是善歌能舞的民族,男女老少,人人爱唱,个个爱听,以歌叙事,以歌咏物,以歌言情,以歌代言,青年男女以歌代媒。客家人也喜唱山歌,男女对歌斗歌成传统风俗。明嘉靖《惠州府志》记载:"乡落之民,每遇月夜,男女聚于野外浩歌,率俚语。"府属各县也如此,如兴宁县"男女饮酒混坐,醉则歌唱";长乐县"饮酒则男妇同席,醉或歌唱,互相答和"。清末著名诗人黄遵宪在《人境庐诗草》卷一《山歌》题注中说:"土俗好为歌,男女赠答,颇有《子夜》、《读曲》遗意。"

"买水"之俗同。客家和畲族都有"买水"浴尸之俗。人一死,其子孙持新瓦罐到河边,先行烧纸钱或者丢几文钱到河里,然后汲河水回家,俾死者洗面洗尸,谓之"买水洗浴"。

均取"郎名与法名"。畲族男性都有郎名和法名。客家男性一般也都有郎名和法名,如梅州客家联谊会办公室与梅州方志办所编《客家姓氏渊源》第一辑收录34姓,祖先有郎名和法名的30姓;第二辑收录35姓,祖先有郎名和法名的22姓。

"食俗相近"。畲族、客家的饮食相近。汉族对吃蛇有恐惧心理,《风俗通义·九·怪神》"杯弓蛇影"之故事即是对此俗之反映。客家人与畲族一样,具有吃蛇的习俗。

"信仰近同"。信仰方面上,畲族、客家民间均崇信盘古王、巫道。

"共同的心理特征"。畲族与客家都具有"客"文化心理特征,认同"客"的文化符号。虽然"客方言群"在闽西并不叫"客","客家"这个称呼是闽西的客方言核心群向粤东、粤北大规模移民时取得的。此时他们才是"客",也只有这种情况下"客家"对于他们才适用,这个称呼才可能为称呼者和被称呼者共同认可。迄今所知,"客家"称呼最早的记载是明朝隆庆年间的事。阮元《广东通志》卷九三引《长宁县志》:"方言有二,一水源音,一客家音,相传建邑时人自福建来者为客家,自江右来者为水源。"客家人,无论是自称还是被称,都是"客",客人、外来人。畲族,不是自称,而是被称;畲族自称是"SHA HA"(山哈),即"山客",意为山里的客人,也是客人、外来人。

"主业相同"。畲族与客家原来都从事传统农业。粮食作物以种植粮、油作物为主,经济作物次之。粮食作物都种旱稻,俗称畲禾。其他粮食作物有高粱、玉米、花生、大豆等。经济作物主要是种纺织物的染料蓝靛和茶。利用山区自然环境的优势发展林业,他们都有飞籽育马尾松和用杉萌芽条造林的方式。

二

由于客家文化与畲族文化存在共性,因此,有些学者认为,畲族已被客家同化、汉化。网上在"百度"中输入"畲族同化汉化"之关键词,可找到相关网页约26200篇;输入"畲族被同化",可找到相关网页约17500篇。"畲话被客家话同化!""畲族早就被同化了,根本就是客家人的一部分"的话语,网上随处可见。2009年11月30日《福建日报》《新书推荐》栏目中,冯秀珍对林开钦先生关于《形成客家民系的四个特征》一书(福建人民出版社出版)作了高度评价,认为其创见是,"客家先民抵达今日之闽粤赣聚居地之前,这里居住的少数民族统称为

'畲民'或'畲客'……与之既斗争又有融合,并在斗争和融合中占了主导地位,同化了他们,从而缔造出以中原文化为主体的、融合了少数民族文化的、独特的客家文化"。故其书评题目是《客家民系形成的创新之见》。

其实这些观点不科学、至少是概念运用不科学。客家的形成,客家与畲族的关系,不是"民族同化"、"文化同化"、"民族融合",而是"民族文化融合"。

同化(nationalization)一词,由"nation"派生而来,另一个英文同义词为"assimilation",与法文的"naturalisation","归化"同义,指不同文化单位融合成一个同质文化单位的过程。所以列宁说,同化(照字面讲就是同类化,一律化。)的问题,即丧失民族特性,变成另一个民族的问题。"民族同化",是指一个民族丧失本民族特征而变成另一个民族的现象,可用公式"A + B = B"表示之。民族同化最主要的特征是一个民族丧失了民族意识,而最终认同于另一个民族,其成员成为另一个民族的组成部分,抛弃了本民族的自称,并接受、使用另一个民族的族称。文化同化论在 20 世纪 50 年代的西方,特别是在美国,就已出现。该理论认为"同化"是一个不同种族和民族背景的人打破固有限制,在大的社区生活中相互交融的过程,这种交融是单向的,某一或某些族群放弃了它们原有的文化并被融纳进核心文化之中。即相对弱势、落后的文化和相对强势、先进、完善的文化相接触后,受强势文化的影响而失去自己原有的个性。"民族融合",是两个以上的民族在长期接触的过程中,互相吸收对方的特点,最终形成一个新的民族共同体的现象,可用公式"A + B = C"表示之。"民族文化融合",是指两个以上的民族或其一部分,在长期的交往过程中,各自具有了对方的一些民族文化特点,但是各自的民族共同体并没有发生质的变化的现象。民族文化融合是既没有生成新的民族共同体,也没有出现民族被同化的现象;民族融合则是最终丧失了各自的民族意识,形成了一个新的民族共同体;而民族同化、文化同化最终也没有形成新的民族共同体,只是一民族丧失了民族意识,认同于另一个民族,变成了另一个民族的一部分。

根据上述"民族同化"、"文化同化"、"民族融合"、"民族文化融合"概念的区分,畲族、客家没有出现"民族同化"、"文化同化",因畲族没有丧失民族特性,变成另一个汉族,至今畲族仍然是我国东南沿海的主要少数民族,畲族没有被同化。客家与畲族也不是民族融合,因互动的结果没有产生一个新的民族,畲族仍然是畲族,客家不是一个独立的民族,仅是汉族的一支、一个民系。

虽然在千年的封建社会中,封建统治阶级残酷地镇压畲民,在强大的政治、军事的压力下,迫使畲民融合,即所谓"归化"。如梅州畲民屡次起义失败后,均归化为新民,入版籍、输租赋、服徭役,而融入客家。其中较大规模的有正德年间,"程乡盗起(畲民起义),众数万,钦至程乡,开谕祸福,其党伏,借其丁壮老幼四千人,散遣之,使耕田筑,目其民曰新民"①。明代王阳明集"刽子手"和"牧师"于一身,镇压了赣闽粤边地民族起义后,分别设立崇义、平和、武平县;利用设县建立一套统治和礼乐教化机构来影响人心;又在乡村推行保甲组织和十家牌法约条,强制民众互相监督,实践其"良知良能"的心学主张,巩固统治秩序。其最大特点,是善于攻心,自称"破山中贼易,破心中贼难"。通过激发新民的自尊自信使其自觉按照封建礼法要求去行事的办法,较之一味的武力镇压,或欺诈性的诱抚措施要高明得多。这种强制外力作用下的民族同化、文化同化,的确使三省交界地不少畲民改用了汉姓,如雷、蓝、钟改为潘、韩、刘、李、娄、兰、吴等,成为客家人。但这种强制同化,并没有最终同化畲民,民族意识没有真正消失,时间上只是暂时的,强制解除后,又会认同畲族。如在上世纪80年代,党和政府实行民族平等政策,闽粤赣三省原畲族分布区就有十余万人恢复畲族族属。② 仅武平县就还有十余万蓝、钟姓多年来一直迫切要求恢复为畲族。近年来,漳州开展族谱对接后,雷、蓝、钟姓纷至沓来至漳州,进行族谱对接。据族谱统计,仅蓝氏后裔外迁繁衍人口已达40多万人。漳州作为畲族重要祖居地、台湾畲族重要发源地的论断得到各地族亲普遍认同。这一现象也充分说明,一部分畲族一时被迫"同化",但没有最终被同化。

三

民族文化融合,首先是文化接触。两种文化由传播而发生接触,这是文化融合的前提。然后出现撞击和筛选。每种文化都具有顽强地表现自己和排斥他种文化的特性,两种文化接触后必然发生撞击。在撞击过程中进行社会选择。考古资料表明,早在新石器时代,粤北一带就有人类活动。学术界认为,这些人类

---

① 《嘉应州志》卷一九,张钦传。
② 雷阵鸣:《略论畲族与汉族客家在血统、语言及农耕等方面文化互动的"主客"定位》,《丽水学院学报》2007年第3期。

是畲族的先民。根据《资治通鉴》和《云霄厅志》等有关资料记载，唐初在闽粤赣交界之地，畲族先民已有相当数量的人数。由于唐王朝在畲区推行封建统治，畲民奋起反抗，"唐总章二年(669)，泉、潮间蛮僚啸乱"。唐王朝为了"靖边方"，派陈政、陈元光父子率兵三千六百，"自副将许天正以下一百二十三员，从其号令，前往七闽百粤交界绥安县北方"①，镇压畲汉人民的起义，然而，就是这么一支强大的皇家军队，尚"自以众寡不敌，退保九龙山，奏请益兵"。唐王朝又"命政兄敏暨兄敷领军校五十八姓来援"。昭宗乾宁元年(894)，还爆发起声势浩大的宁化"黄连洞蛮二万围汀州"的畲族武装反抗斗争。从唐代畲族人民反抗斗争不停，时间之长、力量之强大，表明畲族人民在闽粤赣三省交界广大地域经过较长时间的生息和发展，人口甚众。客家研究专家谢重光通过对畲民几次大的反抗封建统治者斗争的粗略计算，此时畲民有80万人，也就说，畲民占此4处(半个福建省)人口的80%。广东比福建还要多。当时共有畲民210万人。②

先在为主，后至为客。客家，是相对于"主"(畲民)而言的一种对称，客家的"客"，即外来人的意思。"客而家焉"，作客他乡，并以之为家者，即谓客家。客家先民的主体是中原南迁的汉族，源在河洛。客家先民由中原大批南迁始于何时，学术界众说纷纭，但并不是每次迁徙都是客家的迁徙，学界认为五代以前的迁徙是闽粤先民的迁徙，五代至南宋时期的南迁，才是真正含义的客家人的迁徙。根据罗香林《客家源流考》等考证，在唐末到北宋，汉人才抵达闽、赣、粤交界的山区。与当地土著居民杂处，互通婚姻，经过千年演化最终形成相对稳定的客家民系。此后，客家人又以梅州为基地，大量外迁到华南各省乃至世界各地。

1992年，李默、张溥祥在广西桂林市举行的客家人历史文化国际学术研讨会上，列举大量客家与畲族关系的事实，认为"客家的形成和发展也不例外，在特定条件下，中原汉文化在与当地百越土著文化的排斥和融合中形成了独特的客家文化"。1994年，房学嘉《客家源流探奥》专著问世，其结论是："客家共同体由越族遗民中的一支与历史上南迁的中原人融合，汉化而成。"1994年6月，蒋炳钊在台湾举办闽台社会文化比较研讨会上，宣读《试论客家的形成及其与

①　《云霄厅志》民国版，卷一一。
②　谢重光：《客家福佬关系史略》，福建人民出版社2002年。

畲族的关系》一文,指出:"客家的形成过程,必须是入迁的汉人与当地畲族融合的过程","客家是入迁的汉人和当地畲族文化互动于闽粤赣交界处形成的一个新的文化共同体"。

这种语言等文化的互动,开始是畲族文化影响河洛文化。因为,中原汉人是避难陆续进入这个地区的,开始迁入的汉人很少,他们的文化不可能在短时间内对畲族文化发生重大影响。少数从中原来到此地的汉族人,面对新的环境,只能入乡随俗,学习畲民的生产、生活方式,只能是接受畲族的文化。语言上首先是借词,生产上是种畲。《长汀县志·杂录》谓:"畲客所树艺曰稂禾,实大且长。"饮食上也吃蛇,采用绿荷包饭,加工老鼠干等。服饰上是脱下北方长衫改为南方短衣,喜欢穿蓝衫,土布缝制、高髻和凉笠。妇女也要下地劳动,勤劳耕作。生活和生产方式的互相融合,必然反映到信仰和习俗的层面。于是也信仰崇拜盘古王,《嘉应州志》17《祠庙》载:盘古圣王宫:在西阳堡樟坑口。酷信风水,"郡俗信巫尚鬼,舍医即神,劝以药石伐病,则慢不之信"[1]。习俗上也用浴尸之俗和妇女不缠足、口头创作山歌等。由于封建统治者的镇压,后来在三省交界地是客家文化影响畲族文化。

由于客家先民与畲民数百年的语言等文化互动,才出现了客家方言、客家文化。不少学者认为客家方言形成于宋代,有的认为到明清时期才形成。如王东先生认为,"最早提到客家方言的应该是在明代"。如果以文化来鉴定,那么时间应更晚,因文化的内涵比语言更丰富、外延更大。需要一定数量的人口,形成共同的文化心理,尤其是的自觉的自我意识。正如李默所说,"客家"一词,作为汉族一支民系出现,应该是明正德间闽粤赣畲族大部分融化为客人之后,即入版籍,编里甲,纳租赋,输徭役,与齐民一体,正式称之客人。

(作者单位:中共福建省委党校哲学部)

---

① 《嘉应州志》卷八《礼俗》。

散谈客家文化源自中原河洛文化

陈千华

这是一个老话题、大话题,近年来有许多专家学者从不同角度作了许多论证,发表了许多文章,本篇散谈是我近期的一些见闻所得和思考,也作为一孔之见。

一、关于客家话里的婚育古语

记得 20 世纪 50 年代我念初一的时候在邻居一个念初二的学兄那里见过一本解放初期出版的《新华字典》。出于少年人的好奇心,我们找到了几个字:肏、屌、屄、,这几个字的读音与客家话都一样,常用在客家话骂人、嫌人、鄙视人的话里。如果就其字本义来说,屌(diǎo)为性交之意,屌(与雕同音)和膦(lìn)都是男性生殖器,屄(与鳖同音),为女性生殖器官。当时我们几个人还以自己认识并会写这几个字感到自喜,认为多了一点学问,当然,除了满足了求知欲外,主要是被用在不正经的场合。由于这些年对客家研究的兴趣,对一些客话多了些思考,我才发现,客家话在婚育方面保留了一些与其他方言不同的古汉语。上面提到的几个字,在潮语、粤语里的表达就完全不一样。如果避开这几个字在日常中常用作骂人的一面来说,这正是客家话是古汉语的活化石的一个很好的例证。也许由于这几个字是生僻字,不常用,因而在后来再版的《新华字典》中就再也找不到了。然而,现在客家地区的年轻人甚至小学生都沿用一代又一代客家人口头流传下来的那一类既神秘又公开的字眼,这些字眼是民间代代口传的,不用写出来,也不用认识那几个字,追溯起来是从中原经千百年几十代一直流传下来。当然这些字词也常用于正经,正当表达或交谈中。婚育是人类最普遍,最原始的生活内容,客家话传承的中原古汉语不仅是这几个最古老、最通俗含义的字眼,更是古汉语活化石的一种诠释。

我还发现客家话婚育用语中的"有身孕"、"梡(kuàn)大肚"、"坐月"读音都与普通话保持一致。这都是我们的母亲那辈、祖母那辈一代又一代从中原南迁祖辈那里,代代口传下来的古汉语,很好地保留在穷乡僻壤,流传在深山老林,直到今天的民间,尽管她们中许许多多都是世世代代目不识丁的文盲。

二、关于客家人丧葬活动中的用联

现在客家人中,如有男人去世,在治丧中有一对联用:北邙风冷,南极星沉。问理丧事的人,对联的含义,基本上回答不出所以然,只知这是自古流传下来的用联。

这自古流传下来正是客家人从中原逐渐南迁而来的证据。据考证,北邙山,又名北芒、邙山,海拔只有300多米,是秦岭山脉的余脉。独特的地理位置,令北邙山在中国的地理文化上有了独特的意义。

北邙山绵延在黄河南岸,东西走向百余里。站在北邙山上南望,地势开阔,伊水、洛河自西而东贯洛阳城而缓缓流过,更远处是嵩山。独特的地理位置,正应了古人墓葬要"枕山蹬河"的风水之说,于是这里成为古人理想中安息的"风水宝地"。

这一习俗流传千年,唐人甚至有了"生在苏杭,葬在北邙"之说。唐代诗人王建有诗云:"北邙山头少闲土,尽是洛阳人旧墓。"白居易则留下了"何事不随东洛水,谁家又葬北邙山"的诗句。北邙山上,现存有秦相吕不韦、南朝陈后主、南唐李后主、西晋司马氏、汉光武帝刘秀的原陵,以及唐朝诗人杜甫、大书法家颜真卿等历代名人之墓。

可见,客家人即使离开中原逐渐南迁,但始终不忘故土,至死都念着邙山。

民间还流传着一句俗语:"唔到黄河心唔死,到了黄河死在心。"其原意是说南迁客人的亡魂归故里——黄河流域、中原,只有到了那里,亡魂才得到了安宿之地,这些都是步步南迁中代代相传的观念。

三、关于中原文化在粤东地区传播的先贤程旼

最近我读到一位乡村退休老教师余蔚文写的一本 12 万字的书《世界客属名贤程旼》,他的研究成果对于说明粤东客家的文化传统的"根"、"源"很有参考价值。

程旼,原属海阳县东北、后之程乡义化都程乡里,即今广东省平远县坝头镇东片村、俗名官窝里人。其后裔在梅县、河源等地,祖屋为安定堂。据查,其先世源于甘肃安定郡,到程旼祖上时,迁于河南司州北义阳郡(即隋之弘农,今灵宝东南)。至"八王之乱"、"五胡乱华"时,再徙于时江州鄱阳郡,属以后洪、饶、吉(三州)平原地区。

程旼髫龄时即有神童之誉。甫入少年,即入庠序。后习《五经》,尤喜《春秋》。南朝刘宋时,曾赴京应试,得中礼(记)经魁,并选为史学士,任职建康(今南京)。

至刘宋刘泰始(公元 466 ~ 468 年)年间,因北方外敌入侵,战乱不已,帝室内为争位而骨肉相残、道德沦丧,加上天灾频仍和农民起义,预感中原及首都周边,也将是大战乱之地,因此,辞官回原籍归隐。不久,又率全家及部分族人,逆赣江、贡水,翻山越岭到当时海阳县东北、后之义化都山旮旯定居。被后人誉为南迁粤东客家先民之典范人物。

程旼,"为人恂幅无华。性嗜书,恬荣达。结庐江滨,宴如也"。据传,定居后,全家勤学本地语言,与当地原著民和睦相处,兴私学而传播中原文化;建凉亭、辟山道和水利设施,使当地逐步改变"刀耕火种"等旧习;又经常周济贫苦。当地居民如有纠纷,则不到官府,而自愿到其处,旼为人辨别是非曲直,"咸心服而退"。甚至,"心有愧作者,望其庐辄思改过,有陈太邱之风焉"。因此,约于刘宋明帝泰预(公元 472 年)年间,官府将其住地周围命名为程乡里。

南齐萧道成于建元元年(公元 479 年)五月灭刘宋为帝时,以"搜扬隐逸"诏,令其陛见,欲授以官。旼因"义不仕齐"意,以"布衣"婉辞。帝嘉其德,赐"义化"二字归。后县令将里周围拓为义化都。当年,朝廷将其姓氏命名为程乡县。唐时,程乡县属潮州郡,群众在所建韩文公祠内设 25 位粤东乡贤木主,旼居其首。宋诗人徐庚,曾作"万古江山与姓俱"赞之。故有碑云:"君子播奕德以维

谖,伊人历千秋而不朽"。由此可见,唐宋时程旼已名扬潮州、粤东。

程旼一系,在今平远共繁衍了 210 多年,"约在唐初",其七世孙远辅,才迁梅县白土(今梅江城区三角镇龙上坪上程屋)。其后裔主要播迁于梅县、五华、河源、蕉岭兴福、兴宁、平远长田及江西瑞金、福建岩前、香港、台湾,远至越南、泰国、印尼、美国等地,多是其 17 世纪亚寰后裔。而且,高级人才、巨商、企业家甚众。但平远坝头却于元代末便无其后裔。

以个人姓氏被朝廷命为县名的从古至今仅有两县:一个是以程旼的程姓命名为程乡县(含今梅县、平远县等地),另一个是山西纪念介之推的介休县。由此可见,在特定条件下,程旼对粤东客属地区影响的广度和深度。因为程旼"以德化人"、"信义著于乡里",被人称为乡先贤。同时,从南朝刘宋末起至南齐,因住在今平远坝头振东村(2004 年合并为东片村)、俗名官窝里年久,并因持之以恒的信义积累,所以,被称为南齐处士。朝廷于公元 479 年,将他的所居地以他的姓氏命名为"程乡县",这是朝廷对程处士在偏远的南粤蛮荒之地传播中原文化功绩的褒扬肯定,也是作为客家先民的杰出代表人物程旼在朝廷正史的首次记载。从这里,我们也可以追溯到客家文化与中原文化的密切联系。

（作者单位:广东梅州嘉应学院）

河洛文化与客家优良传统的源流关系*

刘加洪

河洛文化是中国文化的重要源泉之一,是以洛阳为中心的古代黄河与洛水交汇地区的物质与精神文化的总和,是中原文化的核心,也是中华民族传统文化的精华和主流之一。河洛文化肇始于"河图洛书"。《周易·系辞上》载"河出图,洛出书,圣人则之"①。"河图洛书"凝结了古代先哲神秘的想象和超凡的智慧。河洛文化强大的生命力、辐射力、同化力以及它的根源性、厚重性、融合性等,充分反映了中华文化的精宏和伟大。

客家优良传统是客家文化的重要组成部分,而客家文化是河洛文化的传承和发展。"树有根,水有源"。客家优良传统的形成是在中华民族优良传统的基础上,传承了河洛文化古风,渗透了河洛先民在南迁途中所经历的艰难曲折和对河洛文化的深厚情感,结合了客家先民为适应新的生存环境所经历的艰苦磨炼和开拓创新的智慧结晶,通过漫长的历史整合、兼容、同化、改造、创新,逐步形成了令世人为之注目的客家优良传统。

一、客家优良传统是中华民族优良传统的传承和发展

中华民族自古以来就有"自强不息、开拓创新、忧国忧民、爱国爱乡、勤奋好学、崇文重教、廉洁清正、勤劳节俭、团结诚信、和谐发展"等的优良传统。它孕

---

* 此文是国家社科基金重大委托项目《河洛文化与闽台关系研究》子课题(批准号为 09@ ZH005)《河洛文化与客家优良传统》(已出版)阶段性成果。

① 《周易·系辞》(上),见邓球柏《帛书周易校释》,湖南出版社,1996年,第419页。

育于五千年历史文化之中，渗透在中华儿女的血脉里。中国人都尊炎黄为始祖，后人均称炎黄子孙。他们在中华大地披荆斩棘、筚路蓝缕，开启了华夏民族的文明之路。从中原大地辗转迁徙至闽粤赣边区的客家人，深受中华文化的熏陶，中华民族的优良传统在他们的心中深深扎下了根。

　　自强不息、开拓创新是中华民族永恒的价值取向，它激励着中华儿女拼搏进取、奋发图强。中华民族的自强不息、开拓创新，体现在《周易》的两个命题上："天行健，君子以自强不息"①；"地势坤，君子以厚德载物"②。中国传统文化的精神价值离不开奋发向上和开拓创新的思想。从客家人不停行进的厚实的身影里，表现出具有强烈的自强不息、开拓创新意识。有一首在客家地区流传很久的歌谣："人禀乾坤志四方，任君随处立常纲。年深异境犹吾境，身入他乡即故乡。"③这首歌谣反映了客家人远离故土、远走他乡的历史际遇，表现了客家人艰苦奋斗、开拓进取的精神境界。

　　忧国忧民、爱国爱乡是中华民族崇高的精神境界，它激励着中华儿女舍生取义、视死如归。中华民族的忧国忧民、爱国爱乡，体现在儒家"格物"、"致知"、"正心"、"诚意"、"修身"、"齐家"、"治国"、"平天下"的行为模式上；体现在孟子"乐以天下，忧以天下"④的思想信念上。它教育了我国一代又一代仁人志士，自觉报效祖国，献身国家、民族，并在关键时刻经受了考验。每当国家民族生死存亡的紧要关头，客家人总是冲锋在最前、坚持到最后，视死如归、义无反顾，用鲜血捍卫了民族独立，用铮铮铁骨维护了国家尊严，谱写出伟大的爱国主义篇章。南宋客家人文天祥，在抗元斗争中不幸被俘，乃作《过零丁洋》诗曰："人生自古谁无死，留取丹心照汗青。"强烈地表达了诗人宁死不屈、为国捐躯的决心，体现了其绝不偷生、坚贞不屈的民族气节，写得慷慨悲壮，气吞山河，成为传诵千古的名句。

　　勤奋好学、崇文重教是中华民族悠久的文化传统，它激励着中华儿女刻苦攻读、锲而不舍。中华民族的勤奋好学、崇文重教体现在《论语·述而》"学而不

---

① 《周易·上经》，见南怀瑾、徐芹庭《白话易经》，岳麓书社，1988年，第15页。
② 《周易·上经》，见南怀瑾、徐芹庭《白话易经》，岳麓书社，1988年，第32页。
③ 罗维猛、邱汉章《客家人文教育》，中国大地出版社，2003年，第12页。
④ 《孟子·梁惠王下》，见夏延章、唐满先、刘方元《四书今译》，江西人民出版社，1996年，第323页。

厌,诲人不倦"①,"发愤忘食,乐以忘忧"②的人生理想上;体现在《后汉书·鲁丕传》"性沉深好学,孜孜不倦"③的精神追求上。从战国末年苏秦"锥刺股",到汉人孙敬"头悬梁",到晋人车胤"囊萤"夜读,再到南朝顾欢"燃糠"自照,都是古人勤奋读书的典型。"耕读为本、崇文重教"是中国农耕文化和儒家思想之精髓,并被历代统治者视为立国之本而加以推崇,客家人更奉此为兴家立业之法宝,融入到血脉之中。客家人通过堂联、族谱、谚语、童谣、竖楣,激励子弟勤奋好学、成才立业。客家地区教育普及,城乡学子勤学苦读,崇文兴学蔚然成风,梅州则被人们誉为"文化之乡"、"人文秀区"。

勤俭诚信、团结协作是中华民族高尚的思想情感,它激励着中华儿女勤俭守信、同舟共济。中华民族的勤俭诚信、团结协作体现在墨子"俭节则昌,淫佚则亡"④和孔子"言而有信"⑤的价值取向上;体现在《礼记·礼运》"选贤与能,讲信修睦"⑥的道德规范上。客家人十分重视传承和发展中华民族刻苦耐劳、勤俭朴素的传统美德。客家人认为"无信非君子、无义不丈夫"。把信义视为社会交往中为人处世的基本品德,并把它作为判别朋友或"小人"的价值标准。客家人极重义气,保持着中华文化"有福同享、有难同当"的团结拼搏精神。可以说,由客家传统民居衍生出来的土楼、围龙文化本身就是团结协作、共同御外在居住环境上的写照。

客家优良传统来自五千年历史文化的积淀,是一种激励人们昂扬向上的文明成果。这些优良传统是客家人繁衍生息的精神动力,也是客家人发展壮大的关键所在。它是中华民族优良传统的传承和发展,也为中华民族的历史增添了光辉的篇章。充分挖掘客家优良传统,于国家安宁、于民族发展、于社会进步、于家庭和睦、于个人上进,都具有十分重要的现实意义。

---

① 孔丘《论语·述而》,见李泽厚《论语今读》,安徽文艺出版社,1998 年,第 170 页。
② 孔丘《论语·述而》,见李泽厚《论语今读》,安徽文艺出版社,1998 年,第 182 页。
③ 范晔《后汉书》,岳麓书社,1994 年,第 382 页。
④ 《墨子·辞过》,见梅季、林金保《白话墨子》,岳麓书社,1991 年,第 25 页。
⑤ 孔丘《论语·述而》,见李泽厚《论语今读》,安徽文艺出版社,1998 年,第 36 页。
⑥ 《礼记·礼运》,见《礼记尚书》,华龄出版社,2002 年,第 104 页。

二、河洛文化的深厚底蕴是客家优良传统形成的基础

河洛地区文化积淀厚重,历代名家辈出。河洛地区先民们创造的河洛文化,是以洛阳为中心的古代黄河与洛水交汇地区的物质与精神文化的总和,河洛文化是中华文明的摇篮文化之一,也是中华民族传统文化的精华和主流之一。炎帝、黄帝是中华民族的人文始祖。他们身上所体现的自强不息、奋发进取、忧国忧民、崇文重教、团结协作的精神已成为整个中华民族团结向上、蓬勃发展的永久动力。他们以龙文化凝聚了众人的心,开创了汉族基业。汉族到了周秦时期开始兴旺,刘汉以后最终成熟。

客家人永远不会忘记自己的祖先是在中原河洛,中原河洛是中华民族凝聚力量的发源地。中原河洛带来的汉族文化是客家优良传统的基础、源头。千百年来,散居在各地的客家人始终不敢数典忘祖,在与当地生活和交往中没有完全混化于当地,一直保持其源头中原河洛文化的风俗习惯、生活方式以及为人处世的观念,连他们所讲的方言也保留着中原古汉语语音。"宁卖祖宗田,不卖祖宗言;宁卖祖宗坑,不卖祖宗声"。这是客家人在迁移途中,用悲痛的骨肉生离的泪水凝炼出来的声音,嘱子嘱孙要用"祖宗言"作为他日有幸相逢的认同标志。黄遵宪在《己亥杂诗》曰:"筚路桃弧辗转迁,南来远过一千年,方言足证中原韵,礼俗犹留三代前。"并《自注》云:"客人来州(嘉应州),多在元时,本河南人。"[①]黄遵宪以诗的语言,道出了客家人南迁逾千年,礼俗尚存的事实,足以说明客家人根在河洛、情系中原。正是客家人在文化上传承了意志坚韧、坚持不懈的精神,才孕育出客家优良传统这一奇葩。

据考证,在中国的姓氏中,有一千多个源于河南,当今按人口多少排列的前120大姓中,全源于河南的姓氏有52姓,部分源头在河南的姓氏有45姓,两项合计,起源于河南的姓氏共有97姓,占其80.8%[②]。也就是说起源于河南的姓氏占全国汉族人口的百分率在80%以上。广东梅州市地方志汇编的《客家姓氏渊源》介绍了客家77姓祖居地和古代繁衍、迁徙等方面的情况。各姓族谱均有

---

① 钱仲联《人境庐诗草笺注》,上海古籍出版社,1981年,第810页。
② 李绍连《河洛文明探源》,河南人民出版社,2007年,第157页。

其先人来自中原,其文化的源头是古老的黄河文化的记录,其中源于河南的有48 姓,占其总数的 62.3% 即占大多数①。因此,在客家人的民族特质上,显示出他们具有酷爱自由、反抗压迫、敢作敢为、坚毅不屈、负责到底、勤俭节约、挑担奉饭、团结友爱、崇正包容、重视谋略、勇敢机警、审时度势、不达目的决不罢休的特点。随着河洛先民迁移到祖国南方和世界各地,河洛子孙逐渐繁衍四海,遍布全球;河洛文化也润泽神州,远播寰宇。闽粤赣客家人、台港澳河洛郎,以至于众多海外华人,血缘同宗,文化同源;河洛遗风,遍布天涯。客家优良传统,根在河洛。

客家人还通过雕刻堂号、门联的方式,来记载自己姓氏和历史。所谓堂号,就是"祠堂名号"的简称。名字代表个人,姓氏代表宗族,而堂号则是姓氏的延伸,代表着家族的历史与荣誉。堂号有的是为了纪念祖先所来自的地方,以老家所在的地名为堂号,有的则取自他们杰出先人的特殊功业或言行。如谢姓的始祖堂号是"陈留堂"、"宝树堂"。"陈留堂",汉时郡名,晋为国,今河南陈留县,后移至开封,表明谢姓来源于中原河洛。根据晋书《谢玄传》记载,曾经指挥过历史上著名的"淝水之战"的谢安曾问其侄谢玄,为什么人人都希望自己的子弟成器? 谢玄答道:正像人们都希望自己的庭前生长着茂盛的芝兰玉树一样;所以,唐代大文学家王勃在他的名文《滕王阁序》中有"谢家宝树"之句。足见取"宝树堂"作堂号,正是希望其后裔成为成大器的子弟,为国为民作出更大的贡献。由此可见,堂号蕴含着河洛文化的深厚底蕴,客家人把它升华为自己的精神特质。

在堂号的基础上,又产生了堂联,其结构一般是上联指出发祥地或郡号,下联则多为炫耀祖德,亦多点出其时代,地点或官爵等。如泰国总理他信,2005 年7 月回到其母亲曾经居住过的老家广东梅县松口镇梅教村寻根问祖,他信总理的外公黄铨成的祖屋"儒林第"是一座有着 300 多年历史的典型客家屋,大门的门联是:"儒林风采,江夏家声"。中堂柱联:"儒雅清高系心家邦当励志;林泉淡泊致力农牧足安居"。后堂柱联:"根在中原崇尚礼乐光祖德;枝荣岭表笃守良谟展鸿图"②。黄姓堂联同样蕴含着丰富的文化内涵,一方面表明黄姓祖先来自

---

① 李绍连《河洛文明探源》,河南人民出版社,2007 年,第 156 页。
② 庄扬杰、王昕伟《泰国总理他信今天回母亲故里梅县寻根》,《南方都市报》,2005 年 7 月 2 日。

于中原河洛,表达了寻根念祖、怀念故土的心理需要和精神诉求;另一方面表明黄姓崇尚礼乐,忠于国家民族,孝敬父母祖先,崇文重教、淡泊励志,激励后生、再展鸿图。作为中原望族的客家人,通过堂联的形式把河洛文化的精髓当做处身立世的标尺传之后人。

客家人比较全面地维系和保存了中原河洛文化的优良传统,继承了中原古风。因此,客家人血液里奔流着粗犷、冒险、好动、耐劳、持久、刚强的品性,客家人有重道义、好学问、尚教育、学礼节、讲伦理、尊妇德、敦亲族、敬祖先的优良传统。源远流长、博大丰厚的河洛文化不仅养育了客家先民,而且作为客家文化的源头和核心,至今仍哺育着世世代代客家子孙,并将成为他们永不枯竭的文化之根、精神之源。

三、在河洛人的大迁徙艰难历程中形成客家优良传统

中国人有句俗话:"树挪死,人挪活",深刻地表述了人类对于不断开拓生存空间的价值判断,应该是客家人闯荡流移、开拓创新的最好说明。客家民系的形成过程,最为完美地表现了人类不断探索、不断开拓进取、不断征服自然的大无畏精神。

为躲避战乱求生存,富有冒险和开拓精神的部分中原汉人向南方迁徙,从而开始了中国古代历史上以中原大地为中心的五次人口大迁徙。客家族群每一次迁徙理由虽然都不尽相同,但都蕴含着相同的不妥协、不屈服、独立自尊的优良传统。为了生存、发展,他们经历了长期的迁徙、流浪,颠沛流离,逐步地摆脱了中原"安土重迁"和"父母在,不远游"的传统保守观念的束缚,树立起"四海为家"、"落地生根"、"日久他乡即故乡"的新思想。处处为客,处处为家,这种观念深入人心、潜移默化,这是客家文化具有强大生命力的表现。

在南迁的历程中,为适应新的环境,寻找理想之地重建家园,这些客家人经受住了无比的艰辛、战乱、伤病、天灾、饥饿的考验。他们在跋山涉水的艰难环境中求生存,同时又不断地积累经验和推陈纳新,从而促使这些南迁汉民的素质得到了显著提高。他们磨炼出了自强不息、追求理想、吃苦耐劳的品质,也提高了对不同环境的适应性。同时,也正是由于客家人有很长一段漂泊流离的经历及到达定居地以后所面临的种种困境,从而锤炼出客家人坚忍不拔的意志、勇于开

拓的精神、勤劳朴实的传统。

客家人作为汉民族一支民系,其形成和发展,经历数次大迁徙。颠沛流离、世事多艰,使客家人养成坚忍卓绝、刻苦耐劳、冒险犯难、团结奋进的特性。客家人经过历代长期艰苦奋斗使民族性格得到考验和磨炼,他们自始至终带有一种浩然正气、民族节操,具有崇尚忠义、反抗压迫、义不帝秦、同仇敌忾的凛然自傲之气。客家先民多因异族入侵、国破家散而被迫逃离故土,流移转徙他乡,因此爱国爱家精神比其他族群都强,这充分地体现在历史上那些客家仁人志士身上。

在长期的颠沛流离中,为了在逆境中求生存、求发展,他们必须奋力与自然、与社会抗争,努力拼搏,积极进取。他们忍饥挨饿,缺衣少食,两手空空,过着清贫的生活;他们披荆斩棘,筚路蓝缕,以启山林,创业之路很艰辛。但客家人身上源自中原吃苦耐劳的品质、顽强的生存欲望终于起了决定性的作用,客家人生存了下来,站立了起来。特殊的生存环境,难以为继的生活,使他们只能廉洁奉公、公私分明、勤劳节俭、照顾弱小、同甘共苦、共渡难关。离开中原背井离乡,长期的流浪生活,更体会到勤劳节俭的重要性。在迁徙途中克服困难所锻炼出来的吃苦耐劳的精神,融入原有的中原文化传统中,形成一种廉洁自律、清白做人、勤俭朴实、团结互助、坚忍不拔、冒险进取的社会风尚,形成了客家人独特的"廉洁清正、勤劳节俭"的优良传统。

当他们离开故土、置身于异域文化的人们中,要生存发展,就必须同舟共济,因而他们特别团结,表现出强烈的群体意识。"宁卖祖宗田,不卖祖宗言"的古训,凝聚起海内外客属乡亲的力量,调动起千百万客家人的积极因素。他们善于用血缘、亲缘、地缘等各种条件,建立同宗、同乡、同一文化内相互合作关系的团体精神。正是由于他们在不断迁徙中求得了生存,寻找到了新的发展机遇,所以才使得客家人从自己的生活经验中得出了"命长唔怕路远、命长吃得饭多","树挪死、人挪活"的价值观念。

迁居台湾、香港和海外社会的客家人,他们一条裤带、闯荡天下,大都经历了一个艰苦创业、开拓进取的过程。他们不但继承了客家人的优良传统,而且在陌生的异邦开埠创业,几代人的艰苦奋斗,换来当地的繁荣,并用血汗换来的果实,滋养祖国大地。一部华侨史,就是一部血泪和辛酸交织而成的拓荒史。在长期的迁徙磨炼中,客家华侨形成了重视组织、维护团结、坚韧豁达、勇敢无畏、热爱家乡、热爱祖国的崇高品格。

　　客家人在离乱、天灾、战火交迫的环境中，不断地进行大迁徙，迁徙历程中形成了一种坚忍卓绝、刻苦耐劳、独立自强、冒险犯难、进取创造、不满现实、追求理想、不折不挠的民族性格和优良传统。可以说，客家人在南迁过程中所积累的经验和教训，对客家优良传统的形成起到了极大的促进作用。

　　客家人的辗转南迁和跨海迁移，是一部惊心动魄的史诗。客家人以其独特的生存方式与顽强的生命力，创造了自己的独特文化和社会区域；形成了勤劳刻苦、勇于开拓、团结奋进、爱国爱乡、知书达理、崇敬祖先、尊老爱幼的客家优良传统。风雨飘摇的迁徙历史和严酷恶劣的自然环境，使客家优良传统具有鲜明的移民特点和山区色彩。同时，随着"河洛郎"的迁徙台湾、香港，走向世界，客家优良传统又增添了新鲜的海洋文明的气息。

（作者单位：广东梅州嘉应学院社科部）

张大千是祖籍在广东的客家人

李永翘　茹建敏

2010 年 5 月 17 日,中国嘉德国际拍卖公司在北京举办的春季拍卖会上,中国现当代国画大师张大千晚年创作年的一幅巨型泼墨泼彩绢质绘画《爱痕湖》(76×264 厘米),经过国内外各路买家近 60 轮的激烈竞投,最终以 1 亿零 80 万元人民币的天价成交。这是中国近现代名家的绘画作品首次突破了亿元大关,也是迄今为止张大千个人作品价格的全球最高新纪录,同时也成了中国近现代书画价格新的里程碑。此事顿时轰动了中国和全世界。

众所周知,作为中华民族的优秀儿子、中华文化的杰出代表、中国画坛的经典画家、世界级的伟大艺术巨匠——国画大师张大千先生,出生在川中腹地内江,并且是在四川生活、学习、长大,一辈子说的都是四川话,最喜欢吃的也是川菜,而且他本人就是一个极善烹饪的川菜高手,是一个地地道道、不折不扣的正宗、资格、标准、典型的四川人。

但是,我们经过深入研究发现,在实际上,张大千及其家族,却是祖籍原在广东的客家人。

所谓客家人,概括地讲,系指在中国历史上的多次战乱中,中原汉族南迁的后裔。西晋末年,为避战火,中原大批望族士人曾纷纷先后南下——当时称之为“衣冠南渡”,迁居到了粤、闽、赣等地的边区,聚集而居。尽管他们生活在了新的地方,但仍持守了其故土的语言、文化、风俗、习惯等,与当地的有关风习明显不同,因而他们被地方的原住民称为了“客家”。再后来,客居在粤、闽、赣等地的客家人,世代相传,枝繁叶茂,又因为种种原因,其后裔流布到了全国各地乃至于世界各地,使得客家人的分布地域更加广泛,因而现还有着"处处为客处处家"之一说。并且,由于客家人历史的久长、数量的众多、精英的荟萃和客家文化的先进丰富与灿烂多彩,乃至今日国际上还出现了一门显学——"客家学"。

　　近来,在四川日益蓬蓬勃勃和繁荣红火的客家学研究中,我们又有了一个新的重大发现——蜚声世界的著名四川籍国画大师张大千先生(1899~1983年),其先祖是原在广东的客家人!

　　根据目前客家学公认的界定客家人的三大标准,我们认为,张大千及其家族,均符合其三个条件。

一、祖籍源流:张大千是来自于湖广的客家后裔

　　根据张大千的亲胞兄——四哥张文修于民国年间经历了长达数十年亲笔撰写的《张氏家乘》记载:张氏一家的先祖原籍,原在广东省番禺县(属今广州市),后来又迁居到了湖北省麻城县。清康熙二十二年(1683),张家四世祖张德福"自湖北麻城至四川候补简放内江县知县,颇著政声。迄卸任后不乐仕进,即于内江之一泗滩黄家庙购置田园庐舍,息影于农。"①从此,张家即在四川内江定居下来,生活繁衍,耕读传家。乃至迄今,到张大千先生这一辈,已是张家四世祖张德福之后的第七代人,已在内江生活长达200多年。

　　本来,在张文修编纂的这本《张氏家乘》以前,原有老谱,内中各项都记之甚详,且世世代代递传不绝。但到张大千的祖父、八世祖张朝瑞(1821~1872)时,由于家中突然失火,其《张氏家乘》老谱不幸被毁。于是在张大千的父亲、九世祖张忠发在世时,痛感家乘不幸于火,遂命其四子文修(曾于清末中过秀才)重新修谱。由于旧谱被毁时张忠发才刚刚8岁,致将祖传所定之名序班次忘记,于是"着由十世祖起,另拟二十字作为班次,俾后辈有所遵循,以免子孙众多日久年湮,同属本支,却视为陌路也。"因此,《张氏家乘》新拟定的名序班次是:"正心先诚意,国治本家齐,温良恭俭让,子孙永保之。"按照此班次,故而张大千的原名叫张正权,其二哥、著名的绘虎大师张善子的原名叫张正兰,张大千的三哥张丽诚的原名叫张正齐,张大千的四哥张文修的原名叫张正学,张大千的大姐张琼

---

①　四川内江《张氏家乘》手稿本,现藏于内江市档案馆。

枝的原名叫张正恒,张大千的九弟张君绶的原名叫张正玺,其名都是"正"字辈;
而他们几个兄弟的子女,则全都属于是"心"字辈;其之孙子女,则全都属于"先"
字辈;等等,皆严格按照了《张氏家乘》之规定。

　　另据历史文献记载,明末清初之时,当时的四川由于连年战争,人口锐减,地
广人稀,乃至"蜀省有可耕之田,而无耕田之民","合全蜀数千里内之人民,不及
他省的一县之众"①,社会经济遭到了严重的破坏。清王朝的政权稳固以后,为
了恢复四川的经济,朝廷曾采取了一项特别政策:大力倡导和鼓励湖北、湖南、江
西、福建、广东、广西等地的农民入川垦荒,特别是在清康熙、雍正、乾隆三朝,对
此政策的推行最力,时间也连续最久,由此曾掀起了一场规模浩大、影响深远的
国内大移民运动,其中又尤以两湖和粤、闽、赣、桂的移民入川者为最多,此亦即
民间通常所称的"湖广填四川",从而使四川成了中国西部内陆地区客家人数量
最多的省份,并成了全国五大客家聚居省之一。

　　从上述的《张氏家乘》可以看出,张大千的先辈、四世祖张德福,即是在康熙
二十二年率全家由湖北麻城宦游来川,从此在四川定居传家的。这里应当指出
的是,张德富的来蜀时间与定居时间,正与当时清王朝鼓励外省民众大量入川的
时间阶段相吻合。因为早在此前五年,即在康熙十七年(1678),清廷即下旨:
"各省贫民携带妻子入蜀开垦者,准其入籍。"同时又规定:"凡他省民在川垦荒
居住者,即准其弟子入籍考试。"②而在此之后七年,即康熙二十九年(1690),清
廷又颁布上谕说:"四川民少而荒地多,凡流寓愿垦荒居住者,将地亩给为永
业。"另又明确奖励规定:"其之开垦田亩,准令五年起科。"③清廷同时还将动员
民众入蜀人数的多少及开垦荒地数量的多寡,作为考核四川地方官吏的政绩以
及其升降的依据,尤其是对县、州等级别及以上之官员,"咸以劝垦多寡,催督勤
惰为殿最。"④因此,张大千四世祖张德富的入川时间与定居于蜀中时间,正是清
廷大力动员和鼓励外省人"入川垦荒居住"的高潮时期。而作为清朝"七品县
令"之一的张德富,在朝廷迭命"湖广填四川"的此高潮期间,自然要严格奉行

---

① 清嘉庆《四川通志》卷七一。
② 清嘉庆《四川通志》卷六四。
③ 《圣祖仁皇帝实录》卷二七。
④ 《清朝通典》卷一。

"上谕",并以身作则,率先垂范,从此就在四川"息影于农",耕读传家了。

所以,尽管内江张家《张氏家乘》的老谱早毁,而目前《张氏家乘》中关于其一至三世祖的身世乃至其名、字、号等等,皆是"略,无考",同时又由于年代久远等种种历史因素和现实原因,我们现在已经无从知晓张大千的最早先祖是何时及怎样从中原地区迁往广东番禺的,后来又是如何从广东番禺迁居到湖北麻城的详细经过及其缘由,且今日更难以考证出张氏始祖从中原迁粤之时间与脉系。但尽管如此,今天仍可确证无疑的是:张大千先祖的来川定居,正是清朝当年"湖广填四川"的一个重要结果。且由此更可以进一步作出断语的是:张大千的先祖原籍是先在广东,后在湖北,张大千本人及其家族,正是客家人的后裔之一。

二、文化特征:张大千是客家文化的忠实执行者和杰出体现者

1. 客家语言:客家人有一条世代遵循的古老祖训:"宁卖祖宗田,不忘祖宗言",张大千家亦复如是。据悉,张家老辈人都会讲客家话,哪怕到了张大千这一代,已是张家定居蜀中后的第七代人,且大千的母亲曾友贞也是在内江出生长大的,但张家仍保持了客家人习惯,对外讲四川话,对内说客家话——人称"土广东语"。虽然后来由于世事沧桑,时移势易,内江张家后代人会讲客家话的人已越来越少(有的现在只能听而不能讲),但张家人内部的互相称谓仍然严格遵循了客家的习俗:如将祖父、祖母分别称为"阿公"、"阿婆",将外祖父、外祖母分别叫作"姐公"、"姐婆",将父亲、母亲则分别称作了"阿爸"、"阿姆"等等,常将"阿"字放在了亲属特别是长辈之前,以示尊敬与亲热之意。至于张大千本人,他更是客家祖训"宁卖祖宗田,不忘祖宗言"的最忠实执行者。不论他后来走到世界何地,哪怕是到了欧美国家,在家中对内他通用的仍是客家称呼,而对外则全是满口浓郁的四川内江土语方言,并且无论是出席哪种隆重场合,他还总是头戴东坡帽,身着汉长衫,脚登布鞋袜,其浑身上下和里里外外,都保持和显露出了一派鲜活、独特、厚重的炎黄古风!张大千不仅将"不忘祖宗言"这一客家风尚扩大开来,而且是将之推向了极致!

2. 风俗习惯:在饮食习俗上,四川的客家人喜食麻、辣、甜、肥、鲜等,张大千也同样如此。由于广东人素来讲究"食",又"食不厌精,脍不厌细",这给来川的粤籍客家人曾有很大的影响。如大千的父亲张怀忠和张大千本人就都是著名的

"美食家"。特别是张大千本人,他不但讲究"吃",而且自己还善烹调,不仅发明创造了"大千鸡"、"大千鱼"、"大千一品豆腐"、"大千狮子头"、"大千牛肉面"、"大千酸辣汤"等等一系列著名的"大千菜",而且还培养、训练出了多名世界级的中国大牌超级厨师,极大地丰富和发展了客家、川菜和中国的饮食文化。而在敬祖崇宗上,内江张家不但一直保持了客家人习俗,世世代代都珍藏谱谍和续修家谱,而且还供奉祖先牌位。至于张大千本人,更是如此,他到了晚年,已定居在台北市以后,仍在家中供立了先人牌位,时时祭祀,以示不忘。有一次,有一位美国人从四川赴台,曾专门带了一包成都平原的泥土去送给大千。张大千接到这包来自家乡的泥土后,睹物思亲,追根溯源,立刻浑身颤抖,为之大恸,顿时老泪纵横,放声大哭,然后将这包故乡的泥土,恭恭敬敬地供奉在了其先人的牌位之前①。这件动人的"小事",不仅表现出了张大千强烈的爱国主义精神和浓烈的思亲怀乡情感,更典型地体现出了他作为客家人十分珍视自己根源之地的执著传统习俗。至于其他的种种客家风俗习惯,如语言习惯、年节习惯、婚嫁习惯、生育习惯等等,悉据内江张家之训。

3. 文化精神:根据目前的客家学研究,客家文化的基本特征是:既带有浓厚的理想主义色彩,又富有求实创新的革命精神,具有重名节薄功利,重孝悌薄强权,重文教薄无知,重亲情薄金钱,重仁义薄小人,以及忠孝、诚信、勤奋、勇敢、智慧、团结、和谐、慈善、包容、淳朴、节俭等为人处世的中华传统道德价值观念。用现代话来说,亦即客家人具有种种中华民族优秀道德、节操、精神、思想、情感与传统。因而有很多的国际学者普遍认为:"客家是中华民族的精华","客家精神正是中华民族文化的精粹"!②

无数的历史事实已经证明,正是中华民族这些优秀、独特、浓郁、传之久远的客家精神,不仅对中国历史的发展与中华文明的进步作出了不可磨灭的巨大贡献,并造就出了无数的民族英雄和民族精英。被称为"真正爱国的国画大师"张善子、张大千兄弟二人,就是如此,这也正是其母亲和家庭遵循客家重视文化传统,对他们从小教育、培养的结果。

---

① 李永翘著《国画大师张大千》,中国青年出版社,1995 年。
② (英)布克西顿著《亚细亚》。

据内江《张氏家乘》记载:"张家弟兄之和睦,无论遐迩,皆称道之。此皆太夫人教养有方所致也!"事实也的确如此。张家四兄弟之忠孝、仁义、和谐、亲密、友爱,其兄友弟恭,互爱互敬,彼此关心,不分你我,团结互助,内外和乐等等,堪称是中国传统大家庭中优秀的代表与典范!《张氏家乘》又载,大千母亲"曾太夫人嗜书,令媳辈均读书,故家庭中鲜有不识字者"。又,"太夫人嗜书善画,性至慈良,惟教子及媳则不稍假辞色。尝云:'教子媳不严,养子媳成怠惰性,非真爱子媳者也!'至对贫苦者,则宁忍饥忍冻以济之。当怀忠公经营井灶失败,纯赖太夫人售画以糊口,家庭中万分拮据,而太夫人乐善之施并不稍衰也。迄儿辈迭次成年,或令为学,或令为商,各因儿辈之性近均得于成。如正兰公(张善子)历任南北各省县知事,颇著政声;正齐公(张丽诚)自幼经商,为商界巨擘;正学公(张文修)自幼习儒,十九入庠,历任中学、大学教授;正权公(张大千)自幼酷嗜书画,留学东洋,归即寓海上任教授,且投李梅庵、曾农髯两钜公之门学书,颇得两师神髓,海上求书求画者,日踵其门,艺术界推之为'南北第一'……"

故而,当张大千在其晚年,当他的足迹遍及欧洲与南、北美洲,其声誉也早已响遍了世界各地时,他仍念念不忘其根,曾无比深情地回忆说:"予画幼承母训。稍长,从仲兄善子学人马故事,从先姊琼枝为写生花鸟。……"[1]强烈而鲜明地表现了他饮水思源、不忘根基的客家思想风范。由于涉及到的内容实在太多,此文实难以对各方面都一一赘述。这里暂且不讲张善子、张丽诚、张文修、张大千其兄弟四人在他们各自的漫长一生,但不能不特别指出的是:仅仅只是内江的张氏一家,便为国家、为民族培养和造就了两位世界级的国画大师(张大千、张善子),一位曾盛誉于川、渝、鄂、沪、滇、黔等诸多省市的商界巨擘(张丽诚),一位曾驰誉于京、津、沪、蜀、渝等各地的杏坛名医(张文修)。而仅此一件事实,张氏家族就足以令人钦佩和尊敬了!

三、张大千的自我认同:这是界定其为客家人的重要和必要条件

由于四川偏处在西南一隅,素来蜀道艰险,社会封闭,再加上历史的原因,客

---

①　李永翘著《张大千全传》上、下,广东花城出版社,1998 年。

家学研究在19世纪方才发端,近年来才刚刚繁荣,因此在20世纪及以前,巴蜀社会上很少有客家一词出现,人们既不知道何谓客家,更不了解客家源流。四川客家人自己,也由于各种原因,很少能有机会去与粤、闽、赣、鄂、桂、湘等客家祖地交往,故他们很多人几乎都不知道自己是客家人,个别人仅知道自己是"土广东",是"祖籍来自于湖广的四川人"而已。这也可说是长期以来四川客家人有别于闽粤赣湘客家人的一个特殊之处。

对于张大千本人说来,当然也受到以上这些历史条件的局限与限制。尽管他在一生中曾经云游四海,叱咤风云,他的留名和诗书画作品的题字落款也都是写的"蜀人"、"西蜀张爰"、"蜀郡大千"、"西川张大千"、"四川内江张爰"或"四川汉安(内江之古称)张爰"等等。虽然他一贯自认为、也自称是"蜀人",但对于外界,仍毫不隐讳地说自己是"土广东",是"祖籍来自于广东的四川人","这是我们张家家谱中都载明了的"等等。他青年时去广东、福建、湖北、江西、广西、湖南等南方地区旅游时,有时兴起,他也会和对方讲上一番客家话,弄得对方惊讶不已。因而,张大千还常常对广东、湖北等地的朋友们说:"我的先祖曾住在广东,后来迁居到湖北麻城,再后来才迁到四川去的。按理说,我和你们广东人,还有湖北人,还都是属于'老乡'哩!"不仅张大千本人如此讲,其兄张善子、张丽诚、张文修还有其之父母,以及后来张氏的很多后裔,也都纷纷有如此说,坦承自己是"土老广"。这样做,在当时是需要有一定的甚至是很大勇气的。因在许多年前,四川客家人的社会地位,相对而言还较低,出于现实的考虑,很多人都掩着藏着不敢或者不愿意表露自己是"老广后裔"的客家人身份。但在当时,张大千与张家人不但在家谱中就明确记录下了"先祖原籍广东",而且对外也都坦然承认自己是"土老广"。只此一件事实,就更加明确地表露了张大千与张氏家族对于自己是客家人身份的一致认同。

因此,综上所述,无论是以狭义客家人的定义尺度来衡量,还是从广义客家人的定义标准来界定,我们现在都完全可以定下这个结论说:著名的四川籍国画大师张大千、张善子,还有巴蜀儒商张丽诚,蜀中名医张文修,以及他们的后裔,都是祖籍原在广东的客家人!

说明:本文在写作中,曾得到了长期居住在内江的张大千侄子张心俭先生(张文修之子)、长期居住在成都龙泉驿区洛带镇、龙泉驿镇的张大千侄子张心义先生（张丽诚之子）及张大千侄孙张志先先生（张丽诚之孙）等人的大力支持，特此感谢！

（第一作者单位：四川省社会科学院）

中原文化南播对客家民系形成
及其经济社会发展之影响

陶　谦

　　由于中国是一个多民族的融合体,加之地域广阔、人口众多,因而在历史发展进程中,形成了具有不同民族、不同地域及不同内涵特质的多元特征。如以河洛文化为核心的中原文化、楚文化、巴蜀文化、齐鲁文化以及以闽、粤、赣部分地区为腹地的客家文化等等,都是带有丰富地域特色的地域文化、汉文化;而在祖国边陲的云南、贵州、广西、海南等少数民族聚居区产生的苗、黎等文化,则为地方民族特质文化。

一、中原文化南播

　　目前国内外多数学者认为,中原文化是以河洛文化为核心、产生于中原地区、具有独特文化内涵的地域性文化。然近些年,随着对中原文化研究的不断深入,这一认识有了新的发展,即中原文化不单是一个地域文化,而且又是中华传统文化的主源和主干,是中华民族精神的重要组成部分;同时,在漫漫的历史长河中,由于中原先民因故不断迁徙,就将中原文化的理念准则从源地通过各种途径传播到周边乃至中国的广大地区,并对这些地区的经济社会发展带来一定的影响。从诸多史料和研究成果中我们可以看出,中原文化南播多为中原先民南徙所为,而南徙的直接原因是史上中原地区频发的战争及灾荒。

　　中原地区先民南徙始于何时何代,特别是大规模迁徙活动有多少次,学者说法不一。关于始于何时,有说始于晋代,有说始于唐代,有说始于五代,有说始于宋代,还有说始于元代和明代;至于中原先民大规模迁移的次数更是差异很大,有三次说、五次说、六次说、七八次说,甚至九次说。例如,客家问题研究专家罗香林教授在其《客家源流考》中认为,客家先民原自中原迁居南方,迁居南方后,又尝再度迁移,总计大迁移五次。即东晋时,受"五胡之乱"影响,大批中原先民南迁为第一次;唐末受黄巢事变影响,中原先民再迁为第二次;宋高宗时,受金人南下及元人入主之影响,中原先民迁之粤东北部为第三次;明末清初,受满人南下影响,中原先民再迁为第四次;清同治年间受土著与客民争夺及太平天国事件之影响,中原部分先民再迁他地为第五次①。学者程有为先生认为,中原先民规模较大的迁移有三次:第一次是发生在西晋末年的永嘉年间,史称"永嘉南渡";第二次发生在唐代的天宝年间,中国北方发生"安史之乱",河洛地区成为战乱中心,大批汉人南迁;第三次是北宋末年,金兵南下,攻陷开封,高宗赵构定都临安(今浙江杭州),中原人民大量随宋室南迁②。杨海中先生则认为,较大规模的迁徙就有七八次之多,其中最有影响的有四次:西晋的"永嘉之乱",唐代的"安史之乱"和黄巢起义,北宋的"靖康之变"及明末清初的郑成功、康熙朝收复台湾③之举。仅就以上说法,中原先民南迁应在汉以后。然而,据笔者考证,在先秦时期甚至更早的春秋战国时期,就已有中原汉人向南迁徙,并将中原的先进文化带入荆楚、百越和广大南方地区,为江南地区的开发作出了不可磨灭的贡献。例如,战国末期,秦国在北方先后击灭中原多个诸侯国后,始皇帝即令大将军王翦乘胜"南征百越之君"。公元前214年,秦军攻取了岭南大片土地后,为了稳定岭南战局,秦始皇又任赵陀为龙川令,并将中原在押的50万犯人流放到岭南,同时,又从中原地区强迫征召大量劳动人民迁居岭南,并与越人杂居④。由此例可知,中原先民南迁,并将中原文化播迁至江南广大地区的起始时间并非汉代,而应在秦初或更早;目前多数学者所认为的中原汉人南迁起于汉代,不过是仅就规模大小而言罢了。

<hr />

① 罗香林:《客家源流考》中国华侨出版公司,第340,1989年。
② 程有为:《河洛文化概论》,河南人民出版社,第485页,2007年。
③ 杨海中:《图说河洛文化》,河南人民出版社,第319页,2007年。
④ 张运洪:《先唐中原文化的南向传播》,《黄河科技大学学报》,2009年第1期。

二、客家民系的形成与中原文化南播之关系

一个民系的形成是一个相当漫长的过程,它必须有时间的积淀,有生存的地域与空间,还必须有共同的语言、心理、生活方式甚至共同的信仰。针对客家民系而言,其形成过程,当与中原先民的南播关系有关。据许多史料考证,生活在赣、闽、粤交界地带广大地区的客家人多来自中原地区。这些人无论是避灾、逃战,还是被各种原因所迫,从北方来到江南都出于无奈之举。他们经过无数次的艰难迁徙,经过变动和一次次聚合,终于有部分先民决定在异土他乡定居下来,过安定的生活,从而在共同的遭际、利益、信念中从一个个自在的个体逐渐演化成为一个自觉的群体①,这就形成独立的民系——客家。可见,民系的形成既是维护自我权利的需要,更是共同发展的需要。

关于客家民系形成于何时,学术界至今众说纷纭,意见不一。丘菊贤、杨东晨二位学者认为,一般说来是晋宋之际,大批南移汉人渡江会集在粤、赣、闽三省边境时,客户在逐步占绝对优势,又自然形成南下汉人自己的大本营以后,客家民系"始得形成"②。罗香林教授以为,"福佬、客家、本地(又称广府)者名称的起源,虽不在同一时代,然其民系的形成,则大体皆在唐末至宋初(五代在内)"③。清朝嘉庆年间,客家学者徐旭曾在《丰湖杂记》中说道:"今日之客人,其先乃宋之衣冠旧族,忠义之后也。"④也就是说,徐先生认为,客家民系的形成应在元代(对此也有学者理解为元代后,即明代)。刘丽川先生则认为,客家民系形成当为清代更为确切。为此,他还引用清康熙二十六年(公元 1687 年)由永安县知县张近录修、屈大均编纂的《永安县志》:"县中雅多秀珉,其曾高祖父多自江、闽、湘、惠诸县迁徙而至,名曰客家。"⑤笔者认为,尽管诸多学者对客家民系形成时代存有歧见,然有一点是可以肯定的:客家先民都来自中原地区,客家人是汉民族的一支重要的独特稳定的民系。

然而,至今对客家人的定义也存在较大的争议。以往人们多认为,"客家人

① 杨海中:《图说河洛文化》,河南人民出版社,第 324 页,2007 年。
② 程有为:《河洛文化概论》,河南人民出版社,第 492 页,2007 年。
③ 罗香林:《客家源流考》中国华侨出版公司,第 340,1989 年。
④ 史善刚:《河洛文化源流考》,河南人民出版社,第 392 页,2009 年。
⑤ 史善刚:《河洛文化源流考》,河南人民出版社,第 392 页,2009 年。

多指迁居南方后，没有和当地土著人通婚而保留着汉族血统、文化、语言和习俗的人"，并非北方南播士族百姓之后裔都是客家人①；然随着河洛文化研究的不断深入，许多学者认为，血统只是客家认同的一部分，并非全部。因为客家人在形成发展过程中，与当地土著居民的融会、结合甚至包括通婚是很必然之事。也就是说，从北方南徙并在异地定居下来的北方士人不可能独居"阁楼"，与世外隔绝，他们在生产生活中，以及与大自然的抗争中，不可避免地要与土著人接触，相互扶持，和谐相处，才能求得良好生存。因此，北方来的客家人与当地土著人在融会、结合的过程中，就会相互同化和异化，进而形成一体，无论在语言、生活习俗、生产方式，甚至某些信仰方面都会产生某些统一。当然，由于客家人固有文化的强大，以及汉人南迁数量巨大，客家人对中原文化的承继仍是主要的。

关于客家人的分布，据罗香林教授考证，其居地主要分布在广东、江西、福建、广西、四川、湖南、贵州、台湾等地区。近些年来，随着对客家文化研究的不断深入，关于客家分布情况又有新的研究成果。例如，吴炳奎先生与他人合撰的《梅州客家简说》，在参考罗香林教授《客家源流考》成果的基础上，对照台湾出版的《梅州文献汇编》、《台北市梅县同乡会会刊》，以及中国社会科学院语言研究所出版的《方言》杂志中有关客家的资料，认为"全国客家分布的地区共有广东、江西、福建、广西、四川、湖南、台湾、海南、贵州 9 个省的 250 多个县市，且以广东省东部、福建省西部、江西南部最为集中"②；而中国侨联主席林兆先生则认为，在中国，客家人聚居地分布在国内 17 个省区 200 多个县市；而在海外，遍布各大洲，可谓"有阳光的地方就有华人，有华人的地方就有客家人"。

三、中原文化南播对客家文化、经济社会发展的影响

据考古学资料及文献记载，中国古代文明的起源地当在以河洛为中心的中原地区，并且由于居"天下之中，气候适宜，河湖密布"，因此成为中华民族的生息繁衍地。综观中华民族发展史，在史前阶段，中原地区就形成了发达的史前文化，即从中古期的舞阳大岗到新石器时期的裴李岗文化，再到仰韶文化、龙山文

---

① 杨海中：《图说河洛文化》，河南人民出版社，第 324 页，2007 年。
② 谢钧祥：《根在中原的客家人》，《黄河科技大学学报》，2007 第 3 期。

化、二里头文化,其间均发现有地层叠压关系,而且环环相扣,初现了中华文明的曙光。到了夏代,中原地区步入文明时代,以至于从夏、商、周至隋唐的3000多年的时间里,这里一直是中国的政治、经济、文化、交通的中心,其经济社会发展一直处于全国领先地位。然而,与之相对应的是,此时的长江以南广大地区(包括客家民系形成前)却还处在"蛮荒"时代,即尚采用火耕水耨的粗放耕作方式,还未完全走出"原始态"生活。落后的生产生活方式及恶劣的地理环境和自然环境困扰着这里的人们,所以不可能产生如中原地区的文化。不过,随着历史的推移,特别是秦之后的几次中原先民的大量南徙,这一状况发生了巨变,北方中原地区的政治、经济、文化中心地位慢慢被江南地区所取代,成为中华文明的又一个亮点区。那么,中原文化南播对客家文化的形成和经济社会发展的主要影响表现在哪些方面呢? 概括地讲,主要是先进的生产技术和思想文化,其中思想文化又是中原先民传承的核心。

1. 思想文化的传承,重点又表现在儒家文化的传承上。儒学是孔子所创立的儒家理论和学说的简称,在中国古代文化史上占有极其重要的地位,为历代统治阶级所推崇。儒家的主要内容是"祖述(继承)尧舜,宪章(效法)文武",崇尚"礼乐"、"仁义",主张"德治"、"仁政",重视孝忠等伦理道德教育;其理论核心是"仁",而体现仁的制度或行为准则的则是"礼"。《论语·颜渊》中就有"非礼勿视,非礼勿听,非礼勿言,非礼勿动"之名言。所以,著名学者许顺湛先生认为,"礼仪制度是中国古代精神文明的集中表现","是上层建筑,是观念形态上的最高体现"。有人说,儒学渊源于洛邑,嬗变在"洛学",这就表明儒学从孕育到发展,一直未曾离开中原大地。然而,随着中原先民的一批又一批南徙,儒学也被传播到大江南北的许多地方,当然也包括客家聚居区。其具体表现是客家人至今特别崇拜先祖、敬仰诸神,至今保留着中原古代的礼制传统。例如,"在客家人聚集区到处都可以看到宗庙建筑,而且在居住的土楼或围屋里,大都建有祖公堂……里面按祖先的辈分自上而下陈列祖公牌位",遇到逢年过节,"客家人到庙堂或上堂祭祖……不仅要摆放猪肉、鸡、鱼'三牲',还要摆上各式糕点和水果。穿戴整齐的子孙们排列有序进入祖公堂。然后恭敬虔诚地进行烧香、点烛、读祭文、行拜礼,显示对祖先的崇拜"。此外,"每年阴历正月十五的元宵节或生孩子,客家人都要到祖公堂上上灯,以告慰祖公"①。客家人的这些传统做法,完全与中原先民的习俗相一致,是中原礼俗的传承。

另外,客家人的婚丧礼仪,也与中原古代的礼制无大的区别。例如,"客家人的传统婚俗,是媒妁之言,父母之命"。客家人的丧葬,也是"孝子们身穿白色孝服,手抚哀杖,披麻戴孝,脚穿草鞋"②,说明与中原丧葬礼制一脉相承。

2. 教育的传承。据史料记载,在南徙的众多中原先民中,除有士卒、农民、手工工匠外,还有相当数量的皇室贵族、文武大臣、官吏、商人及文人学士随之,甚至有些有身份的士族家庭为了创业举家南迁。这些人十分尊崇孔子"学而优则仕"的行为准则,以"耕读为本",因此多数客家人都勉励子女读书写字,即使贫寒的家庭,子女也未放弃求学。例如,"客家人所挂的堂联,更是凝聚着他们的行为思想和客家文化的精华……为子孙创造了一种处身立事的文化氛围"③。正是客家人有健康的教育理念,加之南方社会较北方稳定,致使江南的经济、文化发展较快,并为南方文化与北方中原文化平分秋色甚至最终超越,奠定了良好的文化基础。

3. 先进生产技术的传承。前已简述,在夏代,中原地区已经步入文明时代,而当时江南大部分地区仍以"火耕水耨"为主。然而,中原先民从秦初大规模南徙开始,这种情况慢慢得到改善。例如,在以广东、广西为主的岭南地区,在秦军大举南征之前,多为荒芜的山草野地,当地的百越族人和其他土著人多过着"原始"的生活;然中原实边人员的到来,不仅带来了传统的文化,而更主要的是在与当地土著居民相处之中,将先进的生产技术传授给了当地人。同时,面对困苦艰难的地理环境和自然条件,原不适应新居地的实边人员也在想方设法改善其生活条件,创新了一些技术,使当地经济得到了明显的发展。中原先民对当地经济发展的贡献也在考古方面得到印证。例如,从广西诸多墓葬中出土的数千件青铜器,其器形和纹饰绝大多数类同中原,即使岭南地方特色的器物,如竹节桶、盘口鼎、扁茎剑等,不仅其器形多仿自汉式,而且其纹饰的形式和内涵也具有明显的中原汉式风格。再如,云南昭通后海子东晋霍承嗣墓中的一幅壁画,画中第

---

① 陈义初主编:《河洛文化与殷商文明》,河南人民出版社,第156页,2007年。
② 陈义初主编:《河洛文化与殷商文明》,河南人民出版社,第157页,2007年。
③ 陈义初主编:《河洛文化与殷商文明》,河南人民出版社,第157页,2007年。

一排为汉族装束队,而二、三排为夷族装束,这也充分显示出汉文化对西南地区的影响。

此外,有许多传说,也可作为旁证,说明中原文化对南播地区的影响。例如,"景颇族说诸葛亮是南中各种制度的创造者,佤族传说他们所种的稻子最初种子为孔明所赐,云南傣族传说孔明教会他们用牛耕地,四川彝族和部分苗族也传说诸葛亮教授他们各种先进技术"①。笔者认为,这些民间传说虽不可全信,但有一点是我们应该确信的,那就是中原文化已经渗入到了这些地方,并对当地的经济社会发展产生了或多或少的影响。

4. 姓氏文化的传承。近些年来,随着国内外姓氏文化研究的不断热化,以"寻根"为主题的各类姓氏活动也蓬勃兴起,姓氏文化研究已成联谊海内外炎黄子孙的桥梁和纽带。据姓氏专家谢钧祥先生考证,目前世界上客家人的姓大约有两百多个②,其中多为中原士族或名人的后裔。例如,林氏族谱称,林氏是殷讨王贤臣比干的后代;袁氏族谱称,袁氏是东汉大臣、河南汝南(汝阳)人袁安的后代。另据广东梅州客家联谊会办公室和梅州地方志编委会联合编纂的《客家姓氏》考证,仅梅州一地,客家姓氏约有180多个。谢钧祥先生考证后指出,在这些姓氏中,有相当一部分起源于河南,如董姓源自河南潢川,林姓源自河南淇县、卫辉,陈姓源自河南淮阳,李姓源自河南鹿邑,叶姓源自河南叶县,张姓源自河南濮阳,刘姓源自河南鲁山,等等。可见,世界各地散流的客家人多数来自于中原大地,这也再次证明客家人在史缘上与中原有着密不可分的关系。之所以客家人在漫漫的历史长河中不忘祖、不忘根,笔者认为,这与中原传统文化在人们心目中深深扎根是分不开的。许多人虽然在国外散流多年,但他们仍然认为自己是炎黄子孙,是"龙"的传人;他们的根在中国,根在中原。由此让我们再一次感受到"血浓于水"是千真万确的真理。

(作者单位:黄河科技学院《黄河科技大学学报》编辑部)

① 张运洪:《先唐中原文化的南向传播》,黄河科技大学学报,第39页,2009年第1期。
② 史善刚:《河洛文化源流考》,河南人民出版社,第15页,2009年。

大埔人在砂拉越古晋的
移民、发展和成就

房汉佳　　林韶华

　　砂拉越的客家族群很多,移居最早的是嘉应州人和大埔人,接着是惠东安人,然后是龙川人,会宁人,河婆人与陆丰人等,其中的会宁人在最近从诗巫移居到美里和古晋,并且建立同乡会。

　　大埔人在人数方面并不多,然而,他们在经济,教育和政治方面,确有卓著的贡献,这篇论文,就是记录他们的各项成就。

一、从西婆罗洲金矿公司说起

　　公元 1740 年以前,西婆罗洲的土著已经发现当地的金矿,他们在河边淘洗金沙。这件事被曼帕瓦(Manpawah)苏丹巴能帕汗(Penembahan)知道,他即从汶莱招徕 20 名华工,在杜里(Duri)河一带开采金矿。接着,三发(Sambas)苏丹奥马尔·阿加慕丁(Oemar Akamudin)也起而仿效,租地给中国来的华工,在当地定居,开采金矿,他因而获得大量华人上缴的租金。此后,西婆罗洲即成为客家人和潮州人之间的所流行的金山故事。

　　1772 年,乾隆三十七年,罗芳伯与一百多位同乡乘坐木船,从广东虎门出海,经过琼州海峡,越南沿海,再下南洋,抵达西婆罗洲卡布亚斯河(Kapuas)河口的坤甸(Pontianak)①。此时西婆罗洲的华人矿工已有三、四万人,他们组成大

---

　　① 罗香林:《西婆罗洲罗芳伯等所建共和国考》,香港中国文化协会,第 33 页,1961。

小十数个金矿公司,在不同的地点开采金矿。

1776 年,十四家金矿公司联合组成大港公司,这是当时规模最大的金矿公司,总厅设在蒙特拉度(Montrado),华人称为鹿邑。

另一家大公司为三条沟公司,总厅设在西邦(Sipang)。

1777 年,乾隆四十二年,罗芳伯和他的一批朋友建立他们的金矿公司兰芳大总制,罗芳伯出任总制的首长,称为大唐总长,或大唐客长,并且以"兰芳"作为年号纪年,总厅设在曼多(Mandor),华人称作东万律。

这三家大金矿公司,以兰芳大总制的历史最为后世所知,因为它有完善的治理方法,并且有详细的记录,以流传后代。此外,罗芳伯也长于文事,对于诗词和散文,有不少传世之作。例如《游金山赋》、《遣怀》都是。

1795 年,乾隆六十年,罗芳伯逝世,终年五十八岁,葬于东万律。

罗芳伯曾经委托一位其他籍贯的人购买粮食,但是,这个人却背叛了他,拿了大笔款项逃回中国。经过此次事件,罗芳伯决定以后总厅的大头人必须是嘉应州人出任,而且是由上一任选定。副头人则由大埔人充当。这一事实,说明大埔人在金矿公司里人数众多,而且获得罗芳伯的信赖。

公元 1824 年,荷兰人与英国人在伦敦签署《英荷协定》(British-Dutch Treaty),由荷兰单独占领东印度群岛。荷兰于是对于盛产黄金的西婆罗洲进行分化和攻击,以夺取华人金矿公司。1850 年,大港公司消灭了三条沟公司,使该公司的矿工四处逃亡,有的越境来到砂拉越。1854 年,荷兰集中优势兵力,加上兰芳大总制的协助,消灭了势力强大的大港公司,大港公司的矿工有的也逃到砂拉越境内。1884 年,兰芳大总制的甲太刘阿生逝世,荷兰派兵到东万律,夺取兰芳大总制的管理权,兰芳大总制至此而亡。

二、华人矿工开发的打马庚镇

20 世纪 50 年代,正是西婆罗洲客家矿工移居砂拉越第一省和第二省的时代。当时的砂拉越人口稀少,打马庚(Tebakang)地方是一个边远地区,土著比达友人(Bidayuh)也只有寥寥数家。西婆罗洲的嘉应州人和大埔人经过上侯(Sanggau),进入砂拉越的打必禄,其中一部分随苏夫河(Sufu River)而下,到达打马庚。苏夫河在打马庚称为加央河(Kayang River)。

客家人在打马庚形成聚落以后,马来人才从西婆罗洲移居过来,与客家社区隔河相望。早年打马庚客家人的经商方式,是以物物交换为主。他们携带货物到土著长屋,以铁器、陶器、布匹、油、盐及其他日常用品,和土著交换金沙、稻米、燕窝、香料及其他土产。这种交易方式,直到20世纪中期,依然盛行。

20世纪20年代,大批客家人移居打马庚,他们之中,有的经商,有的从事农业。此时打马庚地方社会安定,物产丰富,人民安居乐业,商业也欣欣向荣。

海外华人都重视教育,打马庚的客家社会也没有例外,他们从一所私塾学校,发展成为联江学校,到第二次世界大战结束以后,才称为中华公学。

打马庚的历史,比西连(Serian)早,从政府在打马庚的行政措施,到甲必丹的委任,都说明了这个事实。打马庚一共有四位甲必丹,他们是:

(一)甲必丹黄玉如,任期由1932—1937。

(二)甲必丹官祥禄,任期由1938—1948。

(三)甲必丹官德佛,任期由1949—1969。

(四)甲必丹朱永发,在马印对抗时期,从打必禄迁来打马庚,20世纪80年代他重回打必禄。

在这四位甲必丹中,官祥禄、官德佛和朱永发都是大埔人。

后来政府改任本固鲁,以协助政府处理华人事务。第一位本固鲁为锺登文,嘉应州人。现任本固鲁为朱坤玄,大埔人。

50年代到60年代,土产价格大涨,打马庚地方经济繁荣。但是,70年代起,土产落价,生活困难,人民多迁往外地,打马庚从此没落了。

打马庚镇的华人,长久以来,和比达友族及马来族建立非常友好的关系,此种良好的关系,成为国家多元民族社会的典范。

三、古晋的大埔人

古晋的大埔人,不论是人数方面,职业方面,都不是打马庚的大埔人所能比得上的。1960年,砂拉越古晋大埔同乡会四十周年纪念刊中,大埔人张创艺先生曾写道:"邑人于古晋经营之商业,依最近所调查,计有大小商号七十五家,任中小学校师者三十余人,住民约有三千。"[①]

在同一篇文章中,张创艺先生指出,大埔人经营的京果杂货商有十余家,洋杂货商有十余家,药业商有数家,白铁业则为大埔人所经营,中国街几全为大埔人的商号,故有大埔街之称。这是比较完整的统计,只是没有提到在郊区烧炭售卖的大埔人。他们的木炭,在当时是每一个家庭都需要的。

白铁业虽然只是一种手工艺,但是,它对整个社会的发展和进步,扮演了重要的角色,我们不能把它当做某种行业。例如白铁制造的水杓、水桶、脸盆、煤油灯,都是每一个家庭以前使用的器具。割胶灯,树胶盆就是每一个割胶工人必需的用具。白铁塑造的喷射杀虫水管,也是每一个农人所必需的工具。养鱼的农人,为了要把活鱼运到市上售卖,也需要白铁制造的大鱼桶。所以,它对整个社会的影响是十分重大的。

四、古晋大埔人的历史

古晋大埔人的历史,和谁最先来到古晋,已经没有人知道。不过,从侧面的史证,可以推断他们和嘉应州人抵达古晋的时间,相去不远。

1874年,嘉应州领袖夏杰儒鉴于同乡日众,缺少联系,遂将他的工场木屋一隅捐献予同乡,作为集会场所,这就是古晋嘉应同乡会创立的开始。后来会员日增,乡贤积极筹建会馆。到了1885年,乃建成二层楼的会所,地点在古晋亚答街门牌五十二号。1918年,创立公民学校。

嘉应州人在1874年,已经是同乡日众,他们抵达古晋的时间,应该是在50年代至60年代。他们创设会馆,是在1874年,这对于从事商业和手工艺的嘉应州人,是一件很大的社会使命。但是,他们设立公民学校,却在44年以后,才能为同乡子女开办学校。

大埔人也应该是在50年代至60年代抵达古晋。他们同样是经营商业和手工艺。他们为了购买会馆,曾在砂拉越各地同乡之间筹款,也曾到马来亚和新加坡要求协助。1916年,他们创立埔邑公所。1920年,大埔人在众多同乡领袖支持下,购下古晋亚答街门牌四十号的店屋。这与嘉应州人相比,显然迟了42年。

---

① 张创艺:《邑人莅居古晋简述》,《砂拉越古晋大埔同乡会四十周年纪念刊》,P. 13,1960。

不过,大埔人在群策群力的推动下,做好了充足的准备,在建立会馆三年之后,就在 1923 年开办大同学校,于同年二月二十五开学。

1951 年 10 月 21 日,大埔同乡开会决定,将埔邑公所改称古晋大埔同乡会,名称一直延用至今。

五、大同学校的影响

古晋埔邑公所的大同学校创办于 1923 年,而于 1936 年与嘉应五属同乡会的公民学校合并,定名为越光学校,交给客属公会管理,历史虽然只有短暂的 13 年,然而,这"大埔同乡"的精神,却展示在就读学生优越的表现上,他们后来在教育方面和政治方面的成就,令人佩服。

大同学校和公民学校都是设立在会馆里,而且因为学生众多而加盖第三层,作为教育设施之用。

埔邑公所的底楼,是大同学校低年级班的教室,二楼是中年级班教室,三楼是高年级班教室。在大同学校就读的学生,包括政治方面的杨国斯、罗佛机,教育方面的吴桦等,从这里可以看到大同学校在当时是甚符众望的著名学校。

当时在大同学校执教的老师,除了大埔人之外,还有惠东安人和潮州人,他们都是文化教育方面的著名人士,惠东安人万道奎和潮州人张文奎,就是例子。所谓名师出高徒,事实确是如此。

第二次世界大战以后,古晋中华中学有很多大埔籍老师,他们有的是大同学校毕业的学生,有的是在大同学校任教的老师,还有就是外地来的教师,所以,就形成中华中学大埔教师盛极一时的现象。

六、砂拉越独立运动的导师

1946 年 7 月 1 日,英国从砂拉越第三白人拉者梵纳·布律克(Vyner Charles Brooke)手中接过砂拉越政权,使砂拉越成为英国的殖民地。

第二次世界大战以后,亚洲、非洲和拉丁美洲的殖民地纷纷争取独立。1954 年 4 月,印度尼西亚万隆举行会议,呼吁殖民主义者遵从联合国已作出的决议,让殖民地获得独立。这项万隆会议,加强了新、马和北婆三邦人民争取独立的斗争。

1957 年,马来亚获得独立,新加坡得到自治,此种政治发展,给砂拉越、沙巴和汶莱人民一种积极争取独立的精神。在 1959 年 6 月 4 日,各族人民领袖聚集在杨国斯的家,组成砂拉越的第一个政党:砂拉越人民联合党。这是一个左翼政党,王其辉当选为党主席,杨国斯则为秘书长。杨国斯从此成为独立运动的导师。

杨国斯于 1921 年 6 月 2 日出生于实文然(Simunjan),家境清寒,凭着他的努力,使他成为一位非常杰出的社会与国家领袖。

1935 年,杨国斯毕业于大同学校。1940 年,他在古晋圣多玛学校完成中学教育。1950 年至 1953 年,他在诺丁汉大学攻读法律。毕业后,于同年 11 月考获林肯法学院律师专业文凭。1954 年他在砂拉越成为本地的首位律师。

杨国斯声望很高,为砂拉越华人社会的发言人。对于社团,贡献尤其大。他曾经出任过古晋中华中学校董会秘书长和主席,砂拉越客属公会主席,马来西亚大埔(茶阳)联合会会长,和董杨宗亲会主席。

1959 年,他在创立砂拉越人民联合党,并担任秘书长以后,他在政治方面的成就,远超出他在社团方面所付出的努力。1970 年起,他出任砂拉越州副首席部长兼交通工程部长。1982 年,被选为人民联合党主席,同年出任马来西亚联邦政府科学工艺暨环境部长,直到 1990 年。

其实他的工作并不只是这些。他还兼任许多主席职位和指导事务。他最重要的任务就是出任 1975 年至 1982 年的砂拉越复原委员会主席。这份工作,包括从电台广播呼吁在森林中从事武装斗争的反帝反殖成员,接受马来西亚,返回家庭。他也使到古晋西连路旁的三座华人新村获得解除禁令,人民可以外出照顾久经荒芜的田园。在此之前,他也陪同家长到拘留所探视绝食的拘禁人士。

1973 年,杨国斯获州元首封赐拿督勋衔,1981 年,获封拿督阿玛勋衔。

1996 年,杨国斯获国家元首封赐丹斯里勋衔。

这是砂拉越州和马来西亚政府对杨国斯在国家和社会所作贡献的表扬。作为砂拉越独立运动的导师,他的成就远高出其他政界人士。

七、其他大埔人在政治活动方面的成就

其他参加政治活动的大埔人还很多。在大同学校毕业的罗佛机参加砂拉越国民党,他在州选举中胜利以后,被委任以部长职位。这是埔邑公所大同学校栽培出来的第二位部长。

在古晋石角地区的张君光,也是大埔人,他是在砂拉越人民联合党成立时,成为该党在石角地区的发起人之一。他在历届州大选中都获胜,被委以部长职位,而且获州元首封赐拿督勋衔。

马来西亚联邦政府现任的副交通工程部部长杨昆贤也是大埔人,出生于砂拉越乡区,是一名医剂师。他是每逢国会选举都能取胜,是一位深孚民望的政治人物。他也获得政府封赐的拿督勋衔。

最近被擢升为巴达旺(Padawan)市议会主席的罗克强工程师,出生于古晋,也是大埔人。他一直为砂拉越人民联合党工作,替社会服务。他为人温文尔雅,谦和有礼,给人极佳的印象。

大埔人也有参加反对党的,他们的言论如果针对事实,也能使人信服,使执政党知所警惕。

八、砂拉越古晋大埔人的贡献

张创艺先生在 1960 年指出,当时在古晋的大埔人约有三千人。到了今天,如果人口增加一倍,也只有六千。以这样小的华裔族群,却能在经济、教育和政治方面有着如此卓越的贡献,这是其他华裔族群应该学习的对象。

自 1750 年前后,大埔人和嘉应州人前往西婆罗洲开采金矿,以及后来移居砂拉越的打马庚,对于发展社区,建设经济,都作出很大的贡献。现在,打马庚虽然已走向没落,然而,华族和比达友族及马来族已建起一个和平,亲善的社区,成为民族关系最佳的典范。

砂拉越古晋的大埔人,经营的商业和手工艺,都具有他们族群的特色,其中的白铁业,是大埔人所专有。

在教育方面,埔邑公所设立的大同学校是声望卓著的学校,它所培养的学生,成为后来在教育方面和政治方面出色的领袖。

现在,已经走向新时代,我们仍然看到当年大埔人在政治上的风采。他们在政治方面的前景,未可限量。

参考资料：

1. George Windsor Earl：The Eastern Seas，WM. H. Allen and Co.，London，1837.

2. Ju-Kang Tien, Ph. D.：The Chinese of Sarawak, Research and Resource Centre, SUPP, Kuching, 1997.

3. John M. Chin：The Sarawak Chinese, Oxford University Press, Kuala Lumpur, 1982.

4. Steven Runciman：The White Rajahs, Cambridge University Press, 1960.

5. Ludvig Verner Helms：Pioneering in The Far East, W. H. Allen & Co. London, 1882.

6. Craig A. Lockard：Chinese Immigration and Society in Sarawak 1868 – 1917, Sarawak Chinese Cultural Association, Sibu, 2003.

7. 李长傅：《中国殖民史》，台湾商务印书馆，1990。

8. 冯承钧：《中国南洋交通史》，台湾商务印书馆，1993。

9. 丹斯里拿督阿玛杨国斯自传：《人生奋斗政治经历》，古晋，1998 年。

10. 邓伦奇等著：《回望人联三十年》，《古晋》，1989 年。

11. 蔡存堆著：《说人联》，《诗巫》，2004 年。

12. 罗香林：《西婆罗洲罗芳伯等所建共和国考》，中国文化协会，1961 年。

13. 许云樵：《南洋史》，星洲世界书局，1961 年。

14.《埔邑公所大同学校季刊》，《古晋》，1928 年。

15.《砂拉越古晋大埔同乡会四十周年纪念特刊》，《古晋》，1960 年。

16.《马来西亚砂拉越古晋大埔同乡会六十周年纪念特刊》，《古晋》，1980 年。

17.《槟榔屿客属公会四十周年纪念刊》，槟榔屿客属公会出版，1979 年。

（作者单位：砂拉越华人学术研究会）

瘴气的隐喻：观念中的闽粤赣毗邻区

温春香

　　瘴，又称瘴气、瘴疠、烟瘴等，由此引申的词则是瘴病。这些词频繁出现于中国古代的文献中。关于瘴气的研究，成果较多。学者们从不同学科不同角度阐述各自的观点，分别从病理学[①]、历史地理学[②]、文化史角度[③]展开探讨，而本节正是对在地理上处于帝国边陲，而文化上又被认为五方杂处的闽粤赣毗邻区的瘴气的探讨，其中尤其以开发较早的赣南为典型进行论述，认为传统文人的环境宿命论及作为制度的烟瘴强化了人们的地域偏见与族群歧视，而对烟瘴的表述正是这种偏见的反映。

一、环境宿命论

　　本文的环境宿命论一词源于英国学者冯客对近代中国种族观念的研究，意

---

① 冯汉镛：《瘴气的文献研究》，《中华医史杂志》第 11 卷第 1 期；冯翔：《关于宋代至明代南方的瘴病及其历史的研究》，《广西民族大学学报》第 13 卷第 2 期，2007 年 5 月。

② 龚胜生：《2000 年来中国瘴病分布变迁的初步研究》，《地理学报》第 48 卷第 4 期；梅莉、晏昌贵、龚胜生：《明清时期中国瘴病分布与变迁》，《中国历史地理论丛》1997 年第 2 期；范家伟：《六朝时期人口迁移与岭南地区的瘴气病》，《汉学研究》第 16 卷第 1 期。

③ 左鹏：《汉唐时期的瘴与瘴意象》，《唐研究》第 8 卷，北京大学出版社 2002 年；左鹏《宋元时期的瘴疾文化变迁》，《中国社会科学》2004 年第 1 期；张文：《地域偏见与族群歧视：中国古代瘴气与瘴病的文化学解读》，《民族研究》2005 年第 3 期。

指气候与环境对人的精神方面的塑造,人之所以被指为野蛮,是指他们在气候与环境方面比汉人缺少便利。冯客认为,阴阳家也许是对外来人加以非人化的环境宿命论的源头。他们认为世间万物皆本于阴和阳,阴是一种消极的物质,与地相连,它代表雌性、阴暗、寒冷、潮湿和静止。而阳是一种积极的物质,与天相连,它代表雄性、能动、温暖和光明。① 这种二元对立的观点一直影响传统文人对事物的看法。他们认为人生来就禀着阴阳之气,这种阴阳之气不能偏驳,它甚至影响到人们的德行,如明代李东阳在其《赣州府复修长沙营记》中就说:

> 人之生也,均禀阴阳之气,而或不能无偏。其偏驳之尤甚者,冥顽暴悍,干纪乱常,往往终其身而不变。……眷兹南服,若赣、若惠、若潮、若汀、漳诸郡,衣冠文物与中州等,惟是万山蟠结,溪峒深阻,其风气郁而不畅,故其人所禀,颇多顽悍之质。②

　　人的性情是与山水相连的,什么样的山水决定了什么样的性情。一般都认为"近山者刚而直,近水者清而婉"③,山水代表了阴阳两极,直接影响了人们的精神面貌,这一观念在传统知识分子中广为流传。由阴阳衍生出五行,因此,人的性情也与五行相对,有五常之性。明嘉靖年间所修的《漳平县志》就说:"民亟五常之性,刚柔缓急,音声不同,实惟系水土之风气。"④"人之气"即指人的精神面貌,它是与水土相连的。要不是因为这些,则人人皆可变成一样,但山水系乎天定,所以只能顺其自然。受环境的影响,生于其中的人也在所难免。如乾隆《澄海县志》就说:

> 山气多男,泽气多女,石气多力,木气多伛,风土所围,生其地者或不免

---

① (英)冯客:《近代中国之种族观念》,杨立华译,江苏人民出版社1999年,第9~10页。
② (清)魏瀛等修,钟音鸿等纂:《赣州府志》,卷六八《艺文志·明文》,中国方志丛书华中地方第100号,据清同治十二年(1873)刊本影印。
③ (清)熊学源修,李宝中纂:《增城县志》,卷一《舆地·风俗》,中国方志丛书华南地方第161号,据清嘉庆二十五年(1820)刊本影印。
④ (明)曾汝檀修,朱召校刊:《漳平县志》,卷之四《风俗·风气》,明嘉靖二十八年(1549)刻本,1985年漳平县影印本。

焉。岭海阴少阳多，四时之气辟多于闽，其人疎理，其性能暑，繇来旧矣，澄在省会极东，界府属南境，尽于此，风土不特与中华绝异，即较之江淮以南亦甚悬殊，昌黎云：穷冬或携扇，盛暑或重裘，观此诗可以略觇其概矣。①

山、水、石、木皆对应于人的性情。澄海在广州之东，广东历来被视为南方悬远之处，更何况在广州之极东，"风土不特与中华绝异"，与江淮以南也相差很远。

综观环境宿命论的理论，其立论是环境对人具有决定性影响，这个看似以地理说人文的论断，事实上反映的却是人文的地理表达，也是当时知识精英对地理空间认识的一种普遍的表达模式。这其实是知识分子对这些地方已有刻板印象之后，寻找地理因素来解释他们的想法。但吊诡的是，同样的山水，越发展到后来，居于其地的人却被说成"风声习气颇类中州"云云，山水不再成为他们精神的决定因素，取而代之的是文化，是文化让他们"与中原无异"。因此说，环境宿命论从根本上说是一种基于文化等级的视野，而非地理决定论的论调。

二、作为制度的烟瘴

使古人对瘴气印象深刻的，不止是瘴气本身。国家制度层面的强调更使烟瘴有了一层刑罚的味道。首先，它就是一种刑罚，称为军流行，又称充军。作为刑罚手段，它源自古老的军流刑。军流刑雏形古已有之，但到明代统治时期，军流刑作为主要刑种之一，正式列入刑罚体系。② 明代的军流刑分为十种，而清代的军流刑只有五种。它们分别是：附近、边卫、边远、极边及烟瘴，像极边、烟瘴等名皆沿用明代称谓。《大清会典》对此作了详细的规定："凡编发罪人充军，充附近军者，发二千里；边卫发二千五百里；边远发三千里；极边发四千里。应发烟瘴者，道里如极边之数，各就本犯原籍府属以定远近。"③由此可见，这五个等级分别对应一定的距离。烟瘴是军流刑中最重的刑罚，其发配的距离与极边一样，但

① （清）金廷烈纂修：《澄海县志》，卷之一《风土·气候》，清乾隆二十九年（1764）刻本，1959年油印本。

② （美）D. 布迪、C. 莫里斯著：《中华帝国的法律》，朱勇译，江苏人民出版社2004年，第64页。

③ （清）允裪：《大清会典》，卷六七《兵部·发配》，影印清文渊阁四库全书，史部377政书类。

发配之处则要看犯人所在地而定。

从明清史料中,我们见得最多的烟瘴流放点是两广、云南、贵州,福建及江西南部也很常见。如明代《大明令》就规定:"凡官吏犯赃至流罪者,不问江南江北,并发两广福建府,分及龙南、安远、汀州、漳州烟瘴地面。"①

回顾历史,在明代军流刑被列入刑罚系统之前,闽粤赣毗邻区就已经闻名于世,长久以来人们就把此处视为烟瘴之区,中原汉人至此,多有不测。历史上就已有许多名人被贬到这一地区。元代的刘鹗曾有诗曰:"古人号瘴乡,于以待贬迁。"②著名者如韩愈被贬于潮州,苏轼则贬至惠州,而白居易在被贬至浔阳(即今九江)时,其友人又被贬至虔州(今赣州),在送别友人之际,白氏对酒惆怅:"南迁更何处,此地已天涯。"③对于白居易而言,浔阳就已经够远的了,更何况虔州。故而,古人一说起这里,便不寒而栗。加上许多被贬之人又丧命于此,此地便成为死亡的代名词了。如宋代陈刚中因故得罪秦桧,"桧大怒,送刚中吏部,差知赣州安远县。赣有十二邑,安远滨岭,地恶瘴深。谚曰:龙南、安远,一去不转,言必死也,刚中果死"④。正是这种对瘴乡认识的阴影笼罩,那些未曾来过该地的官员皆畏惧此地,不愿来此就职。

除了地理上的远离中央,国家制度层面的军流刑更使汉人精英确信这是一个国家边陲。发配边陲意味着失意与郁闷,但与此同时,边陲也是建功立业的好机会,在明初时国家就对在有瘴疠地区为官与在无瘴疠地区为官的升迁作了不同的规定:"凡远方官考满。洪武十六年奏准两广所属有司官,地有瘴疠者,俱以三年升调,虽系两广而无瘴疠者,仍以九年为满,福建汀、漳二府,湖广郴州,江西龙南、安远二县,地亦瘴疠,一体三年升调。"⑤在有瘴疠之处为官,三年便可以升调,而在无瘴疠之处则要九年才考满,整整相差六年,这一时间悬殊让人一看便知其中的差别。在此,规定不以省份为限,而是考察实际的烟瘴地域,如福建的汀、漳二府,湖广郴州,江西之龙南、安远皆是瘴疠之地。清朝雍正皇帝虽未明确规定,在烟瘴之区为官升调的具体年限,但也明确表示要比内地更快:"朕思

---

① (明)李善长:《大明令》,明镇江府丹徒县皇县制书本。
② (元)刘鹗:《木槎径》,载《惟实集》,卷四《五言古诗》,影印文渊阁四库全书。
③ (唐)白居易:《清明送韦寺郎贬虔州》,载《白氏长庆集》卷一七,四部丛刊初编。
④ (元)脱脱:《宋史》,卷四七三《奸臣传·秦桧》,中华书局 1977 年。
⑤ (明)申时行:《大明会典》,卷一二《吏部 11》,据万历朝重修本影印,中华书局 2007 年。

边省地方,盖因烟瘴难居,或苗蛮顽桀,官斯土者,与内地不同,是以边俸较腹俸之升迁为速耳。……其地居极远,瘴疠未除者,在任官员若照内地升迁,诚为偏抑。"①烟瘴之区为官者应比内地升迁更快,否则是为压制人才了。非但国家的官员如此,小吏走卒也有优免。如早在宋神宗熙宁九年(1076年),"前提点福建路刑狱李景亮言:'福建路自泉至漳州、汀州,皆涉瘴烟,马递铺卒三年一易,死亡大半,亦有全家死者,深可伤悯。乞自今瘴烟地马递铺卒,一年一替。'从之"②。由此可知,马递铺卒一般三年一易,在烟瘴之地则可一年一换。

对于国家制度来说,对烟瘴地区作出如此繁复的规定本身就说明瘴疠在国家的影响。而军流刑的执行更丰富了中原汉人的想象,并加重了他们对瘴疠的恐惧。人们反复强调瘴疠,在这些言说中,瘴疠已经不再是简单的环境与气候了,而变成具有强烈地域差异与族群界线的意味了。

三、瘴气的隐喻

瘴气首先是与地域连在一起的观念。据龚胜生等的研究,2000年来中国瘴气有向南移的趋势,但总体变化不是特别大。瘴气流行严重区为云南与广西;流行区是贵州和广东,零散分布区则为湖广、四川、江西、福建、西北、台湾等地。③无疑,东南与西南被认为是瘴气泛滥之地。

闽粤赣毗邻区历史上被认为是烟瘴之地,地域上的远离中央使许多人将它看成天涯海角,而所居此处的人群亦常被汉人称为南蛮鴃舌,非我族类,而烟瘴便成为极具象征性的事物,被人们一再言说。在文献中,我们见到烟瘴常常就是"蛮夷"的隐喻。苏轼被贬至惠州,其弟苏辙为其写的墓志铭中就写道"瘴疠所侵,蛮蜑所侮"④。明孝宗在弘治元年(1488)起用降谪主事张吉、王纯、中书舍人丁玑、进士敖毓元、李文祥五人时,南京吏部主事储罐就上言说:"五人者既以直

① (清)阮元修、陈昌齐等纂:《广东通志》,卷一《训典1》,续修四库全书。
② (宋)李焘:《续资治通鉴长编》,卷二七四《神宗》,中华书局1986年。
③ 梅莉、晏昌贵、龚胜生:《明清时期中国瘴病分布与变迁》,《中国历史地理论丛》1997年第2期。
④ (宋)苏辙:《苏文忠公轼墓志铭》,载(宋)杜大珪:《名臣碑传琬琰集》,中卷26,台北文海出版社1980年。

言狗国,必不变节辱身,今皆弃之蛮夷岭海之间,毒雾瘴气,与死为伍,情实可悯。"①瘴疠与蛮夷相伴,后来这五人果得起用。明代王守仁巡抚南赣,为的就是平定闽粤赣湘交界区的动乱,而浰头一战,举足轻重,他本人也在平定浰头后大抒胸意,写下《平浰头碑》一文,也正是这样一场战争,为后世人多次赞叹。如清朝广东和平县教谕刘世馨在读了王守仁《平浰头碑》后,就颇有感触地叹道:"旗翻花嶂蛮烟静,剑指云涯瘴气平。猺洞百年空战垒,将才一代属书生。"②"畬猺"之乱既平,蛮烟瘴气自然也就消了,反映了当时人的一种普遍的心态。

瘴气成了华夷居处之界线,同时也是族群认同的标志。华人居中原而"蛮夷"居烟瘴之地,如吴宗尧评价云南永昌瘴区就说:"其地多瘴,非可以华人居也。……皆瘴区也,皆夷氓也……潞故多瘴,素为夷居。"③这种居处与族群在心理上的界线实强过现实。事实上,许多人也明白,当时所谓的瘴区很多也是汉人居住之处,但"蛮烟瘴雨"的刻板意象却并非能轻意抹去。瘴气甚至与族群道德联系在一起。嘉靖年间黄佐所修的《广东通志》引《隋书·地理志》言:

> 瘴疠之乡,皆由海气炎热,四时温燠,人受其风土所感,虽士大夫亦皆性情飘忽不定,党族自相嗔妒,非独夷獠也。轻悍一言尽之矣。至今土俗多好箕坐狂歌,或不着冠,犹有尉佗之风焉。海吞东南邦临日域,富豪健斗,绳墨难持,于唐人吟咏见之,岂但隋志哉?④

因此认为瘴疠之区的人人性轻悍。从上引资料可知,非但《隋书》有此说,早在唐代就已有人说过了。在传统知识分子眼中,士大夫与山野村夫是有着道德上的阶序的,士大夫代表着国家正统文化,是高尚道德的代言人,而山野村氓只是流风弊俗的传播者与接受者。但到瘴疠之乡,虽士大夫也难免,在此,瘴气

① (明)徐昌治:《昭代芳摹》,卷二二《孝宗敬皇帝》,据明崇祯九年(1636)徐氏知问斋刻本影印,四库禁毁书丛刊史部第43册。
② (清)刘世馨:《读平浰头碑》,载(民国)曾枢修、凌开蔚纂:《和平县志》,卷二《诗》,据广东省中山图书馆藏民国32年(1943)铅印本影印。中国地方志集成,广东府县志辑18。
③ (明)吴宗尧:《腾越山川封土形势道里论》,清光绪《永昌府志》卷二五《艺文·论》,转引自周琼:《清代云南瘴气与生态变迁研究》,中国社会科学出版社2007年,第477页。
④ (明)黄佐:《广东通志》,卷二〇《民物志1》,明嘉靖四十年(1561)刻本,广东历代方志集成,省部2。

代表的不仅是环境上的差异,更多的则是道德上的评判与族群间的界线,瘴气是与"蛮夷"相伴生的。

　　而清除人们这种地域偏见与族群歧视的方法,非文化莫属。与中华文化涵化的深浅成为决定这些地方在人们眼中的印象的好坏,如乾隆年间所修的《嘉应州志》就说:"前此人物稀少,林莽丛杂,时多瘴雾。今皆开辟,瘴雾全消。岭以北,人视为乐土。"①"开辟"一词除了经济开发之意,言外之意就是指中原文化之涵化了,是山区的开发,同时也是文化的开化。如清道光年间所修的《广东通志》在大量介绍前人对广东瘴气的描述之后,就说当时:"瘴疠惟琼南尚多,其余各郡清和咸理,氛祲已消,往籍之言,今亦不尽然矣。"②自明清以来,广东就已得到较大开发,这是清末时对广东瘴气的描述了,除海南外,其他地方已"清和咸理,氛祲已消",以前的描述,再也不适合今天的情形了。另据乾隆《潮州府志》引《广东通志》可佐证:"唐宋时往往有之,今瘴烟大豁,险隘尽平,山川疏畅,中州清淑之气,数道相通,盖调变之功巨矣。"③改变烟瘴之区的,经济开发、道路相通是其一,而文化上的交流与改变则是关键。评判其文化先进与否的标准则是"中州之气",中原文化是各地的典范,故而,经过中原文化上的浸染,原先的瘴烟之区亦可成为"乐土"。

　　从地域上讲,闽粤赣交界区是处于帝国的边陲,而环境宿命论历来是古代知识精英对地理空间认识的一种普遍的表达模式。从族群上来说,闽粤赣毗邻区先有百越,后有峒畲,即便是开发之后的很长时间,还是被称为"五方杂处"之地。从文化上讲,它被认为是未完全开化之地,是"蛮夷"之风长久浸染的地方,在文化等级上明显低于中原文化。瘴气与瘴病无疑有它的病理学基础,但传统知识精英对烟瘴之区的印象更多的则是基于以中原为中心的思考模式,是受到长久以来的文化观念与国家制度的影响,是对地域悬远与族群差异的表达,将地域的特征与人的道德视作存在某种内在联系性,因此,烟瘴之说本质上代表的是

---

① （清）王之正等纂:《嘉应州志》,卷一《舆地部·气候》,清乾隆十五年(1750)刻本。广东省中山图书馆古籍部 1991 年出版。
② （清）阮元修、陈昌齐等纂:《广东通志》,卷八九《舆地略七·气候》,续修四库全书 669 史部地理类,据 1934 年商务印书馆影印清道光二年(1822)刻本影印。
③ （清）周硕勋:《潮州府志》,卷二《气候》,中国方志丛书第 46 号,据清光绪十九年(1893)重刊本影印。

对不同地域的人的分类模式,而不仅仅是对环境的评判,而似乎唯有文化上的进步才可能消除这一刻板印象。

(作者单位:赣南师范学院客家研究中心)

清初闽籍将士屯豫史迹初探

——以鲁山县屯垦闽兵为例

崔振俭　　戴吉强

　　许多人都知道闽台人大都祖根在"光州固始",但对于中州故土如今还生活着清初屯豫闽籍将士的后裔,知晓者就不多了,在河南邓州市有个"台湾村",在鲁山县清代有个"闽兴屯",就是屯垦将士后裔们的聚居地。笔者由于工作关系,结识了鲁山屯垦将军的后裔、平顶山市石龙区史志办主任周万征,他是明末都督兼骠骑将军周应科的十世孙,虽祖居地在福建同安县厦门镇,但族谱却记载着先祖从"光州固始"入闽。正因为他提供了一些珍贵的资料,笔者才有条件开始对闽籍将士屯豫史迹的探索。

一、清初闽兵北屯的历史背景

　　明朝末年,由于政治腐败,百姓生活水深火热,农民起义遍及全国,特别是李自成领导的农民起义军,声势浩大,一度控制了都城北京,全国处于混乱状态。此时在长城以北的东北三省,由女真人建立的后金地方政权,抓住这一有利时机,挥师南下,迅速控制了黄河以北的广大地区。在长江以南,不仅存在数支农民起义军,还有以明朝宗室为旗号组织的"南明"小朝廷各色队伍,由于女真地方势力的大规模南进,本与明朝势不两立的农民起义军,因传统"民族"观念的影响,纷纷转而拥护南明小朝廷,共同抵抗东北女真族,其中以闽地郑芝龙、郑成功父子领导的反清复明队伍较有影响。1645年,郑芝龙拥立唐王朱聿键在福州建立南明隆武政权。1646年,清军入闽,郑芝龙见大势已去,不听儿子郑成功劝阻,不战而降,而郑成功则在广东南澳起兵,继续从事反清复明活动。他以金门、厦门等岛屿为根据地,与清兵周旋,在南明永历十三年(1659年),与浙东抗清名将张煌言一起围攻南京,后战败撤回。在此间,郑成功还曾派出一批精干武装队伍,渡江北征,在中原腹地与清军作战。据2005年《大河报》对邓州"台湾村"的报道,这支抗清的武装,即是受郑成功派遣,抗清北伐至邓州的。而"台湾村"的陈氏始祖陈年,也是在这个时期因主帅黄廷南撤而留居邓州。

随着满清政权在全国日渐巩固,反清复明的各色武装也面临决择,有些归顺清朝,有些解散为民,就连郑芝龙战将施琅也因内部矛盾归顺清朝,只有郑成功等极少数武装仍在坚持反清复明。为合适安置归顺朝廷的各类武装,也为了恢复因战乱而陷入困境的国家经济,发展农业生产,稳定国内形势,让百姓安居乐业,军屯也许是有史可鉴的有效良方。《清史稿·列传十九·范文程》记载:"时直(值)省钱粮多不如额,一岁至缺四百余万,赋亏饷绌。文程疏曰:'湖广、江西、河南、山东、陕西五省乱久民稀,请兴屯……屯始驻兵,地荒芜多而水道便者,以次及其余。地无主,地有主而弃不耕,皆为官屯'。"范文程传记确实记录了清廷入关初期的社会实际。

二、鲁山屯垦将士的历史记忆

清康熙初年,以总兵林顺为首的43位军官、806名士兵在归顺朝廷后,被安置在河南省鲁山县屯垦。乾隆《鲁山县志》记载:"明隆武渡海后,闽人于康熙三年,各率本部将弁群马旧命,朝廷嘉其忠义,敕总兵官以下,仍照原衔,换给札符。"

这些屯垦将士主要集中在今鲁山县瀼(让)河乡,马楼乡沿滍河南岸地区,他们开丰润渠,垦植了大量水田和其他农田,种植水稻和其他农作物,繁衍生息,人口渐多。康熙《鲁山县志》:"康熙七年,奉旨安插闽兵屯垦闽兴屯,康熙十六年(1677年)增洪泽里、新安里。"到乾隆《鲁山县志》:"康熙七年奉旨安插闽兵设新兴里,于五十六年(1717年)改为闽兴屯,至乾隆八年(1743年)改名闽兴里。"可见从康熙七年至乾隆八年(1743年)的70多年时间里,屯鲁将士屯垦地区因人口繁衍而增设基层组织。直到乾隆六十年(1795年)知县董作栋更定顺庄法,另辟新名,新兴里、闽兴里及洪泽里、新安里这些与屯垦闽兵有关的地名才被废除,屯垦"特区"地名存续 120 多年。至今屯鲁闽兵留下的村名尚有老将庄、参将庄、林老庄、老将坟等等。

今据相关史料,屯鲁闽籍将士如林顺、陈枢、周应科三兄弟等,其先祖大都是"光州固始"人,且皆是军旅世家,到了明代,都是"簪缨世系,代有传人",因此他们才成为南明小朝廷的抗清军事力量。他们是在被施琅等人招抚后,受康熙皇帝调遣到河南、山东等五省屯垦大军的一部分。他们从反清复明队伍到清代屯垦大军的角色转换,也顺应了历史的发展潮流。

在今鲁山县马楼乡政府西 500 米、311 国道北 100 米处,总兵林顺就安葬在那里,其碑文有:"明亡后,拥戴南明宏光、隆武、永历皇帝二十余年,屡建奇功。为振兴明室,隆武渡海,郑成功入台建立抗清基地。"这位总兵在屯鲁次年,即壮志难酬,忧愤而逝。

同样在马楼乡老将庄,另一位将官陈枢(字拱薇)墓碑载:"簪缨世系,代有传人。康熙初年间,敕授公为昭勇将军。五年(1666 年)移居河南府。七年(1667 年)督垦鲁山东南老将庄。"其六世孙陈道生的墓志中也有对始祖的追忆文字:"薇公带兵由浙闽走豫之鲁阳,心知天命有旧,事无可违,遂教士卒辟草莱,斩荆棘,创庐舍为久居计。"

上述史料中,有陈枢"康熙初年间,敕授公为昭勇将军"。据县志、族谱记载,屯鲁其他将士也因军功等受到奖励、提升,而且屯鲁将士还享受一定的优惠政策,估计这些都与清廷入关之初既定方针有关。即中原百姓饱受战乱之苦,渴望有明君以安居乐业,清廷把大顺农民军视为敌人,而对故明势力与官宦,则采取安抚拉扰政策,以为其所用。康熙二十四年中俄雅克萨之战,参战的由 500 闽兵组成的"藤牌军",即是以屯鲁将士为骨干组成的,而这次战役的结局,是中俄《尼布楚条约》的签订。

鲁山县瀼(让)河乡裕流村林旗德家保存了一本林顺家族《闽豫林氏近支宗谱》,修于 1944 年。据该谱记载,屯鲁闽兵总兵林顺,为福建海澄人,原为郑成功旧将,曾率兵在江南地区与清兵周旋,后随郑成功打下台湾。郑成功去世后,郑氏集团发生内讧,康熙三年(1644 年)正月,早已厌恶内争的林顺率领金门、镇海郑兵降清。康熙五年(1646 年),林顺率兵驻防河南府洛阳;康熙七年(1648 年),林顺奉命带领 43 名将官和 806 名士兵,到鲁山县驻扎屯垦。当年的军垦点如今已形成村庄,如林顺驻地取名沙渚王,副将陈枢驻地取名老将庄等等,沿用至今。更让人惊奇的是,该谱还记载着林家军参加雅克萨战役的会议稿和出征、凯旋的日志,可谓极其珍贵。由这支屯鲁闽兵组成的、曾经让清军闻风丧胆的"藤牌军",主帅是林顺侄子林兴珠,军官有陈枢的孙子陈昂,周应科长子周俊(化名金得)等。

屯鲁闽兵大都是福建厦门、金门一带人,这在他们各自的谱牒碑记中都有反映。这些屯鲁闽兵后裔,现有 20 多个姓氏,散居在 50 多个村落中,也有部分闽兵后裔已迁他处。2009 年 3 月,《金门日报》连续两天开设专栏,介绍鲁山陈氏与金门陈氏的寻亲过程。现据鲁山县老将庄陈枢墓碑文记载:"公讳枢,字拱薇,昭勇将军振轩公长子也。先世河南光州固始,唐末从征到闽,居泉州府同安县浯洲斗营。"而据鲁山屯垦陈氏近期资料,康熙初年从金门迁鲁陈氏有两支:(一)燕楼支陈氏族谱记载:"唐高宗总章二年(669 年)……陈政公自河南光州固始县浮光山入闽出镇绥安(今漳浦、云霄)平乱……明封开漳圣王……传至漳湖廿三世,六郎公、八郎公和九郎公三兄弟自泉州晋江瓷头(今围头)陈卿村入同安浯洲太武山南居,六郎公居坑北号下坑陈……河南鲁山县燕楼村陈姓家族属六郎公世系房分支长与济系后代。(二)老将庄陈氏迁鲁始祖老将爷陈枢及其父陈振轩先祖(即牧马监陈渊),是唐末直接由光州固始迁往浯洲,并未经过漳州。现老将庄陈氏已发展到第十四代,400 余人。

三、鲁山屯垦将士的历史评价

时光已逝三百多年,当年鲁山屯垦将士的辉煌与艰辛都已化作后人的追忆与怀念。在那样一个特殊的动乱年代,在那样一种特殊的改朝换代的时刻,一个人要面临选择,一支军队要面临选择,整个民族同样面临选择,因为历史的发展是不以一个人、一个群体的意志为转移。这支曾经英勇善战、威震敌胆的反清复明军队,在时局已定、民心思安的形势下,顺应历史发展,做出理性选择,不仅利于国家,更利于民族。历史证明,林顺、陈枢的选择是正确的。

第一,屯鲁将士的明智选择顺应了历史潮流。

文前已讲,明朝末年,政治黑暗,民不聊生,各地农民起义风起云涌,明朝政权迅速垮台,而此时,如果没有后金女真人入关,也许中国传统历史会有另一种说法,但历史选择了这一切,中原纷乱让地处北中国地区的女真贵族有了入主中原的机遇。按照中国传统的历史观念,女真族为北胡人,入主中原是对中原汉族的压迫,直到辛亥革命时,革命党人的口号仍然是"驱逐鞑虏,恢复中华"。从唯物史观出发,检析女真入主中原后的实际,我们不难发现,女真入主中原,不仅全盘接受中华文化和正统思想,把长城以北包括外蒙在内的大片国土置于中华帝国之下,还能团结国内各族,维护国家主权与统一,女真族是以中华大家庭成员的身份入主中原的,虽然短期内也搞满汉有别,但决不像蒙古元朝搞什么人种分等,最后他们自己也完全融入了中华大家庭,除了还有满族称谓,其余一律汉化。在大局已定、各族团结的形势下,保护民生、维系国内发展稳定就成为必然的选择,林顺、陈枢等将领在这种情况下做出了这样的选择,无疑是明智的、正确的,也是对中华民族有贡献的。所以,无论历史上如何评价岳飞与秦桧、郑成功与施琅等等历史名人,我们都不希望简单地用一种俗成的概念去硬套,而是要从大的历史发展环境,从当时特定的历史背景去综合分析,才能得出相对科学的结论。

第二,闽籍将士屯鲁促进了当地经济的恢复与发展。

由于长期的战乱,包括鲁山县在内的中原地区人烟稀少,因此,范文程的兴屯主张不仅合于"圣意",也合乎民意,更由于康熙皇帝雄才大略,不仅原职使用了大批故明旧吏、归顺将士,还实行优惠政策,使他们展示才华,为国效力,屯鲁闽籍将士也是在这种形势下得以安居、发展、重用。据乾隆《鲁山县志》载:"迄今七十余年,老者没、少者老,新齿森森,耕读乐业,服徭役,列庠序,与土著者无异矣。"他们开渠整田,种植水稻,生生不息,为鲁山当地的农业、水利事业做出了突出贡献。如今一到早秋,沙河两岸稻田连陌,一片金黄,就与当年闽籍将士北来屯垦有着不可分割的关系。同时,据县志记载,闽籍将士屯鲁之前,鲁山县人口因战乱、灾荒只有6648人,闽兵屯鲁后,与当地民众共同开垦农田,兴修水利,列庠治学,人口快速增长,鲁山发展形势为之一变。

第三,屯鲁闽兵北征维护了国家的主权与统一。

从17世纪初,沙俄就开始在我国东北地区进行军事侵略,并于1650年占领了黑龙江上游北岸的雅克萨城,在清朝军队打击下,1659年收复雅克萨。但沙俄并不甘心失败,于1665年又强占了雅克萨,并且一占就是20多年。在大清朝廷多次抗议无果的情况下,康熙帝于1685年初下旨收复雅克萨城。为确保该次战役一举成功,康熙帝还专门降旨,请善于水战、作战勇猛的闽籍"藤牌军"500人参战。"藤牌军"原为郑成功旧部,由林顺指挥,因在江南与清军作战中数次力克清军而名声远扬。此次参加雅克萨之战的"藤牌军",仍以屯鲁籍兵为基础,由林顺之侄林兴珠指挥。刘献廷《广阳杂记》第二卷记述了"藤牌军"的英勇作战的场面:"众裸而入水,冒藤牌于顶,持片刀以进。罗刹众(即沙俄军队)见之,惊所未见,呼曰大帽鞑子……(沙俄军)被杀伤大半,余众溃而逃。兴珠不伤一人。"可见,雅克萨之战的胜利,闽籍"藤牌军"功不可没。

总之,闽兵屯鲁只是清初众多军屯队伍中的一支,他们每支队伍都承载相同或不同的历史,有待于我们今后去寻找,去破解,使"光州固始"入闽后裔的分布情况更清晰一些,使我们固始的移民文化研究范围更广一些。

(作者单位:河南省固始县史志研究室)

河洛文化与鄱、赣文化辨析

龚国光

　　谈到河洛文化对历史上江西的影响,人们往往以对赣文化之影响而代替。其实,赣文化还覆盖不了赣南赣北,而地处赣北的鄱阳湖平原恰恰孕育出了江西的早期文明。赣鄱文化才是江西文化的全部内涵。

　　人们对地域文化的研究,多把春秋战国时期诸侯割据的地望作为界定某一地域文化的依据,或以该地域建立国家与否来决定"文化圈"的形成与否。这种观点是不符合历史发展进程的。作为一种文化的概念,不是一成不变、凝固僵死的东西,而是一种"自然的人化",是人对自然及人本身的认识和把握的一种难以穷尽的动态进程。正是这一生生不息的生成过程,构成了中华民族文化源远流长和绚丽宏富的内涵。脱离这一背景,就无法理解地域文化的任何特性。美国人类学家本尼迪克特说:"任何传统风俗的最后形式,都远远超出了原始的人类冲动。这种最后形式在很大的程度上依于这一特性与那些来自不同经验领域的其他特性结合的方式。"[①]所谓"不同经验领域的其他特性",是指外来文化及邻近文化与本土文化特征的互补与融合,从而形成一种有别于原始冲动的传统风俗。列宁指出:"地理环境的特性决定着生产力的发展,而生产力的发展又决定着经济关系的以及随在经济关系后面的所有其他社会关系的发展。"[②]从以上叙述来观照江西的文化形态,其内部明显存在两个不同的文化系统,即鄱文化系

---

①　(美)露丝·本尼迪克特:《文化模式》,三联出版社 1988 年,第 39 页。
②　《列宁全集》第 38 卷,人民出版社 1959 年,第 459 页。

统与赣文化系统。鄱文化是赣文化的母体,赣文化的勃兴与辉煌,有赖于鄱文化的浸染与滋润。赣鄱文化的形成与发展,正是体现了这个十分丰富生动的文化进程中的整合过程。

一、鄱阳湖平原与"吴头楚尾"

江西南窄北宽,整个地势也南高北低由周边向中心缓缓倾斜,形成一个以鄱阳湖平原为底部的不对称的巨大盆地。鄱阳湖平原,位于省境北部,为长江及鄱阳湖水系赣江、抚河、信江、饶河、修水等冲积和淤积而成的湖滨平原。其范围北起长江,南达樟树、临川,东抵乐平、万年,西至安义、高安,地跨 25 个县市,面积约 2 万平方公里。区内土地肥沃,气候温和,宜于农耕、放牧和发展水产养殖业。鄱阳湖不仅有万余年的历史和丰厚的文化堆积,而且其经济也得天独厚,《鄱阳志论》载:"饶之为郡,以彭蠡、鄱阳之渔,浮梁之陶,余干之沃,故曰饶也。"说明在经济不甚发达的古代,鄱阳湖平原相对却是丰衣足食,"富甲江南"的。

唐代王勃《秋日登洪府滕王阁饯别序》开篇便对鄱阳湖平原地势作了精辟概括:"襟三江而带五湖,控蛮荆而引瓯越。"今之滕王阁,其东西两侧的楼檐下,按旧式规制悬有两块巨大匾额,东侧为"东引瓯越";西侧乃"西控蛮荆"。它以立体的方位,再现了鄱阳湖平原"控蛮荆而引欧越"这一占尽天时地利的千古形胜。但这种形胜是与国家一统和行政区划有着最紧密的联系,纵观江西数千年的历史,深刻印证了这一带规律性的发展模式。江西地区早期的历史发展,当它还处于新石器晚期时,河洛地区便建立起中国历史上第一个奴隶制国家夏王朝,随着夏文化的南渐,随即也开启了华夏民族与古越民族的融合过程。江西吴城文化遗址的发现,说明至商代中期,这里曾建立起中原殷都以外的南方的一个方国,彭适凡先生说:吴城遗址"是商时期长江中游地区跨入文明门槛的一个古代方国……中原的华夏族人,南来后带来先进发达的中原文化特别是陶范铸铜技术,他们与原住民族交流融合,共同为赣江流域的早期开发,为创建吴城方国青铜文明作出了巨大贡献"[1]。西周时期,在鄱阳湖平原出现两个封地,一是修水地区的"艾"侯;一是余干地区的"应"国。

---

[1] 彭适凡:《江西通史·先秦卷·引言》江西人民出版社 2008 年,第 5 页。

这种发展势头,被动荡的春秋战国时期所破坏。鄱阳湖平原正处于吴、楚两国的境界之地,由于吴地上游,楚地下游,故称"吴头楚尾"或"楚尾吴头"。事实上,吴、楚两国从来没有在严格意义上把这一地区作为自己的国土加以捍卫与整治,双方看重它的,仅是军事上的需要,换句话说,是吴、楚争霸的用兵之地。拉锯战常在此进行,《史记·伍子胥传》载:"阖庐使太子夫差将兵伐楚,取番。"《集解》注:"番,又音婆。"《索隐》注:"番,盖鄱阳也。"又《左传纪事本末》载:"定公二年,秋,楚囊瓦伐吴师於豫章。"[①]由于这一地区远离吴、楚两国政治、经济与文化的中心,除其战争需要外少有他图。其文化处于一种潜在的"停滞"状态,与吴楚文化的交流与融合,虽在进行之中,但进展缓慢。

二、鄱文化的特征

鄱阳湖平原地势的自然整体与春秋战国时期近 400 年的人为分割,使这一地区的文化形态具有某种多元的文化特征。在其漫长的历史进程中,鄱文化始终把"选择"作为吸纳与融合邻近文化的杠杆,以适应本文化特征的需要,从而确定自身文化的品位与个性。这是鄱文化一个非常重要的本质特征。

在与河洛文化交流方面,可举新干县大洋洲乡商代大墓出土的青铜器为例。这个大墓中,出土了 475 件各类青铜器,有的器类造型和纹饰和河南安阳殷墟出土的完全一样,专家把这部分青铜器定为"殷商型"或"中原型";还有其造型与中原基本相似,但某此地方却进行了改造,学者定此类青铜器为"混合型"或"融合型";还有少数一部分青铜器具有地道的土著特色,在河洛地区殷墟文化中从未出现过,属于鄱文化的独创。

春秋战国时期,属于吴文化势力范围的贵溪县仙崖悬棺,出土了两件乐器,弦琴和扁鼓,从某种意义看,这两件乐器代表了两种文化的演示。吴越文化特别强调弦琴在吴越音乐中的地位,张岱《陶庵梦忆》详细记叙了吴越之地偏爱弦琴的风俗。[②] 弦琴的出土,表明这一带受吴越音乐影响很大。另一件乐器扁鼓,则更多具有土著特色。后来弦琴在这一地区逐渐淡化,扁鼓却得到长足进展,明嘉

---

① （清）高士奇:《左传纪事本末》卷五〇第三册,中华书局 1979 年,第 754 页。
② （明）张岱:《陶庵梦忆》卷一"吴中绝技";卷二"绍兴琴派";卷八"范与兰"等,作家出版社 1955 年。

靖《广信府志》载:"士大夫家始用金鼓,间阎好事者踵效之。"弋阳一带古之乡俗迎神,则多以鼓声为节,正月元宵鼓,五月端阳鼓,七月中元鼓,十二月谓之腊鼓。明代初年,这里产生了弋阳腔,其最大的艺术特点是伴奏音乐不用管弦,而是大锣大鼓,正如汤显祖所说:"其节以鼓,其调喧。"它从一个侧面,演示了两种不同的文化形态在鄱阳湖平原的消长过程。

鄱地盛巫,受楚文化影响所致,楚俗尚鬼,自古为然,但在风行流传过程中,鄱阳湖平原有明显淡化倾向。明代嘉靖、万历年间,乐安县流坑村董氏家族修《董氏大宗祠祠规》,其中有"禁邪巫"一款,云:"盖鬼道胜,人道衰,理则然也。费不甚重者,姑顺人情行之,而修炼超荐,诵经忏罪,咒咀等事则一切禁戒。"这对当时社会诸事听信于巫的恶俗陋习,无疑是一种有力的批判。

再看禅宗在鄱阳湖平原的衍化,六祖惠能的二传弟子马祖道一,在修水、锦江、抚河等流域弘法30余年,创立"踏杀天下人"的"洪州禅",大刀阔斧改革一切繁杂的宗教仪式,建立起更为简易的禅法实践。灵活的禅机和泼辣的禅风,使唐代禅宗文化至道一这里,才大肆弘扬开去,推向全国。道一大弟子怀海在南昌西境的奉新县百丈山制定"百丈清规",所但是导的"一日不作,一日不得食"的"锄头下讨活计"的农禅生活,是对印度佛教不准"掘土垦地"戒律的反动,具有划时代的进步意义。综上所述,我们看到,鄱文化在与周边文化的交流与磨合中,始终强调本文化的特性,在选择中互补融合,从而具有一种兼容并包的文化个性,综合创新的文化意识,自意自在自性自为的文化底蕴。

三、鄱文化的内涵

长江流域和黄河流域一样,是中华民族文明发源地之一,这被长江流域大量史前考古的发现所证实。鄱阳湖平原的稻作文化起源很早,陈文华先生说:"江西省万年县吊桶环遗址1万年前的地层中发现稻作遗存和水稻植硅石⋯⋯鉴定结果,表明12000年前人们已采集野生稻为食物。大约在距今10000～9000年,栽培稻已经出现。"[①]说明早期人类活动,多分布在沼泽或平原及低矮丘陵的交接地带,那里不仅有多种生态系统食物资源,而且是普通野生稻生长之地,为水

---

① 陈文华:《中国古代农业文明史》,江西科学技术出版社2005年,第53页。

稻的培植提供了先决条件。

鄱阳湖西北的九江瑞昌铜岭商周时期铜矿遗址,是我国目前已知的最为古老的铜矿遗址;鄱阳湖以南的清江县商代吴城文化遗址和新干县大洋洲大型青铜器群,为我们展示了一个商时期青铜器世界。考古学家李伯谦先生说:"真正能够证明长江下游地区正式进入文明阶段的是在江西省发现的以清江县吴城遗址为代表的吴城文化,这是一支受中原文化强烈影响的土著青铜文化。"①由于铜矿原料的解决,为鄱阳湖平原青铜文化的发达找到了令人信服的依据。今鄱阳湖东北的德兴县,有亚洲最大的铜矿基地,其铜矿储量约占全国三分之一,同一地区的贵溪县,则拥有现代化程度很高的铜矿冶炼技术。铜文化的历史贯穿3千余年时空,它显示了鄱阳湖平原矿脉地质构造内部运动的必然规律。

由于地貌优势和丰富的湖水资源,为陶瓷文化的孕育与发展,提供了得天独厚的自然环境。清江吴城商代遗址出土的356件精美陶器和原始瓷,上面大量的几何印纹图饰,展示了深厚的土著地方特色。著名的洪州窑,创建于东晋,历经南朝、隋唐达600余年。五代以后景德镇崛起,明嘉靖《陶书》载:"其所被自燕云而北,南交趾,东际海,西被蜀。无所不至,皆取于景德镇。"又说:"景德镇袤延仅十余里,山环水绕,僻处一隅,以陶来四方商贩。民窑二三百区,工匠人夫不下数十万,藉此食者甚众。"②景德镇陶瓷为世界瞩目。

如果说,稻作文化、青铜文化和陶瓷文化构成鄱文化物质文明的历史进程的话,那么,庐山文化则孕育了鄱文化精神文明的超迈神韵,构成了一种湖山一体独特的文化审美情趣。湖山文化造就了陶渊明、汤显祖这样既仁爱致远,又机敏深慧的现实与浪漫兼有的世界级文化名人。

四、赣文化的形成与勃兴

赣,江西简称。从文化角度阐述,赣文化,自有与其不同的定义。《现代汉语词典》释义为:"赣,赣江,水名,在江西。"因此,赣文化涵盖的地域应指整个赣江流域。文化区域的划分远比行政区划的界定含混得多,文化不仅具有恒常性,

① 李伯谦:《长江流域文明的进程》,载《考古与文物》1997年第4期。
② (清)李琰:《陶说》卷一,载《传世藏书·科技》,海南国际新闻出版中心1995年,第1339页。

即文化模式,而且具有变异性。人类相对于时空,总是处于一种随意的流动状态,一种文化从此区域进入彼区域,在一定条件下,通过交融互补,便有可能形成另一种不同的文化形态。

赣文化的形成晚于鄱文化,其发展有一个由北而南的渐进过程,就是说,当鄱阳湖平原在殷商时期处于青铜文化辉煌鼎盛的时候,江西的中南部还处在一种基本的"自然"状态。赣文化的勃兴,在很大程度上与中原汉民族南迁有关。乐安县流坑村即所谓著名的"千古一村"最为典型。村中大多人姓董,在每户神龛的牌位上,几乎都能看见"广川郡"三字。查"广川",在今河北景县西南的广川镇,是汉儒董仲舒的家乡,它紧邻吴桥,与山东德州接壤,是河北进入山东的必经之途。唐末,中原郡望的董氏家族为避"五季乱",一路南下,辗转来到赣中的乐安流坑。据《流坑村图述》载:"是地隋唐以前,悉为荒壤,山农野叟,结草为庐。"说明这里在隋唐以前,乃为棘茅遍野的荒蛮之地。董氏族人于唐末在此开基,繁衍生息千余年,其拓荒的历史始终和书院、理学、科举和仕宦相联系。表明中原汉民族进入赣地,通过种种艰难险阻,一旦寻找到较理想的栖息之地,儒学思想便很快付诸行动。因此,两宋以来,赣地何以出现如此灿若星河的高度"儒化"的人文群体这个迷,便不难破解了。

位于大余县以南偏西的梅岭有座隘口,称"梅关",过关即进入粤地。唐玄宗开元四年(716),内供奉张九龄奉诏凿辟梅岭驿道,并在驿道沿途兴建驿站、茶亭、客店、货栈等。从此打破了地势的封闭阻塞,南来北往的官轺,商贾的货物,以及海外诸国的贡使、商人及传教士多经此道,真可谓"摩肩接踵,挥汗如雨,冬无冻土"。历代多少遭贬谪的文人士大夫,诸如唐代韩愈、宋代苏东坡、明代汤显祖等等,都从此道进入岭南,极大促使了岭南文化的兴盛。曹国庆先生把赣文化的真正形成,界定在魏晋至隋唐时期,说:"真正意义上的赣文化,还是江西古老的土著文化与北方中原地区南来的客籍,客家文化相融合的产物。"①这一看法是比较符合历史实际的。

两宋,赣文化进入全面繁荣时期。在赣鄱文化的互补融合中,明显具有一种

---

① 曹国庆:《赣文化的"儒化"特征及其对江西历史发展的影响》,载《赣文化——从大京九走向21世纪》,江西教育出版社1997年,第30页。

鄱文化向赣文化流动转移的倾向。大量"儒化"的人文群体自不必说,其中最突出的是表现在稻作文化的高度发达,南宋诗人杨万里,吉水(今江西吉水)人,去官后乡居15年,写下了许多农事诗。《过白沙竹枝词》云:"耕遍沿堤锄遍岭,都来能得几生涯?"《至后入城道中杂兴》第一首云:"大熟仍教得大晴,今年又是一升平。升平不在箫韶里,只在诸村打稻声。"诗中不仅描述了赣中及赣南的山地得到全面开发的情景,而且生动揭示了农村民众的一种心境,就是升平盛事的标志不是箫鼓的乐曲,而是在村村的打稻声中,赣江流域稻作文明的发达程度已经相当可观了。与此同时,在水稻农业发达的基础上,出现了带总结性的理论专著,这就是吉安泰和人曾安止著的《禾谱》五卷,它记录了赣中吉安一带的水稻品种50余个,散失的佚卷还不包括在内,这是我国历史上第一部有关水稻品种的专志。曾安止这种"农为政先"的重农思想,至今仍有一定的积极的现实意义。江西崇仁人吴曾云:"本朝取米于东南者为多。然以今日计,诸路共六百万石,而江西居三分之一,则江西所出尤多。"[①]江西作为农业大省的地位,早在宋代便已奠定了。

　　在赣中和赣南的吉泰盆地、赣州盆地稻作文化发达的同时,陶瓷文化也得到蓬勃发展,这就是闻名于世"吉州窑"的诞生。当吉州永和窑趋于衰微时,其大批瓷工及先进的制瓷技艺开始向景德镇作战略转移。余家栋先生说:"吉州永和窑的釉下彩技术又给景德镇以影响。当时吉州窑陶工不断流向景德镇,陶工们运用高超独到的釉下彩绘技术,对景德镇运用新的氧化钴为原料烧造的釉下彩青花起到很大的促进作用。"[②]从而促使景德镇的瓷业得到突飞猛进的发展。宋应星《天工开物》云:"若夫中化四裔,驰名猎取者,皆饶郡浮梁景德镇之产也。"[③]景德镇依托昌江河道两岸丰富的瓷土矿产资源和漫山遍野的窑柴资源,吸引着天下瓷工向这里集中,以集大成的姿态,书写了中国陶瓷史上最为辉煌的一页,而成为世界闻名遐迩的瓷都。

　　当代文化的发展,只有在对传统文化的继承、吸收与扬弃中,才有可能找到

---

① (宋)吴曾:《能改斋漫录》,上海古籍出版社1979年,第395页。
② 余家栋:《江西陶瓷史》,河南大学出版社1997年,第142页。
③ (明)宋应星:《天工开物》卷中《陶埏》,载《传世藏书·科技》,海南国际新闻出版中心1995年,第1014页。

一个比较正确的定位。在江西文化中,如果我们忽略鄱文化在其历史文化进程中所起的巨大作用,很有可能导致一种文化的断裂,这种断裂不是人为的否定,而是由于对某一地域的某一文化形态没有引起足够的重视而出现的"水土流失"。沿着这一思路,我们认为,赣鄱文化应是江西文化的全部内涵。

(作者单位:江西省社会科学院)

以《诗经》、《史记》印证
粤语源自河洛古汉语

谢魁源

《论语·述而》篇有云:"子所雅言:诗、书、执礼,皆雅言也",其意为:孔子教《诗经》、书经及主持重大盛典担任司仪时,必定使用雅言。雅言系河洛古汉语,乃周王朝之官话,能通行当时之世;否则异国之士若卫人商鞅如何能先于魏国国相公叔痤下任职?而后西入秦,辅秦孝公变法?同为卫人吕不韦,如何能在赵国将嬴异人居为奇货而致位登秦相?楚人李斯如何能当秦之相国?楚人申包胥如何哭秦庭七昼夜以求援?洛阳雄辩之士苏秦如何于说秦不成后,转说其他六国而得佩六国相印?魏人张仪如何向秦惠文君上连横之策?齐人孙子如何在吴国为将?孔子如何问礼于老聃?孔子如何周游列国?诸侯国学生如此受教于孔氏之门?孙膑、庞涓、苏秦、张仪如何受教于鬼谷子?韩非、李斯如何受教于荀子?上举诸例,端为证明雅言者,实乃周朝通行天下之官话也。

雅言何以称之为河洛古汉语?《论语·为政》有言:子张问:"十世可知也?子曰:周因商礼,商因夏礼",是知周之制度、语言,绍夏、商;周之雅言,实系承继夏、商之最早汉语,乃甲骨汉字始创时之汉语原音也。

秦先各诸侯国,皆系周王朝之封国,不操周王室之雅言而何?周幽王宠幸褒姒,废申王后及太子宜臼,申伯因杀幽王,复立太子宜臼(即东周平王),西周告终;时秦襄公护驾周平王迁都洛阳有功,平王封秦为国,并授以西周王室故地及犬戎地,历至三十六世国君秦始皇,兼并六国,一统天下而代周;其间文化、语言,承周之遗绪亦多矣!故秦人说周王朝之河洛古汉语,想当然耳!

先秦时,刻字于竹片,再以兽皮为绳,穿之使成册;《论语》曰孔子五十而学易,因勤学致令"韦编三绝"。至于今,来自闽南,操河洛古汉语之台湾人及大部分海外华侨,绝不说读书,皆曰:"读册";此益证河洛汉语,朔及三代,其古可知也。

秦始皇一统天下,即命蒙恬,发兵三十万,以太子扶苏为监军,北上修筑长城,并拒匈奴;另遣太尉屠睢遣戍五十万南下,开发岭南疆域;不意,秦二世胡亥时,陈胜、吴广揭竿起义,项羽、刘邦等人继起。正所谓:"秦失其鹿,天下共逐之。"

当其时也,南下五十万军士之最高长官为南海尉任嚣。《史记·南越列传》第五十三章,如是记载:

> 南海尉任嚣病且死,召龙川令赵佗语曰:"闻陈胜等作乱,秦为无道,天下苦之,项羽、刘季、陈胜、吴广等州郡各共兴军聚众,虎争天下,中国扰乱,未知所安,豪杰版秦相立。南海僻远,吾恐盗兵侵地至此,吾欲兴兵绝新道,自备,待诸侯变,会病甚。且番禺负山险,阻南海,东西数千里,颇有中国人相辅,此亦一州之主也,可以立国。郡中长吏无足与言者,故召公告之。"即被佗书,行南海尉事。嚣死,佗即移檄告横浦、阳山、湟溪关曰:"盗兵且至,急绝道聚兵自守!"因稍以法诛秦所置长吏,以其党为假守。秦已破灭,佗即击并桂林、象郡,自立为南越武王。

南越武王佗者,真定人也,姓赵氏;佗,秦时用为南海龙川令,南下五十万之遣戍,当为其建国之股干也;请见前述《史记》语:"中国人相辅,此亦一州之主也,可以立国。"

南越武国,建都于番禺(今之广州),享国九十三年;因系秦之旧藩,据地称王,必依秦制,说河洛雅言,势所必然,此乃粤语源自河洛汉语之一大印证也;唯其五十万之遣戍徙民,定然与南越原住民通婚共处,语言日久生变,衍化成现代之粤语,却依旧保有汉语入声;此盖河洛雅言,首离中原,南进粤境之遗音也。

另引《诗经·召南》之《摽有梅》三章,用教会罗马字注古汉语音为例,以验证粤语源自河洛古汉语之另一实证。文中标"【 】"者为仄声韵脚,"( )"为平声

韵脚

摽有梅

摽有梅　其实【七】兮　求我庶士　迨其【吉】兮

摽有梅　其实(三)兮　求我庶士　迨其(今)兮

摽有梅　顷筐【塈】之　求我庶士　迨其【谓】之

phiau$^{3-2}$ iu$^{2-1}$ bai^5　ki$^{5-3}$ sit^8 cit^8 heh^4　kiu$^{5-3}$ goN^2 su$^{3-2}$ su^7　tai$^{7-3}$ ki^5
摽　有　梅　其　实　七　兮　　求　我　庶　士　迨　其

kit^4 heh^4
吉　兮

phiau$^{3-2}$ iu$^{2-1}$ bai^5　ki$^{5-3}$ sit^8 saN^1 heh^4　kiu$^{5-3}$ goN^2 su$^{3-2}$ su^7　tai$^{7-3}$ ki^5
摽　有　梅　其　实　三　兮　　求　我　庶　士　迨　其

taN^1 heh^4
今　兮

phiau$^{3-2}$ iu$^{2-1}$ bai^5　keng$^{5-3}$ khong^1 ki^3 zi^4　kiu$^{5-3}$ goN^2 su$^{3-2}$ su^7　tai$^{7-3}$
摽　有　梅　顷　筐　塈　之　　求　我　庶　士　迨

ki^5 ui^3 zi^4
其　谓　之

现作如下解析：

《诗经·召南》之《摽有梅》共分三章,每章各四句,每章各押一韵;第一章押入声韵,第二章押平声韵,第三章押去声韵。

1. 第一章之韵脚为七、吉

"国语"虽然将七、吉两入声变成阴平:く一与阳平:ㄐ一´,但犹可押韵。

"粤语"依旧保存入声,发 cat^4、kat^4 音,可押入声韵。

"古汉语—闽南语"依旧保存入声,发 cit^4、kit^4 音,可押入声韵。

2. 第二章之韵脚为三、今

"国语"三、今两字,虽属阴平声,然不同韵,已无韵可押。

"粤语"三、今两字,发 sam^1、kam^1 音,依然可押平声韵。

"古汉语—闽南语"三、今两字,发 saN^1、taN^1 音,依然可押平声韵。

3. 第三章之韵脚为墍、谓

"国语"墍、谓两字分属两韵,无法押韵。

"粤语"亦然。

"古汉语—闽南语"墍、谓两字发 ki^3、ui^3 音,皆属阴去声,当然可押去声韵。

结论:《摽有梅》三章,国语仅能押韵一章,粤语只能押韵二章,唯闽南语可押三章,闽南语乃真正古汉语;而粤语但能押韵两章,然较普通话更胜一筹,由此可明证粤语源自河洛古汉语之不谬也。

(作者单位:台湾中华艺术交流欣赏协会)